Helmut Kohl
Der Kurs der CDU

Helmut Kohl
Der Kurs der CDU

Reden und Beiträge
des Bundesvorsitzenden
1973–1993

Herausgegeben von
Peter Hintze und Gerd Langguth

Deutsche Verlags-Anstalt · Stuttgart

Die Deutsche Bibliothek – CIP-Einheitsaufnahme

Kohl, Helmut:
Der Kurs der CDU:
Reden und Beiträge des Bundesvorsitzenden 1973–1993 /
Helmut Kohl.
Hrsg. von Peter Hintze und Gerd Langguth. –
Stuttgart: Deutsche Verlags-Anstalt, 1993
ISBN 3-421-06659-0

Inhalt

Vorwort

Seit zwanzig Jahren ist Helmut Kohl Vorsitzender der Christlich-Demokratischen Union Deutschlands. Zehnmal wurde er bislang in diesem
Amt bestätigt. Die überkonfessionelle Volkspartei, die nach der Katastrophe von Nationalsozialismus und Weltkrieg die christlichen, liberalen, sozialen und wertkonservativen Kräfte der politischen Mitte sammelte, hat sich unter seiner Führung zur modernen Mitgliederpartei
entwickelt und sich ein zukunftszugewandtes programmatisches Profil
gegeben.

Mit Helmut Kohl, seit nunmehr zehn Jahren auch Bundeskanzler der
Bundesrepublik Deutschland, hat die CDU nach einer Oppositionszeit
von zwölf Jahren 1982 wieder die Regierungsverantwortung in Bonn
übernehmen können. Wie der Parteivorsitzende hat heute die Partei in
dieser Position die Genugtuung, daß zwei große Ziele ihrer politischen
Arbeit erreicht sind: die deutsche Einheit und die Entscheidung für die
Politische Union Europas. Daran orientiert, hat Helmut Kohl den Kurs
der CDU durch schwierige Phasen hindurch bestimmt und durchgehalten. Dabei haben ihm nicht nur der Wille zur politischen Verantwortung
und die Durchsetzungskraft, sondern auch die Verwurzelung in der
Ideengrundlage der Christlichen Demokratie und die Stetigkeit seiner
politischen Überzeugungen geholfen.

Die vorliegende Auswahl von Reden und Beiträgen Helmut Kohls soll
die Möglichkeit bieten, seine Gedankenwelt, seinen Überzeugungsbe-
stand sowie sein Selbstverständnis als Parteiführer einmal unabhängig
von der selektiven Vermittlung durch Medien und frei von tagespolitischen Gereiztheiten kennenzulernen. Zugleich sind die Texte aber auch
als Dokumente des politischen Kurses der CDU zu lesen.

Als Vorsitzender der CDU hat Helmut Kohl Hunderte von Reden
gehalten. Viele davon sind später als eigene Publikationen erschienen

oder wurden als Beiträge in Zeitschriften gedruckt. Noch größer ist die Zahl der Interviews und Presseerklärungen. Für den vorliegenden Band mußte also eine Auswahl getroffen werden, was die Frage nach den Auswahlkriterien aufwarf.

Bei Bundesparteitagsreden war es am einfachsten: Bonn 1973, wo die Wahl zum Parteivorsitzenden erfolgte; Köln 1983, wo Helmut Kohl nach seinem Wahlsieg erstmals als Bundeskanzler zu Delegierten sprach; Wiesbaden 1988, wo sich die CDU als moderne Volkspartei präsentierte, sowie die drei ersten Parteitage der CDU des geeinten Deutschland: Hamburg 1991, wo der Beitritt der neugebildeten ostdeutschen Verbände zur CDU erfolgte; Dresden 1991 und Düsseldorf 1992, wo die CDU die Gestaltung der inneren Einheit Deutschlands und der Union Europas als Aufgabe annahm – die dort gehaltenen Reden boten sich von selbst an.

Für die anderen Texte erschlossen sich erst nach genauerer Durchsicht jene drei Aspekte, die der Chronologie der Reden und Beiträge die innere Gliederung geben: Grundsatzreflexion, Modernisierungswirken, Zukunftsorientierung. So sind dem ersten Bereich beispielsweise die Äußerungen über Grundgesetz, Familie, Gewerkschaften und Grundsatzfragen zuzuordnen. Die Perspektive des Parteireformers begegnet bei jenen Themen, die das Verhältnis der CDU zu den Kirchen, Gewerkschaften, Intellektuellen usw. behandeln oder den sich wandelnden Charakter der Volkspartei betreffen. Von der Zukunftsorientierung schließlich erhalten vor allem die Reden zur Deutschland- und Europapolitik ihre über den aktuellen Anlaß hinausweisende Bedeutung.

Eine besondere Schwierigkeit ergab sich bei der Auswahl von Reden, die Helmut Kohl nach seiner Wahl zum Bundeskanzler in der Doppelfunktion als Parteivorsitzender und Regierungschef gehalten hat. Da nicht in jedem Fall eine einwandfreie Trennung der beiden Funktionen möglich war, sind auch einige der Reden berücksichtigt worden, in denen besonders deutlich wird, wie stark Helmut Kohl die als Parteivorsitzender verfochtene Linie in seinem Regierungshandeln „umgesetzt" hat.

Für die Auswahl und die zugehörigen Einführungen wurden die Sammlungen des Archivs für Christlich-Demokratische Politik herangezogen. Bei allen ausgewählten Texten wird am Schluß die Quelle angegeben. Der Abdruck ist in der Regel nach der Erstveröffentlichung oder dem Redemanuskript erfolgt. Der Text blieb dabei grundsätzlich unverändert. Redaktionelle Eingriffe betreffen lediglich die äußere Form.

Um ein einheitliches, ansprechendes Seitenbild herzustellen, waren insbesondere Absätze neu einzurichten und – in Parteitagsreden – Protokollanmerkungen wie „Beifall", „Heiterkeit" sowie die Anreden zu tilgen. Die wenigen Kürzungen, die erforderlich schienen, sind durch eckige Klammern [...] gekennzeichnet.

Von einer Kommentierung mit Sachanmerkungen wurde abgesehen. Jedem Textstück ist dafür eine kurze Einführung vorangestellt, die den Bezug zum jeweiligen historisch-politischen Kontext herstellt. Die Essays zur Einleitung und zum Abschluß der Sammlung würdigen die Bedeutung des Parteivorsitzenden Helmut Kohl für die CDU und erörtern die Zukunftsaussichten der Volksparteikonzeption in unserer sich dramatisch verändernden Welt. Im übrigen sollen die ausgewählten Texte für sich selbst sprechen. Wer sie ohne Vorurteile liest, wird den CDU-Vorsitzenden als einen Politiker wahrnehmen, der sich dem christlichen Verständnis vom Menschen zutiefst verpflichtet fühlt und der das Land, das seine geistige und politische Heimat ist, als die versöhnende Mitte Europas versteht.

Bonn, im Juni 1993   Peter Hintze   Gerd Langguth

Helmut Kohl als Parteivorsitzender

von Gerd Langguth

Der Weg zum Parteivorsitzenden

Am 12. Juni 1973 – vor zwanzig Jahren – wurde Helmut Kohl zum Parteivorsitzenden der Christlich-Demokratischen Union Deutschlands gewählt. Er übte dieses Amt damit fast zehn Jahre aus, bevor er am 1. Oktober 1982 Bundeskanzler der Bundesrepublik Deutschland wurde. Es ist im Rahmen eines Beitrages – aus Anlaß des zwanzigjährigen Jubiläums Helmut Kohls im Parteivorsitz – natürlich unmöglich, dieser herausragenden Persönlichkeit in der deutschen Politik in all ihren Facetten gerecht zu werden. Zu viele Ereignisse, zu viele Stationen im Laufe seines langen Politikerlebens wären zu berücksichtigen. Dennoch ist es hilfreich, vor der inhaltlichen Diskussion einiger Schwerpunkte im politischen Wirken Helmut Kohls mit wenigen Strichen seinen Weg zum Parteivorsitzenden nachzuzeichnen. Eine angemessene Würdigung seiner heutigen Rolle und Bedeutung, insbesondere seine Verankerung in der Partei, gelingt dem Betrachter erst vor diesem biographischen Hintergrund.

Am 3. April 1930 in Ludwigshafen geboren, wird er bereits 1947 Mitbegründer der Jungen Union in Ludwigshafen; seit 1948 ist Helmut Kohl Mitglied der CDU. Schon vor dem Abitur im Jahre 1950 engagiert er sich als Neunzehnjähriger im ersten Bundestagswahlkampf. Er gehört damit zu jener unmittelbaren Nachkriegsgeneration, die im Kindes- und Jugendalter die Schrecken des Krieges und der Naziherrschaft bereits bewußt miterlebt hat, die aber zu jung war, um unmittelbar am Kriege teilzunehmen oder gar persönlich schuldhaft verstrickt zu sein. Dieser generationelle Sachverhalt liegt Helmut Kohls häufig mutwillig mißverstandener Äußerung von der „Gnade der späten Geburt" zugrunde.

Die Entwicklung seines politischen Bewußtseins und sein politischer Werdegang fallen von Anfang an praktisch mit der Geschichte der

13

zweiten deutschen Republik und damit mit dem erfolgreichen Aufbau der westlich-wertgebundenen und parlamentarischen Demokratie in Deutschland zusammen. Das hat ihn geprägt. Oft kommt er in seinen Reden auf die Aufbauphase und die politischen Weichenstellungen Adenauers in der unmittelbaren Nachkriegszeit zurück, die er früh als eine große politische Chance und als einen Auftrag betrachtet hat, der unter sich ändernden Bedingungen fortwährend neu erfüllt werden muß.

In seinen Wirkungskreisen – sowohl in der Landes- als auch in der Bundespolitik – war er der erste seiner Generation, der das jeweilige politische Spitzenamt erreichte. Erste Erfahrungen in politischen Ämtern sammelte Helmut Kohl bereits als junger Student der Geschichte sowie der Rechts- und Staatswissenschaften an den Universitäten Frankfurt und Heidelberg (1950–1958), als Mitglied des Geschäftsführenden Vorstandes des Bezirksverbandes Pfalz der CDU (1953) und als Stellvertretender Landesvorsitzender der Jungen Union (1954). Fortan durchlief er fast alle parlamentarischen und parteipolitischen Ebenen, von der Stadtratsebene über den Landtag bis zum Bundestag; vom Kreisverbandsvorsitzenden bis zum Bundesvorsitzenden der CDU. Von herausragender Bedeutung in dieser stattlichen Kette von Ämtern und Positionen waren zunächst der Vorsitz der CDU-Fraktion im Landtag von Rheinland-Pfalz (1963) und der Landesvorsitz der CDU Rheinland-Pfalz (1966).

In diesen Zeitraum des Aufstiegs fallen auch seine Auseinandersetzungen mit den Honoratiorenpolitikern der CDU-Gründergeneration. Seine spätere Profilierung als Modernisierer und Reformer der Bundes-CDU hat hier in der Landespolitik der fünfziger und sechziger Jahre ihren Ausgangspunkt. Im Mai 1969 wurde er in Rheinland-Pfalz 39jährig zum jüngsten Ministerpräsidenten der Bundesrepublik gewählt. Obwohl er den Wechsel in die Bundespolitik eher vorsichtig und abwartend gestaltete, war sein Weg in eine Spitzenposition der CDU auf Bundesebene doch lange vorgezeichnet.

Mit dem Verlust der Regierungsmacht in Bonn verlagerte sich 1969 das Schwergewicht der CDU-Bundespolitik naturgemäß auf die Fraktionsarbeit. Dennoch wagte Helmut Kohl – trotz schwieriger Aussichten – auf dem Saarbrücker Parteitag 1971 die Kandidatur für den Parteivorsitz gegen den Vorsitzenden der CDU/CSU-Bundestagsfraktion, Rainer Barzel. Damit bekundete er seinen Anspruch auf das höchste Führungsamt in der Partei und profilierte sich als Kandidat der Parteireformer. Nach dem gescheiterten Mißtrauensvotum Barzels und der verlorenen Bundestagswahl von 1972 wurde für ihn der Weg an die Spitze endgültig frei. Erst zu diesem Zeitpunkt akzeptierte die CDU ihre Rolle als Opposition; bis dahin hatte sie sich noch als die nur durch widrige Umstände verhinderte Regierungspartei verstanden. Erst mit dem neuen Parteivorsitzenden gewannen Ausbau und Professionalisierung der Parteiarbeit an Dynamik.

Nachdem Helmut Kohl trotz eines hervorragenden Ergebnisses mit 48,6 Prozent der Stimmen 1976 gegen Helmut Schmidt als Kanzlerkandidat den Wahlsieg nur knapp verfehlt hatte, verließ er sein Amt als rheinland-pfälzischer Ministerpräsident und übernahm als Fraktionsvorsitzender die Führung der Opposition im Deutschen Bundestag. In dieser Konsequenz unterschied er sich sowohl von Willy Brandt, der als Kanzlerkandidat der SPD das Amt des Regierenden Bürgermeisters von Berlin nicht aufgab, als auch von Franz Josef Strauß, der als Kanzlerkandidat der Union weiter bayerischer Ministerpräsident blieb. Beide scheuten das Risiko, das mit der Funktion eines Oppositionsführers verbunden ist. Auch für Kohl gab es Schwierigkeiten in der Fraktionsarbeit. Die Auseinandersetzung mit Strauß veranlaßte ihn schließlich zu dem geschickten Schachzug, auf die Kanzlerkandidatur 1980 zu verzichten. Als der bayerische Ministerpräsident mit beträchtlichem Rückstand zu Schmidt scheiterte, sah Helmut Kohl seine Position als Kanzlerkandidat der Union beim Ende der sozial-liberalen Koalition gefestigt.

Der Regierungswechsel von 1982/83 wurde erleichtert durch die Tatsache, daß Helmut Kohl schon in Mainz und dann auch während der Oppositionzeit gute persönliche Kontakte zu führenden FDP-Politikern unterhielt. Diese Pflege persönlicher und direkter Ansprache ist eine seiner Stärken. Sie sichert ihm auch über die Amtsautorität des Vorsitzenden hinaus die starke Stellung in der Partei, die er wie kaum ein anderer von innen kennt. Seine Verankerung in der Partei beruht vor allem auf einem persönlichen Beziehungsgeflecht mit gegenseitigen Loyalitäten. Dies erklärt auch, warum Kohl Kanzlerschaft und Parteivorsitz problemlos wie zuvor nur Adenauer miteinander vereinbaren kann. Allerdings sind hierbei die heute wesentlich veränderten Bedingungen zu beachten: Adenauer herrschte über seine Partei, führte sie vom Kanzleramt aus.

Im wesentlichen war die CDU trotz des eigentlich modernen Volksparteikonzepts, das bei ihrer Gründung maßgebend war, zu diesem

Zeitpunkt noch eine Honoratiorenpartei mit Milieucharakter. Heute – nach der Modernisierung und Pluralisierung – hat die Partei ein reges, diskussionsfreudiges und eigenständiges Binnenleben entfaltet. Der Parteivorsitzende ist nicht nur Parteiführer, sondern nimmt auch die Funktion eines parteiinternen Moderators wahr.

Von den Reden Kohls geht Anziehungskraft und Wirkung aus, auch dann, wenn er sich von seinem vorbereiteten Manuskript löst. Diese Faszination beruht auf persönlicher Ausstrahlung und direkter Ansprache – einer Stärke seiner Persönlichkeit, die sich besonders im Gespräch im kleinen Kreis zeigt, aber auch in der Reaktion auf extreme politische Angriffe, denen ein Parteiführer immer wieder ausgesetzt ist. Nicht zuletzt in Wahlkampfreden, bei denen er sich oft nur an einigen Stichworten orientiert, tritt diese Fähigkeit, die Menschen für sich einnehmen zu können, eindrucksvoll hervor.

Wir haben versucht, die Vielfalt seiner Reden zu drei Schwerpunkten zu bündeln, die die Leistung Helmut Kohls als Parteivorsitzender über zwei Jahrzehnte hinweg dokumentieren und die ihn als einen Erneuerer der Partei, als einen Parteiführer mit christlichem Grundverständnis und als einen politischen Visionär charakterisieren.

Erneuerer und Reformer der Partei

Der Erneuerungs- und Modernisierungsprozeß der CDU, vor allem auf programmatischem und organisatorischem Gebiet, fällt in seinen wesentlichen Phasen in die Zeit des Parteivorsitzes von Helmut Kohl. Die Reform erfaßte die gesamte Partei und ist mithin nicht das Werk nur eines einzelnen. Aber ohne die drängende und wegweisende Kraft des Parteivorsitzenden wäre sie nicht so umfassend und erfolgreich gestaltet worden. Helmut Kohl übernahm den Parteivorsitz in einer für die CDU entscheidenden Umbruchphase. In der Partei war spürbar, daß ihre großen Weichenstellungen und Aufbauleistungen der Nachkriegszeit, Soziale Marktwirtschaft und Westintegration, immer selbstverständlicher geworden waren und an Attraktivität beim Wähler verloren. Die fast zwanzigjährige Regierungszeit hatte zu einer gewissen Abnutzung und Erstarrung geführt. Zudem wurden die organisatorischen und programmatischen Defizite der Partei immer deutlicher. Bereits in der zweiten Hälfte der sechziger Jahre wurde in der CDU eine Erneuerungs- und Reformdiskussion geführt, an der sich Helmut Kohl als rheinland-pfälzischer Landesvorsitzender und als Präsidiumsmitglied der CDU engagiert beteiligte.

Er galt von Anfang an als einer der Wortführer der innerparteilichen Reformbewegung. Maßstäbe für diese Betrachtung waren auch seine außerordentlich reformfreudige Politik als Ministerpräsident von Rheinland-Pfalz und die Tatsache, daß er es verstanden hatte, kreative und dynamische Politiker in sein im Gesamtdurchschnitt jüngstes Landeskabinett zu holen. Die Ende der sechziger Jahre einsetzende und dann unter dem Parteivorsitz und der aktiven Förderung Kohls in den siebziger Jahren verwirklichte umfassende und tiefgreifende Erneuerung vollzog sich gleichermaßen als Programmreform, als Organisationsreform, als Struktur- und Führungsreform und nicht zuletzt als Reform des Kommunikationsverhaltens der Partei. In dieser Phase gewann die CDU ihr bis heute im wesentlichen verbindliches politisch-programmatisches Selbstverständnis als moderne Volkspartei sozialer, liberaler und konservativer Prägung auf der Grundlage eines christlichen Verständnisses vom Menschen und ihre bis heute gültige strukturelle und organisatorische Gestalt.

Als die Union 1969 in die Opposition mußte, war sie dafür keinesfalls gerüstet. Die Partei war eine vor Ort weitgehend milieugeprägte Honoratiorenpartei mit minimalem Apparat, und die Bundespartei war schon organisatorisch zur politischen Analyse und zu eigenständiger Grundsatzarbeit nicht in der Lage. Trotz erster Ansätze etwa mit der Berufung Bruno Hecks zum ersten Generalsekretär der CDU 1967 und der Verabschiedung eines ersten Parteiprogramms (Berliner Programm, erste Fassung 1968) stellte sich die CDU als Partei in der Tradition ihrer Kanzler und ihrer Minister dar, nicht aber in programmatischen Aussagen und einem eigenständigen Profil.

Bevor unter Helmut Kohl der notwendige Aufbau einer effizienten Parteizentrale und die Programmarbeit in Angriff genommen wurden, entwickelte sich in der Übergangsphase zunächst die Fraktion zum politischen Gravitationszentrum der Partei. Aus der Kanzlerpartei wurde eine Fraktionspartei. Doch schon der Mainzer Parteitag vom November 1969, unmittelbar nach der verlorenen Wahl, war gekennzeichnet durch Selbstkritik und den Willen zu einem programmatischen Aufbruch. Er legte Kriterien und Maßstäbe für eine Überarbeitung des Berliner Programms fest. Hierzu setzte der Bundesvorstand 1970 eine Programmkommission unter dem Vorsitz von Helmut Kohl und Heinrich Köppler ein. Das 1971 verabschiedete Berliner Programm (zweite Fassung) blieb zwar hinter dem Entwurf der Programmkommission zurück; gleichwohl trug die innerparteiliche und öffentliche Diskussion dazu bei, das gesellschaftliche Image der Partei zu verbessern.

Darüber hinaus war 1971 von der Parteiführung auch eine Grundsatzkommission eingesetzt worden, die den Auftrag erhielt, die Veränderungen der Gesellschaft, die neuen Herausforderungen und die Themen sowie Probleme der Zukunft zu definieren und der Partei Empfehlungen für Lösungsansätze zu geben. Die Grundsatzkommission legte unter dem Parteivorsitz Helmut Kohls 1973 auf dem Hamburger Parteitag ihren zweiten, ausführlichen Zwischenbericht vor. Die politischen Vorgaben und strategischen Zielsetzungen sowie die Unterstützung des weiteren Reformprozesses durch die im Juni 1973 auf einem Parteitag in Bonn neugewählte politische Führung der Partei waren für den weiteren Verlauf der Programmentwicklung entscheidend.

So stellte bereits der Hamburger Parteitag vom November 1973 eine erste bedeutende Bewährungsprobe für die neue Parteispitze dar. Er stand unter dem Vorzeichen grundlegender Erneuerung. In vier wichtigen Bereichen der Gesellschaftspolitik wurden neue Akzente gesetzt. Zur Mitbestimmung, zur Vermögensbildung in Arbeitnehmerhand, zur Reform der beruflichen Bildung und zum Bodenrecht wurden trotz sehr unterschiedlicher Vorstellungen innerhalb der Partei klare Beschlüsse gefaßt, die als Hamburger Leitsätze dem Berliner Programm II von 1971 hinzugefügt wurden. Die Grundsatzkommission unter dem Vorsitz Richard von Weizsäckers erhielt darüber hinaus den Auftrag, das erste Grundsatzprogramm der CDU auszuarbeiten.

Die nun beginnende Schlüsselphase der Parteireform mußte nach Lage der Dinge mehrdimensional sein: Sie mußte der Partei eine neue politische Philosophie geben, in der das Wesentliche, Prinzipielle, Unverwechselbare der CDU gegenüber der SPD herauskristallisiert wurde; dem diente die Arbeit am Grundsatzprogramm. Daneben mußte sich die CDU den akuten Fragen der Gegenwart und den Problemen der Zukunft in einer sich rasch wandelnden Gesellschaft öffnen und Lösungskompetenz auf der Höhe der Zeit entwickeln. Schließlich mußte die Partei als Bundespartei funktionsfähig und als Organisation flächendeckend handlungsfähig werden. Hierzu wurde das Konrad-Adenauer-Haus zu einem effizienten Apparat mit Organisations- und Planungskapazität ausgebaut. Komplementär zur Spitzenorganisation erhielten die Kreisgeschäftsstellen – bisher nur für die Betreuung relativ bescheidener Mitgliederbestände gerüstet – eine personelle und vor allem technische

Ausstattung als moderne Dienstleistungszentren. Innerhalb weniger Jahre machte die CDU den Organisationsrückstand gegenüber der SPD nicht nur wett, sondern überholte die Sozialdemokraten sogar in den Augen der Öffentlichkeit.

Dies ging mit einem starken Mitgliederzuwachs einher, den die CDU insbesondere nach der verlorenen Bundestagswahl 1972 zu verzeichnen hatte. Im Zeitraum zwischen 1969 und 1976 hatte sich die Zahl der Mitglieder von 300 000 auf rund 664 000 mehr als verdoppelt und stieg im weiteren Verlauf bis 1983 auf den Höchststand von 735 000 Mitgliedern. Die CDU war in den siebziger Jahren unter Helmut Kohl eine Mitgliederpartei geworden und repräsentiert seither in höherem Ausmaß als die anderen Parteien alle sozialen Schichten einer gewandelten Bevölkerungsstruktur in ihrer Mitgliedschaft. Der massive Zustrom neuer Mitglieder mit einer für die CDU neuartig heterogenen Sozialstruktur trug vielfältige Erwartungen gesellschaftlicher Modernisierung in die Partei. Den Erkenntnissen der Führung entsprach somit auch ein Druck der Basis. Beides mündete in einen steigenden Bedarf nach innerparteilicher Integration, neuer programmatischer Fundierung und politischer Zielbestimmung.

Offensiv betriebene Programmarbeit war demgemäß für die neue Parteiführung das zentrale Integrations- und Führungsinstrument. Mit ihr verfolgten Helmut Kohl und die Bundespartei vielfältige Ziele: Selbstvergewisserung über das alte und neue gemeinsame Gedankengut, Verständigung über die wesentlichen Probleme der Zukunft und die Herausforderungen an die Partei, Neuorientierung und Konsensbildung über die Lösungsansätze der gegenwärtigen und zukünftigen Probleme. Dies alles diente nicht zuletzt dazu, die Führung der Bundespartei gegenüber ihren Gliederungen, den Parteivereinigungen und Interessenorganisationen zu sichern, und sollte gleichzeitig verbindliche Richtlinien für die Arbeit der Fraktion setzen. Dabei ging es Helmut Kohl darum, Mitgliederbasis, Parteigremien und Führungsspitze auf der Grundlage eines weitgehenden Konsenses in einem engen Vertrauensverhältnis und gegenseitiger Loyalität zusammenzubinden. So wurde in den Jahren 1973 bis 1976 die Parteizentrale zum unbestrittenen Führungs- und Machtzentrum in der CDU ausgebaut.

Die Programmarbeit sollte die Partei aus der geistigen Defensive herausführen und ihr wieder Selbstbewußtsein und Gestaltungswillen geben. Höhepunkt dieser Offensive wurde die Mannheimer Erklärung von 1975, die die CDU-Politik für die kommenden Jahre grundlegend neu formulierte. Auf Initiative Helmut Kohls setzte sie zunächst außenpolitisch den Schlußpunkt hinter den jahrelangen innerparteilichen Streit über die Ostverträge, die nunmehr akzeptiert wurden. Entscheidend aber waren darüber hinaus die gesellschaftspolitischen Aussagen.

Mit der „neuen sozialen Frage" definierte die CDU neuartige Konfliktlinien der modernen Gesellschaft, anhand derer die traditionelle Sozialpolitik weiterentwickelt und auf Gruppen ohne Organisations- und Vertretungsmacht hin orientiert werden sollte. Damit wollte die CDU vor allem ihre Kompetenz für die Ordnungspolitik, konkret für die Verknüpfung von Sozial- und Wirtschaftspolitik, zurückgewinnen. Mit der Mannheimer Erklärung und den laufenden Arbeiten am Grundsatzprogramm konnte die Union im Vorfeld der Bundestagswahl 1976 die geistige Offensive zurückerobern, wesentliche Themen der öffentlichen Diskussion bestimmen und sich als sachkompetent profilieren. Innerhalb einer Legislaturperiode (von 1972 bis 1976) war es der CDU gelungen, für die kommende Bundestagswahl eine für sie sehr viel günstigere Ausgangslage zu schaffen.

Der innerparteilichen Initiative der Bundesparteiführung unter Helmut Kohl entsprach die immer bessere öffentliche Profilierung der Partei. Dies war das Ergebnis des mehrjährigen konsequenten Bemühens, die Programmdiskussion nicht nur innerhalb der eigenen Partei zu führen, sondern die politische und die Fachöffentlichkeit in diese Diskussion einzubeziehen. Die Partei öffnete sich gegenüber dem externen, nicht parteigebundenen Sachverstand und machte die eigene Programmdiskussion zu einem Forum der Zukunftsdiskussion für das ganze Land.

Das schließlich 1978 nach einem langen, mehrstufigen Diskussionsprozeß verabschiedete Grundsatzprogramm ist ein Dokument des neugewonnenen Selbstverständnisses der CDU als einer liberalen, konservativen und sozialen Volkspartei, die sich an alle Schichten und Gruppen des Volkes wendet und ihre Politik dabei auf das christliche Verständnis vom Menschen und seiner Verantwortung vor Gott gründet, aber zugleich betont: „Aus christlichem Glauben läßt sich kein bestimmtes politisches Programm ableiten." Das Grundsatzprogramm war das zusammenfassende Schlußdokument einer Arbeit, die bereits vor Beginn der Oppositionszeit eingeleitet worden war, die aber wohl einerseits ohne die strukturellen Zwänge und Bedingungen, die diese Zeit der Partei auferlegte, und andererseits ohne die reformorientierten Weichenstellungen des Parteivorsitzenden Helmut Kohl kaum zu dieser tiefgreifenden Erneuerung der Partei an Haupt und Gliedern geführt hätte. In dieser Zeit wurde die CDU moderne Volkspartei und gewann ihre bis heute gültige Führungs- und Organisationsstruktur mit der Bundespartei als politischem Brennpunkt.

Nach der erneuten Übernahme der Regierungsverantwortung durch die CDU waren die Stuttgarter Leitsätze von 1984 über „Deutschlands Zukunft als moderne und humane Industrienation", die sich mit dem Strukturwandel und der internationalen Wettbewerbsfähigkeit der Wirtschaft, mit der Einführung moderner Technologien und Fragen des Umweltschutzes beschäftigten, ein wichtiger Meilenstein programmatischer Weiterentwicklung. Es folgten 1985 die Essener Leitsätze für eine „neue Partnerschaft zwischen Mann und Frau". Diese postulierten die Gleichrangigkeit von Berufstätigkeit sowie Hausfrauentätigkeit und Familie für die Frau und warben für eine Politik, die beides vereinbar macht und Frauen nicht vor die Alternative des Entweder-Oder stellt.

Auch auf den beiden Parteitagen in Wiesbaden 1988 und Bremen 1989 standen brisante innen- und gesellschaftspolitische Fragestellungen im Zentrum, so etwa die Probleme der Gentechnologie, des Schutzes des ungeborenen menschlichen Lebens und eines menschenwürdigen Sterbens. Hierüber wurde auf dem Wiesbadener Parteitag trotz tiefgreifender Kontroversen mit großem Ernst und wechselseitigem Respekt debattiert. Die gesellschaftspolitischen Ergebnisse beider Parteitage, die programmatisch eine Einheit darstellen, wurden zusammengefaßt unter dem Thema „Politik auf der Grundlage des christlichen Menschenbildes".

Das zweite große Thema der beiden Parteitage war der Außen-, Entwicklungs- und Sicherheits-, insbesondere aber der Deutschlandpolitik – noch vor dem Ausbruch der Unruhen vom Oktober 1989 in der damaligen DDR – gewidmet. Nicht zuletzt auf Drängen Helmut Kohls wurde ausdrücklich an der Einheit als Ziel der Deutschlandpolitik festgehalten. Wie schon zuvor verpflichtete sich die Union, den zukünftigen Einigungsprozeß in einer gesamteuropäischen Perspektive zu sehen.

Wie sehr Helmut Kohl die Parteireform als permanente Herausforderung versteht, läßt sich auch seiner Wiesbadener Rede „Die CDU als moderne Volkspartei" entnehmen, in der er darauf hinweist, daß alle Volksparteien der Bundesrepublik Deutschland unter erschwerten Bedingungen arbeiten, aber zugleich attestiert, „daß sich eine Partei wie die CDU als wertorientierte Volkspartei" mit besonders schwierigen Problemen konfrontiert sieht. Auf den Wandel in der Einstellung zu christlich geprägten Werten müsse die Partei reagieren: „Die Festigkeit im Prinzipiellen und die Treue zu den Grundsätzen müssen sich bei uns mit der Offenheit für die Fragen, Sorgen und Hoffnungen von Menschen verbinden – Fragen, Sorgen und Hoffnungen, die sich auch immer verändern." Helmut Kohl hat seine Partei zu kontinuierlicher Reformarbeit verpflichtet.

Auf dem Hamburger Parteitag vom Oktober 1990 ist schließlich die Überprüfung und Fortschreibung des Grundsatzprogramms von 1978 beschlossen worden. Dies geschah wiederum wesentlich auf Initiative des Parteivorsitzenden, der frühzeitig die Herausforderungen globaler und gesellschaftlicher Umwälzungen ernst nahm und die Partei aufforderte, in einer erneuten Programmdiskussion die zukünftige Ausgestaltung unseres freiheitlichen und demokratischen Gemeinwesens in der dramatisch veränderten Welt zu formulieren.

Politiker aus christlichem Verständnis

Politik ist eine Gestaltungsaufgabe. Politik gestalten aber kann in der Demokratie letztlich nur derjenige, der dazu verfassungsmäßig legitimiert ist. Machtausübung ist in der Demokratie eine Dienstfunktion im Interesse des Gemeinwohls. Einen demokratischen Politiker wie Kohl seines ausgeprägten Machtbewußtseins wegen zu tadeln geht also letztlich ins Leere.

Ähnlich verhält es sich mit dem Pragmatismus-Vorwurf. Politik ist weniger eine theoretische als eine praktische Aufgabe. Helmut Kohl ist Pragmatiker in seinem Sinn für das sowohl durch Kompromißfähigkeit als auch durch Führungs- und Überzeugungskraft Durchsetzbare und Erreichbare. Wiederholt hat er sich gegen eine „Verteufelung des Kompromisses in der Demokratie" gewandt: Eine der wichtigen Leistungen der Union in Deutschland sei, so hob er auf dem Wiesbadener Parteitag hervor, „die besonders geschärfte Fähigkeit zum Kompromiß", ein „Lebenselement" für die CDU, „denn ohne Kompromiß kann eine Partei, die in der Bevölkerung in allen sozialen Schichten verankert ist, überhaupt nicht arbeiten". Kohl ist jedoch nicht pragmatisch in dem Sinne, daß er hierüber bedenkenlos Grundsätze vergessen würde. Der Titel seines Buches „Zwischen Ideologie und Pragmatismus" kennzeichnet seine Absage an starre Dogmatisierung und reinen Pragmatismus in der Politik sowie sein Bekenntnis zur Wertgebundenheit politischen

Handelns. Er plädiert für kritische Rationalität als einen neuen politischen Stil und eine angemessene Methode, um politische Probleme erkennen und lösen zu können.

Zugleich bekennt er sich zum „C" in der Politik, was nicht nur Konsequenzen für den Stil der Problemlösungen, sondern auch für die konkreten politischen Zielsetzungen hat. „Wir wagen eine Politik aus christlicher Verantwortung. Wir wissen, daß Menschen in ihrem Erkennen und Handeln irren können. Wir glauben deshalb nicht an die totale Machbarkeit der Welt." Anknüpfend an eine Erkenntnis des Philosophen Karl Popper fährt Kohl fort: „Wer versucht hat, den Himmel auf Erden zu schaffen, hat noch immer in der Geschichte die Hölle aus ihr gemacht" (12. Juni 1973, Bundesparteitag in Bonn). Der absolute Wahrheitsanspruch einer dogmatischen Politik führe zwangsläufig zu einer Polarisierung der Gesellschaft, wie Kohl in seiner Paulskirchen-Rede 1974 unterstreicht.

In der Formulierung seiner politischen Vorstellungen und in seinem Handeln bindet er die Ziele, einschließlich der hierfür einzusetzenden Mittel, an die für ihn wichtigen politischen Grundsätze und Grundwerte. So ist es auch kein Zufall, daß er innerhalb der CDU als derjenige Politiker gilt, der immer wieder die Grundsatzdiskussion anstößt und die Besinnung der Partei auf ihre Grundwerte fordert, wie sie bereits programmatisch in ihrer Gründungsphase formuliert worden waren.

In diesem Zusammenhang ist lesenswert, was Kohl 1975 zum Verhältnis von CDU und Intellektuellen geschrieben hat. Die Entfremdung zwischen CDU und Intellektuellen, die er nicht bestreitet, basiere nicht nur auf Fehlern der CDU, sondern auch auf der generellen Überschätzung und Überforderung der Möglichkeiten von Politik durch viele Intellektuelle: „Sie können und müssen absoluter, radikaler denken, reden und schreiben, als dies einem Politiker je erlaubt wäre." Für Intellektuelle sei es nicht nur legitim, sondern Voraussetzung ihres Erfolges, eine Idee, einen Gedanken zu verfolgen, einen einzigen Wert ohne Rücksicht auf andere zu maximieren. Der Politiker hingegen müsse entscheiden. Die Entscheidungssituation des Politikers sei dabei stets gekennzeichnet durch die Begrenztheit der Zeit und die Unvollständigkeit der notwendigen Information. Er treffe seine Entscheidungen fast immer bei einem eingeengten, unbestimmten Horizont. „Der Politiker muß sich an den Konsequenzen (nicht Absichten!) seines Handelns messen lassen, diese Konsequenzen liegen aber nur zum Teil in seiner Gegenwart."

Im Berliner Programm 1968 hatte die CDU die Grundwerte Freiheit, Gerechtigkeit und Solidarität als Richtschnur ihres politischen Handelns formuliert. In der weitergehenden Grundsatzdiskussion, die Helmut Kohl engagiert förderte und mitbestimmte, wurden diese Grundwerte ausgeführt und erläutert. Auch die Sozialdemokraten nehmen diese Grundwerte für sich in Anspruch, keine Partei kann hier ein Monopol reklamieren. Schon deshalb ist es wichtig, die unterschiedlichen Inhalte und das jeweils andere Menschen- und Politikverständnis, mit denen sich auch jeweils andere politische Ziele verbinden, deutlich zu machen.

Helmut Kohl hat die enge Verbindung von politischen Zielen und Grundwerten aufgezeigt, besonders deutlich in seinem Referat auf dem Grundsatzforum der CDU in Berlin im September 1977. Er hat dort anhand konkreter Politikfelder wie zum Beispiel Sozialpolitik und Bildungspolitik sowie der damals akuten Fragen von innerer Sicherheit und Rechtspolitik sein im individuellen Freiheitsbegriff begründetes Politik- und Grundwerteverständnis klar herausgestellt und gegenüber sozialdemokratischen Vorstellungen abgegrenzt: Ausgangspunkt ist für ihn das christliche Verständnis vom Menschen, dessen geistige Wurzeln im christlichen Glauben und im Sittengesetz liegen. Die Freiheit versteht er als dem Menschen von Gott gegebene Aufgabe. Hieraus ergibt sich für Helmut Kohl der enge Zusammenhang von Freiheit und Verantwortung. Die konkrete Verwirklichung und Ausgestaltung der Freiheit ist in die Verantwortung des einzelnen Menschen gestellt. Diesem selbst sind Leistungen und Fehlleistungen zuzurechnen – und nicht in erster Linie der Gesellschaft, den sogenannten gesellschaftlichen Verhältnissen oder dem Staat.

Den Sozialdemokraten hingegen hält er vor, Freiheitsverwirklichung in erster Linie als Aufgabe des Staates zu begreifen und die umfassende Einbindung des Menschen in staatliche und gesellschaftliche Kollektive zu betreiben. Dagegen hält er es für notwendig, daß sich der Staat Grenzen setzen muß, wenn die Freiheit nicht gefährdet werden soll. Der Staat habe die realen Freiheitschancen des einzelnen zu sichern, dürfe ihn aber nicht unter einem umfassenden Betreuungsanspruch de facto entmündigen und damit letztlich der Freiheit berauben.

Mit dem Verhältnis von Staat und Grundwerten setzte sich Helmut Kohl auch in einem vielbeachteten Beitrag vor der Katholischen Akademie Hamburg im Juni 1976 auseinander. Diese Veranstaltung war Teil der großen Grundwertedebatte der siebziger Jahre. Ausgehend von der Einschätzung, daß die staatliche Ordnung des Grundgesetzes als eine wertgebundene Ordnung sich vom Wertrelativismus der Weimarer Zeit unterscheide und damit wesentlich bessere Voraussetzungen für einen freiheitlich-demokratischen Staat geschaffen seien, ergebe sich die Verpflichtung des Staates, nicht nur die verfassungsmäßigen Grundrechte zu schützen, sondern auch die ihnen zugrundeliegenden Wertvorstellungen der Gesellschaft. Die Begründung hierfür sieht Helmut Kohl in dem erkannten Zusammenhang zwischen den gesellschaftlichen Grundwerten und den in der Verfassung kodifizierten, einklagbaren Grundrechten.

Um das Fundament der Rechtsgemeinschaft zu sichern, deren ideelles Integrationselement die Grundwerte darstellen, hält er die Erhaltung und Festigung eines gemeinsamen Grundkonsenses aller Staatsgewalten sowie aller demokratischen politischen Kräfte in der Gesellschaft für notwendig. In einer an Grundwerten orientierten politischen Ordnung existiere ein enger Zusammenhang zwischen Tagespolitik und Verfassungspolitik, da es immer um die Aktualisierung und Konkretisierung der in der Verfassung festgelegten Maßstäbe gehe. Dies genau mache die programmatische und politische Auseinandersetzung aus. Neben dem gemeinsamen Verfassungskonsens müsse es daher eine Auseinandersetzung um die konkrete, inhaltliche Ausgestaltung der Grundwerte Freiheit, Gerechtigkeit und Solidarität geben.

Für die CDU erläuterte Kohl, ausgehend vom christlichen Begriff der Menschenwürde, das Verständnis der sich gegenseitig ergänzenden und bedingenden Grundwerte. Der Grundwert der *Freiheit* begründet vor allem das Recht des Menschen, sein Leben nach eigenem Entwurf zu gestalten. Die Freiheit wird in einem Doppelzug gesehen: Zum einen ist auch persönliche Freiheit nur als gemeinsame Freiheit aller möglich; zum anderen besteht ein enger Zusammenhang von Freiheit und persönlicher Leistung, in der diese sich verwirklichen kann; allerdings unabhängig von der jedem Menschen eigenen personalen Würde.

Auch der Grundwert der *Solidarität* läßt sich aus dem christlichen Glauben ableiten; letztlich ist Solidarität die politische Konsequenz des Gebotes der Nächstenliebe. Solidarisches Handeln ermöglicht Gemeinschaft und gibt der Leistung ihren sozialen Sinn, darf jedoch nicht zur passiven Anspruchshaltung des einzelnen gegenüber anderen und gegenüber Staat und Gesellschaft führen, sondern muß ausgerichtet bleiben auf persönliche Initiative, Leistung und Verantwortung. Solidarität – so Kohl – sei vor allem dort geboten, wo starke eigene Interessenvertretung gesellschaftlicher Gruppen, etwa durch Verbände, nicht existiert und wohl auch strukturell nicht möglich ist. Damit wird die neue soziale Frage der Mannheimer Erklärung von 1975 angesprochen und gleichzeitig der Bezug zur aktuellen Programmauseinandersetzung im Vorfeld der Bundestagswahl 1976 hergestellt.

Der Grundwert der *Gerechtigkeit* steht für Helmut Kohl in einem dialektischen Spannungsverhältnis zur Gleichheit. Aus der Gleichheit aller Menschen in ihrer personalen Würde entwickeln sich, verbunden mit der Freiheit des Menschen, individuelle Vielfalt, Unterschiede und Ungleichheiten. Es könne im Ziel, so führt Kohl aus, nicht um die Gleichheit der Ergebnisse gehen, da gesellschaftliche Gleichheit letzten Endes die Freiheit beseitigt und das Menschenrecht auf Individualität bedroht. Gerechtigkeit hingegen verlangt die Unterscheidung von Gleichem und Ungleichem.

Für die CDU ist das ethische Fundament, wie es im Grundwerteverständnis Helmut Kohls aufscheint, unverzichtbare Voraussetzung für die Gestaltung einer zukunftsorientierten Politik. Als Richtschnur für politisches Handeln sind die Grundzüge des christlichen Verständnisses vom Menschen im Grundsatzprogramm von 1978 den Grundwerten als Ausgangspunkt vorangestellt. Die Grundlage des christlichen Verständnisses vom Menschen ist dabei nicht als exklusiv christliche Wertbasis, sondern vielmehr im Sinne allgemeinmenschlicher Grundwerte zu verstehen.

Für den Christen Helmut Kohl lassen sich aus dem Glauben zwar kein politisches Programm und keine klaren Regeln für die Tagespolitik ableiten. Gleichwohl stellt das Christentum mit seinem Verständnis vom Menschentum eine sichere ethische Grundlage für verantwortliche Politik dar. So versteht auch Helmut Kohl das „C" als Mahnung und Verpflichtung sowie als Quelle, aus der er selbst und die Union neue Kraft schöpfen können.

Mit seinem Politikverständnis aus christlicher Verantwortung stellt sich Helmut Kohl bewußt in die Tradition Konrad Adenauers, wie in der Rede zum hundertsten Geburtstag des Gründungskanzlers deutlich wird. Die Besinnung auf die Tradition der Unionsgründer nach dem Zweiten Weltkrieg gehört für Helmut Kohl zur politischen Grundhaltung. Er verbindet die Werte und Grundsätze, an denen er seine Politik orientiert, oft beispielhaft und anschaulich mit bedeutenden Politikern, die für diese Prinzipien stehen. Neben Konrad Adenauer und Ludwig Erhard, dem „Vater der Sozialen Marktwirtschaft", zählen auch andere Männer und Frauen aus der Gründergeneration der CDU hierzu – wie, trotz aller Unterschiede, Jakob Kaiser, Andreas Hermes, Helene Weber und Hermann Ehlers. Sie stehen für die Verwurzelung der CDU im Widerstand, auf die Helmut Kohl sich oft beruft. Die Gründungsidee und die hierauf aufbauende staatliche und politische Ordnung sind für ihn kein beschauliches Erinnerungsstück aus einer Vergangenheit, auf die die CDU stolz sein kann, sondern immer zugleich auch Vermächtnis für die Zukunft. Sichtbar wird die Einstellung zur Geschichte der Partei und ihren Traditionen auch in der Wertschätzung des Ahlener Programms, das er zum 30. Jahrestag würdigte.

In vielen weiteren Reden zu den unterschiedlichsten Sachthemen verbindet Helmut Kohl die aktuelle Tagespolitik – vor allem aber programmatische Politik für die Zukunft – mit der Besinnung auf Grundwerte und Grundsätze. Charakteristische Beispiele hierfür sind in diesem Band etwa die Reden „Das Grundgesetz – Verfassung der Freiheit" und „Familie – Chance zur Gestaltung des Fortschritts". Hier erweist sich Helmut Kohl als ein Pragmatiker der Politik, der in seinem tagespolitischen Handeln, vor allem aber in seinen programmatischen Äußerungen, von festen Grundsätzen und den Grundwerten bestimmt ist.

Ein politischer Visionär

Politik ist bekanntlich die Kunst des Möglichen. Kein Politiker kann auf den Entwurf von Zukunftsbildern und auf die Suche nach Möglichkeiten und Wegen, diese Zukunftsbilder zu verwirklichen, verzichten. Politik hat so auch immer einen Auftrag für morgen. Helmut Kohl hat als Vorsitzender der CDU diesen Auftrag für sich und seine Partei sehr ernst genommen. Die Politik als eine aktive Verhaltensweise im Sinne von Zielfindung und Zielsetzung ist Kohls Sache. Sie setzt ein konstruktives Denken voraus, das sich in Entscheidungssituationen von technischen, bürokratischen, programmatischen und ideologischen Vorgaben frei machen kann und zur Innovation fähig ist. Nicht zufällig sind viele seiner Reden der Zukunft gewidmet.

Zu diesem Vorausdenken in der Absicht einer aktiven Gestaltung der Zukunft tritt die Fähigkeit des Historikers Helmut Kohl, in geschichtlichen Zusammenhängen und Zeiträumen zu denken. Geschichte bleibt für ihn nicht rückwärtsgewandt, sondern auch gegenwarts- und zukunftsbezogen. Die nach vorne wirkende Moral der Geschichte findet sich bei ihm oft thematisiert: „Wir brauchen aber, um die Lage der

Nation zu begreifen und die Zukunft nicht zu verfehlen, die fortdauernde Auseinandersetzung mit unserer Geschichte. Denn ohne zu verstehen, wie die Gegenwart entstand, kann man auch nicht über die Gegenwart hinaus weiter nach vorn denken" (Mai 1981). Zu einem solchen Geschichtsbewußtsein gehört, die gegebenen politischen und geschichtlichen Konstellationen nicht als statisch und unveränderbar zu begreifen. Dies schließt neben der Zukunftsperspektive auch eine optimistische Grundhaltung ein.

Der phantasievollen, nach vorwärts gerichteten Ideensuche entspricht bei Kohl in der politischen Praxis ein strategieorientiertes Vorgehen. Er kann geduldig abwarten und beharrlich an langfristigen Zielvorstellungen festhalten, dabei in der Wahl der taktischen Mittel variabel und den Zeitumständen gemäß flexibel sein, um auf dem Konsenswege dem Ziel schrittweise näherzukommen. Am deutlichsten ist diese Stärke seiner Politik im europäischen Einigungsprozeß, in der Behandlung der deutschamerikanischen Partnerschaft und in der deutschen Frage wahrnehmbar.

Politisch ist Helmut Kohl mit dem Europagedanken verwachsen. In einer europäischen Kernlandschaft geboren, die geschichtlich häufig zugleich Grenz- und Durchgangsland war, prägten ihn seine starke kulturelle Verwurzelung in dieser Landschaft sowie sein von Jugend an lebhaftes Geschichtsbewußtsein. Er gehörte zu jener Generation junger Deutscher und Franzosen, die zu Beginn der europäischen Einigungsbewegung idealistisch-bewegt die Grenzpfähle zwischen ihren Ländern niederrissen. Trotz der Hinwendung zur pragmatischen Politik ist für Helmut Kohls politisches Handeln die „Vision Europa" als Sinnziel bestimmend geblieben.

So war es bezeichnend, daß sich Helmut Kohl unmittelbar nach seiner Wahl zum Parteivorsitzenden 1973 dem Thema Europa zuwandte: Das Europa der zweiten Generation hat sich neben der Schaffung des Gemeinsamen Marktes der Aufgabe der gesellschaftlichen Verflechtung Europas zu stellen. Diese Aufgabe weist über die klassische Außenpolitik hinaus. Europapolitik als eine neue Form von Innen- und Gesellschaftspolitik erfordere – so Kohl 1973 – den Aufbau einer neuen europäischen politischen Infrastruktur, die in ihren gesellschaftlichen Vermittlungsinstanzen auch über den staatlichen Bereich des politischen Systems hinausgreift.

Aus diesem Europaverständnis heraus hat Helmut Kohl nach seiner Wahl zum Bundeskanzler bei zahlreichen EG-Gipfeln eine im Kreis der Staats- und Regierungschefs herausragende Rolle sowohl als Vermittler zwischen unterschiedlichen Standpunkten als auch als Verfechter eines forcierten Integrationsprozesses übernommen. Als Europapolitiker wird ihm ein hohes Maß an internationaler Anerkennung und Reputation entgegengebracht. Gemeinsam mit dem französischen Staatspräsidenten François Mitterrand erhielt er am 1. November 1988 den Aachener Karlspreis.

Heute sieht Helmut Kohl die Entwicklung Europas wiederum an einem schicksalsträchtigen Punkt angelangt. In seiner Grundsatzrede auf dem „Europa" gewidmeten Düsseldorfer Parteitag von 1992 forderte Helmut Kohl energische Schritte in Richtung einer europäischen Union bis zum Ende dieses Jahrhunderts: Dies sei eine Frage des Bestehens oder Versagens vor der Geschichte. Angesichts des Zusammenbruchs der kommunistischen Diktaturen in Mittel-, Ost- und Südosteuropa und nach dem Erreichen der staatlichen Einheit Deutschlands biete sich die historische Chance, nun auch das zweite Ziel der Präambel des Grundgesetzes von 1949 zu erreichen, nämlich die europäische Einigung.

Er rief seine Partei auf, sich wieder darauf zu besinnen, daß sie in der Nachfolge der Politik Konrad Adenauers als „klassische" Europapartei Deutschlands steht. Er erinnerte daran, daß sich die Bundesrepublik Deutschland endgültig für eine Politik entschieden habe, die auf den engeren Zusammenschluß der europäischen Völker und Nationen setzt. Ziel dieses Zusammenschlusses ist für Helmut Kohl nicht allein der wirtschaftliche Nutzen. Über die Stufen der Wirtschafts- und Währungsunion hinaus strebt er letztlich eine politische Union an, die ihm bereits zu Beginn seiner Zeit als Parteivorsitzender 1973 als Ziel vorschwebte.

Den zentralen Aspekt zukünftiger europäischer Entwicklung griff Helmut Kohl in seiner Rede zur „Idee Europa" im Oktober 1991 in Frankfurt an der Oder auf: Mit dem Blick nach Mittel- und Osteuropa betonte er das Miteinander der europäischen Völker über Politik und Wirtschaft hinaus als eine Wert- und Kulturgemeinschaft. Die ungebrochene Kraft dieser Werte habe die Mauer zum Einsturz gebracht. Im Engagement junger Menschen auf der Grundlage der einenden Kraft dieses kulturellen Erbes beruhen die besonderen Chancen eines vereinten Europas. Seiner eigenen Verwurzelung in der pfälzischen Heimat entspricht sein Plädoyer für ein Europa der Regionen. Europäische Gesinnung und Verwurzelung in der eigenen Region sind für ihn kein Widerspruch. In einem größer werdenden Europa sieht er die regionale Substanz sogar zunehmend an Bedeutung gewinnen.

In der Politik Helmut Kohls wird die europäische Einigung auf die *atlantische Partnerschaft* bezogen – und umgekehrt. Diese enge Abstimmung folgt aus der von Konrad Adenauer vollzogenen Entscheidung, die Bundesrepublik Deutschland in die Gemeinschaft der westlichen Demokratien einzubinden und damit gleichzeitig auf eine Schaukelpolitik zwischen Ost und West und eine ominöse „Brückenfunktion" zu verzichten. Ausdruck der atlantischen Partnerschaft ist die solide Verankerung der Bundesrepublik Deutschland in der westlichen Allianz, die Helmut Kohl nicht nur als Sicherheits-, sondern auch als Wertgemeinschaft befestigen will.

Die Freundschaft mit den Vereinigten Staaten auf der Grundlage der die Alte und Neue Welt verbindenden gemeinsamen Werte, die aus der Verpflichtung auf Menschenrechte, Demokratie und Freiheit erwachsen, stand im Mittelpunkt einer Rede Helmut Kohls im Mai 1992 in Heidelberg. Der epochale Wandel in Europa und der damit verbundene gewaltige Umbruch gewohnter Strukturen stellten Deutsche und Amerikaner vor neue Herausforderungen. Mehr noch als in der Vergangenheit gehe es heute darum, gemeinsame Werte zu bewahren und den Aufbau einer staatlichen Ordnung im Zeichen der Freiheit, wo immer möglich, zu fördern mit dem Ziel, Menschenrechte, Rechtsstaat, freiheitliche Demokratie und liberale Wirtschaftsordnung zu verwirklichen. In einer Zeit, in der die deutsche Politik und Gesellschaft sich sehr mit den eigenen Problemen beschäftigt, müsse man immer wieder deutlich machen, daß das Schicksal Deutschlands in der Mitte Europas wesentlich von der Außenpolitik bestimmt werde.

Die deutsch-amerikanische Freundschaft ist eine Konstante in Helmut Kohls Denken. Sie gilt es zu pflegen und auch für die Zukunft zu sichern. Vier Aufgaben seien dabei vorrangig: Die deutsch-amerikanische Freundschaft dürfe zuvörderst nicht nur eine Sache des Verstandes sein, sondern müsse vielmehr auch in den Herzen der Menschen verankert bleiben. Kulturelle und wissenschaftliche Zusammenarbeit müßten gleichberechtigt neben die wirtschaftlichen, politischen und militärischen Beziehungen treten. Zweitens sei hierüber der Sicherheitsverbund nicht zu vernachlässigen, der gleichfalls gestärkt und an den Herausforderungen der Zukunft ausgerichtet werden müsse. Drittens sollten die Vereinigten Staaten in den Aufbau einer gerechten und dauerhaften, ganz Europa umfassenden Friedensordnung einbezogen bleiben. Damit erteilt Helmut Kohl allen europazentristischen Vorstellungen eine eindeutige Absage. Viertens müßten sich die transatlantischen Partner, insbesondere Deutschland und die Vereinigten Staaten, für eine

Weltfriedensordnung einsetzen, die auf die Herrschaft des Rechts gegründet ist, auf die Achtung der Menschen- und Minderheitenrechte, auf das Selbstbestimmungsrecht der Völker, auf Freiheit von Furcht und Not.

Ein hervorragendes Beispiel für eine geschichtsbewußte, den jeweiligen Tageserfordernissen dennoch angemessene pragmatische und gleichzeitig das fernere Ziel nicht aus den Augen verlierende politische Haltung bietet Helmut Kohls *Deutschlandpolitik*. Hier hat er besonders deutlich gezeigt, wie ein pragmatisch handelnder Politiker auch Visionär sein kann. Kohl ist einer der wenigen deutschen Politiker, die für sich in Anspruch nehmen können, stets am Ziel der deutschen Einheit festgehalten zu haben. Immer wieder – wie 1974 in der Paulskirche – erinnerte er an den Auftrag des Grundgesetzes, unsere „nationale und staatliche Einheit zu wahren und als gleichberechtigtes Glied in einem vereinten Europa dem Frieden der Welt zu dienen".

Vom ersten Augenblick seines bundespolitischen Auftretens als Vorsitzender der CDU folgte er dem Leitsatz: „Die Teilung Deutschlands darf nicht bleiben." Dabei sprach sich Kohl nur für eine staatliche Einheit unter der Bedingung der Freiheit aus. Die Idee der Freiheit besaß für ihn die vorrangige Legitimation gegenüber der einstigen DDR. In seiner vielbeachteten Rede vor der Katholischen Akademie in München am 8. Dezember 1973 bekannte sich der CDU-Parteivorsitzende zur Einheit der Deutschen: „Solange sich die Deutschen gegenüber anderen Nationen als Deutsche verstehen, ist die Nation eine faktische Gegebenheit."

Auch wenn die Menschen in verschiedenartigen Gesellschaftsordnungen leben, so seien sie „nach wie vor deutscher Nationalität, auch wenn die Gemeinsamkeiten, die ein Volk als Einheit verbinden, durch die Trennung stark geschwächt werden". Aber es könne keine Rede davon sein, daß dieser Erosionsprozeß „unaufhaltsam" sei; Voraussetzung für die Erhaltung des Zusammengehörigkeitsgefühls der Deutschen sei jedoch, „daß der Wille zur Einheit der Nation ständig aktualisiert wird", wozu „nach unserem Verständnis, nach dem Verständnis des Grundgesetzes die staatliche Einheit, die Wiederherstellung der Identität von Nation und Staat" gehöre. Kohl betonte, daß es das historische Verdienst Adenauers gewesen ist, durch eine Politik der Integration in die westliche Allianz das deutsche Nationalbewußtsein auf eine legitimierende Basis zurückzuführen, indem er es mit der freiheitlich-demokratischen Lebensform ausgesöhnt und damit auch gleichzeitig dauerhaft zu sichern verstanden habe.

Auch in Kohls Reden als Bundeskanzler, die in diesem Band nicht enthalten sind, insbesondere in seinen „Berichten zur Lage der Nation", kommt seine unerschütterliche Haltung in Fragen der deutschen Einheit zum Ausdruck: „Die geschichtliche Leistung unserer Generation wird später daran gemessen werden, ob es uns gelingt, die politische Einigung Europas, die Freiheit der Menschen in der Bundesrepublik Deutschland und den Fortbestand der deutschen Nation zusammenzudenken und in die politische Wirklichkeit unseres Volkes umzusetzen[...]." Mit Recht reklamiert Kohl für die CDU – so auf dem Hamburger Vereinigungsparteitag im Oktober 1990 –, die Partei der deutschen Einheit zu sein. Er selbst hat immer das Bewußtsein der nationalen Einheit wachgehalten. So hat er dafür gesorgt, daß in Abänderung des Vorentwurfs für den Wiesbadener Parteitag 1988 in der dort verabschiedeten Deutschland- und außenpolitischen Erklärung das Wiedervereinigungsgebot erhalten blieb.

Die deutsche Einheit, die sich in die europäische Ordnung einfügen sollte, hat er nicht aus den Augen verloren. In diesem Sinn hat er als Bundeskanzler eine pragmatische Politik des Ausgleichs mit der DDR betrieben und mit neuer Kursrichtung auf der Politik der sozial-liberalen Regierung aufgebaut. Der Unterschied lag im langfristigen strategischen Ziel: Während in der sozial-liberalen Koalition einflußreiche Kräfte bereit waren, die Zweistaatlichkeit Deutschlands völkerrechtlich anzuerkennen, hat Helmut Kohl mit der CDU an der Einheit der deutschen Nation und an *einer* deutschen Staatsbürgerschaft festgehalten. Damit blieben die Voraussetzungen für den Einigungsprozeß 1989/90 bewahrt.

Von Anfang an sah Helmut Kohl die deutsche Vereinigungspolitik und die deutsche Frage eingebettet in ihren europäischen Zusammenhang. Diese Einheit von Europa- und Deutschlandpolitik ist schon von Adenauer formuliert worden, dessen Tradition Helmut Kohl sich auch in diesem Falle verpflichtet weiß. Zur Grundmaxime seiner Politik wurde die Erkenntnis, daß die deutsche Einheit nicht gegen unsere europäischen Partner erreicht werden kann und sich im europäischen Rahmen vollziehen muß. Für ihn war mit der Teilung Deutschlands und Europas das Ende der Geschichte noch nicht erreicht.

Daher drängte er seit Übernahme des Parteivorsitzes auch seine Partei verstärkt, die Fragen der Geschichte, des Staates und der Nation und ihrer Stellung in Europa als zentrale Zukunftsthemen aufzunehmen: „Wir brauchen langen Atem, um an Idee und Verpflichtung der deutschen Nation festzuhalten. Wir brauchen Mut zu Mißerfolgen und die

Fähigkeit zum Bohren dicker Bretter." Die deutsche Einheit, so prognostizierte er 1981, werde erst dann wieder in das Stadium der Wirklichkeit treten können, wenn sie in Ost und West nicht als Ausdruck eines deutschen Nationalegoismus erscheine, sondern als Teil eines europäischen Friedensgefüges.

Im Vollzug der deutschen Einheit hat er diesen Erfordernissen Rechnung getragen. Die Politik unter Bundeskanzler Kohl sicherte die deutsche Einheit nicht nur im direkten Verhältnis zu den europäischen Partnerländern ab; sie forcierte gleichzeitig den europäischen Einigungsprozeß, wie auf dem Gipfel von Maastricht. Die Verbindung der großen politischen Visionen der Nachkriegszeit, der Union Europas, der Atlantischen Gemeinschaft und der Überwindung des Ost-West-Gegensatzes, um die Vollendung der deutschen Einheit Wirklichkeit werden zu lassen, darf als staatsmännische Leistung Helmut Kohls gelten. Zu Beginn seiner Arbeit als Parteivorsitzender schrieb das amerikanische Nachrichtenmagazin „Time" – am 28. März 1975 – damals schon vorausschauend, daß er zu den europäischen Politikern gehören werde, „die das Jahrhundert verändern können".

Unter seinem Vorsitz hat die CDU diese Kraft zur Veränderung am unmittelbarsten erfahren. Von Helmut Kohl geführt, der auch als Kanzler Parteivorsitzender geblieben ist, hat sie ein neues Selbstbewußtsein gewonnen und jene Programme erarbeitet, die bis heute Grundlage des politischen Handelns sind. Damit ist sie zu einem Kräftezentrum der Politik der Mitte in Europa geworden. Er hat die Partei von der Opposition wieder in die Regierung geführt und hat sie in Momenten des Selbstzweifels und in Phasen innerparteilicher Auseinandersetzung auf die Vision des Neubeginns nach dem katastrophalen Ende des Nationalsozialismus verpflichtet: „Ein neues Deutschland soll geschaffen werden, das auf Recht und Frieden gegründet ist", wie der Parteivorsitzende auf dem 35. Bundesparteitag aus den Kölner Leitsätzen von 1945 zitierte. Nach Konrad Adenauer ist Helmut Kohl der bedeutendste Politiker der Union.

Reden und Beiträge

Aufbruch in die Zukunft

Rede auf dem 21. Bundesparteitag der CDU in Bonn
am 12. Juni 1973

*Nachdem Rainer Barzel im Mai 1973 von der Führung der Fraktion und
Partei zurückgetreten war, wurde Helmut Kohl, Ministerpräsident von
Rheinland-Pfalz seit 1969, auf dem eigens dazu einberufenen 21. Bundes-
parteitag der CDU mit 520 von 600 Stimmen als einziger Kandidat zum
Parteivorsitzenden gewählt.*
*Die erste Rede im neuen Amt, im Stil einer „Regierungserklärung" als
Parteiführer gehalten, beschreibt die Aufgaben und Zielvorstellungen der
christlich-demokratischen Politik in der Opposition. Die grundlegenden
Ausführungen gipfeln in dem Appell an die CDU, eine „Wende" der deut-
schen Politik einzuleiten. Zugleich zeigen sie mit der Berufung auf das Werk
Konrad Adenauers und Ludwig Erhards die für Helmut Kohl typische Ver-
bindung von Traditionsbewußtsein und Zukunftsorientierung.*

An diesem Tage und auch in dieser Stunde ist es, glaube ich, ganz
natürlich und auch richtig, daß wir, die wir Weggenossen von über
zwanzig Jahren Geschichte der Union in Deutschland waren und sind,
zunächst auch an jene denken, die uns auf diesem Wege vorangeschrit-
ten sind, die Beispiel und Vorbild waren. Ich denke gerade in diesem Saal
an jene Szene im Jahre 1966, als Konrad Adenauer, der langjährige Erste
Vorsitzende der Christlichen Demokraten in Deutschland, die Führung
der Partei an Ludwig Erhard abgab.

Wenn wir daran erinnern, weisen wir auch ganz einfach darauf hin, in
welch starkem Umfang dieses unser Land, die Bundesrepublik Deutschland, von dieser Christlich-Demokratischen Union in den ersten zwanzig
Jahren seiner Existenz getragen, geprägt und mitbestimmt wurde, und
daß viele von denen – auch in wichtigen Ämtern des Staates –, die jetzt
überall in der Welt und nicht zuletzt in der freien Welt für Deutschland

sprechen können, in der Kontinuität dieser großen Männer stehen und daß es eigentlich nicht nur eine Pflicht des Anstandes, sondern auch selbstverständlich ist, gelegentlich auch im Bereich der deutschen Innenpolitik darauf hinzuweisen, wer die Wege geebnet hat in die freie Welt, nach Israel und in andere Teile dieser Erde.

Ich glaube, das wohl wichtigste Erbe Konrad Adenauers steht gerade in der jetzt handelnden Generation der deutschen Politik erneut auf dem Prüfstand, nämlich die Frage, ob wir fähig sind, den Nationalstaat alter Prägung zu überwinden, ob wir fähig, bereit und willens sind, auch mit Opfern entschlossen den Weg in dieses neue Europa zu gehen. Ich meine, wir sollten heute und hier sagen, daß wir dazu bereit sind und daß die Union gerade aus dem Erbe Konrad Adenauers die Europa-Partei der Bundesrepublik bleiben wird.

Ich nannte den Namen unseres Freundes Ludwig Erhard, der zu unserer Freude heute hier bei uns sein kann. Es mag mir, der ich in der Kontinuität des Amtes hier sprechen darf, gerade jetzt gestattet sein, an meine erste Begegnung zu erinnern, als ich damals in der Bundestagswahl 1949 als Schüler über einen Lautsprecherwagen für den damaligen Kandidaten für das Amt des Bundeswirtschaftsministers, Ludwig Erhard, in einer deutschen Industriestadt Propaganda machen durfte. Wenn ich dies hier sage, so hat das gar nichts – ich sage es ganz salopp – mit Denkmalspflege zu tun, sondern damit, daß wir uns damals wie heute in der Kontinuität jener Politik verstehen, die Ludwig Erhard beispielhaft für dieses unser Land in der Sozialen Marktwirtschaft formuliert hat, und daß er uns mit dieser menschlichsten, sozialsten und, wie der Erfolg dieses Landes zeigt, sicherlich erfolgreichsten Grundordnung einer modernen Industriegesellschaft ein wichtiges Erbe übertragen hat.

Aber auch hier gilt das, was ich vorhin von der Erbfolge Adenauers sagte, daß wir heute, wo manch einer das System als solches antasten und umfunktionieren will, aufgefordert sind, das, was vernünftig gewachsen ist, zu verteidigen und das, was weiterentwickelt werden muß – auch in den Ordnungsprinzipien dieser Sozialen Marktwirtschaft –, tatsächlich weiterzuentwickeln. Und ich darf unseren Freund Kurt Georg Kiesinger ansprechen, der damals in einer schwierigen Lage der Partei die Kanzlerschaft übernommen hat und dieses Amt zum Besten unseres Landes führte und der in all diesen Jahren, bis zuletzt, in einer kritischen Phase unserer Bundestagsfraktion beispielhaft gelebt hat, was es heißt, Dienst an diesem Lande und Dienst auch für diese Partei zu erbringen. Ich habe Rainer Barzel vorhin beim Vorschlag für den

Bundesvorstand persönlich angesprochen. Ich hoffe sehr auf seine Mitarbeit, auf seinen Rat und auf seine Hilfe in diesem schweren Amte – für uns alle in dieser Christlich-Demokratischen Union Deutschlands.

Ein jeder von uns spürt, daß unsere Partei vor einem wichtigen Abschnitt ihrer Geschichte steht. Wir müssen eine Wende der Politik unseres Landes einleiten, und diese Aufgabe kann von niemandem als von uns in dieser CDU/CSU erbracht werden. Wir müssen das leisten. Und wir dürfen dabei nicht nur auf die Fehler dieser Regierung setzen. Wir selbst müssen durch unsere überzeugende Politik diese Wende der deutschen Politik herbeiführen. Das heißt, vor uns liegt ein hartes Stück Arbeit, und dem, der uns bei dieser Arbeit unterstützt und hilft, können wir weder Ehrenposten noch Alterspfründe zusichern. Aber wir werden gemeinsam dieses Ziel erreichen, denn wir wissen um unsere Verantwortung gegenüber Millionen von Wählern und Mitbürgern in diesem unserem Lande. Und die Erwartungen der Mitbürger sind groß. Wir dürfen die Antwort nicht schuldig bleiben. Wir haben Grund, guten Mutes an die Arbeit zu gehen. Verzagtheit und mangelndes Selbstvertrauen entsprechen nicht der Entschlossenheit und dem Angriffsgeist unserer Mitglieder und Freunde. Ihre Bereitschaft zum Engagement und zur Mitarbeit war – dies darf man ohne Übertreibung sagen – noch nie so groß wie heute. Nutzen wir gemeinsam diese Chance, die sich ja auch eindrucksvoll zeigt in der Zunahme unserer Mitglieder, die zu uns kommen, nicht um passiv Mitglied zu sein, sondern um aktiv die deutsche Politik in dieser und durch diese Christlich-Demokratische Union zu gestalten.

Wir können dabei aufbauen auf den Leistungen der Union in den ersten zwanzig Jahren unseres Staates. Diese Leistung kann sich sehen lassen. Sie ist beispielhaft, und wir dürfen stolz darauf sein. Und wir sollten das, was wir gemeinsam für unser Land leisten konnten, von niemandem, auch nicht von der amtlichen Propaganda der jetzigen Bundesregierung zerreden lassen. Daß dieses Land aus dem Nullpunkt seiner Geschichte zu einem geachteten, modernen, freien, sozialen Rechtsstaat wurde, war nicht zuletzt *unser* Beitrag zur jüngsten deutschen Geschichte. Aber es ist nicht damit getan, vergangene Erfolge zu feiern. Es ist auch nicht damit getan, einige Köpfe auszuwechseln und in der Partei ansonsten alles beim alten zu belassen. Wer so denkt, täuscht sich über die wirkliche Lage der CDU in Deutschland hinweg.

Die Veränderungen der Gesellschaft in vielen Bereichen, das Heranwachsen einer neuen, einer anderen, einer jungen Generation, die

Konsequenzen aus den Bundestagswahlen in vielen Bereichen unserer Gesellschaft unseres Landes, dies alles muß wohl bedacht werden. Es darf nicht so sein, daß dieser heutige Parteitag für den einen oder anderen der Endpunkt jener Überlegungen nach der Bundestagswahl bedeutet, sondern es ist eine Zwischenstation, von der aus wir kraftvoll den Hamburger Parteitag und die anderen politischen Ereignisse dieses Landes 1974/75 und das Ziel 1976 ansteuern. Das ist vor allem deswegen wichtig, weil wir in Opposition zu einer Partei stehen, die da weiß, die Grundlagen der seit 1945 – bei aller politischen Auseinandersetzung gemeinsam – geführten Politik zu verändern. Der Parteitag in Hannover hat gezeigt, daß die SPD dabei ist, mit sich selbst und, da sie die stärkste Partei und Regierungspartei ist, mit unserem Lande nach links abzudriften und daß sie zunehmend beginnt – das muß mit allem Ernst gesagt werden –, eine andere Qualität unseres Staates und unserer Gesellschaft anzustreben.

Wir können diese Entwicklung nicht tatenlos hinnehmen, und wir müssen uns allen Versuchen widersetzen, unser Land und damit die Bürger der Bundesrepublik Deutschland in ein ideologisch begründetes Freund-Feind-Verhältnis zu führen; denn am Ende dieses Weges steht, daß Ideologen und Chaoten unser Land ins Unglück führen, wenn wir das tatenlos so hinnehmen. Wir werden nicht zulassen, daß ein schwärmerischer Sozialismus den Weg für Intoleranz und Mittelmäßigkeit bereitet, daß sich Staat und Gesellschaft, Autorität und Verantwortung, Recht und Gesetz im Nebel leerer Formeln und fixer Begriffe verlieren und der Mensch und seine Freiheit auf der Strecke bleiben. Der Mensch und seine Würde – dieser Auftrag unserer Verfassung bleibt Angelpunkt unserer Politik. Sie gründet auf der Freiheit aller, sie stellt niemanden ins Abseits, sie zollt allen gleiche Achtung, sie will allen gleiche Chancen schaffen.

Wir bejahen die Vielfältigkeit unserer Gesellschaft, ihrer Meinungen und Gruppen, und aus unserem Demokratieverständnis ertragen wir natürlich auch den Anspruch auf Rechenschaft, der hieraus erwächst; ja, wir halten ihn für unverzichtbar. Wir bejahen die Chance jeder Gruppe, die die verfassungsmäßige Ordnung unseres Staates achtet und verwirklicht, an der politischen Gestaltung dieses Landes teilzuhaben. Pluralität und Chance des Wechsels sind für uns selbstverständliche Elemente demokratischer Wirklichkeit. Eine Politik, die Gruppen unserer Gesellschaft diffamiert, die ihnen die Zugehörigkeit zum Ganzen verweigert oder sie gar zum Verstummen bringen will, eine solche Politik ist aus unserem Demokratieverständnis zutiefst reaktionär. Sie ist eine Politik des ideologischen Absolutismus im Dienste einseitiger Interessen. Ihre Zeichen sind Unduldsamkeit und die Arroganz der Ämter.

Wir stellen heute, wenige Jahre nach der Regierungsübernahme der Sozialdemokraten im Bund, fest, daß allenthalben in den sozialdemokratisch verwalteten Rathäusern, in der Kulturpolitik SPD-regierter Länder, in SPD-geführten Ministerien in der Bundesregierung und auch in manchen Bereichen der Massenmedien der Versuch der Gleichschaltung der öffentlichen Meinung läuft. Gerade weil wir zwanzig Jahre in diesem Land Macht ausübten, gerade weil wir auch die Versuchung der Macht verspürt und in dieser Zeit natürlich auch Fehler gemacht haben, nehmen wir für uns das Recht, jede Kritik, die wir in diesen zwanzig Jahren ganz selbstverständlich akzeptiert haben, heute als die Opposition und Alternative dieser Regierung auch in dieser Frage zu üben. Was wäre beispielsweise geschehen, wenn unter den Kanzlern der CDU, Adenauer, Erhard und Kiesinger, ein ähnlicher Versuch der Gleichschaltung der Zweiten Kammer der nationalen Gesetzgebung, des Bundesrates, gelaufen wäre, wie wir ihn heute in allen Punkten der praktischen Arbeit beobachten können?!

Die Achtung vor der Würde des Menschen ist das Grundgesetz unserer Politik, und unser Ziel ist eine Politik für das ganze Land. Wir sind die Partei der Mitte, die Partei der Partnerschaft. Wir erheben auch nicht den Anspruch, für alles eine endgültige Antwort zu wissen, weil für uns die Zukunft nicht festschreibbar ist, sondern offen und zu gestalten, weil wir immer neu bereit sind, Kritik zu ertragen und besserer Einsicht zu folgen: Darum sind wir Volkspartei.

Wir wagen eine Politik aus christlicher Verantwortung. Wir wissen, daß Menschen in ihrem Erkennen und Handeln irren können. Wir glauben deshalb nicht an die totale Machbarkeit der Welt. Wer versucht hat, den Himmel auf Erden zu schaffen, hat noch immer in der Geschichte die Hölle aus ihr gemacht. Die Selbstbeschränkung auf das Mögliche, die Ehrlichkeit gegenüber menschlichen Grenzen, die christliche Solidarität mit den Nächsten und die Verantwortung für das Ganze sind es, die die Union vor der Versuchung diesseitiger Utopie bewahren.

Unsere Politik muß Maß und Mitte haben. Sie darf nie mittelmäßig werden. Wir wissen, daß unser Staat und unsere Gesellschaft uns nicht als Schicksal vorgegeben, sondern als Auftrag übertragen sind. Aber wir wissen als Christen auch, daß der Mensch sich nicht in Staat und Gesellschaft erschöpft. Freiheit und Bindung, der einzelne und sein

Nächster, der Wille zu gestalten und das Wissen um die Vorläufigkeit der Ergebnisse, der weltliche Auftrag des Menschen und sein Schicksal: In dieser Spannung liegt unsere Kraft, in ihr gründet sich unser Wille zur Reform, und sie treibt unser politisches Handeln.

Unsere praktische Politik, die Politik der Union, orientiert sich an den Grundsätzen der Freiheit, der Solidarität und der Gleichheit, wie es die Präambel des Berliner Programms sagt: Die Freiheit des einzelnen, der sich der Gemeinschaft verpflichtet weiß, die Gerechtigkeit und die Chancengleichheit für jedermann sowie die Solidarität aller Bürger, die auf der Eigenverantwortung der Person aufbaut – die dynamische Spannung dieser Werte muß unser Handeln bestimmen. Der Prozeß ihrer Verwirklichung darf nie dazu führen, sie aufzuheben. Die unlösbare Spannung zwischen Freiheit, Gleichheit und Solidarität ist für uns aber nicht Schicksal, sondern Herausforderung. Sie ist der Motor gesellschaftlicher Entwicklungen und die Antriebskraft für politischen Fortschritt.

Unser Maßstab für diesen Fortschritt ist nicht die Verwirklichung ideologischer Utopien. Unser Maßstab ist die ständige und tatsächliche Verbesserung der konkreten Lebensbedingungen des einzelnen Menschen. Freiheitsverwirklichung, wie wir sie verstehen, ist darum nie beendet. Eine Politik, die ihr dient, kann nicht statisch sein und auf der Stelle treten. Ihre Dynamik verbindet Ziel und Weg, Zweck und Mittel durch die gleichen Grundlagen. Das *Ziel* ist, erlebte und verantwortete Freiheit des Menschen zu schützen, neue Chancen der aktiven Gestaltung zu sichern und das Wohl des ganzen Landes zu wahren. Der *Weg* führt über den Abbau vieler Hindernisse, die sich auf diesem Weg selbstverständlich immer wieder entgegenstellen.

Freiheit bedeutet für uns das Recht eines jeden, sein Leben nach eigenem Willen zu gestalten. Freiheit bedeutet jedoch mehr. Sie umfaßt auch die Verantwortung für ihren Gebrauch, die Verantwortung gegenüber sich selbst und der Gemeinschaft. Zu dieser Verantwortung zählt das Recht des nächsten auf die gleiche Chance, seine Fähigkeiten zu entfalten. Freiheit für alle heißt also Gleichheit der Chancen für alle. Die Freiheit verlangt aber auch, daß jeder seine Chance in unterschiedlicher Weise nutzen, daß er mehr oder weniger als andere leisten kann. Die Gleichheit der Chancen leugnet nicht die Ungleichheit der Menschen und ihrer Fähigkeiten. Beides sind notwendige Bedingungen von Freiheit. Wer Freiheit des Menschen will, muß für die Gleichheit der Chancen kämpfen. Und wir tun dies! Gleichheit der Chancen bedeutet aber nicht Gleichheit der Resultate. Sie steht im klaren Gegensatz – wenn ich es recht sehe, ist dies in weiten Bereichen der Politik der entscheidende Unterschied zwischen den Sozialdemokraten und uns – zur sozialistischen Gleichheitsideologie. Die SPD will eine egalitäre Gleichmacherei, und diese geht notwendigerweise auf Kosten der Freiheit. Wir wollen die gleiche Freiheit aller. Damit ist und bleibt die Union die Partei der Freiheit in der Bundesrepublik Deutschland.

Solidarität bedeutet für uns mehr als nur die selbstverständliche Pflicht, für jene einzutreten, die nicht die Möglichkeit haben, so viel wie andere leisten zu können. Diese Solidarität entscheidet auch über die moralische Qualität unserer Politik. Sie verbietet es einzelnen ebenso wie Gruppen, ihre eigenen Interessen ohne Rücksicht auf das Ganze durchzusetzen. Wir müssen ganz offen sagen, daß auch wir, die Union, in den letzten zwanzig Jahren gelegentlich zu sehr auf jene machtvollen Gruppen gehört haben, die sich dann ihrer organisierten Interessen wegen durchsetzten, oft aber weniger wegen des wirklichen Gewichts ihrer Ansprüche und ihrer Argumente.

Für uns ist jetzt ein guter Zeitpunkt gekommen, gerade an diesem Punkte überzeugend den Auftrag dieser Christlich-Demokratischen Union nachzuweisen. Wir haben, auch dies will ich hinzufügen, uns in den letzten zwanzig Jahren, wie viele in dieser Bundesrepublik, zu oft einer Entwicklung gebeugt, die die Fragen dieses Staates und dieser unserer Gesellschaft zunächst oder gar ausschließlich in Fragen nach der materiellen Qualität dieses Staates und dieser Gesellschaft gesehen hat. Wir haben uns allesamt – und ich finde, hier müssen wir macht- und kraftvoll gegenwirken – in diesem unserem Lande zu sehr daran gewöhnt, zunächst die Frage zu stellen oder zuzulassen: Wir verlangen, wir fordern, wir erwarten, und wir haben zu wenig darüber gesprochen und danach gehandelt, daß wir auch sagen: Wir geben, wir sind auch bereit, für diesen unseren Staat Opfer zu bringen.

Der demokratische Staat lebt mehr als jede andere Staatsform von der Überzeugungskraft seiner Idee, und gerade diese Idee dieses Staates und dieser Gesellschaft wird heute von nicht wenigen aus der jungen Generation nicht aus böser Absicht, sondern im Sinne von Fragen angesprochen wie etwa: Was ist das, euer Staat? Da gibt es kein Patentrezept, da gibt es auch nicht den bloßen Rückgriff in die Geschichte, da gibt es aber sehr wohl das Einstehen zur eigenen Geschichte, zur Geschichte dieses Landes, ob es uns in den guten oder schlechten Kapiteln dieser Geschichte paßt oder nicht paßt.

Dazu gehört auch die Erkenntnis, daß die Fragen dieser jetzt herange-
wachsenen Generation notwendigerweise andere Fragen sein müssen,
weil ihr Blick und ihr Horizont in der Welt von morgen liegen und weil
sie Antworten von gestern eben nicht überzeugen können. Für uns heißt
das, daß wir eine Art Überprüfung vornehmen müssen, eine Art Bilanz
machen müssen, nicht um alles und jedes im Wege einer blinden
Anpassung über Bord zu werfen, sondern um festzustellen: Was ist von
dem, was unser Erbe ausmacht, tragfähig, und was muß verändert
werden? Ich glaube, neben den ganz wichtigen Fragen – ich komme
gleich noch darauf zu sprechen –, die wir in diesem Jahr etwa auf dem
Hamburger Parteitag zu entscheiden haben, ist es wichtig, daß wir weit
hinaushören in diesen Staat und in unsere Gesellschaft, daß wir die
Veränderungen zur Kenntnis nehmen und durch unsere Politik eine
verständliche Antwort darauf bieten. Wir müssen eben darüber sprechen, wie die Stellung der Familie heute in diesem Lande ist, wie wir
beispielsweise als Staat die kinderreichen Familien behandeln, wie die
Stellung und wie die Rolle der Frau in dieser Gesellschaft ist. Dies ist
nicht nur eine Frage unter wahlstrategischen Gesichtspunkten, das ist
eine Frage nach der Statur dieser Union, ob wir fähig sind, den Satz
unseres Programms durchzusetzen, daß überall dort, wo wir Einfluß
haben, selbstverständlich gleicher Lohn bei gleicher Arbeit auch für
Frauen gezahlt wird, ob wir die Stellung der Frau in der Familie als
Mutter und am Arbeitsplatz erleichtern, ob es uns gelingt, für die
steigende Zahl unserer alten Mitbürger einen neuen weiten Lebenshori-
zont zu eröffnen, und zwar nicht im Sinne von Caritas, sondern im Sinne
eines aktiven Hineinnehmens in den Ablauf dieses Staates und dieser
Gesellschaft, so wie wir sie verstehen. Dazu gehört, daß wir für die
vielfältigen Gruppen der Behinderten etwas tun, daß wir das nicht als
eine Abteilung „Lebenshilfe" behandeln, sondern daß sich auch in dieser
Frage, gerade weil es um eine nicht straff organisierte Minderheit geht,
überzeugend erweist, daß diese Christlich-Demokratische Union auch
die Partei jener Minderheiten ist, die sich selbst zunächst nicht helfen
können.

Wir werden in dieser Legislaturperiode Gelegenheit haben, anhand
des Beispiels der ausländischen Arbeitskräfte, der Gastarbeiter in unserem Lande europäische Gesinnung, soziales Verständnis und demokratischen Sinn zu beweisen, wenn wir darangehen, die notwendigen Veränderungen des Ausländerrechts, die Frage der Zahl der in diesem Lande
lebenden Gastarbeiter, die Frage ihrer Integration, der Chancenöffnung

für ihre Kinder in unseren Schulen und vieles andere mehr zu bedenken. Wir sollten gerade bei diesem Beispiel nicht danach schauen, ob sie wahlberechtigt sind oder nicht, sondern wir sollten kraftvoll dagegen antreten, daß mitten in der Bundesrepublik ein neues Getto für Menschen zweiten Ranges entsteht.

Wir sollten auch die Chance dieser Jahre nutzen, mit einer modernen Regionalpolitik jenen vielen Landschaften in der Bundesrepublik, in denen fast die Hälfte der Bürger dieses Landes leben, voranzuhelfen, Landschaften, die eben nicht länger bereit sind, wegen spektakulärer Erfolge in einigen wichtigen Ballungsbereichen der Bundesrepublik auf die Dauer hinter der Entwicklung der Bundesrepublik herzulaufen. Hier ist die Frage eingebettet, die wir nicht nur in der Entscheidung des Tages – siehe Bodenrecht; das ist wichtig und muß sein – betrachten dürfen, nämlich die Frage nach menschenwürdigen Städten und Dörfern und Gemeinden. Dies ist mehr als bloßer Umweltschutz nach Art der heutigen Diskussion.

Wir sehen, welche Dynamik in unseren Grundsätzen steckt. Wir müssen diese Dynamik fortentwickeln, und zwar mutiger und entschlossener. Wir bekennen uns in unserem Parteiprogramm zur dynamischen Demokratie, das heißt zu einer Fortentwicklung dieser Demokratie. Gerade auch aus diesem Demokratieverständnis, aus der Frage nach der demokratischen Gestaltung und Willensbildung in allen Bereichen unseres Staates und unserer Gesellschaft, müssen wir für eine Fortentwicklung sorgen. Dies gilt – das sei bei dieser Gelegenheit einmal gesagt – aber nicht nur für die Parteien und für die Verfassung unseres Staates; das Demokratiegebot gilt auch für weite Bereiche der Gesellschaft und der dort tätigen Organisationen. Mancher, der am lautesten dogmatische Demokratisierung propagiert, muß sich selbst auch einmal an den Maßstäben von mehr Demokratie messen lassen.

Die Prinzipien, von denen ich sprach, sind für uns ein Kompaß zur Reform. So dient auch unsere Politik der Vermögensbildung dem Ziel, die Freiheitsrechte, die Chancen und die Leistungsgerechtigkeit für den einzelnen zu erweitern und auszudehnen. Dabei gehen wir von dem privaten Eigentum aus, vor allem deswegen, weil wir gestern, heute und morgen der Auffassung sind, daß das Prinzip und die Institution des sozial gebundenen Eigentums eine wesentliche Voraussetzung und Grundlage freiheitlicher Demokratie ist. Wir wollen, daß die Gewinne im Unternehmen partnerschaftlich-solidarisch verteilt werden. Für uns ist Vermögenspolitik nicht Ansatz zur Vergesellschaftung des Kapitals, sondern vor allem ein Mittel, um den Freiheitsspielraum des einzelnen Bürgers durch mehr Vermögen zu vergrößern. Deshalb glauben wir, daß unsere Vorstellungen freiheitlicher, gerechter und fortschrittlicher sind als die Modelle der SPD. Wir wollen den Arbeitnehmer nicht in einen anonymen Apparat eingliedern. Für die Sozialdemokraten – jedenfalls nach Hannover – sind Vermögensbildung wie Mitbestimmung nichts anderes als Vergesellschaftung des Produktivkapitals, und das, das muß deutlich werden, bedeutet Vereinigung von wirtschaftlicher und politischer Macht in *einer* Hand, und am Ende steht dann der sozialistische Staat.

Wir wollen Vermögensbildung und Gewinnbeteiligung, weil wir die Gleichheit der Chancen für die Menschen fördern wollen. Wir erkämpfen das Mehr an Gleichheit nicht auf Kosten der Freiheit des einzelnen, wir wollen nicht die Macht Weniger erweitern, sondern wir wollen mehr Gleichheit und Freiheit für alle.

Unsere Forderung nach Chancengleichheit und Chancengerechtigkeit muß sich mit großer Entschiedenheit vor allem auch im Bildungswesen durchsetzen. Denn dort können mehr als anderswo Lebens- und Erfolgschancen verteilt werden. Eine der wichtigen Aufgaben der Union in dieser Legislaturperiode muß es aus diesem Grunde sein, allen Kindern in unserem Lande ungeachtet ihrer sozialen und familiären Herkunft die Ausbildungschancen zu eröffnen, die ihrer Begabung und ihrem Willen zum Lernen entsprechen. Ich glaube auch, daß wir im Bereich der Bildungspolitik gerade diesen Fragen des Durchbrechens der Milieusperre für viele Kinder aus den sozial schwächeren Familien unseres Landes äußerste Priorität einzuräumen haben.

Die Reform der weiterführenden Schulen und der Universitäten hat in der Bildungspolitik zu Recht einen hohen Rang. Wir, die Union, bejahen auch die großen materiellen Opfer, die unser Land hier für die nächste Generation als eine Art Abschlagszahlung für die eigene Zukunft aufbringen muß. Gleichzeitig müssen wir aber deutlich machen – und dies ist ein wichtiger Themenbereich dieser Legislaturperiode des Bundestages –, daß die Gleichrangigkeit der fälligen Reformen der beruflichen Ausbildung ein entscheidender Kernpunkt unserer Arbeit ist, wenn wir Chancengleichheit und Solidarität ernst nehmen. Ich glaube aber, an einem Tag wie heute müssen wir darauf hinweisen, daß die Frage nach einer gemeinsamen deutschen Bildungs- und Schulpolitik heute nicht mehr so ganz einfach mit einem klaren Ja beantwortet werden kann. Im Bereich der Umfunktionierung der Worte und ihrer Inhalte habe ich nicht ohne Grund den Verdacht, daß einige sozialdemokratische Bildungspolitiker, wenn sie von bestimmten Schulen sprechen, längst nicht mehr auch nur annähernd ähnliche Inhalte verstehen, wie wir sie verstehen.

Ich habe den Eindruck, daß die Diskussion jetzt in ein besonderes Stadium getreten ist, daß die Grenze dessen, was wir noch ertragen und durchgehen lassen können, jetzt erreicht ist. Wer die Geschichtskunderichtlinien des Bundeslandes Hessen liest und wer die Konsequenzen, die hier auf unser Land insgesamt zukommen, einmal durchdenkt, der weiß, daß jetzt in dieser Frage die Stunde der Union gekommen ist, in der wir Farbe bekennen müssen. Parlamente und Regierungen kommen und gehen, Gesetze können verändert und umformuliert werden; wenn wir aber zulassen, daß in diesem unserem Lande, dem geteilten deutschen Lande, das System der Geschichtslosigkeit ein Stück praktischer Schulpolitik wird, ist das der Anfang vom Ende dieses Landes. Und dies ist nicht irgendeine Frage der deutschen Bildungspolitik. Dies ist eine Frage, die die großen politischen Gruppierungen in der deutschen Politik auszutragen haben, die nicht irgendeiner diskutiert und die wir nicht irgendwo diskutieren, sondern die CDU und SPD miteinander vor dem Forum der Bürger dieses Landes auszutragen haben. Und wir werden dies tun!

Der Hamburger Parteitag hat wichtige Sachentscheidungen zu treffen. Die Reform der beruflichen Bildung, der Bereich der Vermögensbildung und der des Bodenrechts sowie die Entscheidung zur Mitbestimmung sind überfällig. Wir müssen unsere Freunde im Lande, nicht nur in den Parlamenten, sondern überall – denken Sie an die Betriebsräte im Betrieb, an die, die in den Gewerkschaften arbeiten –, in allen Bereichen in die Lage versetzen, daß sie sagen können: Dies ist der Vorschlag, dies sind die Kriterien des Vorschlags, dies sind die Modelle der Union zu den einzelnen Fragen. Das setzt aber voraus, daß wir vernünftig und sachlich miteinander diskutieren, daß sich die ganze Partei von Kreisverband zu Kreisverband der Mühe und der Pflicht unterzieht, in den verbleibenden Monaten bis Hamburg die hier zugrundeliegenden Sachaussagen sorgfältig zu diskutieren, denn wir müssen sorgfältig vorbereiten und dann zu ganz klaren Aussagen kommen.

Ich sehe es als eine wichtige Sache an, gerade in diesen Fragen, nicht zuletzt bei der Mitbestimmung, zu breiten Mehrheiten durch eine offene und, wenn es sein muß, in der Sache harte Diskussion zu kommen, in der nicht Fragen unter den Tisch gekehrt werden, sondern in der das

Gegeneinander ausgetragen wird. Aber – und dies ist wichtig, und dies können wir alle, nicht zuletzt ich, aus Düsseldorf lernen – wir müssen dafür Sorge tragen, daß es auf diesem Hamburger Parteitag klare Mehrheiten und natürlich auch Minderheiten, daß es aber nicht Sieger und Besiegte gibt.

Die Koordinaten unserer Wertordnung gelten nicht nur für den Bereich der Innenpolitik. Sie bestimmen auch unsere außenpolitische Position. Außenpolitik heißt für die Union die Förderung und Wahrung des Friedens und unserer nationalen und staatlichen Interessen in der Gemeinschaft der Nationen. Aber sie reicht darüber hinaus. Sie bedeutet auch Behauptung und Festigung einer stärkeren Gemeinschaft, die ihre Interessen und Ziele an der Würde des Menschen orientiert. Diese Wertprämissen unserer Außenpolitik müssen gerade heute deutlich hervorgehoben werden. Für die Atlantische Gemeinschaft wie für das neue Europa ist die Freiheit eine unverzichtbare Grundlage jeglicher Politik.

Die Atlantische Gemeinschaft entstand nach dem Zweiten Weltkrieg als eine militärische Gefahrengemeinschaft, um der militanten Bedrohung durch den Kommunismus zu begegnen. Ihr liegen Werte zugrunde, die nicht zuletzt den Wiederaufbau der Deutschen Demokratie in der Bundesrepublik bestimmt haben, auf denen unsere Verfassung beruht. Man ist kein kalter Krieger, wenn man auch heute, 1973, sagt: Diese gemeinsame Wertordnung ist auch heute noch bedroht. Durch den Übergang zur friedlichen Koexistenz, zum Wettbewerb der Systeme, durch die Schwächung der moralischen Führungsposition der Vereinigten Staaten, durch die Veränderung der Gewichte in der Atlantischen Gemeinschaft, vor allem auch durch das Schwinden der Kraft einer einmal gemeinsam bejahten Wertordnung als bindende Grundlage ist der innere Zusammenhalt der Atlantischen Gemeinschaft bedroht. Der Abbau der militärischen Gefahr durch die Politik des kommunistischen Lagers hat das Ende des kalten Krieges gebracht. Er hat jedoch in nichts die Bedrohung beseitigt, diese Politik hat nur ihren Charakter verändert.

Die ideologische Aggression ist neben die Gefahr einer militärischen getreten. Die Auseinandersetzung wird heute weniger mit Waffen als mit Worten und Ideologien geführt. Die Neuordnung der Atlantischen Gemeinschaft, zu der auch wir unseren Beitrag leisten müssen, muß dieser Veränderung Rechnung tragen. Neben die Gemeinschaft der Waffen muß erneut die Gemeinschaft der Werte und Begriffe treten. Entscheidend ist, daß die Idee der streitbaren Demokratie Inhalt der

Atlantischen Gemeinschaft und der europäischen Einigungsbewegung bleibt, eine Idee, die ganz einfach ein Großteil dieses Bündnisses ist.

Für die Grundwerte einer freien Gesellschaft kann nur jener Staat kämpferisch eintreten, der auch in seiner Außenpolitik diesem großen Ziele dient. Unser Verständnis von Außen- und Innenpolitik beruht auf diesem Grundsatz. Beide müssen sich an den Zielen der freien und solidarischen Gemeinschaft orientieren. Das hat in nichts mit kaltem Krieg, aber in allem mit einer Politik für die Freiheit zu tun. Die Gemeinsamkeit von Innen- und Außenpolitik wurde in den letzten Jahren in der Bundesrepublik zunehmend gefährdet. Dazu hat das Staatsverständnis, das der Ostpolitik der Bundesregierung zugrunde liegt, ebenso beigetragen wie manche Entwicklungen auch in der westlichen Welt. Die Atlantische Allianz oder Teile derselben sind dabei, ihre Außenpolitik von der wertorientierten und moralischen Begründung zu lösen, die die Nachkriegspositionen der Welt bestimmt hat.

Es droht die Gefahr, zu einer Außenpolitik als Befolgung einzelstaatlicher Interessen zurückzukehren. Dies aber wäre nichts anders als die Rückkehr zu einer Politik des Gleichgewichts der Kräfte im nationalstaatlichen Sinne des 19. Jahrhunderts. Wir sollten das vorhin beschworene Erbe Konrad Adenauers in der Überwindung dieses Nationalstaats kraftvoll bejahen und in der Praxis unserer Politik leben. Eine solche nationalstaatliche Betrachtung von Politik erleichtert – das sei zugegeben – vordergründig die Lösung schwieriger Probleme. Aber wir alle berauben uns damit auf die Dauer der Möglichkeit, die Auseinandersetzung mit der Heilslehre des Kommunismus offensiv zu führen. Dies aber ist für ein geteiltes Land wie die Bundesrepublik Deutschland eine wesentliche Voraussetzung einer bleibenden freiheitlichen Grundordnung.

Die Atlantische Gemeinschaft verliert, wenn sie ihre gemeinsame Wertorientierung aufgibt, eine wesentliche Voraussetzung für ihre Fähigkeit, Einzelprobleme auf der Grundlage großer und gemeinsamer Interessen zu lösen. Die Lösung anstehender Einzelfragen aus dem Bereich der Handels- und Währungspolitik, das Verhältnis der USA zum Europäischen Markt und zu assoziierten Staaten werden mit einer solchen Entwicklung erschwert. Aufgabe unserer Außenpolitik muß es bleiben, die gemeinsame Orientierung an den Grundwerten unserer freiheitlichen Gesellschaft immer wieder deutlich zu machen. Nur so läßt sich die Atlantische Gemeinschaft mit neuen Zielen erfüllen.

Das gilt auch für Europa. Eine Europäische Gemeinschaft, in der keine Übereinstimmung über Zielvorstellungen einer einheitlichen

Gesellschaft bestünde, wäre auf die Dauer nicht lebensfähig. Administrative Zwänge und ökonomische Interessen können eine prinzipielle politische Übereinkunft in Europa in nichts ersetzen. Den christlichdemokratischen Parteien fällt in diesem Zusammenhang die wichtige Aufgabe zu, an der Wiederherstellung gemeinsamer Ziele und Wertvorstellungen zu arbeiten und für die Anerkennung dieser Ziele als Grundlage der Europäischen Gemeinschaft zu kämpfen. Deshalb wollen wir, die CDU, in engem Kontakt zu unseren Schwesterparteien in den europäischen Ländern, diese Gemeinsamkeit weiter fördern. Auch darin liegt ein Stück neues Europa.

Dies setzt aber voraus, daß wir erst unser eigenes außenpolitisches Verständnis auf der Grundlage der heute gegebenen Situation bestimmen. Ob es uns gefällt oder nicht – 1973 ist nicht mehr 1969. Wenn ich dazu auffordere, daß wir uns auf die neue Lage einstellen müssen, heißt das nicht, sie einfach hinzunehmen. Denn die Teilung unseres Landes können und werden wir nicht akzeptieren. Aber das heißt auch, daß wir uns kämpferisch jener jetzt zu erwartenden geistigen Herausforderung der DDR stellen, daß wir ihren Anspruch, die Identität der deutschen Geschichte, der deutschen Nation zu verkörpern, daß wir ihrer Behauptung, in der DDR sei der Geist der deutschen Geschichte vor allem dargestellt, in *der* Form kraftvoll widersprechen, daß wir den freien Teil unseres Vaterlandes, diese Bundesrepublik, zu *dem* Staat und zu *der* Gesellschaft mit dem Modellcharakter eines freien Landes für freie Bürger heranbilden.

Gerade weil dies so ist, darf sich unsere außenpolitische Diskussion nicht mehr oder minder darauf beschränken, daß wir uns innenpolitisch nur noch mit den Ostverträgen auseinandersetzen. Rechtskräftig abgeschlossene Verträge binden auch uns, denn wir sind eine Verfassungspartei. Das Grundgesetz und die gemeinsame Entschließung des Bundestages und des Bundesrates vom 17. Mai 1972 geben uns die Chance, die Verträge auch im Sinne unserer außenpolitischen Zielvorstellungen zu nutzen.

Unsere außenpolitische Überzeugungskraft wird künftig nicht zuletzt auch davon abhängig sein, inwieweit wir fähig sind, der Entwicklungshilfepolitik in unserem Land den Rang zuzuleiten, den sie ihrer moralischen Qualität nach haben muß. Wir müssen begreifen, daß es in der Überflußgesellschaft der Bundesrepublik Deutschland trotz der vielen noch zu lösenden Probleme in unserem eigenen Lande unsere Pflicht ist, Hilfe an Ideen und Leistungen für die Länder der Dritten Welt aufzubringen. Hier besteht für uns, für die CDU, eine großartige Chance als

Christlich-Demokratische Union, ein Beispiel internationaler Solidarität zu setzen. Wir sollten nirgendwo in diesem Lande – auch nicht in der eigenen Partei – die gelegentlich anzutreffende provinzielle Engstirnigkeit in der Behandlung dieser Fragen zulassen. Hier geht es um unsere moralische Statur!

Damit komme ich zu unseren eigenen Problemen zurück. Die Union verstand sich und versteht sich nicht als ein Verein zur Durchsetzung der privaten Interessen ihrer Mitglieder. Wir sind auch kein ideologisch verfaßter Kampfverband zur Eroberung von Machtposition. Wir sind eine Volkspartei, in der alle, die sich zu unserem Programm bekennen, ihre politische Heimat finden. Wir dulden nicht, daß einzelne oder Gruppen in unserem Lande ins Abseits gestellt werden. Wir brauchen als Volkspartei in einem pluralistisch verfaßten Staat und in einer pluralistischen Gesellschaft die ständige offene Diskussion mit den einzelnen und den Gruppen dieser Bundesrepublik Deutschland. Wenn wir aber sagen, die Diskussion müsse zum festen Bestandteil der Politik auf allen Ebenen unserer Partei werden, so hat dies auch etwas damit zu tun, wie wir miteinander umgehen. Ich halte es für eine wichtige Sache, daß wir begreifen, daß wir niemals in diesem Lande wiederum die regierungsfähige Mehrheit erringen werden, wenn wir nicht zuvor begreifen, daß der Umgangston und die Umgangsformen untereinander in dieser Partei den Prinzipien der Christlich-Demokratischen Union angemessen sein müssen.

Diskussion, wie ich sie verstehe, heißt, daß in dieser Partei jeder in einem fairen Rahmen seine Meinung und seine Vorstellungen von Politik vortragen und entwickeln kann und daß wir nicht zulassen, daß in der Partei oder von draußen in die Partei hinein Etikettierungen bis hin zu persönlichen Diffamierungen von einzelnen oder ganzen Gruppen geduldet werden. Wenn wir auf diese Weise offen diskutieren, sind wir überzeugend die Volkspartei „Christlich-Demokratische Union". Ich finde, es ist Zeit, daß wir uns wieder mehr mit den Problemen unseres Landes und weniger mit uns selbst beschäftigen.

Wir brauchen mehr Sensibilität für das, was den Menschen wichtig ist, was sie erstreben und was sie zu vermeiden trachten. Politische Sensibilität, wie ich sie verstehe, heißt überhaupt nicht unkritische Anpassung an methodische Zeitströmungen. Demoskopie – dies wissen wir – ist ein wichtiges Mittel der Politik, sie kann Politik aber nicht ersetzen. Den Vereinigungen fällt hier eine wichtige Aufgabe zu. Sie haben die Fragestellungen aufzuspüren und für die Union zu artikulieren. Damit tragen sie zur Pluralität und zur unterschiedlichen Zielsetzung der Gesellschaft bei. Es ist die Aufgabe der Partei, in einem gemeinsamen Willensbildungsprozeß Konzepte zu erarbeiten, die es allen ermöglichen, die Politik der Partei zu tragen, und zwar auch dann, wenn sie in einer konkreten Abstimmung unterlegen sind. So verstanden – und dies ist wichtig zu notieren – sind wir selbstverständlich zuerst Mitglieder dieser Christlich-Demokratischen Union und dann Mitglieder der einzelnen Vereinigungen dieser Partei.

Der Offenheit der Diskussion unserer Willensbildung muß die Geschlossenheit bei der Durchsetzung unseres Handlungskonzepts entsprechen. Dies verlangt auch die parteipolitische Solidarität. Ich will Ihnen schon heute versprechen, daß Führungsstil und Führungsrolle der Parteiführung diesem Ziel der kraftvollen Durchsetzung gemeinsam gefundener Konzeptionen in besonderem Maße verpflichtet sein werden. Es ist nicht mein Parteiverständnis, und es entspricht auch nicht meinem Arbeitsstil, die Partei sozusagen von oben mit Festlegungen einzuengen. Wir haben unter unseren Mitgliedern und Freunden viel Sachverstand und viel guten Willen zur Hilfe in der Diskussion. Beides, dieser Sachverstand und diese Hilfe, muß lebendig bleiben. Dies heißt aber auch, daß die Beschlüsse, die wir dann gemeinsam gefaßt haben, von uns kraftvoll und, wenn es sein muß, mit Härte durchgesetzt werden.

Ich glaube, daß die Vielfalt der Fragen und die Differenzierung der Antworten ein Mehr an analytischem Arbeitsvermögen und ein Mehr an Einbeziehung wissenschaftlicher Erkenntnisse und Methoden bedeutet. Wir wollen die Ergebnisse, die uns zur Verfügung stehen, nicht als Geheimsache behandeln. Sie gehören in die Hände all derjenigen, die im Namen der CDU politisch handeln. Ich glaube aber, dazu gehört auch, daß wir mehr Arbeit und mehr Bereitschaft in die Diskussion unserer theoretischen Grundlagen investieren müssen. Ich glaube nicht, daß eine Partei auf die Dauer überzeugende Aussagen in der Politik machen kann, wenn sie nicht fortlaufend die theoretischen Grundlagen ihrer Politik durcharbeitet und der Diskussion stellt.

Willensbildung und Analyse müssen in längerfristige programmatische Ziele, in ein Zukunftsbild, ich gehe weiter, in eine Zukunftsvision unseres Staates und unserer Gesellschaft münden. Ich glaube, hier hat unsere Grundsatzkommission eine wichtige Aufgabe, die wir gemeinsam unterstützen wollen. Unsere Überzeugungskraft wird entscheidend davon abhängen, wie wir unsere gemeinsame Politik im Bund, in den Ländern und in den Gemeinden durchsetzen. Die föderative Struktur der Union erweist sich gerade in diesem Zusammenhang als ein großer Vorteil. Sie bedeutet doch nichts anderes als Verbreiterung von politischer Erfahrung. Aus dieser Erfahrung erwachsen der Gesamtpartei ein neues Problembewußtsein und auch neue politische Lösungsansätze.

Ich glaube, daß wir unter den vielen Bereichen, die wir in Vorbereitung der Bundestagswahl angehen müssen, den Sektor der Kommunalpolitik besonders intensiv angehen müssen. Wir müssen uns darüber im klaren sein, daß dies nicht nur eine Frage lokaler Bedeutung und lokaler Mehrheiten im Rathaus ist. Wer in den deutschen Städten bei der Wahl in die Rathäuser nicht mehr auf Sieg, sondern nur noch auf Platz setzt, der kann auch in Bonn auf die Dauer nicht auf Sieg setzen. Wir sollten uns heute vornehmen, dieses veraltete Denken, dieses In-Schubladen-Ablegen, das da heißt: Kommunalpolitik, Landespolitik, Bundespolitik, überhaupt aufzugeben. Der Bürger in diesem Lande fragt: Was will die CDU? Er meint damit das Rathaus, er meint den Landtag, und er meint selbstverständlich den Bundestag. Er macht jene Unterscheidung überhaupt nicht.

Bei der Verwirklichung der Politik der Union sind das Zusammenwirken und die Aufgabenverteilung zwischen Partei und Fraktionen – dies gilt für alle Ebenen, aber es gilt natürlich vor allem für die Bundespolitik – von zentraler Bedeutung. Hier geht es überhaupt nicht um Prestigedenken, Gleichschaltung oder Bevormundung, sondern um Arbeitsteilung im Dienste des gemeinsamen Zieles. Dieses Ziel werden wir mit gemeinsamem guten Willen ohne Prestigedenken und im Geiste einer Mannschaft, die auf Sieg setzt, gemeinsam erreichen.

Dies alles ist notwendig, denn es geht heute um eine grundsätzliche Weichenstellung in unserem Lande. Sie ist ohne Übertreibung nur mit den Richtungskämpfen in den ersten Jahren unserer Republik zu vergleichen. Was die SPD will, wissen wir spätestens seit ihrem Parteitag in Hannover: Sie will die Bundesrepublik in ein sozialdemokratisch-sozialistisches Land umfunktionieren. Seit Hannover wissen wir: Demokratischer Sozialismus heißt Dogmatisierung und Ideologisierung der Politik, heißt Einschränkung des Pluralismus, heißt klarer Monopolanspruch einer Partei. Die Pluralität des Godesberger Programms, von der Brandt so gern spricht, ist eine durch Sozialismus amputierte Pluralität. Seit Hannover sind die antiliberalen Züge der SPD für jeden, der sehen kann, offenkundig. Auch demokratischer Sozialismus, wie ihn die SPD versteht, heißt immer mehr Kontrolle des Staates über die Gesellschaft und immer mehr Kontrolle der Gesellschaft über den einzelnen. Dieser demokratische Sozialismus bedeutet immer mehr Macht in den Händen weniger und immer größere Abhängigkeit für immer mehr Menschen. Wer Strukturprobleme eines Landes etwa durch die Abschaffung eines Berufsstandes lösen will, der begibt sich auf einen Weg – denken Sie an das Verbot der Makler, das dort gefordert wurde –, der den Rahmen unserer Verfassung sprengt.

Der Beschluß des SPD-Parteitages zum Radikalen-Erlaß zeigt, daß die Hoffnung auf eine gemeinsame Abwehrfront der Demokraten gegen die Gegner der demokratischen Ordnung verblaßt. Wir bedauern dies, weil wir glauben, daß niemand von uns das Recht hat, davon auszugehen, daß dies ein SPD-, ein CDU- oder ein FDP-Staat ist. Wir gehen davon aus: Dies ist unser gemeinsamer Staat Bundesrepublik Deutschland. Um so mehr beharren wir auf unserer Haltung, daß die Feinde der Demokratie, ob sie von rechts oder von links kommen, in diesem Lande nicht die Chance erhalten dürfen, an die Machthebel des Staates und der Politik zu gelangen.

Wir haben uns im Grundgesetz die freiheitlichste Verfassung gegeben, die die deutsche Geschichte je kannte. Und in diesem freien Lande kann ein jeder seine politische Überzeugung haben. Aber wir wünschen nicht, daß im Namen der Freiheit die Freiheit dieses Landes abgeschafft wird. Wir wünschen nicht, daß Kinder in unseren Schulen von gewissen Lehrern (für die diese Verfassung nur noch ein verbales Zusammentragen von Worten ist) umfunktioniert werden. Wir wünschen, daß der Radikalen-Erlaß individuell, auf den Einzelfall bezogen, und liberal, wie wir diesen Staat verstehen, gehandhabt wird. Aber wir sehen neben dem Recht eines jungen Lehrers auf den Eintritt in den Staatsdienst auch das Recht der Eltern in diesem Lande, ihre Kinder in unseren Schulen im Rahmen der freiheitlichen Grundordnung unterrichtet zu sehen.

Wir wünschen nicht, daß diese Bundesrepublik eine andere Republik wird. Aber wir wollen, daß sie ein Staat und eine Gesellschaft ist, die ständig weiterentwickelt wird. Deswegen sind wir für die notwendigen Reformen auch in diesem Bereich: Reform der öffentlichen Verwaltung – unser Freund Carstens sprach heute davon. Wir sind als CDU, und so haben wir uns immer verstanden, die klassische antiautoritäre Partei, weil wir ein freies Land für freie Bürger wollen. Wir wollen nicht obrigkeitsstaatliche Bevormundung, aber als Demokraten wissen wir um die unlösbare Verbindung zwischen Freiheit und Autorität auch im demokratischen Staat. Das muß hinzugefügt werden.

Das ist die politische Herausforderung, vor der wir stehen. Die Union hat seit Gründung der Bundesrepublik, ja schon vorher, für die politische Ordnung gekämpft, die der Freiheit der Bürger, dem sozialen Ausgleich und der sozialen Gerechtigkeit verpflichtet ist. Wir haben für dieses Land Maßstäbe gesetzt, und der Erfolg dieses Landes hat unsere Politik bestätigt. Je größer die Herausforderung, um so größer ist unser politischer Wille, in diesem unserem Lande für ein Leben in Freiheit zu kämpfen. Und jeder soll wissen: Die CDU Deutschlands läßt sich von niemandem in ihrem Willen zur Reform, in ihrem Engagement für eine menschlichere Gesellschaft übertreffen. Die CDU ist und bleibt die Partei der Freiheit.

Die CDU bleibt die Partei der vernünftigen Reformen, der gesellschaftlichen Evolution. Wir haben gestern in diesem Lande Verhältnisse geschaffen, die es in vielen Bereichen auch heute zu bewahren lohnt. Wir müssen heute Veränderungen bewirken, die morgen als Leistungen für alle gelten können. Dies ist unser Verständnis von dynamischer Politik. Ich sagte: Die Union trägt die Hoffnungen vieler Menschen, die Hoffnungen darauf, daß auch in einer modernen Welt Freiheit weder in Systemzwängen ersticken noch in den Händen von Bürokraten jeglicher Art verkümmern muß. Das Maß des Fortschritts ist für uns auch das Maß der Freiheit. Den Fortschritt der Gesellschaft in Freiheit zu sichern, dies ist unser christliches und liberales Erbe; die Freiheit der Menschen zu schützen und zu wahren, dies ist unsere konservative Aufgabe; die gesellschaftlichen Bedingungen ihrer Verwirklichung immer weiter zu entwickeln; dies ist unsere soziale Pflicht. In diesem dreifachen Engagement gründen die Kraft und der Wille einer Politik für die Freiheit der Menschen in dieser Bundesrepublik Deutschland.

Ein Leben in Freiheit ist das kostbarste Gut für Menschen und für Völker, ein Leben in Freiheit, das wir als CDU nie als ererbten Besitz verwalten dürfen, sondern immer als Chance und Aufgabe erkämpfen und verwirklichen müssen, als Chance für uns und für andere, als Chance, die wir als Erbe aus Geschichte und Tradition übernehmen, um sie zu erhalten und an die nächste Generation weiterzureichen. Denn dieser unser Staat ist mehr als eine Produktionsgenossenschaft für materiellen Wohlstand. Er ist eine Gemeinschaft freier Bürger, eine Gemeinschaft der Lebenden, der Toten und der nach uns Kommenden.

Dieser Gemeinschaft sind wir als Union verpflichtet. Ihr Wohl, ihre Freiheit, ihre Solidarität zu wahren und zu mehren, dies ist unser politischer und geschichtlicher Auftrag.

21. Bundesparteitag. Niederschrift, hrsg. von der Bundesgeschäftsstelle der CDU, Bonn o. J., S. 86–107.

Verfassung und Nation als Auftrag der Unionspolitik

Rede vor der Katholischen Akademie München
am 8. Dezember 1973

In dieser grundsätzlichen Auseinandersetzung mit sozialistischer Rechts-staatskritik wird ein patriotisches Verfassungsbewußtsein gefordert. Mit dem Grundgesetz habe die Bundesrepublik Deutschland die doppelte Verpflichtung übernommen, die Freiheit für alle Deutschen und die Einheit der Nation anzustreben. Die Rede besticht durch die Prognose, daß in den kommenden Jahrzehnten die Frage der Nation von entscheidender Bedeutung sein werde.

Das Grundgesetz war ein Vierteljahrhundert lang die selbstverständliche Grundlage der Politik aller demokratischen Parteien. Nicht nur seine Geltung war zwischen allen bedeutsamen Kräften unseres Landes völlig unbestritten. Unbestritten war auch seine politische Richtigkeit und die moralische Gültigkeit der ihm zugrundeliegenden Werte.

Dies ist heute nicht mehr so, und wir haben Anlaß zu der Befürchtung, daß es in Zukunft noch weniger als heute so sein wird. Dafür gibt es, soweit ich sehe, drei Gründe:

1. Auf der äußersten Linken, die auch schon in die SPD hineinreicht, haben sich sozialistische und totalitaristische Gruppierungen entwickelt. Sie gehen von einem ganz anderen Menschenbild und Weltbild aus als das Grundgesetz: nicht von der Überzeugung, daß menschliche Einsicht stets etwas Beschränktes ist, daß menschliches Erkennen und menschliches Handeln immer der Kontrolle und der Eingrenzung bedürfen. Sie gehen vielmehr von der Vorstellung aus, es könne eine ein für allemal richtige Politik gefunden werden und diese müsse dann auch mit allen Mitteln und ohne jede Beschränkung durchgesetzt werden.

Rechtsstaatliche Verfassungen wie das Grundgesetz sind für diese Ideologie konsequenterweise nicht Grundlage und Richtlinie politischen

Handelns. Sie sind eine Schranke des gesellschaftlichen Fortschritts, die es im ungünstigeren Falle zu brechen, im günstigeren Falle zum Banner der eigenen Ideologie umzuwandeln gilt.

2. Diese Ideologien treffen in unserer Gesellschaft auf ein Gemisch von politischer Unkenntnis und weltfremdem Idealismus, das sich mehr und mehr als Nährboden für sie erweist. Es ist in den letzten Jahren zur Mode geworden, sich von der Verfassung kühl zu distanzieren, ja sie als den ideologischen Überbau eines spätkapitalistischen Systems zu denunzieren, was immer man sich darunter vorstellen mag.

3. Diese Entwicklung ist – ich gestehe, nicht ganz ohne unser Zutun oder besser, durch unser Schweigen – gerade in einer geschichtlichen Phase eingetreten, in der es notwendig gewesen wäre, alle Kraft auf die Verankerung der Verfassung im Bewußtsein der heranwachsenden Generation zu konzentrieren. Diese Generation hat den Nullpunkt des Jahres 1945 und die darauffolgenden Jahre nicht mehr bewußt erlebt. Sie hat aber wahrscheinlich wie keine andere Generation in ihren ersten Lebensjahren unbewußt darunter gelitten. Man kann von ihr nicht erwarten, daß sie den Staat des Grundgesetzes, den Wohlstand und die relative Sicherheit, die ihr dieser Staat garantiert, als etwas Nicht-Selbstverständliches erkennt. Man kann von ihr nicht erwarten, daß sie Wohlstand und Sicherheit mit der Fortdauer dieses Staates und seiner Verfassung verbindet.

Es hätte an uns gelegen, sie mit allen redlichen Mitteln davon zu überzeugen, daß Wohlstand und Sicherheit durch eine Politik des „alles oder nichts" verspielt werden können, daß *nur* eine demokratische, rechtsstaatliche und sozialstaatliche Verfassungsordnung imstande ist, die zutiefst ideologische Politik des „alles oder nichts" zu verhindern, und daß daher unser Grundgesetz mit seiner ausgewogenen Machtverteilung in Staat und Gesellschaft und vor allem mit seinem unüberbietbaren Grundrechtskatalog die modernste Verfassung ist, die sich eine hochtechnisierte und hochdifferenzierte Gesellschaft wie die unsere überhaupt geben kann.

Die Folge dieses Versäumnisses ist: Wir müssen heute mehr tun, um unsere Verfassungsordnung zu sichern, als notwendig gewesen wäre, wenn wir das Problem von Anfang an gesehen und angepackt hätten. Wir können es nicht mehr im ungebrochenen Vertrauen auf die Solidarität aller Demokraten tun.

Um nicht mißverstanden zu werden: Ich behaupte nicht, daß die SPD als Ganzes oder auch nur die Mitglieder ihrer führenden Gremien nicht mehr auf dem Boden unserer Verfassung stehen. Aber es wird in dieser Partei – und teilweise auch in der FDP – zu viel diskutiert und zu viel beschlossen, was an den Kern unserer Verfassungsordnung rührt. Es werden von Regierungen dieser Partei zu viele Rechtsbrüche hingenommen oder beschönigt, als daß wir von der CDU/CSU in dieser Frage ruhig sein könnten. Verfassungstreue kann man nicht nur erklären. Die Solidarität der Demokraten zum Schutz der Verfassung kann man nicht nur beschwören. Man muß beides praktizieren! Was nützt der schönste Abgrenzungsbeschluß, was nützen Serien von Abgrenzungsbeschlüssen, wenn dann in der politischen Praxis nicht endlich abgegrenzt wird?

Die CDU/CSU drängt sich wahrhaftig nicht danach, *die* Verfassungspartei in unserem Staat zu sein. Es wäre uns allen lieber, eine von mehreren Parteien zu sein, die sich eindeutig für das Grundgesetz aussprechen und sich ebenso eindeutig dafür einsetzen. Ich gebe die Hoffnung immer noch nicht auf, daß diese Selbstverständlichkeit der ersten zwanzig Jahre auch in Zukunft wieder Gültigkeit haben wird. Aber ich füge ebenso unmißverständlich hinzu: Die CDU/CSU wird sich nicht scheuen, den Kampf um die Verfassung, um die Bewahrung des Grundgesetzes in seinem Kernbestand auch allein zu führen, wenn dies nötig sein sollte.

Was ist zu tun? Ich sehe für die CDU/CSU und für alle verfassungstreuen Kräfte in unserem Lande drei große Aufgaben – Aufgaben, die nicht nur von den staatlichen Organen erfüllt werden müssen:

1. Der Kampf gegen die Feinde der Verfassung muß entschieden, unnachgiebig und klug geführt werden.

2. Wir haben allen Versuchen entgegenzuwirken, die die Gebote unserer Verfassung in Fanale der sozialistischen Revolution uminterpretieren wollen.

3. Der politische Bildungsprozeß muß mit allen Kräften gefördert werden. Das Grundgesetz muß für unsere Bürger nicht deswegen gültig sein, weil es vor 25 Jahren von irgendwelchen Leuten in Kraft gesetzt worden ist. Es muß gültig sein, weil möglichst die letzte Frau und der letzte Mann in dieser Republik davon überzeugt sind, daß es die beste und modernste Verfassung unseres Volkes ist und daß es sich lohnt, unter ihm zu leben und zu arbeiten.

Wir werden den Kampf gegen die Feinde der Verfassung weiterführen, und wir erwarten von der Bundesregierung und den Landesregierungen der SPD, daß sie dies mit Entschiedenheit tun. Die Bestimmungen der Beamtengesetze sind in dieser Frage klar und unmißverständlich. Darüber hinaus haben sich der Bundeskanzler und die Ministerpräsidenten zweimal geeinigt. Wir werden daran festhalten.

Unsere Demokratie ist eine streitbare Demokratie. Sie muß eine streitbare Demokratie bleiben. Das außerordentliche Maß an Freiheit, das sie gewährt, hängt nicht zuletzt davon ab, daß der Staat und die Staatsdiener entschlossen für Rechtsstaat und Demokratie eintreten. Tritt an dieser Selbstverständlichkeit nur der geringste Zweifel auf, so sind nicht irgendein papierener Grundsatz und nicht irgendeine Partei bedroht, sondern die Freiheit selbst als Prinzip dieses Staates und dieser Gesellschaft.

Aber ich habe auch gesagt: Der Kampf gegen die Feinde unserer Verfassung muß klug und mit Augenmaß geführt werden. Wir wollen kein Parteiverbot, solange wir uns auf die bedingungslose Verfassungstreue unserer politischen Freunde in allen Parteien und auf die bedingungslose Verfassungstreue der Beamten und Angestellten, Richter und Soldaten verlassen können. Wir wollen keine Hexenjagd und keine Gesinnungsschnüffelei. Jeder, der sich irgendwann einmal zur Feindschaft gegen unsere Verfassungsordnung hat verleiten lassen, muß auch die ehrliche Chance haben, zu ihr zurückzufinden.

Wir beobachten mit Sorge, daß in bestimmten politischen Gruppierungen und in der öffentlichen Diskussion Begriffe unseres Verfassungsrechts, die bisher eindeutig und völlig unumstritten waren, umgedeutet und oft genug in ihr Gegenteil verkehrt werden. Der Trick ist ebenso alt wie gefährlich: Ist über die Umdeutung in der Gesellschaft erst einmal Einmütigkeit erzielt, so pflanzt man den neuen Begriff in die Verfassung zurück. Dann kann man plötzlich beweisen, daß alles, was bisher war, eigentlich gegen die Verfassung verstieß und daß der Umsturz der eigentliche Verfassungsvollzug ist.

Ich nenne nur wenige Beispiele:

Unser Grundgesetz verankert den Grundsatz der Demokratie. Zwanzig Jahre lang sind wir uns darüber einig gewesen, was damit gemeint ist: nämlich die freiheitliche, parlamentarische Demokratie. In den letzten Jahren erleben wir aber, daß die Rätedemokratie, die sich selbst im Osten überlebt hat, plötzlich wieder als eine angeblich gleichwertige Spielart der Demokratie ausgegeben wird.

Die Folge ist klar: Wer Rätedemokraten bekämpft, bekämpft in Wirklichkeit die besseren Demokraten und tritt damit angeblich selbst gegen das Grundgesetz an. Und dies, obwohl die Väter des Grundgesetzes aus bitterer geschichtlicher Erfahrung die freiheitliche, parlamentarische Demokratie und keine andere wollten.

Ein weiteres Beispiel: Das Grundgesetz bekennt sich aus gutem Grunde zum freiheitlichen Sozialstaat, das heißt zu der Idee, daß die notwendige Entwicklung der sozialen Gerechtigkeit nicht revolutionär, sondern evolutionär unter Achtung der Grundrechte vor sich zu gehen hat.

Heute verkünden aber selbsternannte Propheten die zweifelhafte Wahrheit, daß die Grundrechte keinen anderen Sinn hätten, als die Privilegien der herrschenden Klasse zu schützen. Der Sozialstaat könne daher nur revolutionär herbeigeführt werden. Niemand wird bezweifeln, daß unterschiedliches Vermögen und unterschiedliche Bildung auch zu Ungleichheiten im Gebrauch von Grundrechten führen können. Aber es ist einfach nicht wahr, daß das Grundgesetz die notwendigen Eingriffe in Grundrechte verhindert. Es ist deshalb auch nicht wahr, daß es beseitigt werden muß, damit es eigentlich erst vollzogen werden kann. Es ist zutiefst bestürzend, wenn selbst aus dem Munde des Finanzministers öffentlich zu hören ist, daß die Soziale Marktwirtschaft eigentlich kein Gebot unserer Verfassung, sondern nur eine Formel der CDU-Politik sei.

Ein letztes Beispiel: Selbstverständlich garantiert das Grundgesetz die staatliche Schulhoheit. Es verpflichtet den Staat, die Chancengleichheit gerade im Bildungswesen zu verwirklichen. Aber wir sehen mit Besorgnis und wachsender Erbitterung, daß diese selbstverständlichen Grundsätze unserer Verfassung unter der Hand zu dem Gebot umgemünzt werden, das Leistungsprinzip hinter der Gleichheitsideologie zurücktreten zu lassen und die marxistische Indoktrination zur Maxime der Bildungspolitik zu erheben. Wir halten daran fest, daß dies alles von der Verfassung nicht verlangt wird. Es muß sich vielmehr an der Verfassung und an den Entscheidungen der Verfassungsgerichte legitimieren.

Und schließlich der entscheidendste Punkt: Das Grundgesetz muß wieder selbstverständlicher und lebendiger Besitz unseres ganzen Volkes werden. Die Bürger dieses Landes müssen nach den Jahren der Kritik um jeden Preis wieder sicher sein können, daß es sich lohnt, unter dieser Verfassung zu leben, daß es sich lohnt, für sie einzutreten, und daß es berechtigt ist, stolz auf sie zu sein.

Dies ist freilich eine Aufgabe, die wir von der CDU/CSU nicht allein erfüllen können, so sehr wir entschlossen sind, sie in den nächsten Jahren zu unserer zentralen Aufgabe zu machen. Ohne die Mitwirkung der anderen Parteien, des Bildungswesens und der Massenmedien werden wir vielleicht nicht auf verlorenem Posten stehen, aber doch immer nur bruchstückhafte Erfolge erzielen können.

Das bedeutet für uns und für viele in diesem Lande freilich auch, daß wir lernen müssen, vorsichtiger mit der Verfassung umzugehen, als dies bisher gelegentlich geschehen ist. Ich nenne hier nur die verhängnisvolle Neigung vieler Deutscher – die CDU/CSU nicht ausgenommen –, alles, was ihnen nicht in den Kram paßt, sogleich für verfassungswidrig zu halten, und umgekehrt alles, was sie aus irgendwelchen Gründen wünschen und wollen, als Gebot der Verfassung auszugeben.

Wir alle werden uns in Zukunft immer wieder darauf überprüfen müssen, ob wir nicht im Einzelfall zu leicht geneigt sind, dort verfassungsrechtlich zu argumentieren, wo es notwendig wäre, politisch zu kämpfen. Täuschen wir uns nicht: Die junge Generation, die es für diese Verfassung zu gewinnen gilt, wird es uns nicht mehr durchgehen lassen, daß wir mit der Verfassung argumentieren, ohne die Ideen und Wahrheiten zu nennen, die hinter den Artikeln des Grundgesetzes stehen. Im Gespräch mit ihr können wir nicht *mit* dem Grundgesetz argumentieren, sondern wir müssen *für* das Grundgesetz argumentieren. Das ist die eigentliche Aufgabe, die uns heute gestellt ist, wenn wir vom Kampf um die Verfassung sprechen.

Wir stehen heute im dritten Jahrzehnt unserer Nachkriegsgeschichte. Nach wie vor ist Deutschland zweigeteilt. Beide Teile haben sich jedoch inzwischen als Staaten konsolidiert, nach innen wie nach außen. Sie sind in ihren jeweiligen Bündnissystemen anerkannte und gleichberechtigte Partner. Und sie sind dabei, nun auch das Verhältnis zueinander zu regeln. In dieser Situation ist es nur natürlich, daß sich auf beiden Seiten das Bedürfnis regt, darüber nachzudenken, was die zwei deutschen Staaten noch miteinander verbindet, daß sich der Wunsch bemerkbar macht, sowohl das Erreichte als eine jeweils spezifisch nationale Leistung zu interpretieren wie auch einen sinnvollen Bezug zur nationalen Geschichte beziehungsweise zu einer nationalen Zukunftsperspektive herzustellen. Die Schwierigkeiten, diesem Ziel näherzukommen, Antworten zu finden, die der Komplexität des Problems Nachkriegsdeutschland gerecht werden, liegen offen zutage. Sie bedingen sich sowohl aus unserer Geschichte wie auch aus der Gegenwart und erschweren jede deutsche nationale Identität.

Die Bürger unseres Landes sehen sich mit zahlreichen Herausforderungen von innen und außen konfrontiert, ohne eine befriedigende Deutung ihres Daseins zu besitzen. Die Symptome einer allgemeinen

Orientierungskrise zeigen sich in allen Bereichen unserer Gesellschaft. Mangelndes Identifikationsvermögen und mangelnde Identifikationsmöglichkeit der Bürger werden jedoch auf Dauer für jeden Staat zu einem schwierigen Problem.

Die Betonung des Übergangscharakters der Bundesrepublik bot die Möglichkeit, eine eindeutige Klärung ihres Selbstverständnisses zu vertagen oder der Nichterledigung preiszugeben. Die Bundesrepublik war in der schwierigen Lage, sich als Provisorium artikulieren und ständig über sich selbst hinausweisen zu müssen. Das auf diesen konkreten Staat bezogene Bewußtsein durfte sich nicht so verfestigen, daß es abschließenden und endgültigen Charakter annahm. In dem Maße aber, in dem sich die politischen Verhältnisse in Europa, insbesondere im geteilten Deutschland, stabilisierten, verstärkte sich der Druck, diese Bereiche des Vorbehaltlichen, des Unverbindlichen zu reduzieren. Gleichzeitig hat manches traditionelle Leitbild in der nationalen Frage seine selbstverständliche Verbindlichkeit verloren. Dies förderte jedoch die notwendige Sensibilität, um die zentralen Aspekte unseres Selbstverständnisses kritisch zu prüfen und verstärkt nach tragfähigen Bezugspunkten für die Loyalität der Bürger zu unserem Staat zu suchen.

Der Nationalsozialismus hatte eine Erschütterung des Selbstwertgefühls ausgelöst. Die Folge war eine Art Allergie, die sich gegen allzu ausgeprägte Bemühungen richtete, die Identität als Gemeinschaft zu finden. Die Europabegeisterung der Nachkriegsgeneration enthielt deshalb neben allem Idealismus auch ein Element der Flucht aus einer Identität, die mit den Taten des Dritten Reiches belastet war.

Diese und andere Faktoren haben dazu beigetragen, daß sich vom Denken in internationalen Kategorien weg eine Bereitschaft zum Denken in übernationalen Kategorien ausbreitete, ohne daß jedoch das nationale Ziel der Wiedervereinigung aufgegeben wurde. Die Spannungen, die sich daraus ergaben, waren unvermeidlich. Sie erhöhten die Unsicherheit über die Ziele unserer Politik. Sie zwangen uns zu Rechtfertigungen aller Art, nach innen und nach außen, ohne aber letzte Orientierungssicherheit vermitteln zu können. Auch im Bemühen, unseren eigenen Beitrag zur Entspannung im Ost-West-Verhältnis zu leisten, weltpolitische Gemeinsamkeiten anzustreben, ist es uns bis heute nicht gelungen, die Konturen des eigenen Selbstverständnisses deutlicher hervortreten zu lassen.

Die jüngste deutschlandpolitische Entwicklung erfaßt zwar Grundsätzliches, ohne aber letztlich Klarheit im Grundsätzlichen zu vermitteln.

Sie hat aber das Bewußtsein für die Notwendigkeit geschärft, Strukturen und Bezüge der bundesrepublikanischen Identität freizulegen oder neu zu schaffen. Die Frage nach der deutschen Nation ist also keine bloß theoretische. Ihre Beantwortung hat vielmehr wichtige politische Auswirkungen, die sowohl das Selbstverständnis der Bundesrepublik als auch deren Verhältnis zur Umwelt, insbesondere zur DDR, bestimmen. Es gilt deshalb zu klären, was der Nationsbegriff in bezug auf ganz Deutschland meint und welche Bedeutung ihm im Rahmen unserer Politik zukommt.

Jede politische Ordnung benötigt zu ihrer Selbstdarstellung ein Koordinatensystem von Begriffen, Prinzipien und Konzepten. Der Begriff der Nation nimmt darin einen wichtigen Platz ein. Gerade er verweist auf Bezüge zu Erfahrung und Deutung früherer Situationen. Sie sind als Hilfsmittel unerläßlich, wenn der Standort in der Gegenwart bestimmt werden muß, wenn der Blick für Veränderungen wie für Konstanten geschärft werden soll. Da sich Begriffe nicht nur wandeln, sondern auch abnutzen, sind wir immer wieder neu angehalten, Übereinstimmung zu erzielen.

Der entscheidende Faktor der Nation ist der Wille. Ein sozialer Verband wird dadurch zur Nation, daß er Nation sein will. Nationalbewußtsein gründet sich nicht nur darauf, daß etwas füreinander empfunden wird, sich fortbildet und daß man etwas gemeinsam will. Das Bewußtsein gemeinsamer Geschichte, gemeinsamer Herkunft findet in dem Verlangen nach gemeinsamem politischen Handeln seinen spezifischen Ausdruck. Verschiedene Nationalitäten können sich in einem Staat zusammenfinden. Eine Nation kann aber auch in mehrere Staaten zerfallen. Die jeweils geformte politische Ordnung bewirkt neue Gemeinschaftsbezüge. Deshalb ist die staatliche Leistung für den nationalen Zusammenhalt unverzichtbar.

Seit der Französischen Revolution ist der Begriff der Nation vom Begriff des Staates nicht zu trennen. Diese Identität von Nation und Staat ergibt sich aus der Selbstverwirklichung eines Volkes als Nation durch politische Selbstbestimmung im Rahmen eines souveränen Staates. Die seit der Gründung des Bismarck-Reiches vor hundert Jahren erfahrene Identität von Nation und Staat fand mit der Teilung Deutschlands und dem Zweiten Weltkrieg ihr abruptes Ende. Der Ost-West-Gegensatz führte zur Teilung Deutschlands. Zwei deutsche Staaten entstanden.

Die Versuchung liegt nahe, aus dieser Entwicklung, aber auch als Alternative zum kollektiven Wahn des ideologisierten Nationalismus im

Dritten Reich die Konsequenz zu ziehen, die Nation preiszugeben. Das Nationalbewußtsein ist aber nicht ein beliebiger Wert, den man akzeptieren kann oder auch nicht. Solange sich die Deutschen gegenüber anderen Nationen als Deutsche verstehen, ist ihre Nation eine faktische Gegebenheit.

Die Menschen, die in beiden Teilstaaten leben, gehören unstreitig zum deutschen Volk, auch wenn sie als Deutsche in verschiedenartigen Gesellschaftsordnungen leben. Sie sind nach wie vor deutscher Nationalität, auch wenn die Gemeinsamkeiten, die ein Volk als Einheit verbinden, durch die Trennung stark geschwächt werden.

Dieser Erosionsprozeß ist aber nicht so weit fortgeschritten, daß die These von einem deutschen Volk, einer deutschen Nation bereits wirksam entkräftet wäre. Es kann auch nicht die Rede davon sein, daß dieser Prozeß unaufhaltsam sei. Voraussetzung ist jedoch, daß der Wille zur Einheit der Nation ständig aktualisiert wird. Dazu gehört nach unserem Verständnis, nach dem Verständnis des Grundgesetzes die staatliche Einheit, die Wiederherstellung der Identität von Nation und Staat.

Die Festlegung der Bundesrepublik Deutschland als Provisorium wie die Nichtanerkennung der DDR sollte nicht nur unserem Anspruch als Sachverwalter einer künftigen gesamtdeutschen Staatlichkeit gerecht werden. Die Gründung der Bundesrepublik Deutschland war zugleich Ausdruck unseres klaren Bekenntnisses zum Primat der Freiheit und des Rechts als Fundament der weiteren Entwicklung auch und gerade in bezug auf die nationalstaatliche Einheit.

Die politisch-moralische Pflicht der Bundesrepublik, Freiheit – auch die unserer westlichen Nachbarn – schützen zu helfen und zu garantieren, daß es auch für einen künftigen gesamtdeutschen Staat keinen anderen Weg gebe, bildete den Mittelpunkt unseres Selbstverständnisses. Unsere Legitimation für die Verpflichtung, Freiheit für alle Deutschen zu fordern, gründet nach wie vor in dem Bewußtsein von der Einheit der Nation. In diesem Sinne sind unser Staats- und Nationalbewußtsein identisch, weil sich der Wille zur nationalen Einheit mit dem Willen zu einer ganz bestimmten staatlichen Form, eben der freiheitlichen im Gegensatz zur unfreiheitlichen, verband. Entsprechend der historischen Entwicklung der angelsächsischen Länder sind die Werte unseres Nationalbewußtseins mit den demokratischen Grundwerten auf das engste verbunden.

Adenauers historisches Verdienst war es, durch seine Politik der Integration in die westliche Allianz das deutsche Nationalbewußtsein auf eine es legitimierende Basis zurückzuführen, indem er es mit der demokratisch-freiheitlichen Lebensform aussöhnte und damit auch gleichzeitig dauerhaft zu sichern verstand. Adenauer räumte der Freiheit immer den Vorrang vor der staatlichen Einheit ein. Er setzte damit deutliche, aber auch notwendige Prioritäten wie zugleich unmißverständliche Grenzen für das Selbstverständnis unserer Gesellschaft. Dies war aber zugleich Voraussetzung für das Gelingen der Aussöhnung mit unseren westlichen Nachbarn.

Diese Politik gewinnt ihre letzte Überzeugungskraft, wenn sie zur Haltung der zweiten politischen Einheit, der DDR, in Beziehung gebracht wird. Auch sie stellt sich positiv zum Begriff der Nation, den sie allerdings eng mit den Begriffen Klasse und Klassenkampf koppelt. Die Substanz dieser Nation hat ihren Ort bei der Arbeiterklasse in der DDR und der SED, der Partei der Arbeiterklasse sowie bei allen werktätigen Menschen, gleichgültig, ob sie in der DDR oder in der Bundesrepublik leben. Entsprechend dieser Auffassung verläuft die Trennungslinie durch Deutschland in zweifacher Form. Einmal im Sinne formaler Trennung zwischen DDR und Bundesrepublik, daneben aber quer durch die Bundesrepublik selbst. Dort nämlich zwischen der Monopolbourgeoisie und den fortschrittlichen Kräften, deren eigentliche nationale Heimat von der SED repräsentiert wird. Aus dieser Haltung wird verständlich, daß es keine nationale Gemeinschaft zwischen den Vertretern und Handlangern des Monopolkapitals auf der einen Seite und den Werktätigen auf der anderen Seite im Sinne einer demokratischen Nation geben kann. Dementsprechend ist jede Aussage eines westdeutschen Politikers über Gemeinsamkeiten zwischen beiden deutschen Staaten und über besondere innerdeutsche Beziehungen für die SED wirklichkeitsfremde Fiktion. Der derzeitige harte Kurs der SED in Richtung Abgrenzung ist nur eine folgerichtige, spezifische Akzentuierung dieses Grundkonzeptes und kein radikaler Kurswechsel.

Unsere gegenwärtige politische Lage werden wir nur voll begreifen können, wenn wir uns über die möglichen Konsequenzen im klaren sind, die sich für uns aus dieser politischen Konzeption der DDR ergeben. Sie erlaubt es der DDR, jederzeit zur nationalen Offensive überzugehen, ihren Anspruch auf die geschichtliche Kontinuität Deutschlands zu erheben und sich als der wahre Nachfolger des Deutschen Reiches, als der Vollstrecker des Willens der deutschen Geschichte einzurichten. Im Grunde existiert diese Herausforderung bereits. Sie trifft uns in der Bundesrepublik in einer labilen Situation und zu einem Zeitpunkt, an dem unser Selbstverständnis nur unklare Artikulationsformen findet. Dies gilt sowohl nach innen wie nach außen.

Unsere freiheitlich-demokratischen Grundwerte und Strukturen werden zunehmend in Frage gestellt, ohne daß konstruktive Alternativen aufgezeigt werden können. Die Ost- und Deutschlandpolitik der jetzigen Bundesregierung hat dazu geführt, daß in unserer Bevölkerung die Neigung wächst, unsere Einbindung in das westliche, freiheitliche Bündnissystem durchaus nicht mehr als selbstverständlich zu betrachten. Zugleich vermittelt diese Politik den Eindruck einer Öffnung der Bundesrepublik in Richtung Osten. Es ist nur selbstverständlich, daß diese Entwicklungen die Frage nach dem Standort der Bundesrepublik und der deutschen Nation erneut aufwerfen mußten. Diese Frage hat die Bundesregierung bis heute nicht umfassend beantworten können.

Keine politische Ordnung kommt ohne ein eindeutig beschriebenes Selbstverständnis aus. Dies unter gewandelten Umständen heute zu definieren, stellt sich als schwierige Aufgabe der politischen Führung in der Bundesrepublik. Wir werden auch in Zukunft davon ausgehen müssen, daß die Innen- und Gesellschaftspolitik das Feld bleiben wird, auf dem das Nationalbewußtsein seine Gestalt, seine Substanz gewinnen wird. Dies gilt im besonderen angesichts der erwähnten Herausforderung unserer Gesellschaftsordnung durch die DDR. Im Prozeß der Innenpolitik formt sich das Staatsbewußtsein, von dem nach unserer Auffassung auch weiterhin unser Verständnis von der Nation präjudiziert wird.

Es wird deshalb in der Zukunft nicht mehr genügen können, daß wir uns darauf beschränken, daß unsere Bruttosozial-Zuwachsrate ständig steigt und günstiger verläuft als in der DDR. Genausowenig kann es genügen, daß wir mehr und die besseren Autos produzieren, daß unser Wohlstand größer ist als der in der DDR. Vielmehr gilt es, die Bundesrepublik zu einem attraktiven und konkurrenzfähigen Modell im gesellschaftspolitischen Bereich fortzuentwickeln, das freiheitlich-rechtsstaatliche Verhältnisse garantiert, Selbstbestimmung auch nach innen gewährt und zu einer offensiven Reformpolitik fähig ist.

Die theoretisch begründete und politisch erlebte Überlegenheit der Bundesrepublik Deutschland gegenüber der DDR beruht auf unseren Grundprinzipien, nach denen wir Staat und Gesellschaft als eine freiheitliche Demokratie in einer offenen Gesellschaft organisieren. Nur wenn wir immer wieder beweisen können, daß unser gesellschaftliches System das menschlichere und somit fortschrittlicher ist als ein sozialistisches

Zwangssystem, erhalten wir auch unsere Legitimation, für das Selbstbestimmungsrecht aller Deutschen einzutreten. Ausschließlich auf diese Weise kann es uns gelingen, den Willen zur nationalen Einheit in unserem eigenen Volk aufrechtzuerhalten und ihn international glaubwürdig zu dokumentieren, ohne Befürchtungen vor einem deutschen Nationalismus zu wecken.

Einem solchen politischen Verständnis von Einheit der Nation liegt nicht das Primat der territorialen Einheit, sondern das Primat der Freiheit zugrunde, das die Politik der Bundesrepublik seit ihren Anfängen prägt.

Die Bundesrepublik Deutschland ist nicht nur in der Lage, die Herausforderung, etwa durch die DDR, anzunehmen, sie stellt selbst eine Herausforderung dar, an uns selbst und andere: die Herausforderung der Freiheit. Lassen Sie uns die Auseinandersetzung offensiv führen! Wir werden sie bestehen, denn wir haben die besseren Argumente.

Redemanuskript. ACDP VI-002-001

Das Grundgesetz – Verfassung der Freiheit

Rede in der Frankfurter Paulskirche am 23. Mai 1974

Diese Rede zum 25jährigen Bestehen des Grundgesetzes der Bundesrepublik Deutschland legt im Namen der CDU ein Bekenntnis zur freiheitlich-demokratischen Grundordnung ab. In der Frankfurter Paulskirche verabschiedete die deutsche Nationalversammlung 1849 die erste gesamtdeutsche Verfassung, deren Leitgedanken in der westlichen Verfassungstradition standen.

25 Jahre sind im Leben und in der Geschichte eines Volkes nur eine kurze Spanne Zeit. Gleichwohl besteht die Bundesrepublik Deutschland jetzt fast doppelt so lange wie die Weimarer Republik und mehr als doppelt so lange wie das sogenannte „Tausendjährige Reich". 1918/19 – 1933 – 1945: Diese Zahlen markieren schicksalhafte Wendungen in der deutschen Geschichte. Sie stehen für tiefe Einbrüche in der historischen Kontinuität unseres Volkes.

Aber gerade hier in der Paulskirche erinnern wir uns daran, daß dies nicht die ganze Geschichte unseres Vaterlandes ist. Dieses Land hat nicht nur eine barbarische nationalsozialistische Revolution erlebt; es hat auch, hier in der Frankfurter Paulskirche, jetzt vor 125 Jahren, den Versuch einer politischen Revolution gesehen, die die politische und persönliche Freiheit und die Einheit Deutschlands zum Ziel hatte. Wir wissen heute, daß der Text der Frankfurter Reichsverfassung von 1849 manchen der Väter des Grundgesetzes in alle Sitzungen des Parlamentarischen Rates begleitet hat. Darin bezeugt sich ein Stück der demokratischen und republikanischen Tradition in unserem Lande, die in ihrer Substanz aus den Errungenschaften eines über Jahrhunderte entwickelten Fortschritts der politischen Kultur in Deutschland besteht.

Die andere Erfahrung unserer Verfassungsväter ist das Erlebnis der Unfreiheit, des Verbrechens gegen die Menschlichkeit, des Terrors – der

Trauer und der Verzweiflung darüber, daß im deutschen Namen die Würde und Freiheit der Menschen verletzt wurden, eine Erfahrung, die sich in den entschlossenen Willen wandelte, alles dafür zu tun, damit sich dies nie mehr sollte wiederholen können; eine Erfahrung, die vor allem auch an den 20. Juli 1944 anschließt, dessen 30. Jahrestag wir in diesem Jahr begehen werden. Beides ist in das Grundgesetz der Bundesrepublik Deutschland eingegangen: die demokratische Tradition der letzten 125 Jahre und der Wille zur deutschen Einheit ebenso wie die Entschlossenheit, innerer Feindschaft und brutaler Gewalt keine Chance mehr zu geben.

Wegen ihrer Bemühungen, nicht nur die Errungenschaften der Weimarer Verfassung zu erhalten, sondern vor allem auch ihre Fehler zu vermeiden, haben viele den Vätern des Grundgesetzes kritisch vorgehalten, sie hätten der Bundesrepublik eine negative Verfassung gegeben. Der Vorwurf ist unberechtigt. Aber selbst wenn die Kritik zuträfe: Die Väter des Grundgesetzes hätten sich schuldig gemacht, hätten sie nicht alles getan, die Wiederkehr der Unfreiheit und mit ihr die erneute Möglichkeit eines tyrannischen Systems zu verhindern. Wer der Unfreiheit wehrt, gibt der Freiheit eine Chance. Dies haben die Mitglieder des Parlamentarischen Rates getan. Dafür gebührt ihnen unser bleibender Dank und unsere Anerkennung. Sie haben uns eine Verfassung gegeben, die Grundentscheidungen und Leitprinzipien für ein freiheitliches, sozial gerechtes und menschenwürdiges Zusammenleben in Staat und Gesellschaft enthält. Sie haben uns eine Verfassung der Freiheit gegeben.

Dieses Grundgesetz war das Werk *aller* politischen Parteien in unserem Lande. Am Anfang des Grundgesetzes und der Bundesrepublik Deutschland stand die Solidarität aller Demokraten. Diese Solidarität erwies sich an dem Grundwert unserer Verfassung: dem klaren Bekenntnis zur freiheitlich-demokratischen Grundordnung. Dieses unser Grundgesetz verkörpert die Ergebnisse und Ideale der beiden großen westlichen Revolutionen: der Französischen von 1789 und der Amerikanischen von 1776. Es enthält neue, einzigartige Ideen. Es definiert das nationale Interesse nicht mehr nur in Abwehr und in Abgrenzung gegenüber anderen Staaten; es legt vielmehr den Grundstein zur europäischen Einigung; es bringt den Willen des deutschen Volkes zur internationalen Zusammenarbeit und zur friedlichen Verständigung zum Ausdruck; es enthält in den Artikeln 24 und 25 des Grundgesetzes Ansätze einer Weltinnenpolitik; es legt verbindliche Leitlinien und Zielsetzungen für den neuen deutschen Staat fest; es zeigt sich entschlossen und wehrhaft gegenüber den Feinden der Demokratie; es verbindet Festigkeit in den Grundsätzen mit Flexibilität in jenen Fragen, die in der Tagespolitik entschieden werden können und müssen; es hat jene politische, wirtschaftliche und gesellschaftliche Dynamik ermöglicht, deren Zeuge wir in den vergangenen 25 Jahren alle waren.

Diese Bundesrepublik Deutschland ist unser aller Staat. Es ist unser aller Aufgabe, die Gemeinsamkeit in diesen Grundprinzipien unseres Staates zu bewahren. Wir dürfen nicht zulassen, daß sie selbst zum Gegenstand politischer Auseinandersetzung werden.

Es muß eine von allen Beteiligten akzeptierte gemeinsame Ordnung geben, die den Freiheitswillen des Schwächeren vor dem Freiheitswillen des Stärkeren schützt und gegenüber dem ausgreifenden Freiheitswillen des einzelnen das Freiheitsinteresse aller anderen zur Geltung bringt. Diese Ordnung muß partikularer Verfügung entzogen, für alle berechenbar und praktisch handhabbar sein. Sie muß deshalb aus objektiven Normen und Institutionen bestehen.

Diese gemeinsame Ordnung darf aber keine Momente enthalten, die den Freiheitswillen verneinen, die Entfaltung der Person unterbinden, die Selbstverwirklichung des einzelnen einschränken, indem sie ihm eine fremde Sinnorientierung aufzwingen. Anderenfalls würde die Ordnung, die der gemeinsamen Freiheit dienen soll, selbst die Freiheit beeinträchtigen.

Der Verfassungsstaat erklärt deshalb nur den einen Wert für absolut verbindlich, der seinerseits den Anspruch auf Freiheit überhaupt erst begründet: das Person-Sein. Das ist das Prinzip des Verfassungsstaates. Darin liegt die Solidarität der Freiheit. Wer die gemeinsame Freiheit verspielt, der verspielt auch die eigene.

Wir wollen nicht den Kampf *um* die Verfassung, die alle Parteien gemeinsam geschaffen haben, sondern den politischen Wettbewerb der Parteien *auf dem Boden* dieser Verfassung. Wir können die Meinungsverschiedenheiten und die Konflikte in unserer Gesellschaft nur dann ohne Schaden für das Gemeinwesen austragen, wenn das Einverständnis aller in die gemeinsame Verfassung, wenn die Solidarität der Demokraten auch in Zukunft über jeden Zweifel erhaben ist. Unsere Verfassung garantiert aber nicht von vornherein die Solidarität der Demokraten. Die Verfassung wird vielmehr erst durch die Solidarität der Demokraten zur vollen Wirkung gebracht.

Die freiheitliche Verfassung stiftet nicht nur gesellschaftlichen Frieden, sondern auch den Rechtsfrieden. Sie ermöglicht es uns, unsere Konflikte ohne Gewalt, unter Respektierung der Freiheit des anderen und im

Bemühen um gegenseitige Gerechtigkeit auszutragen. Eine Verfassung der Freiheit ermöglicht, ja erfordert friedlichen Wandel. Wer aber die Verfassung ideologisch auflädt, bringt sie um ihre friedenstiftende Funktion. Wer sie mit geistigen und politischen Monopolansprüchen konfrontiert, bringt sie um ihre Integrationskraft. Es besteht immer die Gefahr, daß die friedenstiftende Funktion einer Verfassung gefährdet ist. Es bedarf deshalb der ständigen Bemühung, diese Funktion zu erhalten, genauso wie es der dauernden Anstrengung bedarf, eine freiheitliche Verfassung zu erhalten. Zu dieser gemeinsamen Anstrengung gehört auch die Bewahrung der Übereinstimmung über die Bedeutung der wichtigsten politischen Begriffe. Beides ist voneinander nicht zu trennen.

Wir erleben gegenwärtig: Wir können nicht mehr auf gemeinsame Begriffe zurückgreifen und uns nicht mehr auf eine allen gemeinsame politische Sprache verlassen, wenn wir die Grundlagen eines freien Gemeinwesens für alle verbindlich beschreiben wollen. Der Verlust der Verständigungsmöglichkeit, der sich aus der fehlenden Übereinstimmung über den Inhalt der wichtigsten politischen Begriffe ergibt, beeinträchtigt die Lebensfähigkeit der Verfassung. Aus diesem Grunde sind heute Anstrengungen notwendig, um die politischen Begriffe vor der Besetzung mit autoritären oder dogmatischen Inhalten zu schützen. Der absolute Wahrheitsanspruch einer dogmatischen Politik führt notwendig zu einer Polarisierung der Gesellschaft. Hier wird deutlich, welche besondere Aufgabe unseren Schulen zukommt, die Übereinstimmung über den Inhalt der politischen Begriffe und den Respekt vor der Verfassung zu erhalten.

Die Solidarität der Demokraten besteht in dem Vertrauen eines jeden und jeder Partei in die Lauterkeit der demokratischen Gesinnung, dem Patriotismus des anderen und der anderen Partei. Dieses Vertrauen ist aber nur so lange möglich, solange jede Partei radikale Feinde der Demokratie aus ihren Reihen fernhält. Politische Parteien haben in einer Demokratie eine doppelte Aufgabe: die Aufgabe der Integration, aber auch der Abwehr. Diese Aufgabe der Abgrenzung haben die demokratischen Parteien in den letzten 25 Jahren zum Wohle der deutschen Demokratie erfüllt. Für die Zukunft der Demokratie in Deutschland ist es entscheidend, daß dies auch weiterhin so bleibt. Ohne wehrhafte Demokratie gibt es keine Solidarität der Demokraten.

Die demokratische Verfassung will ein offenes Regierungs- und Gesellschaftssystem. Politik in der Demokratie heißt: Wettbewerb von Personen und Positionen, von Richtungen und Programmen; heißt:

Kontrolle der Regierenden durch öffentliche Kritik und parlamentarische Opposition. Demokratie ist gerade deshalb möglich, aber auch nötig, weil niemand einen Monopolanspruch auf die allein richtige Politik erheben kann, weil zwar alle dem Gemeinwohl verpflichtet sind, dieses Gemeinwohl in seiner inhaltlichen Ausprägung aber immer in der Auseinandersetzung gewonnen werden muß. Vielfalt, Offenheit und Wettbewerb auf allen Gebieten machen den geistigen, politischen und ökonomischen Reichtum einer freiheitlichen Gesellschaft aus.

Der Pluralismus konkurrierender gesellschaftlicher Kräfte wird am besten gewährleistet durch ein System konkurrierender Kompetenzen der Herrschaftsausübung. Das Grundgesetz hat daher mit Recht so großes Gewicht auf die Teilung der Gewalten gelegt. Diesem Ziel dient auch die bundesstaatliche Gliederung der Bundesrepublik, die das Grundgesetz für unabänderlich erklärt. Föderative Ordnung heißt: Überschaubarkeit, Macht und Fehlerkontrolle, Wettbewerb im Streit um die bessere Politik, Einbau der Opposition in die Staatsgestaltung, Dynamik, Flexibilität und wünschenswerte Vielfalt. Die CDU sagt deshalb in ihrem Programm, daß Demokratie eine fortzuentwickelnde politische Ordnung ist, die die Mitwirkung der Bürger gewährleistet und ihre Freiheit durch Verteilung und Kontrolle der Macht sichert. Wir wollen Wettbewerb und Konkurrenz um die Ausgestaltung des freiheitlichen und sozialen Rechtsstaates.

Unsere Verfassung kann ihre Freiheit sichernde, Frieden stiftende und Ausgleich und Gerechtigkeit ermöglichende Funktion nur erfüllen, wenn die Bürger der Bundesrepublik sie für gerecht, für legitim erachten und als solche anerkennen. Das Grundgesetz setzt voraus, daß wir die Würde des Menschen als eine Macht anerkennen, die jeder politischen Macht absolute Grenzen setzt. Der Mensch ist im letzten nur sich selbst, seinem Gewissen und Gott verantwortlich. In seinem Recht auf Selbstbestimmung und persönliche Freiheit gründet die Vielfalt einer offenen Gesellschaft, die Würde und die Menschlichkeit einer freiheitlichen Demokratie. Die Überzeugung des Christentums und der idealistischen Tradition – „Du sollst den Menschen nicht als bloßes Mittel gebrauchen" – münden hier zusammen: Der Mensch trägt seinen Zweck und seinen Wert in sich selbst; er entzieht sich von seinem Wesen her dem letzten Anspruch eines anderen, auch und gerade des Staates. Jede irdische Macht ist dem Menschen nur anvertraut, damit er sie – in Grenzen und in kontrollierter Verantwortung – treuhänderisch ausübe. Es ist das Bewußtsein seiner „Verantwortung vor Gott", wie die Präambel des Grundgesetzes es formuliert, in dem diese Erkenntnis um des Menschen willen seinen verbindlichen Ausdruck im Grundgesetz gefunden hat.

Die Legitimität des Grundgesetzes beruht auf dem Menschenbild, das ihm zugrunde liegt. Es fordert nicht den „neuen" Menschen als Voraussetzung für eine „vollkommene" Gesellschaft und eine „wahre" Demokratie. Es nimmt den Menschen so, wie er ist – mit seinen Schwächen, seiner Endlichkeit, seiner Irrtumsfähigkeit, seinem immer nur unvollkommenen Wissen –, aber auch mit seiner Fähigkeit, sein persönliches Schicksal und das der Gemeinschaft zum Besseren zu wenden. Jeder Mensch muß und will sich selbst verwirklichen. Dazu müssen zwei Voraussetzungen gegeben sein:

1. Der Mensch muß frei sein, um seine Besonderheit und Individualität verwirklichen zu können;

2. er wird seiner Besonderheit aber nur bewußt und kann sie nur realisieren im Zusammenleben mit anderen Menschen.

Die Entfaltung der Person ist weder möglich durch Isolierung von den anderen im bloßen Individualismus noch durch Auslieferung an die anderen im Kollektivismus. Hier steckt das Grundproblem unseres sozialen Lebens, auf das der moderne Verfassungsstaat die rationale, humane und fortschrittliche Antwort gibt. Alle Freiheitsrechte sind sozialpflichtig, weil die Freiheit des anderen Bedingung der eigenen Freiheit ist und Freiheitswille ein kollektiver Tatbestand ist.

Das Grundgesetz hat sich bewährt. Es ist offen für einen Wandel in Freiheit, offen für eine moderne Politik sachorientierter Reformen. Ein Beispiel für die Vitalität und die Möglichkeiten, die in der Verfassung angelegt sind, ist die Soziale Marktwirtschaft. Sie stellt den Versuch dar, die Prinzipien der Verfassung und der Demokratie auch auf dem Gebiet der Wirtschaftsordnung zu verwirklichen.

Die Lösung der künftigen Probleme wird gewiß nicht scheitern an einer angeblich statischen Verfassung, sondern allenfalls an dem Mangel an politischem Mut, Phantasie und Augenmaß bei jenen, die die politische Verantwortung tragen. Wo immer das Grundgesetz einer sachlich gebotenen Anpassung bedarf, haben wir uns dieser nicht widersetzt; wir werden uns ihr auch in Zukunft nicht entgegenstellen. Eine dieser politischen Herausforderungen liegt für uns in der Aufgabe, den Sozialstaat auf eine freiheitliche, demokratische Weise weiterzuentwickeln.

Das Grundgesetz kennt nicht die falsche Alternative: Rechts- oder Sozialstaat. Es hat den Rechtsstaat *und* den Sozialstaat als Prinzipien gleichen Ranges und gleichen Gewichtes normiert. Sozialstaatsprinzip bedeutet für uns: die tatsächliche Verwirklichung der Grundrechte für jeden einzelnen durch eine Politik, die sich an den Geboten der Chancengleichheit und der sozialen Gerechtigkeit orientiert. Der Staat muß die Voraussetzungen dafür schaffen, daß jeder seine Rechte und Freiheiten mit Aussicht auf Erfolg wahrnehmen kann. Auf diese Weise stellt das Sozialstaatsprinzip jeden Bürger in die Solidarität der gesamten politischen Gemeinschaft. Der Staat muß durch seine Politik die Bedingungen für die Möglichkeit individueller Freiheit schaffen. Der Gebrauch der Freiheit bedarf nämlich gesellschaftlicher Voraussetzungen, die wir immer wieder neu erbringen müssen. Unter den Bedingungen des modernen Lebens kann es wirkliche Freiheit nur geben, wenn der Verfassungsstaat Sozialstaat ist.

Das alte Freiheitsrecht auf individuelles Streben nach Glück hat nichts von seiner Bedeutung verloren. Möglichkeiten der Verwirklichung gibt es nur noch, wenn der Staat diejenigen Mindestbedingungen und Voraussetzungen garantiert, die der einzelne aus eigener Kraft zu schaffen und zu sichern nicht mehr in der Lage ist. Praktisch heißt das: Der Staat ist mitverantwortlich dafür, daß Gerechtigkeit, Freiheit und Gleichheit nicht nur in den Rechtsverhältnissen der Bürger, sondern auch in ihrem Alltag verwirklicht werden. Das darf aber nicht auf dem Wege der Bevormundung des einzelnen geschehen, das heißt: nicht Verplanung des einzelnen, sondern Planung der allgemeinen Verhältnisse, um dem individuellen Streben des einzelnen nach Selbstverwirklichung objektive Aussichten auf Erfolg zu schaffen.

Der einzelne sieht heute seine Freiheiten nicht so sehr gefährdet als Bürger im Staat wie als Mitglied in Organisationen und Verbänden. Diese treten ihm allzuoft fremd und anmaßend gegenüber. Der Staat muß seinen Bürgern auch in ihrer Rolle als Mitglieder von Organisationen zu ihren Rechten und Freiheiten verhelfen. Der Staat muß verhindern, daß sich in der Gesellschaft nur die Interessen mächtiger Organisationen durchsetzen – auf Kosten all jener für die Bürger oft wichtigeren Interessen, die nicht organisierbar sind und deshalb keine mächtige Organisation im Rücken haben. Gegen den Hegemonieanspruch gesellschaftlicher Großmächte muß der Staat den Primat der Politik durchsetzen und auf sein politisches Mandat pochen.

Es gehört zu den wesentlichen Zielen des modernen Verfassungsstaates, den Schwachen zu helfen und sie zu schützen und Abhängigkeiten zu beseitigen. Es läßt sich aber nicht von vornherein und ein für alle Mal entscheiden, wer die Schwachen und Abhängigen einerseits und wer die Mächtigen andererseits sind. Unser Verfassungsstaat beruht auf der Einsicht, daß Macht und Abhängigkeit in der Wirklichkeit des sozialen und politischen Lebens schwer aufzuspüren sind; es gibt auch die Macht der Ohnmächtigen und die Abhängigkeit der Unabhängigen. Macht und Abhängigkeit können sich für die gleichen Menschen von einer Situation zur anderen grundlegend verändern. Deshalb strebt der Verfassungsstaat sein Ziel, den Schwachen Hilfe, den Abhängigen Freiheit zu verschaffen, auf dem Wege strikter Allgemeinheit und Neutralität an: Er spricht nicht den einen Gruppen das Monopol zu, schwach und abhängig zu sein, und erklärt die anderen für stark und mächtig, sondern er stellt allgemeine Richtlinien auf, nach denen die sich von Fall zu Fall als schwächer oder abhängig Erweisenden gegen die jeweils Überlegenen Schutz finden und Chancen gewinnen. Verfassungsstaatliche Politik glaubt, die Hilfe für die Schwachen, die Freiheit für die Abhängigen dadurch am besten und gerechtesten zu verwirklichen, daß sie von der Solidarität aller Bürger ausgeht, anstatt sich mit den einen gegen andere zu solidarisieren.

Dies alles erfordert ein neues Verständnis des Staates und eine neue Qualität der Politik. Der Staat ist mehr als nur ein Makler, ein Schiedsrichter zwischen rivalisierenden Gruppeninteressen. Er ist der Anwalt der gemeinsamen Interessen aller, die Instanz des Gemeinwohls. Inflation, Energiekrise, Bedrohung der Arbeitsplätze, Gefährdung der Lebensgrundlagen haben die Frage nach der Verantwortung für das Ganze, nach der Grundlage und der Verwirklichung des Gemeinwohls mit Leidenschaft stellen lassen. Der Staat als Garant der Freiheit und Anwalt des Gemeinwohls – oder aber als Beute mächtiger Gruppen, zwischen denen dann nur noch das Recht des Stärkeren gilt: Dies ist die unbequeme Alternative, der wir nicht ausweichen können. Es ist Aufgabe der Politik, die Voraussetzungen dafür zu schaffen, daß die Bürger ihrem demokratischen Staat Autorität gewähren können. Unser Staat muß Ansprüche an uns stellen, weil er uns die Chance der Freiheit gibt, weil er – und nur er – die gemeinsamen Interessen aller vertritt. Wenn eine Regierung oder eine Partei auf überzeugende Weise diesen Anspruch des Staates an die Jugendlichen, an die Intellektuellen, an die Arbeitnehmer und an andere Schichten unseres Volkes darstellt, wird sie auf eine Bereitschaft zum sozialen und politischen Engagement stoßen, das viele überraschen wird.

Wenn wir uns heute der Gründung der Bundesrepublik Deutschland vor 25 Jahren erinnern, dann ist dieser Tag nicht geprägt von der

Sentimentalität der Rückerinnerung. Dieser Tag stellt Fragen, er ist Auftrag und Aufgabe für uns. Was ist es eigentlich, was uns, den Bürger der Bundesrepublik, was uns Deutschen gemeinsam ist? Was ist unser gemeinsames politisches Ziel, was ist der Sinn unserer nationalen Existenz? Wir besinnen uns auf unsere Verfassung, ihre Werte und Verfahren, als jenes Element der Integration, ohne das Staat und Gesellschaft keinen Bestand haben können. Wir besinnen uns auf die Ziele der Verfassung, die unserem Staat nach innen und außen den Weg weisen: zur Sicherung und zum Ausbau des demokratischen und sozialen Rechtsstaates; zu einer Politik, die auf die Wiedervereinigung Deutschlands und den freien Zusammenschluß freier Völker angelegt ist.

Gerade in der jetzigen Situation, da eine Chance für die Wiedervereinigung vorerst nicht zu sehen ist und Bestand und Zukunft der europäischen Integration gefährdeter ist denn je, ist es unsere Aufgabe und unsere Pflicht, uns an den Auftrag des Grundgesetzes zu erinnern, unsere „nationale und staatliche Einheit zu wahren und als gleichberechtigtes Glied in einem vereinten Europa dem Frieden der Welt zu dienen". Politische Ideale und Gebote der Verfassung werden nicht dadurch hinfällig, daß das Ziel fern und der Weg nicht sichtbar ist. Die Väter der Frankfurter Paulskirche haben uns damals ein Zeichen gesetzt für eine Hoffnung, die erst Jahrzehnte später in Erfüllung gehen sollte.

Eine Politik, die sich an der Verfassung orientiert, kann sich mit den Realitäten nicht einfach abfinden; sie ist aufgerufen, diese Realitäten nach den Prinzipien der Verfassung zu verändern, das heißt: Die Teilung Deutschlands darf nicht bleiben.

Die Idee der Freiheit ist unsere vorrangige Legitimation gegenüber der DDR. Die Chancen der Freiheit zu mehren: Dies ist Motiv und Ziel unserer Außenpolitik. Diese Außenpolitik können wir nur erfolgreich gestalten und konsequent durchhalten, wenn wir zur geistig-moralischen Selbstdarstellung eines freien Gemeinwesens fähig und willens sind; wenn wir unsere staatliche, gesellschaftliche und wirtschaftliche Ordnung legitimieren können durch einen Anspruch, der über materielle Interessen und wirtschaftlichen Wohlstand hinausreicht. Die Auseinandersetzung um die künftige Gesellschaftsordnung wird gewinnen, wer diese Ordnung überzeugender als die freiere, die gerechtere und die menschlichere Ordnung legitimieren kann.

Dieser Tag der Verfassung, den wir, nach 25 Jahren, heute hier begehen, gibt uns allen Anlaß, uns der gemeinsamen Grundlagen unseres Staates zu erinnern und die Rückbesinnung auf die Wertordnung unserer Verfassung bei allen zu wecken, für die Freiheit und Gerechtigkeit unverzichtbare Lebensgüter sind. Die Erinnerung an die Gründung der Bundesrepublik Deutschland ist uns Anlaß, uns auf unser Grundgesetz als einer Verfassung der Freiheit zu besinnen und seine Werte und Prinzipien, die mancherorts verschüttet zu sein scheinen, erneut zu beleben.

Nicht der Text der geschriebenen Verfassung ist der Boden, auf dem unsere verfassungsmäßige Ordnung steht, sondern die tatsächliche Geltung der Prinzipien im Leben unseres Volkes, das Festhalten an den politischen Grundentscheidungen, die Lebendigkeit der sie tragenden Überzeugungen. Das ist der wahre „Boden" des Grundgesetzes, von dem aus wir den Herausforderungen der Zeit begegnen müssen. Die Christlich-Demokratische Union Deutschlands stellt sich diesem Auftrag.

Redemanuskript. ACDP VI-002-001

Familie – Chance zur Gestaltung des Fortschritts

Rede auf dem Familienpolitischen Kongreß der CDU in Münster
am 4. Oktober 1974

Für eine Politik aus christlicher Verantwortung hat die Familie einen hohen Stellenwert. Die folgenden grundsätzlichen Ausführungen sehen die Familie in der freien pluralistischen Gesellschaft nicht nur als Fundament eines solidarischen Miteinanders, sondern auch als Heimstatt der bürgerlichen Tugenden.

Das Thema „Familie" ist gerade heute von hoher Aktualität. Deshalb hat die CDU zu diesem Fachkongreß eingeladen. Wir wollen unsere familienpolitischen Ziele kritischer Prüfung unterziehen und den politischen Notwendigkeiten von heute und morgen anpassen. Denn auch die Familienpolitik der CDU ist nicht statisch, sondern wird selbstverständlich entsprechend den Wandlungen und Veränderungen in unserer Gesellschaft fortgeschrieben.

Die Aktualität des Themas Familie ergibt sich zum einen unter finanz- und sozialpolitischen Gesichtspunkten. Hierzu möchte ich einige Punkte nennen, die in engem Zusammenhang mit unseren familienpolitischen Erörterungen stehen müssen: Fragen der Steuerpolitik, Kindergeld, Erziehungsgeld, Ausbildungsbeihilfen usw. Der angeblich sozial-liberalen Bundesregierung muß vor allem in das politische Stammbuch geschrieben werden: Im Vergleich zur inflationären Entwicklung von Löhnen und Preisen sind die Sozialeinkommen überproportional zurückgeblieben. Das hat zur Folge, daß Familien mit Kindern zu den am meisten Inflationsgeschädigten zählen. Ich sehe die Aktualität des Themas Familie zum anderen in einem umfassenderen, wertorientierten Sinne: Denn am Thema Familie läßt sich die ethische, geistige und ordnungspolitische Position des einzelnen wie einer Gruppe oder einer Partei deutlich erkennen. Wir verhehlen unsere Position in dieser Frage nicht, sondern bekennen selbstbewußt: Unsere familienpolitischen Ziele und Vorstellungen erwachsen aus einer christlich-humanen Anthropologie, also aus unserem christlichen Menschenbild.

Es ist nicht von ungefähr, sondern geradezu typisch, daß sich etwa in der Regierungserklärung von Bundeskanzler Schmidt ebenso wie in den beiden vorangegangenen von Willy Brandt keine Ausführungen über ein konsequentes familienpolitisches Konzept finden lassen. Die Regierungserklärung von Schmidt begnügt sich mit Hinweisen auf die Reform des Ehe- und Familienrechts sowie auf die Erweiterung des Schutzes und der Rechte der Kinder. Das Thema Familie spielt offensichtlich überhaupt für die SPD nur eine sehr nachgeordnete Rolle. Die SPD-Parteiprogramme und Wahlplattformen zeichnen sich nämlich durch eine bemerkenswerte Zurückhaltung in bezug auf familienpolitische Zielsetzungen aus. Um so weniger überrascht es, daß sich in Verlautbarungen der Jungsozialisten in der SPD sehr distanzierte, ja äußerst kritische Einstellungen zur Familie finden. Sie stehen vor allem im Zusammenhang mit einer völlig *einseitigen* Sicht der Emanzipation der Frau. Aber das muß wohl so sein und ist charakteristisch für eine politische Haltung, die alle Probleme, auch die der Frauen, monokausal und einseitig auf den angeblichen Grundwiderspruch von Kapital und Arbeit zurückführt und demzufolge der Frau die Fähigkeit zum Erkennen dieser Zusammenhänge abspricht. Dann kommt man konsequenterweise zu Schlüssen wie sie auf dem JUSO-Kongreß 1974 in München zum Thema Familie gefaßt wurden. Ich zitiere: „Dieser Zustand resultiert nicht zuletzt aus dem Zusammenspiel von bürgerlicher Mutterschafts- und Familienideologie und den Interessen des Kapitals an den billigen weiblichen Arbeitskräften zwecks Mehrwertsteigerung und ihrer Ausnutzung als industrielle Reservearmee zur Bewältigung zyklischer Krisen des Kapitalismus." Auf diese Weise ist dann alles erklärt, und weiteres Nachdenken über Familienpolitik bleibt diesen Ideologen in ihrer Selbstgerechtigkeit erspart.

Doch lassen Sie mich jetzt direkt auf Familienprobleme in der heutigen Zeit eingehen. Es gab in jüngster Zeit Entwicklungen in der gesellschaftspolitischen Diskussion, in denen die Familie total in Frage gestellt wurde. Das hat sich bereits, wie mir scheint, überlebt, wie sich alles Extreme überleben wird. Die Familie beweist sich allein durch ihr Fortbestehen immer wieder selbst, wenn auch des öfteren verdeckt und versteckt in nicht legalisierten Formen.

Das heißt nicht, daß die Familie keine Veränderungen erfahren hat. Der Strukturwandel in Wirtschaft und Gesellschaft hat auch vor ihr nicht haltgemacht und erfordert kritische Überprüfung ihrer Zielsetzung und Förderung und intensives Nachdenken darüber, wie wir politisch am besten zur Stärkung der Familie beitragen können. Auf alte Fragen, etwa denen nach der Erziehungsaufgabe und der Sozialisationsaufgabe der Familie oder ihrer Leistungsfähigkeit in bezug auf die seelische und körperliche Regeneration des Menschen, müssen wir neue Antworten in unsere Überlegungen einbeziehen. Wir wollen und wir werden diesen Fragen nicht ausweichen. Wir nehmen diese Fragen gerne auf, um auch unsere Positionen und politischen Aktionen immer wieder neu zu überprüfen zum Nutzen der Familie und um sie instand zu setzen zur bestmöglichen Bewältigung ihrer Aufgaben.

Ein rein gefühlsmäßiges und rational nicht mehr hinterfragbares Zurückgehen auf den Artikel 6 des Grundgesetzes, das heißt ein bloßes Pochen auf den Schutz der Familie durch das Grundgesetz, ist nach unserer Auffassung für die heutige Diskussion nicht mehr ausreichend. Vorrangig sehe ich die Behandlung der Problematik Familie und der damit anstehenden Lösungsversuche in einer engen Verbindung mit anderen gesellschaftspolitischen Problemen, die uns derzeit beschäftigen oder in jüngster Zeit beschäftigt haben. Als Beispiele solcher gesellschaftspolitischer Entscheidungen, die tiefe Auswirkungen auf die Familie haben, sehe ich: die Reform des § 218 Strafgesetzbuch, Fragen des Familien- und Ehescheidungsrechts, Probleme des Jugendhilferechts im Zusammenhang mit dem Recht des Kindes, der Eltern und dem des Staates, Probleme des Sorgerechts der Eltern und die Reform des Sexualstrafrechts.

Die Behandlung all dieser Komplexe, in denen ohne Zweifel zahlreiche familienpolitische Probleme stecken, zeigt immer wieder, von welcher ethischen und gesellschaftspolitischen Grundposition die handelnden Parteien ausgehen: Wichtige meinungs- und entscheidungsbildende Kreise in der SPD setzen auch hier vielfach bei der Konflikttheorie an. Sie wollen das gesellschaftliche System als solches ändern oder abschaffen, anstatt die Mängel im Rahmen des Vorhandenen zu beheben. Sie nutzen somit vorhandene gesellschaftliche Schwachstellen und Mängel als Vehikel, um eine neue Gesellschaftsordnung einzuführen. Deren weitaus gravierendere Mängel haben sich in anderen Teilen unserer Welt aber längst erwiesen. Lassen Sie mich das an einem Beispiel verdeutlichen: Wenn manche Kinder im Elternhaus nicht die an sich notwendige Förderung ihrer geistig-seelischen, körperlichen und sozialen Entwicklung erhalten, dann sollte man nicht die Elternhauserziehung an sich verteufeln und das alleinige Heil in einer zwangsweisen, obligatorischen

Kindergartenerziehung und ausschließlich in Ganztagsschulen sehen, sondern nach unserer Auffassung muß man dann die Elternhäuser so unterstützen, daß sie ihre Erziehungsaufgaben erfüllen können. Das verstehen wir, die CDU, unter Herstellung von Chancengerechtigkeit. Dabei sehen wir durchaus die Nützlichkeit und Notwendigkeit einer ergänzenden außerhäuslichen Erziehung für Kleinkinder. Das aber erst ab einem gewissen Alter, das auch von der Kinderpsychologie als das Alter angesehen wird, von dem an ein Kind eines außerhäuslichen, familienergänzenden Erziehungsfeldes bedarf.

Ich glaube, an diesem Beispiel aus der Familienpolitik ist der Unterschied zwischen unserer ethisch-gesellschaftspolitischen Position und den Zielen der Sozialisten deutlich geworden. Hinter all den hier nur angedeuteten Problemen stehen entscheidende ordnungspolitische Aspekte, die unterschiedliche familienpolitische Zielsetzungen zur Folge haben, denn: Die Gestaltung der Familie als kleinster Organisationseinheit der Gesellschaft, das Verhältnis der Ehepartner und das der Eltern und Kinder zueinander, die Ausweitung des Freiheitsraumes des einzelnen im privaten und gesellschaftlichen Bereich und die Entfaltung von Solidarität zwischen den Menschen und anderes mehr, alle diese ordnungspolitischen Aspekte hängen entscheidend davon ab, wie ich das Verhältnis „Einzelner-Staat-Gesellschaft" sehe und welche Zuordnung und Aufgabenstellung ich jedem dieser drei Faktoren beimesse, wie stark ich die Leistungsfähigkeit des Grundsatzes der Subsidiarität bei der Aufgabenstellung und bei der Bewertung der Leistungsfähigkeit der einzelnen gesellschaftlichen Ebenen einschätze und wie hoch in meinem Bewußtsein und Verhalten die freie und solidarische Gruppe, das heißt etwa die Familie, im Verhältnis zum einzelnen und zum Gesellschaftsganzen, zum Kollektiv, rangiert.

Wer wie wir Freiheit in ethischer Bindung *vor* übersteigertem Individualismus und wer wie die CDU solidarische Verpflichtung und Hilfe *vor* kollektiven Zwang stellt, der kommt auch zu ganz eindeutigen Vorstellungen und Zielsetzungen bei der Lösung gesellschaftspolitischer Probleme. Lassen Sie mich das an einigen Beispielen verdeutlichen:

1. Das menschliche Leben, auch das ungeborene, kranke und alte hat in unserer Vorstellung eine unbedingte Vorrangstellung vor persönlicher Freiheit und Emanzipation. Eine Umkehrung dieser Werte würde nicht mehr Freiheit und Humanität, sondern Inhumanität und Egozentrik im darwinistischen Sinne bedeuten. Von daher begründet sich auch die prinzipielle Haltung der CDU in der Frage der Neufassung des § 218.

2. Ehe und Familie erhalten in unserer Auffassung eine hohe ethische Bewertung als Institutionen, die im Prinzip auf die Lebensdauer der Partner angelegt sind. Dies gebietet allein schon die Achtung und Solidarität der Partner füreinander. Das ist entscheidend für unsere Haltung in der Ehescheidungsfrage.

3. Das Recht der Eltern und das Recht des Kindes werden von uns gleich bewertet. Das erlaubt durchaus eine stärkere Gewichtung des einen oder anderen Rechtes je nach Lebensphase. Hierin liegt die Grundeinstellung der CDU zum Sorgerecht der Eltern begründet.

4. Wir streben die Zusammenführung und Solidarisierung aller Generationen in einem Familienverband an. Das bedeutet keineswegs, daß das Wohnen unbedingt in einem gemeinsamen Haushalt erfolgen muß, aber es soll doch soweit wie möglich gefördert werden und vor allem das persönliche Verantwortungsempfinden der verschiedenen Generationen füreinander wecken und verstärken, um so auch die häufig vorhandene Ghettosituation der alten Menschen aufzulösen.

5. Die CDU setzt sich ein für die Entwicklung und Förderung freiwilliger Hilfen der Menschen untereinander in den Gemeinschaften von Nachbarschaft, Gemeinde, Kirchen usw. Dabei ist uns selbstverständlich, daß ohne organisierte soziale Dienstleistungen in einer Industriegesellschaft Sozialarbeit nicht mehr möglich ist. Freiwillige Nachbarschaftshilfe kann und sollte ergänzend dazukommen, aber auch sie muß in einem bestimmten Umfang organisiert und gefördert werden. Aus unserer Wertschätzung des Engagements des einzelnen in allen denkbaren sozialen Bereichen leitet sich unsere positive Einstellung zur direkten Selbsthilfe und zu den freien Trägern in der Sozial- und Jugendarbeit ab.

Unter diesen Voraussetzungen und Bedingungen gibt es für die CDU nur „Gesellschaftspolitik aus einem Guß", also Gesellschaftspolitik nach einheitlichen Leitprinzipien und Maßstäben. Alle anstehenden gesellschafts- und familienpolitischen Probleme und alle in der Erörterung stehenden Lösungen werden von uns mit der gleichen ethisch-sozialen Elle gemessen. Daher unterliegen alle politischen Gestaltungsbemühungen in den verschiedenen sozialen Bereichen nach unseren Vorstellungen den folgenden Zielen:

Für den einzelnen soll ein möglichst großer Freiheitsraum erhalten, geschaffen und erweitert werden.

Eine möglichst umfassende, frei gewollte und freiwillig übernommene Hilfsverpflichtung des einzelnen für den Mitbürger, auch den schwächeren, in Familie, Gemeinde, Gruppe und Staat muß in unserer

Bevölkerung, insbesondere bei den jungen Menschen, selbstverständlich werden.

Möglichst große Chancengerechtigkeit für alle Bürger soll herbeigeführt werden. Diese soziale Chancengerechtigkeit bedeutet in unserem Sinne gleiche Verteilung der Ausgangschancen für die personale und soziale Entwicklung.

Die Familie gewinnt in diesem Bewertungssystem deshalb einen so hohen Rang, weil sie als soziale Institution mehr als alle anderen gute Möglichkeiten für die Verwirklichung der Chancengerechtigkeit bietet. So erhält nach unserer Auffassung Familienpolitik erst ihre Zielsetzung und ihre Sinnerfüllung im Kontext zum allgemeinen gesellschaftspolitischen Orientierungsrahmen. Er ergibt sich aus der Bestimmung personaler und sozialer Grundwerte, wie ich sie eben kurz beschrieben habe.

In diesem Zusammenhang dieser unserer personalen und sozialen Grundwerte ordnen wir auch die Bewertung der Forderung nach „Gestaltung des Fortschritts" ein. Anders als modische Kulturpessimisten und Kulturkritiker bejahen wir den technischen und ökonomischen Fortschritt. Ohne Wachstum der Wirtschaft gibt es keine wachsenden Finanzmittel und sonstigen Voraussetzungen zur humanen Gestaltung unserer Welt. Nullwachstum bedeutet Rückschritt! Von daher ergibt sich für uns auch die Notwendigkeit einer produktivitätsorientierten Wirtschaftspolitik. Nicht Inflation und künstliche Aufblähung des Wirtschaftskreislaufs, sondern kontrolliertes echtes Wachstum muß das Ziel sein.

Hier setzt unsere harte Kritik an der Politik der SPD/FDP-Koalitions-Regierung der letzten Jahre ein. Diese Regierungen, für die nicht nur Brandt, sondern auch Bundeskanzler Schmidt als der damalige Finanzminister die Verantwortung trägt, haben die Inflation und ihre schädlichen Folgen, vor allem für die Bezieher von Sozialeinkommen, also kinderreiche Familien und Rentner, nicht energisch genug bekämpft und den Verfall der Sparleistungen hingenommen. Wirtschaftliches Wachstum kann aber nicht *ausschließlicher* Maßstab für die *gesamte* Gesellschaftspolitik sein. Sie ist bedeutend mehr als nur Wirtschaftspolitik! Bei der Formulierung gesellschaftspolitischer Zielvorstellungen stehen humane und soziale Gesichtspunkte im Vordergrund: Sie sind auch dort zu beachten, wo ökonomische Aspekte zunächst Vorrang haben, etwa bei der Gestaltung der konkreten Arbeitswelt oder bei der Konjunkturpolitik.

Andererseits dürfen wirtschaftlich-finanzielle Aspekte bei sozialpolitischen Maßnahmen, etwa der Familienpolitik, keinesfalls außer acht gelassen werden. Dabei sind insbesondere lang- und kurzfristige Auswirkungen sauber zu trennen. Denn gerade soziale Investitionen bringen oft erst nach Jahren eine „Rendite". Es führt deshalb gesellschaftspolitisch in die Irre, wenn solche sozialen Investitionen bei kurzfristiger Betrachtungsweise als „unrentabel" bezeichnet werden. Das gilt ganz besonders bei den Ausgaben im Bereich der Familienpolitik.

Immer wieder werden gerade in der Gesellschaftspolitik Zielkonflikte entstehen; sie dürfen von den Politikern vor der Bevölkerung nicht vertuscht oder verharmlost werden, wie es die Regierung häufig tut, weil dies bequemer ist. Die Bürger haben ein Recht und einen Anspruch darauf, solche Zielkonflikte zu erfahren und über die Folgen der einen oder anderen Entscheidung vorher informiert zu werden, damit sie sich selbst ein Urteil bilden können. Das verstehen *wir*, die CDU, unter Respektierung des mündigen und urteilsfähigen Bürgers.

Bei aller gebotenen nüchternen Einschätzung der finanzpolitischen Lage und unter Berücksichtigung des immer stärker werdenden Zielkonflikts zwischen dem gesellschaftspolitisch Wünschenswerten und dem wirtschaftlich Erreichbaren wird die CDU künftig noch mehr als heute darauf bedacht sein, daß bei der Lösung politischer Probleme, die unter starken wirtschaftlichen Einschränkungen stehen, der humane Aspekt, zum Beispiel das Ziel „Förderung und Stärkung der Familie", eindeutiger zum Tragen kommt. Das bedeutet oft nicht eine Erhöhung der Kosten, sondern nur eine Umorientierung im Denken und neue Schwerpunkte bei der Finanzierung.

Nach Auffassung der CDU ist unser Prinzip der Familienfreundlichkeit verstärkt anzuwenden beim Wohnungs- und Städtebau, bei der Entwicklung der Verkehrsstruktur und der Neuordnung der Verkehrstarife, bei der Fortentwicklung von Arbeitsorganisationsformen im Betrieb wie zum Beispiel Schichtarbeit und gleitende Arbeitszeiten.

Wir müssen einfach wieder mehr lernen, die Gestaltung der verschiedenen Lebensräume am Menschen und seinen Bedürfnissen und damit auch an den Erfordernissen der Familie zu orientieren. Das ist das humane und politische Anliegen der CDU, daß die technisch-organisatorische Zweckmäßigkeit nicht überhandnimmt. Sie ist häufig zum Selbstzweck geworden und hat sich ihrem eigentlichen Ziel, nämlich den Menschen zu dienen, entfremdet. Ich bin überzeugt, daß sich so auch viele gesellschaftspolitische Fehlentwicklungen von vornherein vermeiden lassen. Und das ist rentabler, als entstandene Fehler und Fehlentwicklungen im nachhinein zu beseitigen.

Wenn wir als CDU die Familie so hoch bewerten, dann heißt das aber noch lange nicht, daß wir die Familie gleichsam in einen „keimfreien Schonraum" stellen. Die Familie ist auch für uns weder unantastbar noch unbegrenzt leistungsfähig, noch bedingungslos unterstützungswürdig. Die Familie muß sich auch selbst helfen, sich aktivieren, kreativ sein, sich in die Gesellschaft hinein öffnen und sich an den Lösungen gesellschaftlicher Probleme beteiligen, wenn sie in unserer Zeit voll aktionsfähig bleiben will. Die moderne Familie muß offen, mobil, aktiv sein. Nur dann entspricht sie auch den Vorstellungen und Anforderungen moderner Menschen.

Der Staat muß die Familie in ihrem unersetzbaren Eigenwert respektieren. Auch im Bereich der Familie darf er nach unserer Vorstellung nicht alles reglementieren wollen. Nach unserem Staatsverständnis muß der Staat Voraussetzungen und Bedingungen zur Eigenhilfe für den einzelnen und für die Familie schaffen. Die staatlichen Institutionen müssen Hilfe zur Selbsthilfe für die freien gesellschaftlichen Gruppen und ihre Institutionen ermöglichen. Das ist Solidarität und Subsidiarität im Sinne der CDU. Der einzelne und die Familie werden künftig stärker denn je mehr Beratung, mehr Bildung, mehr ambulante Hilfe benötigen. Sonst werden sie kaum in der Lage sein, mit den Problemen dieser Zeit und der immer komplizierter werdenden Welt fertig zu werden.

Wir sehen gerade auf dem Gebiet staatlich geförderter gesellschaftlicher Selbsthilfe ein Hauptaufgabengebiet. Das zeigt sich etwa in unserer Initiative zur Schaffung von „Sozialstationen". Sozialstationen sind als Kristallisationspunkte mitmenschlicher Hilfe gedacht. Sie sind zentrale Einsatzstellen für dezentral arbeitende Fachkräfte der ambulanten Kranken-, Alten- und Familienhilfe. Mit den bisherigen Mitteln und Organisationsstrukturen können die großen Aufgaben sachkundiger mitmenschlicher Hilfe nicht mehr hinreichend bewältigt werden. Es ist an der Zeit, unsere politische Phantasie anzustrengen, um moderne Organisationsformen zur Sicherung und zum Ausbau sozialer Dienste zu entwickeln. Daß die CDU hier den freien Trägern eine besonders bedeutsame Rolle zuweist, brauche ich vor diesem Kongreß von Fachleuten wohl nicht besonders hervorzuheben. Allerdings gibt es auch für uns keinen totalen und bedingungslosen Freifahrtschein für die Inanspruchnahme oder Durchsetzung des Prinzips der Subsidiarität. Wo diese nicht funktioniert, wo freie Träger nicht in der Lage oder gar nicht gewillt sind zu handeln, da muß der Staat eingreifen, damit die Hilfsbedürftigen nicht Not leiden. Denn der Mensch steht höher als ein theoretisches Prinzip! Subsidiarität beruht immer auf Gegenseitigkeit und gilt so lange, wie die Sache – oder besser: die Menschen –, um die es geht, nicht Schaden leidet.

Es ist und bleibt eines der obersten politischen Ziele der Union, sich für den einzelnen einzusetzen in all seinen Schwierigkeiten, in die er geraten kann. Es gibt heute kaum eine größere Gefahr als die der persönlichen Vereinsamung in der anonymen Masse. Jugendliche, alte Menschen, alleinstehende Männer oder Frauen sind davon häufig in gleicher Weise betroffen. Leider häufen sich die Fälle von Vereinsamung offenbar mit steigendem wirtschaftlichem Fortschritt und wirtschaftlicher Entwicklung. Menschliche Vereinsamung und Isolierung und damit geistig-seelische Verkümmerung gilt es aufzuheben. Hier liegt auch eine der Hauptfunktionen der Familie. Personale Entfaltung und Geborgenheit im Kreise der Familie zu ermöglichen – das sind zwei zentrale Bezugs- und Zielpunkte für die Familienpolitik der CDU.

Nur wenn der Mensch Geborgenheit und Möglichkeit zu individueller Entfaltung findet, fühlt er, erlebt er menschenwürdige Umwelt. Deshalb sehe ich in all unseren politischen Überlegungen auch nicht nur die funktionierende „Bilderbuchfamilie", die junge Familie mit Kindern vor mir. Wichtig ist für mich auch, was die Familie, der Familienverband, den alten und kranken Menschen, den geistig und körperlich Behinderten, den Alleinstehenden, den ledigen Müttern geben kann. Insoweit kann die Familie weit mehr als andere Einrichtungen tatsächlich einen echten und meßbaren Beitrag zur Entwicklung einer humanen Gesellschaft und zur Gestaltung des Fortschritts leisten. Was für die Arbeitsbedingungen gilt, gilt auch für diesen wie für jeden anderen sozialen Bereich: Der Mensch ist wichtiger als die Sache.

Freiheit, Solidarität, Chancengerechtigkeit, Geborgenheit – sind keine leeren Worte oder Utopien mehr im Hinblick auf eine Familie, die für ihre Mitglieder da ist, die sich als Solidargemeinschaft versteht und entsprechend lebt. Hier kann sich auch erweisen, ob es in unserer Gesellschaft noch eine Gesinnungsethik gibt oder ob wir nur noch ausschließlich nach Leistungsmaßstäben leben, mit denen die Menschen nur noch nach ihrer meßbaren produktiven Leistung bewertet werden – eine total inhumane Gesellschaft! Aus diesem hohen Stellenwert, den die CDU der Familie gibt, resultiert die politische Aufgabe, die Familie auch wirtschaftlich, soweit eben vertretbar, abzusichern: Kinderreichtum darf nicht zu sozialem Abstieg führen. Die Betreuung alter Eltern darf nicht zur unerträglichen Belastung werden. Die Pflege kranker

Familienangehöriger darf nicht zur brutalen Überforderung der Gesunden ausarten. Die Berufstätigkeit von Müttern darf nicht zum Zwang werden. Die Hausfrauentätigkeit darf nicht zum Abbau des Selbstwertgefühls der Frau führen.

Staat und Gesellschaft müssen finanziell und organisatorisch der Familie Hilfen bieten. Das vor allem dann, wenn ohne eigene Schuld der Betroffenen die finanzielle Situation der Familie sich verschlechtert. Das kann durch wachsende steuerliche Belastung, durch Sinken des Sozialeinkommens und durch ständig steigende Lebenshaltungskosten verursacht werden. Das gerüttelt Maß an Schuld der SPD/FDP-Bundesregierung für derartige soziale Verschlechterungen, vor allem für die Familie, muß ohne Beschönigung in das Bewußtsein der Bürger hervorgehoben werden.

Bei aller Notwendigkeit zur finanziellen Stärkung der Familie erhoffe ich mir aber gerade von diesem Kongreß auch wichtige Beiträge im Hinblick auf eine Änderung der inneren Einstellung der Bevölkerung und vor allem vieler Politiker gegenüber der Familie und ihrer Förderung. Dieser Kongreß sollte dazu beitragen, daß Familienpolitik als gesellschaftsgestaltendes Prinzip wieder stärker in den Vordergrund der Gesamtpolitik tritt. Dabei ist die CDU offen für jede Diskussion, für jede neue Antwort auf die alte Frage, was Familie heute für den einzelnen, die Gesellschaft und den Staat zu leisten vermag. Unser Ziel ist eine kinderfreundlichere und familienbewußtere Gesellschaft. Das ist der beste Weg zu einer am Menschen orientierten Gestaltung des Fortschritts, wie wir ihn für notwendig ansehen.

Redemanuskript. ACDP VI 002-001

Die Stellung der Gewerkschaften
in Staat und Gesellschaft

Beitrag in den „Gewerkschaftlichen Monatsheften",
Oktober 1974

*Die Gründung des DGB am 14. Oktober 1949 stand im Zeichen parteipoliti-
scher Unabhängigkeit und weltanschaulicher Toleranz. Auf diese Konzeption
der Einheitsgewerkschaft, an der sich christlich-demokratische Politik und
Programmatik orientieren, stellt der Beitrag ab.*

Der Rückblick auf 25 Jahre erfolgreiche Arbeit der Gewerkschaften ist
zugleich ein Rückblick auf ein Vierteljahrhundert freiheitlicher Gesell-
schafts- und Wirtschaftsordnung in der Bundesrepublik Deutschland,
einer Ordnung, die gekennzeichnet ist unter anderem durch Koalitionsfreiheit und Tarifautonomie. Dieser Rückblick bietet uns Anlaß, eine
Zwischenbilanz zu ziehen, die Fragen nach den Grundlagen freier
Gewerkschaften und ihrem Verhältnis zu politischen Parteien, Staat und
Gesellschaft neu zu stellen.

I.

Die Einheitsgewerkschaft war nach 1945 ein entscheidender Fortschritt
nicht nur für die deutsche Gewerkschaftsbewegung, sondern auch für
Staat und Gesellschaft in Deutschland. Der historische Rückblick und
der internationale Vergleich beweisen: Der DGB und seine Einzelge-
werkschaften haben in der Einheitsgewerkschaft ein Modell verwirklicht, das anderen Alternativen überlegen ist. Es ist weder durch eine
Identität von (Arbeiter-)Partei und Gewerkschaft gekennzeichnet noch
durch eine Zersplitterung in konkurrierende weltanschauliche und politische Richtungen. Das Konzept der Einheitsgewerkschaft war und ist
dazu geeignet, ihren Einfluß durch Geschlossenheit und nicht ihre
Ohnmacht durch Zerstrittenheit zu fördern, die Interessen der Arbeitnehmer wirksam zu vertreten und nicht durch eine Verfilzung mit den

Interessen der Mächtigen zu verraten. CDU-Politiker der ersten Stunde wie Jakob Kaiser und Karl Arnold wurden nicht müde, immer wieder darauf hinzuweisen. Mit der Einheitsgewerkschaft verwirklichte sich – wie übrigens auch mit der Idee der Union als einer Volkspartei – eine neue, in die Zukunft weisende, alles andere als restaurative Idee, geboren aus den Erfahrungen des fehlgeschlagenen Versuches der ersten deutschen Demokratie.

Der DGB kann jetzt, 25 Jahre nach seiner Gründung, auf eine erfolgreiche Entwicklung zurückblicken. Dieser Erfolg fiel in eine Zeit, da es die Gewerkschaften – abgesehen von den letzten fünf Jahren – mit der CDU/CSU als führender Regierungspartei zu tun hatten. Auch wenn man im Rückblick einiges kritisch und auch selbstkritisch sehen mag: Die Jahre von 1949 bis 1969 waren Jahre beträchtlicher sozialer Fortschritte. In diese Zeit fallen Gesetze zur dynamischen Rentenversicherung, zur Montanmitbestimmung, Betriebsverfassung, Mutterschutz, Kündigungsschutz, das Personalvertretungsgesetz, die Lohnfortzahlung für Arbeitnehmer, um nur an einige Wegmarken unserer Sozialpolitik zu erinnern.

Die Gewerkschaften selbst haben diese Erfolge mitbewirkt. Wer behauptet, der soziale Fortschritt habe mit der SPD/FDP-Regierung erst richtig begonnen, stellt den Gewerkschaften selbst ein schlechtes Zeugnis aus. Die größeren sozialen Fortschritte – gerade für die konkrete Situation des Arbeitnehmers – haben die Gewerkschaften nicht unter einer SPD-, sondern unter einer CDU/CSU-geführten Regierung errungen. Die Entwicklung seit 1969 bestätigt diesen Sachverhalt.

Damit keine Mißverständnisse entstehen: Die Feststellung dieser Tatsachen ist nicht Ausdruck unkritischer Selbstzufriedenheit der CDU; sie unterstreicht lediglich den Erfolg, den die Gewerkschaften mit einer CDU-Regierung errungen haben.

Es steht außer Zweifel: Ohne den Beitrag der Gewerkschaften wären Staat und Gesellschaft nicht das, was sie heute sind; hätten wir nicht jenes Maß an sozialer Gerechtigkeit, wirtschaftlicher Stabilität und sozialem Frieden, auf das wir alle gemeinsam stolz sein können – wenngleich nicht zu übersehen ist, daß dieses Kapital in den letzten Monaten und Jahren mehr und mehr schwindet. Bei aller Gegensätzlichkeit der Interessen verband in den vergangenen 25 Jahren ein Bewußtsein der Gemeinsamkeit und der Partnerschaft die streitenden Sozialparteien. Dieses Bewußtsein war stärker als alle sozialen und politischen Gegensätze. Diese soziale Partnerschaft allein verhinderte, daß aus

Gegensätzen Feindschaft, aus Tarifauseinandersetzungen Klassenkampf wurde, der die Gesellschaft gesprengt hätte. Auch deshalb wurde Bonn nicht Weimar.

II.

Freie Gewerkschaften gibt es nur in einer freien Wirtschaftsordnung, so wie eine freie Wirtschaftsordnung auch freie Unternehmer voraussetzt. Die Qualität der Gewerkschaften ist abhängig von der Qualität der Wirtschaftsordnung. Als autonome Verbände tragen sie bei zur Entwicklung und Verwirklichung der Sozialen Marktwirtschaft, insbesondere zur Einlösung ihres sozialen Anspruchs. Es ist das gute Recht der Gewerkschaften, an der Formulierung des Gemeinwohls in Staat und Gesellschaft mitzuwirken.

Man sollte sich selbst den Zugang zu den Problemen, die wir gemeinsam bewältigen müssen, nicht durch Zerrbilder verbauen: Wir leben heute in der Bundesrepublik Deutschland weder in einem kapitalistischen System noch in einem Gewerkschaftsstaat.

In unserer Wirtschafts- und Gesellschaftsordnung ist die Freiheit der Unternehmer begrenzt: durch Rechte und Märkte, durch Gesetze, Wettbewerb und Tarifverträge, durch Sozialpolitik, Mitbestimmung und Betriebsverfassung.

Es ist hier nicht der Ort, die Soziale Marktwirtschaft erneut als die freiheitlichste Wirtschaftsordnung zu begründen. Sie ist eine Wirtschaftsordnung im Dienste der Gesellschaft. Die Wirtschaft ist für die Gesellschaft da – und nicht umgekehrt. Die Soziale Marktwirtschaft geht davon aus, daß der Markt nicht automatisch alle sozialen Probleme löst: Ein ausschließlich marktrationales Kalkül kann soziale Probleme, externe Kosten verursachen, deren Lösung der Markt selbst nicht anbietet. Die Soziale Marktwirtschaft verabsolutiert nicht das Marktsystem. „Sozial" ist nicht nur ein schmückendes Beiwort, sondern ein integrierender Bestandteil dieser ordnungspolitischen Konzeption.

Die Soziale Marktwirtschaft hat sich bewährt. Wenn wir an ihr festhalten, dann nicht primär aus ökonomischen Gründen höherer Effizienz, sondern weil sie eine sozial gerechtere und demokratischere Wirtschaftsordnung ist als jede bekannte Alternative. Allerdings: Wir müssen in Zukunft ihre Prinzipien konsequenter anwenden, als wir – und ich schließe hier die CDU/CSU ausdrücklich ein – dies in der Vergangenheit bisweilen getan haben, auch dann, wenn wir damit jene angeblichen Repräsentanten der Marktwirtschaft treffen, die sich zu ihr vorwiegend in Feierstunden, nicht aber in der täglichen Praxis bekennen. Die Soziale Marktwirtschaft ist mit einer Vermachtung der Märkte, mit Monopolbindungen jeglicher Art nicht vereinbar. Die Konzentration in der Wirtschaft und die multinationalen Konzerne stellen uns vor neue, bisher noch nicht befriedigend gelöste Probleme. Die Fusionskontrolle war ein Schritt in die richtige Richtung. Wirksame Machtkontrolle ist eine ständige politische Aufgabe.

III.

Die Offenheit der Märkte, die Freiheitlichkeit unserer Wirtschafts- und Gesellschaftsordnung ist heute von verschiedenen Seiten bedroht. Wer die Gefahr sieht und ihr entgegenwirken will, daß die Soziale Marktwirtschaft in ein kapitalistisches System des 19. Jahrhunderts umschlagen könnte, wenn man sie sich selbst überläßt, der muß rechtzeitig über jene Gefahren nachdenken, die sich aus Forderungen und Entwicklungen ergeben, die am Ende zu einer Konzentration von Macht in den Händen organisierter Gruppen dann führen, wenn diese ihre Autonomie überdehnen und ihre Kompetenzen überschreiten.

Diejenigen, die paritätische Mitbestimmung und kollektive Vermögensbildung durch zentrale Fonds ausschließlich als Mittel zu einseitiger Verteilung von Macht in der Gesellschaft einsetzen wollen, die Planung und Steuerung der Investitionen durch gesamtwirtschaftliche Mitbestimmung und Investitionslenkung erstreben, provozieren die berechtigte Frage, ob diese Anhäufung von Kompetenzen in einer Hand noch mit den verfassungsrechtlichen Garantien der Koalitionsfreiheit und der Tarifautonomie, mit dem ausgewogenen Kontrollsystem der Sozialen Marktwirtschaft und dem erforderlichen Gleichgewicht gesellschaftlicher Gruppen in Einklang zu bringen ist.

Jede autonome Gruppe in der Gesellschaft, auch die Gewerkschaften, ist immer wieder aufgefordert, ihren Autonomieanspruch und die ihr gegebenen oder von ihr beanspruchten Kompetenzen zu legitimieren. Jeder Träger von Macht in dieser Gesellschaft muß sich der kritischen Diskussion stellen. Aufgabe der Regierung und der Parteien ist es, darauf zu achten, daß autonome Gruppen ihre Kompetenzen nicht überschreiten, sich selbst nicht von jeglichen Kontrollen freisetzen und in der Handhabung der eigenen Marktchancen nicht das Gleichgewicht der Kräfte zerstören und das Gemeinwohl gefährden.

Wer die genannten Forderungen unterstützt, muß sich fragen lassen, ob die tatsächlichen Folgen dieser Vorschläge nicht im Widerspruch stehen werden zu dem Streben nach mehr sozialer Gerechtigkeit und mehr Freiheit für den einzelnen Arbeitnehmer, das das Motiv für diese Forderungen ist. Die gute Absicht allein ist in der Politik noch kein Garant dafür, daß die angestrebten Ziele auch tatsächlich erreicht werden. Eine Politik ist nach ihren Ergebnissen, nicht nach ihren Absichten zu beurteilen: Das gilt für Regierung, Parteien und Verbände in gleicher Weise.

Über viele Punkte kann und muß man diskutieren, aber die kumulative Wirkung und vor allem die unbeabsichtigten Neben- und Folgewirkungen der genannten Vorschläge könnten eine Entwicklung einleiten, die nicht nur zum Ende der Sozialen Marktwirtschaft führt, sondern durch ihre Machtkonzentration auch die demokratische Qualität unserer Gesellschaft reduziert und nicht zuletzt den Gewerkschaften selbst schadet. Diese können ihren Auftrag nur in einer marktwirtschaftlich verfaßten Ordnung erfüllen.

Gewerkschaften sind als Organisation zur Vertretung der Arbeitnehmerinteressen notwendiger Bestandteil des Systems zur Kontrolle wirtschaftlicher Macht. Macht und Gegenmacht, *checks and balances*, Kontrolle jeder Machtausübung in Staat und Gesellschaft kennzeichnen Demokratie. So ist das Prinzip der Gegenmacht ein originäres demokratisches Prinzip. Opposition gegen die Mächtigen ist aber nur so lange glaubwürdig, wie man selbst nicht allmächtig ist. Gewerkschaftliche Übermacht zerstört die Grundlagen ihrer eigenen Macht. In einem „Gewerkschaftsstaat" wären Gewerkschaften allmächtig – und funktionslos.

Die Gewerkschaften stehen gegenwärtig vor einer grundsätzlichen Entscheidung. Sie müssen entscheiden, was sie wollen – für sich selbst wie für diesen Staat und diese Gesellschaft: eine sozial-gebundene Marktwirtschaft in einer liberal-pluralistischen Gesellschaft, in der sie, als Anwalt der Arbeitnehmer – und speziell ihrer Interessen als Betriebsangehörige – mit allen rechtlichen Mitteln für mehr soziale Gerechtigkeit und Sicherheit kämpfen; oder eine syndikalistische Gesellschaftsordnung, in der sie den Staat in die Gesellschaft hinein auflösen und selbst hoheitliche Funktionen übernehmen: Gewerkschaften als Staatsersatz, antipluralistischer Syndikalismus als Ende einer freien und offenen Gesellschaft; oder aber eine „sozialistische" Gesellschaftsordnung, die Gewerkschaften allenfalls als Transmissionsriemen von „oben" nach „unten" – als Vertretung der Interessen der Mächtigen gegenüber den Ohnmächtigen braucht, sie aber ansonsten funktionslos macht.

Dies sind die Alternativen. In der Nachkriegszeit haben sich die Gewerkschaften eindeutig für die erste Alternative entschieden. Ein Teil der jüngeren Generation nimmt, so scheint es, unter dem Einfluß des Neomarxismus der Neuen Linken Abschied von den Erfolgsmustern der Vergangenheit. Sie verrät im nachhinein ihren eigenen Anteil am Erfolg der letzten 25 Jahre. Die Gewerkschaften waren es nämlich nicht zuletzt, die die Soziale Marktwirtschaft funktionsfähig gemacht haben.

Für die zweite und dritte Möglichkeit hält die Theorie des Sozialismus eine Rechtfertigung bereit, die sie aus dem geistigen Arsenal der Identitätstheorie der Demokratie entlehnt – aus der sich übrigens zu allen Zeiten auch autoritäre bis reaktionäre Denker und Politiker bedient haben. Das Argument ist einfach: Die überwiegende Mehrheit der Gesellschaft – 80 Prozent etwa ist die gängige Zahl – sind Arbeitnehmer. Ihre Interessen als Arbeitnehmer sind im Grunde alle die gleichen, sie sind identisch. Gewerkschaften und ihre Funktionäre erkennen und vertreten lediglich diese Interessen der Arbeitnehmer. Sie üben ihre Macht selbstlos im Interesse (fast) aller aus. In ihren Händen ist Macht nicht länger Herrschaft über Menschen, die kontrolliert werden müßte. So wie der Identitätstheorie der Demokratie zufolge Regierende nicht eigentlich Macht ausüben, sondern nur den „Willen des Volkes" vollstrecken, so erkennen und verwirklichen Gewerkschaften – und ihre Funktionäre – gleichsam automatisch den Willen und die Interessen der Arbeitnehmer. Anders formuliert: Es gibt „gute" und es gibt „böse" Macht. Letztere wird im eigennützigen Interesse etwa der „Kapitalisten" ausgeübt, erstere im Interesse aller.

Diese Theorie liefert ein bequemes Selbstverständnis für alle, die Macht haben. Sie legitimiert deren Herrschaftsanspruch und schützt ihn vor Kritik und Kontrolle. Diese Theorie definiert das Machtproblem hinweg – sie löst es nicht. Dem Grundgesetz liegt deshalb ein anderes Demokratieverständnis zugrunde. Dieses Demokratieverständnis ist gekennzeichnet durch die Idee der Kontrolle *jeder* Art von Macht durch Gewaltenteilung, Dezentralisation und Wettbewerb: Nur kontrollierte Macht gilt als legitime Macht. Für die Gewerkschaften bedeutet dies: Auch ihre Macht muß einer wirksamen Kontrolle unterliegen – und zwar einer *externen Kontrolle* durch den Markt der Wirtschaft und der Verbände und einer *internen Kontrolle* durch ihre Mitglieder. Gewerkschaften müssen heute wie andere Verbände und „Mächte" unserer Gesellschaft bestehen vor der *Frage nach der Demokratie,* die sie in ihren eigenen Reihen verwirklichen und die sie in Staat und Gesellschaft ermöglichen.

IV.

Die Satzung des DGB stellt fest, daß der Bund und die in ihm vereinigten Gewerkschaften demokratisch aufgebaut sind. Politische Parteien wissen freilich um die Kluft zwischen Norm und Wirklichkeit. Die innerparteiliche Demokratie ist in keiner der Parteien bisher völlig verwirklicht. Ihnen steht es deshalb nicht an, Lehrmeister für andere zu sein. Doch dies darf kein Alibi für die Gewerkschaften sein. Sie könnten ihre Glaubwürdigkeit wie alle anderen Organisationen der Gesellschaft durch eine *Demokratisierung der Gewerkschaften* erhöhen.

Natürlich haben die Gewerkschaften eine Funktion für die Gesellschaft, die einem Perfektionismus interner Demokratisierung Grenzen setzt. Nur: Es waren gerade „linke" Sozialwissenschaftler, die den Glauben an den absoluten Widerspruch zwischen Demokratie und Effizienz widerlegten. Offenheit, Pluralität und kritische Diskussion sind im übrigen kein Zeichen von Schwäche, sondern ein Zeichen der Stärke und Vitalität freier Gewerkschaften. Die Grundlage ihrer Macht liegt nirgendwo anders als in dem engen Kontakt zu ihren Mitgliedern, in der tatsächlichen Vertretung der Arbeitnehmerinteressen. Stärke und Dynamik freier Gewerkschaften liegen in der Zustimmung ihrer Mitglieder begründet.

In der letzten Zeit mehren sich in der Diskussion die Zeichen für eine gewisse Entfremdung der Mitglieder von den Gewerkschaften. Die Ergebnisse der jüngsten Sozialwahlen und des im Auftrag des DGB von Infas erstellten Gewerkschaftsbarometers 1973 belegen diese Tatsachen. Andere Untersuchungen kommen zu dem gleichen Ergebnis. Wer starke Gewerkschaften will, dem kann diese Entwicklung nicht gleichgültig sein.

Pluralismus und Offenheit *in* Gewerkschaften ist die Konsequenz der Idee der Einheitsgewerkschaft – und Alternative für einen Pluralismus *zwischen* Gewerkschaften. Die Einheitsgewerkschaft läßt sich nur dann theoretisch begründen und praktisch ertragen, wenn sie die politische und weltanschauliche Vielfalt der Gesellschaft in sich wiederholt und anerkennt.

Dazu gehört unter anderem ein wirksamer Minderheitenschutz in den Gewerkschaften. Dieser Minderheitenschutz hat eine doppelte Dimension. So widerspricht es zum einen dem Gebot der Solidarität, wenn mächtige Organisationen Vorteile für die vielen auf Kosten der wenigen am Rande der Gesellschaft – und der Gewerkschaft – durchsetzen: der Frauen, der älteren Arbeiter und Rentner, der Gastarbeiter usw. Hier zeichnen sich neue Konfliktlinien in unserer Gesellschaft ab, die sich mit dem industriellen Konflikt des 19. Jahrhunderts zwischen „Kapital" und „Arbeit" nicht einfach decken. Vor diesen neuen Interessen- und Konfliktlagen dürfen die Gewerkschaften ihre Augen nicht verschließen.

Minderheitenschutz hat ferner noch eine andere, konkrete Bedeutung. Jeder weiß, wie schwer es die Vertreter der Sozialausschüsse der CDA in den Gewerkschaften haben. Ihre Leistung und ihr Einsatz für die Arbeitnehmer werden vielfach nicht als selbstverständlich und gleichberechtigt anerkannt. Auch hier geht es um die demokratische Glaubwürdigkeit der Gewerkschaften. Die Rechte dieser Minderheiten werden nicht schon durch einige personelle Konzessionen geschützt, denen man ihre dekorative Bedeutung oft nur zu leicht ansieht.

Die Qualität einer Demokratie erweist sich daran, wie sie mit ihren Minderheiten umgeht. Niemand weiß dies besser als die Gewerkschaften, deren Geschichte lange Jahre die Geschichte einer Minderheit und eines Kampfes um die Durchsetzung ihrer Rechte war. Aufgrund ihrer geschichtlichen Erfahrung sollten sie besonders sensibel für die Situation von Minderheiten sein. Die CDU und die Sozialausschüsse wollen keine Privilegien. Sie verwechseln Minderheitenschutz nicht mit einer Art „Naturschutz". Wir wissen: Einfluß setzt Engagement im DGB voraus. Daran hat es bisher sicher auch da und dort in der CDU gefehlt. Das wird sich ändern.

V.

Gewerkschaften müssen in ihrer inneren Verfassung der Vielfalt der Gesellschaft entsprechen, und sie müssen ihre Vielfalt in ihrem Verhalten und in ihrem Selbstverständnis leben.

Gewerkschaften repräsentieren die Arbeitnehmer nur in einem wichtigen Bereich. Ihre Mitglieder gehen nicht mit all ihren Bindungen und Loyalitäten völlig in den Gewerkschaften auf. Es ist ein Zeichen der Freiheit des Menschen, sich zur Wahrnehmung unterschiedlicher Interessen in verschiedenen Verbänden zu organisieren und zwischen diesen wählen zu können. Jeder Arbeitnehmer hat eine Fülle unterschiedlicher Interessen – als Lohnempfänger, Betriebsangehöriger, Verbraucher, Steuerzahler, Mitglied einer Kirche und Partei usw. Seine Freiheit wird dadurch gewährleistet, daß sich Herrschaft in eine Vielzahl von Kompetenzen und Zuständigkeiten aufteilt, von denen keine eine Allkompetenz beanspruchen darf. Angesichts dieser Tatsache ist es unvorstellbar, daß *eine* Organisation für 80 Prozent der Bevölkerung – und noch dazu für sämtliche Interessen und Lebensbereiche (von § 218 über Hochschul-

politik bis hin zur Ostpolitik) – sprechen will. Dieser Alleinvertretungs-
anspruch muß die Einheitsgewerkschaft sprengen. Er verurteilt sie zur
Ohnmacht: Alles zu wollen heißt: nichts zu wollen. Dieser Anspruch auf
Allkompetenz muß außerdem zu einer gewerkschaftlichen Omnipotenz
führen, die mit der Idee der Demokratie nicht vereinbar ist.

Der Auftrag der Gewerkschaften ist nicht unbegrenzt. Dieser Auftrag
kann ihnen gewiß nicht autoritär von außen zugewiesen werden.
Niemand will die Gewerkschaften auf Tarifmaschinerien verkürzen.
Auch dürfen und können sie die Interessen, die sie wahrnehmen, nicht
nur rein materiell definieren. Dies zuzugestehen bedeutet jedoch nicht,
eine Allzuständigkeit der Gewerkschaften zu rechtfertigen. Die Stärke
der Gewerkschaften beruht in der weisen Selbstbeschränkung ihrer
Aufgaben. Nur so verhindern sie auch, daß die Mitglieder ihre Ablehnung parteipolitischer Äußerungen einiger Funktionäre auf die Gewerkschaften selbst übertragen – und sich von ihnen abwenden.

VI.

Dieser umfassende Anspruch auf ein politisches Mandat läuft quer zu
den Prinzipien der Demokratie. In einer Demokratie unterscheiden sich
die Aufgaben und die Legitimation von Parteien und Verbänden grundsätzlich. Verbände vertreten Interessen, Parteien und Regierungen müssen unterschiedliche Interessen zum Ausgleich bringen. Verbände repräsentieren den Menschen in seiner Rolle als Interessenten. Parteien,
Abgeordnete, Parlamente, Regierungen repräsentieren den Menschen
als politischen Bürger mit einer Fülle unterschiedlicher, zum Teil auch
widersprüchlicher Interessen, die es zum Ausgleich zu bringen, zu
integrieren gilt. Das politische Mandat kommt in einer Demokratie nur
den demokratisch legitimierten Organen – Regierung und Parlament –
und davon abgeleitet den politischen Parteien zu.

Parteien erbringen für die Demokratie eine andere Funktion als
Verbände. Sie schaffen die Voraussetzung dafür, daß der Bürger zwischen politischen Alternativen frei wählen kann. Der einzelne muß in der
Lage sein, diese Alternative als solche zu erkennen und frei zwischen
ihnen zu wählen. Dies ist nicht mehr der Fall, wenn die Gewerkschaften
ihre parteipolitische Unabhängigkeit aufgeben, wenn sie ihre Autorität
als Gewerkschaften dazu mißbrauchen, ihre Mitglieder einseitig so zu
beeinflussen, daß es für diese nur noch *eine* vernünftige Möglichkeit der
politischen Wahl gibt. Wenn sie dies tun, gefährden sie die Chancengleichheit der Parteien im politischen Wettbewerb.

Politische Parteien und Regierungen müssen den Anspruch des Ganzen im Interesse aller notfalls gegen den Anspruch mächtiger Organisationen zur Geltung bringen. In einer offenen Gesellschaft kann das Gemeinwohl nicht ohne Einzel- und Gruppeninteressen auskommen. Aber das Gesamtinteresse ist nicht die Addition von Einzelinteressen.

Eine demokratische Regierung muß mit Autorität die Sozialbindung einer *jeden* Grundlage von Macht, auch der Macht mächtiger Verbände, einfordern können. Dies ist nicht der Ruf nach einem „Gewerkschaftsgesetz" – das die CDU ablehnt –, sondern Ausdruck der Erkenntnis, daß nur so Demokratie nicht nur im kleinen, in gesellschaftlichen Teilbereichen, sondern auch im großen und ganzen, nämlich in Staat und Gesellschaft, möglich bleibt.

Die demokratische und soziale Entwicklung der Bundesrepublik, gekennzeichnet durch weniger Spannungen und Gegensätze als jene in anderen Ländern Europas, wäre ohne den Beitrag starker Gewerkschaften und starker Arbeitgeberverbände nicht möglich gewesen. Wir haben allen Grund, an den Grundlagen dieser Entwicklung, die wir anerkennen, auch in Zukunft bei uns festzuhalten und sie darüber hinaus auch im europäischen Rahmen zur Geltung zu bringen. Die – wenn auch nur mühsam – wachsende Einigung Europas stellt auch an die Gewerkschaften neue Aufgaben; sie erfordert von ihnen eine noch stärkere supranationale Zusammenarbeit. Dabei kann es selbstverständlich nur eine Solidarität mit demokratischen Gewerkschaften geben.

Die deutschen Gewerkschaften können, 25 Jahre nach ihrer Gründung als Einheitsgewerkschaft, auf eine erfolgreiche Geschichte zurückblicken. Sie befinden sich jetzt in einer Situation, die eine Klärung ihres Selbstverständnisses erfordert. Noch vor einigen Jahren zeigten Umfragen, daß das öffentliche Ansehen, auf das die Gewerkschaften um ihrer Aufgabe willen angewiesen sind, stetig im Steigen begriffen war. Diese Tendenz hat sich in jüngster Zeit umgekehrt. Jetzt wächst die Angst der Bürger vor der Übermacht mächtiger Organisationen, auch der Gewerkschaften. Das sollte allen um die Entwicklung unserer Demokratie Besorgten zu denken geben.

Die CDU will keine Konfrontation mit den Gewerkschaften. Sie will eine faire Zusammenarbeit. Diese liegt im Interesse beider Seiten. Der DGB verliert seinen Einfluß, er bringt sich selbst um mögliche Erfolge, wenn er sich einseitig an eine Partei bindet. Die CDU hatte nur Erfolg und wird Erfolg haben dank der Unterstützung vieler Arbeitnehmer.

Gewerkschaften wie CDU stehen vor der Herausforderung, gesellschaftlichen Wandel in Freiheit zu ermöglichen. Die Gewerkschaften selbst können sich diesem Wandel nicht entziehen: Sie werden sich – wie andere Organisationen und Verbände auch – ändern müssen. Nur dann können sie den gesellschaftlichen Wandel aktiv beeinflussen.

Den künftigen Kurs des DGB zu steuern, ist Aufgabe der Mitglieder selbst. Die Arbeitnehmer und Mitglieder, die der CDU angehören, müssen und werden sich verstärkt an dieser Aufgabe beteiligen. Nur dann können die Gewerkschaften auch in Zukunft den Wandel der Gesellschaft in Richtung auf mehr Freiheit und mehr soziale Gerechtigkeit für den einzelnen Arbeitnehmer steuern.

Gewerkschaftliche Monatshefte Oktober 1974, S. 3–18

Unabhängig, aber partnerschaftlich kooperieren

Interview mit der „Herder Korrespondenz"
im März 1975

*Die Relativierung der christlichen Wertorientierung seit den sechziger Jahren
zehrte an der Wähler- und Programmsubstanz der CDU und nötigte die
Partei zur stärkeren Auseinandersetzung mit dem Inhalt des „C" und dem
Verhältnis zwischen CDU und Kirchen. Das folgende Interview behandelt
zentrale Fragen der Politik/Kirche-Beziehungen.*

HK: Herr Dr. Kohl, Bundeskanzler Schmidt hat in seiner, wie man hört,
von Kirchenmännern vieldiskutierten Rede zum letzten Reformationstag in St. Jacobi in Hamburg gleich eingangs festgestellt, das Verhältnis
von Kirche und Staat sei kein „tatsächlich aktuelles Thema". Wie aktuell
ist das Thema für den Vorsitzenden der CDU?

KOHL: Liest man den Wortlaut der von Ihnen erwähnten Äußerung des
Bundeskanzlers genau nach, so zeigt sich eine kleine, aber – wie ich
meine – wichtige Nuance. Helmut Schmidt hat, nach eigenen Worten
„als Christ", der natürlich nicht von dem Staatsamt absehen könne,
das er verwalte, gesagt, das Thema „Staat und Kirche" erscheine ihm
„nicht als ein tatsächlich aktuelles Thema", weil das Verhältnis zwischen Kirchen und Staat nach seiner Meinung „deutlich besser und
deutlich freiheitlicher beschaffen" sei „als in den allermeisten
Phasen und Abschnitten der deutschen Geschichte". Vor allem dieser
letzten Aussage von Helmut Schmidt stimme ich grundsätzlich zu.
Allerdings füge ich hinzu, daß dieses Wort natürlich im Zusammenhang
der damals aktuellen innenpolitischen Diskussion im Anschluß an die
FDP-Thesen über „Freie Kirchen im freien Staat", das sogenannte
Kirchenpapier der FDP, zu sehen ist. Erst dadurch wurde diese Meinung
Schmidts beachtenswert.

HK: Welche Bedeutung hat das Thema für Sie und Ihre Partei?

KOHL: Als Vorsitzender der Christlich-Demokratischen Union Deutschlands muß ich sagen, daß das Verhältnis von Kirchen und Staat für mich und auch für meine Partei immer ein aktuelles Thema ist, weil beide in dem Beziehungsverhältnis gegenseitiger Einwirkung stehen. Das Verhältnis von Kirchen und Staat sollte kein erlesenes Thema für Jahrhundertfeiern und Sonntagsreden sein. Für die CDU ist es nicht zuletzt deswegen ein ständiges Thema, weil es geradezu exemplarische Bedeutung für das Verhältnis von Staat und pluraler Gesellschaft hat und weil wir viele und die wichtigsten unserer politischen Zielsetzungen an christlichen Maßstäben messen und somit auf den Dialog mit den Kirchen angewiesen sind. Die CDU hat in zahlreichen programmatischen Aussagen den besonderen Stellenwert dieses Themas betont. Aktuell ist das Thema derzeit allerdings insofern überhaupt nicht, als ich in einer radikalen Veränderung des bewährten Verhältnisses von Staat und Kirchen auf absehbare Zeit keinen Sinn und beiderseitigen Nutzen sehe.

HK: Wenn die Frage nach dem Verhältnis von Kirche und Staat nicht in dem Sinne aktuell ist, daß in der Bundesrepublik unmittelbar mit einem Bruch zu rechnen wäre oder ein solcher bevorstünde, so fehlt es doch nicht an Reibungspunkten, und man hat insgesamt den Eindruck, das Verhältnis Kirche–Staat sei in modernen Demokratien nicht viel weniger schwierig als in den Rivalitätskämpfen zwischen Päpsten und Kaisern im Mittelalter. Kommt dies daher, daß die Kirche noch nicht zu ihrer Rolle im demokratischen Staat gefunden hat, oder wissen die den Staat tragenden gesellschaftlichen Kräfte die Kirchen nicht sachgemäß einzuordnen?

KOHL: Ich halte den Vergleich mit den Rivalitätskämpfen zwischen Päpsten und Kaisern im Mittelalter mit den heutigen Schwierigkeiten zwischen Kirchen und Staat für absurd...

HK: Der Vergleich mit der Rivalität mag wenigstens für unsere Breiten absurd sein, der Hinweis auf den Schwierigkeitsgrad ist es wohl nicht...

KOHL: Wir haben heute im Verhältnis von Kirchen und Staat völlig andere Voraussetzungen. Nach meiner Überzeugung haben die Kirchen in ihrer langen und für sie auch nicht immer irrtums- und schmerzfreien Geschichte in der Bundesrepublik Deutschland durchaus ihre adäquate Rolle im demokratischen Staat gefunden. Dagegen gibt es seit einiger Zeit in unserer Gesellschaft verschiedene Gruppen, die aus einer überholten Staats- und Gesellschaftsauffassung und aus einem antikirchlichen, ja antireligiösen Denken heraus die Kirchen soweit wie möglich aus der gesellschaftlichen Gleichberechtigung und Konkurrenz verdrängen möchten. Diesen Gruppen scheint viel daran zu liegen, das partnerschaftliche Verhältnis zwischen Staat und Kirchen zu stören, wenn nicht gar zu zerstören. Die CDU widersetzt sich selbstverständlich solchen pluralitäts- und demokratiefeindlichen Bestrebungen.

HK: In einem Papier des politischen Beirats des ZDK zur Rolle der Kirchen im heutigen Verfassungsstaat wird der Grundauftrag der Religionsgemeinschaften in der Gesellschaft bestimmt als Aufgabe, „den Transzendenzbezug öffentlich und speziell im Bereich der Verfassungsordnung zu repräsentieren". Ist aber eine Gesellschaft, die vornehmlich auf die Verwirklichung innerweltlicher Ziele – realistischer und utopischer – gerichtet ist, überhaupt in der Lage, sich eine solche Repräsentanz zu eigen zu machen, oder führt nicht schon allein die Säkularität der Gesellschaft in einem, wie man sagt, nachchristlichen Zeitalter langfristig – wenn Sie so wollen – von einer positiven zu einer negativen Neutralität des Staates gegenüber den Kirchen?

KOHL: Das Gerede vom sogenannten nachchristlichen Zeitalter ist eine Formel, die vorzugsweise von jenen Gruppen, von denen ich eben sprach, in Umlauf gesetzt wird, um ihren Absichten den Anschein einer Begründung zu geben. Wie oft hieß es schon in den letzten 150 Jahren, das Christentum sei am Ende und die Kirchen seien ein fossiles Gebilde. Am Ende waren dann früher oder später jene Philosophen, Ideologen oder Demagogen selbst angelangt, die meinten, mit ihnen beginne das neue Zeitalter. Die Aufgabe, die der Politische Beirat des Zentralkomitees der deutschen Katholiken den Religionsgemeinschaften in Staat und Gesellschaft in bezug auf unsere Verfassungsordnung zuschreibt, ist nach meiner Überzeugung unverzichtbar, wenn der Staat freiheitlich sein und bleiben soll. Wo die transzendente Dimension, wie immer sie der einzelne persönlich verstehen mag, unterentwickelt ist oder gar unterdrückt wird, da setzt sich der Staat absolut und wird zum Instrument der totalitären Unterdrückung. Ohne Transzendenz gäbe es ja keine unabdingbaren Richtwerte, von denen aus Maßstäbe eingebracht werden könnten, die Verfassung, Staat und Gesellschaft unbedingt vorgegeben sind. Ohne Transzendenz gibt es auch keine wirklich stichhaltige Begründung für die Achtung vor der Menschenwürde, die Achtung vor der Unverfügbarkeit des Mitmenschen, die Achtung vor dem Leben. Transzendenz befähigt den einzelnen, die staatliche Ordnung unabhängig mitgestalten und kritisieren zu können. Sie gibt ihm Rückendeckung gegenüber den Ansprüchen des Staates und den Mächten der Gesellschaft, die nicht gerechtfertigt sind.

HK: Aber ist die institutionelle Verkörperung dieses Bezugs von der Gesellschaft her gesehen nicht sehr schwierig?

KOHL: Der Transzendenzbezug muß auch institutionell repräsentiert werden. Das geschieht in unserem Kulturkreis vor allem durch die christlichen Kirchen. Der säkulare Staat, das heißt der Staat, der selbst weltanschaulich und religiös neutral ist, ist wohl zur Distanz gegenüber den Kirchen und ihren Repräsentanten verpflichtet. Er kann aber den transzendentalen Werten gegenüber, die sie repräsentieren, nicht indifferent sein.

HK: Sie haben, wie Ihre Partei insgesamt, seinerzeit die Forderungen der von Ihnen vorhin zitierten FDP-Thesen über „Freie Kirche im freien Staat", die auf eine weitgehende Privatisierung von Kirche und Religion hinauslaufen, als „unzeitgemäßen Rückfall in frühliberales Gedankengut" abgelehnt. Sie haben jedoch zugleich zu erkennen gegeben, es gebe Fragen im Verhältnis von Kirche und Staat, über die man sprechen solle, und wo Änderungen angebracht seien. Was hatten Sie dabei konkret im Auge?

KOHL: Nun, der einzelne und die Gemeinschaft wandeln sich wie die Bedingungen, unter denen sie leben. Deshalb gibt es ständig Fragen, die zwischen Kirchen und Staat diskutiert und verhandelt werden müssen. Das liegt auch ganz einfach daran, daß diese beiden Institutionen, die jeweils mit einem spezifischen Auftrag und Anspruch ausgestattet sind, es mit denselben Menschen zu tun haben und daß sich ihre Ansprüche in vielen Bereichen begegnen und überschneiden. Zum Beispiel zeigen die zahlreichen Konkordatsänderungen, die in den vergangenen Jahren nach Verhandlungen im gegenseitigen Einvernehmen vorgenommen wurden, daß hier ein ständiger Dialog im Gange ist. Bereiche, in denen Änderungen angebracht sein könnten, sind etwa die Beibehaltung oder Abschaffung bischöflicher Eide auf die Verfassung und die Überlegung, ob Theologiestudenten weiterhin generell vom Wehrdienst oder einem anderen sozialen Dienst freigestellt werden sollen.

HK: Was halten Sie von dem Vorschlag beziehungsweise von der Forderung der FDP, für die Kirchen und die anderen Großverbände ein eigenes Verbandsrecht „oberhalb der Vereinsebene", wie es hieß, zu schaffen?

KOHL: Bisher gibt es nicht einmal ansatzweise eine Vorstellung, wie ein solches Verbandsrecht aussehen könnte. Im übrigen ist nicht ausreichend begründet worden, warum die Kirchen einen anderen Rechtsstatus erhalten sollen. Sie haben einen Status, der sich bewährt hat, der der Verfassungsordnung entspricht und deren Verwirklichung fördert. In einer bestimmten Weise gehören natürlich auch die Kirchen zu den gesellschaftlichen Großgruppen. Aber diese Seite ihres Wesens ist nicht die eigentlich entscheidende. Auch der weltanschaulich neutrale Staat – ja selbst ein militant antikirchlicher Staat – muß erkennen, daß die Kirchen im letzten Aufgaben zu erfüllen haben, die mit denen etwa einer Gewerkschaft, einer Partei, einer sozialen oder kulturellen Vereinigung nicht verglichen werden können.

HK: Ein Paradethema in allen Gesprächen über Kirche und Staat ist die Kirchensteuer. Es gibt Strömungen, verkörpert unter anderem durch die FDP-Thesen, die den staatlichen Kirchensteuereinzug für ein dem Gleichheitsgrundsatz und der Unabhängigkeit von Kirche und Staat widersprechendes Privileg halten. Es gibt Stimmen aus dem politischen Raum, die sich entschieden gegen die Abschaffung wenden, weil eine finanzielle Schwächung der Kirchen nicht nur nicht im Sinne einer größeren Unabhängigkeit der Kirchen, sondern auch nicht im Sinne der öffentlichen Hände sei. Manche, auch in den Kirchen selbst, aber fragen sich, ob es der Kirche gut bekommt, wenn sie sich zu einem Gutteil von Menschen finanzieren läßt, die zwar Kirchensteuer zahlen, die aber sonst kaum einen Bezug zu ihrer Kirche haben. Wie stellt sich für Sie das Problem Kirchensteuer?

KOHL: Unser Staat lebt davon, daß die einzelnen Bürger und die gesellschaftlichen Gruppen ihren Beitrag zum Wohl des Ganzen leisten können und auch tatsächlich leisten. Die Kirchen haben in dieser Hinsicht besondere Aufgaben. Sie vermitteln Wahrheiten, Wertauffassungen und Sinngebungen, die für ein Gemeinschaftsleben fundamental sind. Darauf beruhen zu erheblichen Teilen Geschichte und Kultur unseres Volkes. Darüber hinaus haben sich die Kirchen von ihrem Auftrag und ihrem Bild des Menschen her verpflichtet gefühlt, den Menschen nicht nur Orientierung zu vermitteln, sondern in Not geratenen Mitbürgern konkret zu helfen. Dabei geht es nicht nur um Leistungen, die theoretisch vielleicht heute von staatlichen Institutionen übernommen werden könnten, sondern nach wie vor um Hilfen, bei denen die personale Begegnung und die geistige Einstellung unabdingbare Voraussetzung erfolgreichen Wirkens sind. – Es wäre eine Verarmung unseres öffentlichen Lebens, wenn ausgerechnet die Kirchen ihren karitativen und weitgehend selbstlosen Beitrag einstellen oder stark zurückschrauben müßten, weil die für ihre öffentliche Wirksamkeit in Erziehung, Bildung, Sozialarbeit und auch Wissenschaft erforderlichen Mittel heute fehlen. Wer sich daher angeblich um die Verwirklichung des Gleichheitsgrundsatzes und der Unabhängigkeit von Kirchen und Staat sorgt, aber diese Zusammenhänge nicht sieht, beweist damit nur ideologische Voreingenommenheit.

HK: Dennoch gibt es Bedenken – in der evangelischen Kirche, aber auch bei Katholiken – gegen eine „Fremdfinanzierung" durch Mitglieder, die der Kirche ökonomisch eine Basis schaffen, die sie personell und geistig möglicherweise nur unzureichend ausfüllen kann...

KOHL: Ich verstehe nicht, warum es den Kirchen schaden sollte, wenn sie für Leistungen, die der Allgemeinheit zugute kommen, Kirchensteuer auch von denen erhalten, die ihnen fernstehen. Wir leben in einem Staat, in dem niemand in Organisationen oder Parteien hineingezwängt wird. Umgekehrt besagt diese Freiheit auch, daß man die Konsequenzen ziehen kann, wenn man die Folgen der Mitgliedschaft nicht mehr tragen will.

HK: Wird die Tatsache, daß nach der Steuerreform vom 1. 1. 1975 über ein Viertel aller Berufstätigen aufgrund der steuerlichen Entlastung der unteren Gehälter überhaupt keine Kirchensteuer mehr zahlen, nicht zu einem zusätzlichen Argument gegen den staatlichen Einzug beziehungs-weise gegen die Bindung an staatliche Steuersätze?

KOHL: Das ist ein Problem der Kirchen, nicht des Staates. – Man kann den Standpunkt vertreten, daß die Kurve der Einkommensbesteuerung in etwa dem Prinzip der Gerechtigkeit der Besteuerung entspricht. Zwischen den zuständigen staatlichen Stellen und den beiden großen Kirchen ist vereinbart worden, daß die Situation der Familie bei der Berechnung der Kirchensteuer berücksichtigt wird. Nach der Neurege-lung der Einkommensteuer spielt die Zahl der Kinder bei der zu zahlenden Einkommen- und Lohnsteuer keine Rolle mehr. Der Fami-lienlastenausgleich wird nun über direktes Kindergeld verwirklicht. Folglich mußte eine für die Familien mit Kindern negative Regelung bei der Kirchensteuer vermieden werden. Die daher mit den Kirchen getrof-fenen Vereinbarungen sind für die Familien günstig. Auf Kosten der Kirchen und mit ihrem Einverständnis geht dieser familienpolitische Effekt weit über das hinaus, was die sogenannte Steuerreform zur Verbesserung des Familienlastenausgleichs bewirkt hat. – Beide Auswir-kungen, die zu der von Ihnen genannten Entlastung beziehungsweise Befreiung von der Kirchensteuerzahlung führen, beruhen nicht auf ungerechten Regelungen. Nur in diesem Fall könnte ich darin ein Argument gegen die Bindung der Höhe der Kirchensteuer an staatliche Steuersätze sehen.

HK: Sie definierten das Verhältnis zwischen staatlichen und freien Trägern im Sozialbereich einmal als „Kooperation in Freiheit und Vielfalt", bei der niemand einen Ausschließlichkeitsanspruch zu stellen habe. Gilt für Sie das Subsidiaritätsprinzip beziehungsweise seine Anwendung auf staatliche beziehungsweise kommunale und auf freie Träger noch in der bisherigen Form, oder plädieren Sie – wie auch manche Vertreter in der evangelischen Kirche – für eine Umkehrung in dem Sinn, daß der Staat zunächst für den unkonditionierten Zugang aller zu den diversen Bildungs- und Wohlfahrtseinrichtungen zu sorgen hat und den freien Trägern nur innerhalb dieses Rahmens Chancen bleiben?

KOHL: Hier konstruieren Sie einen Scheingegensatz. Das Subsidiaritätsprinzip der katholischen Soziallehre bedeutet nicht: Immer und zuerst haben freie Träger den Vorrang, und erst wenn sie ihren Aufgaben nicht gewachsen sind, dann springt helfend und ausgleichend der Staat ein. Der Staat hat unbestritten die Verpflichtung zur allgemeinen Daseinsvorsorge. Er muß handeln und eventuell auch die Voraussetzungen schaffen, daß erforderliche Einrichtungen geschaffen werden können. Dabei soll er partnerschaftlich mit den freien Trägern kooperieren. Sie müssen aber auch selbst initiativ werden können.

HK: Es gibt im Bildungs-, Sozial- und Gesundheitswesen Hinweise auf Sachzwänge, die besagen, daß die Kirchen gar nicht mehr die nötigen personellen und Sachmittel aufbringen werden, um im bisherigen Maße präsent sein zu können. Es gibt – wie wir bereits andeuteten – Warnungen auch von innerhalb der Kirchen, das Konto der eigenen Kraft nicht zu überziehen, zum anderen aber auch die Forderung selbst von außerhalb der Kirchen, im diakonischen und im Bildungsbereich ja nicht abzubauen. Deshalb nochmals die Frage: Ist die Kirche in den Augen des Politikers gut beraten, wenn sie unabhängig von der Frage, wieweit die Bevölkerung vornehmlich nur den sozialen und nicht auch den religiösen Einsatz, das heißt die kirchliche Verkündigung, goutiert, ihren diakonischen Aufgaben nachkommt?

KOHL: Ich habe schon skizziert, wie ich die Mitwirkung der Kirchen in den Bereichen der Bildung, des Sozial- und des Gesundheitswesens sehe. Die Sachzwänge, die Sie ansprechen, wirken sich dort schwerwiegend aus, wo etwa der zunehmende Mangel an Ordensschwestern zur Schließung von Kliniken, Altersheimen, Gemeindestationen, Kindergärten führt und diese Lücken über den Arbeitsmarkt nicht mehr zu schließen sind beziehungsweise eine höhere Belastung durch Personalkosten zur Folge haben. Dann wird es notwendig, daß andere – in der Regel kommunale Einrichtungen – diese sozialen Aufgaben übernehmen oder ersetzen. Das bedeutet zusätzliche Kosten, neue Planung und Verwaltung. Angesichts der angespannten Finanz- und Personallage wird ein Politiker immer dafür sein, daß die Kirchen so lange und so weitreichend wie möglich „die Stellung halten".

HK: Unter finanzpolitischen Gesichtspunkten sicher...

KOHL: Das nüchterne, finanzpolitische Argument hat auch sein Gewicht. Viel wichtiger ist aber, daß es hierbei nicht um Tätigkeiten geht, die von irgendwelchen anderen Trägern gleichwertig ausgeführt werden können. Überall dort, wo sozialer und erzieherischer Dienst auch zugleich Bekenntnis, Zeugnis für eine Lebensanschauung, für Werte bedeutet und diese Werte das Handeln prägen und daher die besondere Art der Begegnung von Menschen zum entscheidenden Moment wird, ist Diakonie unmittelbares christliches Handeln. Deshalb würde ich es als Christ bedauern, wenn diese Aufgaben ohne Not aufgegeben würden. Im übrigen kann ich Ihrer Unterscheidung von sozialem und religiösem Einsatz nicht ganz folgen. Das diakonische Zeugnis ist immer auch in irgendeiner Weise Verkündigung.

HK: Schon, nur kann eine solche Verkündigung möglicherweise problematisch werden, wenn die Herkunft aus einer christlichen Motivation gar nicht mehr sichtbar wird. Aber nochmals zur sozialpolitischen Seite kirchlicher Diakonie. Bahnen sich in diesem Bereich nicht Konfliktstoffe an, in denen sich alle Parteien mit den Kirchen schwertun, wie etwa seinerzeit bei der Ablösung der Konfessionsschulen durch Privatschulgesetze, als mancher CDU-Kulturpolitiker klagte, er habe von der Kirche Tadel bezogen, während SPD-Politiker in Nachbarländern für vergleichbares Verhalten Dank entgegennehmen durften? Wenn das soziale Wirken der Kirche oder ihre Chancen eingegrenzt oder freien Trägern restriktive Auflagen gemacht werden – wir denken zum Beispiel an die kirchlichen Proteste bei der Verabschiedung des neuen Krankenhausgesetzes in Rheinland-Pfalz –, werden Konflikte auch mit CDU-Landesregierungen oder einer künftigen CDU-Bundesregierung nicht ausbleiben...

KOHL: Im öffentlichen Handeln kommen natürlicherweise auch bei Partnern, die sich wohlwollend und freundlich gegenüberstehen, gelegentlich unterschiedliche Auffassungen und Beurteilungen einer gegebe-

106

nen Situation vor. Als Politiker gehe ich davon aus, daß es sich dabei um Diskussionen über den zweckmäßigen Weg handelt. Unüberbrückbare Gegensätze werden dann gewiß keine ausschlaggebende Rolle spielen, wenn es um die Aufgabe geht, den Menschen so schnell und wirksam wie nur möglich zu helfen, die beispielsweise auch durch geringer werdende kirchliche Möglichkeiten in Not geraten. Ich will nicht verschweigen, daß auch kirchliche Institutionen nicht davor gesichert sind, ihre eigenen Fähigkeiten und Möglichkeiten finanziell wie personell zu überschätzen. Wenn die tatsächlichen Verhältnisse anzeigen, daß der Staat sich betätigen muß, würde ich in dem einen oder anderen Fall auch einen Konflikt nicht scheuen. Dann muß man schnell eine Einigung suchen, ohne daß die Partnerschaft Schaden nimmt. Partnerschaft bedeutet nicht nur harmonische Idylle, sondern kann auch Konflikte bedeuten. Konflikt heißt aber nicht rücksichtsloser Kampf ohne Kompromißbereitschaft, sondern Auseinandersetzung um die beste, schnellste und wirksamste Art der Hilfe für die Menschen, die diese Hilfe brauchen.

HK: Die Bundesrepublik besitzt in ihrem Grundgesetz eine stark wertbezogene Verfassung. Aber plurale Gesellschaften, deren Bürger vor allem auch weltanschaulich gegensätzlich denken, leben in der Regel ohne festen ethischen Wertkonsens. Die Reform des Abtreibungsstrafrechts hat gezeigt, daß sich dies auch in der Bundesrepublik nicht anders verhält. Sie haben in diesem Zusammenhang selbst einmal von einem Vakuum gesprochen, in das radikale Ideologien hineinstoßen können. Trauen Sie den Kirchen, speziell der katholischen Kirche, genügend moralische Kraft zu, um dieses Vakuum auszufüllen?

KOHL: Ich traue der katholischen Kirche – ebenso wie der evangelischen – grundsätzlich genügend moralische Kraft zu, zur gemeinsamen Aufgabe der Abwehr radikaler Ideologien einen entscheidenden Beitrag zu leisten. Andererseits verkenne ich nicht die gegenwärtige Situation, in der sich die Kirchen immer noch befinden, wenn auch in letzter Zeit die Anzeichen dafür wachsen, daß sich mittel- bis langfristig Änderungen vollziehen. In den vergangenen Jahren waren nach meinen Eindrücken entscheidende Kräfte in den Kirchen viel zu sehr auf ihre eigenen Probleme fixiert. Das hat mit dazu beigetragen, daß sie ein Stück Vakuum nicht ausreichend ausfüllen konnten. Die Kirchen müssen einfach wieder die Kraft finden, über sich und ihren durchaus nicht einfachen inneren Problemen zu stehen. Sie müssen in vielfältigem konkretem Kontakt mit Staat und Gesellschaft bleiben. In ihnen können die Kirchen nur dann wirksam sein, wenn sie in den entscheidenden Fragen möglichst mit Autorität geschlossen und konsequent auftreten und nicht den Eindruck erwecken, als seien sie sich ihrer Sache und ihres Auftrags nicht mehr sicher.

HK: Vorausgesetzt, die Kirchen haben genügend religiös-moralische Kraft, sich gesellschaftlich zur Wirkung zu bringen, welche gesellschaftswirksamen Aufgaben hätten sie heute mit Vorrang wahrzunehmen? Wie müßte – im Blick auf die Gesamtgesellschaft und ihren Zivilisationszustand gesehen – Weltwirken und Seelsorge der Kirche heute aussehen?

KOHL: Insgesamt werden die Kirchen große Anstrengungen unternehmen müssen, um den Wert, die Würde und die Bedeutung des Menschen in seinem Bezug auf Gott wieder neu und eindringlich in das Bewußtsein der Bürger zu stellen. Das ist keine dramatische Feststellung, sondern eher eine Folgerung aus der gegenwärtigen gesellschaftspolitischen Auseinandersetzung. Ich will nur Stichworte nennen, vor deren Hintergrund sich ein Teil der Diskussion unserer Tage vollzieht: Abtreibung, passive und aktive Sterbehilfe, zunehmende Gewalt und Brutalität im öffentlichen und zwischenmenschlichen Bereich, eine wachsende Zahl von Menschenrechtsverletzungen, aber auch Versuche, den Klassenkampf in unser Land zu tragen. Auch der Kampf gegen Hunger und Elend und die Hilfe für die Dritte Welt gehören in diesen Katalog. Hier haben die Kirchen humanitäre und politische Aufgaben. Sie müssen das Gemeinwohl über die immer ungehemmter werdende Interessendurchsetzung stellen, die über die berechtigten Anliegen machtloser Minderheiten in unserem Staat achtlos hinweggeht. Die Kirchen müssen dafür sorgen, daß der Staat seine Grenzen beachtet und nicht in alle Bereiche des menschlichen Lebens ausgreift. Und sie müssen sich konkret und tendenziell mit Ideologien auseinandersetzen, die den Menschen totalitär vereinnahmen wollen.

HK: Könnten nicht auch die Kirchen in Gefahr kommen – wir haben das vorhin schon einmal angedeutet –, ihr Terrain zu weit auszudehnen zum Schaden ihrer eigentlichen Aufgabe? Und ist umgekehrt vielleicht nicht gerade der christliche Politiker versucht, den Kirchen unpopuläre Aufgaben, etwa in dem von Ihnen bereits genannten Bereich Entwicklungshilfe, zuzumuten, die er selbst nicht gern aufgreift?

KOHL: Diese Gefahr ergibt sich selbstverständlich nicht nur für die Kirchen. Auch der Staat kann ihr unterliegen. Besonders der Politiker, der aus christlicher Verantwortung handelt, darf nicht von der bequemen Möglichkeit Gebrauch machen, der Kirche unpopuläre Aufgaben aufzubürden. Er muß selbst den Mut haben, das Notwendige zu tun. Das gilt gerade für den Bereich der deutschen Entwicklungshilfe. Der Grundkonsens in Fragen der Entwicklungshilfe zwischen dem Staat und den gesellschaftlichen Gruppen ist in Gefahr. Wir können nicht dulden, daß finanzielle und wirtschaftliche Schwierigkeiten zu Lasten der Schwachen und Schwächsten gelöst werden. Eine solche Politik entspricht nicht den Prioritäten, die sich für die CDU aus dem Verständnis einer ethisch begründeten Politik und der Auffassung unseres Staates als eines sozialen Rechtsstaates ergeben. Gerade die junge Generation, der die Solidarität mit den Schwachen und Unterdrückten unaufgebbare Grundlage ihres politischen Engagements ist, erwartet, ja fordert, daß die Politiker nicht nach billigen Auswegen suchen, die im Augenblick vielleicht aktuelle Schwierigkeiten beseitigen, aber langfristig für unser Volk und dessen Platz in der Völkergemeinschaft verhängnisvoll sind. Die Kirchen müssen gerade in einer solchen Situation unverblümt ihre Meinung sagen. Hier besteht nicht die Gefahr, daß sie ihr Terrain zu weit ausdehnen. Solange sich die Kirchen um Not kümmern, verfehlen sie nie ihre eigentliche Aufgabe.

HK: Gerhard Stoltenberg, Ihr Stellvertreter im Parteivorsitz, hat (ebenfalls in einer Rede am letzten Reformationstag in St. Jacobi in Hamburg) die Kirche vor der Beeinflußbarkeit durch modische Tagesströmungen gewarnt, sie aufgefordert, „in der zunehmenden Vielfalt sozialwissenschaftlicher Richtungen die Spreu vom Weizen zu unterscheiden" und die Theologen zur Versöhnung von christlicher Botschaft und naturwissenschaftlicher Erkenntnis im intensiveren Gespräch mit den Naturwissenschaftlern aufgerufen. Stellen sich im Blick auf eine mögliche Selbstgefährdung der Menschen durch Störung des ökologischen Gleichgewichts, durch Verplanung des Menschen im Massenstaat bis hin zur genetischen Manipulation hier den Kirchen und ihren Theologen und den verantwortlichen Politikern, im Blick auf Gesetzgebung und Moralverkündigung, nicht gleiche Probleme, wo beide gemeinsam nach Lösungen suchen müßten?

KOHL: Diese Frage beantworte ich mit einem klaren Ja. An den von Ihnen angesprochenen Themenbereichen, die heute geradezu von lebenswichtiger Bedeutung geworden sind, zeigt sich ein Feld dringend notwendiger Zusammenarbeit zwischen den Kirchen und ihren Theologen, den verantwortlichen Politikern und der Wissenschaft. Die Kirchen sollten die Aufforderung Gerhard Stoltenbergs auf jeden Fall ernster als bisher nehmen. Hier entstehen wirkliche Menschheitsbedrohungen, deren Abwendung nur in enger Zusammenarbeit möglich ist. Den Kirchen, den Theologen fällt dabei die Aufgabe zu, aus ihrem ureigenen Auftrag heraus und ausgehend von der Botschaft, die sie der Welt und den Menschen zu bringen haben, neue, der veränderten Situation angemessene Leitvorstellungen zu entwickeln, die vor allem ethische Gesichtspunkte in die Diskussion einbringen. Diese Leitvorstellungen müssen so klar und verständlich formuliert sein, daß sich die Politiker bei der Lösung der konkreten Fragen wirklich an ihnen orientieren können. Dazu sind Gespräche, dazu ist geistige Auseinandersetzung notwendig.

HK: Sehen Sie Ansätze dafür, solche Gespräche zu aktivieren?

KOHL: Ich glaube, daß die christlichen Kirchen gerade auch in der Bundesrepublik Deutschland die von Ihnen angesprochenen Probleme heute deutlich sehen. Ich möchte in diesem Zusammenhang dankbar daran erinnern, daß Kardinal Döpfner in seiner Eröffnungsansprache zur Herbstvollversammlung der Deutschen Bischofskonferenz 1974 klar gesagt hat, daß die Kirchen vor dieser Herausforderung stehen und daß zum Beispiel katholische Wissenschaftler und Politiker, die kirchlichen Verbände und Akademien vor der konkreten und dringenden Aufgabe stehen, sich mit den genannten Themenbereichen intensiver auseinanderzusetzen. Das Bewußtsein dafür ist also vorhanden.

HK: Von der ethischen noch einmal zur politischen Seite des kirchlichen Öffentlichkeitswirkens. Wo liegen für Sie die Grenzen kirchlichen Sprechens und Einwirkens auf die politische Öffentlichkeit einschließlich des Gesetzgebers? Sind Wahlhirtenbriefe wie der der bayerischen Bischöfe vom letzten Herbst oder der Januarhirtenbrief zu den Betriebsratswahlen hilfreiche politische Diakonie oder unzulässige Parteinahme?

KOHL: Ich möchte daran erinnern, daß die Konstitution des Zweiten Vatikanischen Konzils über „Die Kirche in der Welt von heute" nachdrücklich auf die Eigenständigkeit und Eigengesetzlichkeit der weltlichen Sachbereiche hinweist. Ich verstehe diese Aussage als einen Fortschritt gegenüber früheren kirchlichen Auffassungen. Der Unterschied zwischen den verschiedenen Zuständigkeiten muß bestehenbleiben. Folgerichtig spricht das Konzilsdokument auch davon, daß es verschiedene konkrete politische Lösungen auf der Basis des Glaubens geben könne, und weist darauf hin, daß für keine dieser Lösungen die kirchliche Autorität allein in Anspruch genommen werden dürfe. Wer daraus allerdings die Folgerung ableitet, daß sich die Kirchen deswegen aus der Welt und in den kultischen Raum zurückziehen sollten, der unterliegt einem Fehlschluß. Die Kirchen dürfen nicht neben den Entwicklungen in Staat und Gesellschaft verharren. Das würde ihrem Auftrag widersprechen. Als Christ weiß ich andererseits aber auch, daß sich die Kirchen trotz aller notwendigen Auseinandersetzungen mit Staat und Gesellschaft immer auch auf ihre eigene, nie untergehende Sendung besinnen müssen. Denn nur so können sie für Staat und Gesellschaft das notwendige Korrektiv bedeuten.

HK: Was heißt das konkret im Blick auf die Grenzen kirchlichen Sprechens?

KOHL: Das heißt konkret im Blick auf Ihre Frage: Die Grenzen kirchlichen Sprechens und Einwirkens auf die politische Öffentlichkeit liegen dort, wo der Bereich der eigengesetzlichen und sachorientierten Lösung politischer Fragen beginnt. Die Kirchen sind nicht der Staat, und sie können auch keine politische Partei ersetzen. Die Überzeugungskraft ihrer Aussagen liegt im Hinweis auf das Jenseitige und Überzeitliche, während eine Partei oder ein Verband immer nur Diesseitsbezogenes sagen und entscheiden kann. Die Kirchen sollten nicht auf die Möglichkeit verzichten, zu Wahlen den Parteien und Staatsbürgern Fragen zu den Parteiprogrammen vorzulegen oder auch Hinweise zu geben. Sie nehmen hier eine wichtige Aufgabe wahr, die ich durchaus als hilfreich verstehe. Über einzelne Formulierungen oder die Frage, ob tatsächlich unzulässige Parteinahme vorliegt, kann man streiten. Eine Partei sollte niemals erwarten oder wollen, daß die Kirchen für sie Wahlpropaganda betreiben.

HK: Wenn Sie sagen, über Formulierungen oder tatsächlich zulässige Parteinahme könne man streiten, ist dann für Sie die Frage der Wählbarkeit oder Nichtwählbarkeit einer Partei im Falle eines grundlegenden Wertkonfliktes, wie er zum Beispiel bei der Reform des § 218 gegeben ist, noch ein möglicher Gegenstand kirchlicher Verkündigung beziehungsweise autoritativer Erklärungen von Bischöfen und kirchlichen Gremien?

KOHL: Im Falle eines grundlegenden Wertkonfliktes kann die Frage der Wählbarkeit und Nichtwählbarkeit einer Partei durchaus Gegenstand einer konkreten kirchlichen Erklärung sein, wenn die Glaubensgemeinschaft in dieser Frage einer Meinung ist. Ich sage: kann; es muß aber nicht so sein. Die Entscheidung darüber liegt bei der Kirche, den Bischöfen und den kirchlichen Gremien. Die Neufassung des § 218 deutet einen solchen Wertkonflikt an. Warum sollten die Kirchen nicht aus ihrer Verantwortung heraus auch etwas zu einer konkreten politischen Frage sagen, die direkt im Bereich eines grundlegenden Wertes, wie dem des Lebens, angesiedelt ist? Im übrigen hat der Kardinal von Köln, an den Sie vermutlich bei Ihrer Frage gedacht haben...

HK: An den Kardinal von Köln, aber auch an Äußerungen von Katholikenausschüssen...

KOHL: Kardinal Höffner hat bei seiner vielumstrittenen Erklärung nicht von Parteien, sondern von Abgeordneten gesprochen. Das ist doch ein wesentlicher Unterschied. Die grundsätzliche Freiheit zu solchen Erklärungen gestehe ich Vertretern oder Gruppen der Kirchen durchaus zu.

HK: Aber lassen sich sittliche Forderungen der Kirche überhaupt noch parteipolitisch umsetzen?

KOHL: Ich bin der Meinung, daß sittliche Forderungen der Kirchen über Parteien politisch vertreten werden können. Ob sie sich durchsetzen lassen, ist eine andere Frage. In einer Partei wie der CDU/CSU besteht eine selbstverständliche Identität zu den sittlichen Grundforderungen des Christentums. Solche Forderungen dürfen allerdings der Gesamtgesellschaft nicht aufgezwungen werden. Je glaubwürdiger sie vom Fordernden vorgelebt werden, desto überzeugender sind sie.

HK: Herr Dr. Kohl, Sie gelten nicht nur als Liberaler in Ihrer Partei, sondern galten, bereits bevor Sie den Parteivorsitz übernahmen, als derjenige CDU-Politiker, der das „C" in der Partei besonders herausstellt. Welchen konkreten Inhalt geben Sie dem „C"?

KOHL: Ich bin seit jeher dafür eingetreten, daß das „C" zum Parteinamen gehört und daß wir, im Blick auf unseren Ursprung und auf unsere Geschichte, nicht davon absehen können und werden. Wenn Politik von Wertvorstellungen ausgeht, so muß für eine Partei wie die CDU/CSU in der Bindung an die christliche Grundhaltung ein besonderer Maßstab liegen. Für mich ist es deshalb selbstverständlich, daß die CDU die Frage nach den Werten, die sie im politischen Bereich für verbindlich und tragfähig hält, mit dem Hinweis auf das „C" beantworten muß. Das „C" bedeutet für meine Partei keinen dogmatischen Ausschließlichkeitsanspruch. Selbstverständlich können Christen auch in anderen demokratischen Parteien ihre politische Heimat finden. Es ist für uns der Maßstab, der Anspruch, an dem wir unser eigenes politisches Handeln messen lassen müssen. Er verweist auf unsere Motivation: Wir betreiben Politik aus christlicher Verantwortung. Zwar lassen sich aus der christlichen Lehre nicht einfach Lösungsvorschläge für konkrete politische Aufgaben ableiten: Es handelt sich dabei ja nicht um einen Handlungskatalog für Politiker, es gilt das Gebot der Sachgerechtigkeit. Aber das „C" grenzt deutlich ab.

HK: Gibt es gegenwärtig politische Positionen, die damit eindeutig nicht zu vereinbaren sind?

KOHL: Aber zweifellos gibt es solche Positionen. Um nur einige Beispiele zu nennen: die Verkündigung und Ausübung von revolutionärer Gewalt, der Grundsatz von der Selbsterlösung des Menschen durch Politik, die Überführung der politischen Gegnerschaft in Feindschaft und auch der Versuch, den einzelnen Menschen totalitär zu vereinnahmen.

HK: Und wer interpretiert das „C" für den politischen Bereich?

KOHL: Bürger, die sich entschließen, aus christlicher Überzeugung heraus als Partei Politik zu gestalten, sehen sich Verpflichtungen aus zwei Lebensbereichen gegenüber: denen der Kirchen und denen der Politik. Die Spannung, die zwischen beiden liegt, wird nur dann erträglich und fruchtbar, wenn die Kirchen nicht durch die Partei regieren wollen und die Politik die Kirchen nicht für ihre Zwecke mißbraucht. Das heißt konkret: Die Interpretation des „C" hinsichtlich der politischen Konsequenzen kann weder allein noch willkürlich durch die Partei erfolgen.

HK: Kurt Biedenkopf hat in zwei Interviews sehr pointiert erklärt, ihn interessiere im Blick auf seine Partei weniger das Verhältnis zur Kirche, sondern das Verhältnis zu den Grundlagen des christlichen Glaubens, so die Umsetzung der Gottesebenbildlichkeit des Menschen in praktische Politik, die den einzelnen vor der Auslieferung an das Kollektiv schützt. Das klingt für Christen, denen es weniger um Kirchenstrukturen als um Glauben zu tun ist, erfreulich plausibel. Aber es riecht zugleich nach dem Versuch, einem neoliberalen Ordo-Gebäude eine christliche Rechtfertigung unterzulegen. Wie bringen Sie den christlichen Anspruch und das liberale Prinzip in Einklang?

KOHL: Dies ist eine schwierige und nicht mit wenigen Sätzen zu beantwortende Frage, weil ihre Beantwortung einen Rückgriff auf die Ideengeschichte der letzten hundert Jahre mit ihren sehr vielschichtigen Entwicklungsgängen notwendig macht. Ich sehe zwar nicht unbedingt einen unüberwindlichen Konflikt zwischen dem christlichen Anspruch und dem sogenannten liberalen Prinzip, aber doch einen wesentlichen und bemerkenswerten Unterschied in den Voraussetzungen. Die katholische Soziallehre ist bestimmt vom Begriff des Menschen als einer Person, die aber als Person schon Mitglied einer überpersonalen, umfassenderen sozialen Gemeinschaft ist. Der klassische Liberalismus geht mehr von der Autonomie und Eigenständigkeit des einzelnen Individuums aus und betont den sozialen Charakter nicht deutlich, ja es hat sich im Laufe der Zeit eher eine individualistische Komponente herausgebildet. Sie scheint im heutigen politischen Liberalismus allerdings wieder umstritten und unausgegoren zu sein.

HK: Wie würden Sie im Falle einer solchen Spannung, die ja auch einmal zu einem Grundsatzkonflikt in der Union selbst führen kann, reagieren wollen?

KOHL: Ich bin erstens der Meinung, daß Grundwertkonflikte gerade auch in der eigenen Partei ernsthaft und gründlich ausgetragen werden sollten. Zweitens: Zeigt sich dabei der beschriebene Unterschied und damit die Notwendigkeit der Unterscheidung und Abgrenzung, dann stelle ich mich auf die Seite des christlichen Anspruchs. Nicht nur weil die CDU das Wagnis einer Politik aus christlicher Verantwortung unternimmt, sondern weil ich unter anderem auch persönlich davon überzeugt bin, daß der christliche Anspruch der realistischere und umfassendere ist. Dabei ist mir selbstverständlich bewußt, daß die CDU neben der christlich-sozialen auch die liberale und die konservative Komponente seit ihrer Gründung deutlich zum Ausdruck gebracht hat und das auch heute tut...

HK: ... aber die Realisierung dessen, was Sie eben sagten, am konkreten Objekt ist gerade im Blick auf die Kirche vermutlich schwierig. Nehmen wir als Beispiel die Reform des Abtreibungsstrafrechts. Diese führte, von der katholischen Kirche aus gesehen, nicht nur zu einem akuten Konflikt zwischen Kirche und Regierungsparteien, sondern auch (um es vorsichtig auszudrücken) zu Verstimmungen zwischen Kirche und Unionsparteien. Der CDU wurde vorgeworfen, sie habe überhaupt erst viel zu spät Position bezogen. Die Partei ihrerseits wollte (oder konnte) Maximalerwartungen beziehungsweise -forderungen der Kirche mit dem Indikationsmodell ihrer Fraktionsmehrheit nicht entsprechen. So hat man den Eindruck, die Reform des Abtreibungsstrafrechts sei auch für das Verhältnis Kirche–Unionsparteien alles eher als ein Modell kritischer Partnerschaft zwischen moralischer Autorität und politischer Verantwortung gewesen. Welche Konsequenzen würden Sie für vergleichbare Fälle daraus ziehen (beispielsweise wenn einmal eine Parlamentsdebatte über Euthanasie ins Haus stünde)?

KOHL: Die CDU/CSU hat nach meiner Auffassung in erheblichem Umfang die Argumente der christlichen Kirchen in die politische Auseinandersetzung um die Reform des Abtreibungsstrafrechts eingebracht. Die Frauenvereinigung der CDU, verschiedene Landesverbände, prominente Mitglieder der Partei und auch der Bundesausschuß der CDU haben sich eindeutig gegen die von Abgeordneten der SPD und FDP eingebrachte Fristenlösung ausgesprochen. Der Bundesvorstand der CDU hat schon im Dezember 1971 eine abgegrenzte Indikationslösung befürwortet. Die CDU steht deshalb in dieser Frage nicht im Gegensatz zu kirchlichen Aussagen. – Daß die CDU nicht, gar von oben herab, eine „Parteimeinung" zu dieser Frage formuliert und durchgesetzt hat, läßt sich auf ihren Respekt vor der Gewissensentscheidung des einzelnen zurückführen. Ein solcher Stil wäre in unserer Partei weder möglich noch nötig. Dennoch können politische Absprachen und kann politischer Meinungsaustausch zwischen den Kirchen und der Union intensiver gestaltet werden. Damit haben wir in letzter Zeit begonnen.

HK: Trotz solcher an Einzelproblemen auftauchenden Spannungen raten heute manche der Kirche (nicht nur den Katholiken), wieder nachdrücklicher in der Union ihre politische Heimat und Stütze zu suchen. Möglichst gleiche Distanz zu allen Parteien sei in einer Phase weltanschaulicher Polarisierung nicht praktikabel; da es um Grundwerte wie um das Recht auf Leben oder eine menschengerechte Bildung geht, bedürfe es eines klaren und geschlossenen Durchsetzungswillens. Kann daran der Volkspartei CDU gelegen sein, die eine parlamentarische Mehrheit sucht und dazu auch jene Wähler ansprechen will und muß, die zum Christentum ein mehr oder weniger tolerantes, zur Kirche aber oft gar ein negatives Verhältnis haben? Ist der parlamentarischen Demokratie und den Kirchen selbst nicht besser mit Parteien gedient, die keine Weltanschauungs-, sondern Integrationsparteien sind?

KOHL: Natürlich ist es gut und erstrebenswert, Parteien zu haben, die auf der Grundlage politischer Sachziele Staatsbürger integrieren und sich nicht als Instrumente zur Durchsetzung von Weltanschauungen oder sogar als Religions- und Kirchenersatz verstehen. Das bedeutet natürlich nicht, daß Parteipolitik reiner Pragmatismus ohne jede Wertorientierung sein sollte. In Deutschland haben sich im vorigen Jahrhundert Parteien entwickelt, die sich ganz bewußt auch als Träger neuer Weltanschauungen verstanden. Das hatte beispielsweise zur Folge, daß Liberale und Katholiken, die beide für mehr Freiheit im Staat angetreten waren und noch um 1848 in mannigfacher Weise zusammengearbeitet hatten, in den darauffolgenden Jahrzehnten getrennte parteipolitische Wege gingen, weil der Liberalismus immer mehr religions- und kirchenfeindliche Züge annahm. Ein Christ aber, der es mit seinem Bekenntnis wirklich ernst meint, kann nicht eine Partei unterstützen, die Ziele verfolgt, die gegen Religion und Kirche gerichtet sind. Will er dennoch die öffentlichen Entscheidungen mitgestalten – wie es ihm ja sein christlicher

Auftrag gebietet –, so muß er sich mit Gleichgesinnten zusammenschließen.

HK: Sind die geschichtlich-weltanschaulichen Belastungen trotz aller feststellbarer Reideologisierung im deutschen Parteiwesen nicht geringer geworden? Und ist der Kirche deshalb, wenn schon nicht Äquidistanz so doch kritische Nähe und Distanz zu den Parteien insgesamt zu empfehlen?

KOHL: Manche ideologischen Fehlentwicklungen und Belastungen im deutschen Parteiensystem sind in den letzten zwei Jahrzehnten tatsächlich schrittweise überwunden worden. Aber es gibt noch immer eine Reihe von kontroversen Punkten in Wertfragen. Die Debatte um das Grundrecht auf Leben, die Auseinandersetzungen um Bildungsinhalte und Lernziele in manchen Bundesländern, die sehr unterschiedliche Bewertung des Ranges von Ehe und Familie und nicht zuletzt die antikirchlichen Beschlüsse der FDP haben deutlich gemacht, daß eine sogenannte Äquidistanz der Kirchen zu allen vorhandenen Parteien überhaupt nicht möglich ist, es sei denn um den Preis ihrer eigenen theologischen und sozialethischen Profile. Das heißt nun nicht, da gebe ich Ihnen recht, daß die Kirchen in allen politischen Fragen nur die CDU als Gesprächspartner hätten, und es heißt auch nicht, daß die CDU eine Kirchenpartei sein müsse. Die CDU hat einen anderen Auftrag als die Vertretung kirchlicher Interessen. Ich kann mir allerdings auch nicht vorstellen, daß sie sich bewußt in Gegensatz zur christlichen Wertordnung und zu den Kirchen setzt.

HK: Der CDU (und vielleicht noch mehr der CSU) wird gerade von wohlwollenden Kritikern vorgeworfen, sie habe sich kaum Rechenschaft gegeben über die Wandlungen, die in den Kirchen in den letzten Jahren, in der katholischen seit dem Zweiten Vatikanum, vor sich gegangen sind. Ist man noch nicht bereit, sich als kritische Partner auf unterschiedlichen Ebenen zu akzeptieren?

KOHL: Meine bisherigen Äußerungen aus früherer Zeit und auch in diesem Gespräch zeigen doch unmißverständlich, daß die CDU als Partei bereit ist, die Kirchen als kritische Partner zu akzeptieren. Darüber hinaus zeigen zahlreiche Aussagen, Stellungnahmen und das politische Handeln der ganzen Union diese Bereitschaft an. Ich räume ohne weiteres ein: Der Kontakt zwischen der CDU und den Kirchen hätte in den letzten Jahren noch enger sein können. Wir haben sicher manches als zu selbstverständlich angesehen, was längst nicht mehr selbstverständlich war und ist. Die Wandlungen innerhalb der Kirchen sind manchem bei uns erst recht spät ins Bewußtsein getreten. Wir haben es in der Vergangenheit auch oft versäumt, wie Richard von Weizsäcker vor einiger Zeit sagte, Anforderungen und Fragen an die Kirchen zu stellen. Für die CDU als Partei, die Politik aus christlicher Verantwortung begründet, ist es gegenwärtig und in der Zukunft dringend erforderlich, häufiger grundsätzliche Fragen mit den Kirchen zu erörtern und dabei zur politischen Gemeinsamkeit von evangelischen und katholischen Christen beizutragen.

Herder-Korrespondenz, Freiburg, 29.Jg. (1975), S.122–130

Die Intellektuellen und die CDU

Beitrag in der „Sonde" im Frühjahr 1975

Das Verhältnis der Intellektuellen zur CDU ist von deutlicher Distanz geprägt. Dabei spielt eine Rolle, daß das „C" viele antiklerikale Vorurteile auf sich zieht. Auch wirkt nach, daß die CDU während der Wiederaufbau-Epoche in der politischen Verantwortung einer pragmatischen außenpolitischen, wirtschaftlichen und sozialen Absicherung der jungen deutschen Demokratie den Vorrang vor einer geistigen Erneuerung geben mußte. Der folgende Beitrag, der auf eine Rede vor der Katholischen Akademie in Trier 1973 zurückgeht, steckt die Möglichkeiten und Grenzen eines Dialogs zwischen Politik und Intellektualität ab.

In der Frage nach dem Verhältnis zwischen der CDU und den Intellektuellen sehe ich zunächst eine Frage nicht an die Intellektuellen, sondern an die CDU. Dieser Unterschied erscheint mir wichtig. Die CDU als statisch gegebene, ja als vorgegebene Größe anzusehen und eine veränderte Einstellung nur von anderen zu erwarten oder gar zu fordern: Das ist in der Tat eine Haltung, die jegliche Kommunikation der CDU mit anderen Gruppen der Gesellschaft – und dabei meine ich nicht nur die Intellektuellen – von vornherein versperrt.

Das Thema enthält einen spezifischen Vorwurf an die Adresse der CDU: Wie konnte es kommen, daß diese große und erfolgreiche Partei fast nie ein erträgliches Verhältnis zu der Mehrheit der Intellektuellen fand? Was ist die Ursache für dieses gestörte Verhältnis? Welches geistige Profil müßte sich die CDU geben, um ein aktiver und interessanter Gesprächspartner für die Intellektuellen zu sein?

Die Gründe für die Nichtbeziehung, die Entfremdung und die Gleichgültigkeit zwischen CDU und Intellektuellen scheinen mir sowohl struktureller als auch historischer Art zu sein. Um das Verhältnis der CDU zu den Intellektuellen zu verstehen, muß man an die jüngste deutsche Geschichte anknüpfen.

Im Übergang von Weimar zum Hitler-Regime und während des Krieges ist für viele Intellektuelle – wie natürlich für andere auch – eine politische Kultur, der Glaube an persönliche und politische Werte zerbrochen. Sie blieben gegenüber dem verhaßten System auf innerer Distanz, sie leisteten Widerstand aus einer inneren Kraft heraus, die vielfach im christlichen Glauben wurzelte. Viele wurden in Gefängnissen und Konzentrationslagern psychisch und physisch gequält und getötet. Ein großer Teil flüchtete vor den Schergen eines Staates, der das Vaterland jener Intellektuellen war und ist.

Mit dem Zusammenbruch des Dritten Reiches wandelte sich der Widerstand in eine Hoffnung: eine Hoffnung auf eine andere, moralisch motivierte und oft an christlichen Werten orientierte Politik; in eine Hoffnung auf eine andere, neue Gesellschaft.

Adressat dieser Hoffnung war in den ersten Nachkriegsjahren die neugegründete CDU. Das diese Partei verpflichtende Gesetz ihres Anfangs bestand darin, die Renaissance eines totalitären politischen Regimes zu verhindern und den Menschen persönliche Freiheit und soziale Gerechtigkeit zu sichern. Der politische Wille der ersten modernen Volkspartei, der Union, und die Hoffnungen vieler Intellektueller liefen parallel. Die CDU war attraktiv, sie verkörperte eine neue Idee, sie würde, so hoffte man, dank der Chance der Stunde Null auch in der Politik einen ganz neuen Anfang setzen.

Mißverstandene Soziale Marktwirtschaft

Die Entfremdung zwischen CDU und Intellektuellen begann in etwa mit der Währungsreform und der Einführung der Sozialen Marktwirtschaft, die ja von Anfang an bis heute mit Personen und Programmen der CDU verbunden ist. Schon damals haben viele Intellektuelle die Soziale Marktwirtschaft als „Kapitalismus" abgelehnt, und sie taten das vielfach aus moralisch-ethischen Gründen. Die Verhaltensweisen des Menschen, von denen die Marktwirtschaft ausgeht, wurden als moralisch minderwertig disqualifiziert. Statt satten Wohlstandes und der Bildung von Besitz für jedermann sollten spezifisch christliche Werte wie Selbstlosigkeit, Nächstenliebe, soziale Barmherzigkeit durch Politik realisiert werden.

Die Entscheidung der CDU für die Soziale Marktwirtschaft führte zu den ersten großen Spannungen zwischen der CDU und einem Teil der ihr nahestehenden oder gar verbundenen Intellektuellen. Ich erinnere hier – stellvertretend für viele – an den Kreis um die „Frankfurter Hefte". Vielen schien das Konzept eines christlichen Sozialismus angemessener, das zu einem großen Teil seinen Niederschlag im Ahlener Programm fand.

In dieser alternativen Betrachtungsweise dokumentiert sich eine nach beiden Seiten fatal wirkende Undifferenziertheit des Denkens. Das Mißverständnis, Soziale Marktwirtschaft sei Kapitalismus, dem viele Intellektuelle aufliefen, wurde durch zwei Tatsachen begünstigt: Zum ersten wurde im Gefolge der Re-Education bei uns ein idealisiertes Demokratieverständnis propagiert, das bei einem nicht unbeträchtlichen Teil der Intellektuellen besonders verfing; und zum zweiten versäumten es Politik und Programmatik der CDU, die gesellschaftspolitische Dimension der Sozialen Marktwirtschaft rechtzeitig deutlich zu machen. Gerade durch dieses schwerwiegende Versäumnis wurde die Soziale Marktwirtschaft und damit die CDU selbst mit – teilweise auch selbstverschuldeten – Entwicklungen belastet, die nicht in der Konsequenz der Sozialen Marktwirtschaft, sondern in deren pragmatischer Verfälschung lagen und die politisch hätten korrigiert werden können.

Überforderung der Politik

Die Atmosphäre zwischen CDU und Intellektuellen verschlechterte sich weiterhin in dem Augenblick, als die CDU als Regierungspartei gezwungen war, aktiv Politik zu gestalten und die Sachgesetzlichkeit politisch-ökonomischer Zusammenhänge zu berücksichtigen, während die Intellektuellen ihre moralisch begründete Kritik weiterhin vortragen konnten. Hier ist ein Grundproblem des Politikverständnisses angesprochen, auf das noch zurückzukommen sein wird. Folgende Fragen müssen jedoch klar und scharf gestellt werden, weil sie nicht nur von historischem Interesse sind:

Inwieweit beruht die Entfremdung zwischen CDU und Intellektuellen auf einer generellen Überschätzung der Möglichkeiten der Politik durch die Intellektuellen? Ist es für einen Politiker legitim und vor allem ist es menschlich, die Realisierung eines „neuen Menschen" als Voraussetzung für seine Politik zu fordern? Ist es für ihn nicht grob fahrlässig, so zu tun, als verhielten sich die Menschen immer selbstlos und ideal, als könne man sich ständig auf ihre guten Absichten verlassen?

Ich glaube, daß die Intellektuellen auch deshalb in Konflikt zur CDU gerieten, weil sie – übrigens auf eine typisch deutsche Art – die Politik überforderten. Das entschuldigt natürlich nicht das Versagen der CDU, die Grundlagen ihrer Politik nicht öffentlich wirksam und überzeugend genug begründet zu haben. Aber der wirtschaftliche Wiederaufbau der Bundesrepublik ist auch eine intellektuelle Leistung ersten Ranges. Die Soziale Marktwirtschaft ist durchaus wertorientiert – ihre Werte sind: persönliche Freiheit, soziale Sicherheit, optimale Koordinierung knapper ökonomischer Ressourcen durch das Leistungsprinzip. Die Soziale Marktwirtschaft geht aber von der Einsicht aus, daß die Realisierung von Werten die Beachtung ökonomischer Zusammenhänge erfordert: Humanität setzt im öffentlichen Handeln Rationalität voraus.

Das alles findet sich schon in den damaligen Aufsätzen Ludwig Erhards und Alfred Müller-Armacks und ist für die CDU programmatisch niedergelegt in den Düsseldorfer Leitsätzen von 1949, welche für die damalige Situation in optimaler Weise wissenschaftliche Analyse, politische Zielsetzung und soziales Engagement verbanden. Diese Leitsätze waren und sind selbst in der eigenen Partei zu wenig bekannt. Die CDU hat die geistig-intellektuelle Basis ihrer Politik damals und auch während vieler Jahre danach ungenügend artikuliert. Dies ist wohl auch der Grund dafür, daß die realen Utopien der CDU – Soziale Marktwirtschaft, freiheitlicher Rechtsstaat, Überwindung des Nationalstaates durch eine europäische Integration – kaum als solche erkannt wurden.

Die CDU ist offen für Kritik

In den ersten Jahren ihrer jungen Geschichte vollzog sich in der CDU eine lebhafte programmatische Diskussion. Dies kann man von der Phase etwa zwischen 1955 und 1968 nicht gerade behaupten. Die CDU hat regiert, und sie hat – nimmt man alles in allem – gut regiert. Dabei vergaß sie aber weitgehend, ihre Prinzipien und Ziele immer wieder verständlich zu artikulieren, auf neue Probleme originelle, mutige und angemessene Antworten zu finden. Seit sie die politische Macht 1966 mit der SPD teilte und 1969 ganz von ihr ausgeschlossen wurde, begann sie erneut über die Grundlagen ihrer Politik nachzudenken. Der praktische Erfolg ermöglichte es ihr, fast zwanzig Jahre von dem geistigen

Kapital ihrer Gründungsphase zu leben. Dies ist nun nicht mehr länger möglich. Eine theoretische Neubegründung ihrer Politik war fällig und ist in den beiden vergangenen Jahren auch erfolgt, dies nicht, um den Intellektuellen zu gefallen, sondern um wieder an die politische Führungsfähigkeit und den Erfolg früherer Zeiten anzuknüpfen. So gesehen war und ist ihr Verhältnis zu den Intellektuellen eine Existenzfrage für die CDU. Daß ein Teil der Intellektuellen eine parteipolitisch eingeengte Position bei der SPD oder den links von ihr stehenden Gruppen eingenommen hat, sollte uns nicht entmutigen, den Gedankenaustausch anzubieten. Die CDU braucht das Interesse und den Einspruch derer, die in unserer Gesellschaft Meinungen bilden.

Zusammenfassend läßt sich sagen: Die CDU hat für die Bundesrepublik einen guten Anfang gesetzt. Sie hat in den fünfziger und sechziger Jahren aber auch Fehler gemacht. Beschäftigt mit dem Wiederaufbau und der materiellen Existenzsicherung einer zerschundenen und zerbrochenen Gesellschaft hat sie die Intellektuellen als übersehbare Größe behandelt. Die Intellektuellen haben die Politik überfordert. Sie haben übersehen, daß die Problemlösungskapazität auch einer Regierung begrenzt ist.

Jede Regierung muß Prioritäten setzen. Sie kann nicht alles zur gleichen Zeit mit gleicher Intensität in Angriff nehmen. Zuerst mußten die materiellen Bedürfnisse befriedigt werden. Darüber schöngeistig hinwegzudiskutieren, erscheint mir nicht gerade als eine besondere intellektuelle Leistung. Nachdem die materiellen Bedürfnisse in den sechziger Jahren befriedigt waren, schoben sich andere in den Vordergrund. Diese hat die CDU zu spät in ihrer ganzen Bedeutung – für die Menschen und für die Politik – erkannt. Darin liegt ein Versäumnis, aber auch eine gewisse Tragik: Erst der Erfolg der CDU bei der Befriedigung der materiellen Bedürfnisse ließ ihr Defizit in anderer Hinsicht so recht spürbar werden.

Aufgabe des Politikers – Rolle des Intellektuellen in der Gesellschaft

Es wäre jedoch falsch und oberflächlich, wollte man die Gründe für das gestörte Verhältnis zwischen CDU und Intellektuellen nur in dieser historischen Entwicklung suchen. Auch wenn die jüngste Entwicklung anders verlaufen wäre, hätte es Konflikte und Spannungen gegeben, die aus dem allgemeinen Verhältnis zwischen Politik und Intellektuellen resultieren. Ist dieses Verhältnis problemlos harmonisch, dann empfiehlt sich Skepsis gegenüber der Politik, gegenüber den Intellektuellen oder gegenüber beiden. Die Verhaltensmuster und Denkfiguren, die Art zu argumentieren und zu handeln sind zwischen Politikern und Intellektuellen grundsätzlich verschieden. Beide erfüllen in der Gesellschaft unterschiedliche Funktionen. Beiden sind verschiedene Rollen zugewiesen.

Wenn ich von Intellektuellen spreche, so meine ich eine Geisteshaltung und eine Personengruppe, die in einer konstitutiven Distanz zu ihrer Umwelt, deren Prozessen und Entscheidungszusammenhängen lebt, die sich selbst und ihre Umwelt in Frage stellt, kritisch reflektiert und in Beziehung zu einem selbstverantworteten Weltbild stellt. Diese Definition ist keineswegs umfassend, dennoch erscheint sie mir aber charakteristisch genug, um alle Intellektuellen einzuschließen und sie von anderen Gruppen, etwa den Politikern, unterscheiden zu können. Ich lege dabei Wert auf die Feststellung, daß diese Definition eine verbreitete Verengung des Begriffes ausschließt, welche Intellektuelle auf Linksintellektuelle reduzieren möchte. Eine solche Verengung erscheint mir ebenso unnötig wie gefährlich. Daß sie bei einigen meiner politischen Freunde gelegentlich oder auch gerne Anwendung fand, soll an dieser Stelle nicht verschwiegen werden. Mit dieser durchaus selbstkritisch gemeinten Feststellung möchte ich jedoch auch den Hinweis verbinden, daß die Linksintellektuellen Begriff und Bedeutung des Intellektuellen für eine Gesellschaft nicht einseitig fixieren oder gar okkupieren können.

Für einen Intellektuellen ist sowohl Bindung an bestehende Institutionen als auch kritische Distanz ihnen gegenüber eine mögliche und legitime Position. Kritik ist das Medium, in dem er lebt, und gerade deshalb wird er das System, das die Möglichkeit der Kritik institutionalisiert – die liberale Demokratie – verteidigen. Der Intellektuelle steht dem jeweils konkreten politischen System kritisch gegenüber und gehört ihm doch an. Weder totale Kapitulation noch totale Opposition verträgt sich in der Regel mit Rolle und Funktion des Intellektuellen, wenngleich sein Abgleiten in eines der Extreme oft bequem sein mag. Mit Kritik und Zweifel wird der Intellektuelle stets die fixierten Formen der Verteilung von Herrschaft, jeden Inhalt politischer Entscheidungen begleiten. Und doch kennen wir große, gerade konservative Staatsmänner, die auch große Intellektuelle waren: Denken wir nur an Churchill oder Charles de Gaulle.

Aber das mögen die Ausnahmen sein, die die Regel bestätigen. Denn die Verhaltensmuster und Denkfiguren, die Art zu argumentieren und zu handeln, sind zwischen Politikern und Intellektuellen grundsätzlich verschieden. Beide erfüllen in der Gesellschaft unterschiedliche Funktionen. Ebenso unterschiedlich sind die Erwartungen, die die Gesellschaft an Politiker und Intellektuelle richtet.

Dies scheint mir ein fundamentaler Sachverhalt zu sein. Die Unterschiede zwischen Intellektuellen und Politikern sind struktureller Natur. Sie lassen sich nicht erklären durch den Hinweis auf persönliche Eigenschaften, den guten Willen oder die Borniertheit der Beteiligten. Zwischen Intellektuellen und Politikern besteht ein Konflikt, der letztlich nicht aufzulösen, nicht zu harmonisieren ist. Diese Erkenntnis kann man nur mißachten zu Lasten einer guten Politik oder zu Lasten einer kritischen Intelligenz.

Das Aktionsfeld des Politikers

Diese These läßt sich durch eine Gegenüberstellung zwischen Politikern und Intellektuellen begründen. Politik treiben heißt: Probleme lösen, Entscheidungen treffen und durchsetzen, heterogene Interessen integrieren, Wähler gewinnen und sich ihnen gegenüber verantworten, schließlich nicht das Wünschenswerte theoretisch entwerfen, sondern das konkret Machbare durchsetzen.

Die Aktivitäten des Politikers können sich nicht nur in einer Richtung bewegen, er muß in multidimensionalen Räumen handeln. Der Politiker muß verschiedene Ziele zugleich verfolgen, Ziele, die sich oft gegenseitig widersprechen. Die Ziele, die er verfolgt, die Werte, die er zu realisieren sucht, sind in einem demokratischen System nicht nur *seine* Ziele und *seine* Werte, sondern auch jene, die in einer Gesellschaft vorhanden sind und die der Pflege und der Förderung durch die Politik bedürfen. Der Politiker muß sie repräsentieren und integrieren. Dies ist seine Integrationsfunktion in der Gesellschaft. Seine Entscheidungen muß er den Wählern gegenüber rechtfertigen, ihre Wahlentscheidung legitimiert sein Handeln. Der Politiker steht ständig unter Legitimationszwang.

Der Politiker kann es sich nicht leisten, nur *ein* Ziel – und sei es auch noch so gut – zu verfolgen, nur *einen* Wert – sei er auch noch so erhaben – zu maximieren. Er muß statt dessen immer verschiedene Werte zugleich optimieren. Der Politiker muß entscheiden: Er verkörpert eine Grundsituation des Menschen, nämlich seine Freiheit und seine Not, entscheiden zu müssen. Die Entscheidungssituation des Politikers ist dabei stets gekennzeichnet durch die Begrenztheit der Zeit und die Unvollständigkeit der notwendigen Information. Er fällt seine Entscheidungen fast immer im Horizont der Unsicherheit. Ihre Auswirkungen sind oft nur schwer abzuschätzen. Trotzdem muß er sie verantworten. Darin liegt möglicherweise Tragik: Der Politiker muß sich an den Konsequenzen (nicht Absichten!) seines Handelns messen lassen, diese Konsequenzen liegen aber nur zum Teil in seiner Gewalt.

Politisches Handeln erfordert, um erfolgreich zu sein, einen bestimmten Stil. Dieser ist gekennzeichnet durch ein funktionales, Zweck-Mittelorientiertes, systematisch-ganzheitliches Denken. Das bedeutet freilich nicht, daß Zwecke etwa dezionistisch gesetzt würden. Im Gegenteil: Gerade politische Zweck- und Zielsetzungen stehen in verschiedener Hinsicht der Kritik offen, nicht zuletzt unter dem Gesichtspunkt ihrer Legitimität: Es ist politisch mehr machbar als ethisch erlaubt. Die Maßnahmen der Politik müssen dennoch funktionieren, greifen und ineinandergreifen, sonst ist das Ergebnis eine schlechte Politik, unter der die Nichtpolitiker am meisten zu leiden haben. In der Politik ist Rationalität Voraussetzung für Humanität.

Intellektuelle dürfen kompromißlos sein

Intellektuelle unterscheiden sich grundsätzlich von Politikern. Dieser Unterschied bezieht sich nicht so sehr auf ihren Status. Die Statussicherheit vieler Intellektueller steht, nebenbei bemerkt, in einem deutlichen Gegensatz zur Unsicherheit jederzeit abwählbarer Politiker. Der Unterschied bezieht sich vielmehr auf Rolle und Funktion der Intellektuellen in der Gesellschaft. Dieser Unterschied läßt sich in einigen Punkten präzisieren: Für Intellektuelle ist es nicht nur legitim, sondern Voraussetzung ihres Erfolges, *eine* Idee, *einen* Gedanken zu verfolgen, einen einzigen Wert, ohne Rücksicht auf andere, zu maximieren. Sie können und müssen absoluter, radikaler denken, reden und schreiben, als dies einem Politiker je erlaubt wäre. Weder in Diagnose noch in Therapie müssen die politischen Aussagen von Intellektuellen umfassend und abgesichert sein. Sie teilen sich mit Politikern in die Aufgabe, soziale und politische Alternativen zu konstruieren, Alternativen, die bei ihnen oft aus einem moralischen Ärger geboren sind, aus der Entrüstung über eine immer unvollkommene Gesellschaft. Es gibt zahllose Gründe, verletzt und entrüstet zu sein über die Ungerechtigkeiten in der Gesellschaft, in der Politik. Gibt es nicht viele moralisch Erregte, die sich dabei von der Antwort auf die Frage nach der möglichen Realisierung dieser Alternativen dispensieren? Das ist die Situation der Intellektuellen, und es gibt gute Gründe dafür. Ich sehe darin auch eine Leistung der Intellektuellen für die Politik: Der politische Frage- und Problemhorizont bleibt offen, er wird nicht vorschnell eingeengt. Intellektuelle aktualisieren auch auf diese Weise ständig die Offenheit und Vielzahl menschlicher und politischer Möglichkeiten. Selbst wenn sie nur kritisieren, tun sie dies. Die Frage, wie die Kritik in eine positive politische Strategie umzusetzen ist, stellt sich dabei dem Intellektuellen nicht. Dies jedoch ist genau die Frage, vor der Politiker bestehen müssen.

Fruchtbare Spannungen

Das Wechselverhältnis zwischen Intellektuellen und Politikern ist auf Spannung angelegt. Diese Spannung fruchtbar zu machen ist sinnvoller, als sie übersehen oder abbauen zu wollen. Die Gesellschaft, die Politik und die Freiheit, sich in Provokationen hilfreich zu sein, würden verarmen.

Intellektuelle vermitteln die Symbole, mit Hilfe derer sich einzelne Gruppen oder die ganze Gesellschaft sozial orientieren und verstehen. Das tun Politiker natürlich auch. Beide befinden sich hier in einer partiellen Konkurrenz. Aber der Unterschied ist deutlich: Intellektuelle strukturieren das Bewußtsein und den Erwartungshorizont der Menschen. Auf die Dauer kann der Politiker nicht gegen, sondern nur innerhalb dieses „Rahmens", dieser politischen Atmosphäre Akzente setzen, Hoffnungen bündeln, Erwartungen wecken. Auf diese Weise erzielen Intellektuelle natürlich auch politische Wirkung, sie üben politischen Einfluß aus in der Gesellschaft.

Intellektuelle schaffen etwas, produzieren etwas, auch wenn sie aus dem üblichen Produktionsprozeß der Gesellschaft herausfallen. Darin steckt ihr Dilemma, der strukturelle Widerspruch ihrer Situation. Sie sind geneigt, die Befriedigung materieller Bedürfnisse abzuwerten – ein Vorwurf an die Politik und auch an die CDU/CSU – und fordern zugleich immer nachdrücklicher eine bessere Befriedigung ihrer eigenen materiellen Bedürfnisse. Auch Intellektuelle, Schriftsteller, Künstler haben – wie andere Gruppen – recht handfeste Interessen, und sie bedienen sich zu ihrer Durchsetzung, wie andere auch, der Politik. Die Güter, welche die Intellektuellen, ökonomisch gesprochen, produzieren und anbieten, sind von besonderer, sensiblerer Art. Sie zeichnen sich in der Regel dadurch aus, daß ihre Qualität nicht ohne weiteres erkennbar, ihr Wert nicht unstreitig meßbar ist. Die Ermittlung ihres Marktwertes unterliegt komplizierteren Gegebenheiten als bei anderen Marktprodukten. Dieses ökonomische Dilemma der Intellektuellen liegt in ihrer Situation und in ihrer Funktion begründet. Hier enthüllt sich in gewisser Weise als Nachteil, was viele als beneidenswerten Vorzug der Intellektuellen bewundern: die Tatsache, daß sie sich nicht in die gängigen sozialen Rollen einzwängen lassen, ja, daß es ihre Rolle geradezu erfordert, ständig an das „Gehäuse der Hörigkeit" zu klopfen, als welches die moderne Gesellschaft von Soziologen bisweilen bezeichnet wird. Politik muß funktionieren. Ein Intellektueller aber, der funktioniert, ist keiner.

Was folgt nun aus dieser idealtypischen und unvollständigen Gegenüberstellung des Politikers und des Intellektuellen? Zweierlei vor allem: Die sozial-strukturell begründeten „Konflikte" zwischen Intellektuellen und Politikern lassen sich nicht durch den guten Willen beider Seiten überwinden. Sie lassen sich nicht auflösen. Man muß sie aushalten und austragen, und zwar möglichst so, daß beide Seiten, Intellektuelle wie Politiker, deren potentielle Fruchtbarkeit erkennen. Ich plädiere also für einen produktiven Konflikt zwischen Politikern und Intellektuellen. Das bedeutet: Politiker und Intellektuelle müssen sich wechselseitig als Instanzen der Kritik erkennen und anerkennen.

Das heißt zunächst, daß Grenzüberschreitungen – nach beiden Seiten – nicht nur geduldet, sondern als normal akzeptiert werden müssen und daß keine Seite eine imperiale Allzuständigkeit beansprucht. Das bedeutet aber auch, daß die Intellektuellen, nachdem sie gerade dem Elfenbeinturm entronnen sind, nicht erst die politische Arena in elysischsozialistische Gefilde umwandeln sollten, bevor sie glauben, sich darin bewegen zu können.

Mit dieser Bemerkung, zu der mich die vielen Gespräche mit Intellektuellen und die allgemeine Beobachtung unserer Szene zwingen, ist erstmals die parteipolitische Präferenz oder Affinität der Intellektuellen angesprochen. Ich verhalte mich zu ihr nicht primär als Parteipolitiker, sondern als einer, der besorgt ist darüber, daß Intellektuelle zu Parteiprotagonisten wurden und es zum Teil noch immer sind. Mir geht es also nicht darum, auch für die CDU Intellektuelle zu haben, sondern mir geht es um die offene Gesellschaft, in der um des Ganzen willen mehr Unbefangenheit, mehr Unvoreingenommenheit einkehren muß.

Argumente statt Verdächtigungen

Deshalb ist vor allem notwendig, daß zwischen beiden Seiten Argumente, nicht Verdächtigungen ausgetauscht werden. Politiker und Intellektuelle sollten wieder miteinander sprechen: direkt und offen, anstatt von ferne das Unbehagen aneinander zu artikulieren. Das gilt für meine Partei in ihrem Binnenverständnis wie auch für die Intellektuellen im Verhältnis zur CDU. Wir müssen endlich den Teufelskreis wechselseitiger Verdächtigungen durchbrechen.

Ich plädiere also für ein neues und offenes Verhältnis zwischen Politikern und Intellektuellen. Bei den Politikern setzt das die gelebte Einsicht voraus, daß Kritik das Lebenselement der Demokratie ist. Das gilt auch für die Kritik von Intellektuellen, auch wenn diese sich qualitativ von der anderer Gruppen und Verbände unterscheidet. Intellektuelle äußern sich nämlich in der Regel auch dann, wenn nicht ihre unmittelbaren Interessen auf dem Spiel stehen, und ihre Kritik und Vorschläge sind nicht konkret-spezifisch, sondern oft allgemein und gelegentlich diffus. Genau dies macht man den Intellektuellen – nicht nur, aber auch in der CDU – oft zum Vorwurf. Die Gegenrede von politischer Seite ist bekannt: „Die wissen ja gar nicht, wovon sie reden, und außerdem geht sie das alles gar nichts an…" Ich halte den Vorwurf, jedenfalls in dieser Allgemeinheit, für unberechtigt. Besser erscheint es mir, in dem Verhalten der Intellektuellen eine Chance für die Politik und die Gesellschaft zu sehen: Ihre Kritik kann gerade jene Bedürfnisse und Interessen in der Gesellschaft artikulieren, die nicht in Gruppen oder Verbänden organisierbar sind. Bei ihnen finden gerade Minderheiten einen Fürsprecher, denen in der Lobby kein Stuhl freigehalten wurde. Auch unter diesem Aspekt wäre es bedauerlich, wenn die Intellektuellen sich zu einem gewöhnlichen Interessenverband zurückentwickeln würden.

Das neue Verhältnis zwischen Politikern und Intellektuellen bedeutet aber auch: Intellektuelle müssen sich daran gewöhnen, daß sie selbst nicht außerhalb der Kritik stehen. Dies gilt um so mehr, je mehr sie sich in die politische Arena begeben, um dort Partei zu ergreifen. Sie müssen zwar nicht selbst ihre Aussagen auf deren Realisierbarkeit prüfen, aber sie müssen sich mehr als nur damit abfinden, daß dies andere, Politiker und Wissenschaftler vor allem, tun. Auch Intellektuelle verwalten prinzipiell keine höhere politische Wahrheit. Selbst die Tatsache, daß ein Intellektueller auf einem Gebiet Hervorragendes geleistet hat, gibt ihm noch keinen Autoritätsvorsprung gegenüber dem Nichtintellektuellen auf anderen Gebieten, etwa auf dem Gebiet der Politik. Dieses Schicksal teilen sie mit den Professoren und anderen elitären Gruppen – so wie dies umgekehrt für Politiker gilt, die ihre Fähigkeit und Autorität dazu mißbrauchen wollten, auf ihnen fremden Gebieten zu dilettieren. Hier ist eine Grundfrage des Intellektuellen in einer demokratischen Gesellschaft angesprochen.

Intellektuelle öffnen den Fächer menschlicher, gesellschaftlicher und politischer Alternativen. Politik treiben bedeutet aber notwendig, eine Auswahl unter diesen Alternativen zu treffen. Im politischen Prozeß sind die Intellektuellen allen anderen Bürgern gleichgestellt. Anderenfalls würden sie sich nur als eine neue privilegierte Klasse etablieren, welche andere unter Hinweis auf deren Inkompetenz oder deren „falsches" Bewußtsein ausschaltet. Den Vorwurf vermeintlicher Inkompetenz können Intellektuelle schließlich durch eine Sprache erhöhen, welche Unverständlichkeit als Tiefsinn ausgibt. Dies scheint mir jedoch mehr eine vorübergehende Spielart der Ehe zwischen Wissenschaft, Ideologie und elitärer Abkapselung zu sein als ein konstitutives Signum intellektueller Existenz. Im übrigen trifft diese Bemerkung nur auf einen Teil – allerdings wortreichen Teil – jener Gruppe zu. Nur über das Medium einer klaren, verständlichen Sprache können Intellektuelle ihre Funktion in einer Demokratie erfüllen.

Keine Scheinlösungen: Produktiver Konflikt

Ich plädiere also für einen produktiven Konflikt zwischen beiden Seiten. Konflikte auszuhalten ist nicht jedermanns Sache. „Vor allem der deutsche Mensch will Eintracht" – so hat man zu Recht diesen Mißstand umschrieben. Er trifft für Politiker wie für Intellektuelle zu. Mein Plädoyer für den produktiven Konflikt möchte ich als die Antwort auf die gefährlichen Scheinlösungen der Gegenwart verstanden wissen. Eine Scheinlösung war es, den Konflikt durch Abgrenzung aus der Welt zu schaffen. (Damit hat sich die CDU zu befassen.) Eine Scheinlösung ist es, den Konflikt durch Harmonisierung aus der Welt zu bringen. (Damit haben sich SPD und Intellektuelle zu befassen.) Beide Scheinlösungen, die Abgrenzung und die Harmonisierung, halte ich für falsch.

Die CDU griff bis vor kurzem überwiegend, vor allem während ihrer Regierungszeit, zum ersten Rezept. Sie „löste" den Konflikt durch eine „Abgrenzung", indem sie die Intellektuellen kaum zur Kenntnis nahm und ihren eigenen Pragmatismus zu einer höheren politischen Tugend stilisierte. Skepsis, Mißtrauen und Mißverständnisse konnten nicht ausbleiben. Die CDU unterbrach die Kommunikation zu den Intellektuellen und damit auch, indirekt, aber häufig, die Kommunikation mit der Gesellschaft. Intellektuelle sind nämlich in mancherlei Hinsicht die Avantgarde der Gesellschaft. Was sie heute an neuen Ideen artikulieren, kann morgen das Verhalten der Menschen prägen und entscheidet übermorgen möglicherweise Wahlen.

Die SPD versucht die Spannung zwischen Politik und Intellektuellen durch eine Harmonisierung des Verhältnisses aufzulösen. Sie identifizierte sich mit zentralen Forderungen der Intellektuellen, diese unterstützten die Politik der SPD. Am Ende standen dann politisierende Intellektuelle und Politiker in einer Reihe, wobei letztere in der theoretischen und praktischen Unterstützung durch die Intellektuellen gleichsam eine höhere Bestätigung ihrer Politik erblickten. Zur Erzielung höherer Attraktivität dieses bedenklichen Vorganges nannte man die auffälligsten Engagements dieser Art „Wählerinitiativen".

Als Symbol dieser neuen Versöhnung zwischen Intellektuellen und Politik, zwischen Geist und Macht erschien vielen Willy Brandt. Mit seiner Regierung sollte ein alter Traum in Erfüllung gehen: die Sehnsucht nach Harmonie, Eintracht und Synthese zwischen Geist und Macht, zwischen Politikern und Intellektuellen. Diese erneute, durch die SPD vermeintlich geleistete Synthese befreit den Politiker von dem Odium der Macht, und sie erlöst den Intellektuellen von den Widersprüchen in der Politik. Das gebrochene Verhältnis zwischen beiden scheint beendet, der Intellektuelle mit der Politik versöhnt. Beide wähnen sich in einer höheren Einheit aufgehoben. Wir begegnen einer neuen Ausgabe des romantischen Intellektuellen, der in der deutschen Geschichte Tradition hat.

Der Preis für diese Scheinharmonisierung des Verhältnisses zwischen Politikern und Intellektuellen ist gefährlich hoch. Er besteht zunächst einmal in einer Korrumpierung der Politik. Diese begreift sich nun nicht mehr als institutionell abgesichertes Verfahren der Konfliktlösung und

Zielverwirklichung, welches sich in einem der Kritik offenen politischen Wettbewerb vollzieht; Politik degeneriert in einen Vollzug vorgegebener politischer Wahrheiten; eine Partei begreift sich als Inkarnation des Fortschritts, dem jeder Einsichtige und Gutwillige zustimmen müsse. Die freiheitliche Demokratie pervertiert in eine Gesinnungs- und Stimmungsdemokratie, in der sich alle ihre guten Absichten bescheinigen und niemand mehr nach den tatsächlichen Konsequenzen einer Politik fragt: Die bloße Frage schon wird wirksam tabuisiert.

Diese Harmonisierung stumpft schließlich die Kritik der Intellektuellen ab, mehr noch: Sie macht sie funktionslos. Intellektuelle sollen (und wollen) sich mit einer Partei, einer Politik identifizieren, sie liefern die Rechtfertigung; sie manipulieren, falls die Politik erfolglos bleibt, die symbolische Dimension der politischen Wirklichkeit: Symbole als Ersatz für Politik. Die Rechnung mag bei Wahlen für einige Zeit aufgehen: Denn nicht die veränderte, bessere Wirklichkeit, sondern deren Wahrnehmung ist es oft, welche das Verhalten, auch das Wahlverhalten, beeinflußt. Damit freilich wäre der Intellektuelle am Ende: Seine Wandlung zum Ideologen und Apologeten ist vollständig. Wer aber freiwillig und ohne Not den Platz der Kritik räumt und sich dennoch als Intellektueller in Szene setzt, bietet einen bedauerlichen Anblick. Im besten Falle langweilt er. Gibt es etwa deshalb keine politischen Kabaretts mehr? Sehen sich deshalb jene beiden Journalisten, die sich im Fernsehen gegenseitig bescheiden als Deutschlands führende Intellektuelle bezeichnet haben – Rudolf Augstein und Günter Gaus –, der Frage nach ihrer Glaubwürdigkeit ausgesetzt? Ich glaube: Genau dies ist der eigentliche Grund.

Ich plädiere für ein neues, besseres Verhältnis der CDU zu den Intellektuellen und für einen produktiven Konflikt zwischen Intellektuellen und Politik. Dabei ist mir bewußt: Es gibt kein Patentrezept in dieser Frage. Politiker und Intellektuelle müssen das mühsame „Geschäft", sich gegenseitig auszuhalten, auf Dauer anlegen. Es gibt weder für die eine noch für die andere Gruppe eine Möglichkeit, sich davonzustehlen. Das neue Spannungsverhältnis, um das es mir geht, wird sich sowohl unterscheiden von dem früheren Verhalten der CDU als auch von dem jetzigen der SPD. Es wird ein Verhältnis wechselseitiger Kritik sein müssen. Politische Ziele und Werte zu analysieren und zu kritisieren, Alternativen aufzuzeigen – dies ist, völlig legitim, Recht und Aufgabe der Intellektuellen. Politiker aber müssen entscheiden, und sie müssen ihre Entscheidung nicht nur und nicht in erster Linie vor den Intellektuellen rechtfertigen, sondern darüber hinaus vor allen Bürgern. In einer Demokratie haben Intellektuelle keinen Legitimitätsvorsprung vor Nichtintellektuellen, aber sie haben eine avantgardistische Funktion in der kritischen Distanz zur Macht. Diese Funktion ist aufgekündigt, wenn dem seit Jahren bestehenden neuen Establishment in der Politik die kritische Distanz versagt bleibt.

Ob das von mir angesprochene neue Verhältnis bald Wirklichkeit wird, hängt nicht allein von der CDU, es hängt auch von den Intellektuellen ab. Wir in der CDU werden uns jedenfalls darum bemühen. Der Union, die ihren eigenen Irrweg hinter sich hat, steht es nicht zu, hier zu Gericht zu sitzen. Ihre nicht aufkündbare Rolle in der Politik jedoch legt ihr die Verpflichtung auf, selbstkritisch und kritisch auf Entwicklungen aufmerksam zu machen, die für eine offene Gesellschaft und für den Ausbau der Freiheit gefährlich werden können. Das Verhältnis der CDU zu den Intellektuellen wird auch in Zukunft nicht problemlos sein können. Aber es kann sich, zum Vorteil beider Seiten, normalisieren, wenn die CDU ihre politischen Ziele theoretisch und überzeugend zu begründen versteht und die Intellektuellen das Geschäft der Kritik nicht von der aktuellen politischen Konjunktur abhängig machen. Diese beiden Voraussetzungen, die zu Beginn des Jahres 1973, als dieser Beitrag zum ersten Male veröffentlicht wurde, noch Hoffnung und Verpflichtung waren – jedenfalls für die CDU –, haben sich inzwischen, gegen Ende des Jahres 1974, weitgehend erfüllt. Die politische und intellektuelle Atmosphäre in unserem Lande hat sich gründlich verändert. Der Wechsel von Willy Brandt zu Helmut Schmidt war mehr als nur ein Kanzlerwechsel, er signalisierte die Wende von einer utopisch-realitätsblinden „Reformpolitik" zu der ziel- und zukunftsblinden theorielosen Pragmatik eines Bundeskanzlers, der der theoretischen Herausforderung aus seiner eigenen Partei nicht mit theoretischen Argumenten, sondern durch den Hinweis auf die „Krise des eigenen Gehirns" bei Teilen seiner eigenen Partei begegnet und so durch ein autoritäres Machtwort die theoretische Auseinandersetzung in den parteipolitischen Untergrund verbannt. Die SPD besteht gegenwärtig aus zwei Parteien; die eine verfügt über eine – zur Lösung der künftigen Probleme allerdings untaugliche – Theorie, während die andere im Grunde theoretisch sprachlos und somit weder zu einer innerparteilichen Auseinandersetzung noch zu einer wertbestimmten, ziel- und zukunftsorientierten Politik in der Lage ist. Viele Intellektuelle haben dies erkannt und – kritisch und selbstkritisch – ihre einseitigen Bindungen an die SPD gelockert oder gelöst.

Zur gleichen Zeit ist es der CDU gelungen, ihre politischen Ziele neu zu formulieren, die Prinzipien ihres Handelns überzeugender zu begründen, die theoretischen Grundlagen ihrer Politik deutlich sichtbar zu machen. Heute ist die Chancengleichheit der politischen Parteien in ihrem Verhältnis zu den Intellektuellen wiederhergestellt. Die politische Sprache und deren zentrale Begriffe sind nicht mehr von *einer* politischen Richtung besetzt in einer Weise, die die politische Auseinandersetzung zum Austausch von Symbolen und Schlagworten verkürzte und eine Diskussion über politische Inhalte de facto ausschloß. Jetzt kann der politische Wettbewerb sich wieder auf die Inhalte und Ziele der Politik beziehen – und es wird sich erweisen, wer in dieser Auseinandersetzung über die besseren Argumente verfügt.

Die CDU wird auch in Zukunft das Gespräch – auch die Kritik! – mit den Intellektuellen suchen. Nur gemeinsam, aber ohne falsche Harmonie, sondern in einem produktiven Konflikt werden beide, CDU und Intellektuelle, beitragen zur Realisierung einer realen Utopie: nämlich einer kritischen, offenen Herrschaft, einer aktiven Demokratie in der Bundesrepublik Deutschland.

Sonde, Bonn, 8 Heft 1 (1975)

Partnerschaft und Solidarität

Rede auf dem Entwicklungspolitischen Kongreß der CDU in Bonn
am 4. September 1975

*Der Erneuerungskurs der CDU, der sich mit der Wahl Helmut Kohls zum
Parteivorsitzenden durchsetzte, führte Mitte der siebziger Jahre unter anderem
zu einer Reihe von Fachkongressen, die zur Fundierung der grundsatzpro-
grammatischen christlich-demokratischen Aussagen gedacht waren. Die folgende Rede zeigt am Beispiel der Entwicklungspolitik den Übergang vom
Entwicklungshilfedenken der sechziger Jahre zur ordnungspolitischen Konzeption von Entwicklung, die Teil einer globalen Gesellschaftspolitik sein soll.*

Der Entwicklungspolitische Kongreß der Christlich-Demokratischen
Union Deutschlands ist ein wichtiges Glied in der Kette von Fachkongressen, die die Partei seit über zwei Jahren durchführt. Dieser Kongreß
dient der Willensbildung und der eigenen Standortbestimmung über
Situation und Auftrag der Entwicklungspolitik.

Wir brauchen dazu Ihren Rat, Ihre Kritik. Wir tagen nicht in Klausur,
sondern öffentlich. Wir erwarten, daß wir durch Ihre Mitwirkung, durch
die möglichst große Vielfalt von Meinungen den bestmöglichen Weg in
der Entwicklungspolitik finden. Wir wissen, daß die Lösungen, wenn sie
wirksam und dauerhaft sein sollen, nicht länger im nationalen Rahmen
allein gesucht und gefunden werden können.

Die Entwicklungspolitik hat in den vergangenen zwei Jahrzehnten
manches leisten können. Viele Hoffnungen haben sich aber nicht erfüllt.
Der Abstand zwischen den Industrie- und Entwicklungsländern hat
nicht ab-, sondern zugenommen. In den ärmsten Entwicklungsländern
stagniert die Entwicklung. Hunger und Elend fordern noch immer ihr
millionenfaches Opfer. Täglich sterben 30 000 Kinder. Wir haben deshalb heute in der internationalen Politik nicht mehr Stabilität, sondern
weniger. Niemand kann von dieser Entwicklung überrascht sein.

Während wir uns noch immer bemühen, weltweit wie regional die Konfliktpotentiale zwischen Ost und West abzubauen, sehen wir uns zu gleicher Zeit mit wachsenden Spannungen – zwischen den reichen Industrienationen und den sich entwickelnden Ländern, zwischen den rohstoffbesitzenden und den rohstoffarmen Ländern – konfrontiert. Gleichzeitig nimmt die Zahl der Staaten mit freiheitlicher Gesellschaftsordnung ab. Die autoritären Regime nehmen zu. Diese innerstaatlichen Entwicklungen erleichtern nicht die Zusammenarbeit, sondern führen immer häufiger zur Verschärfung von Spannungen. Diese äußere Bedrohung trifft auf europäische Staaten und Gesellschaften, die selbst vor zunehmenden sozialen und Verteilungskämpfen stehen und die nach innen immer schwieriger regierbar werden.

In dieser Lage ist es an der Zeit, die Entwicklungspolitik neu zu durchdenken. Zu keiner Zeit war es deutlicher als heute, daß Entwicklungspolitik mehr sein muß als Entwicklungshilfe. Und zu keiner Zeit waren Entwicklungspolitik und Entwicklungshilfe so notwendig wie heute, weil es nicht länger nur um das Schicksal der sich entwickelnden Länder geht, nicht nur um die Verbesserung und Stabilisierung der internationalen Beziehungen.

Wenn heute die Forderungen der Entwicklungsländer an Radikalität zugenommen haben, dann ist dies auch eine Folge der Nichteinhaltung gegebener Versprechen über die Höhe der Entwicklungshilfe. Ich will hier ganz klar dazu sagen: Auch bei einem Defizit der öffentlichen Haushalte in der Größenordnung, wie wir es heute erfahren haben, sind Einsparungen kein Selbstzweck. Einsparungen können nur dort sinnvoll erfolgen, wo sie sich an politischen Zielen, an eindeutigen Prioritäten der Regierung orientieren. Und wenn etwas politische Priorität besitzt, dann müssen eben die Mittel an einer anderen Stelle um so stärker gekürzt werden. Wir wollen keine Verwaltung des Mangels. Was heute gefordert ist, sind Klugheit, Wagemut und Phantasie, um auch in einer solchen Situation der knappen Mittel Politik zu gestalten, Ziele zu setzen. Wir können uns weder gesellschaftspolitische noch außenpolitische Stagnation leisten.

Die Frage nach dem Stellenwert der Entwicklungspolitik wird deshalb von der CDU eindeutig beantwortet. Im Rahmen unserer politischen Prioritäten nimmt die Entwicklungspolitik einen hochrangigen Platz ein, weil sie dazu beitragen soll, Entwicklungshindernisse und Spannungsursachen in den Gesellschaften der Entwicklungsländer zu vermindern, weil sie bestehende einseitige Abhängigkeiten zwischen den Staaten abbauen soll, weil sie Wege und Mittel aufzeigen muß, um ein friedliches Zusammenleben der Menschen und Völker zu ermöglichen und weil sie damit unseren außenpolitischen Handlungsspielraum und damit unsere Zukunft sichern hilft.

Angesichts dieser Zielsetzungen und der weltweiten Entwicklungen kann Entwicklungspolitik immer weniger als ein von der Außenpolitik losgelöster Bereich angesehen werden, mit dem sich nur in der Zeit voller Kassen beschäftigt wird. Entwicklungspolitik ist vielmehr Teil der Außenpolitik und zwar auch in der Zeit des finanziellen Mangels. Außenpolitik erschöpft sich nicht in diplomatischen Außenbeziehungen von Staaten, deren innere Verhältnisse für andere Länder wie für den Frieden bedeutungslos sind. Internationale Politik wandelt sich mehr und mehr zu globaler Gesellschaftspolitik. Die Prinzipien der persönlichen Freiheit und der sozialen Gerechtigkeit, nach denen wir im eigenen Lande unsere Politik gestalten, können nicht isoliert in den eigenen vier Wänden verwirklicht werden. Die Gültigkeit unserer Prinzipien ist nicht durch unsere staatlichen Grenzen begrenzt. Unsere Aufgabe besteht darin, unsere Außen- und Entwicklungspolitik nach jenen Werten auszurichten, die auch im Innern unser Handeln bestimmen. Friede, Entspannung und Fortschritt bleiben leere Formeln, wenn sie nicht durch die Werte Freiheit, Gerechtigkeit und Solidarität qualifiziert sind. Wir müssen unseren eigenen Wohlstand durch entsprechende Leistungen zur friedlichen und sozialen Entwicklung der Menschheit rechtfertigen.

Die Außenpolitik freiheitlicher politischer Ordnungen hat somit nicht nur den Auftrag, die eigene, an den Grundwerten und Menschenrechten orientierte politische Ordnung zu erhalten, sondern sich für die Verbreitung dieser Ordnung in der Welt einzusetzen und in Partnerschaft zu verwirklichen. Unsere eigene Freiheit ist auf Dauer gefährdet, wenn die Mehrheit der Menschen in Unfreiheit lebt.

Dies ist kein Aufruf zu einem Kreuzzug. Es geht hier vielmehr um die langfristige Perspektive unserer Politik.

Weil wir davon überzeugt sind, daß die Selbstverwirklichung des Menschen nur in Freiheit möglich ist, können wir nicht akzeptieren, daß der größere Teil der Menschheit zu einem Leben in Unfreiheit verurteilt sein soll. Freiheit in diesem Zusammenhang heißt, daß die Menschen in den Staaten Afrikas, Asiens und Lateinamerikas die Chance erhalten müssen, frei von Armut, Furcht und Zwang, frei von sozialer Ausbeutung und politischer Unterdrückung über ihr Leben und ihre Gesellschaftsordnung entscheiden zu können. Gerade in einer an der christlichen Ethik orientierten Partei wie der CDU muß darüber Klarheit bestehen. Hilfe zur Überwindung materieller Not muß langfristig die Grundlage für die Verwirklichung menschenwürdiger, freiheitlicher Ordnungen schaffen. Dies muß für uns wieder der unverzichtbare normative Bezugsrahmen unserer Außen- und Entwicklungspolitik werden. Darin gründet unsere entschiedene Ablehnung jeder Form von Kolonialismus, Rassismus und Hegemoniestreben.

Zwang mag Wachstum schaffen, aber nur Freiheit schafft Entwicklung. Freiheit ist kein Luxusartikel westlichen Wohlstands. Auch in Europa mußten die Prinzipien und Strukturen unserer freiheitlichen Ordnungen im Rahmen ökonomischer Armut und sozialer Unrechtsverhältnisse erkämpft werden. Manches von damals ist durchaus mit der Situation in den Entwicklungsländern von heute vergleichbar.

Das Scheitern von jahrelangen Bemühungen beim Aufbau freiheitlicher Ordnungen in der Dritten Welt ist kein Grund zur Resignation. Die Zunahme autoritärer Regime muß vielmehr unser eigenes Bewußtsein dafür schärfen, daß wir eine ethisch-politische Mitverantwortung für die Verwirklichung der Menschenrechte und damit der Freiheit in den sich entwickelnden Ländern tragen. Eine an diesem langfristigen Ziel orientierte Entwicklungspolitik wird aber letztlich auch davon abhängen, über welche Ausstrahlungskraft die westlichen Demokratien selbst verfügen, wie es um ihr eigenes freiheitlich-demokratisches Selbstbewußtsein steht.

Das politische Denken vieler Länder der Dritten Welt orientiert sich häufig immer noch an der geistigen und politischen Entwicklung der großen Industriestaaten. Die wachsende Verunsicherung unserer eigenen Bürger über die Grundprinzipien unserer freiheitlich-demokratischen Ordnung strahlt daher auch auf die Dritte Welt aus; dies um so mehr, als die Entwicklungsländer dabei gleichzeitig mit einer weltweiten, von Selbstzweifeln ungetrübten Offensive der kommunistischen Ideologie konfrontiert werden. Deshalb ist gerade auch die gesellschaftliche Entwicklung in den westlichen Staaten von zentraler Bedeutung für das Schicksal der Freiheit in der Dritten Welt. Hier stellt sich der Zusammenhang von Innen- und Außenpolitik in neuer und radikaler Weise.

Wir werden deshalb unseren Beitrag zur Friedenssicherung, zur Gestaltung einer neuen Weltordnung und damit zur Lösung der Probleme in der Welt nur leisten können, wenn wir durch unsere Innenpolitik den inneren Frieden sichern, Wirtschaft und Gesellschaft leistungsfähig erhalten und noch leistungsfähiger machen und Freiheit und soziale

Gerechtigkeit verwirklichen. Wenn wir Entwicklungspolitik so verstehen, bedeutet das die Abkehr von jedem Versuch, Entwicklungspolitik gewissermaßen politisch zu neutralisieren und uns unter Berufung auf das alleinige Kriterium der Bedürftigkeit des Empfängerlandes unserer politischen Verantwortung zu entziehen.

Genauso entschieden lehnen wir auch jede selektive Moral in der Entwicklungspolitik ab, wie sie heute von Teilen der Bundesregierung und der SPD noch immer angewandt wird.

Ich erinnere an die Kampagnen der SPD gegen das Caborra-Bassa-Projekt gegen die Beteiligung deutscher Firmen. Was seinerzeit unter der portugiesischen Kolonialherrschaft als Projekt der Ausbeutung und Unterdrückung diffamiert wurde, wird heute von der Frelimo selbst als notwendiges Instrument zur Entwicklung des Landes bezeichnet.

Freiheit, Gerechtigkeit und Solidarität sind unteilbare Grundwerte unserer politischen Überzeugung. Sie sind zugleich gültige und unverzichtbare Kriterien unserer Entwicklungspolitik. Wir sind uns im klaren darüber, daß dabei Kompromisse zwischen kurz- und mittelfristigen nationalen Interessen und dem Friedensgebot einerseits und der langfristigen Perspektive der Verwirklichung von Freiheit und sozialer Gerechtigkeit andererseits unvermeidbar sind. Auch die langfristigen Konsequenzen vieler entwicklungspolitischer Vorhaben sind nicht immer in ausreichendem Maße abzuschätzen. Aber nur die Ausrichtung unserer entwicklungspolitischen Maßnahmen an den Grundwerten unserer Politik gibt uns die Möglichkeit, Prioritäten zu setzen und unsere Hilfe dorthin zu lenken, wo die besten Chancen ihrer Verwirklichung bestehen.

In diesem Zusammenhang sagt die CDU ein klares Ja zu den privaten Trägern von Entwicklungshilfe. Gerade in einer freien pluralistischen Gesellschaft kann die Entwicklungshilfe nicht nur die Aufgabe staatlicher Stellen sein. Partnerschaft und Solidarität zwischen den Völkern werden glaubwürdiger und damit tragfähiger, wenn sie nicht allein von Regierungen getragen werden. Privaten Trägern gelingt es, gezielter und unmittelbarer wichtige Bevölkerungsschichten zu erreichen. Private Träger haben besondere Kenntnisse der lokalen Situation und der dort vorhandenen Bedürfnisse. Sie können häufig schneller und effektiver handeln und vor allem mehr produktive Phantasie entfalten. Die gerechte und aktive Beteiligung *aller* Bevölkerungsschichten am wirtschaftlichen und sozialen Fortschritt ist die wesentliche Voraussetzung für ein freiheitliches politisches System. Freiheit bleibt ohne Sinn, solange sie nicht mit sozialer Gerechtigkeit verbunden ist.

Soziale Gerechtigkeit in den Entwicklungsländern bedeutet aber nicht nur eine gerechtere Einkommensverteilung. Hinzu kommen muß der Abbau der fundamentalen Ungleichgewichte zwischen den Industrie- und Entwicklungsländern. Auch das ist ein Teil sozialer Gerechtigkeit. Mehr soziale Gerechtigkeit innerhalb der Entwicklungsgesellschaften wie zwischen der internationalen Staatenwelt setzt realen wirtschaftlichen Fortschritt voraus. Grundlage dafür bleibt eine freie Weltwirtschaft und eine funktionierende internationale Arbeitsteilung. Beides ist heute ernster denn je in Frage gestellt.

Entwicklungspolitik ist deshalb unlösbar mit der Frage nach der Weltwirtschaftsordnung von morgen verbunden. Die Ölkrise hat die weltpolitische Lage verändert. Das wird in der Bundesrepublik zu wenig erkannt. Gespürt haben wir vor allem die unmittelbaren Folgen: die zeitweilige Knappheit, die zu Sonntagsfahrverboten und Geschwindigkeitsbeschränkungen führte, sowie die Verteuerung des Benzins. Die wirklich bedeutenden Veränderungen der Ölkrise liegen auf anderer Ebene. Die Verteuerung des Rohöls zwang zur Suche nach neuen Energiequellen. So wurde vor allem die Nutzung der Kernenergie vorangetrieben. Dies gilt nicht nur für die hochentwickelten Industrieländer, die die Kernenergie bereits für die Elektrizitätsgewinnung nutzen, sondern in zunehmendem Maße auch für die Entwicklungsländer. In wenigen Jahren werden viele Entwicklungsländer in der Lage sein, eigene Atomwaffen herzustellen. Eine weitere Wirkung der erfolgreichen Politik des Ölkartells ist der einheitliche Wille aller Entwicklungsländer, dieses Beispiel nachzuahmen. In den Vereinten Nationen gibt es eine überwältigende Mehrheit für eine neue Weltwirtschaftsordnung, deren Kernpunkt die internationalen Rohstoff-Kartelle sind.

Es gibt eigentlich nur zwei Staaten, die zur Verteidigung einer freien Weltwirtschaft bereit sind: die USA und die Bundesrepublik. Aber auch in der deutschen Sozialdemokratie gibt es Befürworter der Kartell-Lösung. Willy Brandt bekundete in Mexiko Sympathien für die neue Weltwirtschaftsordnung. Auch der Entwicklungsminister verhält sich solchen Ideen gegenüber nicht grundsätzlich ablehnend. Wir müssen anerkennen, daß das bisherige System des freien Welthandels Mängel aufweist. Der Handel zwischen Industrieländern und Entwicklungsländern ist im wesentlichen komplementär, das heißt, es werden Rohstoffe gegen Industriewaren getauscht. Es stellt sich die Frage, warum die Struktur des Warenaustauschs noch immer dem des Kolonialzeitalters entspricht. Dafür mag es viele Gründe geben, aber ein Grund ist sicherlich, daß die Industrieländer ihre Handelsbarrieren gegenüber rohstoff- und arbeitsintensiven Industriewaren aufrechterhalten haben. Wenn wir unsere Märkte nicht für jene Waren öffnen, die in den Entwicklungsländern wegen niedriger Lohnkosten oder wegen eines hohen Rohstoffanteils billiger produziert werden können, dann werden die Einbahnstraßen des Welthandels bestehen bleiben.

Die Entwicklungsländer brauchen unsere Märkte für einfache Industriewaren, sonst ist für sie ein System der internationalen Arbeitsteilung uninteressant. Wenn wir unsere Tore nicht öffnen, dann arbeiten wir den Befürwortern der Kartellpolitik in die Hände. Die von den Entwicklungsländern geforderten Rohstoff-Kartelle sollen vor allem die Rohstoffpreise anheben. Damit kommt es weltweit allenfalls zu einer Umverteilung von Einkommen und das nur unter der Voraussetzung, daß die Kartelle wirksam organisiert werden können. Wachstumsimpulse für die Weltwirtschaft können von der Kartell-Lösung nicht erwartet werden. Wahrscheinlich würde der Kuchen, der international verteilt werden kann, sogar noch kleiner. Die Verteuerung der Rohstoffpreise zugunsten des Kartells der rohstoffproduzierenden Länder ginge im übrigen vor allem zu Lasten der armen und ärmsten Entwicklungsländer, die nicht über eigene Rohstoffe verfügen.

Neue Rohstoff-Kartelle lassen sich vielleicht in einem neuen Welt-Boom organisieren, aber nur unter Beteiligung von Industrieländern. Die Wahrscheinlichkeit, daß einige Industrieländer versuchen könnten, die Kartellpolitik aktiv zu fördern, ist gering, aber nicht auszuschließen.

Rohstoff-Abkommen mit hohen garantierten Preisen stünden vor den gleichen Problemen wie der Europäische Agrarmarkt: Überschußproduktion und ein finanzielles Faß ohne Boden. Die Bundesregierung sollte daher nicht mit Marktordnungen für alle Rohstoffe liebäugeln. Der europäische Agrarmarkt ist für uns bereits teuer genug. Die Nachteile der Kartell-Lösung für die Entwicklungspolitik sind offensichtlich, insbesondere wenn man noch die Zusatzforderungen der Entwicklungsländer berücksichtigt: Preisindizierung, Enteignung ausländischer Firmen und damit Direktkontrolle der Auslandsinvestitionen, Substitutionsverbot für natürliche Rohstoffe. Alle drei Nebenforderungen der neuen Weltwirtschaftsordnung werden sich in hohem Maße als wachstumshemmend erweisen.

Der Kartell-Lösung müssen wir das Konzept der internationalen Arbeitsteilung als bessere Alternative gegenüberstellen. In der Tokio-Runde zur Liberalisierung des Welthandels haben wir die Möglichkeit, den Entwicklungsländern entgegenzukommen. Es muß jetzt Ernst damit gemacht werden, Importrestriktionen für jene Industriewaren abzubauen, die die Entwicklungsländer auf unseren Märken anbieten können. Dies hat Konsequenzen für einige unserer Industriebranchen. Es ist jedoch nicht so, daß ganze Branchen gefährdet würden, wie etwa die Textilindustrie, die Schuhindustrie oder die Spielwarenindustrie. Diese Branchen müßten sich vielmehr auf die Güter des gehobenen Bedarfs spezialisieren. Die skandinavische Möbel-, Glas- und Textilindustrie hat diesen Weg bereits erfolgreich beschritten.

Wir haben große Strukturwandlungen nach dem Zweiten Weltkrieg gut verkraftet. Die Teilung Deutschlands hat alte Lieferbeziehungen zerschnitten, der EG-Vertrag hat die Standortbedingungen verändert, aber beide Faktoren haben nicht zum Untergang ganzer Industriezweige geführt. Das wird auch nicht geschehen, wenn wir den Entwicklungsländern unsere Märkte öffnen. Ich bin mir bewußt, daß bestimmte Industrieverbände, Gewerkschaften und Kommunalpolitiker sich in einer Koalition zusammenfinden werden, um alte Strukturen und Privilegien zu verteidigen. Das nationale Interesse verlangt aber von uns, daß wir die Entwicklungsländer nicht diskriminieren. Als rohstoffarmes Industrieland können wir uns keine Konfrontation in der Weltwirtschaft leisten. Es gibt keine bessere Alternative als die Kooperation mit den Entwicklungsländern, als die internationale Arbeitsteilung, die eine Öffnung unserer Märkte voraussetzt.

Mehr denn je wird es für uns wichtig, ein Land der Innovationen zu sein. Wir müssen neue Produkte und neue Produktionsverfahren entwickeln, mit denen wir uns auf den Weltmärkten durchsetzen können. Diesem Ziel sollte auch unsere Forschungspolitik gewidmet sein. Es ist Geldverschwendung, Projekte der Imitation wie etwa in der Flugzeugindustrie zu fördern. Wir müssen Forschungsprojekte unterstützen, mit denen wir neue Türen aufstoßen, neue Märkte erschließen.

Die freie Marktwirtschaft der Bundesrepublik Deutschland wurde von der CDU unter den Bundeskanzlern Adenauer, Erhard und Kiesinger als freie und soziale Marktwirtschaft konzipiert *und* aufgebaut. Ich erwähne dies, um den Stellenwert zu präzisieren, den die Entwicklungshilfe innerhalb der von uns angestrebten wirklich freien Weltwirtschaft hat. Entwicklungshilfe bedeutet für uns nichts anderes, als daß das Formprinzip der Sozialen Marktwirtschaft, die Solidarität mit den Schwachen, auch in den internationalen Wirtschaftsbeziehungen Anwendung finden soll. Viele arme Staaten können wegen ihrer wirtschaftlichen Schwäche von den Vorteilen eines freien Weltmarktes noch nicht profitieren. Notwendig sind deshalb gezielte Hilfen für den wirtschaftlichen Aufbau und der Abbau der Handelsschranken. Beides würde die Startchancen der Entwicklungsländer auf dem internationalen Markt erheblich verbessern.

Wir sollten dabei so ehrlich sein, uns der schwierigen Probleme und der Langfristigkeit dieser Aufgabe bewußt zu sein, mit denen wir hier zu tun haben: Volle Chancengleichheit auf dem Weltmarkt kann erst mit dem Abbau des Wirtschaftsgefälles zwischen Nord und Süd verwirklicht werden. Jedes Entwicklungsland muß seinen eigenen Weg gehen. Der Antrieb zur wirtschaftlichen Entwicklung muß vom jeweiligen Land ausgehen. Hier können wir uns nicht einmischen. Wo aber die Bereitschaft zur Entwicklung vorhanden ist, dort müssen wir helfen. Unsere Rolle in der Entwicklungspolitik darf nicht überschätzt werden. Unsere Möglichkeiten sind begrenzt. Wir sollten jedoch den Rahmen unserer Möglichkeiten ausschöpfen. Eine Politik der falschen Sparsamkeit ist sehr kurzsichtig. Dies gilt auch und gerade in Zeiten finanzieller Anspannungen. Unsere Existenz hängt vom Handel mit anderen Ländern ab. Und der Handel ist wiederum eine Funktion des Entwicklungsstandes unserer Partnerländer. Angesichts der schwierigen Haushaltslage kann der Bund sein Versprechen, 0,7 Prozent des Bruttosozialprodukts für Entwicklungshilfe aufzuwenden, nicht von heute auf morgen einlösen. Wir müssen schrittweise vorgehen. Wir müssen aber den festen Willen dazu haben, und diesen Willen läßt die jetzige Bundesregierung nicht erkennen.

Angesichts dieser weltweiten und nationalen Entwicklungen kann Entwicklungspolitik nicht länger nur im nationalen Rahmen betrieben werden. Eine Abstimmung der Länder der Europäischen Gemeinschaft trägt nicht nur entscheidend zur Effizienzsteigerung selbst bei. Eine gemeinsame Entwicklungspolitik schafft vielmehr neue Verantwortlichkeiten für die Gemeinschaftsorgane und fördert auf diese Weise den Prozeß der politischen Einigung in Europa selbst. Schon heute zählt die Entwicklungspolitik zu den wenigen Bereichen, in denen gemeinschaftliche Fortschritte erzielt werden konnten, wie zuletzt das Lomé-Abkommen gezeigt hat. Wir fordern deshalb die Bundesregierung auf, die vorhandenen Ansätze gemeinsamer europäischer Entwicklungspolitik konstruktiv aufzugreifen. Dies wäre ein überzeugenderes Bekenntnis für ein gemeinsames Europa als ständige Lippenbekenntnisse. Die Weltgeschichte steht nicht still. Wir können und dürfen uns nicht einigeln. Wir müssen aufpassen, daß unsere Kinder uns nicht später einmal vorwerfen, wir hätten die Weltgeschichte verschlafen.

Die CDU nimmt die Herausforderungen der Zukunft an. Unsere Politik ist weltoffen, geprägt von Freiheit und Toleranz, Solidarität und Fortschrittsgeist. Unser Ziel ist die Partnerschaft und Solidarität in Europa wie im weltweiten Rahmen. Arbeiten Sie mit, daß wir die Zukunft unseres Vaterlandes gewinnen!

Redemanuskript, ACDP VI-002-001

Die Geschichte kennt nur wenige Beispiele

Rede anläßlich der Feierstunde der CDU zum Gedenken
des 100. Geburtstages von Konrad Adenauer
am 4. Januar 1976 in der Beethovenhalle, Bonn

Was Konrad Adenauer für die CDU bedeutet, kann der historischen Dimension nach nicht hoch genug eingeschätzt werden: Mit ihm ist die CDU zur ersten großen demokratischen Volkspartei in Deutschland aufgestiegen; er hat maßgeblichen Anteil an der Grundlegung ihrer Programmatik gehabt. Für die Politik und das Politikverständnis Helmut Kohls ist prägend, daß er sich mit Entschiedenheit in die Kontinuität des ersten Parteivorsitzenden und Bundeskanzlers stellt.

[...] Es ist ein Stück deutscher Geschichte und damit Gegenwart und Zukunftschance unseres Volkes, wenn wir heute abend bei dieser Feier der CDU Deutschlands so viele Männer und Frauen der ersten Stunde begrüßen dürfen. Es sind Männer und Frauen, die in einer schwierigen Zeit das Beste, ihr Bestes für unser Vaterland gegeben haben, die das alles mit aufgebaut haben, was wir heute gemeinsam genießen, die das erbaut haben, worauf wir Jüngeren heute mit Stolz stehen dürfen. [...]

Dies ist am Vorabend von Konrad Adenauers 100. Geburtstag die Familienfeier der CDU Deutschlands, gemeinsam mit den Freunden der CSU. Heute kann man sagen, und wir sind darüber ohne jeden Vorbehalt glücklich, daß dieser große alte Mann ganz ohne Zweifel unserem ganzen Volke gehört. Wir sind auch stolz darauf, wenn ihn in diesen Tagen viele für sich, für ihre Politik in Anspruch nehmen. Nur, es ist in seinem Geiste, wenn wir das bei manchem mit Schmunzeln feststellen. Über manchen, der ihn jetzt für sich in Anspruch nimmt, würde Konrad Adenauer sich doch sehr gewundert haben, wenn er es erlebt hätte.

Wir gedenken am 100. Geburtstag von Konrad Adenauer dem Mitbürger und Mitmenschen, wie ihn viele von uns, manche viele Jahrzehnte hindurch, manche, wie ich, erst in späteren Jahren, erlebt haben und erleben durften. In diesen Tagen steigen viele Erinnerungen auf an persönliche Erlebnisse und Begebnisse, an einen großen alten Mann, an den Mann, der uns, den Jüngeren, lehrte, nach dem Kriege wieder in geschichtlichen Perspektiven und über den Tellerrand des Tages hinauszudenken, an jenen kämpferischen Politiker Konrad Adenauer, dem wir, die CDU Deutschlands, in diesem Jahr 1976 kraftvoll nachfolgen müssen.

Wir denken aber auch an den menschlichen, liebenswürdigen Mitbürger, den warmherzigen Konrad Adenauer, der so gar nichts mit jenem Feindbild eines zynischen alten Mannes gemeinsam hatte, der sehr wohl zu unterscheiden wußte, daß es die Pastelltöne sind, die das Leben liebenswert und liebenswürdig machen, der in der Last seines schweren Amtes als Kanzler der Bundesrepublik Deutschland das Lachen, den Humor und das Schmunzeln nicht verlernt hatte und der nicht durch Public-Relations-Maßnahmen als ein Mensch aufgebaut werden mußte, der Freude am Leben hatte. Wer heute auf die zwanzig Jahre zurückblickt und die Gegenwart erlebt, der kann sich nur mit einer gewissen Sehnsucht an jene Zeit erinnern, in der richtig gelacht werden konnte.

Wir gedenken des Mitgründers und ersten Vorsitzenden der CDU, des prägenden Staatsmannes, des Mannes, der mehr als jeder andere die Geschicke unseres Landes bestimmt hat. Die Geschichte kennt nur wenige Beispiele dafür, daß der Wiederaufstieg eines Landes nach einem totalen Zusammenbruch mit dem Namen eines Staatsmannes so eng verbunden ist wie das Schicksal der Bundesrepublik Deutschland mit dem Namen Konrad Adenauer. Die Ergebnisse seiner Politik gehören heute zu den grundlegenden Selbstverständlichkeiten unseres politischen Alltags und sind gemeinsame Grundlagen der Politik aller Parteien. Sie waren jedoch 1949, als Adenauer das Kanzleramt übernahm, alles andere als selbstverständlich.

Adenauer hat sie Schritt für Schritt und vielfach gegen den erbitterten Widerstand der Opposition erkämpft. Wäre es damals nach der SPD gegangen, wir hätten die Institutionen und Realitäten nicht, in denen sich auch die Politiker der heutigen Regierung mit der größten Selbstverständlichkeit bewegen. Die größten Leistungen, die ein bedeutender Mensch erbringen kann, sind diejenigen, welche so selbstverständlich zum Allgemeingut aller werden, daß sich die meisten gar nicht mehr des Ursprungs bewußt sind.

So ähnlich geht es den Deutschen mit dem politischen Erbe Adenauers; sie sind Erben, ohne sich noch als Erben zu verstehen; sie leben in dem Bewußtsein, sich das selbst geschaffen zu haben, was sie heute besitzen. Was aber bleibt das Verdienst von Konrad Adenauer? Seine Leistung war es, das Potential und den Einsatz eines ganzen Volkes zu entfalten. Seine Leistung war der Wille zur politischen Führung. Seine Leistung war die Fähigkeit, das Wollen der Bürger in unserem Staat aufzunehmen, in ein Konzept zu bringen und durch tausend Situationen täglicher Auseinandersetzungen durchzuhalten und durchzusetzen.

Es ist die Aufgabe des Politikers, das sachlich Notwendige und das von einem Volk Erstrebte unter den gegebenen, täglich wechselnden Verhältnissen möglich zu machen. Das sachlich Notwendige erfüllt sich letztlich nicht von selbst, sondern kann versäumt und verfehlt werden. Die persönliche Leistung des großen Staatsmannes besteht darin, die Notwendigkeiten situationsgerecht zu erfassen und ihrer Verwirklichung den Weg zu öffnen. So hat Adenauer sich immer selbst verstanden: nicht als Schöpfer, sondern als einen, der das Notwendige und Gewollte möglich machte. Konrad Adenauer wollte seinem Vaterland dienen. Sein Dienst bestand in der genialen praktischen Durchsetzung und politischen Gestaltung des von allen gemeinsam Gewollten und Geleisteten.

Dieser große deutsche Staatsmann und Europäer war die hervorragende Persönlichkeit unserer Partei. CDU und CSU sind deshalb in einem engeren und besonderen Sinn die Erben Konrad Adenauers. Er hat sich auf die CDU gestützt und aus ihrem Fundus geschöpft. Er hat unsere Partei geführt, ihr Impulse gegeben und den Weg gewiesen.

Für uns aber ist sein Erbe nicht in erster Linie Besitz, sondern Verpflichtung und Vorbild. Wir wollen das, was Adenauer geschaffen hat, nicht nur erhalten, sondern weiterbauen gemäß den Grundsätzen, nach denen er die christlich-demokratische Politik in Deutschland geprägt hat. Das heißt nicht, daß wir die einzelnen Formeln und Orientierungspunkte wie alte Rezepte aufbewahren und Jahr für Jahr in den altvertrauten Formen wieder ausbacken, nur weil sie damals Erfolg hatten. Das zu tun, würde zugleich heißen, daß wir Adenauer selbst gründlich mißverstanden hätten. Grundsätze behalten nur dann ihren Wert und Konzepte nur dann ihren Sinn, wenn wir das tun, was Adenauer selbst getan hat: Tag für Tag die Lage überprüfen, sich immer wieder um die Verbesserung der politischen Diagnose bemühen, sich auf neue Gegebenheiten einstellen, die Anwendungsweise der Grundsätze und die praktische Durchführung unseres Konzeptes jeder Veränderung anpassen. Würden wir nicht so verfahren, dann wären wir nicht die Erben Adenauers, sondern seine Epigonen.

Es war für Adenauer und für Deutschland vom ersten Tag seiner Kanzlerschaft an ein großer Vorteil, daß er als Gegner des Nationalsozialismus ausgewiesen war. Adenauer besaß eine geistige und politische Position, die mit den Ideologien des Dritten Reiches überhaupt keine Berührungspunkte hatte. Die Nationalsozialisten haben ihn öffentlich als prominenten Gegner angeprangert, weil er schon immer das gewesen ist, was viele Deutsche erst nach den bitteren Erfahrungen der Jahre 1933 bis 1945 wurden: ein Europäer, ein Demokrat und ein Gegner des Nationalismus.

Europa war für Adenauer mehr als ein geographischer Begriff. Es war in seinem Verständnis ein Konzept humanen Lebens, weil es allein die Chance bietet, für die Probleme der modernen Welt menschenwürdige Lösungen zu finden. Deshalb war für ihn und ist für uns die europäische geistige und politische Tradition kein Ballast, den es abzuwerfen gilt, sondern die Grundorientierung einer auf die Zukunft gerichteten Politik. Die Europäer müßten vielmehr ihre gemeinsame Tradition aufgreifen, sie schützen und weiterführen. Sie müssen lernen, Unterschiede nicht länger als trennende Gegensätze zu verstehen, sondern als Vielfalt in der Einheit.

Die Eingliederung Deutschlands in die Gemeinschaft der europäischen und atlantischen Nationen bleibt deshalb mehr als ein Zweckbündnis. Sie ist auch keine Rückversicherung für spektakuläre außenpolitische Experimente. Für Adenauer handelte es sich auch nicht in erster Linie darum, eine wirksame Abwehr des Kommunismus zu organisieren. Deutschland sollte vor allem dort seinen Platz einnehmen, wo es seiner Geschichte nach hingehört; wo es mit den anderen Staaten dafür wirken kann, die Welt des 20. Jahrhunderts im Geist der Freiheit und Menschenwürde mitzugestalten. Die Freundschaft mit Frankreich und Friede und Freundschaft mit Israel sind mehr als jedes andere Werk seine herausragende Leistung.

Die innenpolitische Entscheidung unseres Volkes für politische Freiheit, rechtsstaatliche Verfassung und Demokratie wurde und bleibt dadurch außenpolitisch ergänzt und gesichert, daß die Bundesrepublik klar und unmißverständlich auf die Seite derjenigen Staaten trat, die diese Grundsätze weltweit repräsentieren. Für Adenauer war deshalb die Verzahnung von Innen- und Außenpolitik ein Grundgesetz seiner Politik schlechthin. Die politische Einheit des freien Eruopa bleibt deshalb für die CDU Deutschlands ein sachliches Erfordernis wie eine Verpflichtung aus dem Erbe Adenauers. Wir werden weiterhin unbeirrt auf dieses große Ziel hinarbeiten.

Es hat gar nichts mit Realismus zu tun, wenn man sich für das als notwendig Erkannte nur deshalb nicht einsetzt, weil es im Augenblick keine Aussicht auf Verwirklichung hat. Adenauer ist aber auch Beispiel dafür, daß in der Politik nur die Grundsätze und die großen Ziele unverzichtbar sind. Die Mittel und Wege dazu dürfen nicht als unantastbar gelten. Wir müssen heute vor allem danach streben, daß die tatsächlich vorhandene Gemeinsamkeit des Selbstverständnisses und Interesses aller Europäer ihr verbindliches politisches Konzept findet. Die Europäische Politische Union ist nur durch neue politische und ordnungspolitische Entscheidungen zu schaffen. Sie dürfen zu den Nationalstaaten nicht in Konkurrenz stehen, sondern müssen diese ergänzen und überprüfen.

Von verschiedenen Seiten wird gerne behauptet, es habe Adenauer am rechten Willen gefehlt, die Versöhnungspolitik, die er im Westen eingeleitet und vollendet hat, auch nach Osten hin zu betreiben. Dort habe die seit 1969 regierende Koalition das Erbe Adenauers aufgenommen und mit ihrer sogenannten neuen Ostpolitik erfüllt. Diese Behauptungen sind aus zwei Gründen falsch: Erstens wird nicht zur Kenntnis genommen, was Adenauer wirklich getan hat. Zweitens wird die wesentliche Tatsache verdeckt, daß die Ostpolitik grundlegend anderen Bedingungen unterliegt als die Westpolitik. Die Ostpolitik seit 1969 mit Adenauers Westpolitik auf eine Stufe zu stellen, bedeutet deshalb, Unvergleichbares miteinander zu vergleichen.

Adenauer hat während seiner ganzen Regierungszeit das Ziel verfolgt, eine Verständigung auch mit der Sowjetunion und den osteuropäischen Staaten herbeizuführen. Er hat dies versucht, wo immer sich Möglichkeiten boten. Daß bei nüchterner Beurteilung der Lage diese Möglichkeiten nur gering waren, war nicht seine Schuld. Sein Verdienst aber war es, sich selbst und der Bevölkerung keine Illusionen gemacht und daher keine Scheinlösungen herbeigeführt zu haben.

Gerade die jüngsten Forschungen haben in eindrucksvoller Weise nachgewiesen, daß es Adenauer nicht an neuen und kühnen Einfällen mangelte. Aber die Sowjetunion wollte keine Lösungen, die nicht nur ihre eigenen Rechte und Interessen, sondern auch die der Deutschen berücksichtigt hätten. Die fundamentale Schwierigkeit zwischen der Sowjetunion und uns besteht darin, daß es keine gemeinsamen Grundvorstellungen und verbindenden politischen Überzeugungen gibt.

Dies darf eine Politik der Verständigung nicht ausschließen. Sie wird sich aber bereits im Ansatz von der Politik der Aussöhnung mit unseren westlichen Nachbarn unterscheiden. Denn sie kann weder auf gemeinsamen Grundlagen aufbauen noch gemeinsame Vorstellungen entfalten. Eine Politik der Verständigung mit unseren Nachbarn im Osten muß dagegen gegensätzliche, ja vielfach sich gegenseitig ausschließende Wert- und Zielvorstellungen überbrücken. Wir dienen dem Frieden nicht, wenn wir die tiefgreifenden Gegensätze verschleiern, wenn wir unsere eigenen Prinzipien verleugnen, indem wir uns angewöhnen, diskret darüber zu schweigen, und wenn wir so tun, als könnten sich beide Seiten einander angleichen. Das Trennende verschwindet nicht dadurch, daß man es nicht zur Kenntnis nimmt. Es wird auf diese Weise nur der öffentlichen Kontrolle entzogen. Eine tragfähige und dauerhafte Verständigung zwischen der Sowjetunion und uns kann es nur dann geben, wenn wir die Gegensätze nicht ausklammern. Wir müssen sie vielmehr in die Disziplin rationaler Auseinandersetzungen und offen geführter Verhandlungen nehmen.

Ostpolitik kann auch nicht darauf aufgebaut werden, daß anstelle des Gegensatzes zwischen Freiheit und Unfreiheit unterschieden wird zwischen fortschrittlichen und beharrenden Kräften und hinzugefügt wird: Die Fortschrittlichen auf beiden Seiten müßten gemeinsam die Beharrenden in beiden Lagern überwinden. Wer so Politik betreibt, kann für sich nicht in Anspruch nehmen, das Erbe Adenauers zu erfüllen. Ein Frieden, der nur auf Sicherheit und Kooperation beruht, nicht aber auch auf Freiheit und gerechtem Ausgleich der berechtigten Interessen aller Beteiligten, ist nur ein halber Frieden. Ein Selbstbestimmungsrecht, das sich mit der souveränen Gleichheit der Staaten begnügt, nicht aber die Möglichkeit einschließt, daß jedes Volk frei seine Regierungsform wählt, ist nur ein halbes Selbstbestimmungsrecht.

Wir sind auf dem besten Wege, uns mit solchen Halbheiten abzufinden, ja sie sogar als Erfolge zu verkaufen. Die Versöhnungspolitik von Konrad Adenauer im Westen hat dagegen den ganzen Frieden unter dem vollen Selbstbestimmungsrecht erreicht, wie es das Beispiel der Lösung der Saarfrage beweist. Wir können es doch beinahe täglich erleben, wie unsicher der halbe Frieden ist. Jeder Konflikt wird von den Beteiligten als Sicherheitsgefährdung empfunden. Ständig besteht die Sorge vor einem Rückfall in die offene Konfrontation. Niemand wird abstreiten, daß auch zwischen den Staaten Westeuropas genug Gegensätze und Konflikte vorhanden sind. Weil hier aber ein ganzer, ein auf Freiheit und Gerechtigkeit gegründeter Frieden herrscht, kommt kein Mensch auf den Gedanken, daß die Konflikte die Sicherheit gefährden oder gar die Gefahr einer kriegerischen Auseinandersetzung heraufbeschwören könnten. Gerade weil wir uns auch als politische Erben Konrad Adenauers verstehen, sind wir nicht bereit, uns mit dem jetzt in der Ostpolitik herrschenden halben Frieden zu begnügen.

Wir wissen sehr genau, daß es in diesem Bereich sehr viel schwieriger ist, den wirklichen Frieden zu schaffen. Aber auch wenn über viele Jahre hinweg keine Aussichten bestehen, daß wir das unerläßlich Notwendige erreichen, dürfen gerade wir als Politiker nicht müde werden, es zu fordern und dafür zu arbeiten. Es hat weder Sinn noch gibt es eine Berechtigung, unsere eigenen Grundpositionen zu verleugnen. Wenn wir daran festhalten, dann ist es weder ein Zeichen von Starrheit noch von Einfallslosigkeit. Im Gegenteil!

Adenauer hat oft bewiesen, daß gerade derjenige Politiker, der das Grundsätzliche mit Festigkeit vertritt, gewagte Schritte einschlagen kann, um es zu verwirklichen. Ebenso gewinnt gerade der, der an seinen eigenen Rechtspositionen unbeirrbar festhält, den erforderlichen sicheren Halt, um sehr flexibel verhandeln zu können.

Die Gesellschaftspolitik Konrad Adenauers kann mit dem einen Satz umschrieben werden: Soziale Gerechtigkeit durch freie Wirtschaft. Adenauer vertrat in der Wirtschaftspolitik den Primat der Politik über die Wirtschaft. In der Sozialpolitik betrachtete er das Wohl und die Zufriedenheit der einzelnen Menschen als Kriterium der Qualität von Sozialgesetzen und staatlichen Maßnahmen. Es galt für ihn als selbstverständlich, daß die Wirtschaft ihre Kräfte nur in Freiheit entwickeln könne. Das setzt die freie unternehmerische Entscheidung ebenso voraus wie die Freiheit der Arbeitnehmer beim Aushandeln der Arbeitsbedingungen.

Die Freiheit der Wirtschaft war für Adenauer aber nur gerechtfertigt, wenn sie Dienerin der Menschen und dem sozialen und politischen Leben verpflichtet blieb. Wo immer im Namen sogenannter wirtschaftlicher Sachgesetzlichkeiten der Spielraum der Politik zu Lasten höherrangiger Ziele eingeengt werden sollte oder die Freiheit der Wirtschaft die Bevölkerung einem ungerechtfertigten Zwang zu unterwerfen drohte, griff Adenauer ein und nutzte die Kompetenzen seines Amtes. Was Konrad Adenauer in diesem Sinne getan hat, damit die Marktwirtschaft wirklich eine soziale wurde und unter seiner Regierung blieb, ist nur wenig ins Bewußtsein der Öffentlichkeit gedrungen. Der Grund liegt darin, daß es sich in der Regel um Einzelentscheidungen der Regierungspolitik handelte, über die die Auseinandersetzungen im Kabinett auszutragen waren.

Immer wieder prüfte Konrad Adenauer die sozialpolitischen Vorlagen daraufhin, was sie dem einzelnen Menschen an tatsächlichem Gewinn brächten. Es war seine ständige Sorge, daß die Entwicklung der Wirtschaft und die Organisationen staatlicher Sozialleistungen menschliches Maß behielten. Deshalb gab er in der Sozialpolitik der praktischen unmittelbaren Hilfe den Vorrang vor perfekten Plänen. Adenauer war überzeugt, daß diese Einstellung aufs Ganze gesehen die politisch klügere und langfristig die erfolgreichere sei. Und er behielt recht.

Seine bedeutendsten sozialpolitischen Leistungen waren, um nur die zwei wichtigsten zu nennen, der Lastenausgleich und die dynamische Rente. Beide sind Ergebnisse, die in besonderer Weise auch der Grundhaltung Konrad Adenauers entsprachen: nämlich das, was den Menschen offenkundig dient, auch dann ins Werk zu setzen, wenn auch unter dem Gesichtspunkt abgesicherter Planung vielleicht größere Vorsicht geboten gewesen wäre. Aufs Ganze gesehen war Adenauer die soziale Komponente der Marktwirtschaft näher und sympathischer als die marktkonformen Prozesse. Aufgrund seiner persönlichen Erfahrungen als Oberbürgermeister von Köln blieb er kritisch gegen übermäßige Konzentration wirtschaftlicher Macht und gab dem Mittelstand den Vorzug. Das wirtschaftspolitische Konzept der CDU hat dieser Grundeinstellung Konrad Adenauers immer entsprochen.

Sicherlich war und ist es nötig, unter den verschiedenen Bedingungen einmal mehr die einen, einmal mehr die anderen Elemente stärker zu berücksichtigen. Für uns steht jedoch fest: Die Marktwirtschaft ist nicht mehr sozial, wenn sie sich über den materiellen Wohlstand hinaus nicht auch an den geistigen und sozialen Bedürfnissen der Menschen orientiert. Die Sozialpolitik ist nicht mehr sozial, wenn sie den Bürger bevormundet. Sozialpolitik in unserem Sinne muß dem Bürger die allgemeinen Voraussetzungen eigenständiger Lebensführung sichern. Sie muß ihm helfen, seine individuellen Kräfte zu entfalten, damit jeder mehr aus seinem Leben machen kann.

Zieht man die Summe aus diesen politischen Überzeugungen Konrad Adenauers, so wird ihre Verankerung im christlichen Menschenbild überzeugend sichtbar. Welcher der Ansprüche des christlichen Standpunktes in der Politik sinnvollerweise sein kann und wie ein Politiker sich als Christ zu verstehen hat, dafür kann uns Adenauer Vorbild sein. In einer Rede vor der Interparlamentarischen Union in Bern führte er im März 1949 aus: „Wir behaupten in der CDU/CSU nicht, daß wir allein Christen seien, geschweige denn, daß wir die guten Christen seien, aber wir wollen, daß die Werte des Christentums in der Wirtschaft und im öffentlichen Leben auch in der Außenpolitik bestimmend sein sollen. Die Freiheit und die Würde der Person sind unsere Grundforderungen. Wir sind der Auffassung, daß jeder Mensch unabdingbare Rechte gegenüber dem Staat und der Wirtschaft sein eigen nennt. Wir sind gegen jede gefährliche Häufung wirtschaftlicher und politischer Macht bei Einzelpersonen, bei Korporationen irgendwelcher Art, auch beim Staate."

Niemand von uns gibt sich der Täuschung hin, daß sich der christliche Standpunkt zu einem bestimmten politischen Programm verarbeiten ließe. Es ist auch nicht möglich, daraus blind anwendbare Regeln für die Tagespolitik abzuleiten. Aber er gibt uns ein bestimmtes Bild vom Menschen, nach dem wir unsere Ziele bestimmen und an dem wir unsere praktische Politik orientieren. Der Mensch besitzt als Person eine unverlierbare und unantastbare Würde. Sie muß von der Gesellschaft anerkannt werden, ganz gleich, ob einer etwas leistet oder versagt. Der Mensch, der in die Verantwortung sittlicher Entscheidung gestellt ist, muß sie in dem Bewußtsein treffen, daß weder er sein Leben aus eigener Kraft vollenden noch daß er die Welt in ein Paradies verwandeln kann. Aus diesem Menschenbild ergeben sich Freiheit, Solidarität, Toleranz und Maß als Orientierungswerte einer Politik aus christlicher Verantwortung.

Für Konrad Adenauer waren sie Bestandteile einer selbstverständlichen Lebenspraxis. Sie brauchten weder ausdrücklich theoretisch begründet noch betont öffentlich dargestellt zu werden.

Wilhelm Hausenstein schrieb in seinen „Pariser Erinnerungen" über Adenauer: „Sein Christentum war mir je und je um so deutlicher, als es nie aus einer jedes Mißtrauen ausschließenden Diskretion heraustrat. Der Kanzler bewegte sich in seinem Christentum ohne die geringste Auffälligkeit, vielmehr mit aller Zurückhaltung einer unmittelbaren Realität, die gar nicht auf den Gedanken kommt, sich zu beweisen."

Konrad Adenauer hat einmal Politik als die Kunst bezeichnet, das auf ethischer Grundlage als richtig Erkannte zu verwirklichen. Ein solches Politikverständnis bedeutet einerseits, daß Politik, wenn sie menschlich sein soll, sich nicht nur an sittlichen Grundsätzen orientieren, sondern sich auch sittlich begründete Ziele setzen muß. Ein solches Politikverständnis erfordert aber auch, daß der Politiker die Kunst der Verwirklichung beherrschen muß. Es ist kein Zeichen besonderer moralischer Qualität, wenn der Politiker versucht, sein Ziel durch einzelne moralische Kraftakte durchzusetzen. Der Politiker darf es nicht an der nötigen Besonnenheit und Gewissenhaftigkeit fehlen lassen, die das Alltagsgeschäft der Politik erfordert, nur um moralisches Prestige zu gewinnen. Der Politiker muß vielmehr sein sittlich begründetes Ziel geduldig und sachgerecht in die gegebenen wirklichen Verhältnisse gewissermaßen übersetzen.

Die Realitäten zu beachten und zu respektieren, ist allerdings etwas ganz anderes, als die Realitäten einfach anzuerkennen. Realitäten anerkennen heißt, daß man sie legitimiert, daß man vor ihnen kapituliert und darauf verzichtet, das sittlich Gebotene zu verwirklichen. Zur Sittlichkeit des Politikers gehören der Wille und der Mut, für seine als gut erkannte Sache hart zu kämpfen. Adenauers Geschicklichkeit und Taktik werden von seinen Freunden wie Gegnern gleichermaßen gerühmt. Doch seine Klugheit hätte ihm wenig genützt, wären seine Ziele nicht sittlich legitimiert gewesen und wäre er nicht bereit gewesen, unermüdlich dafür zu kämpfen. Auf einem CDU-Parteitag rief Adenauer einmal aus: „Kampf ist wichtiger in der Politik als Werbung." Erben Adenauers müssen wir auch in diesem Punkt sein.

Wir, die CDU/CSU, können sein Werk weitsichtiger christlich-demokratischer Politik nur dann fortführen, wenn wir nicht nur seine Gedanken aufnehmen und weiterdenken, sondern zäh und entschlossen an den als richtig erkannten Zielen festhalten und keinen Kampf dafür scheuen.

Als Konrad Adenauer 1949 Kanzler wurde, ging es ihm nicht nur darum, Krisen zu bewältigen. Er hat den Aufbruch zu neuen Zielen für unser Land gewagt; er hat die Energien dafür in unserem Volke freigesetzt. Er gehörte zu den wenigen, wie Spaak einmal von ihm gesagt hat, die eine Vision besaßen, die fähig waren, das Unmittelbare der Zukunft, den materiellen Vorteil zu opfern für die Verwirklichung einer Idee. Darum sollte es uns allen auch heute wieder gehen!

Broschüre, hrsg. von der Bundesgeschäftsstelle der CDU.

Wir kämpfen für Freiheit
und Menschenrechte

Rede auf der Großkundgebung der Jungen Union
anläßlich der Aktion Menschenrechte in Gelsenkirchen
am 10. April 1976

Antitotalitarismus und Antikollektivismus sind genuine Grundpositionen christlich-demokratischer Weltanschauung. Der Ablehnung jedes eindimensionalen Menschenbildes entspricht das konsequente Eintreten für die Menschenrechte, die – wie in der folgenden Rede ausgeführt – als universale Normen der Humanität gelten sollen.

Wir sind heute hier zusammengekommen zu einer wichtigen Sache. Zu einer Sache, die Bedeutung hat über den Tag und über die Stunde hinaus, die nichts zu tun hat mit Wahlkampf und Demonstration politischer Gegensätze jetzt im Wahljahr, sondern die zu tun hat mit einer Grundlage der deutschen Demokratie. Diese Aktion heißt: Aktion Menschenrechte. Und das ist die Luft zum Atmen in der Gemeinschaft der Völker. Das ist die Voraussetzung für Glück, das ist die Voraussetzung für die Zukunft unseres Vaterlandes.

Wir haben in diesen Tagen manche Sorgen. Ich erinnere nur an die Arbeitslosigkeit, gerade bei den jungen Leuten, und an die Inflationsgefahr. Dies nehmen wir alle bitter ernst. Aber das Thema, das uns heute bewegt, reicht viel weiter. Es ist ein Thema, das mit der politischen Kultur unserer Zeit zu tun hat. Und deswegen ist dies die Stunde einer prinzipiellen Besinnung auf die eigentlichen Werte, auf die eigentlichen Grundlagen dessen, was wir tun. Und wenn Sie eben in der Rede Ludwig Pachmanns miterlebt haben, wie hier ein Mann das Auf und Ab dieses großen Themas Menschenrechte am eigenen Leib erlebt hat, so steht er für viele in Europa und in der Welt, auch für viele, die in deutschem Namen für Menschenrechte stritten und sogar ihr Leben hingaben, damit unsere Generation es endlich begreift. Ich kann der Jungen Union nur gratulieren zu der Idee, die große Demonstration für

Menschlichkeit und Menschenrechte gerade hier in dieser Stadt, mitten im Ruhrgebiet, abzuhalten.

Menschenrechte und Menschlichkeit – das ist die Frage nach dem Verhalten von uns allen im Alltag. Freiheit, Gerechtigkeit und Frieden, der immer nur wahrer Frieden ist, wenn er die Menschenrechte umfaßt, das sind die Visionen, das sind die Sehnsüchte der Menschen. Wenn wir heute voll Traurigkeit feststellen, daß, nach der Zahl der Menschen gemessen, weitaus die Mehrheit der auf diesem Erdball lebenden Menschen diese Visionen nicht erreichen konnte, dann muß uns das anspornen.

Vor der Geschichte werden die Völker nicht danach gewogen, ob sie besseren Konsum haben, ob sie schnellere und bessere Autos fahren und mehr Freizeit haben. Vor der Geschichte werden die Völker gemessen, ob sie mit kräftiger Handschrift Werke des Friedens, Werke der Freiheit und Werke der Menschlichkeit ins Buch der Geschichte eingetragen haben. So werden wir gemessen, ob es uns in unserer Generation gelungen ist, für die Menschen in aller Welt danach zu streben, daß ihr Leben auf der Grundlage der Menschenrechte gestaltet werden kann, daß sie sich selbst verwirklichen können.

Wir müssen uns fragen, ob wir alles getan haben, die Zukunft nicht dem Spiel blinder Mächte und den Zwängen ideologischer Gesetzmäßigkeiten auszuliefern. Wir müssen uns fragen: Hatten wir alle und zu jeder Zeit den Mut, es mit den Feinden der Freiheit und der Menschlichkeit aufzunehmen? Unsere Antworten werden über die Zukunft unserer Generation und der nach uns kommenden entscheiden. Diese Aktion Menschenrechte der Jungen Union Deutschlands ist ein Stück unserer Antwort. Sie ist eine Antwort auf eine der großen Krisen der Gegenwart, nämlich auf die Krise der Menschlichkeit.

Kein Volk und keine Nation, auch nicht die Deutschen, werden eine Zukunft haben, wenn sich nicht alle und besonders die jungen Menschen mit Entschiedenheit und mit Leidenschaft gegen Ungerechtigkeit, gegen Unmenschlichkeit, gegen Not und Gewalt überall auf dieser Erde zur Wehr setzen. Ein Volk hat keine Zukunft, wenn Anpassung und Opportunismus, wenn feige Unterwürfigkeit und selbstgefällige Schwachheit schon bei jungen Menschen Platz greifen. Für wen gilt dies mehr als für die Deutschen in ihrem geteilten Vaterland. Wir im freien Teil unseres Landes haben die Pflicht, für das Ganze zu denken und zu sorgen. Carl Zuckmayer schrieb in jenem großen Stück „Des Teufels General", in dem er das Schicksal junger Soldaten zur Nazizeit schilderte, in jenem Stück, das uns als Schüler und Studenten am Ende der vierziger Jahre zutiefst aufgewühlt hat: „Das Gemeine zulassen ist schlimmer, als es tun." Und er fährt dann fort: „Was soll ein Mut, der nicht bekennen will? Was soll ein Glaube, den man nicht lebt? Was ist die Überzeugung, der man nicht Zeugnis steht – Blutzeugnis in der Not?"

Wir, die Union, haben uns stets zur Einheit unserer deutschen Geschichte bekannt. Aber Einheit der Geschichte heißt, daß wir uns zu den Höhen und zu den Tiefen bekennen. Zu jenem Schrecklichen, das in deutschem Namen an Menschen überall in Europa zur Zeit der Nazibarbarei geschehen ist. Aber auch zu jenen Höhen, zu jenen Männern und Frauen, die es nicht mit ihrem Gewissen vereinbaren konnten und die den Aufstand des Gewissens wagten. Für uns schließt die jüngere deutsche Geschichte das Schreckliche von Auschwitz, Majdanek und Treblinka mit ein, sie schließt aber auch den Grafen Stauffenberg und die Männer und Frauen des 20. Juli – des Aufstandes gegen die Hitler-Barbarei – mit ein.

Gerade weil wir zu unserer Geschichte stehen, sind wir nicht im Verdacht, uns als die Schulmeister der Geschichte aufspielen zu wollen, Richter anderer Völker zu sein. Aber wir wissen vielleicht mehr als andere, wohin die Gewöhnung an Gewalt und Terror, das Schweigen über Unmenschlichkeit und psychische Manipulation führen. Weil wir das wissen, sind wir nicht bereit, zur Tagesordnung überzugehen, wenn Menschen, um welcher Ziele auch immer, gequält und geschunden werden. Wir sind auf keinem Auge blind. Totalitarismus und Terror bleiben Unrecht, ob von Faschisten oder Kommunisten verbrochen. Wir bekämpfen jenen Faschismus, der sich in unserem Lande zeigte und Schreckliches hervorbrachte und der heute in Chile und anderswo Menschen versklavt. Und wir bekämpfen jenen kommunistischen Totalitarismus, der mitten in Deutschland in der DDR jeden Tag erneut die Menschen unterjocht. Wir bekämpfen kompromißlos jeden Radikalismus, komme er von rechts oder von links.

Die Botschaft der Männer des 20. Juli heißt nicht, daß Widerstand oder Protest nur in kollektiven Formen Ausdruck und Erfolg finden können. Die Botschaft, für die viele ihr Leben gaben, heißt vielmehr: Es kommt aufs Ethos, es kommt auf den Glauben und es kommt auf das Verantwortungsbewußtsein des einzelnen an. Jeder von uns ist gefordert, gegen Unmenschlichkeit und Gewalt zu kämpfen. Keiner kann und darf sich damit herausreden, daß andere doch auch untätig seien und auch schweigen würden. Die Achtung der Menschenwürde fängt bei uns selbst an. Jeder von uns kann seine eigene Würde als Mensch verletzen. Die Männer des 20. Juli wußten aber auch, daß man eine totalitäre Ideologie nicht mit einer neuen Ideologie bekämpfen kann.

Wir wollen nicht, daß mitten in Europa auf das Zeitalter des Faschismus die Herrschaft des totalitären Kommunismus folgt. Als Deutsche wissen wir, wie recht Solschenizyn hat, wenn er im „Archipel Gulag" sagt, das unbegrenzt Böse werde erst durch die Ideologie möglich: „Sie ist es, die der bösen Tat die gesuchte Rechtfertigung und dem Bösewicht die nötige Härte gibt. Eine gesellschaftliche Theorie, die ihm hilft, seine Taten vor sich und vor anderen reinzuwaschen, nicht Vorwürfe zu hören, sondern Huldigung und Lob." Gerade jener schreckliche Dilettantismus einer Geschichtsphilosophie, nach der sich politisches Handeln am Gesamtbild der Geschichte orientieren müsse, hat doch dazu geführt, daß man jede Handlung und insbesondere jede Gewalttat von einer höheren Warte zu rechtfertigen versucht.

Wir alle wissen, was geschah, wenn eine politische Bewegung ihr revolutionäres Sendungsbewußtsein mit dem Anspruch umgab, daß es sich um ein angeblich objektives Gesetz der historischen Notwendigkeit handeln würde, und wenn sie daraus ihre Unfehlbarkeit ableitete. Wir alle wissen, daß dann immer ein Meer von Blut und Tränen, von Elend und Leid für die Menschen folgte. Wir sollten nicht vergessen, daß wir auch heute noch in unserer Muttersprache mitten in Deutschland jenes schreckliche Lied und Wort hören: Die Partei, die Partei, sie hat immer recht! Diesen Anspruch erhoben die Faschisten und diesen Anspruch erheben die SED und ihre kommunistischen Bruderparteien in Mittel- und Osteuropa. Der ideologische Ansatz mag unterschiedlich sein, aber das Ende ist gleich: Die Menschen werden gedemütigt und versklavt.

Beide, Faschismus und Kommunismus, sind in ihrem Ursprung und Wesen der Ausdruck des tiefen Mißtrauens gegenüber dem vernunftbegabten Menschen, den wir als Träger unserer Gesellschaft sehen, jener vernunftbegabte Mensch, der für sich selbst und für die Gemeinschaft in eigener Verantwortung handeln kann. Faschismus und Kommunismus sind in ihrem Wesen auf Bevormundung des Menschen angelegt, auf die kollektive Definition und Zuteilung von Glück. Sie sind Ausdruck jenes schrecklichen Irrglaubens, daß Bedürfnisbefriedigung durch die Partei gleich individuelle Glückserfahrung sei. Der Versuch, allen Menschen die gleiche Form des Lebens, das gleiche soziale System, die gleiche Doktrin, das gleiche Konzept des Glücks und den gleichen Geschmack aufzuzwingen, dieses Streben nach einer Welt, die den Versuch unternimmt, den Himmel auf Erden einzurichten, hat stets zur absoluten Hölle auf Erden geführt.

Diese Aktion Menschenrechte ist deshalb mehr als nur eine Demonstration gegen bestimmte Terrorakte. Unser Zusammentreffen hier ist auch kein Tribunal, das über andere Staaten und Völker zu Gericht sitzt, um sie für eigene Interessen zu mißbrauchen. Wir sind hier, weil wir täglich erleben müssen, daß der Gedanke der Menschenrechte noch immer nicht überall anerkannt wird. Wir glauben an die grundlegenden Menschenrechte, an die Würde und an den Wert der menschlichen Person, an die Gleichberechtigung von Mann und Frau, an die Gleichberechtigung von großen und kleinen Nationen. Wir glauben an all jene Grundwerte unseres Grundgesetzes, und deswegen kämpfen wir leidenschaftlich für diese freiheitlich-liberale Grundordnung der Deutschen.

Die gleichen Ziele haben sich die Vereinten Nationen 1945 in ihrer Gründungscharta gesetzt. Die Welt ist weit davon entfernt, dieses Ziel zu erreichen. Wir sind entschlossen, unseren Beitrag dazu zu leisten. Wir sind entschlossen, die Abdankung des individuellen Gewissens und des individuellen Menschen zu verhindern. Der Weg zur Vermenschlichung der Gesellschaft liegt nicht in der totalen Kritik. Er liegt im Verständnis für ihre Notwendigkeit und für das, was konkret geändert werden kann. Er liegt vor allem darin, daß wir jene Institutionen anerkennen, die die freie Welt in ihrer Geschichte geschaffen hat: die Institution der repräsentativen Demokratie, der Kontrolle durch das Parlament, der individuellen Rechte, des Minderheitenschutzes und der Meinungsfreiheit. Diese Institutionen sind die entscheidenden Voraussetzungen dafür, daß eine solche menschliche Gesellschaft überhaupt möglich ist. Dies sind die Voraussetzungen, daß auch in dieser unserer Bundesrepublik und in einem wiedervereinten deutschen Vaterland der Geist frei atmen kann. Weil dies so ist, gibt es für uns zu dieser Grundordnung der Bundesrepublik keine Alternative. Es gibt keine Alternative zum demokratisch freiheitlichen Rechtsstaat, und wir werden leidenschaftlich darum kämpfen, daß immer mehr Bürger in unserem Lande, möglichst die meisten in diesem Lande, ebenfalls sagen: Wir wollen diese Republik und gar keine andere.

Menschlichkeit ist im Zeitalter der Massengesellschaft und der Massendemokratie eine Bedingung für das Überleben. Carl Friedrich v. Weizsäcker sagt aus gutem Grund: „Die technische Welt stabilisiert sich nicht von selbst", auch wenn das Revolutionäre und Diktatoren von rechts bis links immer wieder glauben mögen. Geht die Menschlichkeit verloren, so geht die Dynamik einer vernünftigen Richtung gesellschaftspolitischer Entwicklung verloren und damit die einzige wirkliche Klammer ihrer Stabilität. Menschenrechte sind Normen, an denen wir das Ausmaß an Humanität und Menschlichkeit messen können. Wir halten daran fest, daß diese Menschenrechte ihren Ursprung und ihre Gültigkeit nicht vom Staat und nicht von einer allmächtigen Partei ableiten. Dies ist selbstverständlich für die Christlich-Demokratische Union Deutschlands.

Menschenrechte sind für uns angeborene, unveräußerliche Rechte des Menschen und damit Grundlage des Staates und der gesellschaftlichen Ordnung. Sie müssen jeglichem Zugriff staatlicher Gesetzgebung entzogen bleiben. Menschenrechte sind und bleiben für uns die Freiheitsrechte des einzelnen zum Schutze gegen den Staat. Sie sichern dem Bürger seine eigene, dem Zugang des Staates entzogene Freiheitssphäre. Es ist wichtig, daß wir dies immer wieder sagen, denn gerade dieses Verständnis der Menschenrechte unterscheidet uns fundamental von allen totalitären Ideologien und Philosophien, seien sie von rechts oder von links. Sie haben die Menschenrechte pervertiert, weil sie allein darüber bestimmen wollen, welches Glück die Bürger erfahren und suchen dürfen und welches nicht. Wir wollen nicht das verfügte Glück. Wir wollen die Chance des einzelnen für sein Glück. Er selbst soll sich selbst verwirklichen können.

Wenn im letzten Jahr die Regierung der DDR in ihrem Bericht an die Vereinten Nationen erklärte, sie habe die Menschenrechte erfolgreich verwirklicht, dann ist das ihr Verständnis vom totalitär begründeten Menschenrecht. Und es ist eine zynische Verhöhnung der Menschen in beiden Teilen Deutschlands. Für uns ist dies der Ausdruck eines politischen Systems, das mit Mauer, Stacheldraht und Schießbefehl die Rechte des Menschen täglich mit Füßen tritt und verhöhnt. Wir sind nicht geneigt, aus Gründen der Opportunität des Tages darüber zu schweigen. Wer uns dann sagt, dies sei ein Ausdruck der Gesinnung des Kalten Krieges, dem kann ich nur sagen, wer sich jetzt feige wegduckt, der verliert die Verantwortlichkeit für die Zukunft unseres Landes.

Menschenrechte sind die Rechte des einzelnen. Sie sind der Politik vorgegeben und legen ihr Verpflichtungen auf. Menschenrechte können aber nicht allein von der Politik durchgesetzt werden. Die Leistung des einzelnen muß hinzukommen. Rechte ohne Pflichten haben auf Dauer keinen Bestand. Und deswegen müssen wir uns selbst befragen, ob wir als streitbare Demokraten dieser Bundesrepublik Deutschland genug getan haben, unsere Pflicht so zu sehen, wie sie zu sehen ist. Denn diese freiheitliche Demokratie lebt von der Überzeugungskraft ihrer Idee, und dann kann man nicht nur sagen: Du, Staat, ich fordere, ich erwarte, ich verlange. Dann muß man auch sagen: Du, unser Staat, ich bin bereit zu tun, zu geben und, wenn es sein muß, Opfer zu bringen. Das gehört auch zu freiheitlicher Demokratie.

Jeder von uns steht in der Pflicht, die Menschenrechte zu verwirklichen, nicht nur bei uns, sondern auch anderswo. Und deswegen lassen uns Geschehnisse in anderen Teilen der Welt – sei es in der DDR, sei es in der Tschechoslowakei, sei es in Ungarn oder der Sowjetunion, sei es in Chile oder anderswo, nicht unbeteiligt. Es ist unsere Welt, und es ist unsere Verantwortung, die wir hier zu sehen haben.

Wir kämpfen leidenschaftlich gegen Folter, Mord und psychischen Terror. Wir werden diese immer öffentlich und drastisch anprangern. Aber zu den Menschenrechten gehören auch das Recht auf Meinungsfreiheit, auf Freizügigkeit und vieles andere mehr. Hier müssen wir unseren Blick schärfen. Verletzungen und Mißachtungen in diesem Bereich fallen weniger auf, sind weniger spektakulär, aber sie sind auch wichtig. Nichts darf uns blind dafür machen, daß hier elementare Grundrechte bedroht sind. Und wenn ich dies alles so sage, so spreche ich nicht einem moralischen Rigorismus das Wort. Wir würden uns leichtfertiger Diskriminierung anderer Völker und Staaten schuldig machen, wenn wir nicht nur die generelle Gültigkeit der Prinzipien forderten, sondern wenn wir zugleich auch verlangten, daß die Formen ihrer Verwirklichung in allen Ländern identisch sein müssen. Wir respektieren die unterschiedlichen kulturellen und religiösen Traditionen, die unterschiedlichen historischen und gesellschaftspolitischen Ausgangspositionen der Völker. Das Glück der Menschheit besteht nicht in der Uniformität der Welt, nicht in der Identität von Ideen, Charakteren und Bedürfnissen. Was wir brauchen, ist nicht die geistige Gleichförmigkeit und Identität. Im Gegenteil – wir wollen und wir brauchen Toleranz für die Verschiedenheit und für die Fähigkeit, in einer auf viele Weisen unterschiedlichen Welt friedlich miteinander zu leben.

So verstehen wir jenes wichtige Prinzip der Nichteinmischung. Es gilt universal gegenüber den Staaten der ganzen Welt. Unser Freund Pachmann sprach davon, es ist dann unerträglich, wenn bestimmte Gruppen in diesem Lande gegen Terror in Chile protestieren und gegen den Terror und die physische Gewalt in Mittel- und Osteuropa völlig blind sind. Gerade wir Deutschen sollten uns nach unserer Erfahrung in der Geschichte davor hüten, Völker und Staaten mit den Untaten einzelner Machthaber oder Regierungen gleichzusetzen. Wir sind nicht zuletzt deswegen stolz auf die Tat und die Männer des 20. Juli, weil sie der

Beweis dafür sind, daß Hitler und seine Schergen mit dem deutschen Volk nicht identisch waren. Und das gilt für alle Völker dieser Erde, in Mittel- und Osteuropa, in Chile und anderswo.

Um der Menschen willen, aber auch um des Friedens willen bejahen wir dennoch notwendige Gespräche und Beziehungen mit Staaten, deren Machthaber Menschenrechte mißachten. Wir haben das um der Menschen willen mit der DDR getan. Wir tun dies auch mit anderen Staaten. Aber wir tun es nicht, um einem Regime einen Dienst zu leisten, sondern um den Menschen zu helfen, die unter solchen Systemen leiden müssen. Wir müssen alle Chancen nutzen, um auf solche Regierungen einzuwirken, national wie international, damit sie den Menschen mehr Chancen für Freiheit und Menschlichkeit in ihren Ländern geben. Das ist unsere nationale Pflicht.

Der Schock des Stalinismus und des Faschismus, der Schock und die Erfahrung des Zweiten Weltkrieges und dessen, was danach kam, haben zu der weltweiten Einsicht geführt, daß es nicht genügt, den Bestand der Rechte innerhalb der eigenen Grenzen zu festigen. Gemeinsam war man sich einig, die Menschenrechte zum festen Bestandteil des Völkerrechts werden zu lassen. Gemeinsam war man der Meinung, daß es eine internationale Gesellschaft und Gemeinschaft geben müsse, die den Schutz menschlicher Freiheiten garantiert. Aus dieser großen Menschheitshoffnung wurden die Vereinten Nationen geboren, wurde die Deklaration der Menschenrechte formuliert. Diese entscheidende Aufgabe ist, wenn wir es recht sehen, kein Stück vorangekommen. Sie ist jedoch auf der Tagesordnung geblieben. Die Ereignisse in allen Kontinenten seit 1945 haben gezeigt, daß wir noch lange nicht genug getan haben, wenn wir eine hervorragend formulierte Menschenrechtserklärung verabschiedet haben. Es genügt überhaupt nicht, wenn die UNO anläßlich ihrer „Allgemeinen Erklärung der Menschenrechte" erklärt, daß diese Deklaration „das von allen Völkern und Nationen zu erreichende Ideal" sei.

Wir müssen Mittel und Wege finden, diese Menschenrechte effektiv zu machen, und zwar im weltweiten Rahmen. Wir haben jetzt eine solche Aufgabe mitten in Europa und mitten in Deutschland. Es ist die Frage nach der Politik des Friedens und der Entspannung. Wir bejahen eine Politik des Friedens und der Entspannung und der Aussöhnung. Nur dies muß eine Politik der Entspannung sein und der Abrüstung, wo die Völker wirklich aufeinander zugehen und wo wirklich abgerüstet wird und wo wir dem Frieden ein Stück näherkommen. Friede und Entspannung sind unteilbar. Sie sind nicht regional zu begrenzen. Das heißt für uns im Klartext des Jahres 1976: Die Ereignisse in Angola sind mit Entspannungspolitik unvereinbar. Wer wie die Sowjetunion in diesen Jahren aufrüstet wie nie zuvor seit Beginn der fünfziger Jahre, wer eine neue maritime Macht herstellt, um kraft seiner Marinemacht die Fackel des Krieges und des Aufruhrs in neue Kontinente zu schleudern, der muß sich befragen lassen nach seinem guten Willen in Sachen Entspannungspolitik.

Entspannungspolitik ist unvereinbar mit dem Prinzip jenes internationalen Klassenkampfs, den Leonid Breschnew in seiner Parteitagsrede vor wenigen Wochen in Moskau als einen Teil seines Verständnisses von Entspannungspolitik dargestellt hat. Entspannungspolitik ist unvereinbar mit jener erklärten Politik der Sowjetunion, den ideologischen Kampf zwischen den Völkern zu verschärfen. Wer von Entspannung redet und gleichzeitig Spione in den Amtszimmern der Regierungen plaziert, der meint nicht jene Entspannung, von der wir reden. Entspannungspolitik ist unvereinbar mit der Verstärkung der militärischen Konfrontation durch Aufrüstung und Veränderung des Kräftegleichgewichts zwischen Ost und West durch die Sowjetunion. Entspannungspolitik setzt den Verzicht der Sowjetunion voraus, ihre Bemühungen zum Umsturz anderer Systeme fortzusetzen.

Für uns heißt Entspannungspolitik, daß sich beide Seiten die unterschiedlichen Interessen und politischen Auffassungen zugestehen und daß wir uns deswegen nicht gegenseitig verdächtigen und verteufeln. Entspannung im wahren Sinne heißt, trotz aller Gegensätze sachlich über die Differenzen verhandeln und sich bemühen, Ansatzpunkte für Verständigung und Zusammenarbeit zu finden. Was uns Sorge bereitet, ist, daß zunehmend in unserem Lande ein Ungeist umgeht, der eine Politik gutheißt, die um einer vermeintlichen Gemeinsamkeit willen gegenüber den kommunistischen Machthabern in Mittel- und Osteuropa auf die Darstellung unserer Überzeugungen verzichtet.

Was uns Sorge bereitet, ist eine Politik, die über die Schicksalsfragen unseres Volkes, etwa über die Frage der einen deutschen Nation oder über den Bruch der Menschenrechte, nur noch mit solchen Worten und Ausdrücken zu sprechen wagt, die für die Kommunisten annehmbar sind. Wir wollen keinen Kalten Krieg, aber wir hoffen, daß wir für unsere Grundrechte offen und leidenschaftlich kämpfen können. Es dient dem Frieden nicht, wenn wir vorhandene Gegensätze künstlich verschleiern. Gegensätze löst man im privaten Leben nicht damit auf, daß man sie verschweigt. Gegensätze im Leben der Völker löst man nicht dadurch auf, daß man sie leugnet oder der öffentlichen Diskussion entzieht. Niemand dient ernsthaft dem Frieden, wenn er „um des lieben Friedens willen" sich selber und seinen geistigen Grundlagen untreu wird. Wahren Frieden kann es nur auf der Grundlage der Menschenwürde, der Freiheit und des Rechts geben. Was Menschenwürde verletzt, kann unmöglich dem Frieden dienen. Und Frieden, das ist mehr als die bloße Abwesenheit von Krieg oder Kaltem Krieg. Wirklicher Friede herrscht erst dann, wenn alle, die beteiligt sind, in Freiheit und nach gemeinsam anerkanntem Recht über ihre gegenseitigen Interessen verhandeln und ihre Konflikte auf diesem Wege austragen.

Es ist und es bleibt unsere unerschütterliche Überzeugung, daß Recht und Freiheit die Voraussetzungen eines menschenwürdigen Friedens sind. Unsere eigene Freiheit ist auf Dauer gefährdet, wenn die Mehrheit der Menschen in Unfreiheit lebt. Jenes Zeitalter Goethes ist längst vorüber, in dem man sagen konnte, wenn ferne in der Türkei die Völker aufeinanderschlagen, geht einen das überhaupt nichts an. Wenn heute der Friede, die Freiheit gefährdet ist, ob in Lateinamerika, ob in Asien, in Afrika oder hier bei uns in Europa, dann ist das immer unser Friede, der mitgefährdet ist.

Die Christlich-Demokratische Union Deutschlands ist vor fast zwanzig Jahren aufgebrochen, um einen neuen Anfang zu setzen. Die Männer und Frauen, die damals dieses Wagnis einer neuen politischen Gemeinschaft unternahmen, die kamen aus den Gefängnissen und Konzentrationslagern des Dritten Reiches. Sie kamen aus der äußeren und inneren Emigration, aus den Schlachtfeldern des Zweiten Weltkrieges und aus den zerbombten Städten und Dörfern unseres Vaterlandes. Sie sind damals zusammengekommen und haben gesagt, dies darf nie wieder passieren. Wir wollen aus der Geschichte dazulernen. Diese Generation der ersten Stunde ist in der Zwischenzeit abgetreten. Wir, die mittlere, und auch Sie, die jüngere Generation, traten an ihre Stelle. Das, was uns bewegt, ist das gleiche geblieben.

Deshalb: Kämpfen wir für die Freiheit und für die Menschenrechte! Es geht um eine große Sache, die einen hohen Einsatz verdient. Lassen Sie mich schließen mit jenem großen Wort Solschenizyns, der dazu gesagt hat: „Der Preis der Feigheit ist nur das Böse; wir ernten Mut und Sieg nur, wenn wir Opfer wagen."

Broschüre, hrsg. von der Bundesgeschäftsstelle der CDU.

Freiheit, Solidarität, Gerechtigkeit, Grundlage und Auftrag unserer Politik

Rede vor der Katholischen Akademie Hamburg
am 13. Juni 1976

Bei der Vorbereitung des Grundsatzprogramms der CDU von 1978 spielte in der Diskussion um die Grundlagen und Zielsetzungen der Partei die Frage der Grundwerte eine tragende Rolle. Für die Grundwertaussagen gewann die Begriffstrias Freiheit, Solidarität und Gerechtigkeit eine strukturierende Bedeutung.

Das Thema der Tagung gibt mir Gelegenheit, zu einer zentralen Frage unserer politischen Ordnung Stellung zu nehmen. Diese Ordnung geht davon aus, daß Politiker über ihr Handeln und über die Werte, die dieses Handeln bestimmen, Rechenschaft geben. Um es vorweg zu sagen: Für mich als Demokraten sind Freiheit, Solidarität und Gerechtigkeit Grundlage und Auftrag meines politischen Handelns.

Als Christ verstehe ich diese Grundwerte als Ausdruck eines religiösen Bekenntnisses. Das ist keine beschauliche Ausflucht in eine bequeme Teilhabe an ewigen Wahrheiten. Es ist ein verbindlicher Handlungsauftrag, Politik aus dem „C" heraus zu gestalten. Kant meint zu Recht, unser Handlungsauftrag reiche weiter als unsere Erkenntnisfähigkeit. Der Glaube und die darin begründete Verpflichtung auf die Grundwerte helfen, diese Spannungen zu ertragen. Der christliche Politiker reduziert den Menschen nicht auf seine gesellschaftlichen Bedürfnisse. Für ihn sind die Grundwerte nicht über Mehrheiten manipulierbar. Sein Handeln ist letztlich durch Werte bestimmt, die zwar immer wieder neu zu aktualisieren sind, die aber dem kurzfristigen Wechselspiel von Meinungsbildung und Mehrheitsentscheidung vorgegeben bleiben.

Für die Väter unserer Verfassung war es eine wichtige Erkenntnis, daß die staatliche und gesellschaftliche Ordnung ohne einen Grundkonsens über politisch-moralische Werte nicht bestehen kann. Das Grundgesetz wurde zum Ausdruck eines leidenschaftlichen Bekenntnisses zur Menschenwürde und zu den Menschenrechten als Grundlage der neuen politischen Ordnung. Es besteht kein Zweifel, daß dieses Bekenntnis der Grundstimmung dieser Zeit entsprach. Sie fand ihren Niederschlag in der lebhaften Naturrechtsdiskussion, aber auch in der Diskussion einer neuen Wirtschaftsordnung. Diese Phase wurde jedoch bald durch eine lange Periode abgelöst, die beherrscht war durch konkrete Nöte, durch die Sorgen des Alltags, durch den Glauben an die problemlösende Kraft des wirtschaftlichen Wachstums. In dieser Zeit haben wir viel erreicht. Heute freilich wissen wir auch: Der materielle Wohlstand allein vermag die Menschen nicht zu befriedigen. Er läßt ihre Fragen nach dem Sinn des Lebens, nach den gemeinsamen Werten, nach den Zielen unseres Gemeinwesens nicht verstummen, wirft sie vielmehr um so nachdrücklicher auf.

So begann vor allem die junge Generation immer bohrender nach der Legitimität von Staat und Gesellschaft zu fragen. Durch Utopien und ihre Radikalisierung wurden vielfältige Hoffnungen geweckt; doch sind diese Hoffnungen bald zerbrochen. Das Mißverständnis des zur Zeit amtierenden Bundeskanzlers, Politik lasse sich auf eine Mischung aus Demoskopie und Technologie verkürzen, ist keine Antwort auf diese Fragen. Enttäuschte Erwartungen und fehlende geistige Orientierungen begünstigen Resignation, Zynismus und Gleichgültigkeit. Der Befund scheint mir eindeutig: In unserer Gesellschaft gibt es viele Hoffnungen, Sehnsüchte und Sinnfragen. Sie sind durchaus ein Kennzeichen für die geistige Kraft unseres Gemeinwesens. Bleiben sie aber ohne Antwort, so können sie sehr rasch in Destruktionen umschlagen. Deshalb ist die Frage nach den Grundwerten für mich kein theoretisches, kein „akademisches", sondern ein höchst politisches Thema.

Die Antwort auf die Frage nach den Grundwerten des Staates ist im Grundgesetz gegeben. Es bindet den Staat an oberste Grundwerte des menschlichen Zusammenlebens. Das Grundgesetz kennzeichnet nicht ein unkritisches Vertrauen in die integre Ordnungsmacht des Staates. Es ist skeptisch auch gegen mögliche Ansprüche und Zumutungen demokratisch legitimierter Mehrheiten. Das Grundgesetz kennt deshalb nicht nur formale Grundrechte, sondern auch materielle Grundwerte. Mit der Errichtung des Grundgesetzes hat sich das Staats- und Verfassungsverständnis der Deutschen grundsätzlich gewandelt. Die Verfassungsväter begnügten sich nicht damit, Institutionen zu schaffen und verbindliche Regeln vorzuschreiben, die stabile Regierungen ermöglichten und Übergriffen des Staates vorbeugten. Der Staat sollte sich an Werten orientieren, die für eine humane Ordnung unverzichtbar sind. Nach dem Verständnis des Grundgesetzes schließen sich liberale Rechtsstaatsidee und materielle Verfassungsordnung nicht aus – im Gegenteil: Sie ergänzen sich notwendig.

Man würde unser Verfassungsverständnis sehr verkürzen, wenn man darin lediglich die Reaktion auf die voraufgegangenen politischen Ereignisse sehen wollte. Es ist jedoch unübersehbar, daß unserer politischen Ordnung aus der bewußten Abkehr von der Diktatur, aber auch aus politischen Fehlentwicklungen der Weimarer Zeit starke Kräfte zugeflossen sind.

Die nach dem Zusammenbruch geborene Generation kennt diese Erfahrungen nur aus der Überlieferung. Hier ist den verantwortlichen Politikern und den politischen Parteien eine große Aufgabe erwachsen. Es kann allerdings nicht nur darum gehen, die Gefahren eines schrankenlosen Liberalismus oder die Schrecken einer Diktatur lebendig zu erhalten. Ein Gemeinwesen kann nicht nur von der Abwendung von einzelnen Abschnitten seiner Geschichte leben. Es braucht eine politische Ordnung, die aus der Tradition auch Ermutigungen schöpft, die fähig ist, Orientierungen für die Zukunft zu leisten. Ich bin der Überzeugung, daß unsere Verfassungsordnung diesen Anforderungen in ausgezeichneter Weise gerecht wird.

Es ist eine vornehmliche Aufgabe auch der Parteien, die ideellen Grundlagen unseres Gemeinwesens stets zu vergegenwärtigen und den durch die Verfassungsordnung gesteckten Rahmen durch programmatische Aussagen auszufüllen. Unsere freiheitliche Ordnung lebt von der Gestaltungskraft und von der Verantwortungsbereitschaft des einzelnen. Sie verträgt sich weder mit fatalistischer Resignation, daß der einzelne doch nichts verändern könne, noch mit dem blinden Glauben, daß alle gesellschaftlichen Verhältnisse machbar seien.

Doch bereits an dieser Stelle setzt die Kritik ein, welche die Grundlagen unserer freiheitlichen Ordnung prinzipiell in Frage stellt: Verstößt die Bindung an bestimmte Werte nicht gegen den Freiheitsanspruch eines freiheitlich-demokratischen Staates? Ist die Verpflichtung des Staates auf bestimmte Werte, auf ein bestimmtes Menschenbild nicht ein Widerspruch gegen die von der Verfassungsordnung garantierte Freiheit der Meinungen und Weltanschauungen oder gegen den in dieser Ordnung vorausgesetzten Wertpluralismus? Ist das Verbot von Parteien und Vereinigungen, welche die staatliche Grundordnung bekämpfen oder die Abwehr von Radikalen vom öffentlichen Dienst, die sich nicht zu den Grundwerten dieses Staates bekennen, nicht ein Verstoß gegen den freiheitlichen Geist unserer politischen Ordnung? Diese Fragen berühren in der Tat einen zentralen Punkt unseres Verfassungsverständnisses.

In der Weimarer Zeit ging die Staatslehre bekanntlich vom Relativismus als der gedanklichen Voraussetzung der Demokratie aus. Danach sei dem demokratischen Verständnis gemäß jeder politischen Auffassung, die sich die Mehrheit verschaffen könne, die Führung im Staat zu überlassen. Wir haben durch höchst leidvolle Erfahrungen gelernt, daß ein schrankenloser Wertrelativismus keine geeignete Voraussetzung für einen freiheitlich-demokratischen Staat ist. Wir haben gelernt, daß ein freiheitlicher Staat nur bestehen kann, wenn er bereit ist, unverzichtbare Grundwerte anzuerkennen und sie entschieden gegen ihre Feinde und Verächter zu verteidigen.

Soziale Ordnungen können nicht auf einen Grundkonsens zumindest über die Regeln des politischen Entscheidungsprozesses verzichten, wenn sie sich nicht von vornherein in Frage stellen wollen. Unverzichtbare Grundlage für das soziale Zusammenleben ist das Vertrauen in den Bestand und die Wirksamkeit gewisser Grundregeln der politischen Ordnung. Wer politische Freiheiten beansprucht, um sie zu beseitigen, setzt sich zu seinem eigenen Verhalten in Widerspruch. Er erwartet Freiheiten, die zu achten er anderen versagt. Er mißbraucht damit das ihm entgegengebrachte Vertrauen.

Die Grundwerte sind das ideelle Integrationselement, das in besonderer Weise dazu beiträgt, die geschichtliche Identität unseres Staates zu stiften. Sie schaffen die Grundlage, um staatliche Macht und Kultur zu verbünden. Sie begründen die Autorität des Staates, die es ihm ermöglicht, Recht und individuelle Ethik wenigstens teilweise in Einklang zu bringen. Sie sind die Voraussetzungen für eine Rechtsgemeinschaft, die nicht nur wegen des Rechtszwanges das Recht befolgt, sondern es auch innerlich bejahen kann. Die wertgebundene freiheitliche Ordnung setzt Maßstäbe, die an die Politik hohe Anforderungen stellen. Sie braucht unser Engagement; sie fordert aber auch unsere erhöhte Wachsamkeit.

Bei allem Streit um die Reichweite einzelner Grundwerte darf ein Kernbestand an gemeinsamen politischen Überzeugungen nicht angetastet werden. Dies gilt in besonderem Maße für die demokratischen Grundregeln im Kampf um politische Alternativen. Auch in der härtesten politischen Auseinandersetzung darf die Gemeinsamkeit der Demokraten nicht verlorengehen. Es genügt nicht, Grundwerte in

Verfassungstexten festzuschreiben. Sie müssen, wenn sie ein tragfähiges Fundament des Staates bleiben sollen, ein Stück gelebter Verfassung sein. Es genügt nicht, die Durchsetzung der staatlichen Grundwerte allein den Gerichten, voran dem Bundesverfassungsgericht, zu überlassen, die allerdings einen kaum zu überschätzenden Beitrag für die Festigung des freiheitlichen Staates geleistet haben. In einer an Grundwerten orientierten politischen Ordnung ist Tagespolitik immer auch ein Stück Verfassungspolitik, ein Stück Aktualisierung und Konkretisierung der verfassungskräftig festgelegten Maßstäbe.

Es ist Aufgabe aller Staatsgewalten, auch der Gesetzgebung und der Regierung sowie aller demokratischen Kräfte, zur Erhaltung und Festigung des gemeinsamen Grundkonsenses, der in den verfassungsrechtlichen Grundwerten zum Ausdruck kommt, beizutragen. Man macht sich diese Aufgabe zu leicht, wenn man sich auf die Antwort zurückzieht, daß der Staat nur die Grundrechte, nicht aber die gesellschaftlichen Grundwerte zu schützen habe. Auch die Grundrechte drücken gesellschaftliche Werte aus. Sie stehen, wenn sie ihren fundamentalen Charakter für das Gemeinwesen nicht verlieren sollen, in einem engen Zusammenhang mit den Wertvorstellungen der Gesellschaft und ihren Gruppen. Dies kann sicher nicht dazu führen, daß alle gesellschaftlichen Wertvorstellungen Verfassungsrang erhalten. Es mag auch in der konkreten Situation unterschiedliche Auffassungen über den Inhalt und die Reichweite des staatlichen Wert- und Güterschutzes geben.

Der Staat ist aber nicht nur der Notar von Mehrheitsmeinungen, das Herrschaftsinstrument, um die Wertvorstellungen der jeweiligen Mehrheit – und sei sie noch so schmal – durchzusetzen. Unsere politische Ordnung ist vielmehr eine Ordnung des Maßes, der Geduld, des wechselseitigen Gebens und Nehmens. Sie vertraut auf die rationale Kraft der Argumente und Gegenargumente. Sie ist eine Ordnung, die in hohem Maße politische Tugenden vom Staatsmann, vom Politiker und nicht zuletzt vom einzelnen Bürger fordert.

Der Politiker hat nicht nur die Aufgabe, Wertvorstellungen der Gesellschaft zu registrieren. Er hat die Pflicht, für die Grundwerte der Verfassung aktiv einzutreten. Dies heißt, er muß ernsthaft versuchen, ein Maximum an Konsens über Grundwerte der Gesellschaft, die verfassungsrechtlich relevant sind, anzustreben. Dies gilt vor allem im Hinblick auf zentrale nationale Fragen und wichtige Rechtsfragen, die elementare Formen der menschlichen Existenz und des sozialen Zusammenlebens berühren.

Ich muß leider feststellen, daß die derzeitigen Koalitionsparteien auch in solchen Fragen immer wieder den Versuch unternehmen, ihre Auffassung ohne Rücksicht auf die abweichenden Überzeugungen und fundamentalen Wertvorstellungen großer Bevölkerungsteile durchzusetzen. Hier wird seit Jahren eine Veränderungsstrategie geübt, die den Bestand an gemeinsamen Wertvorstellungen in erheblichem Umfang in Frage stellt und damit die freiheitliche, an gemeinsamen Grundwerten orientierte Ordnung gefährdet.

Ich habe immer wieder darauf hingewiesen, daß es weder ein besonderes CDU/CSU-Recht noch ein SPD-FDP-Recht gibt. Ein von parteipolitischen Doktrinen verformtes Recht, das Teile des Volkes in ernste Gewissensnöte stürzt oder das Unfrieden stiftet, ist kein Recht. Rechtspolitik ist das begründete Angebot von Rechtsvorschlägen, die für alle akzeptabel sind, und die Bereitschaft, dieses Angebot im Kampf der Meinungen zu erproben. Die Parteien haben die Aufgabe, in der rechtspolitischen Auseinandersetzung die für sie spezifischen Gesichtspunkte und unverzichtbaren Grenzen zu verdeutlichen und zur Geltung zu bringen. Dies heißt aber auch, daß Parteien, die Regierungsverantwortung tragen, eine ernsthafte Verständigung mit der Opposition suchen. Die Koalitionsparteien haben es an diesem ernsthaften Versuch immer wieder fehlen lassen. Erst unter dem entschiedenen Widerstand der Unionsparteien ist es gelungen, zum Beispiel in der Eherechtsreform, im Hochschulrecht und im Bodenrecht zu einer für alle Seiten noch akzeptablen Regelung zu kommen.

Wer allerdings im Kompromiß nur den beklagenswerten Verzicht auf die Durchsetzung der eigenen Vorstellungen sieht, beweist einen erheblichen Mangel an demokratischem Verständnis. Eine freiheitliche demokratische Ordnung geht von der vernünftigen Kompromißbereitschaft, von der Fähigkeit der Parteien aus, vor allem in grundlegenden Fragen die Verständigung anzustreben sowie unterschiedliche Konzeptionen und Interessen zum Ausgleich zu bringen. Bei der Neuregelung der Straffreiheit des Schwangerschaftsabbruchs bedurfte es erst eines Spruches des Bundesverfassungsgerichts, um die Koalition von Übergriffen abzuhalten. Die Entscheidung des Gerichts hat die Möglichkeit geboten, die versäumte Gelegenheit nachzuholen und sich auf eine von allen Parteien getragene Lösung, die greifbar nahe war, zu einigen. Die Koalition hat diese Chance nicht genutzt. Sie hat es in einer der wichtigsten rechtspolitischen Fragen der Nachkriegszeit vorgezogen, Koalitionsstärke unter Beweis zu stellen, statt den allgemeinen Konsens auf der Basis der gemeinsamen, durch die Entscheidung des Bundesverfassungsgerichts verdeutlichten Grundwerte zu suchen.

Mit diesem Beispiel berühren wir einen weiteren Punkt, der für die künftige Entwicklung unserer staatlichen Ordnung von größter Bedeutung ist. Unsere Verfassungsordnung ist nicht nur bedroht durch eine Politik, die durch mangelnde Verständigungsbereitschaft die Wirksamkeit einzelner Grundwerte schmälert. Gefährlicher noch sind die Bestrebungen, die Verfassung durch gesellschaftspolitische Gesamtkonzeptionen ideologisch zu überlagern. Die Politik wird zum Mittel gesellschaftspolitischer Glaubenskriege. Die soziale Ordnung ist nur noch insoweit politisch relevant, als sie sich in das ideologische Gesamtkonzept fügt. Der einzelne wird zum verfügbaren Objekt der Gesellschaftspolitik. Heilsversprechen und Totalitätsansprüche sind eng verbunden. Sie begründen das Monopol, die Verfassungsordnung für alle verbindlich zu interpretieren.

Wir sollten allerdings der Versuchung widerstehen, auf die kollektivistischen Ideologien mit gesellschaftspolitischen Gesamtkonzeptionen zu antworten, die den Anspruch erheben, für alle sozialen Probleme eine Lösung bereitzuhalten. Wir brauchen heute programmatische Aussagen. Ihre unverzichtbare Basis sind jedoch die Grundwerte unserer Verfassungsordnung. Partei- wie Staatsprogramme haben die Aufgabe, diese Grundwerte zu aktualisieren und im Rahmen ihrer Reichweite durch eine klare Wertpräferenz eine Antwort zu geben auf die vordringlichen Probleme, die es in einer konkreten Situation zu lösen gilt. Dies verlangt den entschlossenen Kampf gegen Ideologien mit Totalitäts- oder Perfektionsansprüchen.

Die historische Erfahrung hat uns gelehrt, daß das Jagen nach Endzwecken oder der Versuch, Perfektionsvorstellungen in der Gesellschaft durchzusetzen, zu den gefährlichsten Erscheinungen im politischen Leben eines Volkes gehören. Solche Ideologien begreifen heute soziale Gerechtigkeit als den perfekten Versorgungsstaat. Sie verstehen die Verfassung als den großen Sozialplan, als den Schaltplan zum Eingriff in Vermögenssubstanzen, zur Planung und Kontrolle der Wirtschaft, zur kollektiven Mitbestimmung in allen Lebensbereichen und schließlich zur Garantie bei allen Lebensschwierigkeiten des Bürgers.

Wir haben dem entgegenzuhalten, daß die Verfassung kein Planungskonzept ist, kein Entwurf einer guten Gesellschaft, keine Vorwegnahme einer im voraus festgelegten Zukunft. Die Verfassung erhält die Maßstäbe für unsere politischen Entscheidungen. Es ist die Aufgabe der

Politik, auf der Basis der Grundwerte der Verfassungsordnung den mühsam abzuwägenden Ausgleich von sozialen Bedürfnissen und sozialen Leistungen zu erarbeiten.

Wer die soziale Ordnung abstrakten Plänen oder ideologischen Gesetzlichkeiten unterwirft, verfehlt die soziale Wirklichkeit, die Bedürfnisse und Nöte der Bürger. Eine freiheitliche Politik ist dagegen der dauernde Versuch, ideelle Vorgaben mit den konkreten Bedingungen einer sozialen Situation in Einklang zu bringen. Für diese Politik genügt es nicht, langfristige Programme aufzustellen. Sie erfordert vielmehr die dauernde Bereitschaft, auf die situativ auftretenden Probleme mit Umsicht zu antworten. Das heißt, soziale Veränderungen müssen überschaubar und ihre Folgen notfalls korrigierbar sein. Denn nicht die Veränderung als solche schafft mehr Gerechtigkeit, sondern die Veränderung, die neue Leistungen zu einem sozialen Preis erbringt, der von allen akzeptiert werden kann.

Für die CDU läßt sich die Antwort auf die Frage nach den Grundwerten nicht positivistisch geben durch Verweis auf die bloße Faktizität der Gesellschaft. Wer dies versucht, stellt im Ergebnis den Menschen und seine Würde zur Disposition. Wer den Menschen primär als gesellschaftliches Wesen begreift, vermag im Zweifel sein Recht und seine Freiheit nicht gegen die Übergriffe der Gesellschaft zu schützen. Es genügt nicht zu sagen, daß der Staat die Grundwerte nicht geschaffen habe, sondern sie vorfinde. Er findet sie vor – aber nicht empirisch in der Gesellschaft, sondern in der Natur des Menschen.

Anders als von dieser Ebene her lassen sich die Grundrechte dem mehrheitlichen Zugriff der Gesellschaft nicht entziehen, läßt sich die Gefahr einer normativen Verabsolutierung der Gesellschaft nicht bannen. Deshalb beschreibt unser Entwurf für ein Grundsatzprogramm zu Beginn in einfachen und klaren Worten unser Verständnis vom Menschen: „Aus christlichem Glauben läßt sich kein bestimmtes Programm ableiten. Aber er gibt uns das Verständnis vom Menschen. Darauf beruht unsere Politik."

Der Mensch kann weder als Individuum noch als Kollektiv über den Menschen verfügen. Für den Christen verdankt der Mensch Ursprung und Ziel seines Lebens nicht sich selbst: „Verantwortliche Politik hat vor allem die unantastbare Würde der Person zu schützen. Die Würde des Menschen bleibt unabhängig von seinem Erfolg oder Mißerfolg und unberührt vom Urteil der anderen." Aus unserem Verständnis vom Menschen leiten wir die Grundwerte unseres Handelns ab. Diese

Grundwerte sind für uns christlich begründet, aber es sind deshalb keine christlichen, sondern allgemein menschliche Grundwerte. Die Grundwerte dienen nicht der Politik einer Partei, sondern dem Gemeinwesen im ganzen.

Für die CDU ist Freiheit weder eine kollektive noch eine individualistische Kategorie: Wir verstehen Freiheit weder als eine gesellschaftliche Leistung noch als Ausdruck individualistischer Emanzipation. Für uns gründet Freiheit in der Würde des Menschen als Person, in seinem Recht, sein Leben nach seinem Entwurf zu leben. Niemand soll seinem Nächsten vorschreiben dürfen, auf welche Weise er glücklich zu sein hat.

Diese persönliche Freiheit des Menschen ist nur als gemeinsame Freiheit aller möglich. Unser Begriff von Freiheit meint nie nur die eigene Freiheit, er schließt immer auch die Freiheit des anderen, des Nächsten ein. Freiheit als schöpferische Fähigkeit des Menschen verwirklicht sich auch in der Leistung. Der Mensch hat seine Würde vor jeder Leistung. Aber seine Freiheit erfordert auch, daß wir ihm Möglichkeiten zur Leistung schaffen und diese dann anerkennen. Im Leistungsprinzip erkennen wir nicht allein und primär seine ökonomische Bedeutung, sondern die Chance auf Selbstverwirklichung. Dieses Verständnis von Leistung erfordert aber auch, jenen solidarisch zur Seite zu stehen, die nicht die Freiheit, das heißt die Möglichkeit haben, so viel wie andere zu leisten.

Solidarität gibt der Leistung ihren sozialen Sinn. Dabei wissen wir: Es genügt nicht mehr, den Menschen ihre Freiheit zu lassen – wir müssen sie aktiv fördern, indem wir die Eigenverantwortung des einzelnen und sein solidarisches Handeln stärken. In der Solidarität sehen wir die Grundlage jeder Gemeinschaft. Sie ist Ausdruck der sozialen Natur des Menschen. Für uns Christen ist Solidarität die politische Konsequenz des christlichen Gebotes der Nächstenliebe. Wir lehnen ein passives Verständnis von Solidarität ab, demzufolge der einzelne immer nur Ansprüche an andere hat. Die gemeinsame Solidarität aller ist vielmehr nur durch persönliche Initiative, Leistung und Verantwortung auf Dauer zu verwirklichen. Jeder hat nach seinen Kräften dazu beizutragen, daß die Gemeinschaft aller für den einzelnen einstehen kann. Solidarisches Handeln ist vor allem dort geboten, wo keine mächtigen Verbände zur Seite stehen, um partielle Interessen durchzusetzen. Ich denke an die kinderreichen Familien, die berufstätigen Frauen, an die Behinderten und an die alten Menschen. Hier stellt sich die Neue Soziale Frage.

Der dritte Grundwert schließlich, an dem wir unsere Politik orientieren, ist die Gerechtigkeit. Grundlage der Gerechtigkeit ist die Gleichheit aller Menschen in ihrer personalen Würde – ohne Rücksicht auf Macht, Leistung oder Versagen des einzelnen. Gleichwohl sprechen wir nicht einfach von Gleichheit, und dies aus gutem Grunde: Die ursprüngliche Gleichheit und Freiheit der Menschen führt zu Vielfalt, Unterschieden, Ungleichheiten. Die Menschen wollen sich frei entfalten können und gerecht behandelt werden.

Wer gesellschaftliche Gleichheit politisch erzwingen will, beseitigt die Freiheit der Menschen – und schafft neue, schlimmere Ungleichheiten. Chancengleichheit hingegen soll das Recht für jeden gewährleisten, sich in gleicher Freiheit so unterschiedlich zu entfalten, wie es seiner Eigenart entspricht. Wer Gleichheit der Ergebnisse und der menschlichen Daseinsformen anstrebt, verhindert Chancengleichheit. Er geht davon aus, daß der Mensch total verfügbar sei und zerstört die personale Verantwortung. Wer alles gleichmachen will, kann gleiche Chancen nicht versprechen. Gerechtigkeit verlangt, Gleiches gleich und Ungleiches ungleich zu behandeln.

Diese Grundwerte – Freiheit, Solidarität und Gerechtigkeit – ergänzen und bedingen einander. In einer inzwischen historischen Epoche, in der die politischen Freiheiten wenigen vorbehalten waren, bedeutete mehr Gleichheit auch mehr Freiheit für viele. Dies hat sich geändert. Heute ist nicht die Gleichheit der Menschen bedroht, sondern ihre Freiheit. Die Forderung nach mehr Gleichheit zeigt heute nur allzuoft ihr freiheitsfeindliches Gesicht. Eine rigorose Verwirklichung der Gleichheit bringt den Menschen um sein Recht auf Individualität.

Das Ideal mancher sozialistischen Reformer scheint die glattgemähte Wiese zu sein – auch wenn auf ihr dann keine Blumen in bunter Vielfalt und unterschiedlicher Größe mehr blühen. Wer über den Durchschnitt herausragt, gerät in unserer Gesellschaft schnell unter einen Rechtfertigungszwang. Viele haben vergessen: Nur eine – nicht bloß im ökonomischen Sinne! – schöpferische Gesellschaft kann auch eine sozial gerechte Gesellschaft sein.

Die Grundwerte gehen die Lebenswirklichkeit jedes einzelnen Bürgers an. Es versteht sich daher von selbst, daß die Kirchen die Diskussion um die Grundwerte und ihre Verwirklichung in der Politik mit großer Aufmerksamkeit verfolgen. Viele Politiker haben aber noch immer große Schwierigkeiten, zu den Kirchen und ihrer gesellschaftlichen Aufgabenstellung ein ungestörtes Verhältnis zu finden. Die einen befürchten, der Staat werde als Instrument zur Durchsetzung weltanschaulicher Positionen mißbraucht. Sie meinen, im Jahre 1976 vor einem

„Kirchenstaat" warnen zu müssen. Sie schlagen noch einmal die Schlachten der Vergangenheit. Die anderen ziehen sich auf den weltanschaulich neutralen Staat zurück und überlassen es den Kirchen, sich um die Grundwerte und ihre Anerkennung in der Gesellschaft zu sorgen. Bei den Grundwerten geht es aber um unser aller Angelegenheit – und nicht nur um jene der christlichen Kirchen.

Die Grundwerte unserer Verfassung stehen in einem engen Zusammenhang mit dem von den Kirchen tradierten Menschenbild. Man kann wohl sagen, daß es ohne die historischen Leistungen der Kirchen den modernen Staat in seiner heutigen Gestalt nicht gäbe. Auch wer nicht das religiöse Selbstverständnis der Kirchen teilt, sollte nicht verkennen, daß ihre Aufgabenstellung für eine politische Ordnung, die an Grundwerten orientiert ist, von großem Gewicht ist. Sie sind – trotz aller ihrer inneren Schwierigkeiten – nach wie vor die großen Ordnungskräfte, die in einer säkularisierten Welt die Frage nach einer die Gesellschaft übersteigenden Wirklichkeit, nach einer letzten Sinngebung der menschlichen Existenz offenhalten.

Es ist nicht das Gebot der Stunde, die Kirchen in ihre Schranken zu verweisen. Heute geht es vielmehr darum, daß beide Seiten, die Politik und die Kirchen, wieder mehr aufeinander hören. Die CDU braucht und sucht den steten Dialog mit den Kirchen. Ich bin überzeugt, daß dieser Dialog zum Nutzen aller ist. Wir werden den freiheitlich-demokratischen Staat und eine freiheitliche Gesellschaft mit Erfolg nur verteidigen können, wenn wir uns für die Verwirklichung der Grundwerte als Ausdruck einer humanen Lebensordnung mit ganzer Kraft einsetzen.

Broschüre, hrsg. von der Bundesgeschäftsstelle der CDU.

Das Erbe von Ahlen

Rede zum 30. Jahrestag des Ahlener Programms
am 26. Februar 1977 in Ahlen

Das wirtschafts- und sozialpolitische Aktionsprogramm, das Anfang Februar 1947 vom Zonenausschuß der CDU für die britische Zone beschlossen wurde, bot auf der Grundlage der christlichen Soziallehre eine Alternative zu sozialistischen und liberalkapitalistischen Konzepten. Die folgende Rede zeigt, daß der soziale Impetus und die Wirtschaftsgesinnung, die dieses Programm verkörpert, in der Sozialen Marktwirtschaft ein ordnungspolitisches Erbgut der CDU geblieben sind.

Wir haben uns heute hier versammelt, um einen wichtigen Tag in der Geschichte unseres Landes und unserer eigenen politischen Gemeinschaft zu begehen: den 30. Jahrestag des Ahlener Programms. Am 3. Februar 1947 wurde dieses Programm hier in Ahlen, wenige hundert Meter von diesem Platz entfernt, für die CDU der britischen Besatzungszone verabschiedet. Heute, nach dreißig Jahren, geht unser Blick zurück, um nachdenklich unseren eigenen Weg zu überblicken. Denn nur der, der die Geschichte begreift, sie erfaßt und in irgendeiner Form noch einmal durchlebt, ist überhaupt fähig, das Heute zu gestalten und das Morgen anzuvisieren.

An den Anfang dieses Rückblicks gehört ein Wort der Würdigung und des Dankes für die Männer und Frauen der ersten Stunde in der Christlich-Demokratischen Union überall in unserem Vaterland und auch hier an diesem Ort. Unser Freund Josef Kannengießer hat eben in der ihm eigenen bescheidenen und liebenswürdig direkten Art noch einmal charakterisiert, was damals vonstatten ging. Er ist ein Mann, der zu denen in unserer Partei gehört, ohne die es keine Zukunft, keine Vorsitzenden, keinen Glanz der CDU nach draußen gibt – die ganz einfach ihren Dienst getan haben und tun. Dafür gehört ihm unser Dank.

Sie, lieber Freund Kannengießer, waren ja der Antragsteller, der in Godesberg den Begriff „Union" im Namen unserer Partei vorschlug und ihn mit vielen anderen auch durchsetzte.

Was wir heute begehen, hat gar nichts mit Nostalgie zu tun, sondern mit unserem Verständnis von der Kontinuität der Geschichte. Wir stehen zur Geschichte der Deutschen und zur Geschichte der Christlich-Demokratischen Union Deutschlands in allen ihren Teilen, seit es diese Partei gibt. So ist diese Stunde weniger der Tagespolitik und sehr viel mehr unserem weltanschaulichen Grundverständnis, den Prinzipien, die uns leiten und die zeitlos sind, gewidmet. Eine Partei, die wirklich die politische Richtung bestimmen will, muß die Tagespolitik begreifen und kraftvoll gestalten. Aber sie muß auch ihre Prinzipien verstehen und durchtragen, auch dann, wenn der Zeitgeist ihr einmal ins Gesicht weht.

Für weite Kreise in der Bundesrepublik Deutschland, und manches vordergründige Interesse an diesem Tage beweist das, ist das Ahlener Programm eine Art von Buhmann in doppelter Form. Für bloße, sogenannte liberale Marktwirtschaftler ist es ein Dokument christlicher Sozialisten, welche die Vergesellschaftung weiter Industriebereiche anstreben. Für linke Sozialisten hat es gleichsam eine Alibifunktion: Es zeige, so behaupten sie, wie kapitalistisch angeblich die CDU in dreißig Jahren geworden sei.

Jeder, der sich mit diesem Thema unvoreingenommen beschäftigt, der, wie Heinrich Windelen zu Recht sagte, das Programm wenigstens einmal überhaupt gelesen hat, der wird feststellen, daß diese Betrachtungsweise rundherum falsch ist. Wer dieses Programm würdigt, der muß sich die Zeitumstände, aber auch die geistesgeschichtlichen Vorgänge, die zu diesem Ereignis vor dreißig Jahren führten, deutlich machen. Dieses Programm ist nur aus seiner historischen Situation, aus der Entwicklung der katholischen Soziallehre von Leo XIII. bis Pius XII. und aus der Geschichte der christlich-sozialen Arbeitnehmerbewegung und aus der Geschichte der christlich-sozialen Idee zu verstehen.

Das Programm von Ahlen entstand in einer Zeit, als Deutschland geteilt war, zerstört, besetzt, in Zonen aufgeteilt. Es war ganz natürlich, und es zeigt die Kraft der christlich-demokratischen und christlich-sozialen Idee, daß an vielen Orten und Städten unseres deutschen Vaterlandes die gleiche Idee aufkam, nämlich die Idee, daß man aus der christlich-sozialen und der christlich-demokratischen Überzeugung, aus den Normen eines christlichen Welt- und Menschenbildes einen neuen Anfang nach dem Ende der nationalsozialistischen Barbarei wagen sollte.

Das Ahlener Programm steht als ein wichtiges Stück unserer Geschichte zu Beginn dieser Zeit. Jeder, der dieses Programm heute liest und unter dem Gesichtspunkt der Aktualität von damals betrachtet, der weiß, daß zahlreiche Einzelforderungen eindeutig von den Zeitumständen vor dreißig Jahren geprägt sind. Die Hungerzeiten jener Jahre, in denen unser Volk vor kaum lösbaren Problemen stand, sind nahezu vergessen. Wer aber die Hintergründe jener Diskussion des Zonenausschusses der CDU der britischen Zone verstehen will, der muß wissen, in welcher konkreten menschlichen Lage die Männer und Frauen, die damals Politik formulierten, standen.

Ich will nur zwei Beispiele nennen. Die Versorgung überall in Deutschland und gerade hier in Nordrhein-Westfalen war katastrophal. Die Menschen litten Hunger, die Städte waren zerstört, die Lebensmittel rationiert. Ich habe aus dem Februar 1947 hier die amtlichen Daten für Nordrhein-Westfalen über den Fehlbedarf an Nahrungsmitteln. Es fehlten in dieser Zeit 1 300 000 Tonnen Brot und Lebensmittel, 60 000 Tonnen Fleisch und 1 Million Tonnen Speisekartoffeln. Aufgrund dieser schlimmen Tatsachen war die Stadt Essen zu der Zeit, als hier der Zonenausschuß tagte, gezwungen, die wöchentliche Arbeitszeit für alle Beamten, Angestellten und Arbeiter im Einvernehmen mit den Betriebsräten und Gewerkschaften und mit Genehmigung der Militärregierung auf 41 Stunden herabzusetzen, da der Verfall der Kräfte bei den Beschäftigten so groß war, daß ihnen die normale Arbeitszeit nicht mehr zugemutet werden konnte. Das alles muß man sich wieder vergegenwärtigen, wenn man über den Ausgangspunkt der damaligen Entscheidungen spricht.

In jener Zeit herrschte hier die britische Besatzungsmacht, die unter der politischen Kontrolle der Labour-Regierung in London stand. Aus den amtlichen Dokumenten weiß ich, daß gerade Konrad Adenauer in diesem Ahlener Programm die große Chance sah, jene Sozialisierungswelle, die gemeinsam von Sozialisten und den britischen Besatzungsmächten in unserem Land geplant war, zu verhindern. Wer sich erinnert, wie sich damals Hermann Josef Dufhues als junger Rechtsanwalt einen Namen in Militärgerichts-Prozessen gegen deutsche Arbeiter machte, die sich bei der Demontage weigerten, ihren eigenen Arbeitsplatz zu demontieren, der weiß, was das für eine schlechte Zeit war.

Zwar war in jenen Tagen des Jahres 1947 die Idee des Morgenthau-Planes bereits erledigt, aber es gab viele Detailpläne, die zu einer ähnlich katastrophalen Entwicklung hätten führen können. Es war eine Zeit, in der niemand wissen konnte, daß es zu jenem unwiderruflichen Bruch zwischen den westlichen Siegermächten und der Sowjetunion kommen würde. Niemand konnte damals ahnen, daß die Amerikaner das Ruder herumwerfen würden und in einem großartigen Akt staatsmännischer Weitsicht, dem Marshall-Plan, gerade der britischen und der amerikanischen Besatzungszone und später der französischen Zone die Chance gaben, wirtschaftlich zu erstarken und damit eine entscheidende Voraussetzung schufen, die Bundesrepublik Deutschland zu gründen.

Das war der Hintergrund und die historische Lage, vor der die Väter des Ahlener Programms und der Zonenausschuß standen. Dieses Programm war der Versuch in jener Zeit, eine historische Antwort auf die Irrtümer des Sozialismus zu geben, und eine Absage an den Kapitalismus. Entscheidend war, ist und bleibt der moralische Anspruch, bleiben die ethisch-politischen Grundprinzipien des Ahlener Programms – sie sind heute noch verpflichtend: das machtverteilende Prinzip, das Machtkonzentration verhindert und das Freiheit in Staat und Wirtschaft, vor allem durch eine Dezentralisation der Macht, sichern soll. Die Forderung von damals gilt heute noch genauso: daß die Wirtschaft dem Menschen zu dienen hat und nicht umgekehrt. Das sind Prinzipien von bleibendem Gewicht.

Dieses soziale und christliche Engagement des Ahlener Programms, das in seiner Verurteilung der Schreckensherrschaft des Dritten Reiches und in seinem Wunsch nach einer neuen Ordnung, in deren Mittelpunkt der Mensch und seine Würde stehen sollten, deutlich zum Ausdruck kommt, wurzelt in der Tradition der christlichen Soziallehre. Deswegen bitte ich um Verständnis dafür, daß ich heute als Bundesvorsitzender der Christlich-Demokratischen Union Deutschlands, der großartigen Gemeinschaft, in der Männer und Frauen aus den beiden großen christlichen Kirchen, Katholiken und Protestanten zusammengefunden haben, auch die Gelegenheit nehme, gerade diesen wichtigen Aspekt unserer Programmatik zu erwähnen. Denn das Ahlener Programm ist ohne seine sozialgeschichtliche Einordnung nicht denkbar.

Was Papst Leo XIII. im Jahre 1891 in der Sozialenzyklika „Rerum Novarum" über die Arbeiterfrage schrieb, was vierzig Jahre später Pius XI. in der Enzyklika „Quadragesimo Anno" über die gesellschaftliche Ordnung aussagte, sind wesentliche Beiträge für die christlich-soziale Idee und selbstverständlich auch für das Denken der Christlich-Demokratischen Union Deutschlands. Diese beiden päpstlichen Rundschreiben und die in ihnen diskutierten Grundsätze haben unsere Programmatik nicht nur in Ahlen – aber auch und gerade in Ahlen – entscheidend beeinflußt. Die christlich-soziale Bewegung trat schon frühzeitig neben die bürgerlich-konservative und die sozialistisch-marxistische Sozialpolitik. Sie erhielt in den sechziger Jahren durch Emmanuel von Ketteler einen entscheidenden Impuls: Nach seiner Ansicht genügte nicht der moralische Appell an den einzelnen. Die tatkräftige Hilfe des Staates als Hüter des Gemeinwohls, so sagte er, sei für eine konstruktive Gesellschaftspolitik notwendig.

In seiner Enzyklika „Rerum Novarum" mußte sich Leo XIII. mit zwei Ordnungssystemen auseinandersetzen: dem sozialistischen und dem kapitalistischen. Gegenüber beiden Ansprüchen verteidigte er die Menschenwürde und die Grundrechte der Arbeitnehmer. Der Sozialismus erwartete die gesellschaftliche Ordnung und die Rettung der Arbeiterschaft von der Aufhebung des Privateigentums. Er leugnete das persönliche Besitz- und Verfügungsrecht des Menschen, das „Privateigentum", zumindest an den Produktionsmitteln. Leo XIII. stellte mit aller Klarheit heraus, daß diese Auffassung im Gegensatz zur christlichen Soziallehre steht. Ebenso wies er die liberale Theorie, Arbeit sei Ware, scharf zurück. Mit seiner unbedingten Forderung des Eigentums für alle anerkannte er auch für den besitzlosen Nur-Lohnarbeiter das natürliche Recht auf persönliches Eigentum.

Die Gründe, die Leo XIII. für das Recht auf Eigentum anführte, haben bis heute nichts an ihrer Bedeutung verloren. Sie verweisen auf das Wesen und auf die Würde jedes einzelnen Menschen als Person wie auf die Notwendigkeit der gesellschaftlichen Ordnung: Eigentum für alle als Voraussetzung der Freiheit für alle. Leo XIII. ist nicht einseitig, er bestreitet keineswegs, daß aus Gründen des Gemeinwohls Eigentum in öffentlicher Hand manchmal notwendig und berechtigt ist. Aber dieses Gemeinschaftseigentum darf das Privateigentum nicht verdrängen.

Im Jahre 1931, vierzig Jahre nach dem Erscheinen von „Rerum Novarum", veröffentlichte Papst Pius XI. die Enzyklika „Quadragesimo Anno". Ihr Thema war „Die gesellschaftliche Ordnung". Der Papst betonte besonders, daß jedes Eigentum eine doppelte Funktion, eine individuelle und eine soziale, eine dem Einzelwohl des Menschen und eine dem Gesamtwohl der Gesellschaft zugewandte Seite und Funktion habe. Mit anderen Worten: Alles Eigentum ist sozial gebunden und sozial verpflichtet. Die Sozialbindung des Eigentums hat hier, in der christlichen Soziallehre, ihre Wurzel. Diese Sozialbindung des Eigentums darf jedoch – und auf diese Grenze weist der Papst ausdrücklich hin –

nicht als trojanisches Pferd mißbraucht werden, um die Institution des Eigentums als tragende Grundlage der Sozialordnung auszuhöhlen. Geradezu prophetisch warnt Pius XI., keine Gemeinschaft, kein Staat, keine Gesellschaft dürfte „durch steuerliche Überlastung" oder auf sonstige Weise die Privatvermögen „verzehren", das heißt „so weit aushöhlen, daß tatsächlich nichts mehr von ihnen übrig bleibt".

Maß und Norm für die Gestaltung und die Wandlungen der Eigentumsordnung sind die Erfordernisse des Gemeinwohls, mit denen das Eigentumsrecht in Einklang zu bringen ist. Diese Aufgabe fällt in erster Linie dem Staat und der Staatsgewalt zu. Denn ihnen ist das Gemeinwohl anvertraut. Aufsehen erregte nach der Veröffentlichung von „Quadragesimo Anno" der sogenannte Sozialisierungsbescheid. Der Bescheid lautet: „Mit vollem Recht kann man ja dafür eintreten, bestimmte Arten von Gütern der öffentlichen Hand vorzubehalten, weil die mit ihnen verknüpfte übergroße Macht ohne Gefährdung des öffentlichen Wohls Privathänden nicht überantwortet bleiben kann." Pius XII. erklärte später kurz zusammengefaßt: Die Sozialisierung ist erlaubt und geboten, wenn sie „wirklich durch das gemeine Wohl gefordert ist".

Aus diesem ideengeschichtlichen Hintergrund ist die programmatische Entwicklung der christlich-sozialen Bewegung bis 1933 und auch unmittelbar nach 1945 zu verstehen. Die Parallelen zum Ahlener Programm liegen auf der Hand. Ebenso deutlich ist aber auch der Unterschied. Die Päpste und die Sozialenzykliken bleiben im Grundsätzlichen; das Ahlener Programm wird ziemlich konkret – für ein Aktionsprogramm auch angemessen, aber in den konkreten Forderungen eben zeitlich bedingt.

Pius XI. sagt in der Enzyklika „Quadragesimo Anno" ausdrücklich, daß die Kirche eine Lehrautorität in den gesellschaftlichen Fragen beansprucht. Er sagt aber ebenfalls, daß sie diese beansprucht „nicht in Fragen technischer Art, wofür sie weder über die geeigneten Mittel verfügt noch eine Sendung erhalten hat, wohl aber in allem, was auf das Sittengesetz Bezug hat". Damit trifft der Papst eine entscheidende Klarstellung: Die katholische Soziallehre fragt nicht und gibt keine Auskunft, wie Wirtschaft, Gesellschaft und Staat in einer konkreten Situation mit den jeweils zweckdienlichen Mitteln zu ordnen seien. Dafür sind die Bürger verantwortlich, die in einer konkreten Situation ihren Staat zu bestellen haben.

Der christlichen Soziallehre geht es vielmehr um die Erstellung des gesellschaftlichen Ordnungsbildes, das sich aufgrund einer Reihe von unveränderlichen ethischen Grundsätzen ergibt. Das aber bedeutet: Es gibt keine christliche Wirtschafts-, Sozial- und Staatsordnung, die für alle Zeiten und Situationen gleichermaßen gültig wäre. Wie die allgemeinen, gültigen Prinzipien in der jeweiligen Situation zu verwirklichen sind, bedarf einer sorgfältigen Analyse der Tatsachen und kann deshalb nicht von vornherein festgelegt werden. In einem solchen Vorgang der Anpassung ist die Gefahr eines Irrtums keineswegs ausgeschlossen.

Ich finde – lassen Sie mich das offen aussprechen –, wir hätten uns bis in die jüngsten Tage hinein auch in den eigenen Reihen manche törichte und unnütze Diskussion erspart, wenn wir uns diese Einsichten immer vor Augen gehalten hätten.

Die Soziallehre nennt die Grundsätze. Sie sind nicht beliebig und stehen auch nicht zur Disposition. Soweit das Ahlener Programm in diesem Rahmen bleibt, ist es natürlich in seinen Prinzipien gültig. Um diese Grundsätze zielgerecht verwirklichen zu können, bedarf es der Rücksicht auf die konkrete Situation und auf die Beachtung ökonomisch-wissenschaftlicher Zusammenhänge, sonst widerlegt am Ende das politische Ergebnis die ursprüngliche Absicht: Die Geschichte des Sozialismus, die Geschichte der deutschen Sozialdemokratie liefert dafür genug Beispiele. Deswegen – und das ist kein Abrücken, das ist eine nüchterne Erkenntnis – muß gesagt werden, daß Teile des Ahlener Programms natürlich heute überholt sind, weil sie in die damalige Zeit, in eine andere Zeit, hineinkonzipiert waren.

Man darf es nicht dem Ahlener Programm vorwerfen, daß spätere Interpreten diese Unterscheidung oft verwischt haben. Seiner Bedeutung, die Grundsätze der katholischen Soziallehre neu formuliert zu haben, tut dies keinen Abbruch. Dies ist die bleibende Leistung des Walberberger Kreises. Aus ihm ist nämlich das Ahlener Programm praktisch hervorgegangen. Bereits im Jahre 1941 wandten sich führende Persönlichkeiten der katholischen Arbeiterbewegung – Jakob Kaiser, Johannes Albers, Karl Arnold, Bernhard Letterhaus, Nikolaus Gross, Josef Wirmer, Heinrich Körner – an den damaligen Provinzial der deutschen Dominikaner, Pater Laurentius Siemer, mit der Bitte um Gespräche über die christliche Staats- und Gesellschaftsordnung. In dessen Auftrag zeigte Pater Eberhard Welty die Grundgedanken der christlichen Gesellschaftslehre über Menschenwürde und Freiheit, Familie und Staat, Recht und Autorität im einzelnen auf. In seiner Schrift „Was nun?" legte er die „entscheidenden Grundsätze und Grundrichtungen" dar, „nach denen der Neuaufbau der Staatsgemeinschaft" erfolgen sollte.

Wenn in diesen Jahren Teile unserer politischen Gegner immer wieder den Versuch unternehmen, die Bundesrepublik in zwei Hälften aufzuteilen: Eine, die für, und eine, die gegen die Nazis war, wenn führende Sozialdemokraten den Versuch unternehmen, dreißig Jahre danach, eine späte Entnazifizierung vorzunehmen, so will ich all jenen, die das tun, zurufen: Mitten in der Barbarei, in der Nacht der Hitler-Zeit, haben auch Männer aus der christlich-sozialen Idee, die am 20. Juli ihre Überzeugung mit ihrem Leben bezahlt haben, für das neue Deutschland gestanden.

Unmittelbar nach dem Zusammenbruch stießen zu den bereits genannten Persönlichkeiten aus der christlich-sozialen Bewegung noch zusätzlich alte Zentrumspolitiker – der frühere Oberbürgermeister von Krefeld, Dr. Wilhelm Warsch, der ehemalige Abgeordnete Dr. Leo Schwering, der alte Generalsekretär der Kölner Zentrumspartei, Peter Josef Schaeven, der Verleger Dr. Theodor Scharmitzel –, um die Gründung einer „Christlich-Demokratischen Volkspartei" vorzubereiten. Nach zahlreichen Diskussionen und Besprechungen, vor allem in Walberberg, trat am 17. Juni 1945 in Köln eine Konferenz von 18 Persönlichkeiten zusammen, darunter Eberhard Welty: Schwering hielt das Grundsatzreferat. Ergebnis dieser Konferenz war der Beschluß der Zusammenarbeit von Männern und Frauen aus den beiden großen Konfessionen. Hier sollte eine neue Sache entstehen, die politische Heimat werden konnte für Katholiken und Protestanten. Die Männer und Frauen der ersten Stunde, die dies taten, wußten nichts vom Zweiten Vatikanum, vom Konzil des Papstes Johannes XXIII., von vielen Erklärungen der Evangelischen Kirche in Deutschland. Das waren weitsichtige Männer, die etwas Neues wagten. Wir alle haben den Ertrag dieses Wagnisses bekommen, daß, Gott sei Dank, diese Bundesrepublik nicht vom Hader unter den großen konfessionellen Gruppierungen unseres Landes vergiftet wurde.

In der konkreten Situation konnte es nicht ausbleiben, daß die allgemeinen Grundsätze direkt und unvermittelt auf die Wirklichkeit übertragen wurden. Das ist auch ein wichtiger Punkt bei der Beurteilung des Ahlener Programms. Wenn man es nach dreißig Jahren liest, darf man sich nicht von der konkreten Situation der damaligen Zeit lösen. Die empirischen Sachverhalte und die Folgen dieser Beschlüsse waren damals gar nicht übersehbar. So konnte es nicht ausbleiben, daß dieser Versuch von Ahlen ein erster Versuch war, dem bald eine breite, intensive Diskussion quer durch ganz Deutschland folgte.

Die eigentliche Verbindung jener Grundsätze, von denen ich sprach, jener theoretischen Erkenntnisse und der praktischen Erfahrungen glückte uns dann in den Düsseldorfer Leitsätzen, die Grundlage für die Wahlprogrammatik zur ersten Bundestagswahl 1949 wurden. In jener Zeit gewann dann auch die andere zentrale ordnungspolitische Komponente in unserer Programmatik Gewicht, die unlösbar mit dem Namen Ludwig Erhard verbunden ist. Wenn wir in diesen Tagen, zu seinem 80. Geburtstag, des Baumeisters der Sozialen Marktwirtschaft gedacht haben, dann kommt in diesen beiden Begriffen „Sozial" und „Marktwirtschaft" genau das zum Ausdruck, was wir als das Neue in die Wirtschaft und Sozialordnung nach dem Zweiten Weltkrieg eingebracht haben.

Es ist faszinierend, heute, fast 35 Jahre danach, die wiederaufgefundene Denkschrift, die Ludwig Erhard während des Krieges unter schweren Gefahren niederschrieb, nachzulesen, wo er in ersten Formulierungen die Grundzüge der neuen Ordnung niederlegte. Es ist uns dann in der CDU, gemeinsam mit unseren Freunden der CSU, gelungen, mit der Sozialen Marktwirtschaft neben dem Kapitalismus vergangener Zeit, neben dem Sozialismus vergangener und gegenwärtiger Zeit, den neuen Weg, den Weg der Sozialen Marktwirtschaft zu begründen, der wichtiger Bestandteil der lebenden und der geschriebenen Verfassung des Grundgesetzes unserer Bundesrepublik Deutschland wurde.

Aus dem Ahlener Programm – und das ist aktueller Gegenstand heutiger Diskussion – ist auch die Formulierung geblieben, daß Wirtschafts- und Sozialpolitik nicht getrennt gesehen werden dürfen, sondern daß sie eine Einheit sind und sich gegenseitig binden. Wir haben inzwischen in den letzten Jahren der Reideologisierung erlebt, wohin es führt, wenn man aus ideologischen Gründen Wirtschafts- und Sozialpolitik auseinanderreißt, wenn man vergißt, daß Wirtschaftspolitik sozial und Sozialpolitik wirtschaftlich zu denken und zu handeln haben.

Wenn wir über diesen Zusammenhang und die Düsseldorfer Leitsätze sprechen, dann schadet eine kritische Bewertung unserer Vergangenheit überhaupt nichts, wie auch ein Bekenntnis zur christlich-sozialen Bewegung ganz selbstverständlich ins Bild der christlich-demokratischen Union paßt. Wir können manches aus der Geschichte lernen, auch wenn sich Geschichte nur gelegentlich und in Teilen wiederholt. Wir müssen heute in der Verantwortung für unsere Zeit unsere Probleme lösen. Deshalb kann es nicht darum gehen, das Ahlener Programm in die Geschichte zu verweisen oder für die Zukunft zu retten. Wer so argumentiert, denkt gleichermaßen unpolitisch wie unhistorisch. Wir müssen aus den gegebenen Verhältnissen von heute, auf den zeitlosen Prinzipien bauend, unseren Weg gehen.

Bereits mit der Berufung von Ludwig Erhard zum Wirtschaftsdirektor der Bizone erhielt die Soziale Marktwirtschaft in ihren frühen Anfängen ihre erste Bewährungsprobe. Wer noch einmal nachliest und sich von Zeitgenossen berichten läßt, wie jene dramatischen Abstimmungen im Bizonen-Wirtschaftsrat verlaufen sind, als es um die Einführung der neuen freien Ordnung der Sozialen Marktwirtschaft ging, der weiß, daß nicht zuletzt die führenden Repräsentanten der Sozialausschüsse der CDU zu denjenigen gehörten, die die entscheidende Chance des Durchbruchs erkannten und zu Ludwig Erhard standen. Hier ist Anton Storch zu nennen, und Theodor Blank gehört in diese Reihe. Alle diese Erkenntnisse gingen dann in die Diskussion der Düsseldorfer Leitsätze ein. Sie lehnen das kapitalistische Wirtschaftssystem ab, und sie verurteilen jeglichen Staatssozialismus. Sie sprechen sich mit äußerster Entschiedenheit sowohl gegen ein System der Planwirtschaft als auch gegen eine Wirtschaftsform altliberalistischer Prägung aus.

Dabei ist der moralische Rigorismus, mit dem kapitalistische Fehlentwicklungen verurteilt werden, in den Düsseldorfer Leitsätzen eher noch stärker ausgeprägt als im Ahlener Programm. Die Düsseldorfer Leitsätze unterscheiden sich wesentlich im Weg und im Instrumentarium vom Ahlener Programm – sie sind eine Weiterentwicklung –, nicht aber in der Zielsetzung, Politik für den Menschen zu wagen. Das Ahlener Programm wollte Freiheit und Verantwortung des einzelnen stärken, die Düsseldorfer Leitsätze zeigen die Ordnungsmacht auf, die das ermöglicht. Es ist kein Zufall, daß auf der Pressekonferenz, auf der die Düsseldorfer Leitsätze verkündet wurden, neben Konrad Adenauer und Franz Etzel auch Anton Storch, Johannes Albers und Jakob Kaiser hervortraten. Die Düsseldorfer Leitsätze wurden das Wahlprogramm der CDU/CSU bei der Bundestagswahl 1949. Sie führten nicht zuletzt zum Wahlsieg der Union bei der ersten Bundestagswahl in Deutschland. Und sie führten zu jenen zentralen Auseinandersetzungen mit den Sozialdemokraten, die uns im Prinzip bis zum heutigen Tag geblieben sind.

Ahlen ist eine wichtige Wegmarke auf diesem Weg, ein Stück Geschichte der CDU. Über die Düsseldorfer Leitsätze bis hin zum Berliner Programm in der Fassung des Düsseldorfer Parteitages 1971 ist diese Diskussion fortgeführt worden. Unverrückbares Leitbild wurde in jener Zeit für uns – und das bleibt es auch in Zukunft – eine sozial verpflichtete Wirtschaftsordnung, in der Wettbewerb die Machtkontrolle gewährleistet und den Fortschritt vorantreibt. Soziale Bindung und wirtschaftliche Freiheit stehen dabei in einem Spannungsverhältnis, das tagtäglich neu bewältigt werden muß.

Mit der Sozialen Marktwirtschaft haben wir als Union eine ordnungspolitische Entscheidung getroffen, welche die wirtschaftliche Freiheit mit sozialer Bindung und Verpflichtung verbindet. Die Entscheidung für diese Wirtschaftsordnung war nicht die Entscheidung für einen überlebten, in der Zukunft nicht brauchbaren Kapitalismus, sondern für eine neue Wirtschaftsordnung, die ein Höchstmaß an Freiheit und sozialer Sicherheit gewährleistet. Viele haben vergessen, und wir sollten immer wieder daran erinnern, daß die Entscheidung für die Soziale Marktwirtschaft nicht allein aus ökonomischen, sondern vorrangig aus ethisch-moralischen Gründen erfolgt ist. Wir sehen in der Sozialen Marktwirtschaft nicht irgendeine beliebige ökonomische Zweckmäßigkeitsordnung, sondern eine freiheitliche und gerechte Gesellschaftsordnung, die notwendige Entsprechung zum demokratischen Grundverständnis unserer Verfassung. Auch im Ahlener Programm heißt es klar und deutlich: „Freiheit der Person auf wirtschaftlichem und Freiheit auf politischem Gebiet hängen eng zusammen."

In der Tat ist das System der Sozialen Marktwirtschaft mit der Freiheit der Berufswahl, der Freiheit der Wahl des Arbeitsplatzes, der Freiheit der Konsumwahl, dem freien Zugang zu den Märkten, der Vertragsfreiheit, der Gewerbefreiheit, das heißt der freien Gestaltung der Arbeitsbedingungen und der Selbstverwaltung des Sozialversicherungssystems und der Freiheit der Tarif- und der Sozialautonomie, ein Ordnungssystem, das ein Höchstmaß an Freiheit und Entfaltungsmöglichkeit für den einzelnen und für die sozialen Gruppen in unserer Gesellschaft gewährleistet.

Wer aufmerksam ins Land schaut, der weiß, daß es notwendig ist, jetzt in der zweiten Hälfte der siebziger Jahre, eine neue Offensive für den Geist der Sozialen Marktwirtschaft zu eröffnen, um alle Gefährdungen dieser bewährten Ordnung abwehren zu können. Denn die Gefahren, die der Marktwirtschaft heute drohen, bestehen nicht in ihrer Abschaffung. Auch noch so ideologisierte Sozialisten wissen, daß sie dafür keine Chance bei den Bürgern finden werden. Die Gefahr besteht vielmehr in der schrittweisen Aushöhlung.

Die grundsätzlichen Unterschiede im ordnungspolitischen Denken zwischen CDU und SPD sind überhaupt nicht aufgehoben. Das Godesberger Programm der SPD hält am Ziel des demokratischen Sozialismus fest. Der Orientierungsrahmen '85 präzisiert die Schritte zu diesem Ziel. Deshalb ist es kein Wunder, daß neben verbalen Bekenntnissen zur Sozialen Marktwirtschaft immer wieder, beinahe täglich, Verkündigungsabsichten einer Zukunftsgesellschaft des demokratischen Sozialismus stehen.

Einer unserer großen Wegweiser, Professor Müller-Armack, einer der geistigen Väter der Sozialen Marktwirtschaft, hat vor zwei Jahren auf die schrittweise Veränderung des wirtschaftspolitischen Ordnungsrahmens hingewiesen, die sich seit dem Beginn der jetzigen Regierungskoalition vollzogen hat. Durch eine Fülle von Einzelmaßnahmen – so meinte er – würden „Stück um Stück antimarktwirtschaftliche Elemente in unsere wirtschaftspolitische Umwelt eingeführt". Er führt 22 Beispiele an, Maßnahmen, die geeignet sind, den Ordnungsrahmen der Marktwirtschaft zu verändern. Jede für sich bedeutet bereits ein Abweichen von der Linie der Sozialen Marktwirtschaft, in ihrer Massierung werden diese Schritte zu einer ernsten Gefährdung.

Wir alle kennen doch die aktuelle Diskussion um Investitionslenkung und -kontrolle. Die Autonomie eines Unternehmens innerhalb des staatlich gesetzten Ordnungsrahmens gehört zu den machtverteilenden Grundlagen unserer Ordnung, und wer sie aufhebt oder aushöhlt, nimmt die Axt in die Hand und schlägt eine der wesentlichen Wurzeln dieser freiheitlichen Wirtschaftsordnung ab.

In der Kürze der Zeit will ich nicht auf die Fragen der Preiskontrolle oder der staatlichen Preisfestsetzung eingehen, die jetzt wieder in die Diskussion gekommen sind. Wer Investitionen kontrollieren möchte, muß schließlich auch die Arbeitsplatzwahl seiner Kontrolle unterwerfen. Manche Politiker, die Mitverantwortung tragen für die hohe Arbeitslosigkeit, empfehlen uns in diesen Tagen gerade Investitionsgebote als Mittel zur Überwindung der Arbeitslosigkeit. Andere sagen in sozialistischer Einfältigkeit, wenn private Unternehmen nicht den Arbeitsplatz garantieren können, dann müßte dieser Arbeitsplatz eben vom Staat übernommen werden. Als ob der Staat auf Dauer unproduktive Arbeitsplätze erhalten könnte! Willy Brandt meint im Hinblick auf unsere jetzigen Probleme: „Die bisherigen, überwiegend marktwirtschaftlichen Instrumente reichen zur Beseitigung solcher Fehlentwicklungen nicht aus." Er will die Instrumente einstweilen nicht abschaffen, aber er will sie ergänzen.

In den letzten Jahren hat die Diskussion über die marktwirtschaftliche Ordnung Auftrieb erhalten durch die These von der drohenden Knappheit wichtiger Güter und der Gefährdung der Umwelt durch wirtschaftlichen Raubbau. Die Grenzen des Wachstums seien die Grenzen der Sozialen Marktwirtschaft, jetzt müsse geplant werden.

Es ist ganz gewiß verdienstvoll, und wir verschließen uns den Argumenten des Umweltschutzes überhaupt nicht, wenn man überlegt, wohin wirtschaftliche Entwicklung führen kann. Es ist aber bedenklich, wenn jetzt wieder Rezepte angeboten werden, die sich bisher an keiner Stelle dieser Erde bewährt haben und schon gar nicht bei uns in Deutschland. Die Soziale Marktwirtschaft lebt als Wettbewerbswirtschaft von der Leistung. Und Leistung wird nach der Natur des Menschen nur dann erbracht, wenn ein Leistungsanreiz geboten wird. Sicherlich muß das nicht immer nur ein materieller Leistungsanreiz sein. Aber für die Mehrheit der Menschen ist materieller Anreiz von großer Bedeutung.

Es ist unverkennbar, daß die Entwicklung unseres Steuer- und Abgabensystems auf der einen Seite und die Entwicklung von Förderungsmaßnahmen auf der anderen Seite zu einer Gefährdung der Leistungsbereitschaft geführt haben. Durch die inflationäre Entwicklung werden heute bereits Facharbeiter und Angestellte spürbar von der Steuerprogression so betroffen, daß sich die Frage immer häufiger stellt: Lohnt es sich überhaupt, sich zu plagen, wenn man andauernd dafür bestraft wird? Hinzu tritt eine spezielle Steuerpolitik, die gerade in der Rezession substanzverzehrende ertragsunabhängige Steuern von der Vermögenssteuer bis zur Gewerbesteuer als besonders drückend erscheinen läßt. Sie erschweren nicht nur die Überwindung der uns plagenden wirtschaftlichen Rezession, sondern sie wurden in den letzten Jahren auch zur Existenzgefährdung für viele Selbständige.

Die Ausweitung der Staatstätigkeit ist eine der wesentlichen Ursachen für die steigenden Steuer- und Abgabenbelastungen. Wir müssen uns heute fragen, ob der Staat nicht vieles zu schlecht und zu teuer tut, ob nicht weniger, aber ein besserer Staat mehr für die einzelnen Bürger wäre. Das heißt aber, daß wir alle unsere eigenen Forderungen an den Staat und die Gemeinschaft überprüfen müssen. Die Bereitschaft, Opfer für das allgemeine Wohl zu bringen, ist eine Voraussetzung auch für das Wohl unseres Landes.

Das Erbe von Ahlen, das wir als Soziale Marktwirtschaft zur politisch lebendigen Wirklichkeit unseres Landes werden ließen und das wir uns erhalten wollen – es muß heute nicht nur im eigenen Land verteidigt werden, sondern auch in Europa und in den weltwirtschaftlichen

Beziehungen. Hier ist uns als einer der großen Industrienationen dieser Welt eine besondere Pflicht auferlegt.

Internationale Soziale Marktwirtschaft oder eine dirigistische Wirtschaftsordnung: Das ist die Herausforderung, vor die uns die Länder der Dritten Welt heute stellen. Wir verstehen, warum sie oft aus ihrer geschichtlichen Lage für Dirigismus plädieren. Aber wir haben am eigenen Leib erfahren, daß die Soziale Marktwirtschaft der richtige Weg ist. Wir müssen ihnen mit unserem Beispiel, auch mit unserer Hilfe deutlich machen, daß dies der richtige Weg ist, auch wenn es manche heute noch als Zumutung empfinden: Weder von einem Kapitalismus noch vom Sozialismus kann die Welt von morgen, auch die Dritte Welt, ihr Heil erwarten.

Hier in Ahlen, vor dreißig Jahren, haben sich christlich-soziale Demokraten auf den moralischen Anspruch und Auftrag ihrer Politik besonnen. Sie haben aus ihrer sittlichen Verantwortung gehandelt, aus der Fragestellung ihrer Zeit. Sie haben uns alle und den Weg unserer Union wesentlich geprägt. Wir, die jetzt in die Verantwortung berufen sind, werden diesem Erbe nur gerecht, wenn wir auch unsere künftige Politik an den Grundwerten Freiheit, Gerechtigkeit und Solidarität ausrichten und wenn wir uns immer befragen, ob das, was wir tun, diesem hohen Anspruch gerecht wird: nicht nur für unser Land, sondern auch für jene Länder – und das sollten wir als Christen nie vergessen –, die unserer Partnerschaft, unserer Solidarität, unserer Menschlichkeit bedürfen.

Broschüre, hrsg. von der Bundesgeschäftsstelle der CDU.

Perspektiven deutscher Außenpolitik für die achtziger Jahre

Beitrag in der „Sonde" im Sommer 1980

Dem folgenden außenpolitischen Tour d'horizon kommt als Wegweisung für eine Entspannungspolitik, in der kontrollierte Abrüstung mit Menschenrechtspolitik und Ausbau zwischenmenschlicher Kontakte verbunden wird, ein besonderes Interesse zu; sie war eine der Voraussetzungen dafür, daß die deutsche Wiedervereinigung erfolgen konnte.

Die internationale Politik befindet sich in einer strukturellen Umbruchphase. Die aktuellen Krisen im Iran und in Afghanistan sind Ausdruck dieser internationalen Veränderungen und verdeutlichen die rasche Veränderung der Strukturen. Die westliche Welt ist unsicher geworden, ob die bisherigen Konzepte wie Abschreckung und Entspannung noch effizient sind. Die Ratlosigkeit macht weltpolitische Zufälle möglich, die den Frieden gefährden.

Die Bundesrepublik Deutschland ist in vielfacher Weise von der Außenwelt abhängig. Es ist deshalb notwendig, ja überfällig, daß gerade auch wir Deutschen die Perspektiven unserer Außen- und Deutschlandpolitik für die achtziger Jahre diskutieren und bestimmen.

In den ersten dreißig Jahren deutscher Außenpolitik nach 1949 ist die internationale Politik in erster Linie von der Auseinandersetzung und den Kräfteverhältnissen der beiden Machtblöcke im Osten und Westen unter Führung der beiden Supermächte Sowjetunion und USA beherrscht worden. Dieser Konflikt wurde im wesentlichen von zwei Faktoren bestimmt:
1. von der machtpolitischen Rivalität beider Supermächte,
2. vom Antagonismus beider politischer, wirtschaftlicher und sozialer Ordnungen.

Der Wandel innerhalb dieser bipolaren Struktur ist deutlich. Die Sowjetunion hat durch ihre forcierte Aufrüstung auf allen Ebenen das militärische Kräfteverhältnis im globalen wie im regionalen Rahmen grundlegend verändert. Die SALT-Abkommen sind Ausdruck des nuklear-strategischen Gleichgewichts zwischen den USA und der UdSSR. Im Bereich der kontinentalstrategischen und konventionellen Waffensysteme hat Moskau tendenzielle beziehungsweise regionale Überlegenheit vor allem in Mitteleuropa erreicht. Auf dem maritimen Sektor ist heute die sowjetische Flotte auf allen Weltmeeren präsent. Die sowjetischen Stellvertreterkriege in Afrika, am Golf von Aden und in Asien waren die Auswirkungen dieser Entwicklung. Die Intervention in Afghanistan ist das erste direkte militärische Hinausgreifen der Sowjetunion in ein Land außerhalb des Warschauer-Pakt-Gebietes.

Geblieben ist der ideologische Anspruch der sowjetischen Führung auf ihr Machtmonopol im eigenen Land und innerhalb des Warschauer Paktes, den sie nach wie vor durch die Berufung auf den Antagonismus der Ost-West-Systeme legitimiert. Mit diesem Anspruch bleibt der Ost-West-Konflikt von nicht voraussehbarer Dauer, auch wenn neue Machtzentren wie China als potentielle dritte Weltmacht, Japan und Europa hinzugekommen sind und neue multipolare Strukturen eröffnet haben.

Der Prozeß der Entkolonialisierung und der damit verbundenen Politisierung der Staaten der Dritten Welt hat den Ost-West-Konflikt auf immer weitere Regionen dieser Erdteile ausgedehnt. In der Folge entwickelten sich regionale Instabilitäten, wie wir sie heute vor allem im Mittleren und Nahen Osten, in Afrika und in der Karibik erleben. Das wachsende Selbstbewußtsein der neuen Staaten hat zu der krisenhaften Entwicklung des Weltwährungssystems beigetragen und zu einer ungewissen Entwicklung im Bereich der weltweiten Rohstoff- und Energieverteilung geführt.

Neben den sicherheitspolitischen und ökonomischen Faktoren treten zunehmend die kulturellen Aspekte der internationalen Politik in den Vordergrund. Der Prozeß der Modernisierung der Staaten der Dritten Welt griff tief und häufig genug rücksichtslos in die traditionellen Werte und in die sozialen und kulturellen Strukturen ein. Der Aufbau der technologischen Zivilisation hat jetzt, wie das Beispiel des Irans zeigt, einen explosiven Grad erreicht, von dem niemand zur Stunde weiß, in welches Ergebnis er endgültig einmünden wird. Die Rückbesinnung auf die eigenen traditionellen Werte, die Wiedererweckung der Religion, insbesondere im Islam, kann sowohl Ausdruck des Protestes gegen die Tendenzen sozialer und moralischer Auflösung sein als auch Ausdruck des Modernitätsschocks, der Protest gegen das Unvermögen, die „Revolution steigender Erwartungen" zufriedenzustellen. Der elementare Ausbruch dieser Entwicklungen hat bereits Selbstverständlichkeiten in Frage gestellt, die bisher außenpolitisches Verhalten kalkulierbar machten. Die Geiselnahme in Teheran stellt den krassen Bruch eines Rechtes dar, das seit Urzeiten eine elementare Voraussetzung jeglichen Verkehrs zwischen Staaten ist. Ist das der Beginn des Zerfalls des Völkerrechts? Die Geiselnahme von Teheran macht bereits Schule, wie die Ereignisse in Kolumbien zeigen.

Zusammenfassend muß man feststellen: Die internationale Lage ist instabiler geworden. Sie hat an Eindeutigkeit verloren. Die Zahl der außenpolitischen Akteure wächst. Die Struktur der internationalen Probleme und die Entscheidungsstrukturen klaffen immer stärker auseinander. Die Internationalisierung wachsender Bereiche unserer Politik tritt immer stärker ins Alltagsbewußtsein unserer Bürger. In diesem Geflecht der internationalen Politik muß sich die Bundesrepublik Deutschland behaupten. Selbstbestimmung verwirklicht sich heute mehr denn je als internationale Mitbestimmung und Mitverantwortung.

Die Grundlagen und Ziele deutscher Außenpolitik sind seit 1949 unverändert: Es gilt, den Frieden in Freiheit zu sichern. Zu einem Frieden, der mehr ist als bloßer Verzicht auf Gewalt, gehört die freie Selbstbestimmung. Die Verpflichtung, Freiheit und Einheit für das gesamte deutsche Volk zu erringen, ist für uns unverzichtbar. Wir kämpfen für die Verwirklichung der Menschenrechte in der ganzen Welt. Menschenrechte und Grundfreiheiten haben für uns Vorrang gegenüber dem Prinzip der staatlichen Souveränität.

Diese Grundsätze unserer Politik bleiben unauflöslich verbunden mit der Einbindung der Bundesrepublik Deutschland in die freie Welt. Der Eintritt der Bundesrepublik Deutschland in die westliche Allianz, die enge Freundschaft mit den Vereinigten Staaten von Amerika, die Mitgliedschaft in den Europäischen Gemeinschaften und die Aussöhnung mit dem historischen „Erbfeind" Frankreich beendeten ein Zentralproblem deutscher Außenpolitik seit der Reichsgründung von 1871: die Existenz Deutschlands in ungesicherter Mittellage von Europa.

Bismarcks historisches Verdienst war es, das neugegründete Deutsche Reich bruchlos in das europäische Mächtekonzert einzufügen. Bei allem Bewußtsein der eigenen Stärke nahm Bismarck immer Bezug auf die internationale Konstellation mit dem Ziel, das Gleichgewicht des Gesamtsystems nicht zu berühren. Nach Bismarck besaß das Reich eine europäische Ausgleichs- und Brückenfunktion. Seine Nachfolger setzten jedoch diese Politik nicht fort. An ihre Stelle trat eine deutsche Welt-machtpolitik, die gefährliche Konfrontationen einschloß und immer entschiedener nach einer deutschen Hegemonie in Europa verlangte. Am Ende dieser Politik standen der verlorene Erste Weltkrieg und die Existenzkrise des Reiches 1918.

Die Weimarer Republik bot die Chance eines neuen Anfangs, nach innen wie nach außen. Sie endete damit, daß Adolf Hitler endgültig die von Bismarck begründete Tradition des mitteleuropäischen Ausgleichs im Rahmen des europäischen Staatensystems zerstörte und das Deut-sche Reich mit seinem völkischen Imperialismus nach außen und seinem faschistischen Totalitarismus nach innen in den Untergang führte.

Konrad Adenauer hat aus diesen zweimaligen katastrophalen Erfah-rungen radikale Konsequenzen gezogen. Seine Entscheidung, die Bun-desrepublik Deutschland in eine Gemeinschaft starker, befreundeter Demokratien einzubinden, bedeutete den Verzicht sowohl auf eine Schaukelpolitik zwischen Ost und West wie auf eine Politik der europäi-schen Brückenfunktion. Diese Entscheidung Konrad Adenauers ist für die CDU Deutschlands irreversibel. Die Bundesrepublik Deutschland ist nicht nur ein gleichberechtigter Partner der freien Welt geworden. Das westliche Bündnis ist für uns seit dreißig Jahren Garant unserer Sicher-heit und unserer Freiheit, Garant des Friedens in Europa.

Die Grundlage der westlichen Allianz war seit Anbeginn auch eine politische: die Gemeinsamkeit ihrer freiheitlich-demokratischen Staats- und Gesellschaftsordnung. Konrad Adenauer hat damit entsprechend der historischen Entwicklung der angelsächsischen Länder das National-bewußtsein der Deutschen erstmals auf das engste mit den demokrati-schen Grundwerten verbunden. Seit dieser Zeit ist der Wille zur natio-nalen Einheit mit dem Willen zu einer ganz bestimmten staatlichen Form, nämlich zur freiheitlichen Staatsform, identisch. Damit erhielt die Freiheit Priorität vor der staatlichen Einheit, was die Voraussetzung für die Aussöhnung mit unseren westlichen Nachbarn war.

Gerade weil die Menschenrechte unverzichtbare Elemente unserer eigenen politischen und gesellschaftlichen Ordnung sind, kann unsere Außenpolitik, vor allem unter dem Gesichtspunkt der Deutschlandpoli-tik, auch im Sinne von Realpolitik nicht auf moralische Kategorien verzichten. Je enger die freie Welt ihre Politik der Menschenrechte abstimmt, je geschlossener und entschiedener wir sie vertreten, desto erfolgreicher werden wir sein. Die KSZE-Schlußakte von Helsinki ist eines der wenigen Beispiele dafür.

Die Integration in die freie Welt war zugleich die Voraussetzung für den raschen wirtschaftlichen Aufstieg, der zu Wohlstand und sozialer Sicherheit führte. Damit waren die innen- und außenpolitischen Voraussetzungen geschaffen, um auf einer gesicherten und stabilen Grundlage den ideologischen, politischen und militärischen Herausforderungen der Sowjetunion begegnen und eine Politik der Verständigung und Zusammenarbeit mit den östlichen Nachbarn einleiten zu können.

Politische und gesellschaftliche Umstrukturierungen sind häufig das Ergebnis von Krisensituationen, wie wir sie jetzt wieder einmal erleben. Die Stabilität unseres Landes ist nur dann zu sichern, wenn unsere Politik nach innen wie nach außen langfristig kalkulierbar bleibt – sowohl für Washington wie für die westeuropäischen Nachbarstaaten, aber auch für die Sowjetunion. Unsere westlichen Verbündeten müssen wissen, daß wir an unserer Freundschaft zu ihnen festhalten und die Gemeinschaft weder durch Alleingänge gefährden wollen, noch riskieren wollen, daß unsere Nachbarn eine Nationalpolitik betreiben, die die Bundesrepublik Deutschland in die Gefahr der Isolierung bringt. Wir müssen vielmehr bemüht sein, Gegensätze und Spaltungen innerhalb der westlichen Gemeinschaft überbrücken zu helfen. Auch die Verbündeten erwarten von uns Verläßlichkeit, Vertrauen und Stetigkeit. Unzuverlässigkeit in der Krise, Zweideutigkeit, Sprunghaftigkeit und tagespolitisch bestimmte Hektik höhlen das Bündnis aus.

Auf der anderen Seite muß die Sowjetunion wissen, daß sie keine Chance besitzt, die westliche Allianz zu spalten und die Bundesrepublik Deutschland in ihren Einflußbereich einzubeziehen.

So ist die Bundesrepublik Deutschland nach dreißig Jahren ein stabiler Staat in einer höchst unstabilen Welt, von der sie in hohem Maße abhängig bleibt: Unsere Sicherheit ist in besonderem Maße vom Kräftegleichgewicht zwischen beiden Paktsystemen bestimmt. Unser wirtschaftlicher Wohlstand setzt einen funktionierenden Welthandel und ein funktionierendes internationales Währungssystem voraus. Weltweite Verknappungen und Verteuerungen von Rohstoff- und Energiequellen treffen uns unmittelbar. Es liegt im Überlebensinteresse der Bundesrepublik Deutschland, im Rahmen der weltweiten Strukturveränderungen ihre eigene Handlungsfähigkeit zu sichern. Sie kann das nur, wenn sie auf die Richtung und auf das Tempo dieses Wandels Einfluß nimmt. Die Fortdauer des Ost-West-Konflikts macht die Sicherung des globalen Gleichgewichts unverzichtbar, auf der militärischen wie auf der politischen Ebene.

Die Bundesrepublik Deutschland kann zum militärischen Gleichgewicht nur im Rahmen des NATO-Bündnisses beitragen. Dort ist ihr Beitrag aber eine wesentliche Voraussetzung für die Stabilisierung des Gleichgewichts in Europa und damit im weltweiten Rahmen. Wir werden deshalb auch in Zukunft einen angemessenen Beitrag zur Sicherung des militärischen Gleichgewichts leisten müssen, weil dies in unserem eigenen Lebensinteresse liegt. Unser Beitrag darf aber nicht von Tagesereignissen abhängig gemacht werden. Wenn wir heute vor dieser Gefahr stehen, dann deshalb, weil es von den politisch Verantwortlichen in den zurückliegenden zehn Jahren häufig versäumt worden ist, die militärischen Erfordernisse an einer langfristigen Lagebeurteilung und differenzierten Analyse der technischen Erfordernisse und Möglichkeiten zu orientieren.

Militärische Planung kann nur dann verläßlich sein, wenn sie auf lange Zeiträume angelegt ist. Die jahrelange einseitige Aufrüstung der Sowjetunion und ihr Einmarsch in Afghanistan mit der potentiellen Bedrohung der Golfregion konnte doch nur deshalb zu der jetzigen internationalen Krisensituation führen, weil der Westen immer mehr der Versuchung unterlag, aufgrund einer bestimmten Entspannungseuphorie den militärischen Sektor zu vernachlässigen, die Langfristigkeit militärischer Planungen immer häufiger außer acht ließ und die wachsenden internationalen Abhängigkeiten auf dem politischen und wirtschaftlichen Sektor in seinem sicherheitspolitischen Konzept nicht angemessen berücksichtigte.

Zwar waren sich im Westen alle darin einig, daß das militärische Gleichgewicht die „notwendige Voraussetzung für Friedenssicherung und Entspannung" sei, aber in der konkreten Politik verschoben sich die Prioritäten. Nichts drückt diese Entwicklung deutlicher aus als die Tatsache, daß mit dem Ausklang der siebziger Jahre die Innen- und Gesellschaftspolitik den Primat über die Außenpolitik errungen hatte.

Die Außenpolitik der Bundesrepublik Deutschland muß zukünftig gleichermaßen auf den Säulen Sicherheit und Entspannung ruhen. Entspannungspolitik ist kein Ziel an sich, sondern der Versuch eines rationalen Interessenausgleichs zwischen Ost und West, ein Mittel, Konflikte zu kontrollieren und zu begrenzen. Entspannungspolitik ist die notwendige Ergänzung einer Sicherheitspolitik, die auf dem militärischen Gleichgewicht zwischen West und Ost beruht. Entspannungspolitik ist deshalb auch das Instrument, um ein militärisches Gleichgewicht auf einer niederen Ebene im Rahmen von Abrüstung und Rüstungskontrolle zu erreichen.

Die Sowjetunion ist jedoch dabei, die Grundlagen einer solchen Politik der internationalen Verständigung, des Ausgleichs und der Zusammenarbeit zu zerstören: durch ihre Aufrüstung und Ausweitung ihrer Einflußsphären, durch ihr wiederholtes Nein zu den von der NATO angebotenen Verhandlungen über atomare Mittelstreckenwaffen in Europa, durch ihre Aussetzung bereits angesetzter oder in Aussicht gestellter Ost-West-Gespräche. Die Gefahr einer weiteren Eskalation der internationalen Konflikte in den achtziger Jahren zeichnet sich damit bereits an der Schwelle zu diesem neuen Jahrzehnt ab, wenn die Sowjetunion ihre Politik des kalten und des begrenzten Krieges fortsetzt.

Die Bundesrepublik Deutschland ist von dieser internationalen Entwicklung unmittelbar betroffen. Sie muß deshalb im Rahmen der westlichen Allianz und als Mitgliedsstaat der Europäischen Gemeinschaft ihren Beitrag zur Stabilisierung des Gleichgewichts und zu einer Politik der Verständigung in einer Welt des bedrohlichen Wandels leisten. Es muß deshalb ein politisches und militärisches, durch Einsatz wirtschaftlicher Mittel abgestütztes Gesamtkonzept unserer Außen- und Sicherheitspolitik entwickelt werden, das geeignet ist, dem sowjetischen Vorgehen außerhalb ihres Machtbereichs, besonders in der für uns lebenswichtigen Region des Mittleren und Nahen Ostens, verläßlich und auch für den Fall krisenhafter Zuspitzungen entgegenzuwirken und der Sowjetunion deutlich zu machen, daß ihre nationalen Interessen nicht durch Aufrüstung, außenpolitische Konfrontation und Absperrung nach innen am besten gesichert sind, sondern durch ein militärisches Gleichgewicht auf einer niederen Ebene, durch Entspannung und Zusammenarbeit auf allen Gebieten.

Was sind die konkreten Elemente einer solchen Politik?

1. Die Nordatlantische Allianz bleibt auch für die achtziger Jahre unverzichtbar. Mehr noch: Wir müssen sie in ihrer politischen Bedeutung und militärischen Abschreckung stärken und sie für die Veränderungen der internationalen Politik anpassungsfähiger gestalten. Die Verteidigungsfähigkeit der NATO muß auf dem jeweiligen Stand gehalten werden, der ein verläßliches Gleichgewicht garantiert. Der militärische Beitrag der Bundesrepublik Deutschland ist in entsprechendem Ausmaß zu leisten.

2. Es bleibt das gemeinsame Interesse aller Westeuropäer, die parallelen Bemühungen für ein militärisches Gleichgewicht und für eine Politik der Verständigung und Entspannung fortzusetzen. Die Westeuropäer sehen sich immer häufiger neuen Aufgaben gegenüber, die eine engere Zusam-

menarbeit erfordern: die Koordination der Verhandlungen mit den Warschauer-Pakt-Staaten auf multilateraler Ebene, die Abstimmung der Wirtschaftspolitiken zur Lösung nationaler wie internationaler Probleme, die Zusammenarbeit innerhalb der Europäischen Gemeinschaft gegenüber den Staaten der Dritten Welt, den blockfreien Staaten und den internationalen Organisationen, die Arbeitsteilung innerhalb der westlichen Allianz und die gleichberechtigte und partnerschaftliche Abstimmung mit den USA.

Die Perspektive unserer Europapolitik kann also nicht darin liegen, die Willensbildung in der Europäischen Gemeinschaft der größeren und kleineren Staaten durch Bilateralismus der großen Mächte zu ersetzen oder gar in Richtung auf ein Direktorium voranzugehen. Wenn die Institutionen und die partnerschaftliche Gleichberechtigung der kleineren Mitgliedstaaten mißachtet werden, hätte das bald auch zur Folge, daß sich der unkoordinierte Nationalismus der Großen verstärkt bemerkbar macht. Das Ende der Europäischen Gemeinschaft wäre in einem solchen Fall abzusehen. Die Perspektive der achtziger Jahre kann also nur im verstärkten Ausbau der europäischen politischen Zusammenarbeit liegen. Sie liegt im zentralen Interesse der Bundesrepublik Deutschland.

3. Der Entscheidungsprozeß, das System der gegenseitigen Konsultation und Koordination muß sowohl innerhalb der Atlantischen Allianz als auch zwischen den Europäern und der amerikanischen Führungsmacht entscheidend verbessert und beschleunigt werden. Die Gefahr liegt angesichts der jüngsten Erfahrungen nahe, daß die Sowjetunion die Handlungsfähigkeit des Westens geringschätzt und sie dadurch zu neuen Provokationen verleitet wird.

4. Die freie Welt muß die wirtschaftliche Zusammenarbeit mit der Sowjetunion und ihren Bündnispartnern koordinieren und an übergeordneten Sicherheitszielen ausrichten. Ich habe deshalb im Bundestag vorgeschlagen, ein ständiges Organ der gegenseitigen Information und Konsultation im Bereich der wirtschaftlichen Zusammenarbeit mit dem Osten einzurichten.

5. Die westlichen Bündnispartner müssen der Sowjetunion deutlich machen, daß eine Politik des Interessenausgleichs, der Entspannung und Zusammenarbeit auf allen Gebieten nur möglich ist, wenn bestimmte Voraussetzungen gewährleistet bleiben: die Stabilität des militärischen Gleichgewichts, der Verzicht auf Manifestation, Androhung und Anwendung von Gewalt – in Europa und weltweit, die Ausgewogenheit

von Leistung und Gegenleistung, der Verzicht auf die Einmischung in die inneren Angelegenheiten eines anderen Staates. Wir gehen dabei von der Überzeugung aus, daß ein grundlegender Wandel innerhalb der kommunistischen Systeme von außen nicht herbeizuführen ist, weder durch Druck noch durch Annäherung.

Der rasche Wandel in den internationalen Beziehungen verlangt von uns nicht nur, daß wir die Handlungsfähigkeit der Bundesrepublik Deutschland sicherstellen. Wir müssen in stärkerem Maße als je zuvor Vorsorge für unsere eigene Zukunft treffen. Unsere internationale Abhängigkeit in der Energie- und Rohstoffversorgung ist durch die sowjetische Intervention in Afghanistan und die damit verbundene potentielle Bedrohung der erdölproduzierenden Staaten der Golfregion erneut blitzlichtartig erhellt worden.

Wir stehen vor der Aufgabe, unsere Beziehungen zu den Staaten der Dritten Welt neu zu überdenken und neu zu ordnen. Die Dritte Welt ist weniger denn je eine Einheit: Sie ist durch unterschiedliche Gruppierungen, regionale Spannungszonen, durch Staaten höchst unterschiedlicher Orientierung und auch höchst unterschiedlicher moralischer Qualität gekennzeichnet. Insofern verhüllt die Formel „Dritte Welt" mehr, als sie erhellt. Ebenso ist unsere Neigung, das Verhältnis zu diesen Staaten allein in humanitären oder ökonomischen Kategorien der Entwicklungsbedürftigkeit zu definieren, fern jeder Realität und längst überholt. In Wirklichkeit wächst hier ein neues Machtpotential heran, das in zunehmender Weise nicht mehr nur unter den Kriterien der Entwicklungspolitik als vielmehr auch unter den Kriterien der Außenwirtschaftspolitik und der Sicherheitspolitik gesehen werden muß.

Unsere Beziehungen müssen sich auf drei Schwerpunkte konzentrieren:

1. Wir müssen auch zukünftig humanitäre Hilfe für die ärmsten Völker, und zwar ohne politische Auflagen, leisten.

2. An andere Entwicklungsländer müssen wir wie bisher Projekthilfe geben. Angesichts des ungeheuren Bedarfs und unserer begrenzten Mittel muß diese Hilfe stärker als bisher nach politischen Kriterien, wenn auch ohne politische Bedingungen, beschlossen werden.

3. Prowestliche Staaten müssen deutlich bevorzugt und in Einzelfällen zu Entwicklungs-Schwerpunktländern gemacht werden.

Wir kommen nicht umhin, Entwicklungshilfe generell wieder als vorrangig außenpolitisches Instrument neu zu konzipieren, ergänzt durch humanitäre Gesichtspunkte. Das bedeutet nicht, daß sie mit politischen Auflagen für die Empfängerländer verbunden wird, wohl aber, daß die Auswahl wieder verstärkt nach Kriterien auch der Sicherheitspolitik vorgenommen werden muß. Das Beispiel des Iran zeigt, daß es in unserem Interesse liegt, wenn wir endlich den eigenen Entwicklungszwang dieser Staaten der Dritten Welt respektieren und ihnen nicht die Dynamik der westlichen Zivilisation zumuten, an deren Ende dann der totale Mißerfolg und neue Krisen stehen.

Unsere Ziele müssen sein: Hilfe zur Selbsthilfe, Förderung des selbstgewählten Weges zur Entwicklung und Modernisierung, Unterstützung regionaler Zusammenschlüsse wie der ASEAN-Pakt, die zur Stabilisierung einzelner Regionen führen.

Deutsche Außenpolitik für die achtziger Jahre muß den Frieden in Freiheit sichern, aber sie darf nicht auf der Illusion beruhen, als ob dies allein durch guten Willen und durch große Geschäftigkeit bei allen Arten von Dialogen zwischen Ost und West, Nord und Süd zu gewährleisten ist. Wir sind in ein Jahrzehnt eingetreten, in dem das Element der Macht eine eher zunehmende Rolle spielen wird. Dem müssen wir Rechnung tragen.

Machtgerechte Außenpolitik heißt aber auch, daß sie vom Willen zur Selbstbehauptung getragen sein muß. Dieser Wille erfordert: eine realistische und nüchterne Einschätzung der Lage, eine klare Sprache der Verantwortlichen: zu den politischen Gefährdungen, zu den möglichen Belastungen und zu den notwendigen Maßnahmen der Regierung und eine klare Aussage darüber, wer unsere Freunde sind und wo der Gegner steht.

Internationale Fragen dürfen nicht länger auf das Maß des innenpolitischen Erfolgs verkürzt werden. Wir müssen erkennen, daß Außenpolitik in den achtziger Jahren nicht nur den spannungsfreien Normalfall, sondern gleichzeitig den Ernstfall schwerer Krisen im Blick haben muß. Frieden, Sicherheit, Normalität müssen unablässig angestrebt werden, aber der Ernstfall ist sorgfältiger als bisher in Rechnung zu stellen. Früheren Generationen war dieses Nebeneinander selbstverständlich. Wir werden es wieder lernen müssen.

Sonde, Bonn, 13, Heft 2/3 (1980), S. 18–28.

Europa und die deutsche Frage

Beitrag in den „Lutherischen Monatsheften"
im Mai 1981

Ein Grundmotiv der Europa-Politik Konrad Adenauers war der Versuch, die deutsche Frage in einem kooperativen, europäischen Sinn zu lösen. Helmut Kohl hat diesen funktionalen Zusammenhang zwischen europäischer Einigungspolitik und deutscher Frage wieder zum Angelpunkt christlich-demokratischer Deutschlandpolitik gemacht.

Die Bundesrepublik Deutschland ist Erbe des deutschen Nationalstaats, aber nicht sie allein. Die DDR, Teil des sowjetischen Imperiums, beruft sich darauf, die „sozialistische deutsche Nation" zu sein. Die Bundesrepublik Deutschland wurde durch den Willen ihrer Bürger bestätigt. Die DDR fand ihre Form durch den Willen der Sowjetunion. Deshalb beginnt jede Ortsbestimmung der deutschen Frage bei Begriff und Wirklichkeit der Nation und endet bei den großen Trennungslinien, die der Ost-West-Konflikt bis heute zieht. Die nationale Frage der Deutschen ist nicht allein eine Frage der Bundesrepublik Deutschland und der DDR. Sie ist auch nicht allein eine Frage der Sowjetunion. Sie ist geblieben, was sie seit Jahrhunderten war: das entscheidende Problem der Gestaltung Europas.

Als die deutsche Einheit 1848 denkbar wurde, traten die europäischen Mächte ihr entgegen. Als sie 1871 wirklich wurde, geschah dies unter Duldung der Briten und Russen, jedoch nicht ohne daß zuvor der österreichische und der französische Vormachtsanspruch durch Kriege niedergekämpft worden waren.

Als die Einheit verlorenging, standen die Deutschen allein mit ihrem Leiden an dem neuen Zustand, der auch in mancherlei Hinsicht eine Rückkehr zu älteren Gleichgewichtslagen Europas war. Die Teilung ist, im Guten wie im Bösen, Voraussetzung des gegenwärtigen Zustands in

Europa, nicht nur Begleitumstand. Der gegenwärtige Zustand Deutschlands ist ein Teil des Gleichgewichts zwischen Ost und West, aber auch des Gleichgewichts innerhalb der Lager. Jede Verschiebung hätte nicht nur innerdeutsche Rückwirkungen, sondern auch Konsequenzen für den Zusammenhalt der Lager wie für ihre Beziehung zueinander.

Die deutsche Frage ist damit Kernfrage Europas geblieben. Ihr gegenwärtiger Zustand ist, wenngleich äußerlich stabil, noch immer tief beunruhigend. Dies nicht nur wegen ihrer Verschränkung mit den großen Fragen europäischer Politik, sondern auch als Verlust eines Bezugspunktes: Denn wo andere Europäer Staat und Nation zur Deckung bringen können, steht für die Deutschen das Bewußtsein eines Traditionsbruches, eines Defizits an Selbstverständlichkeit und die Erkenntnis, daß die verlorene Einheit so, wie sie war, im Sinne des alten Nationalstaates, nicht mehr wiederherstellbar ist und daß jede Milderung des gegenwärtigen Zustands langer Zeiträume bedürfen wird und ohne Zustimmung der europäischen Nachbarn unvorstellbar bleibt.

Die deutsche Frage hat deshalb viele Dimensionen: In Europa und in der Weltpolitik ist sie Teil und Bedingung des Gleichgewichts; sie hat Rückwirkungen auf die Verfassung des Gemeinwesens und seine ethischen Grundlagen; und sie schließt die Frage ein nach den Maßstäben unseres Zusammenlebens und unserer Selbstachtung. Von maßgeblicher Seite der DDR läßt man uns neuerdings wissen, es könne die deutsche Einheit ja geben: zu kommunistischen Bedingungen. Die DDR werde dabei gern Hilfe leisten. Man darf annehmen, daß dies „brüderliche Hilfe" wäre von jener Art, die Warschauer-Pakt-Führer einander drohend andienen, wenn die Völker Freiheit verlangen. Der verknöcherte Spätmarxismus, der das Huhn nicht in den Topf bringt und den Löffel nicht zum Mund, erhebt damit einen monströsen Anspruch, der die Bürger im freien Teil Deutschlands seit mehr als dreißig Jahren unbeeindruckt ließ. Aber es liegt hier auch der Anlaß für eine Warnung. Anspruch und Norm der Nation dürfen nicht den Marxisten und Sozialisten überlassen werden.

Denn die Nation ist nicht in erster Linie ein staatsrechtliches Gebilde. Sie ist von ihren modernen Anfängen vor zweihundert Jahren bis heute auch das wichtigste sinnstiftende Gehäuse geblieben. Die Nation ist der Bezugspunkt aller bürgerlichen Freiheit. Dies ist geradezu ihre innere Begründung und die Quelle ihrer Regenerationskraft selbst in einer Zeit, in der wirtschaftliche und militärische Sachzwänge die Europäer weit über den Rahmen des Nationalstaats hinaus in neue, übernationale

Gestaltungsformen führen. Der Nationalstaat ist so alt und so neu wie die ethischen Fundamente, auf denen er steht.

Wir brauchen langen Atem, um an Idee und Verpflichtung der deutschen Nation festzuhalten. Wir brauchen Mut zu Mißerfolgen und die Fähigkeit zum Bohren dicker Bretter. Vor allem aber bedürfen wir der Einsicht, daß die deutsche Frage einer Lösung nur näherrücken wird, wenn unsere Nachbarn ihr Interesse darin aufgehoben sehen. Die deutsche Einheit wird erst dann wieder in das Stadium der Wirklichkeit treten können, wenn sie in Ost und West nicht als Ausdruck eines deutschen Nationalegoismus erscheint, sondern als Teil eines europäischen Friedensgefüges. Wir müssen in langen Zeiträumen denken, und wir müssen bei alledem wissen, daß die Nation als Verbindung freier Bürger wichtiger ist als der Nationalstaat als territoriale Einheit. Und wir müssen auch bedenken, daß die Nation kein Wert an sich ist und, so sie zum Abgott wurde, schreckliche Zerstörungskraft entfaltete. Sie gewinnt ihren ethischen Gehalt aus der Verbindung mit den alten und sehr modernen Menschen- und Bürgerrechten, aus dem Erbe von Christentum und Aufklärung. Dieser ethische Gehalt des abendländischen Nationbegriffs aber kann sich nur dort entfalten, wo es eine freie Verfassung gibt.

Weil dem so ist, klingt der nationale Anspruch der DDR-Führung so verräterisch hohl. Der DDR-Führung fehlt der Konsens ihrer Bürger. Ihrem Anspruch auf Repräsentation der Nation fehlt der ethische Gehalt, und er wird ihr fehlen, solange die leninistische Ein-Partei-Diktatur besteht. Die DDR ist Teil des Sowjetimperiums und deutsche Wirklichkeit. Aber um als Nation zu bestehen, müßte sie zuerst das Verhältnis zu ihren Bürgern in Ordnung bringen. Dem steht ihre diktatorische Grundstruktur im Wege.

Den Deutschen in der DDR gilt unsere Solidarität; ihr Los zu bessern, lohnt jede Mühe; ihnen unsere Verbundenheit zu zeigen, rechtfertigt jeden, auch den kleinsten Schritt. Die Bindungen aller Art müssen gepflegt werden, denn die Zeit arbeitet für die Abgrenzer. Abwarten reicht nicht aus. Das Wollen der Deutschen war nach 1945 nicht genug, die Einheit der Nation zu sichern. Um die Teilung zu überwinden, hat es nicht gereicht, daran zu leiden und ihrer Wirklichkeit die Anerkennung zu verweigern. Niemand hat das deutlicher gesehen als Konrad Adenauer, der als Meister der politischen Pragmatik doch die geistig-ethischen Voraussetzungen politischen Handelns niemals unterschätzte. Adenauer hat bereits nach langfristiger Stabilisierung des Verhältnisses zur DDR gesucht und dabei auch über ein Sonderverhältnis beider deutscher Teilstaaten unbefangen nachgedacht. Die Öffnung nach Osten zu Beginn der siebziger Jahre war langfristiger angelegt, als ihre späten Architekten gern zugeben, und sie lag in ihrer Zielrichtung parallel zu der Bewegung, welche in der Ära Nixon/Kissinger insgesamt in die Ost-West-Beziehungen kam.

Heute sind viele Illusionen verflogen, die sich damals an „Wandel durch Annäherung" knüpften. Am meisten hat die Sowjetunion durch Überrüstung und militärisches Ausgreifen dazu beigetragen, daß im Westen die Bilanzen einer schmerzlichen Überprüfung unterzogen werden müssen. Heute bedarf es großer Anstrengung und politischen Mutes, um die Ziele zu formulieren, die wir ohne Gefährdung unserer eigenen Existenz und des Gleichgewichts zwischen den Weltmächten noch verfolgen können. Alleingänge scheiden dabei aus. „Äquidistanz" von den beiden Weltmächten ist eine Droge für Träumer. Die Zeiten sind so ernst geworden, daß die Prioritäten wieder neu durchdacht und die Maßstäbe des Handelns neu geordnet werden müssen.

1. Am wichtigsten bleibt, da Europas eigene Stärke nicht reicht und die Politik der Sowjetunion kaum Beruhigung bietet, die Sicherung der Freundschaft mit den Vereinigten Staaten von Amerika und die Behauptung der Bundesrepublik Deutschland als tragender Bestandteil des Atlantischen Bündnisses.

2. Ergänzend bedarf es der zähen und beharrlichen Förderung der Einigung Europas, die unserer Generation aufgegeben ist als welthistorische Aufgabe. Wir müssen sie davor bewahren, in technokratischen Labyrinthen steckenzubleiben. Ein geeintes Europa in föderalistischer Form muß Wirklichkeit werden. Daran gilt es mit Vision und Augenmaß zu arbeiten. Niemand hätte beim Scheitern Europas mehr zu verlieren als wir.

3. Wir müssen festhalten an Idee und Begriff der deutschen Nation und deshalb zäh arbeiten für alles, was die Bindungen der Deutschen stärkt, und allem entgegenwirken, was die Distanz vergrößert.

Deutschlandpolitik fängt, wie vieles andere, zu Hause an. Wenn die Bundesrepublik nicht durch ihr politisches Gefüge, ihre Leistungskraft, die innere Integrationskraft ihrer Politik und ihre Wirkung auf ihre Nachbarn und Partner Anziehungskraft entwickelt, so fehlt der Deutschlandpolitik die wesentliche politische Voraussetzung. Eine schwache, in innere Verteilungskämpfe verstrickte Bundesrepublik Deutschland, langfristig gelähmt durch Veto-Positionen des linken Flügels der Sozialde-

mokraten, in der die einzige Wachstumsindustrie noch die Staatsbüro-
kratie wäre, braucht sich um Deutschlandpolitik nicht zu sorgen. Sie
hätte weder Ansatz noch Effektivität.

Deutschlandpolitik setzt sich im Geistigen fort, im Bewußtsein der
gemeinsamen deutschen Geschichte, die es nicht hurrapatriotisch umzu-
dichten gilt, sondern in ihren europäischen Voraussetzungen und Auswirkungen anzunehmen, auch dort, wo die Auseinandersetzung in
Schmerz und Bitternis führt: Ohne die Auseinandersetzung mit ihrer
Geschichte gibt es für die Deutschen keinen aufrechten Gang. Die
technokratische Mißachtung der geschichtlichen Prägungen folgte der
ersten, instinkthaften Flucht vor den Schrecknissen, an die sie die
Deutschen gemahnte. Aber Auslöschen der Erinnerung macht die
Geschichte nicht besser, sie macht nur Menschen und Gemeinwesen
orientierungslos: Noch auf lange Zeit wird aber gelten müssen, daß
unter allen Europäern die Deutschen die letzten sein dürfen, die ihre
Geschichte vergessen. Heute sind wir, dank einer im Ansatz verfehlten
technokratischen Bildungsreform in den SPD-regierten Ländern, statt
dessen die ersten in dieser Disziplin. Wir brauchen aber, um die Lage der
Nation zu begreifen und die Zukunft nicht zu verfehlen, die fortdauernde Auseinandersetzung mit unserer Geschichte. Denn ohne zu
verstehen, wie die Gegenwart entstand, kann man auch nicht über die
Gegenwart hinaus weiter nach vorn denken. Wer von der Geschichte
nichts mehr wissen will, der soll von der Nation schweigen. Denn die
Nation fordert es uns ab zurückzuschauen, um nach vorn zu denken.

Das Buch der deutschen Einheit ist nicht abgeschlossen. Die künftigen
Seiten indes müssen anders beschrieben werden als die zurückliegenden.
Wir haben auszugehen von der Geographie, die Deutschland in die
Mitte Europas rückte, und von der Geschichte. Deutsche Geschichte
ist in höherem Maße seit Jahrhunderten europäische Geschichte gewesen, im Guten wie im Bösen, als die unserer Nachbarn, und die deutsche Zukunft wird in eben dem Maße auch europäische Zukunft sein.
Wir brauchen aber auch die Einsicht, daß der Nationalstaat des
19. Jahrhunderts seine Zeit gehabt hat, als er ein Höchstmaß an
wirtschaftlicher, sozialer und moralischer Organisationskraft und
Aktionsfähigkeit bündelte. Wir sind heute strategisch, finanziell und
wirtschaftlich, mit dem Arbeitsmarkt, mit der Energieversorgung wie
mit der Innovationsfähigkeit unserer Wirtschaft darauf angewiesen, über
den Nationalstaat hinauszudenken. Europa ist nicht Poesie, Europa ist
nicht Folklore. Europa ist ein politisches Gebäude, Europa ist das

größere, schmerzlich erfahrene Vaterland, ohne das die Europäer nicht mehr leben können, ohne in Bedeutungslosigkeit am Rand des gewaltigen eurasischen Kontinents abzusinken. Die kleinen Vaterländer müssen Teile des großen werden, sonst werden sie zu einem Hindernis für das Überleben der Europäer angesichts jener Bedrohung, die von der hochgerüsteten, wirtschaftlich kaum lebensfähigen und ihren Untertanen das Glück freier Lebensentfaltung versagenden Sowjetunion ausgeht.

Wenn der Nationalstaat mit seiner Integrationskraft bis heute weiterwirkt, so beruht dies auf der geschichtlichen Prägekraft, die er in der Verbindung von äußerer Machtentfaltung und innerer Versöhnungskraft in Europa seit Christentum und Aufklärung entwickelte. Es war die enge Verbindung mit den bürgerlichen Freiheitsrechten, mit dem Bezug auf ein selbstbestimmtes Gemeinwesen, das sich in ihm verwirklichte, und es war die Verheißung des Glücks, die sich mit ihm verband. Die Nation hat deshalb die alte Ständegesellschaft ersetzt, und sie ist auch als der Pluralismus der Kräfte und Interessen, was man gemeinhin abstrakt „Gesellschaft" nennt. Für die Deutschen zählt dieses ethische Fundament heute mehr als jene Definition, die die Nation einst auf Territorium und Machtstaat gründen wollte. Wenn wir der Einheit der Deutschen dienen wollen, müssen wir dies tun aus der Tradition der Menschen- und Bürgerrechte und in der Verteidigung unseres freien Gemeinwesens. Und wir müssen dies tun ohne die Illusion rascher Erfolge und mit jener weltpolitischen Behutsamkeit, die daraus folgt, daß in Deutschland noch lange die Schlüsselfrage für Gleichgewicht und Stabilität, ja für das Überleben Europas liegt.

Lutherische Monatshefte 20 (1981), Heft 5, S. 261–263.

Handeln als Christliche Demokraten

Rede auf dem 31. Bundesparteitag der CDU in Köln
am 25. Mai 1983

Nach der überzeugend gewonnenen Bundestagswahl vom 6. März 1983 (CDU/CSU 48,8 Prozent) machte sich die CDU auf ihrem Kölner Parteitag mit der Verantwortung und Aufgabenstellung als Regierungspartei vertraut. Die Rede des Parteivorsitzenden ist zugleich ein typisches Beispiel für seinen Vortragsstil, der auf direkter, integrierend wirkender Ansprache und schnörkelloser, einprägsamer Gedankenführung beruht.

Dieser Kölner Parteitag ist ein Höhepunkt in der Geschichte unserer Partei. Bernhard Vogel sagte es schon: Es ist jetzt fünfzehn Jahre her, seit wir uns zum letztenmal auf dem Parteitag in Berlin als Regierungspartei sahen. Heute sind wir wieder Regierungspartei und die stärkste und die prägendste politische Kraft der Bundesrepublik Deutschland.

Daß dies so ist, verdanken wir sehr vielen, verdanken wir unseren Wählern, die uns bei den Wahlen immer wieder ihre Zustimmung zum Ausdruck brachten, verdanken wir den vielen Hunderttausenden unserer Mitglieder, die unter manchmal sehr schwierigen Bedingungen an den Arbeitsplätzen, in den Büros, in den Diskussionsständen an Universitäten und in Schulen und an vielen anderen Plätzen unverdrossen für unsere Ideale, für unsere Ideen gekämpft haben und eingetreten sind. Wir verdanken es auch den vielen Freunden, die in diesen dreizehn Jahren ihren Dienst hauptamtlich getan haben. Wir verdanken es all jenen, die widrigen Wettern und Winden zum Trotz ja zur CDU Deutschlands gesagt haben. Es war unsere gemeinsame, unsere geduldige und konsequente Arbeit, die uns zum Ziel geführt hat, die uns das Vertrauen der Mitbürger zurückgewann.

Vor fast vierzig Jahren – Bernhard Worms sprach davon – wurde hier im Juni 1945 ebenso wie in Berlin die Christlich-Demokratische Union

Deutschlands gegründet. Die Männer und Frauen, die damals dieses Wagnis unternahmen, eine neue Partei zu gründen nach den bitteren Erfahrungen der Nazizeit, der Verfolgung, der äußeren und der inneren Emigration, des Erlebnisses eines schrecklichen Krieges draußen an den Fronten und zu Hause in den ausgebombten Städten – diese Männer und Frauen glaubten an die Zukunft, und sie machten sich daran, diese Zukunft mit einer neuen, jungen Republik zu gestalten.

Heute versammeln wir uns einmal mehr hier im altehrwürdigen Köln, und wir wollen Kraft sammeln im Blick auf die Geschichte, im Blick auf die Gegenwart und vorausblickend in die Zukunft, um in einer schwierigen und bewegten Zeit das Haus der Bundesrepublik Deutschland, unser Haus, wetterfest zu machen. Gerade weil wir auch aus der Geschichte leben, bin ich ganz sicher: Aus der gleichen Kraft, aus den gleichen Idealen, die damals ganz selbstverständlich erfolgreich waren, werden wir es auch diesmal schaffen.

Hinter uns liegt ein großer Wahlsieg. Wir dürfen stolz auf diesen Wahlsieg sein, und – warum soll man das nicht einmal auf einem Parteitag sagen – wir dürfen auch stolz auf unsere Partei sein, stolz nicht auf errungene Macht, sondern auf das erworbene Vertrauen. Vor gerade zehn Jahren, nach meiner Wahl zum Parteivorsitzenden, habe ich gesagt: „Wir in der CDU können niemanden mit Pfründen locken." Es war der Glaube an unsere Idee und der Einsatz unserer Mitglieder, der die CDU langsam, aber stetig wieder nach vorn gebracht hat bis zu unserem großen Sieg im März dieses Jahres. Es ist auch wahr, und es gehört auch ins Bild dieser Jahre, daß wir Rückschläge erlitten haben und daß es bittere und auch schwere Stunden gab, aber das hat uns nicht entmutigt. Wir haben das gemeinsam mit Solidarität überwunden und ertragen. Selbstmitleid in der Niederlage war uns fremd. Weil das so war, finde ich, sollten wir jetzt einfach sagen: Im Augenblick des Erfolgs gibt es bei uns nicht das Gefühl des Übermuts. Arroganz der Macht wird nie ein Kennzeichen der Christlich-Demokratischen Union Deutschlands sein.

Ich bin optimistisch, weil ich weiß und weil es jeder sehen kann, welche Kraft und welche Moral in dieser Partei stecken und wie gut wir uns auch auf unsere Aufgaben vorbereitet haben. Ich erinnere an die Diskussionen um die Programme auf allen Ebenen in der Partei, mit denen wir die Grundlagen unserer Politik erarbeitet haben. Unser Grundsatzprogramm formuliert Leitlinien für eine moralisch begründete und natürlich auch moderne progressive zukunftsgestaltende Politik. Es gibt der CDU klare Konturen, die uns von anderen Parteien deutlich unterscheiden. Ich will es klar sagen: Mir, uns liegt viel daran, daß die CDU auch als Regierungspartei ihr ganz eigenes, ihr ganz unverwechselbares Profil behält.

Es war gut, daß wir in den Jahren der Opposition einen langen Atem hatten und daß wir uns selbst treu geblieben sind. Und es war richtig, daß wir nicht nur nach Bonn starrten, daß wir unsere Position in den Bundesländern von Landtagswahl zu Landtagswahl gefestigt haben, so daß wir heute die stärkste politische Kraft in den Bundesländern sind und bleiben werden. Und es war gut und es war richtig – auch das habe ich vor zehn Jahren bei meiner Wahl zum Parteivorsitzenden gesagt –, daß wir antraten, um die Mehrheit in den Rathäusern wiederzugewinnen, daß wir beharrlich um Vertrauen geworben haben und daß wir dort, wo Bürger Staat und Gemeinschaft am nächsten erleben, in der Kommunalpolitik, uns durchgesetzt haben. Das war die Voraussetzung für den Erfolg in Bonn. Und es war vernünftig und gut, daß wir geduldig über viele Jahre die programmatischen Grundlagen unserer Partei erneuert haben. Und es war notwendig, daß wir noch vor der Wahl mit dem vollen Risiko Ende September/Anfang Oktober des vergangenen Jahres die Wende eingeleitet haben.

Wir haben den Bürgern die Wahrheit gesagt, und wir haben damit jetzt die notwendige Legitimation erworben, um Entscheidungen auch dort, wo sie schwer zu tragen sind, durchsetzen zu können. Die CDU Deutschlands hat heute das Vertrauen der Mehrheit der Bürger auf allen drei staatlichen Ebenen: im Bund, in den Ländern und in den Gemeinden. Das beweist, daß wir die Wahl am 6. März nicht allein deswegen gewonnen haben, weil die Sozialdemokraten, was jeder weiß, regierungsunfähig geworden sind. Wir haben sie gewonnen, weil das Vertrauen bei uns war, weil unsere Mitbürger uns zutrauen, die Zukunftsprobleme unseres Landes lösen zu können. Die Bundestagswahl war eine bewußte Entscheidung für die Union und für die Politik der Mitte. Wir haben diese Wahl gewonnen, weil wir mit dem besseren Programm angetreten sind, und wir konnten bei dieser Wahl die Mehrheit unserer Bürger davon überzeugen, daß dieses Programm von allen in der Partei getragen wird.

Mit der Übernahme der Regierungsverantwortung für die Bundesrepublik Deutschland ist die CDU Deutschlands in ein neues Stadium ihrer Geschichte eingetreten. Wir sind wieder Regierungspartei, die Macht aber, die uns durch die Wahlentscheidung übertragen wurde, ist ein Mandat auf Zeit. Wir dürfen uns nicht an diese Macht gewöhnen. Wir dürfen sie nicht als Privat- oder Parteibesitz behandeln. Und wir dürfen schon gar nicht auf dieser Macht ausruhen wollen.

Unser Souverän, das Volk der Bundesrepublik Deutschland, hat uns die Macht zum Preis von mehr Arbeit, mehr Verantwortung und mehr Pflichterfüllung anvertraut. Deswegen haben wir auch heute nicht Pfründen zu verteilen, sondern Arbeit, Aufgaben, Pflichten. Die politische Verantwortung wird uns nur so lange überlassen bleiben, wie wir, die Union, fähig sind zu einer überzeugenden und glaubwürdigen Politik. Deshalb muß unsere Partei auch in Zukunft offenbleiben für neue Fragen und Anfragen, sensibel sein für neue Probleme, nicht zuletzt junger Leute, und fähig zu wirklich kreativen Lösungen.

Die Sozialdemokraten sind als Regierungspartei gescheitert, weil sie dieser Aufgabe nicht gewachsen waren. Sie haben die Finanzen und die Wirtschaft überfordert. Sie haben das System sozialer Sicherung überlastet. Sie ließen Zweifel entstehen und wachsen an unserer Bündnistreue, und sie haben das Land in eine tiefe Orientierungskrise geführt. Je schwieriger die Probleme wurden, die sie mit ihrer wirtschaftsfeindlichen und utopischen Politik selbst auslösten, desto schneller begaben sich große, weite Teile der SPD auf die Flucht – auf die Flucht zurück zum Sozialismus des 19. Jahrhunderts. Die Flügelkämpfe haben diese Partei bis zum heutigen Tag gespalten, und die linken Exponenten führen Tag für Tag stärker das Wort. Manche predigen jetzt schon den Generalstreik. Immer mehr Bevormundung des Bürgers, mehr Staat, mehr Ideologie, mehr Klassenkampf – das sind Positionen, mit denen sich wachsende Teile der SPD heute identifizieren. Damit hat sich die deutsche Sozialdemokratie jedenfalls in unseren Tagen aus der politischen Verantwortung verabschiedet.

Das heißt aber für uns: Um so größer ist die Verantwortung der Union. Die Hoffnung, das Vertrauen und die Zuversicht einer breiten Mehrheit unserer Mitbürger konzentrieren sich auf unsere Politik der Mitte. Die Union ist Regierungspartei. Aber sie ist nicht die Regierung. So, wie die Machtverhältnisse im Bundestag sind, kann unsere Regierungsarbeit nur erfolgreich sein als Gemeinschaftswerk mit unserem Koalitionspartner. Das bedeutet: Unsere Entscheidungs- und Handlungsfähigkeit hängt auch davon ab, daß wir uns mit unserem Partner, der FDP, fair einigen. Dazu sind wir selbstverständlich bereit. Die letzten sieben Monate seit dem 1. Oktober des vergangenen Jahres, seit dem Beginn der neuen Koalition, sind ja ein Zeugnis dafür, daß man in fairer Partnerschaft gute Arbeit miteinander leisten kann. Und so soll es auch bleiben.

Unsere Freunde in der Union, die Mitglieder, die Wähler von CDU und CSU, die Wähler von Flensburg bis Rosenheim haben uns zu einem glänzenden Wahlsieg getragen. Sie hätten überhaupt kein Verständnis dafür, wenn wir jetzt in kleinlichem Streit um Begriffe und Positionen dieses Vertrauen verspielen würden. Ich sagte vorhin, daß mir sehr am eigenständigen, unverwechselbaren Profil unserer Partei gelegen ist. Deshalb kann es auch keine Einigung zum Preis der Selbstverleugnung geben. Aber diese Grenze muß natürlich von allen respektiert werden.

Wir haben von den Wählern das Mandat für die Partnerschaft in einer Koalition der Mitte erhalten. Trotz der Probleme, die selbständige Partner miteinander auszutragen haben, darf nach unserem Verständnis Partnerschaft nicht in eigensüchtige Nörgelei ausarten. Sie darf nicht zu Schaukämpfen persönlicher Profilierungsversuche mißbraucht werden, die zudem vor allem von den eigenen Leuten nicht mitgetragen werden. Das gilt für alle: für die CDU, für die CSU und für die FDP. Und noch etwas: Die Bundesregierung der Bundesrepublik Deutschland hat ihren Sitz in Bonn. Und ich denke, das weiß jeder in der Union – um es einfach auszudrücken –, wir lassen die Kirche im Dorf und das politische Entscheidungszentrum der Republik in Bonn. Wer etwas anderes will, der soll es sagen, und wir werden ihm antworten.

Es ist und bleibt die große Leistung der Union, die Leistung von CDU und CSU, daß es ihr gelang, nach dem Zusammenbruch 1945 einen neuen Anfang in der Parteiengeschichte zu setzen. Sie hat die drei großen geistigen Grundströmungen unserer Zeit, die christlich-soziale, die liberale und die konservative Idee, vereinigt und damit auch konfessionelle Gegensätze überwunden. Diese Leistung war möglich, weil sich in der Union Männer und Frauen zusammenfanden, die entschlossen waren, aus geschichtlicher und persönlicher Lebenserfahrung einen gemeinsamen Neubeginn zu wagen. Ich finde, es ist wert, gerade hier in Köln an den Lebensweg der Gründer unserer Union zu erinnern, und ich will einige wenige nennen: Persönlichkeiten wie Konrad Adenauer und Karl Arnold, wie Josef Müller und Adam Stegerwald, Werner Hilpert und Peter Altmeier, Andreas Hermes und Hermann Ehlers, Helene Weber und Jakob Kaiser, Robert Lehr und Ernst Lemmer.

Hier wird sehr deutlich, was zum Erbe unserer Partei gehört: eben auch die moralische Legitimation, die aus Grundsatztreue und persönlichem Opfer im Widerstand gegen den Nationalsozialismus erwachsen ist. Mir ist es wichtig – und ich bitte Sie leidenschaftlich und herzlich darum, das nach draußen, in die Partei und an die Jüngeren, weiterzugeben –, auf diese

Wurzeln der CDU im Widerstand gegen den SS-Staat immer wieder hinzuweisen. Sie sind für uns verpflichtendes Erbe und Anspruch. Sie sind für uns auch Verpflichtung gegen die parteiische Vereinnahmung der Geschichte, wie wir sie gerade jetzt wieder in mancherlei Kommentaren aus Anlaß des 50. Jahrestages der Machtergreifung durch Hitler erlebten. In dieser Pflicht stehen wir, weil wir uns an diesem Erbe und Vorbild immer dann messen lassen müssen, wenn wir der Versuchung zu erliegen drohen, es uns mit bloßem Pragmatismus einfacher oder durch Anpassung an den Zeitgeist bequemer zu machen.

Da ich von Pflichten und von Verpflichtung rede, nehme ich die Anfrage, die darin steckt, ganz persönlich auf. Ich bin jetzt seit zehn Jahren Vorsitzender der Christlich-Demokratischen Union und seit dem 1. Oktober des letzten Jahres Bundeskanzler. Ich nehme beide Ämter – jedes in seinem Rang und in seinem Auftrag – gleichermaßen wichtig, und deshalb stelle ich mich diesem Parteitag zur Wiederwahl als Parteivorsitzender. Niemand hat stärker und unmittelbarer erfahren, wie wichtig die Solidarität, das Vertrauen und die Unterstützung der Partei für diejenigen sind, die in unserem Namen in Staatsämtern große Verantwortung tragen. Deshalb liegt mir mehr denn je daran, unsere Partei geistig lebendig, politisch handlungsfähig und im Umgang miteinander solidarisch zu wissen. Damit das auch in Zukunft so bleibt, will ich meinen bescheidenen Beitrag leisten und bitte dafür bei der Wahl um Ihr Vertrauen.

Ich will mich heute mit drei grundsätzlichen Fragen befassen, die mich als Parteivorsitzenden und als Bundeskanzler gleichermaßen stark bewegen. Die erste Frage: Wie können wir die soziale Gerechtigkeit und die Zukunftschancen der jungen Generation angesichts der Einschränkungen, die uns die wirtschaftliche und finanzielle Lage notwendigerweise auferlegt, sichern? Die zweite Frage: Welche Möglichkeiten haben wir, um der Industriegesellschaft in einer Zeit raschen wirtschaftlich-technologischen Wandels ein menschliches Gesicht zu bewahren? Die dritte Frage ist – ich brauche es nicht zu begründen – die alles entscheidende Frage. Es ist die Frage nach der moralischen Legitimation und nach den Chancen einer Politik zur Sicherung von Frieden und Freiheit in einer Welt voller gefährlicher Waffen.

Ich spreche bewußt viele andere wichtige, notwendige Fragen der Außen- und Sicherheitspolitik und der Innenpolitik jetzt nicht an. Ihnen allen liegt meine Regierungserklärung vom 4. Mai vor. Es ist nicht meine Absicht, dieses Programm heute noch einmal vorzutragen, aber selbstverständlich steht auch dieses Programm auf diesem Parteitag mit zur

Diskussion. Die Frage, die wir uns stellen müssen, heißt: Sind wir fähig, die Zeichen der Zeit zu begreifen? Stellen wir uns der Herausforderung! Wir müssen uns prüfen, ob wir dazu die notwendige Kraft, auch die moralische Kraft, haben.

Die erste dieser Herausforderungen ist die soziale Gerechtigkeit in einer Zeit knapper Kassen. Für viele auch bei uns gibt es da eine ganz einfache Formel, beinahe ein Patentrezept – sie lautet: Wir haben über unsere Verhältnisse gelebt, jetzt muß gespart, jetzt müssen überzogene Ansprüche zurückgefahren werden. – Aber diese Formel ist ebenso zu einfach wie das dumme Wort vom „Kaputtsparen". Denn das Sparen, die Kürzungen, die Opfer, die wir abverlangen und bringen müssen, sind Mittel, nicht Selbstzweck unserer Politik. Auch in der Zeit knapper Kassen bleibt es unsre Pflicht, auf eine gerechte Sozialordnung hinzuarbeiten. Sozialpolitik heißt für uns nicht, daß wir in Zukunft im Rückwärtsgang fahren. Ich will es personalisieren: Norbert Blüm und Gerhard Stoltenberg brauchen beide – jeder für seine Pflicht – unsere volle Unterstützung.

Seit Monaten erreichen mich viele Briefe, Entschließungen und Beschlüsse aus der Partei. Sie alle haben den gleichen Tenor. Jeder sagt, wir müssen sparen, und sieht das ein, aber jeder beruft sich auf die Unantastbarkeit seines speziellen Besitzstandes, und die meisten haben auch gute Gründe, wenn sie das so sagen. Das alles ist doch nur menschlich. Aber ich habe die große Sorge, daß wir in eine Lage kommen, in der der soziale Friede davon abhängig werden könnte, daß die Besitzstände mächtiger Gruppen, die drohen, die Druck ausüben, die streiken können, unangetastet bleiben; daß notwendige Kürzungen nur bei den schwächer organisierten Gruppen durchsetzbar sind und daß alle diejenigen auch weiterhin auf die Erfüllung ihrer berechtigten Forderungen warten müssen, die nur kleine Gruppen – vielleicht nur Gruppen am Rande – darstellen, die auch schon bisher draußen vor der Tür standen. Das kann nicht unsere Politik sein!

Die Opfer, die notwendig sind, müssen sozial gerecht verteilt werden. Sie dürfen nicht einseitig auf den Schultern der Schwächeren abgeladen werden. Alle müssen ihren Beitrag leisten. Aber wichtig ist vor allem, daß unsere Mitbürger erkennen, daß diese Opfer vom Staat nicht einfach bloß einkassiert, sondern zur Sicherung der Zukunft verwendet werden. Das ist die Voraussetzung vernünftiger Sparpolitik! Darum geht es doch jetzt zuerst und vor allem. Wir müssen das innere Gleichgewicht unserer Sozial- und Wirtschaftsordnung wiederherstellen, den Ausgleich zwischen Anspruch und Leistung, zwischen Ausgaben und Einnahmen, zwischen Gegenwart und Zukunft. Jetzt gilt es, die Grundlagen der Sozialen Marktwirtschaft zu erneuern. Leistung muß sich wieder lohnen. Private Initiative braucht mehr Freiraum. Eigenverantwortung darf nicht länger durch staatliche Betreuung und Bevormundung verdrängt werden. Der Staat muß seine Grenzen erkennen.

Wir wissen es – und wir müssen es in unserem Lande wieder stärker verbreiten: Die Soziale Marktwirtschaft ist nicht nur die erfolgreichste Wirtschaftsordnung, sie ist auch dem Menschen gemäß. Sie fordert den Bürger, aber sie verfügt nicht über ihn. Sie ist wie keine andere Ordnung geeignet, Gleichgewicht der Chancen, Eigentum, Wohlstand und sozialen Fortschritt zu verwirklichen. Ich bin davon überzeugt – nicht nur weil die Umfragen das beweisen: Die große Mehrheit unserer Mitbürger ist zu notwendigen Opfern bereit. Diese Opfer sind notwendig zur Wiederbelebung der Wirtschaft, zum Stopp und zum Abbau der Arbeitslosigkeit, zur Sicherung der Arbeitsplätze, zur Sanierung der öffentlichen Finanzen, zur Sicherung der Renten.

An der sozialen Entwicklung der letzten Jahre haben nicht alle Gruppen gleichen Anteil gehabt. Während sich mächtige Gruppen soziale Besitzstände erkämpften, wurden andere, wie die Familien, ins soziale Abseits gestellt. Hinzu kommt, daß mit der Schuldenpolitik der vergangenen Jahre Wohltaten auf Kosten der Zukunft verteilt wurden. Das hat den Sozialstaat überfordert und den Generationenvertrag der sozialen Sicherung gefährdet. Deshalb müssen wir uns jetzt verstärkt um den Ausgleich zwischen den Gruppen und um die Sicherung der Solidarität zwischen den Generationen bemühen.

Zwei Beispiele sollen verdeutlichen, daß es sich dabei um eine sehr aktuelle und um eine sehr konkrete Aufgabe handelt. Mein erstes Beispiel ist das Hauptthema dieses Parteitags: die besorgniserregende Entwicklung im Bereich der Jugendarbeitslosigkeit. Über 200 000 Jugendliche sind derzeit ohne Arbeit. Wir alle sind uns einig, daß das ein unhaltbarer Zustand ist, daß wir jede Anstrengung unternehmen müssen, um dieses Problem zu lösen. Deshalb stellen wir uns auch hier auf dem Parteitag diesem Thema. Ich weiß natürlich, wie jeder von Ihnen, daß die Arbeitslosigkeit einen 40jährigen Familienvater mit Kindern materiell und psychologisch härter treffen kann als einen 20jährigen, der noch zu Hause bei den Eltern lebt. Trotzdem bin ich der Meinung, daß wir zur Überwindung des Lehrstellenmangels, der Jugendarbeitslosigkeit und auch der wachsenden Arbeitslosigkeit von

Hochschulabsolventen eine ganz besondere Anstrengung machen müssen.

Für viele junge Leute ist Arbeitslosigkeit heute die erste Erfahrung beim Eintritt in die Welt des Erwachsenen. Das Gefühl, nicht gebraucht zu werden, ja ausgeschlossen zu sein, hat tiefgehende Wirkungen weit über den Kreis der unmittelbar Betroffenen hinaus. Wir müssen aufpassen, daß hier die Weltsicht einer ganzen Generation nicht negativ vorgeprägt wird. Die vergebliche Suche nach Arbeit ist für jeden Betroffenen ein deprimierendes Erlebnis. Einem jungen Menschen kann sie aber den Eindruck vermitteln, als setze die Solidarität der Gesellschaft erst dann ein, wenn einer seinen Platz in der Arbeitswelt gefunden hat, wenn er versichert ist und wenn er Beiträge zahlt, ja wenn er einklagbare Rechtstitel erworben hat. Solidarität in einer menschlichen Gesellschaft ist mehr, muß mehr sein als Einlösung von Rechtsansprüchen. Deshalb wollen wir besondere Anstrengungen zur Überwindung der Jugendarbeitslosigkeit unternehmen. Wir wollen und können der jungen Generation damit zeigen, daß sie unserer Solidarität auch dann sicher ist, wenn sie nicht eingeklagt und wenn sie nicht mit Druckmitteln erzwungen werden kann. Wenn es dann eines Tages in einer möglicherweise noch schwierigeren Zeit als heute um die Sicherung unserer Rente geht, wird es wichtig sein, daß wir in unserer Zeit unser Beispiel gegeben haben, daß wir deutlich gemacht haben: Auf unsere Solidarität ist Verlaß.

Mein zweites Beispiel betrifft die Politik für die Familien und für die Frauen. Wir haben uns ganz selbstverständlich schon sei jeher für die materielle Gleichstellung der nicht berufstätigen mit der berufstätigen Mutter eingesetzt. Die Wahl zwischen Familie und Beruf ist die persönliche Entscheidung jeder Frau. Das ist der Grundsatz unserer Politik, und wir respektieren diese Entscheidung. Niemand von uns will der Frau eine Hausfrauenidylle oder eine bestimmte Rolle zudiktieren. Aber wie weit sind wir eigentlich in der Bundesrepublik heruntergekommen, daß man, wenn man über dieses Thema spricht, das voranstellen muß, weil man sonst verdächtigt wird, man habe etwas gegen die berufstätige Frau? Aber es geht auch nicht an, daß Frauen diffamiert und sozial benachteiligt werden, wenn sie sich für ihre Familie, für ihre Kinder entschieden haben.

Deshalb werden wir die Zusagen, die wir nicht erst heute, sondern bereits in unserem Grundsatzprogramm und dann in unserem Wahlprogramm zur Familienpolitik gegeben haben, einlösen, sobald wir dazu finanziell, von der Haushaltslage her, in der Lage sind. Ich sage ganz offen, daß ich zu jenen gehöre – ich möchte sagen: zu jener großen

Mehrheit in der Partei –, denen es ganz besonders leid tut, daß wir im Augenblick aufgrund der wirtschaftlichen und finanziellen Gegebenheiten nicht mehr tun können, als wir jetzt tun. Im Gegenteil: Wir müssen auch auf diesem Feld Einsparungen vornehmen. Aber ich sage klar und deutlich auf diesem Parteitag: Sobald wir die Dinge einigermaßen in Ordnung haben, sobald wir wieder Mittel zur Verfügung haben, müssen sie zuerst und vor allem auf diesem Gebiet eingesetzt werden.

Das ist nicht nur eine Frage der materiellen Gegebenheiten, und das hat nicht nur etwas mit sozialer Gerechtigkeit zu tun, obwohl auch das zutrifft. Wir können mit diesem Schritt zur Familie hin einen entscheidenden Beitrag zur Schaffung eines Klimas der Mitmenschlichkeit und Geborgenheit in unserem Lande leisten. Dieser Wunsch ist heute doch hochaktuell. Er wird uns nachdrücklich von jungen Leuten vorgetragen, die sich über die Kälte und die Anonymität unserer Gesellschaft beklagen. Man kann es ganz knapp fassen: Wir brauchen eine Renaissance der Familie. Sie allein wird dem unseligen Trend zur bürokratisch organisierten Betreuung, zur Mitmenschlichkeit nach Dienststundenmentalität entgegenwirken.

Unter den Reformexperimenten der SPD hat besonders die Familie gelitten. Für uns ist die Familie keine „Sozialisationsagentur" der Gesellschaft, sondern der wichtigste, der entscheidende Ort menschlicher Geborgenheit. Das soziale, das menschliche Klima in unserem Land muß uns genauso wichtig sein wie Luftreinhaltung und natürliche Umwelt. Wir sind zu Recht in großer Sorge über Waldsterben, sauren Regen und ähnliche Herausforderungen. Aber was in den Herzen der Menschen an Empfindsamkeit, Bindungsfähigkeit und menschlicher Wärme in einer bürokratisierten und anonymen Umwelt verlorengeht, ist ein genauso großer Verlust. Wir kämen der Wahrheit ein großes Stück näher, wenn manche bei ihrer Suche nach der heilen Welt nicht immer nur in den Kategorien von vorgestern und übermorgen dächten. Hier und heute gilt es wahrzunehmen, daß die Familie für die Qualität unseres Zusammenlebens entscheidend ist und bleibt. Alle bisher bekannten alternativen Lebensgemeinschaften sind nur ein schwacher und für die meisten letztlich unbefriedigender Ersatz für die Familie. Deshalb ist es eine ausgesprochen moderne, progressive Politik, wenn wir die Familie in ihrer Aufgabe und in ihrem Wert neu bestätigen und dafür kämpfen.

In meiner Regierungserklärung habe ich gesagt, daß wir eine moderne Industriegesellschaft mit menschlichem Gesicht schaffen wollen. Ich habe gesagt, daß wir auf wirtschaftliches Wachstum und moderne Technik nicht verzichten können. Wir wollen und wir müssen uns als Bundesrepublik Deutschland dem internationalen Wettbewerb stellen und die Modernisierung wie den Strukturwandel unserer Wirtschaft fördern, ja, sogar beschleunigen. Ich weiß sehr gut, daß diese Begriffe und Forderungen Reizworte sind für Ideologen und Demagogen in dieser Zeit. Aber – lassen Sie uns auch das offen aussprechen – sie lösen auch bei vielen unserer Wähler nicht nur Hoffnungen, sondern auch Besorgnisse und nicht selten auch Ängste aus.

Wenn von Technik die Rede ist, denken viele an Rationalisierung und Elektronik, an Roboter und vollautomatisierte Fertigungsstraßen. Da entsteht die Sorge auch um den eigenen Arbeitsplatz. Beim Stichwort Wachstum denken viele an noch mehr Straßen, Flugplätze, Kanäle, Kraftwerke, und da entsteht die Sorge um die Umwelt. Begriffe wie Wettbewerb und Strukturwandel lösen bei manchem die Furcht aus, in einer Welt ständigen Wandels und immer neuer Anforderungen nicht mehr mitzukommen, verdrängt zu werden, von der Entwicklung überholt zu werden, in ziemlich jungen Jahren schon zum alten Eisen zu geraten.

Wir sind kritischer geworden, sensibler auch für die Risiken der Technik. Und wir haben gelernt, genauer nachzufragen, wohin uns der Fortschritt bringen könnte. Allerdings – und auch das ist wahr, auch das sollten wir draußen entschieden vertreten – werden die Risiken und Gefahren des Fortschritts vielfach hochstilisiert und überzeichnet. Eine Technik wie die friedliche Nutzung der Kernkraft wird als Sicherheitsrisiko verteufelt, obwohl sie umweltfreundlich ist und sich durch einen hohen Sicherheitsstandard auszeichnet. In vielen deutschen Schulstuben sind das völlig unbekannte Erkenntnisse. Ich sage das hier, weil viele deutsche Schulstuben von vielen CDU/CSU-geführten Landesregierungen mitbetreut werden. Auch das gehört zu unserer Selbsterkenntnis.

Wir wissen doch, daß die Leistungen der Technik und der Wissenschaften unbestritten sind: Volksseuchen und Krankheiten konnten durch die Entwicklung der Wissenschaft in erheblichem Umfang überwunden werden. Die Menschen sind von schwerer und gefährlicher Arbeit entlastet worden. Neue Rohstoff- und Energiequellen wurden erschlossen. Unsere Freizeit wurde erweitert. Unsere Verkehrsverhältnisse, unsere Kommunikationsmöglichkeiten wurden verbessert. Ich kenne niemanden, der ernsthaft bereit wäre, auf diese Erkenntnisse von Wissenschaft und Technik zu verzichten. Das wäre ja auch eine zutiefst menschenfeindliche Haltung. Aber alle diese Leistungen werden heutzutage wie selbstverständlich angenommen und konsumiert, jedoch sehr zu Unrecht geringgeachtet.

Ich bin, wie jeder weiß, kein Fortschrittsfanatiker, und für mich ist der Fortschritt auch in der angewandten Forschung kein Wert an sich. Aber zur führenden Regierungspartei gehört, daß wir offensiv draußen wieder deutlich machen, daß die Fortschritts- und Technikfeindlichkeit, die jetzt Mode geworden ist, die in manchen Intellektuellen- und Pseudointellektuellenzirkeln verbreitet wird, ausgesprochen provinziell und schädlich ist. Wir sind ein rohstoffarmes Land, wir sind ein in hohem Maße exportabhängiges Land. Nur wenn wir die technologische Herausforderung begreifen und annehmen, haben wir überhaupt eine Chance, international wettbewerbsfähig zu bleiben. Nur so können wir Wohlstand und soziale Sicherheit auch für die Zukunft sichern. Und darum geht es doch: Wir wollen den technischen Fortschritt so einsetzen, daß er uns nützt und nicht schadet. Wir müssen seine Risiken unter Kontrolle halten und sicherstellen, daß wir die Technik beherrschen und nicht sie uns.

Richtig ist – und auch das gehört zur Bilanz politischer Arbeit einer großen Partei –, daß auch wir in der Vergangenheit Risiken der Technik nicht immer richtig eingeschätzt haben. Wir haben häufig in erster Linie ihre wirtschaftlichen Vorteile gesehen und negative Folgen für Menschen und Umwelt manches Mal zu leicht in Kauf genommen. Aber wir haben dazugelernt. Ich halte es für falsch, daß jetzt manche die Technik zum Sündenbock für alles Unbehagen in der Gesellschaft abstempeln. Das ist billig, das ist vordergründig, und das soll ablenken von den Fehlern einer Politik der Gesellschaftsveränderung. Die Reformexperimente der SPD und der Machbarkeitswahn von Sozialingenieuren haben die Lebensqualität in unserem Lande wesentlich stärker beeinträchtigt als der gesamte wirtschaftlich-technische Wandel der letzten Jahrzehnte.

Ist es nicht merkwürdig: Ausgerechnet jene, die die Kälte der modernen technischen Zivilisation besonders heftig anprangern, sind zugleich die schärfsten Kritiker der althergebrachten Wertordnung? Mit Begriffen wie Treue und Heimat, Pflichterfüllung und Vaterland, menschlicher Wärme und Familie treiben sie ihren Spott. Die neue Gesellschaft, der neue Mensch, die die Linken in der SPD einst schaffen wollten, sind Utopie geblieben. Aber ihr Umpflügen oder, wie ein anderer sagte, ihr Tiefpflügen in unserer Gesellschaft hat doch diese Orientierungskrise mit ausgelöst, die zu einer tiefen geistig-moralischen Verunsicherung vieler Menschen geführt hat. Und diese Verunsicherung war und ist auch heute noch bei manchen ganz offen beabsichtigt. Die von solchen Leuten für die Politik geforderte Wertneutralität versandet in der Wirklichkeit des Materiellen. Max Horkheimer, ein guter Zeuge, einst

Mitbegründer der Frankfurter Schule, hat diese Einsicht in den knappen Satz gefaßt: „Politik ohne Bezug zur Transzendenz wird zum Geschäft." Deshalb ist die Erneuerung der geistig-moralischen Grundlagen der Politik so wichtig. Mit bloßer Geschäftigkeit, mit neuen Programmen, Gesetzen, staatlichen Maßnahmen allein werden wir ganz gewiß die Herausforderungen nicht bestehen.

Unsere Politik der Erneuerung wird nur erfolgreich sein, wenn es uns gelingt, in den geistig-moralischen Grundfragen unserer Zeit wieder festen Boden zu gewinnen. Hermann Lübbe hat recht, wenn er sagt, daß es gerade in einer Zeit raschen wirtschaftlichen und technologischen Wandels mehr denn je darauf ankommt, gemeinsame Werte, Tugenden und Traditionen zu bewahren. Wir brauchen sie, wir brauchen sie ganz persönlich im privaten wie im öffentlichen Leben zur Sinnfindung und zur Orientierung.

Umweltschutz und Friedensbekenntnis, das Engagement für die Dritte Welt und das Eintreten für die Rechte von Minderheiten, dies alles ist wichtig und wertvoll, aber es ist kein Ersatz für die aus geschichtlicher Tradition und aus christlicher Glaubenslehre überlieferten Werte. Die Entpflichtung der Menschen in einer glaubenslosen Welt, der Verlust von Glauben an Gott, ist mehr als alles andere Ursache von Einsamkeit und Angst. Die mit moralischen Argumenten bemäntelte Kritik an der technischen Zivilisation lenkt in einer höchst gefährlichen Weise die Lebenseinstellung einer wachsenden Zahl von Menschen auf Irrwege. Von der heute viel beschworenen nachindustriellen Gesellschaft sind wir weit entfernt. Richtig ist, daß wir im tertiären Sektor, das heißt bei den Dienstleistungen, noch große Wachstumschancen haben. Dennoch, auch die Dienstleistungsgesellschaft und erst recht eine postmaterielle Gesellschaft sind vorerst nichts als eine Vision.

Zur Industriegesellschaft gibt es also keine Alternative. Und wer den Menschen vormacht, sie könnten besser leben und zugleich weniger arbeiten, sie könnten der technologischen Herausforderung ausweichen und dennoch den gewohnten Lebensstandard und ihre soziale Sicherheit bewahren, wer besseren Umweltschutz verspricht, aber nicht sagt, woher er die Energie und das Geld dafür nehmen will, der zeigt nicht nach vorne, sondern nach rückwärts. Wir aber wollen nicht zurück, wir wollen vorwärts in eine bessere Zukunft.

Aber auch das ist wahr: Es gibt keine Alternative zur Industriegesell-schaft, aber es gibt Alternativen in der Industriegesellschaft. Wer nicht blind ist und wer nicht taub durchs Land geht, der kann sie sehen, oder er hört davon. Unser geschärftes Bewußtsein für Natur und Umwelt – eine zutiefst konservative Aufgabe im besten Sinne des Wortes –, die Erfolge des Umweltschutzes bei der Luftreinhaltung, im Gewässerschutz und bei der Lärmbekämpfung sind Beispiele dafür. Ich bin fest überzeugt: Der entscheidende und wichtige Auftrag an unsere Generation ist die Versöhnung von Ökologie und Ökonomie.

Wir können dem Fortschritt wieder menschliches Maß geben. Auf vielen Feldern gibt es ermutigende Beispiele dafür. Das, was – von deutschen Kommunalpolitikern, von vielen Bürgern mitgetragen – bei der Sanierung von Städten und Dörfern gegenwärtig geleistet wird, ist ein Beispiel zunehmender Sensibilität für die Erhaltung geschichtlicher Denkmäler, und es ist ein Wechsel, ein Wandel zum Besseren in unserem Denken. Der Ausbau von Sozialstationen, die Verbesserung der Nachbarschaftshilfe, die Abkehr vom Gigantismus im Schul- und Krankenhausbau, Alternativen im Bereich der Architektur, weg von Wohnsilos und seelenlosen Trabantenstädten: Das alles gehört zu diesen erfreulichen Zeichen – ich könnte viele weitere nennen – einer Neubesinnung.

Dazu gehört auch die wachsende Bereitschaft vieler junger Leute zum sozialen Engagement: für die Dritte Welt, für die Aussiedler, für die Ausländer in der eigenen Stadt, im eigenen Dorf, für behinderte Mitmenschen. Zu diesem Bild, das uns optimistisch stimmen darf, gehört auch die Wiederentdeckung des Wertes der Erziehung in Schule und Familie. Sie zeigt doch die Hinwendung zu mehr menschlicher Qualität. Um es klar zu sagen: Das alles verleitet mich nicht dazu, dem Fortschrittspessimismus eine Fortschrittseuphorie entgegenzusetzen. Wir sollten nüchtern bleiben. Aber wir sollten uns von niemandem einreden lassen, die Bedingung für mehr Menschlichkeit, für eine lebenswerte Zukunft sei die Abkehr von Wachstum, Fortschritt und Technik.

Alle unsere Bemühungen um die Gestaltung einer lebenswerten Zukunft wären umsonst, wenn es uns nicht gelänge, den Frieden und unsere Freiheit zu erhalten. In einer Welt voller Konflikte und Waffen sind der Frieden und die Freiheit unseres Landes die wichtigsten Voraussetzungen für unser persönliches Glück.

Friede ist mehr als die bloße Abwesenheit von Krieg. Friede bleibt ein Anspruch, der immer neu eingelöst werden muß. Er beruht auf dem gerechten Ausgleich von Interessen. Der Friede wird nur sicherer in einem Prozeß abnehmender Gewalt und zunehmender Gerechtigkeit. Wenn die Friedensdenkschrift der EKD und das Wort der Deutschen Bischofskonferenz zum Frieden so nachdrücklich einer „Wiedergewin-

218

nung der politischen Dimension in den heutigen Weltkonflikten" das Wort reden, so entspricht dies ganz genau unseren politischen Vorstellungen. Friede darf nicht in der Waffendiskussion ersticken. Friede ist und bleibt, wie wir es verstehen, eine Sache umfassender Weltverantwortung. Darum gehören der Schutz der Grundrechte, die Verpflichtung auf die Menschenrechte, das Bemühen um gerechtere internationale Beziehungen und die Respektierung rechtlich vereinbarter Regelungen zu den fundamentalen Forderungen unseres politischen Programms.

Wir vertrauen auf die friedenstiftende Kraft des Rechts. Geistige, politische, moralische Nachgiebigkeit gegenüber Rechtsbrüchen und jede Schwächung des Rechtsbewußtseins bestärken die Macht des Bösen und gefährden den provisorischen Frieden. Solange die Macht des Bösen in und um uns nicht überwunden ist, verlangt eine verantwortliche Friedenspolitik auch nach entsprechenden Sicherungen für Frieden und Freiheit nach innen und außen. Unverzichtbare Voraussetzung für den inneren Frieden sind aber wirtschaftliche Wiedergesundung, Konsolidierung des Haushalts und das Bemühen um soziale Gerechtigkeit.

Wir haben – denken Sie unter anderem an den Programmparteitag in Ludwigshafen – in den letzten Jahren auf vielen Parteitagen immer wieder versucht, die direkte Wechselwirkung von Innen- und Außenpolitik in das öffentliche Bewußtsein zu heben, weil wir wissen, daß der innere Frieden unsere Friedenspolitik auch nach außen fördert, weil wirtschaftlicher Aufschwung in der Bundesrepublik Deutschland Antrieb für die wirtschaftliche Erholung anderer Staaten sein kann und weil eine Regierung in der Bundesrepublik Deutschland mit einer sicheren parlamentarischen Mehrheit und mit einer klaren politischen Linie ein stabiler Faktor in Europa, im Bündnis und auch im Gespräch mit dem Osten ist.

Ich kann heute, gerade auch nach diesen sieben Monaten nach unserer Regierungsübernahme, mit großer Genugtuung feststellen: Unsere Freunde und Verbündeten bauen auf uns, weil wir verläßlich sind und weil wir berechenbare Partner sind. Und unsere Nachbarn im Osten sprechen mit uns, und das ist gut so. Sie wissen, woran sie mit uns sind, und – was vielleicht auch wichtig ist – sie wissen, daß sie lange mit uns rechnen müssen.

Das ist unsere Chance als Regierungspartei: Als stabiler Faktor der europäischen und internationalen Politik können wir die deutschen Interessen besser vertreten als jene, die zwar immer über sie reden, sie aber durch ihre Politik des ständigen Jeins nach innen und nach außen schwächen. Deshalb lassen Sie mich das mit einem Satz abtun: Es ist ein für mich ziemlich überflüssiger Streit, ob eine CDU/CSU-FDP-Regierung in der Außenpolitik Kontinuität verfolgt oder eine Wende vollzieht. Unsere Außenpolitik ist klar bestimmt: die Prioritäten sind deutlich. Sie folgen übrigens ganz klar dem gemeinsamen Wahlprogramm von CDU und CSU; jeder kann es nachlesen. Das war auch die Grundlage für die Regierungserklärungen, die ich am 13. Oktober vergangenen Jahres und am 4. Mai dieses Jahres abgegeben habe. Sie sind die verbindliche Grundlage unserer Politik, und dabei bleibt es.

Wir haben zwei entscheidende Prioritäten – es sind Prioritäten, die durch unsere Partei mit der Zustimmung des Volkes schon in den fünfziger Jahren unter der Führung Konrad Adenauers gesetzt wurden: Erste Priorität haben die enge Freundschaft – sie ist das entscheidende Kernstück der Allianz – mit den Vereinigten Staaten von Amerika und das Atlantische Bündnis. Wir haben alles getan, um das gegenseitige Vertrauen zu vertiefen. Das Ergebnis ist eine überzeugende Geschlossenheit des Westens in den Grundfragen der Sicherheitspolitik. Diese Übereinstimmung reicht weit über das Bündnis hinaus. Ich erinnere an die Rede von Präsident Mitterrand vor dem Deutschen Bundestag, und ich erinnere an die Ausführungen, die der spanische Ministerpräsident Gonzalez in meinem Beisein zum NATO-Doppelbeschluß in Bonn gemacht hat; all dies ist in den letzten Wochen und Monaten geschehen. Diese Geschlossenheit ist die beste Garantie für den Frieden und die Sicherheit in Europa. Wenn ich die politischen Parteien betrachte, so stelle ich fest, daß es in Europa heute nur noch eine politische Kraft gibt, die sich in den zentralen Fragen der europäischen Sicherheit völlig isoliert: Das ist die deutsche Sozialdemokratie.

Das Vertrauensverhältnis mit unseren amerikanischen Freunden ist ein wichtiges politisches Kapital; wir werden es pflegen. Pflegen heißt nicht, daß wir zu allem ja und amen sagen, was in Washington gedacht oder gesagt wird, sondern wir werden das sorgsam prüfen und miteinander diskutieren. Freundschaft heißt Partnerschaft, heißt miteinander und nicht übereinander reden. Sie ist niemals ein Befehlsverhältnis, sondern eine Verbindung aus den großen Traditionen unserer Völker, auch aus den Traditionen – ich sage das bewußt –, die zwischen den Vereinigten Staaten und Deutschland im Laufe von dreihundert Jahren Einwanderung von Deutschen in die Vereinigten Staaten entstanden sind. Ich freue mich, Ihnen sagen zu können, daß die gegenseitige Information und Konsultation noch nie so häufig und so eng war wie in den letzten Monaten – ich weiß, was ich sage, wenn ich „nie" sage. Das hat auch seinen guten Grund angesichts der existentiellen Fragen, die wir zu beantworten haben. Die Besorgnisse über eine mögliche deutsche Sonderrolle im Ost-West-Verhältnis sind Gott sei Dank überwunden. Was wir gewonnen haben, ist ein Verständnis für unsere besonderen Sorgen im geteilten Vaterland.

Freundschaft muß auf Vertrauen gründen. Wer sich gegenseitig verdächtigt, wird nicht die Interessen des anderen unterstützen. Wir haben mit einer solchen Politik Schluß gemacht. Sie hat uns selbst am meisten Schaden zugefügt. Jetzt ist unsere Position im Bündnis und in Europa stärker geworden. Die Sowjetunion weiß, daß unsere Freundschaft zu den USA, die Partnerschaft in der Atlantischen Allianz nicht in Zweifel gezogen, nicht erschüttert werden können. Die sowjetische Führung spricht mit uns, weil sie davon ausgeht, daß unser Wort in Washington wie auch im Bündnis und in Europa Gewicht hat.

Ich komme zu der zweiten wichtigen Grundlage unserer Politik nach dem Krieg, zur Einigung Europas. Die Einigung Europas hat gleiche Priorität wie die Atlantische Allianz. Das entspricht der Tradition unserer Partei. Wir haben uns immer als die klassische Europa-Partei verstanden. Deswegen ist es klar, daß viele in Europa ihre Hoffnungen auf uns richten. Ich sage dies, weil ich weiß, daß es modern oder schick geworden ist, über Europa achselzuckend hinwegzugehen und zu fragen: Was kann da noch Gutes zu erwarten sein? Wir werden während der Wochen, die uns in der Präsidentschaft noch bleiben, und im Europäischen Rat zäh und entschieden darum ringen, daß wir weiterkommen, auch wenn es nur kleine Wegstrecken sind. Ich lasse nie einen Zweifel darüber, daß wir die Einigung Europas wollen, daß wir intensiv um Lösungen ringen und daß wir nicht resignieren dürfen.

Wir wissen, was bisher erreicht wurde, ist nicht befriedigend, nicht ausreichend. Wer aber mehr will, wer nicht warten kann, wer drängt, der muß auch sagen, was er für einen Preis bezahlen will, welche Opfer er zu bringen bereit ist. Ich will ein Beispiel aus den letzten Tagen herausgreifen. Die Europäische Kommission hat vorgeschlagen, den Mehrwertsteueranteil zur Finanzierung der Gemeinschaft von bisher 1 auf 1,4 Prozent anzuheben. Wenn wir diesen Vorschlag akzeptieren würden, müßten wir pro Jahr 4 Milliarden DM mehr für Europa zahlen. Gleichzeitig sparen wir in bitteren Auseinandersetzungen – es kann gar nicht anders sein – für den nationalen Haushalt des Jahres 1984 6,5 Milliarden DM ein. Sie wissen, daß wir den Vorschlag aus Brüssel so nicht akzeptieren können und werden. An diesem Beispiel wird aber doch jedermann klar, vor welchen Problemen wir stehen. Fairerweise muß aber auch die andere Seite angesprochen werden, nämlich die Vorteile, die wir gewonnen haben. Über 48 Prozent der Ausfuhren gingen 1982 in Länder der Gemeinschaft. Das sind 13 Prozent unseres gesamten Bruttosozialprodukts.

Es gibt noch einen Grund, weshalb vor allem wir Europa brauchen. Wir sind ein geteiltes Land. Wer in die Geschichte schaut und wer sich Sensibilität für die Möglichkeiten von morgen bewahrt hat, der weiß: Die Einheit des deutschen Vaterlands ist in der größeren europäischen Heimat in Zukunft denkbar. Am 17. Juni des nächsten Jahres werden wir erneut an die Wahlurnen gehen, um das 2. Europäische Parlament zu wählen. Wir müssen den Bürgern dann Rechenschaft über das geben, was wir für Europa geleistet haben. Der Bürger muß wissen, daß wir noch einen langen und beschwerlichen Weg vor uns haben. Unsere Bürger müssen spüren, daß wir uns als Christliche Demokraten mit dieser Idee identifizieren, daß wir unsere Kraft, daß wir unsere Phantasie einsetzen, um das Ziel zu erreichen. Wir müssen den Bürger, der skeptisch ist, fragen: Wie sieht denn deine Alternative aus? Wollen wir wieder zurück zu trennenden Grenzen und dem Protektionismus und all dem, was die Schattenseite der Nationalstaaten war?

Das sind Schwerpunkte unserer Außenpolitik. Ich habe sie in dem Satz zusammengefaßt: „Fundamente unserer Außenpolitik bleiben das Atlantische Bündnis und die Europäische Gemeinschaft." Auf diesen Fundamenten bauen wir unsere Politik auch mit den Staaten des Warschauer Paktes auf, eine Politik des Dialogs, des Ausgleichs und der Zusammenarbeit. Unsere Einbindung in den Westen bleibt das entscheidende politische Widerlager für unsere Ostpolitik. Wir werden keine Politik mit unseren östlichen Nachbarn betreiben, die zu Lasten unserer Freundschaft in der Allianz, die auf Kosten des Zusammenhalts des Bündnisses geht. Das unterscheidet uns von den illusionären Entspannungspolitikern in der SPD.

Aber noch etwas unterscheidet uns von der SPD. Wir werden die Belastungen im Ost-West-Verhältnis, wir werden unsere Besorgnisse in den zweiseitigen Beziehungen mit der Sowjetunion, mit der DDR, mit Polen, mit der Tschechoslowakei, mit Rumänien beim Namen nennen. Wir werden uns nicht damit abfinden, daß Mauer, Stacheldraht und Schießbefehl mitten in Deutschland bestehen und man dies am Ende noch als normal bezeichnet. Das wird nicht unsere Politik sein! Wir werden dies aber nüchtern tun – ruhig und ohne Schaum vor dem Mund. Wir werden uns nicht scheuen, immer wieder darauf zu dringen, daß die Belastungen abgebaut werden, daß Spannungen vermindert werden, daß die Menschen in Deutschland zueinanderkommen. Unsere Nachbarn im Osten müssen wissen, daß politische Beziehungen, wirtschaftliche Zusammenarbeit, wissenschaftlich-technische Kooperation, kultureller Austausch um so leichter, um so umfassender möglich sind, je rascher Fortschritte erreicht werden – Fortschritte, die zu mehr Menschlichkeit und weniger Konfrontation führen. Das gilt vor allem für das Problem der Familienzusammenführung. Wir sorgen uns um einen vernünftigen, um einen friedlichen, um einen menschlichen Ausgleich mit unseren ausländischen Freunden, mit den Gastarbeitern in der Bundesrepublik Deutschland. Wir sorgen uns aber auch um das Schicksal unserer Landsleute, die durch die Geschichte nach Sibirien, nach Rumänien, nach Polen oder anderswohin gekommen sind und die in ihr altes Vaterland zurück wollen.

Ein Drittes unterscheidet uns von der SPD. Wir werden wieder zu einer Politik zurückkehren, die den beiderseitigen Interessen dient, die zu mehr Ausgewogenheit zwischen Leistung und Gegenleistung führt. Unser Angebot an unsere östlichen Nachbarn – auch an Moskau – ist, eine neue und auch bessere, stabilere Qualität der Beziehungen zu erreichen. Wir wollen die Gespräche auf allen Ebenen führen und vertiefen, beharrlich und ohne Illusion über bestehende Gegensätze, und, wenn möglich, auch mit einer gewissen Regelmäßigkeit. Ich füge aber hinzu: Diese Politik kann keine Einbahnstraße sein. Sie kann nicht mit Scheuklappen nach dem Motto geführt werden: Was scheren uns Unrecht, Krisen und Spannungen in anderen Teilen der Welt? Was schert uns, was in Polen oder im fernen Afghanistan geschieht? Die Welt ist unteilbar, auch unter diesem Gesichtspunkt.

Unsere Politik bleibt in die Allianz, in die Partnerschaft eingebettet. Man kann es einfach sagen: Wir verraten unsere Freunde nicht. Wir verraten unsere Grundsätze nicht. Wir werden uns selbst treu bleiben: unseren Grundsätzen, unseren Idealen, unseren Zielen. Wir wissen, daß wir auf diesem Weg mit Rückschlägen, manchmal mit Stagnation rechnen müssen. Sie werden uns aber nicht zu Wohlverhalten verleiten und nicht zur Anpassung, nicht zur Gewöhnung an Unrecht und Unmenschlichkeit. Denn dies wäre ein gefährlicher Weg. Aber wir werden uns auch nicht entmutigen lassen und nicht aufgeben. Denn dies wäre ein zu bequemer Weg.

Am 4. Juli werde ich zu Gesprächen nach Moskau reisen. Es wird die erste Begegnung sein zwischen den neuen politischen Führungen der

Bundesrepublik Deutschland und der Sowjetunion. Beide Seiten wissen, daß sie möglicherweise auf sehr lange Zeit miteinander zu tun haben werden. Und die Reise findet zu einem Zeitpunkt statt, an dem die Verhandlungen in Genf in ein entscheidendes Stadium getreten sein können. Ich werde in Moskau nicht als Vermittler und nicht als Dolmetscher auftreten. Ich werde die Gespräche in enger Abstimmung mit unseren Freunden führen, als ein Mitglied des westlichen Bündnisses. Ich habe dort keine Verhandlungen zu führen, aber ich werde alle nur denkbaren Anstrengungen unternehmen, um zu einer einvernehmlichen Lösung in Genf beizutragen.

Die Sowjetunion weiß, wo wir stehen. Sie kann auch keine Zweifel darüber haben, welche Politik wir verfolgen, im Bündnis, in Europa und gegenüber unseren Nachbarn. Sie kann und wird – das ist sowjetische, das ist russische Tradition – unsere Politik realistisch einschätzen. Sie wird dabei ihre Interessen nüchtern gegenüber den unseren zu prüfen haben. Ich bin sicher: Wir haben eine gute Chance, daß diese Gespräche zum gegenseitigen Verständnis beitragen. Wir werden in wichtigen Fragen hart streiten, aber beide Seiten müssen wissen, daß vernünftige, konstruktive Beziehungen im Interesse beider Völker liegen. Am Ende eines solchen Besuches können keine spektakulären Ergebnisse stehen. Aber wenn es uns gelingt, neue Wege zur Zusammenarbeit zu erschließen, wäre dies, so finde ich, ein guter Anfang. Wir brauchen bessere politische Beziehungen, um vor allem Fortschritte in der Abrüstung und der Rüstungskontrolle zu erreichen.

Es ist heute die gemeinsame Überzeugung aller vernünftig denkenden Menschen, daß Krieg kein Mittel der Politik sein kann. Es ist daher Ziel aller Sicherheitspolitik, mit allen zu Gebote stehenden Mitteln die Möglichkeit einer politischen Erpressung oder gar einer kriegerischen Auseinandersetzung auszuschließen. Dies ist in den letzten dreißig Jahren erreicht worden durch ein annäherndes Gleichgewicht der Kräfte. Der Aufbau militärischer Macht im westlichen Bündnis steht, so verstanden, immer im Dienst der Friedenssicherung. Diese Macht hat ihr Ziel erreicht, wenn sie nie eingesetzt werden muß.

Deswegen gilt der Satz, daß unsere Bundeswehr eine Friedensarmee ist und unsere Soldaten Friedensdienst leisten. Wenn die Kirchen in aller Welt darauf verweisen, daß der Rüstung mit immer mehr Waffen Grenzen gesetzt werden müssen und daß die Frist dazu nicht unbegrenzt sei, so ist das wohl kaum jemandem bewußter als uns, den Deutschen, in einem geteilten Land.

Fünfzig Millionen Tote hat der Zweite Weltkrieg gekostet. Dazu kamen das Leiden und das Elend von Millionen Überlebenden. Bernhard Worms hat Ihnen ein Bild aus jenen Tagen vom Juni 1945 in die Mappen gegeben, in denen der Gründungsaufruf der Christlich-Demokratischen Union enthalten ist. Dieses Bild spricht eine beredtere Sprache als das, was wir viele Jahrzehnte später dazu sagen können. Auch heute ist die Welt von Kriegen, von Flüchtlingsströmen, von Hunger und Not, von wirtschaftlichen Krisen und Arbeitslosigkeit gekennzeichnet. Wer will da nicht Frieden, wer will nicht Freiheit, wer will nicht Brot? Aber Friedensgesinnung allein reicht nicht. Es reicht nicht das Wort zum Frieden, es reicht auch nicht der Wille zum Frieden. Die Tat ist gefordert, in Ost und West, in Nord und Süd! Und so wollen wir handeln als Christliche Demokraten. Es gibt für uns keinen Grund zu Pessimismus. Noch nie war die Chance so groß wie heute, Rüstungen abzubauen, zu begrenzen, zu kontrollieren.

Wer aber einseitig Vorleistungen fordert, wer Überrüstung und Ungleichgewicht in Kauf nehmen will, wer dem Gegenspieler die falschen Signale übermittelt, wer Abrüstung auf der einen Seite anbietet, ohne Antwort auf der anderen Seite zu verlangen, der macht jede Chance für Abrüstung und Rüstungskontrolle zunichte. Für uns bleibt völlig unverzichtbar: Wir müssen selbst frei darüber bestimmen, was unserem, was dem deutschen Sicherheitsinteresse dient. Der Weg, den wir jetzt einschlagen, wird – und jeder von uns spürt dies – auch das Schicksal kommender Generationen bestimmen.

Der Westen hat der Sowjetunion das umfassendste Angebot für Abrüstung und Rüstungskontrolle unterbreitet, das es je gegeben hat. Wir müssen jetzt alle Verhandlungsebenen intensiv für Lösungen nutzen. Wir wollen auch neue Verhandlungsmöglichkeiten schaffen, etwa im Rahmen einer Konferenz für Abrüstung in Europa. Wir wollen ein umfassendes Netz von Verhandlungen schaffen, weil wir wissen, daß ein langer Weg vor uns liegt, weil wir wissen, daß Zwischenlösungen unvermeidlich sein werden, und weil wir wissen, daß auch Rückschläge möglich bleiben. Aber ich will es so einfach formulieren: Wenn eine Masche reißt in dieser gefährlichen Zeit, darf nicht das ganze Netz reißen. Und wenn ein Weg aussichtslos erscheint, muß ein anderer Weg weiterführen.

In diesen Fragen der Sicherheitspolitik ist es unerläßlich, daß wir im Bündnis geschlossen bleiben. Um so größer ist unsere Sorge, daß wir im eigenen Land die Übereinstimmung in der Sicherheitspolitik zwischen den großen demokratischen Parteien nicht mehr finden, daß sie brüchig geworden ist. Ich sage das in aller Ruhe: Wir haben als Opposition die

Regierung Schmidt in den entscheidenden Fragen, nicht zuletzt beim NATO-Doppelbeschluß, unterstützt, weil wir für die nationalen Interessen unseres Landes eingetreten sind. Ich appelliere heute als Kanzler der Bundesrepublik an die jetzige Opposition, ebenfalls aus nationalem Interesse ihre Pflicht zu tun. Wir werden uns über alle Parteigrenzen hinaus um eine breite Mehrheit in unserem Volk bemühen. Wir wollen den inneren Frieden, um den äußeren zu sichern.

Wir wissen, daß der Friede heute nicht nur durch Aufrüstung bedroht ist, sondern auch durch Konflikte in Regionen der Dritten Welt, die sehr rasch in weltweite Krisen ausufern können. Auch wir Deutsche dürfen uns dieser Verantwortung nicht entziehen. Unser Ziel ist die Unabhängigkeit und innere Stabilität dieser Länder, ob in Mittel- oder Lateinamerika, ob in Afrika, im Nahen Osten oder in Asien. Wir werden uns überall leidenschaftlich dafür einsetzen, daß fremde Truppen abgezogen werden, aus Afghanistan, aus dem Libanon, aus Angola, aus Kambodscha und aus anderen Krisengebieten der Welt. Wir wollen auch solchen Staaten helfen, die sich aus politischer Abhängigkeit befreien wollen. Wir werden dabei keine Chance unbedacht verschütten. Es werden Balanceakte notwendig sein, die wir aber nicht mit lautstarken Worten und öffentlichen Forderungen begleiten, sondern mit ruhigen Taten unterstützen wollen.

Es muß uns dabei legitimerweise immer auch um unser eigenes Interesse gehen. Aber das Wohl des Partners gehört dazu. Wir wollen Zusammenarbeit zum Nutzen für beide Seiten. Unser Land, diese Bundesregierung, wir, die Christlich-Demokratische Union Deutschlands, stehen vor großen Herausforderungen. Wer sich nichts vormacht, weiß, daß wir schwierigen, vielleicht schweren Zeiten entgegensehen. Ich bin fest überzeugt, daß wir die Probleme gemeinsam meistern können, denn wir sind der Aufgabe gewachsen, und wir werden es auch gemeinsam schaffen.

Unser Volk hat schon einmal – am Tiefpunkt seiner Geschichte im Jahr 1945 – seine großen Kräfte mobilisiert und eine Aufbauleistung vollbracht, die ihm die Bewunderung seiner Freunde und den Respekt seiner Gegner eingebracht hat. Jetzt müssen wir uns erneut zu einer großen gemeinsamen Anstrengung zusammenschließen. Die Mehrheit unseres Landes, die Mehrheit der politischen Mitte will mit uns den Aufschwung schaffen. Sie will Investitionen in die Zukunft, damit die Wirtschaft wieder in Ordnung kommt und alle, die arbeiten wollen, auch arbeiten können. Sie will weniger Staat, damit sich die Initiative und Leistung des einzelnen wieder freier entfalten können, sie will Solidarität mit den Schwachen, vor allem auch mit der nachwachsenden Generation, aber nicht die Umverteilung von einer Tasche in die andere. Unsere Mitbürger wollen eine moderne Gesellschaft mit menschlichem Gesicht, und sie wollen, daß wir unsere Freiheit verteidigen und den Frieden bewahren. Diese Politik hat das Vertrauen unserer Bürger. Sie stärkt unsere Kraft, die Bundesrepublik Deutschland in eine gute Zukunft zu führen.

Dabei wissen wir als christliche Demokraten: Bei all unserem Tun stehen wir in der Verantwortung vor Gott und für jene, die nach uns kommen. Keiner von uns kennt das Ziel der Geschichte. Es sind nicht nur Taten, es sind auch Gebete, die Geschichte bewegen. Vor dem ersten Bundesparteitag der CDU in Goslar 1950 benannte Konrad Adenauer sein Thema „Deutschlands Stellung und Aufgabe in der Welt". Wer sich die wirtschaftliche, die soziale und die geistig-moralische Verfassung unseres Landes in jener Zeit vergegenwärtigt, der weiß, wieviel Mut, wieviel geschichtliche Perspektive zur Wahl dieses Themas damals gehörte. Heute, so habe ich jedenfalls den Eindruck, fehlt es manchen an diesem geschichtlichen Weitblick. Fixiert auf die gewiß bedeutenden Probleme der Zeit und die Sorge des Tages, die Sorge um das Materielle, schieben sie nur allzuleicht beiseite, was mit blanker Geschäftigkeit und Papieren nicht zu lösen ist.

Erinnern wir uns in dieser Stunde an den Auftrag der Geschichte, an die Präambel unseres Grundgesetzes. Sie verpflichten uns, die Einheit Deutschlands in Freiheit zu vollenden. Wir wissen, aus eigener Kraft können wir Deutsche den Zustand der Teilung nicht ändern, aber wir können ihn erträglicher machen und auch weniger gefährlich. Überwinden können wir die Teilung Deutschlands nur im Rahmen einer dauerhaften Friedensordnung in Europa. So lange müssen wir das Bewußtsein der Einheit Deutschlands und der gemeinsamen deutschen Kultur und Geschichte wachhalten. Das ist unser historischer Auftrag, das ist unsere patriotische Pflicht, und dieser Pflicht wollen wir uns stellen.

31. Bundesparteitag. Niederschrift, hrsg. von der Bundesgeschäftsstelle der CDU, Bonn o. J., S. 29–51.

Christliche Verantwortung für eine menschliche Zukunft

Rede auf der öffentlichen Schlußkundgebung
anläßlich der 26. Bundestagung des Evangelischen Arbeitskreises
der CDU/CSU in Wuppertal am 12. Februar 1984

Der Evangelische Arbeitskreis (EAK) der CDU/CSU, der sich in der Grundsatzdiskussion stark engagiert, gab für den Parteivorsitzenden und Bundeskanzler ein geeignetes Forum ab, um ein Plädoyer für eine geistig-moralische Veränderung in der Bundesrepublik zu halten.

Das erste, was ich sagen möchte, ist ein herzliches Wort des Dankes an meine Freunde im Evangelischen Arbeitskreis der CDU/CSU, die in diesen Jahrzehnten – in diesem Jahr begehen wir noch ein wichtiges Erinnerungsdatum an Hermann Ehlers – eine großartige Arbeit für unsere Sache geleistet haben.

Der Evangelische Arbeitskreis hat in schwierigen Zeiten unserer Partei vor allem einen wichtigen Dienst geleistet: Er hat immer wieder darauf hingewiesen, daß es wichtig ist, die Herausforderung des Tages zu begreifen, daß aber Politik, die hinführt zur Staatskunst, immer auch eine prinzipielle Begründung haben muß, daß sie standhalten muß den Anfragen nicht zuletzt aus der jungen Generation nach der Grundordnung, nach den Wertmaßstäben, an denen sich Politik ausrichtet. Für diesen Beitrag danke ich unseren Freunden im Evangelischen Arbeitskreis, und ich möchte Sie ermutigen: Helfen Sie mit, jeder an seinem Platz, daß die Frage nach der Wertordnung, nach den Prinzipien, nach dem geistig-moralischen Koordinatensystem unserer Politik immer wieder gestellt wird und deutlich wird.

Ich darf mich bei dieser Gelegenheit bei meinem Freund Roman Herzog bedanken, der nach seiner Wahl zum Vizepräsidenten des Bundesverfassungsgerichts sein Amt als Vorsitzender niederlegen mußte. Ich danke ihm für vielfältigen Rat und gute Mitarbeit in den vergangenen Jahren. Meinem Freund Albrecht Martin gratuliere ich zu seiner Wahl zum Vorsitzenden des Arbeitskreises und sage ihm und all denen, die mit ihm gewählt wurden, gute Zusammenarbeit zu. Wir brauchen Ihre Hilfe und Unterstützung, wir brauchen Ihr nachdenkliches Wort, und darum bitte ich Sie!

Sie haben sich in diesen Tagen hier vor allem auf die Bekenntnissynode der Evangelischen Kirche in Deutschland, ihre Barmer Erklärung besonnen, jenes mutige Zeichen der Bekennenden Kirche im Jahre 1934. Dieser Anruf für die Menschlichkeit und für die Menschenrechte wurde zu einer der geistigen Grundlagen des Widerstandes gegen die Nazidiktatur. Und zehn Jahre nach der Barmer Erklärung fand ja in der Tat der Männer und Frauen des 20. Juli dieser Widerstand seinen großen und zugleich tragischen Höhepunkt. Ich erwähne dies, weil wir ja in wenigen Wochen, am 20. Juli 1984, zurückblicken auf 40 Jahre 20. Juli 1944 und weil das Vermächtnis des Widerstandes gegen Hitler, nicht zuletzt das Vermächtnis des Widerstandes aus den christlichen Kirchen gegen Hitler, zum moralischen Fundament des Neubeginns, zur Begründung der Bundesrepublik Deutschland gehört.

Friede und Freiheit sind seit Gründung unseres Staates selbstverständliches Ziel aller Politik, gerade auch für uns in CDU und CSU. Als CDU und CSU nach 1945 von Männern und Frauen gegründet wurden, die aus den Internierungs- und Konzentrationslagern des Zweiten Weltkrieges zurückkamen, von jenen Frauen, die mit ihren Kindern aus den Kellern unserer zerbombten Städte hervorkrochen und sagten: Nie wieder! – da war eine der wesentlichsten und entscheidenden gemeinsamen Grundlagen die Erfahrung des Widerstandes gegen die Diktatur. Dies ist ein geschichtlicher Auftrag, der heute noch genauso gilt wie vor 40 Jahren. Ihnen allen möchte ich zurufen: Sprechen wir häufiger über diese geschichtliche Erfahrung gerade auch mit der jungen Generation!

Der erste in Berlin im Juni 1945 gewählte Vorsitzende des Reichsverbands der Christlich-Demokratischen Union Deutschlands – wenn Sie so wollen, mein erster Vorgänger als Parteivorsitzender –, Andreas Hermes, ist im Januar 1945 von dem Blutgericht Roland Freislers zum Tod verurteilt worden. Sechs Monate danach war er der erste CDU-Vorsitzende. Das ist die Tradition, aus der unsere Partei nicht zuletzt und vor allem erwachsen ist! Er und viele andere Gründer der Union haben ihr Leben gegen die Diktatur gewagt, sie haben sich eingesetzt für Menschenwürde und Freiheit, für das Recht und gegen den Krieg, und diese Wurzel des Widerstandes gegen die Diktatur, das ist eine der entscheidenden Grundlagen der Union in Deutschland.

Der 50. Jahrestag der Barmer Bekenntnissynode erinnert uns aber nicht nur an den Widerstand gegen Hitler, in ihren Grundaussagen entfaltet die Barmer Erklärung auch heute eine große Wirkungskraft. Sie erinnert uns vor allem an die öffentliche Verantwortung des Christen oder, wie es in der zweiten These der Erklärung heißt, an „Gottes kräftigen Anspruch auf unser ganzes Leben". Gerade für uns, eine Partei, die sich schon in ihrem Namen auf das „C" beruft, stellt sich die Frage nach den moralischen Leitlinien unseres politischen Handelns, nach unseren Grundwerten immer wieder.

Wir wissen um diesen hohen Anspruch. Und wir wissen auch um mancherlei Sünde und Schuld, wo wir diesem hohen Anspruch als Partei oder als einzelne nicht gerecht geworden sind. Wenn ich die Zeichen der Zeit richtig erkenne, ist bei aller materiellen Wohlfahrt in unserem Volk die seelische Not größer geworden und damit auch der Anruf an Politik, daß sie einen transzendenten Bezug haben muß. Wer politische Aufgaben übernimmt, wer im Spannungsfeld, in der Versuchung und in der Herausforderung der Macht steht, muß sein Tun immer wieder darauf prüfen, ob er vor seinem Gewissen und vor Gott bestehen kann. Eine allein durch Pragmatik geprägte Politik kann diesem Druck nicht standhalten, den der Zeitgeist, den Gruppeninteressen und den eine rein materialistische Betrachtung des Lebens ausüben. Max Horkheimer, ein ganz gewiß in dieser Frage unverdächtiger Zeuge, hat es einmal so ausgedrückt: „Politik ohne Bezug zur Transzendenz wird zum Geschäft."

Gerade in diesen schwieriger gewordenen Zeiten, in den für unser Zusammenleben entscheidenden Fragen, sind wir auf einen Grundbestand gemeinsamer Werte und moralischer Maßstäbe angewiesen. Wir in der Union bekennen uns zu den Grundwerten Freiheit, Solidarität und Gerechtigkeit, zur unveräußerlichen Würde des Menschen, zu den Menschenrechten. Diese Wertordnung hat tiefe Wurzeln im christlichen Glauben. Als Christen ist uns bewußt, daß wir das Ziel der Geschichte nicht kennen, daß wir aus eigener Kraft der Welt einen Sinn nicht geben können und daß wir im Ringen um den richtigen Weg Irrtum und Schuld ausgesetzt sind. Diese Einsicht in unsere Grenzen, so haben wir es im Grundsatzprogramm der CDU niedergeschrieben, bewahrt uns vor der Gefahr, Politik zu ideologisieren, bewahrt uns vor der Enttäuschung und Resignation, die menschlicher Selbstüberschätzung folgt. Aus dieser Einsicht wissen wir um die Grenzen, die staatlichem Handeln und die auch der Politik gesetzt sind.

Deswegen wenden wir uns seit langem und mit gutem Grund gegen eine ausufernde Staatstätigkeit ebenso wie gegen die Tendenz einer totalen Politisierung aller Lebensbereiche. Wir vertrauen auf die schöpferische Kraft des Menschen, auf seine moralische Bindungsfähigkeit und seine Fähigkeit, durch eigene Leistung, durch eigenes Wollen, durch eigenen Willen das Leben zu meistern! Wir lehnen staatliche Bevormundung ab, weil wir überzeugt sind, daß wir mündige Bürger unserer freien Gesellschaft sind. In der gemeinsamen Erklärung zum 50. Jahrestag der Barmer Erklärung haben die Evangelische Kirche in Deutschland und der Bund der Evangelischen Kirchen in der DDR dies eindrucksvoll formuliert: „Auch im Raum des Politischen leben wir mit allen Menschen im Herrschaftsbereich Jesu Christi und werden wiederum als Christen keineswegs aus Bekenntnis und Gehorsam gegenüber unserem Herrn entlassen. Dieses Bekenntnis und dieser Gehorsam müssen aber im Feld der politischen Verantwortung die Gestalt politischer Meinungs- und Willensbildung nach Maß menschlicher Einsicht und menschlichen Vermögens annehmen."

So mahnt uns Barmen zum Gehorsam gegenüber dem göttlichen Gebot und gleichzeitig zur Sachkunde und Sachgerechtigkeit. Wer das Gute will, muß auch die notwendigen sachgerechten Schritte tun. Dafür brauchen wir nicht nur die Einsicht in die Probleme und die Bereitschaft, auf sie gestaltend einzuwirken, sondern auch die Zuversicht, daß wir diesen Problemen gewachsen sind. Wer das Leben nur unter den Zwängen und Bedrohungen der gegenwärtigen Weltsituation sehen will, wird zu leicht Ohnmacht empfinden und resignieren. Glaubenslose Skepsis und verzagter Pessimismus vermitteln heutzutage nicht wenigen das Gefühl des Ausgeliefertseins und der Angst.

Es wäre ein ungewöhnlicher Vorgang in unserem Volk, wenn zwei Kriege, zwei verlorene Kriege, wenn Millionen Tote in diesen zwei Kriegen bei uns nicht tiefe Spuren in einer jeden Familie hinterlassen hätten und wenn wir in Fragen von Krieg und Frieden nicht besonders sensibel wären. Nur – Angst ist im privaten Leben ein schlechter Ratgeber. Und Angst ist im Leben eines Volkes ein schlechter Ratgeber. Wir wollen aus der Geschichte lernen, und wir haben aus der Geschichte gelernt. Aber jene, die durch unser Land gehen und ein Geschäft mit der Angst machen, sind keine Ratgeber für die Zukunft unseres Vaterlandes. Und jene, die als falsche Propheten auf mancherlei Kathedern, auch auf mancherlei Kanzeln stehen und ihren späten Spenglerismus, ihren späten Kulturpessimismus über unsere Zeitgenossen ausgießen, verdienen zwar persönlich sehr gut dabei, aber sie leisten keinen wesentlichen Beitrag zur Zukunft unseres Landes!

Nur wer in diesen schwierigen Zeiten fähig ist, sein „dennoch" zu sagen und die Herausforderung anzunehmen – ob er dies als Christ tut oder wie mein Landsmann und Mitbürger Max Bloch im „Prinzip Hoffnung" als Marxist –, nur wer diese Maxime zur Grundlage seiner Weltbetrachtung macht, wird die Kraft haben, sich mit den Problemen unserer Zeit gestaltend auseinanderzusetzen. Martin Luther hat uns dazu ein Gleichnis hinterlassen, von dem wir uns heute mehr denn je angesprochen fühlen. Christliche Zuversicht steht gegen die aus Glaubensverlust entstandene Lebensangst in unserer Zeit. Sie muß stehen gegen Weltflucht, die von Zwangslagen und Entscheidungsnöten nichts mehr wissen möchte. Der Auftrag, die Zukunft zu gestalten, kann von uns erfüllt werden, wenn wir uns ihm mutig stellen und wenn wir Hoffnung aus unserem christlichen Glauben schöpfen. Ich finde, darüber sollten wir ohne jeden propagandistischen Hintergedanken auch öffentlich und mit jungen Leuten wieder mehr sprechen. Politisches Tätigsein und der Glaube gehören zusammen. Aktives Gestalten und Glauben und Beten können den Weg eines Volkes in die Zukunft bereiten.

Die Aufgaben sind klar: Den Frieden in Freiheit sichern, Arbeit und sozialen Frieden im eigenen Land schaffen und, wenn möglich, überall dort, wo dies gefordert ist, soziale Gerechtigkeit gewährleisten. Das ist das Ziel, das wir uns in diesen Zeiten setzen müssen. Die Absage an Gewaltpolitik im Inneren wie nach außen, Friedensliebe und das Bekenntnis zur Freiheit und Demokratie, das ist sozusagen das Grundgesetz unserer Union seit Beginn, und das will auch das Grundgesetz unserer Bundesrepublik Deutschland. Wir leben mit der freiheitlichsten Verfassung in der Geschichte der Deutschen! Millionen unserer Landsleute drüben in der DDR, in Brandenburg, in Ost-Berlin, in Leipzig, in Weimar und in Dresden, gäben viel dafür, wenn sie die Chance hätten, in einem freien Land zu leben und ihr Glück suchen zu können.

Das erste Ziel, das erste Werk unserer Außenpolitik nach dem Krieg war die Überwindung von Feindschaft und Haß zwischen den Völkern, wie es Adenauer in seiner ersten Regierungserklärung 1949 erklärt hat: Friede und Aussöhnung mit den Feinden und Kriegsgegnern von gestern. Die Demokratien des Westens wurden unsere Partner und Freunde. Zum Volk Israel schlugen wir über den Abgrund millionenfacher Schuld und des unsagbaren Leidens im Holocaust eine Brücke des Friedens. Ich weiß wie jeder hier im Saal, der zur Nachdenklichkeit fähig ist, um die Last der Geschichte und um die Verantwortung, die daraus erwächst. Mit Israel, seinen Lebens- und Freiheitsinteressen bleiben wir besonders verbunden. Aus historischer Verantwortung treten wir für gesicherte Grenzen und friedlichen Ausgleich in dieser ganzen Region zwischen Israelis und Arabern, ein.

Friede und Aussöhnung wollen wir auch mit den Völkern Mittel- und Osteuropas. Gerade uns und das polnische Volk haben lange Zeit hohe Barrieren getrennt. Sie waren entstanden durch schreckliche Verbrechen und böse Vergeltung. Es ist Schlimmes im deutschen Namen an Polen geschehen und in der Revanche Schlimmes im polnischen Namen an Deutschen. Um unserer Kinder willen, um der kommenden Generationen willen wollen wir einen neuen Anfang. Haß und Rache dürfen nicht das letzte Wort sein! Es geht nicht darum, Unrecht zu verwischen und zu vergessen, es geht um Vergebung und um die Bereitschaft, miteinander Werke des Friedens zu tun.

Hier will ich dankbar die beispielhafte Leistung der Kirchen würdigen, die mit ihrer Friedensbotschaft die Herzen der Menschen bewegt, sie geöffnet haben. So fanden sich Deutsche und Polen auf dem Weg, der sie einander wieder näherbrachte. Gerade in diesen letzten Jahren gibt es dafür eindrucksvolle Zeugnisse. Ich denke an die eindrucksvollen Zeichen praktischer Solidarität, die viele in der Bundesrepublik Deutschland, in Kirchen, Pfarrgemeinden, Jugendgruppen, Universitätsgruppen und vielen anderen gegenüber den von Sorge bedrückten polnischen Nachbarn bewiesen haben. In den zwei Jahren seit Verhängung des Kriegsrechts unter Jaruzelski wurden auf privater Ebene, in privaten Gruppen, in Kirchen und anderen Bereichen rund 300 Millionen Mark gesammelt zur direkten Hilfe für unsere polnischen Nachbarn. Das ist ein großartiges Zeichen der Versöhnung und des Miteinander.

Unsere polnischen Nachbarn haben schmerzlich erfahren, daß es jenseits der Freiheit keinen Frieden gibt, der diesen Namen wirklich verdient. Für uns ist von großem moralischem Gewicht, was die katholischen Bischöfe Polens vor zwei Jahren ihren Mitbürgern und allen in der Welt, die hören konnten, zuriefen: „Die Berufung auf Freiheit ist das Recht jedes Menschen und jeder Nation. Sie ist eine Aufgabe, jedem Menschen und jeder Nation gestellt. Wir sehen die Freiheit und den Frieden, der mit ihr verbunden ist, als Frucht des bewußten und durchdachten Handelns." Wir alle können uns nur wünschen, daß jeder in Deutschland, im freien Teil unseres Vaterlandes, diesen Satz begreifen möge.

Beides zu bewahren, den Frieden und die Freiheit, ist der deutschen Politik aufgegeben. Es stimmt, ohne Frieden kann die Freiheit nicht bestehen. Richtig ist aber auch, ohne Freiheit kann der Friede nicht dauern. Freiheit ist für uns die Bedingung des Friedens, sie kann nicht sein Preis sein. Wer auf die Verteidigung von Freiheit und Menschenrechten verzichtet, liefert sich Gewalt und Willkür aus. Gerade als Christen aber, aus unserer Verantwortung für den Nächsten, dürfen wir Gewaltherrschaft nicht Vorschub leisten. Wo die Grundwerte Freiheit und Gerechtigkeit mißachtet, wo Menschenrechte verletzt werden, da ist immer auch der Friede in Gefahr. Dieser innere Zusammenhang bildet die ethische Grundlage unserer Politik für Frieden und Freiheit.

Nicht Freude an Raketen und militärischer Stärke, sondern sorgsam bedachte Gründe politischer Ethik waren es, die unsere Standfestigkeit gegenüber sowjetischem Übermachtstreben im vergangenen Jahr bestimmt haben. Niemand von uns ist raketensüchtig. Aber wir sind nach den geschichtlichen Erfahrungen auch des Jahres 1938 und des Münchener Abkommens nicht bereit, uns vor einer Drohung zu beugen und Friede und Freiheit aufs Spiel zu setzen!

Ich habe großen Respekt und hohe Achtung vor der Friedensdiskussion, der wirklichen Friedensdiskussion, in den Kirchen in beiden Teilen Deutschlands, wo auch die Sorgen und die Nöte junger Leute ihren Ausdruck gefunden haben. Aber ich wiederhole das, was ich seit meiner Wahl zum Kanzler immer wieder gesagt habe: Der Dienst in unserer Bundeswehr ist ein Friedensdienst. Unsere Söhne leisten diesen Friedensdienst gemeinsam mit den Söhnen unserer amerikanischen, unserer englischen, unserer niederländischen Freunde, damit Friede und Freiheit unseres Landes auch in Zukunft gewahrt bleiben. Wer vor Kasernentoren demonstriert – und das Recht auf Demonstration ist ein Grundrecht unserer Demokratie –, der sollte niemals vergessen, daß er eben nur deshalb als freier Bürger in einem freien Land demonstrieren kann, weil die Soldaten in der Kaserne diese Freiheit gewährleisten.

Ich füge hinzu, ich habe großen Respekt vor Gewissensentscheidungen. Wenn da ein junger Mann aus seiner persönlichen Überzeugung, aus seinem Gewissen heraus den Waffendienst ablehnt und Ersatzdienst leistet, verdient das unseren Respekt. Es war ja die geschichtliche Erfahrung der Deutschen, die uns als einziges Land in der Welt dazu veranlaßt hat, das Recht auf Verweigerung des Kriegsdienstes mit der Waffe in unsere Verfassung hineinzuschreiben. Das ist ein wichtiger Zuwachs an politischer Kultur in unserem Lande. Aber gemeint war die

Gewissensentscheidung, gemeint war nicht der Aufruf gegen diesen Staat. In Wahrnehmung ihres Wächteramts haben die Kirchen dazu gemahnt, im Ringen um den äußeren Frieden den inneren Frieden nicht in Gefahr zu bringen. Christen sind dazu aufgerufen, sich als Zeugen der Versöhnungsbotschaft zu bewähren. Gerade dann, wenn jemand eine politische Entscheidung für sich nicht akzeptiert, muß er auch im Widerspruch gegen diese Entscheidung die Form wahren, die christlichen Friedenswillen glaubhaft bezeugt.

Unser Dank gilt den Kirchen für dieses klare Wort, das politische Gegensätze auf den von unserer Verfassung gewiesenen Weg hinweist und das deutlich macht, daß es eben keinen Widerstand gegen demokratisch getroffene Mehrheitsentscheidungen gibt, ja daß es eine Beleidigung des Widerstands der Männer und Frauen gegen Hitler ist, wenn dieser Begriff heute in unserer Demokratie derart verfälscht wird. Wir waren und bleiben entschlossen, alle diese Diskussionen, auch ganz kontroverse Diskussionen, offen zu führen, in der Achtung vor dem Nächsten, vor seiner persönlichen Gewissensentscheidung, vor seinem friedlichen Engagement. Als Christen wissen wir um die Widersprüchlichkeit der Natur des Menschen. Aber die Bergpredigt ist eben keine Aufforderung, die Wirklichkeit zu verleugnen, sondern sie verpflichtet uns zu ethisch verantwortlichem Handeln. Politik muß stets beides bedenken, vor allem der Politiker seine Ziele und den Weg, den er wählt, sein Tun und die Folgen seines Handelns.

Wir werden das Unmögliche ganz gewiß nicht schaffen, Frieden und Wohlstand zu Bedingungen des Westens, Sicherheit aber zu Bedingungen des Ostens. In dieser friedlosen Zeit müssen wir bereit sein, zur Verteidigung von Frieden und Freiheit, wenn dies nötig ist, auch Opfer zu bringen. Deshalb haben wir im vergangenen Herbst nach vielen Diskussionen unsere Pflicht getan und den Stationierungsbeschluß gefaßt. Das war eine bittere Pflicht. Aber ich denke, daraus ist uns auch eine neue moralische Autorität erwachsen, in Ost und West – auch gegenüber unseren amerikanischen Freunden – immer wieder auf neue und ernsthafte Initiativen für Abrüstung und Rüstungskontrolle zu dringen.

Ich hoffe sehr, daß es, wenn nun die notwendigen Entscheidungen im Bereich der Personalien in Moskau getroffen sind, möglichst rasch zu einer Fortsetzung der Gespräche kommt. Wir haben allen Grund zu einem vernünftigen Optimismus, daß die beiden Weltmächte aufeinander zugehen. Wir werden unseren Beitrag leisten, daß die Wege geebnet werden. Es bleibt unser Ziel, Frieden und Freiheit des Landes zu erhalten und Frieden zu schaffen mit immer weniger Waffen. Dies alles setzt konstruktive Verhandlungen auf der Grundlage der Gleichberechtigung voraus. Ich sehe viele Signale, daß die Chance dafür besteht. Wir wollen sie nutzen. Dies alles hat große Bedeutung für uns in Deutschland, in unserem geteilten Vaterland.

Wir werden als Bundesregierung und ich als Bundeskanzler alles daran setzen, damit wir die Gespräche mit der DDR in einer breit und langfristig angelegten Zusammenarbeit im Rahmen des Möglichen und ohne Aufgabe irgendeines Prinzips fortsetzen und, wo möglich, intensivieren. Die Bundesrepublik Deutschland und die DDR werden ihrer Verantwortung für den Frieden in Europa und gegenüber den Menschen in beiden Teilen unseres Vaterlandes nur gerecht, wenn sie aufeinander zugehen und, wenn es möglich ist, mehr Menschlichkeit in Deutschland zu schaffen.

Unser Ja zur Einheit der Nation in der Präambel unseres Grundgesetzes ist die Grundlage deutscher Politik, ist die Ausgangsposition jeglicher deutscher Politik. Ich weiß, daß da viel Resignation gepredigt wird. Und ich weiß auch, daß die Frage der Einheit der deutschen Nation nicht auf der Tagesordnung der Weltpolitik von heute steht, daß wir auf Gewalt als Mittel der Politik verzichtet haben, daß unser Ziel nur mit friedlichen Mitteln, nur mit Zustimmung unserer Nachbarn, zu erreichen ist. Aber was sind im Lauf der Geschichte eines Volkes eine oder zwei Generationen? Wir haben nicht das Recht, zu resignieren in unserer Generation. Aber wer ja zur Einheit der Nation sagt, der muß auch ja sagen dazu, daß die Menschen in Deutschland zueinanderkommen, daß wir uns nicht auseinanderleben, daß wir Bescheid wissen, wie es drüben aussieht, in Leipzig und in Dresden, und daß nicht nur jene rüberfahren, die dort Angehörige haben, sondern daß es wieder für uns alle selbstverständlich wird. Das ist nicht nur eine Frage der Politiker, das ist eine Frage beispielsweise auch von Hunderttausenden von Eltern, die in Elternbeiräten der Gymnasien darauf hinwirken sollten, daß unsere Kinder, bevor sie nach Rom oder nach Paris fahren – was ich ihnen von Herzen gönne –, auch einmal Leipzig und die Wartburg in Eisenach und Dresden und Weimar erleben!

Mein Ja zu einer solchen Politik ist ohne jede Illusion. Ich verkenne nicht, daß die DDR ganz andere Ziele im Auge hat als wir. Sie will das sozialistische Deutschland. Und da, wie auch die Führung der SED in Wahrheit weiß, die Realität des „realen Sozialismus" die Menschen drüben nicht anspricht, möchte sie die deutsche Geschichte okkupieren, um daraus nationale Ansprüche herzuleiten. Das wurde beim Luther-Jubiläum im vergangenen Jahr deutlich, das wurde vor zwei Jahren beim Goethe-Jubiläum deutlich, das wurde vor drei Jahren beim Clausewitz-Jubiläum deutlich. Ich sage Ihnen voraus, im Jahre 1985 wird es beim Bach-Jubiläum ähnlich werden.

Was hier vonstatten geht, erfordert unsere Aufmerksamkeit. Der Mensch lebt nicht vom Brot allein. Wenn dort der Versuch gemacht wird, die deutsche Geschichte zu okkupieren, sozusagen vom mittelalterlichen Kaisertum bis hin zum Zentralkomitee der SED, dann muß man sehen, daß hier eine ganz neue Form der Herausforderung durch kommunistische Ideologien ins Land kommt. Das kann man nicht beantworten mit dem Hinweis auf bessere Autotypen und anspruchsvolleren Konsum. Hier geht es um eine sehr grundsätzliche Herausforderung unserer Politik. Wir haben beim Luther-Jubiläum aber auch erlebt, daß sich der Reformator eben nicht als Vorläufer der sozialistischen Gesellschaft eignet. Martin Luther ist ohne seinen Glauben an Gott und er ist ohne seine Kirche nicht zu denken. Wir können heute dankbar feststellen, daß die Erinnerung an Martin Luther im vergangenen Jahr die Deutschen in Ost und West näher zusammengeführt hat und daß hoffnungsvolle Zeichen in diesen Begegnungen gesetzt wurden.

Die Einheit unseres deutschen Vaterlandes läßt sich nur als Friedenswerk in einer größeren europäischen Gemeinschaft denken. Gerade wir, die Deutschen, brauchen mehr als andere Freunde in der Welt, und wir brauchen sie vor allem in Europa. Wir Deutsche brauchen Europa in besonderem Maße. Wir müssen dafür sorgen, daß die Idee der europäischen Einigung wieder neuen Glanz gewinnt, daß sie den Menschen wieder Herzenssache wird.

Für Europa steht in diesen Monaten mehr auf dem Spiel als die Lösung komplizierter Tagesfragen, Etatprobleme, Agrarprobleme in der Gemeinschaft. Ich bin nicht bereit, mich mit dem derzeitigen Zustand abzufinden. Europa muß mehr sein als eine Freihandelszone. Der Aufbruch im freien Teil Europas, und das kann ja angesichts der Weltlage nur ein Teil Europas sein, ist eine Chance für die politische Einigung Europas. Nur ein geeintes Europa kann auf Dauer unsere Freiheit und unsere demokratische Ordnung gewährleisten im Konzert der Welt. Der Rückgriff auf den Nationalstaat des 19. Jahrhunderts bietet keine Chance, weder in Paris, noch in Bonn, noch in London, noch in Rom, noch in Den Haag. Das müssen wir begreifen.

Wir haben in Sachen Europa keinen Grund zur Resignation. Das Werk der europäischen Einigung ist mühsam und es ist beschwerlich. Ich erlebe das ja nun wirklich selbst beinahe körperlich. Aber zur Politik gehören eben auch die Einsicht in das Wesen der Geschichte und die Bereitschaft zur Demut vor der Geschichte. Was in dreihundert Jahren nationalstaatlichen Denkens gewachsen ist, das kann man in dreißig Jahren nicht hinwegfegen. Das Bekenntnis zur Freiheit und Demokratie ist für uns keine Frage der Geographie oder der politischen Opportunität. Menschenrechte sind überall zu schützen, und auch hier ist das Wort Europas, etwa zum Nahen Osten, endlich gefragt.

Der Christ sieht seinen Nächsten nicht allein im Haus nebenan, nicht nur in seiner Stadt oder in seinem eigenen Land. Für den Christen ist der Nächste auch jener, der in Lateinamerika, in Asien und Afrika in kaum vorstellbarer Not lebt. Dazu gehört besonders die junge Generation, die dort in einer Lebensumwelt des Elends aufwächst. Im letzten Jahr waren es wieder über zehn Millionen Kinder, die an Hunger und Not gestorben sind, weil sie die einfachsten Lebensvoraussetzungen nicht hatten. Diese Entwicklung in der sogenannten Dritten Welt ist ein Schlüsselproblem für die Zukunft der Menschheit und damit auch für die Zukunft unseres Volkes. Zur Lösung dieser Probleme unseren Beitrag zu leisten, muß trotz mancher Not im eigenen Land zu den Hauptaufgaben deutscher Politik, auch deutscher Friedenspolitik, zählen. Die Solidarität mit den Armen im Lande wie draußen in der Welt geht jeden an. Wir wissen, was wir den Kirchen, den Stiftungen, den freien Trägern und vielen Einzelinitiativen zu verdanken haben. Ich nenne hier ganz besonders auch das Engagement vieler junger Leute, ein Engagement, das in der Öffentlichkeit viel zu wenig gewürdigt wird.

Die innenpolitische Hauptaufgabe unserer Zeit ist es, die Wirtschaft wieder zu beleben, die Massenarbeitslosigkeit zu stoppen und abzubauen und für einen gerechten sozialen Ausgleich zu sorgen. Wirtschaftlicher Erfolg ist für den einzelnen wie für ein Volk wahrlich nicht alles. Aber ohne eine erfolgreiche Wirtschaft können wir die größte soziale Ungerechtigkeit, die es gibt, nämlich die Arbeitslosigkeit, nicht wirksam bekämpfen und abbauen. Dazu gehört eben eine blühende Wirtschaft. Nur wenn die Wirtschaft floriert, wenn die Betriebe Gewinn erzielen, können sie Steuern zahlen und kann der Staat seine sozialen Aufgaben erfüllen.

In dieser Phase der Wiederbelebung unserer Wirtschaft geht es auch um eine Bewährungsprobe der Sozialen Marktwirtschaft. Es muß alles getan werden, um der Wirtschaft vernünftige Rahmenbedingungen zu schaffen. Heute, noch nicht einmal ein Jahr nach der Bundestagswahl am 6. März, ist allgemein anerkannt, daß die Gesamtbilanz unserer Wirtschafts-, Finanz- und Sozialpolitik positiv ist. Viele Anzeichen deuten darauf hin, daß aus der wirtschaftlichen Erholung jetzt ein Aufschwung auf breiter Front werden kann. Sie merken, ich sage: „werden kann", weil zu diesem Aufschwung der Wille aller Beteiligten gehört, daß es diesen Aufschwung wirklich gibt. Voraussetzung dafür ist, daß wir den Kurs der Erneuerung der Sozialen Marktwirtschaft konsequent durchhalten. Die von mir geführte Bundesregierung wird ihren Führungsauftrag erfüllen und ihr Konzept durchsetzen. Es gibt, wie ein Blick in die Welt zeigt, keine bessere Alternative zur Sozialen Marktwirtschaft. Sie allein hat sich unter den Bedingungen einer freien Gesellschaft als richtig und erfolgreich erwiesen. Sie ist eine soziale Friedensordnung für freie Menschen in einem freien Land. Die Soziale Marktwirtschaft fordert den Bürger, aber sie verfügt nicht über ihn. Sie fördert seine Chancen und belohnt seine Leistung, aber sie sorgt auch für gerechten und sozialen Ausgleich bei den großen Lebensrisiken.

Gerade angesichts der hohen Arbeitslosigkeit müssen wir die Soziale Marktwirtschaft als Grundlage unseres wirtschaftlichen Tuns in dieser Bewährung erneut durchsetzen. Trotz erheblicher Anfangserfolge ist der entscheidende Schritt, etwa der große Durchbruch auf dem Arbeitsmarkt, noch nicht erreicht. Was in Jahren gewachsen ist an regionaler und sektoraler Arbeitslosigkeit kann über Nacht nicht überwunden werden. Noch bangen viele Mitbürger um ihren Arbeitsplatz, machen sich Sorgen um die Zukunft. Arbeitslosigkeit bedeutet immer auch einen Verlust an Chancen für erfülltes Dasein und privates Glück. Deswegen ist das der Punkt 1 auf der Tagesordnung der deutschen Innenpolitik.

Wir müssen alle Anstrengungen machen, um die Wirtschaft wieder zu beleben. Unsere Gesellschaft braucht Fortschritt und Innovation. Sie braucht Spitzenleistungen in Wissenschaft und Technik. Für uns als rohstoffarmes Land geht es ganz entscheidend darum, daß wir uns auf den wirtschaftlichen Wachstumsfeldern mit fortgeschrittenen Technologien behaupten und durchsetzen können. Damit ist eine der großen Herausforderungen unserer Gesellschaft angesprochen, die gerade von den Marxisten immer wieder geleugnet wird.

Wir stehen an einer Wegscheide. Wir müssen erkennen, daß jedes Stück mehr an Gleichheit ein Stück Verlust an Freiheit ist. Das ist die Grundentscheidung, vor der wir heute stehen: Ob wir noch mehr

Gleichheit unter Verlust von Freiheit akzeptieren oder nicht. Und da ist ein Zweites angesprochen: Ob wir wieder fähig sind, ja zu sagen zu notwendigen Leistungseliten in unserer Gesellschaft. Es ist eine Grundvoraussetzung für die Zukunft, daß wir Leistung wieder belohnen und nicht wie bisher bestrafen und daß Leistungen in der Gesellschaft wieder beispielhaft werden für die junge Generation. Das gilt natürlich – ich sage es in den Tagen der Winterolympiade – für das Beispiel von Spitzensportlern. Das gilt aber ebenso für wissenschaftliche Spitzenleistungen, für Spitzenleistungen in anderen Bereichen der Gesellschaft, auch und gerade für wirtschaftliche Leistungen, für Unternehmungsgeist, Risikobereitschaft und Innovationsfähigkeit. In den Vereinigten Staaten von Amerika sind in der Dekade von 1973 bis 1983, also in diesen letzten zehn Jahren, rund fünfzehn Millionen neue, zusätzliche Arbeitsplätze, und zwar überwiegend in kleinen und mittleren Unternehmen, geschaffen worden. Das ist genau das Beispiel, an dem wir Maß zu nehmen haben. Wir brauchen eine Existenzneugründungswelle, die aus den kleinen und mittelständischen Schichten unseres Volkes kommt. Dort liegt die Dynamik unserer Gesellschaft.

Ich bin zutiefst davon überzeugt, daß es selbstverständlich auch in unserem Lande und in unserer Wirtschaft und gerade auch in der jungen Generation, die wirtschaftlich tätig ist, viele Mitbürger gibt, die sich das zutrauen. Aber wir müssen das Notwendige tun, daß dieses Zutrauen auch seine Chance bekommt. Der Staat muß hier vernünftige Rahmenbedingungen schaffen. Deshalb wird das Bundeskabinett am Mittwoch in acht Tagen das erste große Paket zum Thema Entbürokratisierung verabschieden. Es geht dabei um ein bürgerfreundlicheres und weniger bürokratisch ausgeformtes Baurecht, es geht um wichtige Bereiche des Gewerberechts, und wir werden in einigen Wochen dann auch im Bereich des Arbeitsrechts eine ganze Reihe von wichtigen Entscheidungen zu treffen haben.

Wir müssen mehr Freiraum für jene schaffen, die bereit sind, als wagende und wägende Unternehmer, ob im Groß- oder im Kleinbetrieb, den Durchbruch nach vorn zu suchen. Zu den Leistungsträgern unserer Gesellschaft gehören aber auch die Selbständigen, die leitenden Angestellten und die erfreulicherweise wachsende Zahl der qualifizierten Facharbeiter. Es ist wichtig, daß wir ihre Leistungsbereitschaft ermutigen und anerkennen. Die Solidarität mit den Schwachen in unserer Gesellschaft können wir auf die Dauer nur dann sicherstellen, wenn diejenigen, die sich selbst helfen können, dies auch tatsächlich tun.

Wir wollen keinen Wohlfahrtsstaat, der jeden betreut und alle bevormundet. Wir haben uns einen modernen Sozialstaat geschaffen, der seinen Aufgaben aber nur dann gerecht werden kann, wenn die Bürger verstehen, daß Leistung nicht nur persönliche Herausforderung, sondern auch solidarische Pflicht ist. Wir werden, um es noch einmal zu sagen, in den ersten Monaten dieses Jahres als Bundesregierung und als Koalitionsfraktionen des Deutschen Bundestages und Gruppe der CDU/CSU-geführten Länder im Deutschen Bundesrat unseren Beitrag leisten, damit die Wirtschaft, der Unternehmer wie der Betriebsrat, vernünftige, berechenbare und verläßliche Rahmenbedingungen für ihre wirtschaftlichen Entscheidungen bekommen.

Unser Grundsatz muß sein, daß derjenige in unserer Gesellschaft, der leistungswillig ist, fleißiger ist, der mehr riskiert, mehr schafft, der mehr Verantwortung übernimmt, einen moralisch begründeten Anspruch auf höheres Entgelt, auf höheren Lohn, auf höheres Einkommen hat. Und Neid darf kein Mittel der Politik werden. Zu diesem Feld gehört auch das Thema, das in den nächsten Monaten diskutiert wird, die Reform der Einkommen- und Lohnsteuer. Wir wollen, daß sich alle Gruppen an dieser Diskussion offen beteiligen. Aber, das füge ich hinzu, dabei müssen vor allem auch die Ungerechtigkeiten gegenüber den Familien, gegenüber den Ehepaaren mit Kindern beseitigt werden. Es gilt der Satz aus meiner Regierungserklärung: Wer Kinder hat, soll weniger Steuern bezahlen als der, der keine hat. Dazu gehört für mich als zentrales Thema, immer natürlich unter dem Finanzvorbehalt, daß wir es uns leisten können, die Stärkung der Rolle und Funktion der Hausfrau und Mutter. Ich finde, es ist eine schlimme Sache, daß in unserer Gesellschaft nahezu jede Dienstleistung finanziell anerkannt und abgegolten wird, aber der wichtigste Dienst in unserer Gesellschaft, die Mutterschaft, einfach auf die Seite geschoben wird.

Es gibt keine Alternative *zur* Industriegesellschaft. Aber es gibt Alternativen *in* der Industriegesellschaft. Und ich denke, deswegen lohnt es sich, politische und soziale Phantasie aufzubieten, um den Fortschritt nach menschlichem Maß zu gestalten. Wir müssen die technischen und materiellen Möglichkeiten unserer Zivilisation in den Dienst der Werte unserer Kultur stellen.

Der rasante, oft unbehaglich-undurchschaubare Fortschritt in Wissenschaft und Technik eröffnet uns Chancen, die wir nutzen können. Aber die Verantwortung, die hier auf uns lastet, die Frage nach der Grenze des Machbaren, kann ein Christ niemals leichtfertig übergehen. Wir haben ständig die Chance, neue Möglichkeiten zu erschließen, Leben zu erleichtern und Leiden zu mindern. Aber neben der Freiheit der Forschung steht die ethische Verantwortung für die Anwendung des technischen Fortschritts. Wir wissen, daß die bloße Machbarkeit nicht zur Droge werden darf, die ethische Verantwortung außer Kraft setzt. Der Mensch als Geschöpf Gottes muß das Maß aller Dinge bleiben. Ich denke aber, daß der technische Wandel nicht nur Probleme, etwa beim Verlust bestimmter Arbeitsplätze durch Automatisierung mit sich bringt, er bringt auch Chancen. Ein verengtes Verständnis von Arbeit wird diesen Perspektiven nicht gerecht. Es gibt Arbeit eben nicht nur als Erwerbstätigkeit im Berufsleben, sondern auch in der Familie oder im Dienst für andere, in der Selbst- und in der Nächstenhilfe.

Es ist – und auch darüber sollten wir mehr sprechen – eben nur die halbe Wahrheit, wenn unser Land als Ellenbogengesellschaft charakterisiert wird. Es gibt unendlich viel privates Engagement und Hilfsbereitschaft. Wir wollen dem ehrenamtlichen Einsatz so vieler Bürger mehr Respekt und Anerkennung zollen! Wenn unsere Wirtschaft gegenwärtig nicht für alle einen herkömmlichen Arbeitsplatz bereithalten kann, so muß doch unsere Gesellschaft fähig sein, möglichst vielen eine sinnvolle Tätigkeit anzubieten. Es gilt, die Möglichkeiten zu nutzen, um Arbeitszeiten und Arbeitsplätze flexibler zu gestalten. Die Bundesregierung hat durch den Abbau entsprechender Hemmnisse die Voraussetzung geschaffen, daß die Tarifpartner jetzt bei ihren Verhandlungen solche Modelle übernehmen können.

Aber es geht auch um die weitere Ausgestaltung des weiten Felds der ehrenamtlichen Tätigkeit. Ich denke an die Betreuung älterer Mitmenschen, an Tätigkeiten im Umweltschutz, in der Landschaftspflege und in anderen Aufgabengebieten, die nicht notwendigerweise in staatlicher Regie stattfinden müssen. Ich denke, es ist hohe Zeit, daß wir den Staat wieder auf seine eigentliche Aufgabe zurückführen, daß wir privater Initiative und persönlicher Verantwortung mehr Raum geben.

Wir als christliche Demokraten haben hier schon vor über dreißig Jahren ganz prinzipiell unsere Position begründet mit der Idee der Subsidiarität. Sie verlangt Vorfahrt für die jeweils kleinere Einheit. Subsidiarität bedeutet aber auch, daß der Staat dann die kleineren Einheiten in die Lage versetzt, ihre Aufgaben zu erfüllen. Wir wollen unsere Bürger ermutigen, nicht nur zu fragen: Wer hilft mir, sondern auch sich selbst die Frage zu stellen: Wem helfe ich? Unsere Gesellschaft beweist wirkliche gelebte Humanität, wenn viele einen Dienst am

Nächsten leisten, wenn viele für andere da sind und nicht nur jeder für sich selbst. Ich will es klar sagen: Wir wollen nicht die ausufernde Betreuung eines anonymen Wohlfahrtsstaates, sondern die mitmenschliche Solidarität eines lebendigen Gemeinwesens. Zum sozialen Netz des Staates, das materielle Notlagen überbrücken hilft, muß ein Netz von mitmenschlichem Miteinander treten. Es ist nicht die finanzielle Absicherung, die heute vielen fehlt. Viele suchen Geborgenheit, Zuwendung und Mitmenschlichkeit – Werte, die man eben nicht kaufen kann, aber ohne die niemand von uns leben kann. Wir wollen eine rücksichtsvollere Gesellschaft, die über den materiellen Interessen die Bedürfnisse jenseits von Angebot und Nachfrage nicht vergißt. Und Fortschritt, so verstanden, ist weit mehr als eben nur eine Vermehrung materieller Güter.

Wir müssen lernen, ein neues Gleichgewicht zu finden zwischen Mensch und Wirtschaft, Mensch und Natur, aber auch im Blick auf die junge Generation zwischen Gegenwart und Zukunft. Jungen Menschen darf der Weg zur beruflichen Erfüllung nicht verbaut werden. Hier stellen uns gerade die geburtenstarken Jahrgänge vor große Probleme. Wir haben ein großartiges Beispiel 1983 erlebt: Ohne Gesetze, ohne Verordnungen, ohne staatlichen Zwang haben viele Tausende von Handwerksmeistern, Unternehmern, Betriebsräten, Leute in den freien Berufen – im weitesten Sinne des Wortes die Gesellschaft – ihr Ja gesagt zu dieser Sonderaktion zur Schaffung von Ausbildungsplätzen.

Wir haben im letzten Jahr rund 700 000 Ausbildungsplätze zur Verfügung gestellt. Das ist der absolute Rekord in der Geschichte der Bundesrepublik Deutschland. Ich sehe darin ein großartiges Zeichen von gelebtem Patriotismus. Und wie wichtig dieses Ergebnis ist, können Sie daran erkennen, daß das ganze Jahr 1983 erfüllt war von dem Geschrei der sogenannten Ausbildungslüge, und es ist still geworden, weil das Erreichte eben alle Erwartungen übertroffen hat. Dafür bin ich allen dankbar, die mitgeholfen haben. Meine Bitte ist: Helfen Sie alle mit, damit die zwei geburtenstarken Jahrgänge, die 1984 und 1985 auf den Ausbildungsmärkten erscheinen, ihre Chance bekommen!

Wir sollten uns dabei von einer ganz grundsätzlichen Überlegung leiten lassen: Wir können nicht erwarten, daß der 15- oder 16jährige, der die Schule verläßt und den ersten Schritt aus der Welt des Kindes, der Schule, in die Welt des Erwachsenen und der Ausbildung geht, daß der ja sagt zu seinem Staat und mit 19 Jahren seine Pflicht bei der Bundeswehr tut, wenn er diesen Staat und diese Gesellschaft als eine Gesellschaft mit verschlossenen Türen empfindet. Es muß sein Staat sein! Es muß seine Gesellschaft sein! Er muß einen Sinn darin erkennen. Hier haben wir die eigentlichen Probleme, ich sage es gerade auch in einer Universitätsstadt, mit der Entwicklung der großen Absolventenzahlen an deutschen Hochschulen, mit der uns drohenden Akademikerarbeitslosigkeit noch vor uns. Es rächen sich hier die Sünden aus vielen Jahren. Über ein Jahrzehnt lang hat man jungen Leuten eingeredet, wirklichen Lebenserfolg, Glück oder gar eine eigene Position in der Kulturlandschaft unseres Landes vermittle eben nur der Stempel einer deutschen Universität. Die Art und Weise, wie die nichtakademischen Berufe in den letzten Jahren als nicht gleichwertig dargestellt wurden, hat viel zu dieser Verirrung und zu dieser Entwicklung beigetragen. Wir sollten uns darüber im klaren sein, daß die Probleme der Arbeitslosigkeit junger Akademiker mit zu den schwierigsten gehören und daß das nicht mit Transparenten und Parolen abzumachen ist. Wir müssen diesen jungen Leuten ehrlich sagen, daß es zu keiner Zeit und schon gar nicht in einer freien Gesellschaft einen Anspruch auf einen bestimmten Beruf gab, sondern daß man um diesen Beruf sich bewerben muß, daß man sich einsetzen muß, daß man selbst etwas dazu beitragen muß.

Wir brauchen ein vernünftiges Gleichgewicht zwischen den wohlerworbenen Besitzständen in der Gesellschaft und den Zukunftschancen der jungen Generation. Niemand von uns hat das Recht, über die Zukunft zu verfügen, als sei sie unser gegenwärtiger Besitz. Bei der Staatsverschuldung wie bei dem Schutz der natürlichen Lebensgrundlagen haben wir begonnen, die notwendigen Konsequenzen zu ziehen. Aber es stehen uns schwerwiegende Entscheidungen bevor, und ich bitte Sie ganz einfach, bei all dem, was jetzt zu tun ist, den Blick auf die junge Generation zu haben, die es einfach verdient, daß wir uns um sie kümmern. Sie verkörpert die Zukunft unseres Landes.

Konrad Adenauer hat einmal gesagt: „Politik verlangt Klarheit in der Erkenntnis der Ziele. Sie muß realistisch sein, das heißt die Möglichkeiten erkennen. Sie muß mutig sein, um die auf ihrem Weg sich zeigenden Hindernisse zu überwinden. Vor allem aber verlangt politische Arbeit Ruhe, Geduld und Stetigkeit. Wenn diese Voraussetzungen vorliegen", so sagt Adenauer, „können wir mit Erfolg rechnen." Ich denke, daran hat sich nichts geändert. Es gibt Zeiten, da steht einem der Wind ins Gesicht. Und als Bundeskanzler hat man Zeiten, da muß man gelegentlich Entscheidungen treffen, die in der verfaßten öffentlichen Meinung auf Kritik stoßen. Ich kann das ertragen. Es hat mich niemand gezwungen, mich um das Amt des Kanzlers der Bundesrepublik Deutschland zu bewerben. Aber, und das möchte ich doch hinzufügen, niemand von uns konnte erwarten, am Tag meiner Wahl zum Kanzler der Bundesrepublik Deutschland, am 1. Oktober 1982, daß das, was wir als Wende bezeichnet haben, über Nacht vonstatten geht. Es ist zu vieles in diesen Jahren, und nicht nur bei den anderen, auch bei uns, im Sinne des umgehenden Zeitgeistes in die falsche Richtung gelaufen.

Jetzt geht es darum, zur Mitte zurückzufinden. Wenn ich ein Problem für die Deutschen heute erkenne, ist das die Frage, ob wir nach den Pendelschlägen der Geschichte wieder zur Mitte unseres Landes zurückfinden. Denn von den Extremen, ob von rechts oder links, ist niemals etwas Gutes gekommen. Wir werden unseren Weg konsequent weitergehen. Das wird noch mancherlei Blessuren kosten, aber ich bin ganz sicher, der Kompaß stimmt. Meine Bitte ist: Helfen Sie mit, dort, wo Sie stehen, wo Sie mithelfen können! Und lassen Sie sich nicht anstecken von jenen Zeitgenossen, die schlechte Stimmung, gestreßtes Wesen und sonstigen Pessimismus um sich verbreiten!

Wir haben schwierige Zeiten. Aber diese Zeiten werden nicht von jenen gemeistert, die uns von morgens bis abends einreden: Nichts geht mehr, sondern von jenen, die auch aus ihrem Glauben heraus ja sagen zu den Aufgaben unserer Welt. Und damit will ich schließen, wie ich oft mit dieser persönlichen Erfahrung schließe: Ich war in jenem schrecklichen Winter 1947 Schüler, 17 Jahre alt. Es war die Stunde Null unseres Landes, es gab nie so viele Selbstmorde wie an Weihnachten 1947. Damals glaubten viele im Lande nach den schrecklichen Erfahrungen mit den Nazis, als wir ein zerschlagenes, geteiltes Land waren mit Millionen Flüchtlingen und Vertriebenen, es gibt keine Zukunft mehr.

Aber die Männer und Frauen aus allen demokratischen Lagern, die damals förmlich aus den Kellern herausgekrochen waren, die haben nicht gesagt: Wer hilft uns, sondern die haben sich gefragt: Was können wir tun? Sie haben die Ärmel hochgekrempelt, und sie haben angefangen. So ist die Bundesrepublik Deutschland entstanden. Das war kein Wirtschaftswunder, das war der Glaube an die eigene Kraft. Und jetzt frage ich Sie, einen jeden von Ihnen, die Älteren, die dabei waren und es bezeugen können, meine Generation, die es als Kinder erlebt haben, und die Jungen, die danach gekommen sind: Wir sind doch die Kinder und die Enkel jener Gründer und Gründerinnen der Bundesrepublik Deutschland – sollten wir schwächer sein als jene, die zu ihrer Zeit unter anderen Bedingungen diese großartige Grundlage des neuen Gemeinwesens Bundesrepublik Deutschland gelegt haben? Ich glaube dies nicht, und meine Bitte ist: Helfen Sie mit, daß eben nicht Pessimismus, sondern – aus unserem Vertrauen auf Gott kommend – der Glaube an die Zukunft unseres Landes unser Handeln bestimmt. Das ist gelebter Patriotismus 1984!

Broschüre, hrsg. von der Bundesgeschäftsstelle der CDU.

Wertmaßstäbe und Prinzipien von Sprachkultur und Geschichtsbewußtsein

Rede zur Eröffnung der Frankfurter Buchmesse am 2. Oktober 1984

Die CDU sieht sich aufgrund ihres Namens in besonderem Maße in den Konflikt zwischen Geist und Macht einbezogen. Helmut Kohl hat sich immer wieder mit diesem Problem auseinandergesetzt. In der folgenden Rede geht es um das Verhältnis zwischen der Sprache als Medium und Instrument der Politik und der geistig-moralischen Seite politischen Handelns.

Ich bedanke mich für die Einladung, hier zu sprechen. Ich habe sie gerne und selbstverständlich angenommen, nicht aus der Pflicht des Amtes, sondern aus persönlicher Neigung.

Seit fast zwei Jahrzehnten gehört der Gang durch die Buchmesse für mich zum festen Herbst-Programm. Diese Begegnung mit der Welt des literarischen Schaffens – mit Verlegern und Buchhändlern, mit Schriftstellern und ihrem Publikum – ist für mich ein immer wieder angenehmes und anregendes Erlebnis. Meine persönlichen Empfindungen bei dem Rundgang durch das Messegelände stimmen mit den Eindrücken vieler anderer Besucher gewiß überein: Mit Respekt und Bewunderung stehen wir vor der immensen schöpferischen Kraft menschlichen Geistes, die hier erfahrbar wird.

Lassen Sie mich in diesem Zusammenhang ein Wort des Dankes sagen an die Verantwortlichen der Buchmesse, an den Börsenverein des Deutschen Buchhandels, an die Autoren, Buchhändler und Verleger für ihren Beitrag zur kulturellen Vitalität unseres Landes. Meinen besonderen Glückwunsch möchte ich dem Börsenverein des Deutschen Buchhandels zur Wahl des diesjährigen Friedenspreisträgers aussprechen. Noch vor wenigen Monaten bin ich mit Octavio Paz in Mexiko zu einem Gespräch zusammengetroffen, bei dem mich seine Persönlichkeit tief beeindruckt hat: seine Verbindung von literarischer Sensibilität und persönlicher Bescheidenheit, seine Fähigkeit zur Zusammenschau von vielfältigen Kulturen, sein unbedingtes Bekenntnis zur Gewaltlosigkeit bei allem Einfühlungsvermögen in soziale Probleme.

Die Frankfurter Buchmesse ist Jahr für Jahr Treffpunkt von Verlegern und Buchhändlern, Autoren und Lesern; sie ist als die weltweit größte Börse ihrer Art, weit mehr als nur ein wirtschaftliches Ereignis. Die Frankfurter Buchmesse stellt die kreative Vielfalt unseres kulturellen Lebens vor. Sie regt an zu Auseinandersetzung und Kritik. Sie ist Ansporn für Reflexion und Phantasie.

Der Satz, den Karl Jaspers auf der Buchmesse im Jahr 1958 formulierte, ist nach wie vor gültig: „Unsere Verleger und Buchhändler sind hellhörig... für die Möglichkeiten des Alten und des Neuen. Sie bringen Schriften heraus, weil sie wollen, daß deren Denkungsart in der Welt sei." Sie verstehen sich nicht nur als Produzenten und Händler, sondern sie wissen um ihren kulturellen Auftrag als Vermittler zwischen Autoren und Publikum.

Auf dieser Messe spüren wir intensiver als im Alltag, wie stark wir alle auf Sprache angewiesen sind, wieviel sie uns gibt. Sie ist eines der ganz entscheidenden Elemente unserer Identität. Sprache prägt ein Volk als Ausdruck seiner geschichtlichen Bedingtheit und seiner kulturellen Eigenart.

Sprache schafft Gemeinschaft und Verständigung. Sie führt Menschen zusammen, ihr Wissen und ihr Denken, ihr Können und ihr Wollen, ihren Verstand und ihre Herzen. Im Wort vergegenwärtigen wir uns Geschichte und Erfahrungen. Es hilft uns, unser Denken zu ordnen und damit Ordnung in unsere Welt zu bringen. Und allein das Medium der Sprache eröffnet die Chance, uns die Dimension der Zukunft zu erschließen.

Aber wir wissen: Es gibt auch die Kehrseite. Sprache kann Mauern errichten, Irrtümer erzeugen, Verständnislosigkeit bewirken und Mißtrauen schaffen. Das Gleichnis der babylonischen Sprachverwirrung ist eine biblische Warnung vor dieser Gefahr. Und deshalb sollten wir uns immer wieder prüfen, ob wir die Gefahren meiden und die Chancen nutzen.

Wir müssen fragen: Gehen wir sorgfältig genug mit unserer Sprache um? Diese Frage müssen sich nicht nur Literaten und Politiker stellen. Aber weil es unser Beruf ist, „unser Wort zu sagen", tragen Autoren, Verleger und Politiker hier eine besondere Verantwortung. Nur eine Politik, die sich verständlich machen kann, wird überzeugen und Mehrheiten finden. Die

Sprache der Politik darf sich nicht in ein begriffliches Ghetto zurückziehen. Die politische Rede muß immer auch den Reichtum menschlichen Denkens, persönlicher Erfahrung und ebenso von Gefühlen zum Ausdruck bringen. Erst dann ist sie lebensnah, begreiflich, echt.

Technokraten, so sehr sie um Präzision der Sprache und Sicherheit des Ausdrucks bemüht sein mögen, verlieren leicht den Blick fürs Ganze. Schon die Vielzahl von Fachsprachen mit eigener Begrifflichkeit zeigt, daß keine von ihnen die Wirklichkeit ganz abbildet.

Auch die Sprache der Politik kennt Fluchtbewegungen: Es gibt die Flucht in hektischen Wortreichtum, um nichts mitzuteilen. Es gibt die Flucht in politische Sprachspiele. Da werden Begriffe besetzt, umgedeutet, konstruiert, aufgebläht, demontiert. Der Kampf um Worte gerät zum Machtkampf. „Friedenskampf", „gewaltfreier Widerstand", „Ziviler Ungehorsam" sind Beispiele absichtsvoll gewählter Mehrdeutigkeit. Aussage und Dementi sind bewußt miteinander verwoben.

Die Ausuferung politischer Schlüsselbegriffe macht sie beliebig handhabbar, macht es möglich, mit ihnen sowohl prinzipiellen Widerspruch wie auch die Illusion von Übereinstimmung in Worte zu fassen. Auch unter dem Einfluß von Ideologien und im Bemühen, Ängsten drängend Ausdruck zu geben, wird unsere Sprache aus dem Lot gebracht.

Laufen wir dabei nicht Gefahr, daß durch eine solche „Arbeit der Zuspitzung" die Angst schließlich wirklicher wird, als die Wirklichkeit beängstigend ist? So könnten wir eines Tages sprachlos sein, wenn alle starken Worte unserer Sprache durch maßlosen Gebrauch abgewertet sind und wir zugleich erkennen müßten, daß wir keine Chance mehr haben, mit leisen Worten gehört und mit Zwischentönen verstanden zu werden.

Hannah Arendt hat in ihrem Buch „Macht und Gewalt" den Zusammenhang zwischen Sprache und Wirklichkeit beschrieben: „Der Unfähigkeit, Unterschiede zu hören, entspricht die Unfähigkeit, die Wirklichkeiten zu sehen."

Aber unsere Sprachkultur hat nicht nur an schlechtem Umgang mit der Sprache selbst zu leiden. Es gibt auch noch andere alarmierende Signale: Man kann es doch nur als ein Armutszeugnis bezeichnen, wenn Hochschulen Deutschkurse für Deutsche anbieten müssen, weil Studenten inzwischen selbst erkannt haben, daß ihnen die Fähigkeit fehlt, sich in ihrer eigenen Muttersprache schriftlich oder mündlich einwandfrei auszudrücken. Es darf keinen Analphabetismus in neuem Gewande bei uns geben.

Oder: Bei den notwendigen finanziellen Einsparungen sind die Haushalte der öffentlichen Büchereien nur allzuoft nicht nur an erster Stelle, sondern bis hin zu Eingriffen in die Substanz zusammengestrichen worden. Ein Volk, das mit Recht stolz ist auf seine großen Dichter und das auch mit Recht stolz ist auf das hohe Ansehen seiner Literatur im Ausland, darf seine eigenen Bibliotheken nicht veröden lassen.

Verleger, Buchhändler und Autoren sind gegenwärtig in Sorge um den Bestand der privatwirtschaftlichen Preisbindung auf unserem Buchmarkt. Dieses Instrument hat sich bewährt. Würde ihm die Wirkung genommen, dann hätte das gute, das anspruchsvolle – auch das wissenschaftliche – Buch kaum eine Wettbewerbschance gegen Erzeugnisse, die ohne Preisbindung als Konsumware im Discount vertrieben werden könnten. Die Bundesregierung ist deshalb daran interessiert, daß dieses kulturstaatliche Element unserer Wirtschaftsordnung unbeeinträchtigt bleibt.

Eine letzte Bemerkung zu aktuellen Problemen: Der Buchmarkt steht zweifellos mit der Visualisierung unseres Lebens vor großen neuen Herausforderungen. Ich bin fest überzeugt, daß das Buch auch in der Zeit der bewegten Bilder, des Fernsehens und der Video-Filme seine Zukunft hat. Ein Unterricht zum Beispiel, der nur noch aus Filmen, Dias und Diskussionen bestünde, würde dem Bildungsauftrag der Schule nicht gerecht.

Ohnehin meinen ja manche zeitkritische Beobachter, daß Sprachlosigkeit die eigentliche Gefahr des modernen Menschen sei. Siegfried Lenz hat in seinem Roman „Der Verlust" das ergreifende Schicksal des Fremdenführers Ulrich Martens gezeichnet. Durch seine ausdrucksstarke Schilderung vermittelt Martens den Besuchern seiner Stadt ein Erlebnis voller Farbe und Wärme. Doch dann verliert er seine Sprache, und damit zerbricht sein Verhältnis zur Welt. Der Verlust der Sprache wird zum Verlust der Welt, ja zum Verlust geistigen Lebens.

Aber Sprachlosigkeit ist gewiß nicht die einzige Ursache für eine Ermüdung geistiger Vitalität. Denn es trifft wohl zu, daß viele literarische Beiträge des letzten Jahrzehnts durchaus sprachmächtig ein Lebensgefühl der Entfremdung, des Identitätsverlustes, ja der Sinnlosigkeit vermittelt haben. Dichter und Schriftsteller standen dabei keineswegs allein. Pessimismus, wenn nicht sogar Resignation war auch weitgehend der Grundtenor in den zivilisationskritischen Stimmen „zur geistigen Situation der Zeit".

Haben also wirklich jene recht behalten, die meinten, der modernen Industriegesellschaft müßten die Individualität des Menschen, seine Freiheit und Ausdruckskraft zum Opfer fallen? Ich habe diese Skepsis nie geteilt, und ich fühle mich bestärkt durch positive Entwicklungen in vielen Bereichen unserer Gesellschaft, zum Beispiel in der Rückbesinnung auf Familie, Nachbarschaft, Heimat, Vaterland – kurzum auf Bindungen, in denen Menschen Geborgenheit finden. Und wir haben ja in den letzten Jahren hier in Frankfurt gesehen, daß sich auch im literarischen Schaffen dieses Lebensgefühl eines neuen Selbstbewußtseins und einer neuen Zuversicht widerspiegelt. Literatur war und ist stets auch ein Seismograph für die seelische Befindlichkeit unserer Gesellschaft.

Wie anders ist das außerordentliche Interesse zu erklären, das die historische Literatur in unserem Land seit geraumer Zeit findet? Wie anders ist auch die Anteilnahme zu erklären, die Gedenktage und historische Zeugnisse in Museen und Ausstellungen erfahren? Dieses Interesse an Geschichte ist zugleich Ausdruck für den Wunsch nach Vertrautheit mit der Gegenwart. Es ist der Wunsch, zu wissen, woher wir kommen – und damit auch zu wissen, wer wir sind und wohin wir gehen. Selbstbewußtsein ist ohne Herkunftsbewußtsein nicht möglich.

Wolf Jobst Siedler hat recht, wenn er schreibt: „Alles Nachsinnen über den verworrenen Gang der Geschichte geschieht um der Gegenwart willen." Um der Gegenwart willen muß die Auseinandersetzung mit unserer Geschichte immer auch dazu beitragen, die Entwicklung und den Wert unserer Demokratie im Bewußtsein der jungen Generation zu verankern.

Als demokratischer Rechts- und Sozialstaat hat die Bundesrepublik Deutschland das Vertrauen der überwältigenden Mehrheit der Bürger erworben. Aber die Stabilität unserer freiheitlichen, dem sozialen Ausgleich verpflichteten Gesellschaft ist nichts Selbstverständliches. Sie ist erwachsen aus einer wechselvollen Geschichte und vor allem auch aus den Erfahrungen der Weimarer Zeit und der nationalsozialistischen Gewaltherrschaft.

Es ist unser Auftrag, die geschichtlichen und ethischen Grundlagen unserer politischen Kultur an die junge Generation weiterzugeben. Die jungen Menschen brauchen diesen festen Boden unter ihren Füßen, um die Zukunft sicher gestalten zu können. Die junge Generation sollte auch wieder mehr über das geteilte Deutschland lernen und über die Grundlagen, auf denen die Einheit der Nation steht und fortbesteht.

Die wechselvolle Geschichte hat es uns Deutschen zweifellos schwergemacht, unsere Identität eindeutig zu erfahren. Helmuth Plessner hat uns als „verspätete Nation" definiert, als die ewig Zuspätgekommenen.

Er hat uns die Kultivierung eines nationalen Gedächtnisverlustes unterstellt. Aber trifft diese Beobachtung wirklich zu?

Ich begrüße es nachdrücklich, daß die Wissenschaft dabei ist, die Geschichte der deutschen Nation, auch die Geschichte der Bundesrepublik Deutschland, umfassend darzustellen. Ich werte es als ein positives Zeichen, daß sich in wachsender Zahl renommierte Autoren der Frage nach unserem Nationalbewußtsein, nach Vaterland und Patriotismus stellen. Das intensive Nachdenken über Deutschland, das in der Bundesrepublik wie in der DDR festzustellen ist, zeigt uns und unseren Nachbarn: Geschichte und Sprache, Kunst und Kultur sind als Quellen der Nation nicht versiegt. Die Versuche sind natürlich unübersehbar, die Geschichte für parteiliche Zwecke in Anspruch zu nehmen. Unverkennbar ist die DDR bestrebt, aus der deutschen Nationalgeschichte Geltung und Ansehen zu schöpfen. Aber gerade das Luther-Jubiläum hat gezeigt, daß die autonome Bewegungskraft eines solchen Gedenkens stärker ist als der politische Versuch einer geistigen Disziplinierung.

Wir im freien Teil unseres Vaterlandes stellen uns der ganzen Geschichte, mit ihren glanzvollen und mit ihren schrecklichen Kapiteln. Auschwitz und Treblinka, Buchenwald und Dachau lassen uns nicht los; und wir können diese quälende Erinnerung auch nicht verdrängen. Aber ebenso gehören zur Geschichte und zum Bild der Deutschen der Mut der Geschwister Scholl mit der „Weißen Rose" und der Aufstand des Gewissens, den die Männer und Frauen des 20. Juli um Graf Stauffenberg gewagt haben. In diesem Jahrhundert ist es gerade auch die gemeinsame Erfahrung von Hochmut und Schuld, von Elend und Leid, die alle Deutschen aneinanderbindet.

Wir Deutsche haben die Lektion dieser historischen Erfahrungen gelernt: Von deutschem Boden muß Frieden ausgehen und wir müssen Europa einigen, um auch für Deutschland die Einheit in Freiheit zu vollenden. Die Idee Europa ist zugleich unsere Absage an Nationalismus, zugleich unsere Absage an Alleingänge und Sonderwege.

Zur geistigen Dimension der deutschen Frage gehört, daß die Deutschen ihre Lage, ihre Geschichte und die historische Chance begreifen, die in der Bindung an die freiheitliche Demokratie liegt. Angesichts der überragenden Bedeutung Europas für unser Land müssen wir allerdings die kritische Frage stellen, ob wir an der Weiterentwicklung der europäischen Idee mit dem notwendigen geistigen Engagement arbeiten. Gibt es die intellektuelle Spannung, die große Literatur zum Thema Europa, die uns in ihren Bann schlägt?

Auf einem Kontinent der Bruderkriege entstand ein Raum des Friedens und des Rechts, der Freiheit und eines gemeinsamen Wertebewußtseins. Ich frage mich manchmal, weshalb dieses nicht nur politisch, sondern auch menschlich bewegende Ereignis das literarische Schaffen so wenig beflügelt hat.

Der geistige Raum gemeinsamer Lebens- und Werte-Erfahrung ist doch die eigentliche Substanz unseres Kontinents. Wer, wie ich, viele Stunden in den Marathon-Sitzungen der europäischen Gremien verbringen muß, der muß sich an die Impressionen erinnert fühlen, die Gottfried Benn 1947 in seiner „Berliner Novelle" wiedergegeben hat: Europa wird vom Gehirn gehalten, vom Denken, aber der Erdteil zittert, das Denken hat seine Sprünge.

Diese Sprünge sind zu ertragen, wenn wir jetzt neue Kraft zur europäischen Gestaltung aufbringen. Denn das Bewußtsein, Deutsche und Europäer zugleich zu sein, prägt unser Selbstverständnis. Gemeinsame ethische Prinzipien und moralische Überzeugungen bilden das entscheidende Fundament einer Europäischen Union ebenso wie unseres demokratischen Staates.

Jede freiheitliche Gesellschaft muß offen sein für neue Herausforderungen, für Kritik und Kontroverse. Aber das pluralistische Gemeinwesen braucht für seinen inneren Zusammenhalt mehr als einen pragmatischen Interessenausgleich. Es braucht die Orientierung an verpflichtenden Grundwerten.

Ich weiß, daß meine Forderung an die Politik, sie müsse auch – und gemeinsam mit anderen bewegenden Kräften – zu einer geistig-moralischen Erneuerung beitragen, viel Aufmerksamkeit und auch Widerspruch gefunden hat, vielleicht auch deshalb, weil ich damit in Zweifel gezogen habe, daß es einen prinzipiellen Gegensatz zwischen „Geist und Macht" geben muß. Der Politiker, der gestalten und eben nicht nur verwalten, der die Welt ein Stück verbessern will, braucht einen Wertmaßstab.

Selbstverständlich hat Politik dabei kein Monopol auf geistige Führung und schon gar kein Monopol auf die Formulierung von Werten und ethischen Prinzipien. Um ein Wort Robert Musils aufzugreifen: „Der Wirklichkeitssinn der Politiker braucht die Auseinandersetzung mit dem Möglichkeitssinn der Intellektuellen."

Die Auseinandersetzung zwischen Geist und Macht kann und muß schöpferisch sein. Und darum geht es mir. Denn aus dieser schöpferischen Spannung erwachsen die geistigen und politischen Perspektiven, die uns humane Antworten auf die großen Fragen der Zukunft erlauben – im Wissen um die geschichtliche Herkunft, im Wissen um die Anziehungskraft und die Gefährdung von Freiheit und Demokratie, im Wissen um die Pflicht zum Frieden und zur internationalen Solidarität.

Dieses Bewußtsein der eigenen Perspektive wie der eigenen Geschichte verspricht allerdings nur die Chance zur Identität, mehr nicht. Ob wir diese Chance ignorieren, arrogant verdrängen oder aber annehmen: Das ist letztlich eine Frage unserer historischen Mündigkeit.

Auf geradezu dramatische Weise hebt sich eines der sicher am meisten beachteten Bücher dieser Messe von manchem wehleidigen Kulturpessimismus ab, der in vielen Ländern der westlichen Welt anzutreffen ist. Ich spreche von den Briefen, die Václav Havel 1982 aus dem Gefängnis an seine Frau schrieb. Ich möchte schließen mit einigen Sätzen aus einem dieser Briefe: „Hielte ich mich für das, was diese Welt aus mir macht – nämlich das Schräubchen des gigantischen Maschinensatzes, der menschlichen Identität beraubt –, dann kann ich nicht viel tun... Wenn ich jedoch daran denke, was jeder von uns ursprünglich ist,... nämlich ein mündiges menschliches Wesen, verantwortungsfähig der Welt und für die Welt, dann kann ich selbstverständlich viel tun... Auf den Einwand, daß es keinen Sinn hat, antworte ich ganz einfach: ‚Doch, es hat einen Sinn!‘"

Bulletin, hrsg. vom Presse- und Informationsamt der Bundesregierung Nr. 114, 5. Oktober 1984, S. 1013–1016.

Der Stellenwert der Entwicklungspolitik

Rede beim öffentlichen Dialog von CDU und
Gemeinsamer Konferenz Kirche und Entwicklung in Bonn
am 19. April 1985

*Heute hat sich die Erkenntnis durchgesetzt, daß die Entwicklungspolitik im
herkömmlichen Sinne nur Erfolg haben kann, wenn die internationalen
Rahmenbedingungen den Entwicklungsländern eine reelle Chance bieten.
Diese kurz vor der Eröffnung des Bonner Weltwirtschaftsgipfels gehaltene
Rede faßt die entscheidenden Voraussetzungen für eine Trendwende in der
Dritten Welt zusammen.*

Zunächst möchte ich Ihnen danken, Herr Bischof Kamphaus, und
Ihnen, Herr Präses Reiß, für Ihre guten Wünsche, aber auch für den
kritischen Hinweis, den ich aus Ihren Worten herausgehört habe. Ich
meine, das ist ja der Sinn dieses Gesprächs, daß wir nicht zusammengekommen sind, um uns gegenseitig Lob zu spenden, sondern zur Sache
zu sprechen, zu den gemeinsamen Sorgen, die uns bewegen; zu Problemen, die wir gelegentlich in der Praxis unterschiedlich angehen, nicht
weil unser geistiger Standort verschieden wäre, sondern weil unsere
jeweiligen Verantwortungsbereiche manchmal auch unterschiedliche
Entscheidungen bedingen. Aber was hier vor allem zu spüren war und
wofür ich Ihnen sehr herzlich danke, ist die Leidenschaft des Herzens.

Das Thema gemeinsamer Zukunft von Nord und Süd wird aufgrund
der aktuellen Diskussion in Europa über Abrüstung und Entspannung
gerade in unserem Land, das geteilt ist und in dem sich der Ost-West-
Konflikt ganz unmittelbar manifestiert, verständlicherweise gelegentlich
als peripher betrachtet. Das hat auch damit zu tun, daß heute die
Sicherung der Renten, die wirtschaftliche Stabilisierung, die Bekämpfung
der Arbeitslosigkeit von größter Bedeutung sind. Und es ist natürlich
auch klar, daß in einer Landschaft, in der viele mit dem Neid ein
politisches Geschäft machen, es nicht ganz einfach ist, angesichts der

Probleme und mancherlei Not im eigenen Land darauf hinzuwirken, daß man mehr abgeben muß für andere. Wobei noch hinzukommt, daß unsere Mitbürger sich durch private Hilfsmaßnahmen ja nicht nur immer wieder für die Dritte Welt engagieren, sondern auch auf wichtige Ereignisse bei uns in Europa mit spontaner Hilfe reagieren. So sind in drei Jahren rund dreihundert Millionen Mark mit kirchlicher und privater Hilfe für unsere polnischen Nachbarn gesammelt worden. Das ist ein Werk des Friedens, das ist ein Werk der Aussöhnung. Es gehört ins Bild des Ganzen.

Sie haben mich mit Recht angesprochen auf den Weltwirtschaftsgipfel, der in der Tat natürlich kein Weltgipfel ist, sondern ein Zusammentreffen der Staats- und Regierungschefs der wichtigsten Industriestaaten. Da werden nun viele Hoffnungen investiert, Hoffnungen, die sicherlich zu weit gehen. Aber ich habe aufmerksam zugehört, und ich will versuchen, unseren Gästen vieles von dem weiterzugeben, was hier gesagt wurde. Es ist zwar richtig, daß in Bonn nicht die Staatsführungen der Entwicklungsländer repräsentiert sein werden, aber es ist auch wahr, daß – jedenfalls nach meiner Beobachtung – die bilateralen Kontakte zu den Staats- und Regierungschefs der Entwicklungsländer heute so intensiv sind wie nie zuvor. Nur wünsche ich mir manchmal, die Gespräche im Kanzleramt würden sich zunächst dem Teil der Hilfe zuwenden, den Sie mit Recht angesprochen haben, und nicht mit der Forderung nach der Lieferung des Leopard I oder gar des Leopard II beginnen. Auch das gehört ja zu meinen Erfahrungen bei solchen Gesprächen.

In zwei Wochen wird dieser Wirtschaftsgipfel eröffnet. Das öffentliche Interesse der Welt wird sich in diesen Tagen auf Bonn richten, und deswegen ist es wichtig, mir als Gastgeber des Weltwirtschaftgipfels Ihre Hoffnungen und Wünsche mit auf den Weg zu geben. Dieses Gespräch ist deshalb für mich eine wertvolle Hilfe. Sie wünschen sich diesen Bonner Gipfel nicht nur als einen Wirtschaftsgipfel, sondern als einen sozialen Gipfel und als einen Friedensgipfel, denn das gehöre zusammen. Ich weiß nicht, ob wir diesen hohen Anforderungen gerecht werden können. Die Tatsache, daß bei Wirtschaftsgipfeln die führenden Industriestaaten unter sich sind, darf aber nicht bedeuten, daß die Belange der Mehrzahl der Länder der Welt unberücksichtigt bleiben. Wir müssen sie in unsere Überlegungen einbeziehen. In diesem Zusammenhang gehört auch die Arbeit der Kirchen, für die ich an dieser Stelle ausdrücklich danken will. Seit vielen Jahren leisten die Kirchen mit

Unterstützung unserer Bürger einen großartigen Beitrag zur Verbesserung der Lebensbedingungen in den Entwicklungsländern. Sie stellen damit klar, daß es zu dieser Zusammenarbeit aus christlicher Verantwortung keine Alternative gibt. Allen Notlagen, Schwierigkeiten und Problemen zum Trotz legen sie ein Zeugnis der Lebensbejahung und der Brüderlichkeit ab und sagen: Das letzte, was für uns als Christen in Frage kommt, ist Resignation. Insofern ist das, was wir im Kontakt mit Menschen aus der Dritten Welt erleben, auch eine wichtige Lektion für uns selbst. Denn eines der großen Probleme unserer Gesellschaft in der Bundesrepublik Deutschland ist jener törichte Kulturpessimismus, der uns einreden will, wir hätten keine Zukunft mehr, wir müßten zwangsläufig in Resignation versinken.

Die Kirchen machen sich aber ebenso im besten Sinne des Wortes zum Interessenvertreter der Entwicklungsländer in der eigenen Gesellschaft, oft als unbequeme Mahner und immer bemüht, die eigenen Landsleute wachzurütteln. Das ist wichtig für die künftige Entwicklung der deutschen Politik. Es ist aber auch für mich als Vorsitzenden der Christlich-Demokratischen Union wichtig; denn es war ja nicht zuletzt die Erfahrung unserer Mitglieder in ihren Pfarrgemeinden, in ihren regionalen Kirchenbereichen, die dazu geführt hat, daß sich in den letzten Jahren in der CDU eine wirkliche Welle tätiger Hilfe entwickelt hat, indem viele Kreisverbände und Landesverbände von sich aus zahlreiche Projekte der Zusammenarbeit mit den verschiedensten Entwicklungsländern auf den Weg gebracht haben. Daraus ergeben sich oft persönliche Begegnungen und Kontakte, Patenschaften und Partnerschaften.

Ich brauche Ihnen nicht zu sagen, daß das für das Klima der Partei von allergrößter Bedeutung ist. Es ist nämlich ein großer Unterschied, ob Sach- und Fachkenner im Fachausschuß der Partei zusammensitzen oder ob ein Kreisverband auf einer Delegiertenversammlung über dieses Thema diskutiert, beschließt und anschließend konkrete Schritte tut. Das hat auch uns in der Parteiführung enorm geholfen, deswegen bin ich dankbar für diese Unterstützung.

Den Politikern ebenso wie den Kirchen erwächst die Aufgabe, die Hilfsbereitschaft unseres Volkes aufrechtzuerhalten und nach Möglichkeit noch zu verstärken. Hier stehen wir vor einer Aufgabe, deren Bedeutung wir nicht hoch genug einschätzen können – aber ich füge hinzu, deren Schwierigkeiten man auch nicht hoch genug einschätzen kann. Es ist außerordentlich schwierig, unseren Mitbürgern klarzumachen, daß – so meine feste Überzeugung – am Ende dieses Jahrhunderts die Sprengkraft des Nord-Süd-Konflikts wesentlich größer sein wird als die des Ost-West-Konflikts. Ich gehe davon aus, daß wir hier vor einer Herausforderung stehen, die man in ihrer Bedeutung gar nicht überschätzen kann. Das wird sicher, wie übrigens schon bei unserem letzten Treffen in London, auch auf diesem Gipfel sehr eingehend diskutiert werden. Ich kann Ihnen nicht sagen, wie das Ergebnis sein wird, aber mir scheint, daß ungeachtet parteipolitischen Herkommens die Erkenntnis wächst, welche gewaltige Herausforderung da bis zum Ende dieses Jahrhunderts auf uns zukommt. Wir sind auf diese Herausforderung in Europa und wahrscheinlich in der ganzen westlichen Welt noch nicht annähernd eingerichtet. Diese Herausforderung an unsere geistigen Fähigkeiten, an unseren Willen zur Bewältigung zukünftiger Entwicklungen, an unsere Bereitschaft zur Solidarität und zum Interessenausgleich haben wir noch zu bestehen. Sie erfordert in der Tat eine Wende, und zwar eine geistige Wende.

Wenn wir den Wirtschaftsgipfel in zwei Wochen eröffnen, dann steht folgendes fest – und auch das gehört ins Bild: Die Lage der Weltwirtschaft ist heute deutlich besser als zu Beginn der achtziger Jahre. Die schlimmsten Auswirkungen der weltweiten Rezession sind überwunden, das Jahr 1984 hat eine breite Aufwärtsentwicklung in Gang gebracht: Wir verzeichnen in allen wichtigen Regionen der Welt wieder Wirtschaftswachstum, die Inflationsraten sinken, und – was von entscheidender Bedeutung ist – der Welthandel hat um rund neun Prozent zugenommen und liegt auch in diesem Jahr auf Expansionskurs. Es ist wichtig, darauf hinzuweisen, daß auch das Außenhandelsdefizit in vielen Entwicklungsländern deutlich reduziert werden konnte.

Diese positive Bilanz steht im Gegensatz zu den pessimistischen Zukunftsvisionen, die wir immer wieder antreffen. Natürlich weiß ich, daß wir noch lange nicht über den Berg sind. Aber ich halte es für wichtig, daß der Pessimismus nicht weiter an Boden gewinnt. Ich meine nicht, daß mit einer optimistischen Stimmung auch die Probleme selbst bereits gelöst sind; aber es kommt ja darauf an, daß wir entschlossen an die Lösung dieser Probleme herangehen.

Da ist das Problem der hohen Verschuldung, die viele Entwicklungsländer schwer belastet. Bei meinem Besuch in Argentinien und Mexiko im Juli des letzten Jahres war dies eines der bedrückendsten und wichtigsten Themen, das von meinen Gesprächspartnern immer wieder angesprochen wurde. Trotz der fast ausweglos erscheinenden Schwierigkeiten hat das vergangene Jahr gezeigt, daß Fortschritte möglich sind. Die Entwicklungsländer konnten ihre Ausfuhren – ohne Berücksichtigung der Ölexporte – um knapp 15 Prozent steigern, sie haben damit überproportional am Aufschwung des Welthandels teilgenommen. In Lateinamerika sank das Defizit in der Leistungsbilanz von vierzig Milliarden Dollar im Jahre 1982 auf drei Milliarden Dollar im vergangenen Jahr. Wichtige Schuldnerländer wie Brasilien oder Mexiko konnten sogar erstmals wieder knappe Überschüsse erzielen. Der Anteil der Zinszahlungen an den Exporterlösen ist – mit Ausnahme Afrikas – überall zurückgegangen.

Diese Zahlen signalisieren einige wichtige Veränderungen. Zinsen und Rückzahlungen werden von den Entwicklungsländern nicht mehr allein dadurch finanziert, daß lebenswichtige Importe drastisch zurückgenommen werden. Die nachhaltige Steigerung der Ausfuhren macht es vielen Entwicklungsländern wieder möglich, ihre Einfuhren deutlich zu steigern. Alles spricht dafür, daß diese positive Tendenz anhalten wird. Mir erscheint eine solche Trendumkehr von schicksalhafter Bedeutung. Deswegen sage ich noch einmal mit Nachdruck: Umschuldung, Neuordnung der Schulden auf längerfristiger Grundlage – dies ist zweifellos wichtig. Die Höhe der Verschuldung aber ist nicht allein das Problem der Schuldnerländer, sondern unser aller Problem. Die Bewältigung der Verschuldungskrise ist daher auch eine gemeinsame Aufgabe für Gläubiger- und Schuldnerländer. Und sicher müssen wir hier – und dies wird ein schwieriges Thema der Bonner Begegnung sein – zu einer Senkung, wenn möglich zu einer deutlichen Senkung des internationalen Zinsniveaus kommen. Wir haben in unserem Fachausschuß dazu ja richtungweisende Vorschläge gemacht.

Die Bundesregierung selbst hat wichtige Beiträge geleistet: Im März dieses Jahres haben wir Sierra Leone, das zur Gruppe der ärmsten Entwicklungsländer gehört, Schulden aus Krediten und Entwicklungshilfe in einer Höhe von fast 140 Millionen Mark erlassen. Dies ist das 22. Land aus dieser Gruppe, dem die Bundesregierung inzwischen seine Schulden erlassen hat.

Entscheidend bleiben aber Anpassungsmaßnahmen in den Schuldnerländern und vor allem die stetig wachsende Exportfähigkeit der Entwicklungsländer. Dies ist auf Dauer gesehen die einzige Chance, die Überschuldung vieler Länder der Dritten Welt abzubauen sowie die Importe, die zur Entwicklung der eigenen Länder jeweils notwendig sind, zu finanzieren. Diese Entwicklungsperspektive steht aber erst dann auf einer tragfähigen Grundlage, wenn zusammen mit den Importen auch die Investitionen wieder zunehmen. Ich halte es beispielsweise für besorgniserregend, daß in Lateinamerika in den Jahren 1982 und 1983 die Investitionen nicht gestiegen, sondern um mehr als ein Viertel geschrumpft sind. Die Investitionen in Maschinen und Ausrüstungen haben sich sogar halbiert. Gerade für die Entwicklungsländer sind Investitionen aber der Angelpunkt für Arbeitsplätze und wirtschaftliches Wachstum, für die soziale Sicherheit, für die Ernährung, für die Infrastruktur – mit einem Wort: für menschenwürdige Lebensverhältnisse und damit für eine bessere Zukunft. Hier müssen wir ganz gewiß eine Trendwende erreichen.

Ich sehe dafür zwei entscheidende Voraussetzungen. Die erste liegt bei den Ländern selbst. So wird der Demokratisierungsprozeß in den Ländern Lateinamerikas wesentlich zur Stabilität der politischen Verhältnisse beitragen. Heute leben über 90 Prozent der Bürger Lateinamerikas und der Karibik unter demokratischen Regierungen: 1979 waren dies nur ein Drittel. Das ist eine gewaltige Veränderung in wenigen Jahren. Diese Entwicklung zur Demokratie ist eine wichtige Vorbedingung für jede dauerhafte wirtschaftliche Aufwärtsentwicklung. Sie bietet auch am ehesten die Chance, ohne bürgerkriegsähnliche Verhältnisse soziale Spannungen auf Dauer abzubauen.

Weitere Orientierungspunkte auf dem Weg aus der Krise sind die Eindämmung der Inflation und verläßliche Regelungen für wirtschaftliches Engagement. Ich weiß, daß dieser Weg alles andere als einfach ist. Ich habe darüber ja mitten in der Diskussion um unsere Konsolidierungspolitik mit Präsident Alfonsin lange Gespräche geführt und kann mir gut vorstellen, wie sich dort unter gänzlich anderen Verhältnissen das Problem der Konsolidierung darstellt. Aber es ist auch richtig, daß diese Anstrengungen aus eigener Kraft weder durch Finanzhilfen von außen noch durch wortreiche Erklärungen ersetzt werden können.

Die zweite Voraussetzung betrifft die Weiterentwicklung der internationalen Beziehungen. Nur wenn das Tor zu den Absatzmärkten der entwickelten Länder weit aufgestoßen wird, eröffnen sich gute Zukunftsaussichten für den wirtschaftlichen Aufbau der Entwicklungsländer. Dies wird das zentrale Thema des Bonner Weltwirtschaftsgipfels sein. Wir, die wirtschaftlich wesentlich Stärkeren, müssen den Protektionismus entschlossen bekämpfen, aber nicht nach der Methode: Wenn der Protektionismus einen selbst betrifft, den anderen anklagen, und dann, wenn es um die eigene wirtschaftliche Entwicklung geht, selbst ein wenig Protektionismus treiben. Aus meinen Erfahrungen in der Europäischen Gemeinschaft weiß ich, wovon ich spreche. Was ich da in den letzten Monaten gehört habe an feierlichen Bekenntnissen gegen jeden Protektionismus und was ich gleichzeitig erlebt habe an tatsächlichen Schranken, als es um den Beitritt von Spanien und Portugal ging, das war für mich eine lehrreiche Unterrichtsstunde.

Bei dieser Gelegenheit will ich darauf hinweisen, daß die EG nach dem 1. Januar 1986 mit über 330 Millionen Bürgern der größte Wirtschaftsraum der Welt sein wird. Es ist wahr: Wir zahlen dorthin am meisten. Aber wir haben auch mit weitem Abstand den meisten Nutzen von dieser Gemeinschaft. Über 50 Prozent unserer Exporte gehen dorthin. Aber ich wende mich gegen die Forderung, weil dieser Markt doch so groß sei, könne man ihn um so besser zumachen und mit einem Zaun umgeben, um möglichst wenig von draußen hereinzulassen. Wir würden dabei – dessen bin ich sicher – selbst die Zeche zahlen. Denn freier Welthandel nutzt auch uns. Aber ich sage es noch einmal: Nur wenn das Tor zu den Absatzmärkten der entwickelten Länder weit offen bleibt oder aufgemacht wird, eröffnen sich auch gute Aussichten für den Aufbau und die wirtschaftliche Zukunft der Entwicklungsländer. Wir wollen hier nicht nur eine Proklamation auf dem Gipfeltreffen. Das hat es schon in Williamsburg gegeben, aber die Tinte der Unterschriften war noch nicht ganz trocken, da wurden bereits an allen Orten Rückfälle registriert.

Freier Welthandel heißt: Es darf keine Einbahnstraße zugunsten der Industrieländer geben. Das ist mehr als nur eine Frage wirtschaftlicher Vernunft, das ist ein Schritt auf dem Weg zur sozialen Gerechtigkeit in der Welt. Es kommt in Zukunft entscheidend darauf an, die Entwicklungsländer mehr als bisher in den Welthandel und die Weltwirtschaft einzubeziehen. Dieses Gebot wirtschaftlicher Vernunft und sozialer Gerechtigkeit muß auf der Tagesordnung der Weltpolitik ganz oben stehen bleiben.

Besondere Sorge bereiten uns die schwerwiegenden Krisen in vielen Ländern Afrikas. Von uns, das heißt in erster Linie von den Ländern der Europäischen Gemeinschaft als den wichtigsten Partnerländern, wird rasche, umfassende Hilfe erwartet. Die Ernährungssicherung hat hierbei den Vorrang. Erst wenn die drohenden Hungerkatastrophen gebannt sind, können wir uns wieder verstärkt jenen Maßnahmen zuwenden, die letztlich entscheidend sind: der nachhaltigen Verbesserung der Produktionsbasis in jenen Ländern mit dem Ziel, daß sie selbst ihre Ernährung aus eigener Kraft sichern können. Ich hoffe, wir sind uns darin einig, daß es verhängnisvoll wäre, alle Möglichkeiten der Hilfe nur noch in den

Dienst der Hungerbekämpfung zu stellen und die langfristigen Entwicklungsprogramme darüber völlig zu vernachlässigen. Wir haben in den letzten zwei Jahren bewiesen, daß wir zu rascher und umfassender Zusammenarbeit bereit sind. Aber von entscheidender Bedeutung ist dabei der Wille der betroffenen Länder zur Selbsthilfe. Ohne diesen Selbsthilfewillen sind alle von außen kommenden Bemühungen umsonst. Selbsthilfe können wir beim einzelnen, bei Familien und bei größeren Gruppen durchaus fördern; dies ist ein erklärtes Ziel meiner Politik.

Mit den Problemen und Aufgaben, die uns in Afrika gestellt sind, werden wir uns natürlich auf dem Weltwirtschaftsgipfel ausführlich befassen. Eine weitere große Sorge betrifft die Krisengebiete in wichtigen Entwicklungsregionen, besonders in Nahost, in Südostasien, im südlichen Afrika und in Zentralamerika. Hier überlagern sich Nord-Süd-Probleme und Ost-West-Konflikte auf gefährliche Weise. Und deshalb ist es ganz besonders wichtig, daß wir gemeinsam mit unseren Freunden das Menschenmögliche tun, um hier einen Beitrag zum Frieden zu leisten.

Wir sind dazu verpflichtet, in enger Zusammenarbeit mit den uns befreundeten Ländern auf politische und soziale Verbesserungen sowie auf die Entschärfung explosiver Zustände zu drängen. Dieser Pflicht kommen wir auf der Grundlage unseres Bekenntnisses zum friedlichen und gewaltfreien Interessenausgleich nach. Man kann, so jedenfalls empfinde ich es persönlich, in diesen Tagen nicht über die geschichtlichen Erfahrungen der Deutschen nach zwei schrecklichen Weltkriegen, nach den entsetzlichen Akten der Barbarei, die in deutschem Namen geschehen sind, sprechen, wenn man die geschichtliche Konsequenz für uns, daß nämlich Krieg und Gewalt keine Mittel der Politik sind, nur auf unsere Region beschränkt und sie nicht zu einem Prinzip der Weltpolitik zu machen versucht.

Ich freue mich über das sehr starke Engagement, das viele unserer Mitbürger aus den verschiedensten politischen Lagern haben. Aber ich will auch gleich ganz offen sagen, daß moralisches Engagement in der Außenpolitik zwar wichtig ist, daß man dabei jedoch nicht in die Gefahr geraten darf, mit unterschiedlichen Maßstäben zu messen. Ich habe immer wieder darauf hingewiesen, daß wir weder auf dem rechten noch auf dem linken Auge blind sind, wenn Menschenrechte mit Füßen getreten werden von einem faschistischen Diktator in Lateinamerika oder von einer kommunistischen Diktatur in Europa. Für mich ist entscheidend, daß wir jede Menschenrechtsverletzung anprangern –

gleichgültig, wo sie geschieht. Wir erleben ja gegenwärtig eine beachtliche Heuchelei in diesem Zusammenhang. So erreichen mich zu Nicaragua, insbesondere zu einer immer wieder neu gemeldeten, aber nie eingetretenen Invasion ganze Fluten von Protestbriefen. Ich übersehe keineswegs das moralische Engagement, das aus vielen Briefen erkennbar wird, aber es macht mich schon stutzig, daß mich zu Afghanistan sehr viel weniger Briefe erreichen, obwohl dieses kleine Land von einer Weltmacht tatsächlich überfallen wurde und Hunderttausende von Menschen dort den Tod gefunden haben und obwohl in manchen Hochgebirgstälern sich das ereignet hat, was man seit langem aus gutem Grund Völkermord nennt.

Afghanistan und Nicaragua haben beide eine geographische Position, die für die Sicherheit ihrer großen Nachbarn von Bedeutung ist. Aber während Afghanistan es sorgsam vermieden hatte, auch nur entfernt zu einem Sicherheitsrisiko für die Sowjetunion zu werden, hat es das sandinistische Nicaragua offenbar darauf angelegt, ein Sicherheitsrisiko für seine unmittelbaren und schwächeren Nachbarn zu werden.

In beiden Fällen sehe ich nur die Chance einer politischen Lösung: In Afghanistan muß sie dem Land seine Selbstbestimmung und Souveränität zurückgeben und seine traditionelle Stellung als blockfreies Land wiederherstellen. Für Mittelamerika stimme ich mit den Ergebnissen der San-José-Konferenz der europäischen Außenminister und der Außenminister Zentralamerikas und der Contadora-Staaten vom September 1984 überein. Sie besagen, daß die Konflikte der Region nicht mit Waffengewalt, sondern nur durch politische Lösungen beigelegt werden können, die aus der Region selbst kommen. Eine solche regionale Initiative ist die von Contadora; wir unterstützen sie mit Nachdruck.

Sie haben Südafrika erwähnt. Die Ereignisse der letzten Wochen haben gezeigt, daß es notwendig ist, die berechtigten Forderungen der schwarzen Mehrheit nach Mitsprache und gerechterem Anteil an der Gestaltung der Geschicke des Landes entschiedener zu beachten. Die Ansätze zur schrittweisen Überwindung der Apartheid müssen verstärkt und beschleunigt vorangetrieben werden. Ich begrüße es, daß zwei für die Apartheid geradezu symbolhafte Gesetze, das sogenannte Immoralitätsgesetz und das Verbot gemischter Ehen, jetzt aufgehoben werden sollen. Ich hoffe, daß dies bald der Fall sein wird.

Für mich sind auswärtige Politik und Entwicklungspolitik überhaupt nicht voneinander zu trennen. Die Entwicklungspolitik besitzt neben der Außenpolitik, der Außenwirtschaftspolitik, der auswärtigen Kulturpolitik und der Sicherheitspolitik einen hohen Stellenwert. Sie ist eine langfristig angelegte Gemeinschaftsaufgabe, die sich vor einer außerordentlichen Herausforderung zu bewähren hat. So verstanden, ist sie vor allem Friedenspolitik. Wir stellen uns dieser Aufgabe mit dem notwendigen Verantwortungsbewußtsein. Vorrangiges Ziel bleibt die nachhaltige Verbesserung der Lebensbedingungen der ärmeren Bevölkerungsteile durch die Steigerung der Produktivität dieser Gruppen. Die Übereinstimmung der Fraktionen des Deutschen Bundestages in diesem Ziel, das in der Entschließung vom 5. März 1982 zum Ausdruck kam, besteht weiterhin.

Der Rang unserer Entwicklungspolitik läßt sich nicht zuletzt an den Haushaltsansätzen ablesen; sie stiegen von 1982 bis 1985 um 10,2 Prozent, während das Haushaltsvolumen insgesamt in diesem Zeitraum nur um 6,4 Prozent erhöht wurde. Auch in den kommenden Jahren sind Steigerungsraten für die Entwicklungshilfe vorgesehen. Wir stehen zu unserer Verpflichtung gegenüber der Dritten Welt, ungeachtet der erheblichen Schwierigkeiten im eigenen Land. Wir sind auch in unserer Nord-Süd-Politik ein verläßlicher Partner. So haben wir Mitte März im Deutschen Bundestag den gemeinsamen Fonds zur Stabilisierung der Rohstoffpreise ratifiziert. Dabei haben wir vorhandene ordnungspolitische Bedenken, die sich sehr wohl diskutieren ließen, zugunsten der angestrebten Verbesserung für die Entwicklungsländer bewußt zurückgestellt. Die Verpflichtung, den Entwicklungsländern in einer für sie so wichtigen Frage entgegenzukommen, hat unsere Haltung bestimmt. Damit wurde im übrigen ein Stück Konfrontation zwischen Nord und Süd überwunden und durch eine neue und bessere Form der Zusammenarbeit ersetzt.

Gerade auch in unserer Europapolitik erhält die Nord-Süd-Kooperation ein immer stärkeres Gewicht. So weist Lomé III gegenüber Lomé II eine Steigerungsrate von 50 Prozent auf. Die Zusammenarbeit auf der Grundlage dieses Vertrags umfaßt inzwischen 65 Länder. Sie gilt weltweit als Vorbild für das Miteinander von Industrieländern und Entwicklungsländern. Ich persönlich bin fest davon überzeugt – diese Meinung teile ich mit dem Präsidenten der französischen Republik –, je rascher wir in der europäischen Einigung vorankommen, desto gewichtiger werden wir auch im Nord-Süd-Verhältnis. Denn wir sind für viele dieser Länder aus geschichtlichen Gründen und wegen traditioneller Beziehungen ein besonders wichtiger, ein besonders erwünschter Partner. Ich finde, wir sollten diese Chance realistisch nutzen zur Verbesserung unserer weltpolitischen Stellung.

Ich werde mit großer Zuversicht den Weltwirtschaftsgipfel eröffnen. Ich werde in meiner Eröffnungsrede schon zum Ausdruck bringen, was unsere Völker und die Völker der Welt von uns, den Staats- und Regierungschefs der großen Industriestaaten, erwarten. Ich werde dabei weitergeben, was ich von hier an moralischen Impulsen mitnehme. Ich bin optimistisch; denn Klugheit und Realismus gebieten uns die Überzeugung, daß dieser Weg der Hilfe und der verbesserten Zusammenarbeit mit den Ländern der Dritten Welt ein entscheidender Beitrag zum Weltfrieden ist. Wir Deutschen werden diesen Weg unbeirrt weitergehen.

Gemeinsame Zukunft von Nord und Süd? Dialog der CDU und der Gemeinsamen Konferenz Kirche und Entwicklung, Bundesgeschäftsstelle der CDU, Bonn 1985, S. 21–29.

Das Geheimnis der Erlösung heißt Erinnerung

Ansprache in Bergen-Belsen am 21. April 1985 zum 40. Jahrestag
der Befreiung der Gefangenen aus den Konzentrationslagern

Für die CDU, deren Berliner Gründungsaufruf vom 26. Juni 1945 das
Bekenntnis zur moralischen Schuld des deutschen Volkes enthält, sind Wieder-
gutmachung und Aussöhnung zentrale politische Anliegen geblieben. Auch die
folgende Ansprache in der Gedenkstätte des einstigen Konzentrationslagers
Bergen-Belsen legt von der doppelten Verpflichtung Zeugnis ab, sich der
Geschichte des Nationalsozialismus als Teil der deutschen Geschichte zu stellen
und aus dem Wissen um die im deutschen Namen begangenen Verbrechen eine
besondere politische Verantwortung herzuleiten.

„Erde, verdecke nicht ihr Blut." Dieses Wort nach Buch Hiob, Inschrift
auf dem jüdischen Mahnmal, hat uns heute hier zusammengerufen: Zur
Trauer, zur mahnenden Erinnerung und zur Versöhnung.

Wir sind hier versammelt im Gedenken an die vielen unschuldigen
Menschen, die in Bergen-Belsen – wie in vielen anderen Lagern –
gequält, gedemütigt und in den Tod getrieben wurden. Die Mahnung
dieses Ortes darf nicht verlorengehen, darf nicht vergessen werden. Sie
fordert Konsequenzen für die geistigen Grundlagen unserer Politik. Sie
ist ein Anruf an jeden einzelnen, angesichts des hier erduldeten Leidens
sein eigenes Leben, sein eigenes Denken immer wieder zu überprüfen.

Versöhnung mit den Hinterbliebenen und den Nachkommen der
Opfer ist nur möglich, wenn wir unsere Geschichte annehmen, so wie
sie wirklich war, wenn wir uns als Deutsche bekennen: zu unserer
Scham, zu unserer Verantwortung vor der Geschichte. Und wenn wir
gemeinsam die Notwendigkeit erkennen, allen Bestrebungen entgegenzutreten, die die Freiheit und die Würde des Menschen mit Füßen treten.

Zwölf Jahre lang war das Licht der Menschlichkeit in Deutschland
und, in einem Teil der Jahre, in Europa von allgegenwärtiger Gewalt

verdeckt. Das nationalsozialistische Deutschland versetzte die Welt in Angst und Schrecken. Diese Zeit des Mordens, ja des Völkermordes ist das dunkelste, das schmerzlichste Kapitel in der deutschen Geschichte.

Es gehört zu den vordringlichen Aufgaben unseres Landes, Wissen darüber zu vermitteln und das Bewußtsein für das ganze Ausmaß, für die Dimension dieser geschichtlichen Erfahrung und Last wachzuhalten. Die Verbrechen der Hitler-Barbarei, die Verhöhnung, ja die Zerstörung aller sittlichen Normen, die systematische Unmenschlichkeit der NS-Diktatur – wir dürfen und wir wollen sie niemals vergessen.

Ein Volk, das sich von seiner Geschichte abwendet, gibt sich auf. Die Gegenwart der Geschichte bezeugen ganz besonders eindringlich die Überlebenden von Bergen-Belsen, die auf Einladung des Zentralrats der Juden in Deutschland heute mit uns zusammen hier sind. Wir erinnern uns vor allem an die Verfolgung und die Ermordung der Juden, an jenen erbarmungslosen Krieg, den der Mensch im Grunde sich selbst erklärt hat.

Bergen-Belsen, ein Ort mitten in Deutschland, bleibt ein Kainsmal, eingebrannt in die Erinnerung unseres Volkes wie: Auschwitz und Treblinka, wie Belzec und Sobibor, Kulmhof und Majdanek und die vielen anderen Stätten eines wahnhaften Vernichtungswillens. Sie sind Inbegriff für das, was der Mensch in Haß und Verblendung Mitmenschen zufügen kann.

Wir wissen nicht ganz genau, wie viele Menschen hier in Bergen-Belsen ihr Leben verloren. Es sind weit über 50 000. Doch was sagt diese Zahl schon darüber, wie der Tod jeden einzelnen traf, seine Nächsten, seine Familie, seine Freunde? Stellvertretend für sie alle nenne ich Anne Frank. Sie war fünfzehn Jahre alt, als sie hier wenige Tage vor der Befreiung dieses Lagers den Tod fand. Wir wissen nicht genau, wie ihr Leben ausgelöscht wurde. Wir wissen aber, was die Menschen hier erwartete, wie sie mißhandelt wurden, welche Qualen sie erlitten. Ihr Leben, ihre menschliche Würde war der Willkür ihrer Peiniger schutzlos ausgeliefert. Trotz der eigenen großen Not fanden viele Häftlinge die Kraft, anderen beizustehen, sich dem Nächsten zuzuwenden und ihm Trost und Zuspruch zu schenken.

Ein altes jüdisches Wort lautet: „Wer ein Menschenleben rettet, rettet die ganze Welt." Wenige bekannte und viele unbekannte Häftlinge haben damals Mitmenschen Kraft gegeben inmitten all der Qualen, die sie erleiden mußten. Und wir erinnern uns auch voll Dankbarkeit an mutige Menschen, die im Lebensalltag der Diktatur Verfolgten Zuflucht boten und oft genug dabei ihr eigenes Leben riskierten. Sie alle haben dazu beigetragen, unser Bild des Menschen als Ebenbild Gottes in der Welt zu retten.

Vor vierzig Jahren wurde Bergen-Belsen befreit. Aber für Tausende von Menschen in diesem Lager kam die Hilfe zu spät: Zu ausgezehrt waren ihre Körper, zu stark ihre Erschöpfung, zu tief verletzt ihre Seele. Die Menschenverachtung der Nationalsozialisten hat sich nicht allein in den Konzentrationslagern bewiesen. Sie war so allgegenwärtig, wie die Diktatur totalitär. Gewalt herrschte überall, und überall wurden Menschen überwacht, verfolgt und verschleppt, eingekerkert, gefoltert und ermordet. Bürger aus allen Schichten unseres Volkes, Menschen vieler Nationalitäten, jeden Glaubens, jeden Bekenntnisses, jeder Weltanschauung und mit ganz unterschiedlichen politischen Überzeugungen.

Von Anfang an zielte der Terror des totalitären Regimes ganz besonders gegen die Juden. Neid und primitive Vorurteile – in Jahrhunderten gewachsen – steigerten sich zu einer Ideologie des Rassenwahns. Wohin das führte – an den Massengräbern vor unseren Augen können wir es sehen.

Wir haben – auch vierzig Jahre danach – die Pflicht, uns selbst zu fragen, wie es geschehen konnte, daß eine Kultur zerbrach, an deren Entwicklung und Reife gerade deutsche Juden in so hervorragender Weise beteiligt waren. Viele von ihnen haben sich sehr bewußt als deutsche Patrioten bekannt. Sie waren weltweit Zeugen, sie waren Botschafter deutschen und abendländischen Geistes. Sie wurden, als der Ungeist in Deutschland die Macht übernahm, entrechtet und verjagt. Sie wurden parteioffiziell zu „Untermenschen" erklärt und zur „Endlösung" verurteilt.

Das sind NS-Begriffe deutscher Sprache geworden. In der Sprache Goethes und Lessings, von Immanuel Kant und Edmund Husserl, in der Sprache von Dietrich Bonhoeffer und Leo Baeck. Ein menschenverachtendes System hat auch unserer Muttersprache Gewalt angetan. Doch zuvor hatte das Regime den Geist vergiftet. Die Machthaber waren Knechte der Gesetzlosigkeit. Mit ihrer Arroganz der Macht und der Maßlosigkeit ihrer Ansprüche haben sie das Volk geblendet und einen ganzen Kontinent ins Unglück gestürzt.

Tiefste Ursache für dieses Werk der Zerstörung war ein sich beschleunigender Verfall der Werte und der Moral. Und im letzten setzte der totalitäre Unrechtsstaat den Abfall von Gott voraus. Die heuchlerische Berufung der Machthaber des Regimes auf die „göttliche Vorsehung" diente allein der Vertuschung eigener Willkür. Sie war und sie bleibt in Wahrheit die schlimmste Perversion religiösen Glaubens: ein Hohn auf den lebendigen Gott, wie ihn die großen Religionen der Welt bezeugen.

Die Mahnung, um derentwillen wir auch dieses dunkelste Kapitel unserer Geschichte stets gegenwärtig halten müssen, folgt nicht aus der Frage, weshalb jenen der Erfolg versagt blieb, die im Widerstand gegen den Terror ihr Leben wagten. Die entscheidende Frage ist vielmehr, weshalb so viele Menschen gleichgültig blieben, nicht hinhörten, nichts wahrhaben wollten, als die späteren Gewaltherrscher für ihr menschenverachtendes Programm zuerst noch in den Hinterzimmern und dann auf Straßen und Plätzen warben. Was die Nationalsozialisten vorhatten, zeigte sich nicht erst am 9. November 1938, als 35 000 jüdische Mitbürger in Konzentrationslager verschleppt wurden.

Wir fragen uns heute, warum es nicht möglich war, Einhalt zu gebieten, als die Zeichen der nationalsozialistischen Tyrannei nicht mehr übersehen werden konnten. Als man Bücher verbrannte, die wir zu den großen Kulturgütern unseres Jahrhunderts zählen. Als man Synagogen in Brand steckte. Als man jüdische Geschäfte demolierte. Als man jüdischen Mitbürgern verwehrte, auf Parkbänken Platz zu nehmen. Das waren Mahnzeichen. Auch wenn sich Auschwitz menschlicher Vorstellungskraft entzog: Die gewissenlose Brutalität der Nazis war offen erkennbar.

Hans Asmussen hatte auf der Barmer Bekenntnissynode 1934 hellsichtig vor den Absichten der neuen Machthaber gewarnt. Er sagte: „Sie bieten sich an als Erlöser, aber sie erweisen sich als Folterknechte einer unerlösten Welt." Wie wahr, wie bitter wahr dieses Wort war, erkennen wir heute. Millionen Juden fielen dem nationalsozialistischen Terror zum Opfer. Das Grauen dieser Taten steht heute noch mitten unter uns. Angesichts solcher Abgründe möchte man mit Augustinus sagen: „Ich bin mir selbst zum Lande der Mühsal geworden."

Unschuldige Opfer – wie die Juden – wurden auch viele andere Verfolgte. Wir können und wir wollen die Asche der Ermordeten nicht trennen. So wollen wir auch dieser Toten hier gedenken. Der Rassenwahn der Nationalsozialisten richtete sich auch gegen die Zigeuner. In den Massengräbern vor unseren Augen ruhen ungezählte Sinti und Roma. „Durch ihren gewaltsamen Tod" – so heißt es auf der Inschriftenwand hier in Bergen-Belsen – „sind sie den Lebenden Mahnung zum Widerstand gegen das Unrecht." Wir trauern um all jene, die unter dem totalitären Regime für ihre Standhaftigkeit im Glauben ihr Leben verloren – unter ihnen auch viele, die aus religiöser Überzeugung den Kriegsdienst verweigerten.

Der totalitäre Staat wähnt sich im Besitz absoluter Wahrheit, er meint immer allein zu wissen, was gut und was böse ist. Er kennt keinen Respekt vor dem Gewissen des einzelnen. Er will nicht nur die vorletzten Fragen – die der Politik – in seinem Sinne beantwortet wissen, sondern auch die letzten: die Frage nach dem Sinn und dem Wert unseres Lebens. Nur so konnte auch der teuflische Gedanke von einem lebensunwerten Leben Staatsdogma werden. Nur so konnten Mengele und andere ihre grausamen Versuche mit leidenden Menschen veranstalten.

Wir erinnern uns an die Verfolgung der geistig Behinderten, der Menschen, die als asozial gebrandmarkt wurden, und der vielen anderen, die aus ganz unterschiedlichen Gründen umgebracht wurden – manche allein deshalb, weil sie am sogenannten „Endsieg" zweifelten.

Als das Lager Bergen-Belsen errichtet wurde, da brachte man hierher zunächst russische Kriegsgefangene. Wie sie untergebracht und behandelt wurden, geriet für die Gefangenen zur Tortur. Über 50 000 starben allein hier im Raume um Bergen. Auch daran müssen wir uns heute und ständig erinnern: Von den insgesamt fast sechs Millionen sowjetischen Soldaten, die in Gefangenschaft gerieten, überlebten weit weniger als die Hälfte. Und so besinnen wir uns in dieser Stunde auch auf das Leid, das den Völkern Mittel- und Osteuropas in deutschem Namen zugefügt wurde. Wir gedenken der Kriegstoten der Sowjetunion. Und wir erinnern uns an die Verbrechen am polnischen Volk.

Und wir trauern ebenso um die Menschen, denen das Unrecht der Nazis mit neuem Unrecht vergolten wurde, die als Deutsche aus ihrer Heimat vertrieben wurden und auf der Flucht den Tod fanden. Aber wir hätten nichts, aber auch gar nichts aus der Geschichte gelernt, wenn wir Grausamkeiten gegeneinander aufrechnen wollten. Für die Untaten der NS-Gewaltherrschaft trägt Deutschland die Verantwortung vor der Geschichte. Diese Verantwortung äußert sich auch in nie verjährender Scham.

Wir werden nicht zulassen, daß etwas verfälscht oder verharmlost wird. Gerade die Kenntnis der schuldhaften Verstrickung, der Gewissenlosigkeit, auch der Feigheit und des Versagens kann uns in den Stand setzen, die Anfänge des Verderbens zu erkennen und ihnen zu widerstehen. Denn Totalitarismus, wie er sich in Deutschland nach dem 30. Januar 1933 durchsetzen konnte, das ist keine unwiederholbare Entgleisung, kein „Unfall der Geschichte".

Wachsamkeit und Sensibilität sind vor allem gegenüber jenen Einstellungen und Haltungen geboten, die totalitärer Herrschaft den Weg bereiten können: der Gläubigkeit gegenüber Ideologien, die vorgeben, das Ziel der Geschichte zu kennen, die das Paradies auf Erden versprechen; dem Verzicht auf den Gebrauch verantworteter Freiheit; der Gleichgültigkeit gegenüber Verletzungen der Menschenwürde, der Menschenrechte und des Friedensgebotes. Friede beginnt mit der Achtung der unbedingten und absoluten Würde des einzelnen Menschen in allen Bereichen seines Lebens.

Das Leiden und der Tod der Menschen, die Opfer der Unmenschlichkeit wurden, mahnen uns: den Frieden und die Freiheit zu bewahren, dem Recht und der Gerechtigkeit zu dienen, das Maß des Menschen zu erkennen und in Demut vor Gott unseren Weg zu gehen.

Was Konrad Adenauer im Februar 1960 hier an dieser Stelle sagte, war und bleibt gültig. Ich zitiere: „Ich glaube, wir können keinen besseren Ort . . . wählen als diesen . . . in dem Gelöbnis, alles dafür zu tun, daß jeder Mensch – gleichgültig, welchem Volk, welcher Nation, welcher Rasse er angehört – auf der Erde in Zukunft Recht, Sicherheit und Freiheit genießt.“

Der Zusammenbruch der NS-Diktatur am 8. Mai 1945 wurde für die Deutschen ein Tag der Befreiung. Nicht allen aber verhieß er, wie es sich rasch erwies, neue Freiheit. Wir – im freien Teil unseres Vaterlandes, in der Bundesrepublik Deutschland – haben uns nach den Erfahrungen in der Hitler-Diktatur darauf festgelegt, daß der einzelne Mensch gerade in den zentralen Fragen der Politik über und für sich selbst bestimmen muß.

Wir haben diese freiheitliche Republik gegründet. Wir haben eine rechtsstaatliche Demokratie errichtet. Die Gründer unserer demokratischen Bundesrepublik Deutschland haben den Augenblick, von dem eben Werner Nachmann sprach, erkannt und genutzt. Weil sie die Kraft hatten, die Verantwortung der Geschichte anzunehmen, haben sie uns den Wert und die Würde verantworteter Freiheit zurückgewonnen. Und deshalb haben wir uns auch unwiderruflich an die Wertegemeinschaft der freiheitlichen Demokratien des Westens gebunden und mit ihnen dauerhaft verbündet.

Das war nur deshalb möglich, weil uns diese Völker – und nicht zuletzt ehemalige KZ-Häftlinge und Angehörige von Opfern der NS-Diktatur – die Hand zur Versöhnung gereicht haben. Viele dieser Völker haben den nationalsozialistischen Terror im eigenen Land ganz unmittelbar erfahren. Wieviel Haß war damals entstanden gegen jene, die gekommen waren, zu knechten und zu schinden – Haß, der sich dann letztlich gegen unser ganzes Volk richtete.

Wir im freien Teil Deutschlands wissen, wieviel es bedeutet, daß wir nach Auschwitz und Treblinka wieder als Partner in die freie Welt aufgenommen wurden. Aber das geschah nicht zuletzt auch in der berechtigten Erwartung, daß wir das, was im deutschen Namen den Völkern angetan wurde, nicht verleugnen werden.

Zu dieser historischen Haftung bekennen wir uns auch heute, vierzig Jahre danach. Gerade deshalb, weil wir Deutsche diese dunkle Epoche unserer Geschichte nicht verdrängen dürfen, spreche ich hier vor Ihnen und zu allen meinen Mitbürgern in Deutschland als Bundeskanzler der Bundesrepublik Deutschland. Wir haben die Lektion der Geschichte, die Lektion der Erfahrung dieses Jahrhunderts gelernt. Die Würde des Menschen ist unantastbar. Von deutschem Boden muß Frieden ausgehen.

Unsere Aussöhnung und Freundschaft mit Frankreich ist ein Glück für Deutsche und Franzosen, für Europa und die Welt. Ein solches Werk des Friedens wollen wir auch mit unseren polnischen Nachbarn vollenden.

Daß Versöhnung mit dem jüdischen Volk und dem Staate Israel möglich wurde, daß gerade unter jungen Menschen wieder Freundschaft wächst, würdigen wir mit Dankbarkeit und mit hohem Respekt für jene Männer und Frauen, die im Blick auf die Zukunft bereit waren, die Stärke des Hasses mit der Kraft der Menschlichkeit zu überwinden. Dankbar sind wir vor allem jenen herausragenden Vertretern des Volkes Israel wie Nahum Goldmann und David Ben Gurion. Dankbar auch Konrad Adenauer und all jenen Demokraten, die geholfen haben. Sie alle haben die Chance für diese Versöhnung gesucht.

Wiedergutmachung wurde geleistet, zur Sicherung einer Heimat für die Juden und als Hilfe für die Überlebenden des Holocaust. Aber heute wissen wir so gut wie damals: Leiden und Sterben, Schmerz und Tränen kann man nicht wiedergutmachen. Dafür gibt es nur gemeinsame Erinnerung, gemeinsame Trauer und den gemeinsamen Willen zum Miteinander in einer friedlicheren Welt.

Nahum Goldmann erinnerte in seiner Gedenkrede am 9. November 1978 in der Großen Synagoge in Köln an die gegenseitige schöpferische Beeinflussung von Juden und Deutschen. Er sprach, und ich glaube zu Recht, von einem „großen und einzigartigen Epos". Dieses Miteinander – von Juden und Deutschen – hat eine lange, eine wechselvolle Geschichte. Sie ist noch wenig, zu wenig erforscht und vor allem viel zu wenigen bekannt.

Deshalb wollen wir die Errichtung eines „Archivs zur Erforschung der jüdischen Geschichte in Deutschland" fördern. Wir wollen im Rückblick auf die Geschichte die Perspektive deutsch-jüdischer Begegnung vermitteln. In vielen Jahrhunderten haben Juden zur Kultur und Geschichte Deutschlands entscheidende Beiträge geleistet. Und es bleibt ein historisches Verdienst, daß sich auch nach 1945 jüdische Mitbürger wieder bereitfanden, tatkräftig und mit ihrem moralischen Wort und Gewicht uns beim Aufbau der Bundesrepublik Deutschland zu helfen.

Auch diese Erinnerung wollen wir bewahren, um den Willen zur Gemeinschaft in einer besseren Zukunft zu stärken. Dafür ist es wichtig, der heranwachsenden Generation vor Augen zu führen, daß Toleranz, daß Aufgeschlossenheit für den Nächsten unersetzliche Tugenden sind, ohne die kein Staatswesen, auch nicht das unsere, gedeihen kann. Uns in diesem Wettstreit der Menschlichkeit zu üben ist die eindeutigste Antwort auf das Versagen in einer Epoche, die von Machtmißbrauch und Intoleranz bestimmt war.

In Yad Vashem hat sich mir das Wort eines jüdischen Mystikers aus dem Anfang des 18. Jahrhunderts eingeprägt: „Das Vergessenwollen", so heißt es dort, „verlängert das Exil, und das Geheimnis der Erlösung heißt Erinnerung." Eine Erinnerung, wie ich hoffe, im Sinne des Pascha. Und deshalb lautet die Mahnung hier in Bergen-Belsen zu Recht: „Erde, verdecke nicht ihr Blut."

Bulletin, hrsg. vom Presse- und Informationsamt der Bundesregierung Nr. 41, 23. April 1985, S. 349–352.

Tagesordnung der Zukunft

Rede auf einer Konferenz der Konrad-Adenauer-Stiftung in Berlin
am 30. Mai 1986

Im Mittelpunkt dieser grundlegenden Rede stehen die großen Probleme, die sich aus der Entwicklung der Weltbevölkerung und des technisch-wissenschaftlichen Fortschritts sowie aus dem Nord-Süd- und Ost-West-Konflikt als Herausforderungen künftiger Politik ergeben.

Für mich war es selbstverständlich, die Einladung zu dieser Konferenz anzunehmen, und zwar – abgesehen von dem Thema – aus zwei besonderen Gründen: Zum einen, weil ich, was wenig bekannt ist, der Konrad-Adenauer-Stiftung seit langem eng verbunden bin; und zum anderen, weil diese Tagung hier im Reichstag stattfindet, mitten in Berlin. Ich nutze die Gelegenheit, an Sie alle zu appellieren: Machen Sie – wann immer möglich – ihren Einfluß dahin geltend, daß Tagungen gerade auch vergleichbarer Art in Berlin durchgeführt werden, und wenn irgend möglich hier im Reichstag.

Ich selbst komme immer wieder gerne hierher, denn es gibt wenig Plätze in Europa, an denen das geschichtliche Erbe unserer Generation so intensiv zu spüren ist wie an diesem. Das ist auch der Grund, weshalb wir beschlossen haben, das Deutsche Historische Museum auf der anderen Seite des Platzes der Republik gegenüber dem Reichstag zu errichten. Auch dadurch soll deutsche Geschichte hier vor allem den nächsten Generationen vermittelt werden können. Ich glaube, man kann nicht über eine Tagesordnung der Zukunft sprechen, wenn man nicht auf einem festen geschichtlichen Boden steht. Wer die Geschichte seines eigenen Volkes nicht kennt oder sie gar leugnet, kann die Gegenwart nicht begreifen. Und vieles von dem, was wir jetzt zu besprechen haben, geht ja auf Fehler der Vergangenheit – manche von historischer Dimension – zurück.

Deswegen muß ich, bevor ich mich den Aufgaben der Zukunft zuwende, noch mit wenigen Worten auf die Ausgangsposition eingehen. Wir stehen jetzt kurz vor dem Ende der Legislaturperiode des Deutschen Bundestages. Ich meine: Alles in allem sind wir auf einem guten Weg. Wir haben die schwerste Wirtschaftskrise der Nachkriegszeit überwunden. Die neuesten Daten der OECD bestätigen den Eindruck, den ich kürzlich auf dem Weltwirtschaftsgipfel in Tokio gewonnen habe: Die Bundesrepublik Deutschland nimmt unter den großen Industrienationen wieder eine Spitzenposition ein, in einigen Bereichen die Spitzenposition.

In der Außenpolitik gibt es – jedenfalls, was die Politik der Regierung betrifft – über Standort und Kurs keine Zweifel. Wir haben deutlich gemacht – auch in schwierigen Beschlüssen –, daß die Grundentscheidungen der deutschen Politik seit Konrad Adenauer gültig bleiben: das Ja zum Westen, der Vorrang der Freiheit vor der Einheit, die Einbindung in das Atlantische Bündnis, die Bindung an die Europäische Gemeinschaft auf dem festen Fundament der immer enger gewordenen deutschfranzösischen Freundschaft.

Zugleich hat sich das psychologische Klima in unserem Land verändert. Trotz aller verständlichen Ängste und Sorgen nach dem Reaktorunfall in der Sowjetunion bleibt es dabei: Die Grundstimmung des Landes ist wieder geprägt vom Vertrauen auf die eigene Kraft, gerade auch bei jungen Leuten. Der unfruchtbare Pessimismus, der unser Land zu lähmen drohte, ist überwunden. Ich rede damit keinem Zweckoptimismus das Wort. Realismus ist am Platz, aber Realismus heißt für mich: die Möglichkeiten, die wir haben, zu erkennen und sie dann konsequent zu nutzen.

Das Fundament unseres Hauses Bundesrepublik Deutschland ist wieder gefestigt. Wir verdanken dies zuallererst der gemeinsamen Leistung, der gemeinsamen Arbeit aller Bürger. Mit den politischen Entscheidungen – so bedeutungsvoll sie waren – konnten wir nur die richtigen Rahmenbedingungen setzen. Wir wollten von Anfang an mehr als nur Fehlentwicklungen korrigieren und die Statik des Hauses wieder in Ordnung bringen. Wir haben den Auftrag angenommen, die Zukunft des Landes zu sichern, sie menschlich zu gestalten und – um im Bild zu bleiben – das Haus der Bundesrepublik auch innen wohnlicher zu machen, gerade für die kommenden Generationen. So wird es bei den Bundestagswahlen am 25. Januar des kommenden Jahres letztlich darum gehen, wie die Innenausstattung dieses Hauses künftig aussehen soll.

Die Auseinandersetzung wird darum gehen, ob dieser oder jener Weg gutgeheißen wird. Zur Wahl stehen also vor allem auch Zukunftsprojekte und -visionen.

Ich möchte mich heute auf fünf Bereiche konzentrieren, die aus meiner Sicht ganz oben stehen auf der Tagesordnung der Zukunft:

1. Wir müssen die gewaltigen demographischen Umbrüche bewältigen, die jetzt schon absehbar sind. Dieser Herausforderung stehen wir auf den unterschiedlichsten Politikfeldern gegenüber. Sie wird uns viel politische Phantasie und noch mehr Tatkraft abverlangen.

2. Es gilt die menschliche, die humane Qualität unseres modernen Industriestaats zu bewahren und ihr neue Dimensionen zu erschließen. Subsidiarität – dazu gehört auch Dezentralisierung –, Flexibilität und Transparenz, das heißt Offenheit und Machtkontrolle, sind Kennzeichen einer Gesellschaft mit menschlichem Gesicht.

3. Wir wollen unsere Industrienation als Kulturgesellschaft gestalten, als eine Gemeinschaft, in der die Menschen auch neben dem notwendigen Broterwerb ihre Zeit sinnvoll und persönlich befriedigend zu nutzen wissen.

4. Der Fortschritt in Wissenschaft und Technik muß noch bewußter und gezielter in den Dienst des Menschen gestellt werden. Gefragt bleibt dabei der Mut zur Forschung, der dem Menschen eigen ist. Zugleich geht es um eine Ethik der technisch-wissenschaftlichen Zivilisation.

5. In der Außen- und Sicherheitspolitik rücken wir die Friedensgefährdung durch Hunger und Not in der Welt sowie durch den Nord-Süd-Konflikt noch mehr in den Vordergrund. Nicht weniger liegt uns an der Wahrung des Gleichgewichts zwischen Ost und West, auf beiden Seiten mit weniger Waffen. Das geht nicht ohne eine Stärkung Europas, die aber für mich niemals Abwendung vom Atlantischen Bündnis bedeutet.

Mit diesen fünf Themen wende ich mich ganz bewußt Perspektiven zu, die über die nächste Legislaturperiode hinausgehen. Zukunftsfragen lassen sich nicht in einen Rhythmus von vier Jahren zwängen. Dabei übersehe ich keineswegs die besonders aktuellen Aufgaben, auf die wir uns zu konzentrieren haben. Ich nenne nur den Abbau der Arbeitslosigkeit. Diese ist eine Folge langjähriger Fehlentwicklungen, die sich nur durch gemeinsame intensive, geduldige Anstrengung überwinden läßt. Die Bedingungen hierzu sind verbessert worden. Die neuesten Zahlen bestätigen das. Aber es steht außer Frage: Die Arbeitslosigkeit bleibt noch für die nächste Zeit ein innenpolitisches Thema von großer Brisanz.

Aber lassen Sie mich zurückkommen zur längerfristigen Perspektive – zu unseren Zukunftsaufgaben.

I.

Auf der Tagesordnung der Zukunft steht ganz oben ein Generalthema. Ich nenne es an erster Stelle: die Bevölkerungsentwicklung in der Bundesrepublik Deutschland. Diese Entwicklung – genauer: der Geburtenrückgang seit bald zwanzig Jahren – wird jedenfalls in der näheren Zukunft zwar einige alte Probleme entschärfen, aber auch neue schaffen. Dabei sind die Erleichterungen oft nur der Vordergrund für die damit verbundenen schwerwiegenden Belastungen.

Ein Beispiel: Bei den Lehrstellen mußten wir in den vergangenen Jahren intensive Anstrengungen für ein ausreichendes Angebot unternehmen – mit großem Erfolg: Wer einen Ausbildungsplatz ernsthaft anstrebte, konnte ihn finden. In absehbarer Zeit wird es hier kaum noch Probleme geben. Aber wie steht es dann um den Bedarf unserer Betriebe nach genug qualifiziertem Nachwuchs? Lassen Sie mich ein weiteres Beispiel nennen: In diesem Jahrzehnt erlauben wir uns den Luxus – ich sage es etwas überspitzt –, daß wir rund 100 000 Pädagogen der verschiedensten Art am Bedarf vorbei ausbilden – bei einer rückläufigen Kinderzahl, und wo wir ohnedies die Aufgabe haben, den Staatsanteil auch im Personalbereich zu reduzieren. Es gibt auch andere Beispiele: Unsere Universitäten werden – wie schon seit längerem die Schulen – nach Überfüllung mit Nachwuchsmangel zu kämpfen haben. Auf dem Wohnungsmarkt erwartet uns nach Engpässen ein Überangebot.

Wir stehen insgesamt vor einer Fülle von Einzelproblemen, deren Kompliziertheit und Tragweite vielen Mitbürgern überhaupt noch nicht bewußt geworden sind. Das liegt zum einen daran, daß die verschiedenen Herausforderungen der Demographie nicht alle unmittelbar und gleichzeitig zu spüren sein werden. Zum anderen erscheinen mehrere Einzelprobleme aus heutiger Sicht für sich allein keineswegs unüberwindlich; die Schwierigkeit angemessener Lösungen wird vielmehr darin bestehen, eine Gesamtschau vorzunehmen, den richtigen Zeitpunkt zum Handeln zu bestimmen, Prioritäten zu setzen und einen fairen Interessenausgleich herbeizuführen.

Was hier auf uns zukommt, illustriert das Beispiel der Wehrpflichtverlängerung: Damit wir die Friedensstärke der Bundeswehr von 495 000 Mann und somit unseren Verteidigungsbeitrag in der Nato aufrechterhalten können, mußten wir den Wehrdienst ab 1989 um drei Monate verlängern. Übrigens: Auch das sollten unsere amerikanischen Freunde registrieren, wenn sie über die Verteidigungsbereitschaft der Europäer und der Deutschen nachdenken. Demographisch bedingte Umstellungen und Anpassungen wie bei der Wehrpflicht stehen uns auch in unserer Wirtschaft und bei unseren sozialen Sicherungssystemen bevor. In diesem Zusammenhang eine Bemerkung vorab: Gerade bei der Diskussion um die Details der Verlängerung der Wehrpflicht von 15 auf 18 Monate ist mir angesichts der Zahlen klargeworden, welche Engpässe auch die Verlängerung selbst wiederum in der Wirtschaft hervorrufen wird. Ich habe nicht den Eindruck, daß wir in unserer Wirtschaft darauf hinreichend eingerichtet sind.

Die Fehler der siebziger Jahre dürfen sich nicht unter veränderten Vorzeichen wiederholen. Ich denke hier zunächst an die Versäumnisse beim wirtschaftlichen Strukturwandel. Der Bevölkerungsrückgang wird für unsere Wirtschaft keine geringere Herausforderung und Bewährungsprobe sein als der technisch-industrielle Fortschritt mit seinen Konsequenzen für einzelne Branchen und Regionen. Wir werden es uns in Zukunft weniger denn je leisten können, Leistung zu bestrafen und schöpferische Kräfte zu entmutigen. Deshalb werden wir in der nächsten Legislaturperiode die eigentliche Steuerreform beginnen. Die Erleichterungen zum 1. Januar 1986 und 1. Januar 1988 bedeuten im wesentlichen – wenn wir ehrlich sind –, daß die inflationsbedingten Gewinne des Staates zurückgegeben werden. Jetzt geht es um das, was die Leistungsverweigerung und die Schwarzarbeit fördert. Wir müssen Schluß machen mit der Bestrafung derer, die fleißiger sind als andere, die mehr riskieren, die mehr investieren. Für die Dynamik unserer Wirtschaft kommt es darauf an, mehr Spielraum für Zukunftsinvestitionen zu gewinnen. Dafür brauchen wir natürlich auch jene Qualifizierungsoffensive, die wir ausgelöst haben und die sich weiter verstärken muß. Die Kehrseite zur Entlastung von Lehrstellen- und Arbeitsmarkt ist jener Mangel von Fachkräften, der sich schon heute hier und da deutlich abzeichnet. Erstklassige Weiterbildung wird zu einem erstrangigen Wirtschaftsfaktor. Angesichts der Nachwuchsprobleme wird sie auch stärker als bisher zu einem betrieblichen Gütesiegel werden. Das bedeutet aus der Sicht des Staates, daß wir uns mit Blick auf die Nürnberger Anstalt vornehmen, in Kooperation mit der Wirtschaft sehr viel mehr zu unternehmen.

Zu den gravierenden Fehlern der siebziger Jahre gehört – neben den ideologisch motivierten Belastbarkeitstests für unsere Wirtschaft – die

Überstrapazierung unserer sozialen Sicherungssysteme. Das 1982 akute Problem, die drohende Zahlungsunfähigkeit, haben wir in einer großen und nicht einfachen Gemeinschaftsanstrengung bewältigt. Langfristige Probleme der Alterssicherung blieben gleichwohl bestehen. Eine umfassende Strukturreform der Rentenversicherung ist notwendig. Wir werden sie nach der nächsten Bundestagswahl in Angriff nehmen.

Der Wandel im Altersbild unserer Bevölkerung bedeutet für die Zukunft mehr Rentner und weniger Beitragszahler zur Rentenversicherung. Das sind heute die Vorgaben für das nächste Jahrhundert, und darauf werden wir uns noch in diesem Jahrzehnt gedanklich wie in der Gesetzgebung einzustellen haben. Wir müssen über die Grundlagen des Generationenvertrages und über das Verhältnis zwischen den Generationen neu und grundsätzlich nachdenken. Es geht darum, auch der jungen Generation im Alter eine sichere und leistungsgerechte Rente zu garantieren und die Belastungen der Beitragszahler in erträglichen Grenzen zu halten.

Ich kann hier nicht auf all die vielfältigen Aspekte dieser schwierigen Aufgabe eingehen und möchte nur zwei Punkte herausgreifen:
1. Es gibt prinzipiell mehrere gute Gründe, die dafür sprechen, starre Altersgrenzen aufzulockern. Einer davon ist sicherlich, daß unsere Gesellschaft die wertvolle berufliche und menschliche Erfahrung älterer Mitbürger intensiver nutzen muß. Dabei können wir auch von anderen Ländern und Kulturkreisen lernen.

Hier geht es in der Tat um mehr als nur um materielle Fragen. Wir erleben gegenwärtig Umschichtungen in unserer Gesellschaft, die tiefe psychologische Wirkungen hervorgerufen haben. Denken wir an das facettenreiche Bild, das die Generation älterer Menschen bietet. Es gibt einen gewaltigen Unterschied zwischen dem 60jährigen, der bei bester Gesundheit in Rente oder in Pension geht, und einem 80jährigen. Denken wir andererseits an den Kult des bloßen Jung-Seins aus dem letzten Jahrzehnt. Wir haben uns auch durch Werbung vieles einreden lassen, was mit der Würde und der Seriosität des Alters wenig vereinbar ist.

Dies hat tiefgreifende Wirkungen: Zum Beispiel gehört unser Parlament zu jenen in der freien Welt, in denen ein älterer Staatsmann nur schwer Platz findet, was ich für einen gravierenden Fehler halte. Als einer, der viele Jahre seines Lebens in einem Landtag wie im Bundestag verbracht hat, weiß ich, wie wichtig Kollegen sind, die nicht mehr im Verdacht stehen, noch etwas werden zu wollen, wie bedeutsam ihr Rat sein kann, ihre Bereitschaft zum Ausgleich und Miteinander.

Alle großen Kulturen der Weltgeschichte haben Sinn für die Würde der Älteren, für ihre Weisheit, für ihre Lebenserfahrung. In der Volksrepublik China etwa ist vieles auf den Kopf gestellt worden, aber eines hat Revolutionen und Kulturrevolutionen überdauert: der besondere Respekt vor Lebenserfahrung und vor Weisheit. Ich glaube, daß unsere Gesellschaft verarmt, wenn wir hier nicht umkehren und den Altersruhestand nicht nur statistisch unter Rentenperspektiven sehen, sondern im Blick auf die Einbindung der Älteren in die Gesellschaft insgesamt.

Aber auch wegen des demographischen Wandels brauchen wir künftig gewiß sowohl flexible als auch gleitende Übergänge in den Ruhestand. Dazu gehört: Wer länger arbeiten will als bisher üblich – und damit auch länger Beiträge zur Rentenversicherung entrichtet –, der muß die Möglichkeit dazu erhalten und später eine höhere Rente beziehen. Nach meiner Überzeugung werden wir uns – trotz aller Arbeitserleichterung durch technischen Fortschritt – nicht zu einer Gesellschaft entwickeln, in der die Zeit des Erwerbslebens immer kürzer wird.

2. Ich komme zu einem ganz wichtigen Punkt und darf hier das Grundsatzprogramm der Christlich-Demokratischen Union zitieren, wo es zum Generationenvertrag heißt: „Die jeweils arbeitende Generation sorgt durch ihre Beiträge für die Sicherung des Einkommens der nicht mehr arbeitenden Generation und durch Kinder für den Bestand der Gemeinschaft. Bestand kann der Generationenvertrag nur haben, wenn beide Leistungen als ebenbürtige Leistungen zum Generationenvertrag anerkannt werden.“

Deshalb kommt der Anerkennung eines Kindererziehungsjahres in der Rentenversicherung grundsätzliche und grundlegende Bedeutung zu. Dabei dürfen wir freilich die begrenzten Möglichkeiten eines Versicherungssystems nie vergessen. Gegen Kinderlosigkeit in unserer Gesellschaft können wir uns letztlich nicht versichern. Die Verbesserung des Familienlastenausgleichs, vor allem Maßnahmen zugunsten junger Familien, stehen deshalb ganz oben auf der Tagesordnung der Zukunft.

Kinderreichtum darf kein Grund für sinkenden Lebensstandard sein. Es geht mir auch um die Menschlichkeit, um die Wärme und Geborgenheit in unserer Gesellschaft, die sich stets zuerst durch ihre Kinderfreundlichkeit beweist. Es geht überhaupt um die Stärkung der Familie, denn auf der Familie – so hat Adalbert Stifter vor 150 Jahren geschrieben –

ruhen die Kunst, die Wissenschaft, der menschliche Fortschritt und der Staat.

Auf der Leistung der Familien ruht schließlich auch ganz wesentlich die Sicherheit der Menschen im Alter. In diesem wohlverstandenen Sinn ist Familienpolitik zugleich die Voraussetzung einer vernünftigen Grundlage für die Rentenpolitik. Ich weiß: Manche versuchen, ihr das Etikett „Bevölkerungspolitik" anzuheften, und gehen mit Blick auf Beispiele aus der jüngsten deutschen Geschichte davon aus, eine solche Zielsetzung werde allgemein für unschicklich gehalten. Eines ist und bleibt in diesem Zusammenhang richtig: Der Staat beziehungsweise die Regierungspolitik hat nicht in die höchstpersönliche Entscheidung eines Paares einzugreifen, Kinder haben zu wollen oder nicht.

Ebenso stimmt aber auch – und das wird regelmäßig übersehen –, daß Politik auf diese Entscheidung vielfach Einfluß nimmt. Wir können auf die Entwicklung der Familie in einer kinderfreundlichen Gesellschaft vielfältig einwirken. Hier ist beispielsweise die deutsche Unternehmerschaft angesprochen, aber ebenso der Staat: In unseren Tarifverträgen kommt im Prinzip immer noch die Vorstellung einer Arbeitswelt zum Ausdruck, die eigentlich im ersten Drittel dieses Jahrhunderts angesiedelt ist. Die Tatsache, daß Millionen von Frauen – auch Ehefrauen und Mütter – im Berufsleben stehen, hat weder bei Arbeitgeber- noch bei Arbeitnehmerorganisationen den richtigen Niederschlag gefunden – etwa in Form flexibler Arbeitszeitregelungen.

Ich erinnere in diesem Zusammenhang auch an viele andere Bereiche der Politik. Man kann nicht von einer kinderfreundlichen Gesellschaft reden, wenn die Schul- und Bildungspolitik solche Irrwege gegangen ist, wie das teilweise der Fall war. Negative Zeichen wurden auch im sozialen Wohnungsbau gesetzt, und nicht zuletzt auch im kommunalen Bereich. Der Staat kann eben nicht bevölkerungspolitisch neutral sein. Dabei verkenne ich keineswegs, daß mehr noch vom Klima in der Gesellschaft abhängt, auch von den Beiträgen einzelner Gruppen und Verbände. So hat der Tierschutz heute offenbar eine stärkere öffentliche Lobby als die Familie mit Kindern. Das ist jedenfalls der Eindruck, den ich bei meinem Posteingang gewinne. Ich bin ganz gewiß für wirksamen Tierschutz, aber ich finde, hier stimmen die Relationen nicht mehr. Ich bekenne mich offen und klar zu einer Idee von Politik, die den Menschen Mut macht, zu Kindern ja zu sagen, und sie nicht dafür bestraft. Dies ist auch eine entscheidende Voraussetzung für eine Gesellschaft mit menschlichem Gesicht.

II.

Wir wollen die humane Qualität unseres modernen Industriestaates bewahren und ihr neue Dimensionen eröffnen. Wer an die politischen Entscheidungen vergangener Jahrzehnte den Maßstab „Menschlichkeit" anlegt, muß auch den Mut aufbringen – und zwar jeder für sich, das ist keine Sache, die man parteipolitisch billig auf andere abwälzen kann –, sich zu fragen, inwieweit wir Irrwege gegangen sind.

Es wurde zwar viel Geld investiert, vieles wurde modernisiert, technisiert und bürokratisiert. Unser Leben ist dadurch sicherlich oft bequemer geworden und mancher Lebensschritt rationeller. Aber es ist unübersehbar, daß so auch ein Stück Menschlichkeit und Geborgenheit verlorengegangen ist. Zu oft wurde bei politischen Entscheidungen in einer bestimmten technokratischen Gesinnung zuerst an Quantität und Effizienz gedacht. Die Bürokraten wurden immer mehr, die Bauten immer größer – und immer kleiner der Mensch.

Auch in der Massengesellschaft einer großen Industriegesellschaft darf der einzelne nicht verlorengehen und vereinsamen. Die Menschen wollen eine überschaubare Lebensumwelt, und die Politik sollte ihnen dabei zur Seite stehen. Auch ich selbst habe in meiner Amtszeit als Ministerpräsident von Rheinland-Pfalz einen Lernprozeß etwa im Blick auf die Dimension und Ausstattung von Krankenhäusern mitgemacht. Eine überschaubare Lebensumwelt, Geborgenheit in Familie und vertrauter Nachbarschaft, Mitmenschlichkeit und soziales Wohlbefinden sind für das Glück der Menschen ebenso wichtig wie materielle Güter und Wohlstand. Deswegen wende ich mich entschieden gegen den anonymen Betreuungsstaat, in dem die Menschen bevormundet und gegängelt werden.

Ich bin dafür, daß der Staat auf die Mitverantwortung und Solidarität der Bürger baut, daß er ihrem Ideenreichtum und ihrer Entscheidungskraft vertraut. Wir wollen eine Gesellschaft selbständiger Bürger. Daraus ergeben sich drei wichtige politische Herausforderungen: Wir müssen das Prinzip der Subsidiarität stärker durchsetzen, denn Entscheidungsfreiheit und Mitverantwortung gehören notwendig zur Selbständigkeit. Wir müssen mehr Flexibilität in unsere Gesellschaft einbringen, denn ohne Wahlmöglichkeiten und Entfaltungsspielraum kann Selbständigkeit nicht gedeihen. Wir müssen mehr Transparenz staatlicher Entscheidungen und Abläufe schaffen, denn der selbständige Bürger hat ein Recht auf Einblick und Überblick.

Subsidiarität, Flexibilität und Transparenz sind die politischen Leitlinien für die Zukunft einer Gesellschaft selbständiger Bürger. Der Grundsatz der Subsidiarität verbietet es dem Staat, alle Entscheidungen an sich zu ziehen und zu zentralisieren. Nun sind wir ja alle überzeugte Föderalisten. Aber es ist ein Unterschied, ob man etwa – auch da bin ich ja Spezialist – als Länderchef gegenüber dem Bund Föderalist ist oder ob man als Landeschef gegenüber der eigenen Kreisverwaltung Föderalist ist.

Gemeinden und Städte, Landkreise und Bezirke, Bundesländer und Bund, aber auch die Europäischen Gemeinschaften sollen sich jeweils der Probleme annehmen, die sie am besten lösen können. Die politische Statik, die Stabilität der Bundesrepublik Deutschland ist entscheidend von der Fähigkeit der Gemeinden geprägt, auf der kommunalen Ebene wahrzunehmen, was dort wahrgenommen werden kann. Man soll dorthin soviel wie nur möglich delegieren. Das gleiche gilt im Verhältnis zwischen Bund und Ländern. Gerade angesichts der aktuellen Diskussion über die Luxemburger Akte möchte ich unterstreichen: Es ist überhaupt nicht denkbar, daß wir in Europa vorankommen, wenn wir nicht eine quasi föderale Einteilung – auch Gewaltenteilung – vornehmen. Das heißt aber auch, daß Bund und Länder ihrerseits Kompetenzen und Zuständigkeiten abgeben an die europäische Ebene.

Im Umweltschutz beispielsweise läßt sich die Altglasbeseitigung am besten kommunal organisieren. Der Schutz der Wälder aber ist eine nationale, ja europäische Aufgabe. Das Bekenntnis zur kommunalen Selbständigkeit, die Bewahrung des Föderalismus und unser Einsatz für die europäische Integration lassen sich – so gesehen – nicht voneinander trennen.

Aber es geht nicht nur um die sinnvolle Verteilung der Entscheidungskompetenzen bei staatlicher Zuständigkeit. Selbständigkeit und Bürgerfreiheit erfordern auch, den Staat auf seine eigentlichen Aufgaben zurückzuführen, zugleich freilich dafür zu sorgen, daß er diese zuverlässig erfüllt. Ein Staat, der die Bürger allzuständig zu bevormunden sucht, verführt die Menschen dazu, ihn im Gegenzug als Selbstbedienungsladen zu mißbrauchen. Wenn der Staat sich für die Eigenverantwortlichkeit und Freiheit der Bürger verwendet, werden die Bürger um so loyaler zu ihm stehen.

Dies ist einer der Gründe, warum wir für mehr Eigenverantwortung der Bürger eintreten und gerade in der Hilfe zur Selbsthilfe eine Staatsaufgabe sehen. Wir wissen aber darüber hinaus auch, daß bürgerschaftlicher Einsatz, Nachbarn und Familien ohnehin mehr leisten als der Staat und ein anonymes Versorgungssystem. Zudem hat mitmenschliche Zuwendung einen ganz entscheidenden Vorteil gegenüber staatlicher Betreuung: Der Mensch, der Hilfe braucht, erfährt damit persönliche Anteilnahme, Geborgenheit, Verständnis und Nächstenliebe. Deshalb hat individuelle Hilfe für uns Vorrang vor anonymer Hilfe, private Initiative ist staatlichen Maßnahmen vorzuziehen. Aufgabe des Staates ist es einerseits, die Voraussetzungen für praktische Nächstenhilfe zu verbessern, andererseits dort einzugreifen, wo Probleme sonst nicht zu lösen sind.

Wie Subsidiarität, so gehört auch Flexibilität zu den Bedingungen für mehr Selbständigkeit. Bürokratische Verkrustungen und defensive Abschottungen des Status quo entmutigen den verantwortungsbewußten Staatsbürger. Wir haben beim Abbau von Bürokratie in den letzten Jahren in vielen Feldern versucht, mehr Flexibilität durchzusetzen. Das ist unendlich schwierig. Unter dem Leitmotiv „Flexibilisierung der Gesellschaft" steht deshalb ein ganzes Bündel von Reformen auf der Tagesordnung der Zukunft. Wir wollen dabei das Wirrwarr von Geboten und Verboten ersetzen durch eine Vielfalt von Angeboten, die ganz neue Spielräume zur Lebensgestaltung eröffnen. Insbesondere gibt uns der technische Fortschritt die Möglichkeit, in den nächsten Jahren den Übergang zwischen bezahlter Arbeit und Freizeit flexibler und individueller zu gestalten. Wir wollen aber auch beispielsweise im Gesellschaftsrecht mehr Flexibilität, damit eine starke Beteiligung der Arbeitnehmer am Produktivkapital möglich wird. Das politische Leitbild, auf das die verschiedenen Korrekturen für mehr Flexibilität ausgerichtet sind, ist das der Selbständigkeit – einer Selbständigkeit, die weit über das Wirtschaftliche hinausgeht.

Wer dieses Ziel anstrebt, muß sich auch für mehr Transparenz in Staat und Gesellschaft einsetzen. Ich nenne hier nur das Stichwort „Entbürokratisierung". Nur wenn der einzelne Sinn und Zweck, Voraussetzungen und Konsequenzen seines Handelns überschauen kann, wird er zur Mitverantwortung bereit sein. Das werden wir zum Beispiel bei der notwendigen Reform unserer Sozialversicherung berücksichtigen müssen. Und deshalb werden wir auch das Steuersystem vereinfachen. Das Stichwort „Transparenz" rückt aber auch aus anderen Gründen auf die Tagesordnung der Zukunft. Wir leben in einer Zeit, die in dramatischer Weise Fragen, Probleme und Aufgaben internationalisiert. Die Menschen gleichen dies aus, indem sie sich in ihre besondere Herkunftswelt zurückziehen. Im Wiederaufleben der Heimatkulturen äußert sich dieses Bedürfnis: Das Zeitalter der Moderne sucht in der Unüberschaubarkeit des dramatischen Wandels nach den Momenten der Vertrautheit. Heimat ist für viele zum Synonym für Vertrautheit geworden.

Politik darf die Dimension – ich sage das nicht wertend – der „kleinen Welt" nicht aus dem Auge verlieren. Denn auch hier bewährt sich die humane Qualität einer modernen Industriegesellschaft: daß die Erfahrungen und Anliegen des einzelnen in die Gestaltung des Ganzen einfließen und daß auch jeder einzelne am Fortschritt der Gemeinschaft Anteil haben kann. Die „große Welt" mit der „kleinen Welt" zu versöhnen – das ist eine entscheidende Bewährungsprobe für die Gesellschaft mit menschlichem Gesicht.

III.

Wir wollen unsere Industrienation als Kulturgesellschaft gestalten. Schon heute ist ein Trend zu beobachten, der sich noch weiter verstärken wird: Die Menschen werden immer mehr Herr ihrer eigenen Zeit. Für ein größeres Maß – um diesen neuen Begriff aufzunehmen – an „Zeitsouveränität" wird schon die zunehmende Flexibilisierung der Arbeitszeit sorgen, aber auch der weiter voranschreitende Prozeß der Arbeitszeitverkürzung, jedenfalls in der unmittelbar vor uns liegenden Zeit.

Doch die Menschen werden nicht nur lernen müssen, mit dem Zeitgewinn im Erwerbsleben richtig umzugehen. Auch die Zeit danach wird eine neue Qualität erhalten. Schon heute fühlen sich viele Menschen im Rentenalter zu vital und aktiv für den „Ruhestand" im herkömmlichen Sinn. So wird neben die Arbeitszeit zunehmend jene Zeit treten, in der die Menschen auch jenseits des Broterwerbs ihr Leben sinnvoll gestalten möchten. Für die humane Perspektive einer modernen Industriegesellschaft wird es entscheidend darauf ankommen, wie sich die Bürger auch außerhalb der Erwerbsarbeit und des gewöhnlichen Freizeitkonsums entfalten können. Zwei Bereiche sind dafür besonders wichtig: soziales Engagement, der Dienst am Nächsten, aber auch politische Teilhabe einerseits, und andererseits das weite Feld der kulturellen Selbstentfaltung, das heute noch weitgehend unterschätzt wird.

Die Bundesrepublik Deutschland ist nicht nur – historisch bedingt – eine Kulturnation und – von der Verfassung gewollt – ein Kulturstaat. Die Bundesrepublik Deutschland ist auch – und dies bedeutet für ihr Selbstverständnis womöglich noch mehr – eine „Kulturgesellschaft". Kunst und Kultur sind längst nicht mehr nur Anliegen und Interesse einer schmalen Bildungselite, sondern natürlicher Bestandteil im

Lebensalltag breiter Schichten unserer Bevölkerung. Es gibt bei uns schon heute mehr als 2000 Museen mit über 55 Millionen Besuchern im Jahr. Über drei Millionen Bürger musizieren in Vereinen, nochmals ebenso viele betreiben ihr Musikhobby als Hausmusik. Darunter sind besonders viele junge Menschen, und ihre Zahl wächst weiter. Der Buchhandel verzeichnet nach wie vor Zuwächse, allein 60 000 Titel werden pro Jahr verlegt. Aus mehr als 2700 öffentlichen Bibliotheken werden im Jahr fast 170 Millionen Bücher ausgeliehen.

Immer mehr Menschen sind bereit, ihre Freizeit und auch wachsende Teile ihres Einkommens kulturellen Bedürfnissen zu widmen. Schon heute ist die Bundesrepublik Deutschland viel stärker kulturell geprägt, als es das Etikett „Industrienation" suggeriert. Gerade durch die neuen Informations- und Kommunikationstechnologien, durch die neuen Medien steigen die kulturellen Entfaltungschancen in rapidem Maße. Dadurch gewinnen wir neue Freiheit, dadurch wächst uns aber auch neue Verantwortung zu. Die Informationsgesellschaft, zu der wir uns immer mehr entwickeln, braucht jedoch zugleich die identitätsstiftende Kraft der Kultur. Die Ausgestaltung unserer Kulturgesellschaft ist auch deshalb eine wichtige Zukunftsaufgabe, weil Kultur nicht in Nischen bleiben darf, sondern die ganze soziale Wirklichkeit durchdringen muß. Hier bietet sich die Perspektive einer Weiterentwicklung unserer wissenschaftlich-technischen Zivilisation jenseits der Grenzen ihrer zweckrationalen Verfaßtheit und dennoch geprägt vom Pluralismus der Lebensformen und -entwürfe.

IV.

Es geht darum, den Fortschritt in Wissenschaft und Technik zu fördern und ihn in den Dienst der Menschen zu stellen. Wir wollen den Mut zur Forschung fördern und eine Ethik der technisch-wissenschaftlichen Zivilisation unterstützen. Dabei sollten wir nicht verkennen, wie bitter der Preis ist, den wir für die Säkularisierung unserer Gesellschaft gezahlt haben und weiter zahlen müssen. Man hat uns oft eingeredet, daß für den modernen Menschen alles machbar sei. Die moderne Technik wurde für manche fast zum Glaubensersatz. Als Christ kann ich für mich sagen: Ich glaube nicht, daß sich die letzten Fragen auf dieser Welt regeln lassen, sondern allenfalls die vorletzten. Wir können als Menschen unserer Unvollkommenheit und Endlichkeit nicht entrinnen. Sie anzunehmen, erfordert in unserer Zeit neuen Mut und mehr Zuversicht, die jeder für sich im Glauben an Gott gewinnen kann.

Ganz ohne Zweifel hat die beschleunigte Entwicklung in Wissenschaft und Technik unser Leben erheblich erleichtert und menschlicher gemacht. Unser Lebensalltag ist von vielen Belastungen befreit, die frühere Generationen noch wie selbstverständlich ertragen mußten. Der medizinische Fortschritt hat die Lebenserwartung erheblich verlängert. Die Erfindungsgabe vieler Ingenieure hat unseren Arbeitsalltag erleichtert. Sie hat uns von der Knechtschaft härtester, oft auszehrender körperlicher Arbeit befreit, zu der früher viele gezwungen waren, um ihr Brot zu verdienen. Moderne Technologien machen unser Leben angenehmer und verhelfen uns zu einem Wohlstandsniveau, das wir kaum noch zu schätzen wissen, weil es schon so alltäglich geworden ist.

Die Entwicklung der politischen Idee des demokratischen Rechtsstaats schließlich brachte uns Freiheit. Die Wirtschafts- und Gesellschaftsordnung der Sozialen Marktwirtschaft, die wir Deutsche nach Krieg und Diktatur verwirklicht haben, gewährleistet unsere soziale Sicherheit. Diese Chancen des Fortschritts können, ja müssen wir auch in Zukunft nutzen. Moderne Technologien machen unser Leben menschenwürdiger, sie ermöglichen wirksamen Umweltschutz, sie versetzen uns in die Lage, Kranken und Schwachen besser zu helfen sowie Hunger und Not in der Welt zu bekämpfen.

Aber es wird uns auch immer bewußter, daß wir mit dem technischen Fortschritt in Bereiche vorstoßen, die die Vorstellungskraft der meisten Menschen überschreiten – in die unermeßlichen Weiten des Weltraumes wie in die Welt der allerkleinsten Teile. Bei Rückschlägen halten wir um so erschrockener inne. Aber wir bleiben aufgefordert, unserer Verantwortung in dieser Welt nachzukommen – gerade weil wir wissen, daß es keine perfekte und heile Welt sein kann. So gehört zum Umgang mit dem Fortschritt in unserer modernen Welt beides: Mut zur Forschung, damit noch mehr Menschen in Würde leben können, und Behutsamkeit im Umgang mit dem Fortschritt, damit seine Nachteile so gering wie irgend möglich sind.

An der Schwelle zu neuen Erkenntnissen – etwa in den Biowissenschaften – müssen wir die Frage nach den ethischen Grundlagen stellen und beantworten. Die Leitlinie dabei muß sein, daß nicht die Menschen der Technik angepaßt werden, sondern Wissenschaft und Technik dem Menschen dienen. Wir müssen dem Fortschritt noch mehr humane Qualität geben. Für die Nutzung der Kernenergie heißt das beispielsweise, daß Sicherheit und Gesundheit der Menschen immer Vorrang vor anderen, auch wirtschaftlichen Erwägungen haben. In der Gentechnologie lautet die Konsequenz, daß die Personalität des Menschen vor jedweder Manipulation zu schützen ist.

Im Arbeitsleben – und hier beziehe ich mich auch auf eine der wenigen für mich akzeptablen Äußerungen in Beschlüssen des jüngsten DGB-Kongresses – sollen neue Techniken nicht gegen die Arbeitnehmer, sondern mit ihnen eingeführt werden. Hier eröffnet sich für die soziale Partnerschaft im Betrieb eine neue Dimension. Den Fortschritt für die Menschen nutzen, ethische Maßstäbe im Umgang mit moderner Technologie setzen – das kann nur, wer selbst an der Spitze der Forschung steht.

Am Beispiel der Kernenergie ist uns das besonders deutlich geworden: Nur weil wir seit Jahrzehnten Kraftwerke betreiben, die zu den sichersten der Welt gehören, haben wir die Technologie und die Erfahrung, um diese Sicherheitsstandards auch unseren Nachbarn vorzuschlagen und abzuverlangen. Wir stehen also angesichts der Chancen und Risiken des Fortschritts nicht nur unseren Mitbürgern gegenüber in der Pflicht, sondern tragen wegen der Verflechtung unserer Welt auch internationale Verantwortung. Ich komme damit zu einigen außenpolitischen Herausforderungen.

V.

Wir werden Außenpolitik zunehmend als eine Art von Weltinnenpolitik begreifen müssen. Die Völkergemeinschaft muß insgesamt mehr Handlungsfähigkeit gewinnen. Die einzelnen Staaten müssen lernen, nicht zuerst und nur auf ihre Souveränität zu pochen, und sie müssen begreifen, daß es nicht gelingen kann, auf Kosten des Nachbarn zu leben. In dieser zusammenwachsenden Welt stellen sich immer höhere Anforderungen an unsere Sensibilität für Entwicklungen auch in weit entfernten Gebieten. Um so wichtiger ist, daß wir uns der Grundentscheidungen unseres Volkes immer bewußt bleiben.

Konrad Adenauer hat einige zentrale Maximen für die Außenpolitik der Bundesrepublik Deutschland in einer – leider fast vergessenen – Proklamation am Tag der Souveränität, dem 5. Mai 1955, besonders prägnant formuliert: „Wir stehen als Freie unter Freien, den bisherigen Besatzungsmächten in echter Partnerschaft verbunden ... Freiheit verpflichtet. Es gibt für uns im Inneren nur einen Weg: den Weg des Rechtsstaates, der Demokratie und der sozialen Gerechtigkeit. Es gibt für uns in der Welt nur einen Platz: an der Seite der freien Völker. Unser Ziel: in einem freien und geeinten Europa ein freies und geeintes

Deutschland." An diesem Ziel, das ja auch Verfassungsauftrag ist, werden wir – als ceterum censeo deutscher Politik – festhalten.

Dabei muß für die Deutschen – so bitter dies für manchen klingen mag – die Freiheit stets Vorrang vor der Einheit haben. Dies ist ja auch der Tenor des Grundgesetzes, wo es heißt: „Das Deutsche Volk bekennt sich zu unverletzlichen und unveräußerlichen Menschenrechten als Grundlage jeder menschlichen Gemeinschaft, des Friedens und der Gerechtigkeit in der Welt." Diesen Zusammenklang von Menschenrechten, Frieden und Gerechtigkeit müssen wir gerade aufgrund der geschichtlichen Erfahrung der Deutschen noch ernster nehmen. Wir dürfen niemals müde werden, weltweit für die Achtung der Menschenrechte und Grundfreiheiten einzutreten. Und da geht es nicht an, an Dogmen zu differenzieren, sich an Etiketten wie rechts oder links auszurichten oder sich in feigem Opportunismus vor dem Mächtigen zu beugen.

Es ist ja hierzulande nicht unüblich, daß Demonstrationen gegen faschistoide Regime in fernen kleinen Ländern, etwa in Südamerika, viel leichter durchgeführt werden als solche gegen die mächtige Sowjetunion, wenn sie Afghanistan überfällt, mit Krieg überzieht und dort in den Hochtälern Völkermord begeht. Weniger als ein Drittel der Länder auf der Welt verdient es, als demokratischer Rechtsstaat bezeichnet zu werden. Freilich hat es in den letzten Jahren manche ermutigenden Entwicklungen gegeben – auf den Philippinen zum Beispiel und in Lateinamerika. Aber dennoch werden wir noch lange fechten müssen für unsere Idee vom freien Menschen, der bürgerliche und politische Freiheit genießt und frei von Furcht und Not lebt. Ich sagte bewußt „frei von Furcht und Not", denn diese Vision der Allgemeinen Erklärung der Menschenrechte von 1948 gehört dazu, wenn wir von Menschenrechten und einem Leben in menschlicher Würde sprechen.

Die Armut in den Ländern der Dritten Welt, Krankheiten, Hunger und Elend – sie dürfen uns schon aus mitmenschlicher Solidarität nicht gleichgültig lassen. Doch hier steht auch der Frieden – der soziale Frieden – der Völkergemeinschaft auf dem Spiel, und der ist letztlich stets ein Werk der Gerechtigkeit. Nur mit einem gerechten und friedlichen Interessenausgleich zwischen „Nord" und „Süd" werden wir diese Menschheitsaufgabe lösen können. Wenn wir die Tagesordnung der Zukunft betrachten: Die Brisanz des Themas „Nord-Süd" wird mit großer Wahrscheinlichkeit die Brisanz des Themas „Ost-West" noch überwölben.

Zu den West-Ost-Beziehungen habe ich mich in letzter Zeit wiederholt geäußert. Ich möchte hier heute nur einen Punkt aufgreifen – einen Punkt allerdings, der für die Bundesrepublik Deutschland wie für unsere Bündnispartner von existentieller Bedeutung ist. Ich meine die Aufrechterhaltung der Balance, des annähernden Gleichgewichts zwischen West und Ost.

Es läßt sich nicht übersehen: Wir befinden uns mitten in einer breiten internationalen Diskussion über Stabilität und Wandel des sicherheitspolitischen Weltsystems, über die Grundlagen von Sicherheit und Kriegsverhütung im Zeichen technischer – und damit auch militärtechnischer – Fortentwicklung. Es darf dabei kein Widerspruch entstehen zwischen der Erörterung weit in die Zukunft weisender strategischer Modelle und dem klaren Bekenntnis zu der Strategie, die noch auf unabsehbare Zeit unsere Sicherheit gewährleisten wird. Auf die Strategie der Abschreckung werden wir noch lange angewiesen sein. Ich meine, daß diese Sicherheitsgarantie auch bei weniger Waffen auf beiden Seiten erhalten bliebe. Deshalb setzen wir uns auch in Zukunft für ausgewogene und kontrollierte Abrüstung ein. Abschreckung ist wirksam, wenn der Einsatz von Kernwaffen aussichtslos erscheint. Heute folgt das aus der Gefahr des Untergangs für einen Angreifer. Es wäre sicherlich ein Fortschritt, wenn die Sicherheitsgarantie darauf beruhen könnte, daß ein Angriff an wirksamen Abwehrwaffen scheitern und der Angegriffene überleben könnte. Ich meine, es lohnt sich, auch darüber zwischen West und Ost nachzudenken.

Die Debatte über die globale Sicherung der strategischen Stabilität – also besonders auch darüber, daß bei einem Wandel der Abschreckungsstrategie das Kräfteverhältnis zwischen Ost und West zu keinem Zeitpunkt die Balance verliert – diese Debatte wird in erster Linie von den Weltmächten zu führen sein. Sie müssen alle Möglichkeiten für kooperative Lösungen ausschöpfen. Diese Debatte findet zugleich im Atlantischen Bündnis statt, und für die Bundesrepublik Deutschland ist es lebenswichtig, dabei jederzeit beteiligt zu sein. Die Bundesrepublik Deutschland wird auch hier ihr Gewicht zur Geltung bringen, denn wir können es uns in unserer exponierten Lage nicht leisten, unsere eigenen Möglichkeiten auszulassen. Wir schulden das auch unseren Nachbarn und Freunden.

Zugleich liegt es im vitalen Interesse der Bundesrepublik Deutschland wie ihrer Partner, dafür auch die Möglichkeiten der gemeinsamen europäischen Entwicklung zu erschließen. Dafür brauchen wir eine Bündelung der Kapazitäten bei Spitzentechnologien, eine gemeinschaftliche Außenpolitik und endlich auch eine gemeinsame Sprache in der

Sicherheitspolitik. Nur als starker Pfeiler der transatlantischen Brücke wird sich das freie Europa durchsetzen können, werden die spezifisch europäischen Sicherheitsinteressen in die globalstrategische Debatte – und vielleicht auch Neuorientierung – eingeführt werden können.

Ich habe versucht, einige zentrale Herausforderungen, denen sich unser Volk auf mittlere Sicht gegenübersieht, in fünf Punkten zu beschreiben. Diese Tagesordnung der Zukunft wird uns schon in der nächsten Legislaturperiode beschäftigen, aber vielfach auch noch lange darüber hinaus. Lösungen können wir alle nur gemeinsam erarbeiten. Hier sollte niemand beiseite stehen, denn es geht vor allem um die Chancen unserer Kinder und Enkel.

Ich habe den Eindruck – es wird ja jetzt soviel von politischer Kultur gesprochen –, daß die Art und Weise, wie sich in der Bundesrepublik Deutschland politische Gegnerschaft in Feindschaft, wie sich die ideologischen Akzentuierungen in Glaubenskämpfe verwandeln, dem im Wege steht. Gerade hier im Deutschen Reichstag sollte man sich immer an die Zeit von 1929 bis 1933 erinnern und daraus die nötigen Konsequenzen ziehen. Die Politik ist bei der Lösung von Zukunftsproblemen in hohem Maße auf das Gespräch angewiesen, den Dialog mit den Wissenschaften und mit allen Gruppen der Gesellschaft. Insbesondere aber kommt es auf die Einsatzbereitschaft und Leistungskraft aller Bürger an.

Unser Volk hat nach der Katastrophe der NS-Diktatur und des Zweiten Weltkriegs die Kraft zu einem Neubeginn gefunden. Damals wurde das Wort geprägt vom „Wirtschaftswunder", obwohl dies gar kein Wunder war, sondern Initialhilfe von außen und der Wille des ganzen Volkes, neu anzufangen. Es wird auch in diesen Tagen wieder von einem neuen deutschen Wirtschaftswunder gesprochen. Ich mag dieses Wort immer noch nicht, denn wenn wir jetzt von neuem etwas erreichen, ist es wiederum kein Wunder, sondern das Ergebnis unseres gemeinsamen Bemühens. Wenn es uns gelingt, mit allem Realismus ans Werk zu gehen, den Ideologien der Zeit zu widerstehen und nach einem vernünftigen, auch kontroversen Gespräch der einzelnen Gruppen untereinander die Chancen wahrzunehmen, die sich unserem Volk mit der wohl freiheitlichsten Verfassungsordnung seiner Geschichte bieten, dann werden wir die vor uns liegenden Zukunftsprobleme sicherlich meistern können.

Bulletin, hrsg. vom Presse- und Informationsamt der Bundesregierung Nr. 63, 5. Juni 1986, S. 530–536.

Die CDU als
moderne Volkspartei

Rede auf dem 36. Bundesparteitag der CDU in Wiesbaden
am 15. Juni 1988

*Die Bundesparteitage der CDU 1988 und 1989 (Bremen) können als der
Höhepunkt innerparteilicher Modernisierung unter dem Vorsitz Helmut
Kohls gelten. Der folgende Bericht des Parteivorsitzenden unternimmt mit
Blick auf die gesellschaftlichen und politischen Bedingungen der Volkspartei-
konzeption den Versuch der Standortbestimmung und Wegweisung für die
neunziger Jahre.*

Ich darf mich zunächst nochmals bei den vielen Delegierten bedanken,
die bis in die frühen Morgenstunden bei der interessanten, aber auch
schwierigen Debatte des gestrigen Tages ausgeharrt haben. Wenn heute
in weiten Teilen der verfaßten öffentlichen Meinung deutlich gemacht
wird, daß die CDU eine diskutierende Partei ist, ist das zwar für mich und
die meisten hier keine Neuigkeit, aber wir lesen es gerne, wenn wir auch
bei solchen Berichten die Wirklichkeit unserer Partei wiederfinden. Wir
haben 25 Stunden intensiv gearbeitet, über 20 Stunden intensiv diskutiert. Ich glaube, das tut uns allen gut. Wir haben in diesen letzten zwei
Tagen dieses Parteitages damit auch ein Zeichen programmatischer
Stärke gegeben. Wir haben über einen wichtigen Teil unserer Programmatik und – im Blick auf das christliche Menschenbild – natürlich auch
unseres Selbstverständnisses gesprochen.

Beim heutigen Tagesordnungspunkt wenden wir uns sozusagen an
uns selbst. Wir brauchen das nicht in einer selbstquälerischen Weise zu
tun, wie es manches Mal in anderen politischen Organisationen vonstatten geht, aber mit der nüchternen Erkenntnis, daß es nach über vierzig
Jahren Arbeit in und für unsere Christlich-Demokratische Union sehr
wohl am Platze ist, auch eine Standortbestimmung vorzunehmen und
darüber nachzudenken, was eben die Volkspartei CDU ausmacht. Wir

müssen uns selbstkritisch fragen: Entsprechen wir mit unserem Bild, in dem, wie wir in der Öffentlichkeit auftreten, und in dem, wie wir das Leben der Partei auch im Inneren gestalten, diesem ja doch hohen Anspruch, Volkspartei zu sein?

Es ist auch wahr – ich will es hinzufügen, weil viele es nicht ohne weiteres begreifen, die nicht mitten in einer solchen Partei stehen: Alle Volksparteien der Bundesrepublik Deutschland arbeiten zunehmend unter erschwerten Bedingungen. Es ist unübersehbar, daß sich das gesellschaftliche Umfeld spürbar verändert hat, daß damit eine neue Herausforderung auf uns zukommt. Ich sage es noch einmal, diese Herausforderung geht alle Volksparteien an. Wenn Sie unseren großen Konkurrenten, die SPD, betrachten – sie hat eine andere Tradition, ein anderes Herkommen, aber durchaus auch viele Merkmale einer großen Volkspartei mit uns gemeinsam –, dann sehen Sie, es gibt vergleichbare Probleme. Wir wollen uns heute und in den nächsten Monaten damit beschäftigen, was wir tun können, um unsere Partei richtig auf die Zukunft einzustellen.

Eine der Herausforderungen der Gesellschaft der Bundesrepublik Deutschland ist die unübersehbare Entwicklung zur Freizeitgesellschaft. Die Bürger unseres Landes haben heute mehr Freizeit zur Verfügung als je zuvor. Ich sehe einen Zusammenhang dieser Entwicklung mit dem Zurückgehen der Bereitschaft, sich dauerhaft zu engagieren, ob in Vereinen, Verbänden, in Gewerkschaften oder sonstwo. Es gibt einen unübersehbaren Zug zu einer zunehmenden Individualisierung. Nicht wenige meiden feste Bindungen etwa an Vereine und Verbände. Man erwartet zunehmend ein unverbindliches Programmangebot, aus dem man sich dann nach eigenem Belieben das Passende herauspickt. Ich will es mit einem Beispiel sagen, das Sie heute überall im Vereinsleben der Sportbewegung beobachten können. Früher war es selbstverständlich: Wer sich im Sport engagiert, ging zu einem Verein. Heute wählen viele den Weg etwa in ein Fitneßcenter – ohne jene Verbindung, auch ohne die Rechte und Pflichten, die in einem Verein mit erwachsen. Wir müssen uns darüber klar sein, daß eine solche Veränderung der Verhaltensweisen nicht ohne Auswirkung auf die politischen Parteien bleibt.

Hinzu kommt für uns – und das ist gestern in der großen Debatte über das christliche Menschenbild hier für jeden spürbar gewesen –, daß sich eine Partei wie die CDU als wertorientierte Volkspartei vor einem besonders schwierigen Problem sieht. Die Einstellung vieler Menschen hat sich verändert. Nicht die Werteordnung hat sich verändert, aber die

Einstellung zu ihr. Hier ist ein Wandel in Gang gekommen, der für eine Partei wie die Christlich-Demokratische Union notwendigerweise Auswirkungen haben muß.

Um es klar auszusprechen, viele haben es noch nicht richtig in sich aufgenommen: Wir als CDU können uns heute nicht mehr, wie etwa noch vor vierzig Jahren, darauf verlassen, daß unsere Wertüberzeugungen praktisch Allgemeingut sind, daß sie von der weit überwiegenden Mehrheit der Bevölkerung selbstverständlich geteilt werden. Bis tief in die Kirchen hinein geht die Unsicherheit. Widersprüchliche Meinungen in Fragen der geistigen Orientierung nehmen zu. Das sind Widersprüche, die ganz unmittelbar auch den einzelnen betreffen.

Ein Verlust an Glauben und das Nachlassen der Bindungskraft christlicher Werte kennzeichnen heute weite Teile unserer Gesellschaft, und sie wirken weit über den religiösen Bereich hinaus. Wir haben es mit einer Entwicklung zu tun, die man zu Recht als Säkularisierung bezeichnet. So ist beispielsweise der gesellschaftliche Stellenwert von Ehe und Familie umstritten. Gerade dies ist jedoch eines der großen Themen unserer Partei. Wenn wir uns für die Stärkung der Familie einsetzen, dann doch deswegen, weil sie der erste und der wichtigste Ort der Sinnvermittlung ist und weil für Kinder Geborgenheit nach unserer Überzeugung nur in der Familie erfahrbar ist. Wir können dafür aber nicht immer mit Beifall rechnen. Mehr noch als bisher müssen wir heute für unsere politischen Entscheidungen werben. Wir müssen auch immer wieder deutlich machen, welche Wertvorstellungen, welche Prinzipien diesen Entscheidungen zugrunde liegen. Ich habe dieser Tage bei dem großen Festakt anläßlich des 40. Geburtstages unserer D-Mark daran gedacht: Vieles von dem, was dort gesagt wurde, ist für die meisten unserer Bürger so selbstverständlich, daß es für sie überhaupt kein Thema mehr ist. Hierin liegt eine Herausforderung, die eine Partei wie die CDU bestehen muß.

Die für mich kritischste Frage an die Gesellschaft in der Bundesrepublik Deutschland ist heute, inwieweit wir wirklich begreifen, daß die alte Erkenntnis nach wie vor gilt: Wer Rechte hat, der hat auch Pflichten – und wer Pflichten hat, der hat auch Rechte. Dies ist immer ein Grundsatz unserer Politik gewesen. Wir müssen – angefangen bei der Außen- und Sicherheitspolitik bis hin zu einzelnen Fragen der Innenpolitik – immer wieder offensiv erklären, daß es Freiheit nicht zum Nulltarif geben kann.

Ich will einen anderen wichtigen Punkt nennen. Wir alle wissen, daß die Medien die Bedingungen der politischen Arbeit enorm verändert haben. Die Art und Weise der öffentlichen Darstellung von Politik durch die Medien kann nicht aus der Diskussion ausgeblendet werden – schon gar nicht bei einer Partei, die als Volkspartei den lebendigen Kontakt zu den Bürgern des Landes besonders pflegen muß. Wir wissen, daß das Wirken freier Medien für unsere Demokratie lebensnotwendig ist. Wir wissen, daß es ohne freie Presse keine Freiheit gibt. Das ist ein Grundsatz aller Demokratien und eine Grunderfahrung der Geschichte.

Wir sehen aber auch, daß der Drang zu immer Neuem und Sensationellem zu Erscheinungen führt, die durchaus auch Sorge bereiten müssen. Wir erleben, daß die Probleme oder auch die Meinungen von Randgruppen oftmals in einer völlig überzeichneten und überdimensionalen Weise dargestellt werden. Die Demonstration vor dem Kasernentor, der Aktionismus fahnenschwenkender oder vermummter Hausbesetzer lassen sich eben sehr viel medienwirksamer in Szene setzen als beispielsweise der Dienst der vielen Zehntausende Soldaten, die ganz selbstverständlich ihre Pflicht tun. Im übrigen finden manche dieser Inszenierungen bekanntlich nur dann statt, wenn überhaupt die entsprechende Publizität gewährleistet ist. Die Meinung der schweigenden oder eher zurückhaltenden Mehrheit und derer, die ganz einfach – und, wie manche meinen, ganz langweilig – ihre Pflicht tun, kommt hingegen selten zur Geltung, und sie wird, wie ich finde, viel zuwenig gewürdigt.

Es ist so eine Eigenwelt entstanden, die durch ihre Existenz selbst zum politischen Faktor geworden ist. Politik wird immer mehr auch als Unterhaltung angeboten, das richtet sich übrigens auch an die eigene Adresse. Politische Fernsehdebatten – ich erlebe das ja selbst und versuche, nicht immer mit Erfolg, dem auszuweichen – werden mehr oder minder auch als Gladiatorenkämpfe inszeniert, in denen für differenzierte Meinungen oder, was für unsere Demokratie genauso wichtig ist, das Stück Gemeinsamkeit, das wir brauchen, kaum mehr Platz ist.

Ich wehre mich leidenschaftlich dagegen – und deswegen spreche ich das hier so offen an –, für dieses Thema nur die Journalisten verantwortlich zu machen; das wäre gänzlich unredlich. Denn zu all diesen Aufführungen, die Sie in Bonn erleben – Sie brauchen nur an das sogenannte „Sommertheater" zu denken –, gehören bekanntlich immer zwei. Bei vielen ist es ja nicht der jeweilige Redakteur, der die Initiative ergreift, sondern es sind ihm viele nachgelaufen, um an einer solchen Inszenierung teilnehmen zu können. Ich glaube, daß sich weder die Politik noch die Publizistik mit derartigen Schaustellungen auf die Dauer einen Gefallen erweisen. Aber sie sind eine Realität. Sie sind vor allem eine Realität im Hinblick auf jenen Ärger, über den wir hier am Montag nachmittag intensiv gesprochen haben. Viele unserer Freunde sind, wenn sie morgens die Zeitung aufschlagen oder am Abend die Nachrichten hören, mit Recht verärgert. Es gehört leider zu meinem Bonner Alltag, daß ich oft genug erlebe, daß jemand am Montag etwas inszeniert, sich dann eine ganze Woche mit einem Thema beschäftigt, das kein Thema ist, und daß dann oft diejenigen, die dies mit herbeigeführt haben, am Freitag bedauern, daß so etwas überhaupt möglich war. Das Maß an Heuchelei auf diesem Feld ist schon ganz beachtlich.

Für den Bürger, der dies sieht und meist gar nicht verstehen kann, ergibt sich das Bild einer ritualisierten Betriebsamkeit. Er erlebt Bilder und scheinbare Ereignisse, die dann, sensationell aufgemacht, große Aufmerksamkeit finden – die, so füge ich nach manchen Erfahrungen der letzten Jahre im Bereich des Umweltschutzes hinzu, auch durchaus ein Stück Hysterie erzeugen. Die Ereignisse werden dargestellt, und sie sind ebensoschnell verschwunden. Man fragt sich nach acht Tagen: Über was hat man sich dabei aufgeregt? Dies ist eine Entwicklung in der öffentlichen Meinungsbildung, die dem Land auf Dauer nicht guttut – und zwar niemandem im Lande guttut. Für viele unserer Freunde – und das ist auch immer mehr ein Problem der Partei – sind dieser rasche Themenwechsel und auch die Tendenz, komplizierteste Sachverhalte auf einen knappen Zwei-Minuten-Nenner zu bringen, im Alltag eine zunehmende Erschwernis. Dies gilt vor allem für jene, die sich in der Politik nicht hauptamtlich engagieren, sondern ihre freie Zeit in ein Ehrenamt investieren. Während der eine oder andere noch dabei ist, ein Thema sachkundig zu erarbeiten, erscheint schon das nächste Thema im Blickfeld. Auch diese Überforderung führt zu mancherlei Ärger.

Was ich jetzt sage, ist bereits von Konrad Adenauer vorgeschlagen worden, dieser Vorschlag war schon damals nicht sehr erfolgreich, trotzdem wiederhole ich ihn: Ich rate uns allen, mir im übrigen auch, daß wir mehr Gelassenheit gegenüber all dieser Hektik aufbringen. Wir sollten auch – das gilt vor allem für die politischen Akteure in der vordersten Linie, aber auch für die Ränge – auf eine Äußerung, die häufig überhaupt nicht stimmt, die heutigen Tageszeitungen sind wieder voller Beispiele dafür, nicht sofort in einer Weise reagieren, daß wir vorgeführt werden. Das heißt ganz einfach, daß vor allem diejenigen von uns, die Verantwortung tragen, zunächst einmal miteinander sprechen, statt übereinander. Das ist eine Erfahrung aus dem privaten Leben; dies gilt auch für die Politik.

Ich höre immer den Ratschlag: Ihr müßt das alles sehr viel „besser verkaufen". Nur ist es sehr schwierig, einen politischen Sachverhalt zu „verkaufen", wenn sich schon einige dazu geäußert haben, die noch gar nicht zur Kenntnis genommen haben, was wirklich beabsichtigt ist. Diese Art von Profilierungssucht hat uns mehr geschadet als alles andere. Weil dies so ist, appelliere ich hier an uns alle und vor allem an die, die unmittelbar betroffen sind: Wir sollten weniger darüber reden, daß wir „Basiserfahrung" haben, sondern es der Basis ersparen, solche Erfahrungen zu machen. Im übrigen wird niemand daran gehindert, unsere Partei und ihre großartigen Leistungen sowie die vielen guten Leute – Männer und Frauen –, die aus unserer Partei hervorgegangen sind und dem Land gedient haben, auch zu loben. Ich weiß nicht, warum es bei uns eine solche Zaghaftigkeit hinsichtlich des Lobens gibt. Die meisten Pädagogen wissen, daß eine wirklich vernünftige Erziehung nicht möglich ist, wenn nicht auch einmal aus vollem Herzen Lob gespendet wird. Wir reden oft vom christlichen Menschenbild: Dazu gehört auch, daß wir freundlich miteinander umgehen können.

Wir sind doch – jedenfalls die meisten von uns – in diese Partei gekommen, damit wir hier auch eine politische Heimat finden. Unsere österreichischen Freunde haben ein gutes Wort, das bei uns völlig aus dem Sprachgebrauch verschwunden ist. Sie nennen die Partei eine „Gesinnungsgemeinschaft". Dieser Begriff spiegelt etwas von der Überzeugung wider, die uns zusammengeführt hat, die uns in der CDU verbindet, die uns beispielsweise auch mit unserer Schwesterpartei, der CSU, verbindet. Aber, es könnte auch von beiden Seiten noch viel deutlicher gemacht werden, daß wir Schwesterparteien sind – und zwar jeden Tag und immer wieder, wenn wir miteinander reden.

Die Festigkeit im Prinzipiellen und die Treue zu den Grundsätzen müssen sich bei uns mit der Offenheit für die Fragen, Sorgen und Hoffnungen von Menschen verbinden – Fragen, Sorgen und Hoffnungen, die sich auch immer wieder verändern. Wenn ich mir beispielsweise überlege, wie sehr uns das Thema „Leben" gestern bewegt hat und wie bei diesem Thema über die Existenz der einzelnen Menschen hinaus auch der Schutz der natürlichen Lebensgrundlagen unseres Landes – eine Herausforderung, wie wir sie beispielsweise jetzt erneut in der Nordsee erfahren – angesprochen wurde, dann kann ich nur sagen: Wer eigentlich, wenn nicht wir, die Christlichen Demokraten, die sich immer auch als Wertkonservative verstanden haben, ist fähig dazu, mit dieser Herausforderung fertig zu werden? Hier haben wir eine wichtige Aufgabe. Beides gehört zusammen. Die CDU darf nicht erstarren, aber wir dürfen uns ebensowenig von modischen Strömungen treiben lassen.

Ich weiß, dies ist nicht einfach: Wir müssen uns auch bemühen, der Versuchung zu widerstehen, uns einfältig – nur auf den Beifall des Tages ausgerichtet – an den jeweiligen Zeitgeist anzupassen. In diesen fünfzehn Jahren habe ich auf diesem Feld Erstaunliches erlebt. Der Zeitgeist hat sich so oft gewandelt. Es gab so viele Prognosen, die sich als total falsch erwiesen haben. Es sind so viele Sterne auf- und so rasch wieder untergegangen. Deswegen mahne ich uns selbst – ich sage es noch einmal – zur Gelassenheit. Nicht beflissener Populismus, sondern Grundsatztreue – das war Stärke der Partei und hat sich immer ausgezahlt.

Wenn Sie die über vierzig Jahre der Geschichte der Partei betrachten, dann werden Sie bis in die allerletzten Jahre feststellen: Wir waren immer dann am stärksten, wir waren von den anderen nicht zu schlagen, wenn wir immer wieder unseren Kurs, von seiner Richtigkeit überzeugt, durchgehalten haben: Ob das früher bei der Grundsatzfrage Soziale Marktwirtschaft war oder bei anderen Entscheidungen. Ich sage es auch den Jüngeren hier, die es nicht erlebt haben: Die schwierigen Jahre des Neubeginns waren ja nicht mit der Einführung der D-Mark und einer freiheitlichen Wirtschaftsordnung abgeschlossen, sondern sie dauerten zumindest bis zum Ende der Korea-Krise. Alle, die jetzt sagen, daß Erhard schon in jenen Tagen der Größte war, vergessen, daß die Partei das damals überhaupt nicht dachte, daß vielmehr ganz andere Gedanken umgingen. Er und wir mußten uns damit durchsetzen. Das war für Konrad Adenauer beim Beitritt in den Europarat und in die Nato nicht anders. Das war bei vielen Stationen in diesen Jahrzehnten immer wieder so, bis hin zum Nato-Doppelbeschluß, zum § 116 AFG und bei vielen Beispielen aus unseren Tagen. Je mehr wir uns gegen teilweise erbitterten Widerstand durchsetzten, um so größer waren später auch unsere Erfolge.

Ich habe nicht ohne Grund auf jene Zeit vor vierzig Jahren zurückgeblickt: Es gehört nicht nur zum Leben eines Volkes, aus seiner eigenen Geschichte zu lernen und auch Hoffnung für die Zukunft zu schöpfen; es gehört auch zum Leben einer Partei, daß wir immer wieder im Rückblick sehen, welchen Weg wir gegangen sind. Ich sage es noch einmal: Gefragt sind Verläßlichkeit und Stehvermögen. Dazu gehören aber auch Offenheit und Weiterentwicklung unserer Politik auf der Grundlage der Grundwerte. Nur so ist es uns doch gelungen, die große Volkspartei zu werden, in der alle sozialen Gruppen und Schichten zusammenkommen.

Ich werde oft von Ausländern gefragt, wie das in der CDU funktioniert. Wenn wichtige Repräsentanten der deutschen Wirtschaft, Gewerkschaftsführer, Bauernführer, Leute aus dem Mittelstand, aus allen Gruppen – ich will sie gar nicht aufzählen – in dieser Partei Heimat gefunden haben, ist es natürlich nicht einfach, bei einer breiten soziologischen Streuung einen Kompromiß etwa in der Steuerreform zu finden. Das erfordert eine breite Diskussion. Dann kommen die ganz Schlauen, die sagen: Ihr müßt alles ausgiebig untereinander diskutieren und am gleichen Tag entscheiden! Wir müssen miteinander diskutieren, und die Diskussion schadet uns nichts, nur der Stil des Umgangs in der Diskussion kann uns schaden, und das ist doch die Erfahrung auch der letzten Wochen.

In diesem Zusammenhang will ich auf eine der wichtigsten Leistungen der Union in Deutschland und für unser Volk hinweisen, nämlich die besonders geschärfte Fähigkeit zum Kompromiß. Sie ist für unsere Partei ein Lebenselement, denn ohne Kompromiß kann eine Partei, die in der Bevölkerung in allen sozialen Schichten verankert ist, überhaupt nicht arbeiten. Wenn Sie die vierzigjährige Geschichte der Bundesrepublik Deutschland und der CDU, nicht zuletzt auch die Geschichte des Verhältnisses von CDU und CSU, verfolgen, dann werden Sie finden, daß wir bei allen Fortschritten, die wir in diesen Jahrzehnten gemacht haben, immer wieder zunächst die Notwendigkeit erkannt und dann auch die Fähigkeit bewiesen haben, vernünftige Kompromisse untereinander zu finden. Unsere Entscheidungen waren fast immer auch ein tragfähiger Kompromiß für die Gesamtbevölkerung, die sich in dieser Partei wiederfinden kann. Deswegen lassen wir bitte nicht zu – ich höre gelegentlich solche Töne in der Partei –, daß die Notwendigkeit des Kompromisses bei uns als etwas Negatives betrachtet wird. Die Verteufelung des Kompromisses in der Demokratie nimmt erst ein Stück der Chancen, die die Demokratie bietet. Wir können ohne Kompromiß im Alltag der Politik nicht auskommen.

Aber – damit bin ich wieder beim Stil unserer Politik – es kommt darauf an, mit welch einem Stil, mit welch einer Umgangsform wir solche Kompromisse finden, ob beispielsweise – ich verwende dieses Wort, das viele als altmodisch betrachten – die Würde des anderen dabei gewahrt wird. Es ist niemandem in der CDU erlaubt, seine Gruppe für eine bessere Gruppe in der CDU zu halten und andere auszugrenzen oder abzudrängen. Ich habe es in diesen Jahren als meine Aufgabe betrachtet, alle Gruppen in der Partei zusammenzuführen.

Damit komme ich zum Thema unserer Mitgliederstruktur. Mehr als 60 Prozent der Mitglieder der CDU Deutschlands heute sind während unserer Oppositionszeit in den Jahren 1969 bis 1982 in die Partei gekommen. Sie wissen so gut wie ich: manche zunächst und vor allem in einer harten und schroffen Ablehnung der damaligen Regierungskoalition und erst dann in der Zuwendung zur Programmatik der Christlichen Demokraten. Der eine oder andere – das merken Sie aus dem einen oder anderen Austrittsschreiben, die ich mir von einzelnen Kreisverbänden immer wieder vorlegen lasse – von denen, die uns in den letzten Jahren den Rücken kehrten, hat diesen Schritt nicht zuletzt deswegen getan, weil er an diesem Punkt ein völlig anderes Parteiverständnis hatte. Ich will deutlich sagen: Wir sind nicht Christliche Demokraten geworden, um auf Zeit und Ewigkeit Oppositionspartei zu sein. Wir sind eine Partei, die gestalten will, deren Machtverständnis immer darin bestand zu gestalten, Verhältnisse zu verbessern, dem Land zu dienen. Wir alle haben diesen Wechsel 1982 gewollt, wir haben hart dafür gearbeitet, aber wir müssen uns darüber im klaren sein, daß der Wechsel auch ein Mehr an Verantwortung für uns gebracht hat und daß daraus auch Konsequenzen entstehen. Es ist doch wahr, warum soll man es nicht offen sagen: Die Zeit hat uns gelegentlich auch eingeholt, bis hin zu Verfahren vor dem Bundesverfassungsgericht. In der Opposition konnten wir wie jede Opposition – das erleben wir ja auch jetzt wieder – diese oder jene Auffassung sehr viel rigider und radikaler vertreten als in der Regierungsverantwortung. Das gehört zum Wesen der Opposition. Ich sage es nicht abwertend, aber die Opposition ist im Regelfall nicht in der Lage, den Beweis dafür anzutreten, daß dieser oder jener Vorschlag auch tatsächlich der richtige und der bessere ist.

Heute erleben die Mitglieder – dieses Umdenken ist für manche trotz der mehr als fünf Jahre, die seit unserer Regierungsübernahme verstrichen sind, nicht so einfach –, daß sie vor Ort ganz unmittelbar für Handlungen der Bundesregierung in Anspruch genommen und auch beschimpft werden. Das ist eine völlig andere Lage als während der Oppositionszeit. Ich sage das immer wieder, auch meinen Kollegen in Bonn: Wir sollten weniger von der Basis reden – ich mag diese Proklamation schon gar nicht mehr hören –, wir sollten in der praktischen Politik jeden Tag bedenken, welche Konsequenzen sie für die Mitglieder hat. Dazu gehört auch das, was eine Koalition selbstverständlich erfordert, nämlich wiederum Kompromisse. Dabei muß klar gesagt werden: Jeder, der genau hinschaut, kann erkennen, daß die Handschrift der größten Regierungspartei in den wichtigen Sachfragen der deutschen Politik unverkennbar ist: Ob ich den klaren Kurs in der Sicherheitspolitik nehme, die Verbesserung unseres Verhältnisses zur DDR im Interesse der Menschen im anderen Teil Deutschlands, den neuen Anlauf nach Europa, alle Fragen, die mit der Verbesserung der Standortbedingungen der Bundesrepublik und der Erneuerung der Sozialen Marktwirtschaft zu tun haben. Ich denke vor allem auch an die Familienpolitik und den Umweltschutz. Ich könnte die Liste verlängern. Die Koalitionsarbeit ist eine schwierige Arbeit, aber es gibt keine Alternative zu dieser Koalition. Ich wage auch im Blick auf das Jahr 1990 die Behauptung: Viele, die diese oder jene Hochrechnung anstellen, werden erleben, daß es auch 1990 keine Alternative zu dieser Koalition geben wird. Aber zum Wesen einer Koalition gehört, daß sich die Partner nicht gegenseitig überfordern. So gibt es zum Beispiel das Problem der sehr unterschiedlichen Dimensionen, etwa hinsichtlich der Zahl der Abgeordneten im Deutschen Bundestag. Da ist derjenige, der einer kleineren Fraktion angehört, in der Regel eher angeregt, besonders laut und aufgeregt zu sein. Auch das ist eine Erfahrung.

Wir sollten als CDU dazu ganz gelassen sagen: Wir akzeptieren das bis zu einem gewissen Grade, aber es gibt für uns auch eine Schmerzgrenze, wo es für uns unerträglich wird. Auch hier gilt der Satz: Solange wir über die Sache debattieren, ist das alles ohne Schwierigkeit zu akzeptieren. Solange wir die Sache auch verständlich vortragen, finden wir bei unseren Mitbürgern – manchmal sogar in hohem Maße – Anklang. Was wir aber nicht dürfen – ich sage es noch einmal –, ist, Sachthemen mit Personalien zu verknüpfen, weil es dann letztlich nicht mehr um die Sache geht.

Es trägt nicht zu unserer Glaubwürdigkeit bei – auch das muß einmal klar angesprochen und gerügt werden –, wenn innerhalb der Koalition, aber auch innerhalb unserer Partei und innerhalb der Gemeinschaft von CDU und CSU gelegentlich ein Umgangston herrscht, den nahezu niemand von uns im privaten Umgang zu Hause dulden würde. Niemand, der in einem solchen Ton spricht, sollte glauben, daß er damit Prestige gewinnt. Wenn er sich umhört, wird er feststellen, daß das die Leute abstößt. Und sie haben ja auch recht und insoweit meine volle Sympathie. Das heißt also, daß wir miteinander reden müssen. Kritik ist notwendig, und sie ist auch hilfreich, vor allem dann, wenn sie konstruktiv ist und Verbesserungsvorschläge enthält. In einer so großen Partei ist es auch selbstverständlich, daß Kritik hart aufeinanderstößt. Wichtig ist dabei der Umgangsstil untereinander. Wir brauchen einen offenen, sachbezogenen Dialog.

Alle die Schwierigkeiten, von denen ich ganz offen gesprochen habe, treffen natürlich eine Partei, die die Nummer eins in der Regierung ist, stärker als andere. Das führt zu Enttäuschungen, führt auch zu Parteiaustritten. Wir haben seit 1983 rund 5 Prozent Mitglieder durch Parteiaustritt verloren. Viele von denen, die die Partei verlassen haben, gehören zu jenen, die zwischen 1969 und 1982 zu uns kamen. In diesem Zusammenhang müssen wir uns auch die Frage stellen, und es ist wichtig, daß wir darüber zu Hause noch weiter diskutieren: Ist die Art unserer Parteiarbeit heute noch so – das gilt für alle Ebenen der Partei –, daß wir über die wirklich bewegenden Probleme des Landes hinreichend diskutieren? In den Parteigliederungen, insbesondere in den Orts- und Kreisverbänden beschäftigen wir uns aus guten Gründen intensiv mit Kommunalpolitik. Eine bürgernahe Kommunalpolitik ist außerordentlich wichtig. Sie ist eine der Erfolgsgarantien der CDU. Als ich 1973 zum Parteivorsitzenden der CDU gewählt wurde, habe ich die Parole vom Sturm auf die roten Rathäuser ausgegeben. Wir sind damals viel belächelt worden. Weil wir die Rathäuser gestürmt haben, sind wir in den Ländern und letztlich auch im Bund wieder an die Regierung gekommen. Das ist eine ganz einfache Faustregel. Aber ich muß auch anmerken: Es gibt nicht wenige in der Partei, die aus Gründen, die ich respektiere, nicht primär an Kommunalpolitik interessiert sind, sondern die lieber über die anderen großen, bewegenden Themen sprechen wollen. Nicht wenige von ihnen bleiben weg, wenn sie diese Themen in lokalen und regionalen Gremien nicht in angemessener Weise – in der richtigen Balance – wiederfinden. Wir werden gerade jetzt, in dieser kritischen Zeit, die öffentliche Diskussion nicht bestehen können, wenn nicht auch auf der Ebene unserer Kreis- und Ortsverbände über die notwendigen Entscheidungen diskutiert wird, die hier gestern angesprochen worden sind: zu den Fragen der Familienpolitik, der Sicherung des Friedens in Freiheit, der Sicherung des Standorts Bundesrepublik Deutschland, der Umwelt, der Menschenrechte. Ich könnte die Liste verlängern.

Mir bereitet Sorge – das geht weit über die Partei hinaus, bezieht sich aber auch auf unsere Partei –, daß viel zuwenig erkannt wird, was in vier Jahren geschieht, wenn der große europäische Binnenmarkt Wirklichkeit wird. Dann haben wir uns auf eine veränderte Qualität unserer Gesellschaft einzustellen. Wir haben in der Vergangenheit immer wieder darüber diskutiert, ob wir nicht zu einer anderen Aufgabenverteilung in den einzelnen Parteivorständen kommen müssen. Die Bundespartei hat schon 1978 Modelle entwickelt und vorgelegt. Ich wage zu bezweifeln, daß die Empfehlungen ausreichend umgesetzt wurden. In vielen Bereichen bieten wir nicht die richtigen Ansprechpartner. Wenn eine Lawine losbricht, wenn plötzlich Plakate in Apotheken und in Arztpraxen hängen, dann müssen wir uns sofort der Debatte stellen. Wir können nicht abwarten, bis diese – oft genug sachlich wenig begründeten – Aktivitäten in der Bevölkerung volle Wirksamkeit zeigen.

Das heißt – und auch das ist ein altes Diskussionsthema –, daß wir noch mehr als bisher den Sachverstand unserer vielen Mitglieder nutzen müssen, die weder ein Mandat noch ein Amt anstreben, aber dennoch ihre Kenntnisse in die Parteiarbeit einbringen wollen. Es gibt viele etablierte und routinierte Zirkel, in denen man neuen Gesichtern mit Mißtrauen begegnet, weil vielleicht Konkurrenz entstehen könnte. Das marktwirtschaftliche Prinzip, daß Öffnung die Chancen erweitert, gilt aber auch in diesem Fall. Niemand von uns darf sich abkapseln. Ich sage bewußt: niemand von uns! Ich sage ebenso: Diejenigen, die in der Parteiführung Funktionen haben, müssen dabei mit gutem Beispiel vorangehen. Das letzte, was wir brauchen können, ist eine „Verbonzung" unserer Partei – das würde uns den Bürgern entfremden.

Dabei haben wir ein Phänomen zu berücksichtigen, das auch ich, ehrlich gesagt, gelegentlich übersehe. Die meisten Menschen im Land wollen sich in ihrem Lebensalltag nicht von morgens bis abends mit Politik beschäftigen. Sie wollen ihren eigenen, ganz unterschiedlichen Interessen nachgehen. Jemand, der wie ich – und auch andere hier im Saal, es sind wohl die meisten – sein Leben der Politik widmet, mag das nicht immer verstehen, er schaut vielleicht sogar in einer Stunde der Muße mit einem gewissen Neid auf jene, die sich nicht rund um die Uhr mit diesem Thema beschäftigen. Aber, um es noch einmal zu betonen, die Menschen haben unterschiedliche Interessen. Wir sind die Partei der Freiheit. Wer die Freiheit der Bürger proklamiert, der muß auch ihre Freiheit verteidigen, daß sie zu bestimmten Zeiten eben nichts von Politik wissen wollen. Auch das gehört zum Alltag und zu den Wünschen der Menschen, die wir zu respektieren haben. Dies unterscheidet uns doch gerade von den Ideologen. Wir lehnen eine Totalität des Politischen, eine Politisierung aller Lebensbereiche ab – so ernst wir politische Arbeit auch nehmen. Wenn sich also unsere Mitbürgerinnen und Mitbürger nicht vorrangig von morgens bis abends mit Politik beschäftigen, wenn sie sich statt dessen entschließen, in Sport-, in Musik-, in Heimatvereinen oder in kirchlichen Verbänden aktiv zu sein, so tragen sie damit in einer wichtigen Weise zu einer menschlichen Gesellschaft bei, zu einer Gesellschaft mit menschlichem Gesicht. Wir müssen sie dabei unterstützen.

Damit komme ich zu einem anderen Stichwort. Es ist eigentlich ein unglückliches Wort, ich mag es nicht: das Wort vom „vorpolitischen" Raum. Wenn man das wörtlich nimmt, wäre es ja so, als gäbe es da einen Raum, der weit vor der Politik liegt. Aber alles, was im „vorpolitischen" Raum geschieht, ist in Wahrheit von höchster politischer Bedeutung. Was in diesem breiten Spektrum auf verschiedenen Gebieten geschieht, ist für uns von großer Bedeutung. Ich will zwei Beispiele nennen, die ich für besonders wichtig halte, ohne damit andere Bereiche vernachlässigen zu wollen. Ich glaube zum Beispiel, daß wir uns gerade auch im Hinblick auf die Entwicklung der Gesellschaft – ich sprach von der Wertediskussion – intensiver im kirchlichen Bereich engagieren müssen. Ich vermisse oft dieses Engagement. Das gilt für Jüngere ebenso wie für Ältere; das gilt für die Repräsentanten unserer Partei auf allen Ebenen. Wir sind die Christlich-Demokratische Union. Die meisten von uns sind in diese Partei gekommen, weil sie ihren Beitrag leisten wollen, aus christlicher Verantwortung unseren Staat und unsere Gesellschaft zu gestalten. Unsere Glaubensheimat sind unsere Kirchen. Das brauchen wir zwar nicht jeden Tag zu betonen. Aber im Alltag ist es wichtig, daß diejenigen, die mit uns gemeinsam in unseren Kirchen sind, auch spüren: Dies ist unsere CDU. Es ist wichtig, dies immer wieder – nicht nur in Worten, sondern durch Taten – deutlich zu machen.

Ich komme zu einem anderen wichtigen Feld: der Welt von Kunst und Kultur. Es gibt weltweit eine Grundeinstellung, wonach die ökonomischen Daten die einzigen wesentlichen Daten in der Existenz eines Menschen sind. Nun braucht mir niemand zu sagen – und jeder im Saal weiß es, wie wichtig die wirtschaftliche Entwicklung für uns ist –, daß wir das Geld verdienen müssen, bevor wir es ausgeben können, daß soziale Sicherheit, daß Investitionen für die junge Generation sowie die Sicherung des Lebensabends für die Älteren nur durch wirtschaftliches Wachstum möglich sind. Aber menschliche Bindungen, übrigens auch zwischen den Völkern, werden nicht zunächst im Bereich der Ökonomie, sondern im Bereich von Kunst und Kultur geknüpft. Wir müssen hier nicht – wie es vor Jahrzehnten der Fall war – gegenseitig abzählen, wie viele Professoren, wie viele Maler, wie viele Bildhauer für irgendeine

Partei votieren. Davon halte ich überhaupt nichts. Aber ich plädiere dafür, daß wir – angefangen in den Städten und Dörfern bis hin zur Bundespartei – offen sind, sensibel sind, daß wir wissen, daß Künstler – auch wenn uns das manchmal überhaupt nicht paßt – ein Stück Vorahnung entwickeln, was die Entwicklung unserer Gesellschaft betrifft. Es ist wichtig, dies mit ihnen zu erspüren und zu diskutieren.

Da ist noch ein Punkt, der insgesamt unsere Gesellschaft und damit natürlich unsere Partei betrifft. Ich spreche vom Ehrenamt. Viele Entwicklungen der letzten Zeit, auch Entscheidungen wie zum Beispiel die Verwaltungsvereinfachung, haben das Engagement im Ehrenamt zurückgedrängt, auch jene Entwicklung, die ich am Anfang genannt habe, nämlich die Entwicklung zur Freizeitgesellschaft. Die CDU Deutschlands ist ohne die Tausende, Zehntausende – in Wahlkämpfen sind es Hunderttausende –, die ehrenamtlich für uns tätig sind, überhaupt nicht denkbar. Diese Bürger, diese Mitglieder verdienen unseren Respekt.

Zu einer nüchternen Bestandsaufnahme gehört die ehrliche Aussage, daß wir gegenwärtig Probleme haben, bestimmte Gruppen in unserer Gesellschaft anzusprechen. Das betrifft vor allem zwei Gruppen unserer Gesellschaft, die Frauen und die jungen Menschen. 52 Prozent der Bevölkerung der Bundesrepublik Deutschland sind weiblich, aber nur 22 Prozent unserer Parteimitglieder. Dabei gibt es erhebliche regionale Unterschiede. Man muß sich fragen, woran das liegt. In einem Landesverband hat der Anteil der Frauen jetzt die 40 Prozent-Grenze überschritten, in einem anderen – ich nenne keine Namen, Sie können es leicht herausfinden – liegt er bei etwas über 17 Prozent. Ich habe mich gestern mit meinem Freund Kare Willoch darüber unterhalten, weil ich bei Parteitagen zum Beispiel in Norwegen beobachtet habe: Dort liegt der Frauenanteil bei 40 oder 50 Prozent.

Es ist wahr: Diese Länder haben in dieser Frage eine ältere Tradition. Ich bin sicher: Wenn wir 1933 nicht den Untergang der Weimarer Republik erlebt und statt dessen eine kontinuierliche Geschichte der politischen Parteien gehabt hätten, dann wäre das bei uns heute anders. Es gibt hier erhebliche Unterschiede zwischen den Kreisverbänden. Beispielsweise schwankt der Anteil der Frauen in ein- und demselben Landesverband zwischen 11 und 30 Prozent. Das muß auch etwas mit den örtlichen Verhältnissen zu tun haben. Ich weiß nicht, ob das jeweils eine Versammlung von Paschas ist. Aber es muß doch irgendeinen Grund haben. Ob Sie sie glauben oder nicht: Die Zahlen müssen auf den

Tisch. In einem unserer Landesverbände gibt es weit über 100 Ortsverbände – Sie hören richtig –, in denen es überhaupt keine weiblichen Mitglieder gibt. Die Herren sind dort wirklich noch unter sich. Ich habe den Verdacht, sie praktizieren dort etwas, was sie sich zu Hause längst nicht mehr erlauben könnten.

Die Beschlüsse des Essener Parteitags zur Partnerschaft zwischen Mann und Frau haben die Partei noch nicht überall erreicht. Wir müssen diese Beschlüsse durchsetzen. Dabei geht es weniger um Papier, sondern um Einstellungen. Die Wahrheit ist, das gilt nicht nur für die CDU, das gilt in unserer Gesellschaft fast überall: Im Regelfall muß eine Frau immer noch doppelt so gut sein wie ihr männlicher Konkurrent, wenn sie den Job erhalten soll. Glauben Sie mir: Das geht nicht. Es ist unsinnig – und es ist höchste Zeit, daß wir dies in der Partei ändern. Das ist nicht nur eine Sache der Frauen-Union. Allerdings muß ich sagen – ich bin heute, wie Sie merken, mit großer Gelassenheit dabei, alles anzusprechen –, daß auch die eine oder andere Dame in der Frauen-Union noch mehr dafür tun könnte. Ich beobachte nämlich, daß manche Damen wichtige Funktionen erreichen und daß rings um sie herum keine weiteren Damen auftauchen. Auch das ist eine meiner Erfahrungen. Ich weiß, bei diesem Thema gibt es eine leidenschaftliche Diskussion. Der Antrag des Bundesvorstandes, den wir Ihnen heute vorlegen, will keine Quote einführen, sondern will sensibilisieren und mit den Mitteln, die wir haben seitens der Bundespartei, und als Botschaft des Bundespartei- tags in die Partei hineintragen, daß wir uns ändern, daß wir umdenken müssen. Deswegen bitte ich Sie herzlich, daß Sie nachher diesem Antrag zustimmen.

Ich will ein zweites Beispiel nennen: Das ist die Ansprache junger Leute. Das ist überhaupt nicht nur die Sache der Jungen Union. Wer mich kennt, weiß, daß die Junge Union wirklich meine Sympathie hat und daß ich dort, wo ich helfen kann, auch immer geholfen habe. Junge Leute brauchen Freiraum. Das, was wir damals selbst in Anspruch genommen haben, müssen wir heute den Jungen zugestehen. Ich sage es ganz offen: Als einer der Delegierten mich in einer besonders kessen Weise am Montag kritisiert hat, da dachte ich bei mir, er hätte nur das Protokoll des Parteitags im Jahre 1953 nachzulesen brauchen. Da hat der Delegierte Helmut Kohl den damaligen Bundeskanzler Adenauer in Hamburg nicht ganz so keß, aber immerhin deutlich kritisiert. Das gehört zum Ablauf des politischen Lebens einer Partei. Junge Leute haben andere Formen des Miteinander. Das gilt gerade heutzutage. Es ist eine sympathische Form des Umgangs. Wenn sie in die Partei hineinwirken wollen, brauchen sie auch ein Stück Offenheit bei uns Älteren. Sie brauchen aber auch – das füge ich ebenso klar hinzu – unsere Fähigkeit zum Widerspruch, wenn wir mit etwas nicht einverstanden sind. Die Junge Union muß sich gelegentlich sagen lassen, daß nicht alles aus reinem Idealismus geschieht, sondern daß mancher auch die wohlpräparierte Karriere vor sich sieht. Mancher ist an Jahren noch recht jung, aber im Herzen alt. Auch das ist eine meiner Erfahrungen.

Die Altersstruktur in unserer Partei unterscheidet sich zum Teil erheblich vom Altersaufbau in der Gesellschaft. Das muß uns nachdenklich stimmen. Nur 7 Prozent unserer Mitglieder sind unter 30 Jahre alt, und es gibt Ortsverbände, in denen wir kein Mitglied haben, das unter 25 Jahre alt ist. Das heißt, wir müssen den Jungen den Zugang erleichtern. Wenn ich es richtig sehe – ich mag mich ja täuschen –, liegt das Problem häufig nicht im Politisch-Inhaltlichen, sondern mehr im Stil des Umgangs miteinander in unserer Parteiarbeit. Lassen Sie den Jungen die Chance, ihren Weg zu finden. Nutzen wir ihren Idealismus – heute würde man eher sagen: ihr Engagement. Wie man es nennt, ist mir völlig gleichgültig, solange das gleiche gemeint ist. Sie wollen ernst genommen werden, und sie haben – das ist ganz wichtig – ein Anrecht auf unseren Widerspruch. Übrigens ist auch der Anteil von Mitgliedern der Jungen Union, die zugleich Mitglied der CDU sind, von Landesverband zu Landesverband sehr unterschiedlich. Die Quote liegt in manchen Verbänden deutlich über 50 Prozent, in anderen bei unter 15 Prozent. Wir sollten gemeinsam – CDU und Junge Union, also die Älteren und die Jungen – jene rund 130 000 Junge-Unions-Mitglieder bald ansprechen, die noch nicht Mitglied der CDU sind. Das ist eine wichtige Aufgabe, und hier könnten wir viele neue Mitglieder gewinnen.

Ich will auch ein Wort zu den Studenten sagen, zum RCDS. Als Parteivorsitzender lade ich seit vielen Jahren den jeweiligen Bundesvorsitzenden des RCDS zu Sitzungen des Bundesvorstands ein. Warum ist das eigentlich nicht auch bei den Kreisvorständen in den Universitätsstädten möglich? Ich frage mich das. Wir haben heute eine Studentengeneration vor uns, die – das ist meine feste Überzeugung – mit zum besten gehört, was in diesem Jahrhundert in Deutschland Universitäten besucht hat. Das sind sensible junge Leute. Engagiert, aufgeschlossen, natürlich auch unbequem. Es gibt überhaupt keinen Grund, den Kontakt mit ihnen zu scheuen. Es ist im übrigen die Generation unserer Kinder – um das einmal anzusprechen –, über die wir im Augenblick sprechen.

Viele von ihnen – dieser Saal ist voller Beispiele, diese Bühne ist voller Beispiele – werden später wichtige Führungsfunktionen in der Partei, im Staat, in der Gesellschaft übernehmen. Die Art und Weise, wie wir heute diesen Studentinnen und Studenten begegnen, wird für den politischen Weg, den sie später einschlagen, nicht unwesentlich sein. Deswegen bitte ich Sie, auch wenn Ihnen dieses oder jenes im äußeren Aufzug oder in den Äußerungen nicht paßt: Gehen Sie auf diese jungen Leute zu. Es ist unsere und deren Chance für die Zukunft.

Ich will einen weiteren Bereich nennen, wo es nicht nur für uns schwieriger geworden ist. Das ist die Arbeit in den Betrieben – die Arbeit der Sozialausschüsse. Unsere Sozialausschüsse müssen zunehmend in einem Umfeld leben und arbeiten, das nicht freundlicher, sondern eher feindseliger geworden ist. Es gibt gewisse Kreise in einzelnen Gewerkschaften, für die die Hetze gegen die CDU zum Alltag ihrer Arbeit geworden ist. Ich weiß dies, und ich bin auch dafür, daß wir mit aller Härte dagegen angehen. Aber ich bin dagegen, daß wir deswegen zu Pauschalentscheidungen kommen und womöglich die Brücken zu den Gewerkschaften abbrechen. Wer sich als CDU-Mitglied in einer Gewerkschaft organisiert, wer dort mitarbeitet oder Funktionen übernimmt, darf nicht deshalb bei uns sofort auf Mißtrauen stoßen. Das ist eine ganz und gar ungute Entwicklung. Trotz der Tatsachen und Tatbestände, die wir zu beklagen, anzuklagen und zu bekämpfen haben, muß in dieser pluralistischen Gesellschaft selbstverständlich auch in den deutschen Gewerkschaften – ich spreche bewußt von Gewerkschaften, weil ich alle meine – für Mitglieder der Christlich-Demokratischen Union Platz sein und eine Chance bestehen. Ich füge hier etwas hinzu, was mancher eben sofort gedacht hat: Natürlich gibt es auch in diesem Bereich Zeitgenossen, die aus Karrieregründen und in beflissener Anpassung nur noch wenig oder gar nichts mehr von ihrer politischen Herkunft deutlich machen. Bevor Sie klatschen: Wir dürfen nicht einseitig sein. Diese gibt es nicht nur bei den Gewerkschaften; Sie finden sie genauso in Wirtschaftsverbänden und anderswo in der Gesellschaft.

Natürlich tun sich unsere Sozialausschüsse angesichts der Veränderung des Arbeitslebens und der Folgen des Strukturwandels schwer. Die Gewerkschaften stehen übrigens vor dem gleichen Problem. Aber es gibt große Gewerkschaften, die immer noch so tun, als wären wir an der Schwelle des 19. Jahrhunderts. Ich denke hier an einen, der besonders laut redet und der einen großen mit Eisen zusammenhängenden Verband anführt. Das kann nicht unser Weg sein. Wir müssen als Partei auch in den Kreisen vor Ort und in den Betrieben gemeinsam mit den Sozialausschüssen vorgehen. Wir müssen überhaupt bedenken, daß es zu einfach ist zu sagen: Dieses Gebiet und jenes Gebiet weisen wir einer Vereinigung zu, und ansonsten kümmern wir uns als Gesamtpartei nicht darum. Wir haben den Erfolg des Ganzen im Auge zu behalten. Die Partei muß sich auf die Vereinigungen verlassen können – und umgekehrt. Aber – das ist ganz wichtig und ganz selbstverständlich – wir sind zunächst und vor allem Mitglieder der Christlich-Demokratischen Union Deutschlands und dann erst Mitglieder irgendeiner Vereinigung.

Ich sage dies auch im Hinblick darauf, daß wir vor wenigen Wochen eine neue Vereinigung auf Bundesebene konstituiert haben, nämlich die Senioren-Union. Da gab es Skepsis. Ich habe sie, ehrlich gesagt, nicht verstanden. Denn ich bin überzeugt, daß aus vielen Gründen, aber insbesondere aus Gründen der demographischen Entwicklung der Bundesrepublik, in der Senioren-Union ein wichtiger Teil der Zukunftsarbeit zu leisten sein wird. Aber die Senioren-Union – ich gehe darauf ein, weil es gelegentlich gedacht wird; ich will das alles heute aussprechen – hat natürlich nicht die Aufgabe, Hausmacht für jene zu sein, die vor Jahrzehnten als Mitglieder der Jungen Union Ämter erhalten haben und sie jetzt über die Senioren-Union fortsetzen wollen. Das ist überhaupt nicht der Sinn einer solchen Arbeit. Wir wollen – ich habe das sehr stark empfunden bei der Gründungsveranstaltung im Adenauer-Haus; ich möchte wünschen, daß bei allen Veranstaltungen der Partei ein solcher Geist herrscht –, daß die Lebenserfahrung, die Zuverlässigkeit und die Ideen der Älteren auch in Zukunft in unsere Arbeit eingehen. Wir brauchen sie; wir können auf gar keinen Fall auf die Erfahrungen dieser Generation verzichten, auf die Erfahrungen der Baumeister unserer Republik in diesen Jahrzehnten.

Am Montag habe ich ein Wort gebraucht, das der eine oder andere mißverstanden hat. Ich komme jetzt noch einmal darauf zurück. Es ging um den „Jugendkult". Es ist doch keine gute Situation, liebe Freunde, daß in unseren Kommunalparlamenten die 40- bis 60jährigen völlig dominieren. Wenn ich die Mandate in Gemeinderäten, Kreistagen und Stadträten, also auf kommunaler Ebene, betrachte, stelle ich fest, daß nur 10 Prozent unserer Mandatsträger unter 35 Jahre alt sind und nur 2 Prozent über 65. Sind wir eigentlich verrückt geworden? Die Lebenserwartung des Mannes beträgt in der Bundesrepublik nach der Statistik 76 Jahre, die der Frau noch drei Jahre mehr. Ist das eine Art von neuem Vorruhestand, den wir hier eingeführt haben? Ich kann das überhaupt nicht verstehen. Daß in einem Stadtrat – ich war lange genug Vorsitzender einer Stadtratsfraktion – bei zwanzig oder dreißig Mandatsträgern ein paar dabei sind, die noch wissen, warum sich etwas vor zwanzig oder dreißig Jahren auf diese oder jene Weise entwickelt hat, scheint mir doch nur vernünftig zu sein. Deswegen plädiere ich für beides: Achten wir darauf, daß sich die nachrückende Generation wiederfindet, achten wir aber genauso darauf, daß sich die Älteren wiederfinden können.

Damit bin ich bei einem anderen Stichwort, das viel diskutiert wird, aber meistens in den Gängen; das ist das Thema Ämterhäufung. Es ist unübersehbar, daß wir zuwenig in der Lage sind, die vielen Talente der Partei zu nutzen. Eine große Zahl von Ämtern und Mandaten in der Hand eines einzelnen ist weder Kompetenznachweis noch Ausweis von Klugheit. Für uns muß das entscheidende Kriterium sein, wie gut einer oder eine die Ämter ausfüllt. Wer meint, sich Macht und Prestige mit einer Fülle von Funktionen zu sichern, überfordert sich selber. Wer sich zu lange an eine solche Funktion klammert, wird sie oft in einer besonders schmerzhaften Weise verlieren und schadet den Nachrückenden. Ich weiß, dies ist ein sensibles Thema. Ich weiß auch, daß hier die jeweilige Parteiführung auf der Ebene des Kreises, des Landes und auch des Bundes die Verantwortung hat, Verkrustungen zu verhindern. Ich weiß auch, daß hier die besondere Verantwortung besteht, immer wieder sogenannten Seiteneinsteigern, die nicht den ganzen Weg durch die Partei gegangen sind, Chancen zu eröffnen und ihnen die Möglichkeit zu geben zu beweisen, daß sie zu uns gehören.

Auch das ist alles nicht neu. Auf dem Mannheimer Parteitag im Jahre 1975 haben wir einen Beschluß zur Auswahl von Mandatsträgern gefaßt. Ich kann nur empfehlen, ihn zu lesen. Der erste Satz heißt ganz einfach: „Die Auswahl von Abgeordneten darf nicht allein von persönlichen Beziehungen, der Zugehörigkeit zu bestimmten Vereinigungen und Parteigremien und der Dauer der Parteimitgliedschaft abhängig sein." Ich habe dem nichts hinzuzufügen. Proporzdenken, das Streben nach Balance zwischen Vereinigungen und die etwas vordergründige Orientierung nur an der Tagesmehrheit erleichtern uns das nicht. Es muß nicht so sein, daß Vorstände den Mitgliedsversammlungen nur geschlossene Vorschlagslisten präsentieren. Es ist überhaupt nicht von Übel, wenn mehrere für ein Amt kandidieren. Ich glaube, das ist ein Stück jener Offenheit, von der ich die ganze Zeit gesprochen habe.

Ich will ein Wort zu den hauptamtlichen Mitarbeitern sagen. Ohne sie ist unsere Partei nicht denkbar. Wir haben zum Teil aus der Vergangenheit einen Soupçon gegen Funktionäre übernommen. Ich habe das nie verstanden. Ohne Funktionäre funktionieren unsere Gesellschaft und eine Großorganisation nicht. Viele unserer hauptamtlichen Mitarbeiter arbeiten unter großem Einsatz und schwierigsten Bedingungen. Sie verdienen Vertrauen und Unterstützung. Aber – dies füge ich hinzu – sie können und sollen die politische Führung nicht ersetzen. Auch das gehört in diesen Zusammenhang.

Ein Vorletztes: Zu diesem Thema „Partei" und „Volkspartei" gehört auch das Thema „Finanzen". Wir alle wissen, daß wir die Gesamtsituation neu bedenken müssen, daß alle Organisationsstufen entsprechend ihren Aufgaben am Beitragsaufkommen beteiligt sein müssen. Bitte ersparen wir uns eine Diskussion, in der jeder nur die Verantwortung auf den anderen abschiebt!

Mit dem Bundesvorstand schlage ich heute dem Parteitag vor, daß wir eine Kommission einberufen, die – und zwar ohne jede Voreingenommenheit – alle Fragen der Parteistruktur berät. Ich selbst habe die Absicht, den Vorsitz dieser Kommission zu übernehmen. Wir werden ehrenamtliche und hauptamtliche Mitglieder, ältere, erfahrene und junge, zusammenführen und eine wirkliche Standortbestimmung unserer Arbeit vornehmen. Ich habe die Absicht, dann dem Bundesvorstand einen Bericht vorzulegen und ihn zu Beginn des nächsten Jahres in einer eigenen Sitzung des Bundesausschusses, zu der ich auch jene Kreisvorsitzenden einladen will, die nicht Mitglieder des Bundesausschusses sind, zu diskutieren. Das Ergebnis wollen wir dann als Beschluß dem nächsten Bundesparteitag im Frühjahr 1989 vorlegen. Bitte, stimmen Sie diesem Antrag zu. Ich weiß, da gab es manche Geräusche im Vorfeld – die mir ganz unverständlich sind. Natürlich, sie sind mir völlig unverständlich! Ich weiß, daß in einigen Bereichen über ein Papier diskutiert wurde, das ich nie vorgelegt habe. Sie müssen sich mit dem auseinandersetzen, was Ihnen der Parteivorsitzende vorlegt, nicht mit dem, was Sie sonst irgendwo gelesen haben. Das ist die richtige Ordnung in der Partei!

Wir müssen fähig sein, in all diesen Fragen vernünftig miteinander das Gespräch zu führen, denn die organisatorische Neubesinnung der Union ist ja kein Selbstzweck. Wir stehen vor schwierigen Zeiten, und wir stehen vor schwierigen Aufgaben. Es geht heute um mehr: Die organisatorische Gestalt der Partei und nicht zuletzt ihr Erscheinungsbild in der Öffentlichkeit spiegeln etwas von unserem Geist, von unserem Wesen wider, und deshalb müssen die programmatische und die organisatorische Fortentwicklung harmonisch ineinandergreifen. Wir müssen uns auf eine Serie von Wahlen – ich habe sie gestern erwähnt – 1989 und vor allem 1990 vorbereiten. Es gilt jetzt, die Partei optimal auf diesen Zeitraum einzurichten und vorzubereiten, ihr Profil zu schärfen, ihre organisatorische Kraft noch zu verstärken und deutlich zu machen: Wir sind die führende Volkspartei in der Bundesrepublik Deutschland. Wir haben das programmatisch im Ludwigshafener Grundsatzprogramm und in all den progammatischen Aussagen danach getan. Es kann keinen Zweifel geben: Dies ist die Volkspartei der Mitte, die niemals nach links oder nach rechts gehen wird. Unser Standort ist festgelegt und bleibt es auch!

Aus langer Erfahrung wissen wir – die meisten hier haben ja ähnliche Erfahrungen gemacht: Unsere CDU ist eine schwierige Partei, aber sie ist auch eine Gemeinschaft, in der Freundschaft wächst, in der viele von uns weit über die politische Begegnung hinaus auch persönlich Heimat gefunden haben. Ich weiß um die Kraft, die dieser Partei innewohnt, um ihre Fähigkeit zum langen Atem, um ihre Vitalität. Ich weiß vor allem um den – ich verwende bewußt dieses Wort – außergewöhnlich großen Idealismus, von dem viele bewegt werden, die zu uns kommen. Ich kenne auch die Schwächen sowie die Fehler, die wir auch gemeinsam immer wieder begangen haben. Wir sind in die CDU gekommen, um aus unserer christlichen Überzeugung einer Idee zu dienen, einer Idee, die von Anfang an – und das wird immer so bleiben – Wegweiser dieser Partei war und ist. Um es viel persönlicher zu formulieren: Diese Partei ist unsere Partei. Wir haben in vierzig Jahren gemeinsam das Auf und Ab erlebt, oft auch erlitten. Wir wurden die große deutsche Volkspartei. Heute wie vor vierzig Jahren treten wir für die Menschenwürde, für das Leben in verantworteter Freiheit ein. In diesem Zeichen waren wir durch Jahrzehnte hindurch die gestaltende politische Kraft und sind es nach 1982 wieder geworden. Das ist eine große Verantwortung. Wir sind eine wichtige Partei. Wir sind nicht allein, doch so, wie wir sind, prägen wir auch andere. Auch das gehört zu einer lebendigen Demokratie.

Bei all dem, was wir kritisch bedenken: Gehen wir in die Zukunft und vor allem in die Jahre, die unmittelbar vor uns liegen, im Bewußtsein für unsere Erfahrungen, für die Kraft unserer Idee und für die Freundschaft, die uns zusammenhält und uns gemeinsam beflügelt!

36. Bundesparteitag. Niederschrift, hrsg. von der Bundesgeschäftsstelle der CDU, Bonn o. J., S. 359–378.

Werben um die Mitarbeit engagierter Frauen

Rede zur Eröffnung der Festveranstaltung
„40 Jahre Frauen-Union" in Bonn-Bad Godesberg
am 14. Januar 1989

Das politische Verhalten der Frauen änderte sich im Zuge ihrer Emanzipation von traditionellen Orientierungen in Familie und Kirche. Seit Ende der sechziger Jahre sieht sich die CDU, die ihre früheren Mehrheiten in erster Linie den Frauen verdankt hat, der Situation gegenüber, um Wählerstimmen und Mitarbeit der Frauen in der Partei werben zu müssen. Damit gewinnt die Frauenvereinigung, der alle weiblichen Unionsmitglieder angehören, zunehmend an Bedeutung.

Ich bin ausgesprochen gerne heute hierhergekommen, weil dieser 40. Geburtstag unserer Frauen-Union eine gute Gelegenheit ist zu danken; eine gute Gelegenheit, zurückzublicken auf vierzig wichtige Jahre deutscher Geschichte; und auch eine gute Gelegenheit, Ausschau zu halten auf unsere gemeinsame Zukunft.

Da ist zunächst der Dank. Romano Guardini hat einmal gesagt, Dankbarkeit sei die Erinnerung des Herzens. Ich finde, das ist ein richtiger Satz – Dankbarkeit ist in der Tat mehr als eine Sache des Verstandes. Wer heute im freien Teil unseres Vaterlandes leben darf und auf die Geschichte unserer Bundesrepublik Deutschland zurückblickt, hat allen Grund zu einem Gefühl tiefer Dankbarkeit. Es hat schon symbolische Bedeutung, daß der 40. Geburtstag der Frauen-Union gleichsam den Auftakt zu den vielen 40-Jahr-Feiern bildet, die wir 1989 begehen werden: Unsere Bundesrepublik Deutschland verdankt den Frauen weit mehr, als jemals in den Geschichtsbüchern verzeichnet sein wird.

Wir sprechen gerne vom „Wirtschaftswunder" und meinen damit die Zeit nach der Einführung der D-Mark im Sommer 1948 bis hinein in die Mitte der fünfziger Jahre. Wer dabei war – viele hier im Saal waren das und haben diese Zeit mitgestaltet –, der weiß indessen: Das war kein „Wunder"; da gab es in einer schwierigen Stunde unserer Geschichte zunächst einmal die Hilfe von außen, die ausgestreckte Hand der Kriegsgegner von gestern – vor allem der Amerikaner mit ihrem Marshall-Plan. Diese Hilfe war die Initialzündung, um den Menschen in ihrer Not und ihrem Elend die Botschaft zu übermitteln: Wenn Ihr nur wollt, könnt Ihr den Aufbau schaffen! Vor die Wahl gestellt, zu resignieren oder die Kraft zum Aufbau dieser neuen Republik aufzubringen, haben die Menschen eben zugepackt, hart gearbeitet, Lebensmut bewiesen. Und ein entscheidendes Verdienst kommt dabei den Frauen zu. Wenn Sie durch Berlin fahren und an dem Denkmal vorbeikommen, das für die „Trümmerfrauen", wie man sie damals nannte, errichtet wurde, dann werden Sie an eine Zeit erinnert, die wir nie vergessen dürfen: Unzählige Frauen hatten im Krieg ihre Ehemänner, die Heimat und – wie viele damals glaubten – die Zukunft verloren. Es waren Frauen, die für sich allein den Lebensunterhalt, die Erziehung und die Ernährung der Kinder sicherstellen mußten. Sie sind – und es hat nichts mit falschem Pathos zu tun, wenn ich das so sage – die „unbesungenen Heldinnen" des Aufbaus unserer Republik.

Ich finde, wenn wir vierzig Jahre Frauen-Union feiern, sollten wir diesen Anfang unserer politischen Arbeit niemals vergessen. Wir sollen es vor allem deswegen nicht vergessen, weil wir – Frau Süssmuth sagte es schon – von dieser großartigen Generation viel lernen können. Wer, wie ich in meinem Amt, alltäglich die Larmoyanz und das Selbstmitleid so vieler beobachtet, der sieht sich besonders veranlaßt, auf diese Zeit hinzuweisen. Wir haben Grund zur Dankbarkeit auch für jene großartigen Frauen und Männer, die vor vierzig Jahren unsere Verfassung schufen, die wohl beste Verfassung in der Geschichte der Deutschen. Sie schufen die Spielregeln für vierzig Jahre gelebter Demokratie – und das Grundgesetz wird auch in Zukunft die Grundlage unseres politischen Handelns sein.

1989 wird mit unserem Grundgesetz auch dessen Artikel 3 Absatz 2 vierzig Jahre alt, der die Gleichberechtigung von Männern und Frauen ausdrücklich festlegt. Und es jährt sich ein anderes Datum, das vielleicht das epochemachende Datum in der Geschichte der Deutschen Frauenbewegung ist: Vor siebzig Jahren, im Januar 1919, konnten die deutschen Frauen bei der Wahl zur Verfassunggebenden Nationalversammlung von Weimar zum erstenmal das aktive und passive Wahlrecht wahrnehmen. Dies war der Beginn ihrer gestaltenden Beteiligung am politischen Leben unseres Volkes – und es steht außer Frage, daß die Frauen diese Chance auch genutzt haben.

Nach 1945 wurde das noch deutlicher sichtbar – und zwar sehr zum Vorteil des Gemeinwesens, das im freien Teil Deutschlands entstand. Das nationalsozialistische Regime hatte den Frauen die Rechte in Bildung und Beruf weitgehend, in Öffentlichkeit und Politik sogar gänzlich verweigert. Dies alles gehörte zur Lebenserfahrung, als vor vierzig Jahren die „Frauenarbeitsgemeinschaft der CDU/CSU" gegründet wurde.

Es gab nicht viele Frauen im ersten Deutschen Bundestag. Das Versprechen Konrad Adenauers, wonach 20 Prozent der Mandate in den Länderparlamenten sowie im Bundestag an Frauen gehen sollten, amüsiert mich sehr. Wenn Adenauer das damals geschafft hätte, hätten wir viele Probleme heute nicht. Ich will aber doch daran erinnern, daß die Frauen, die damals dem Deutschen Bundestag und auch der Parteiführung angehörten, in einer großartigen Weise für unsere gemeinsame Sache tätig waren. Ich erinnere ganz besonders an Helene Weber: Als Zentrumsabgeordnete hatte sie schon in der Verfassunggebenden Nationalversammlung von Weimar und im Reichstag leidenschaftlich für die Sache der Frauen gefochten. Sie war die erste Ministerialrätin Preußens, und Kardinal Frings hat sie zu Recht an ihrem 75. Geburtstag „ein Mutterherz mit Löwenmut" genannt. Als Mitglied des Parlamentarischen Rates, der vor bald vierzig Jahren unser Grundgesetz verabschiedete, gehört sie zu den unvergessenen Gründergestalten unserer Republik. Ich erinnere an Christine Teusch, die erste deutsche Ministerin – sie war Kultusministerin in Nordrhein-Westfalen. Ich nenne Elisabeth Schwarzhaupt, die erste Bundesministerin.

Es wären noch viele zu erwähnen. Allen ist eines gemeinsam: Sie haben in einer ganz vorbildlichen Weise unserem Land gedient, auch indem sie für die Rechte der Frauen kämpften. Sie haben in beharrlicher, oft mühseliger Kleinarbeit Stück für Stück Verbesserungen für die Frauen in allen Bereichen der Politik durchgesetzt. Dies wird auch in unserer Partei zu leicht vergessen und zu wenig gewürdigt. Ich finde, heute ist eine gute Gelegenheit, dies noch einmal deutlich zum Ausdruck zu bringen. Ich will an diesem Tag vor allem auch hervorheben, daß viele von den bahnbrechenden gesellschaftspolitischen Entscheidungen, die wir in den vergangenen Jahren und Jahrzehnten getroffen haben, auf Forderungen der Frauen-Union zurückgehen. Ich erwähne nur die Anerkennung von Kindererziehungszeiten im Rentenrecht, das

Erziehungsgeld und den Erziehungsurlaub. Wir sollten häufiger von diesen Errungenschaften sprechen, denn es geht dabei um Kernpunkte christlich-demokratischer Politik; um Erfolge, die wir aus gutem Grund für uns in Anspruch nehmen dürfen; um gesellschaftspolitische Weichenstellungen, die dringend notwendig sind, wenn wir die Herausforderungen der Welt von morgen bewältigen wollen.

Das Motto, das Sie sich heute gewählt haben, ist Zeichen eines gesunden, eines kräftigen Selbstbewußtseins: „Für die Zukunft verantwortlich. Wir wollen mehr als unser Recht" – das zeigt einen ganz selbstverständlichen Anspruch auf Teilhabe an den politischen Entscheidungen. Und dieses Selbstbewußtsein brauchen Sie – auch im Interesse der Gesamtpartei – für die Aufgaben, die noch auf Sie und uns alle warten.

In den vergangenen vierzig Jahren haben wir erreicht, daß Gleichberechtigung formal weitgehend verwirklicht wurde. Das ist ganz gewiß nicht wenig, aber die soziale Wirklichkeit – auch die Wirklichkeit in unserer Partei – sieht in vielen Fällen noch anders aus. Die volle Verwirklichung des Verfassungsgebotes muß im Interesse einer zukunftsorientierten Entwicklung unseres Staates und unserer Gesellschaft von uns allen als Herausforderung begriffen werden. Es bleibt auch ein klares Ziel der von mir geführten Bundesregierung.

Unsere Aufgabe ist es, Rahmenbedingungen zu verbessern und – wo nötig – zu schaffen, die den Frauen gleichberechtigte Teilhabe an der politischen, gesellschaftlichen und wirtschaftlichen Gestaltung der Zukunft ermöglichen. Dazu gehört auch, die immer noch zu beobachtenden Benachteiligungen abzubauen. Ohne den Sachverstand und die Kreativität der Frauen kann unsere Gesellschaft die Herausforderungen nicht bewältigen, die an der Schwelle zum 21. Jahrhundert an eine moderne Industrienation gestellt werden. Helene Weber hat ja in der ihr eigenen, manchmal etwas herben Art im Bundestag gewarnt: „Der reine Männerstaat" sei „das Verderben der Völker". Man mag sich über diese Formulierung natürlich amüsieren, bei genauerem Nachdenken wird man aber viel Richtiges daran erkennen. Heute ist es bei uns schon beinahe selbstverständlich, daß wir „die andere Stimme", die Stimme der Frauen, im öffentlichen Leben besser zur Kenntnis nehmen, deutlicher hören. Der Fortschritt ist unverkennbar.

Ich will zwei Beispiele nennen: Wir haben jetzt in der Bundesregierung die Anzahl der Frauen von drei auf sechs verdoppelt. Und von diesen sechs gehören immerhin fünf der Christlich-Demokratischen

Union an. Ich habe durchaus die Absicht, diese Zahl nach 1990 noch zu erhöhen. Rita Süssmuth hat als Präsidentin des Deutschen Bundestages eines der wichtigsten Ämter inne, die unsere Republik zu vergeben hat. Das ist eine große Chance, um im Sinne der Frauen in der Öffentlichkeit zu wirken.

Ein zweites Beispiel, wo es eher zähflüssig voranging – auf allen Ebenen, auch in unserer eigenen Partei: Noch vor fünf Jahren gab es nur vereinzelt Frauenbeauftragte in den Ländern und Gemeinden. Heute gibt es in allen Bundesländern Frauenbeauftragte oder Gleichstellungs-Stellen, und die Zahl dieser Stellen in den Gemeinden ist auf über 400 angewachsen.

Die Stimme der Frauen ist in der Politik eine wichtige Größe geworden. Der Blick fürs Ganze, die Fähigkeit zum Konsens, ein wacher Verstand und ein gesunder Sinn für Realitäten, auch die Begabung zu unorthodoxen Problemlösungen – sind nicht nur für die Politik, sondern auch in allen anderen Lebensbereichen ein großer Gewinn. Die Union hat dies klar erkannt und als erste Partei schon 1985 in ihren Essener „Leitsätzen für eine neue Partnerschaft zwischen Mann und Frau" zum Ausdruck gebracht. Wir haben damit Maßstäbe gesetzt. Nur: Diese Maßstäbe dürfen nicht Theorie bleiben, sie müssen in die Praxis umgesetzt werden. Wir haben dabei noch viel zu tun.

Der Lernprozeß kommt in der Partei nur voran, weil er in der gesamten Gesellschaft nur schwer vorankommt. Wenn Sie heute die oberen Etagen der deutschen Wirtschaft betrachten, werden Sie nur sehr wenige – in weiten Bereichen nur minimale – Veränderungen während der letzten dreißig Jahre entdecken. Und wenn Sie etwa die Zahl von weiblichen Ordinarien an den deutschen Universitäten betrachten, werden Sie keinen bedeutenden Fortschritt feststellen, obwohl in den letzten Jahrzehnten die Zahl der Lehrstühle um fast ein Drittel zugenommen hat.

Die Versäumnisse der anderen dürfen für uns natürlich keine Entschuldigung sein, denn wir haben hier eine Vorbildfunktion zu erfüllen. Frauenpolitik ist für uns eine neue Dimension der Politik, und wir vertreten dabei kein „Einheitsmodell". Wir wollen den unterschiedlichen Lebenssituationen der Frauen Rechnung tragen: der jüngeren wie der älteren Frauen; der erwerbstätigen Mütter, die Berufs- und Familienarbeit verbinden, der nicht erwerbstätigen Mütter und auch der Mütter, die die Berufstätigkeit für eine Weile zugunsten der Arbeit in der Familie unterbrochen haben; der abhängig beschäftigten Frauen und der selbständigen Frauen, der Frauen in der Landwirtschaft, der mithelfenden Familienangehörigen; der alleinerziehenden und der alleinstehenden Frauen. Allein diese knappe Aufzählung zeigt die Komplexität des Problems. Es geht dabei immer auch um eine Veränderung der privaten und gesellschaftlichen Rolle des Mannes, um eine materielle und ideelle Aufwertung der Tätigkeiten in der Familie, um eine größere Flexibilität in der Arbeitswelt – und das schließt auch den öffentlichen Dienst ein.

Daß dieser Wandel sich langsam vollzieht, ist oft enttäuschend; aber niemand darf verkennen, daß wir auch große Fortschritte gemacht haben, die sich durchaus zu einer neuen politischen Qualität summieren. Zu diesen Fortschritten zählen auch die Erfolge, die nicht der Frauenpolitik im engeren Sinne zuzurechnen sind. Ich denke beispielsweise an die positiven Auswirkungen steigender Beschäftigungszahlen. Mittlerweile sind fast 900 000 neue Arbeitsplätze entstanden, sichere und meist qualifizierte Arbeitsplätze – und diese Entwicklung kommt auch den Frauen zugute.

Was wir schaffen müssen – und hier bitte ich Sie alle um Ihre Unterstützung –, ist eine größere Flexibilisierung der Arbeitszeit. Das ist überhaupt auch ein wichtiges Mittel im Kampf gegen die Arbeitslosigkeit. Der eigentliche Durchbruch steht hier noch aus. In vielen Personalbüros und bei Tarifverhandlungen ist man zum Teil noch einer Mentalität verhaftet, die an das Denken zu Beginn dieses Jahrhunderts erinnert. Es muß uns aufrütteln, daß in einem mit uns durchaus vergleichbaren Land, den Niederlanden, die Zahl der Teilzeitarbeitsplätze 24 Prozent beträgt, während es bei uns nur 12 Prozent sind. Auch bei uns muß es doch möglich sein, ein ähnliches Niveau zu erreichen. Diese Entwicklung käme übrigens ja auch Männern zugute.

In einem anderen Bereich sind wir auf einem guten Weg: In den gewerblichen Ausbildungsberufen von Industrie und Handel hat der Anteil der weiblichen Lehrlinge spürbar zugenommen. Als ich kürzlich auf einer Meisterfeier in Südwestdeutschland sprach – es waren weit über 1000 junge Meisterinnen und Meister anwesend –, gab der Hauptgeschäftsführer bekannt, daß die Mehrheit der Preise an Frauen ging.

Ich denke, diese wenigen Beispiele zeigen, daß Frauenpolitik, daß Politik für Frauen nicht einen genau eingegrenzten Aufgabensektor darstellt, der sich etwa gegen andere Bereiche abschotten ließe. Was wir auch hier brauchen, ist „ganzheitliches Denken". Ich erinnere damit an Ludwig Erhard, dessen Vorstellungen zur Zeit weltweit eine Renaissance erfahren und der dieses „ganzheitliche Denken" für alle Bereiche der Politik – der Wirtschafts- und Gesellschaftspolitik, der Technologie- und Kulturpolitik – gefordert hat. Politik für Frauen ist, so verstanden, keine einseitige Interessenpolitik. Sie richtet sich nicht nur an Frauen. Sie muß eine Politik für bessere Lebensbedingungen im weitesten Sinne sein – Politik für den Schutz und die Erhaltung des Lebens, für eine menschengerechte Lebensumwelt, in der alle Halt und Geborgenheit finden: Frauen wie Männer, Kinder wie alte Menschen, Gesunde wie Kranke.

Frauenpolitik muß immer auch das Ganze im Blick haben – die Familie und die Arbeitswelt, die rechtlichen Verhältnisse wie die sozialen Sicherungssysteme, den ländlichen Raum ebenso wie die Städte. Frauenpolitik steht heute für eine neue Qualität der Politik insgesamt. Dieses „ganzheitliche Denken" muß sich auch auf allen Ebenen unserer Partei zeigen. Wir können es uns einfach nicht leisten, nach dem Motto zu verfahren: Dieses oder jenes Thema weisen wir einer Vereinigung zu: Die Arbeit in den Betrieben der CDA, die Arbeit für die Jugend der Jungen Union, die Frauenpolitik der Frauen-Union. Natürlich ist es der Sinn der Vereinigung, sich zunächst einmal um diese spezifischen Themen zu kümmern. Aber ein Kreisvorstand, ein Bezirksvorstand, ein Landesvorstand und ein Bundesvorstand, der nicht in all diesen Bereichen selbst Mitverantwortung – und das heißt immer auch Arbeit – übernimmt, hat seine Aufgabe verfehlt.

Natürlich muß sich die Partei auf die Vereinigungen verlassen können – und umgekehrt. Das gilt für alle, auch für die Frauen-Union. Allerdings erwarte ich von der Gesamtpartei, daß sie ernst macht mit den „Richtlinien zur politischen Gleichstellung der Frauen in der CDU", die wir im Juni vergangenen Jahres auf dem Bundesparteitag in Wiesbaden beschlossen haben. Dort heißt es, ich zitiere: „Die CDU will entsprechend den Beschlüssen des Essener Parteitages die Gleichberechtigung zwischen Mann und Frau im Lebensalltag, das heißt auch bei politischen Ämtern und Mandaten, innerhalb der neunziger Jahre erreichen. In einer ersten Stufe sollen deshalb Frauen mindestens entsprechend ihrem Anteil an der Mitgliedschaft der CDU für Ämter und Mandate nominiert werden."

Wir haben uns ganz bewußt gegen die Quotenregelung entschieden, weil wir nicht glauben, daß dies für uns der richtige Weg ist. Allerdings sage ich auch ganz deutlich: Wir müssen jetzt – und hier hat Rita Süssmuth recht – den Beweis dafür antreten, daß wir den von uns

gewählten Weg auch tatsächlich beschreiten. Die erste Bewährungsprobe, zumindest auf Bundesebene, findet bei der Bundestagswahl 1990
statt. Die Partei muß auf diesem Felde noch viel dazulernen. Für die
Zukunftsentwicklung sind dabei die Wahlen zu Parteiämtern genauso
wichtig wie die Kandidatenaufstellungen für die Parlamente der
Gemeinden, der Länder und des Bundes. Denn wenn wir mehr Frauen in
den Kreisvorständen, in den Bezirks- und Landesvorständen und auch
im Bundesvorstand – obwohl hier schon eine vergleichsweise günstige
Relation besteht – haben, dann wird sich die Situation auch im Blick auf
die Kandidatenaufstellung für öffentliche Ämter spürbar verändern.
Heute ist die Situation immer noch so, daß die Frauen – um Erfolg zu
haben – wesentlich besser qualifiziert sein müssen als ihre männlichen
Konkurrenten, und dies ist wirklich absurd.

Wir haben in der Zwischenzeit in der Organisationskommission, die
auf dem Wiesbadener Parteitag eingesetzt wurde, erfolgreich gearbeitet.
Auf dem nächsten Bundesparteitag im September in Bremen werden wir
uns – neben den dann fälligen Neuwahlen des Parteivorstandes und des
Präsidiums sowie neben dem zentralen Thema „Umweltschutz" – einen
Tag lang der Frage widmen, wie sich die Parteiarbeit entwickeln soll. Wir
werden dabei nüchtern Bilanz ziehen; wir werden offen über Soll und
Haben miteinander sprechen – auch, was die Teilhabe von Frauen an
Ämtern und Mandaten anbelangt.

Ich appelliere heute nochmals eindringlich an die Gesamtpartei:
Werben Sie um die Mitarbeit von engagierten Frauen, fördern Sie deren
Kandidaturen, unterstützen Sie die Frauen bei ihrer politischen Arbeit,
denn ohne die Mitarbeit von Frauen wäre die Arbeit in unserer Partei um
viele Perspektiven und Nuancen ärmer. Es gibt keinen Weg zurück zu
jenen althergebrachten Vorstellungen, die wir gelegentlich noch zu
hören bekommen. Ich bin der festen Überzeugung, daß es viele Frauen
in unserer Partei gibt, die wir für Ämter gewinnen können. Aber ich
glaube auch, daß es darüber hinaus noch viele Frauen gibt, die sich für
unsere Partei gewinnen lassen, wenn wir entsprechende Beispiele geben.

Das Rüstzeug für eine erfolgreiche Arbeit der CDU sollte aus allen
Bereichen des Berufslebens, und auch aus den Familien, kommen. Die
Möglichkeit, bewährte Persönlichkeiten für die Politik zu gewinnen, ist
doch immer auch eine Chance für unsere Partei, sich als eine wirkliche
Volkspartei darzustellen!

Sie werden verstehen, wenn ich in diesem Zusammenhang ganz
besonders dafür werbe, daß auch Sie in der Frauen-Union besonders

darum bemüht sind, junge Frauen für unsere Partei zu gewinnen – als Wählerinnen wie auch als Mitglieder. Denn in dem Maße, wie der Frauenanteil in unserer Partei, zur Zeit sind es rund 23 Prozent, wächst, wird auch die Forderung nach mehr Teilhabe der Frauen an Ämtern und Mandaten Nachdruck erhalten. Und das ist wichtig, weil ich mir davon einen besonderen Impuls und eine besondere Unterstützung für die zentralen Aufgaben und Herausforderungen unserer Politik erwarte.

Es bleibt eine Kernforderung christlich-demokratischer Politik, daß Familienarbeit immer mehr die ihr gebührende gesellschaftliche Anerkennung findet. Insbesondere müssen Erziehungs- und Pflegetätigkeit in angemessener Weise rentenbegründend und rentenerhöhend wirken – natürlich für Frauen und Männer. Dieses Gebot folgt auch aus der Notwendigkeit, den Fortbestand des Generationenvertrags zu sichern. Wir haben zu all diesen Themen auf der Bundesausschußsitzung am 26. September gute Beschlüsse gefaßt. Besonders wichtig erscheint mir dabei die Forderung nach zwei weiteren rentenbegründenden und rentenerhöhenden Kindererziehungsjahren für die Erziehenden, die Erziehungsgeld erhalten haben.

Ich habe schon von der notwendigen Flexibilisierung der Arbeitszeit gesprochen, und ich appelliere vor allem an unsere Kommunalpolitiker, den Frauen dabei hilfreich zur Seite zu stehen. Es ist zum Beispiel erstaunlich, wie unflexibel manche Kindergarten-Träger sind, wenn es darum geht, bei den Öffnungszeiten auf die Wünsche halbtags arbeitender Mütter Rücksicht zu nehmen.

Eine durchdachte Frauenpolitik ist immer auch Politik für die Familie – und umgekehrt. Wir haben hier wegweisende Entscheidungen getroffen. Ich begrüße es ausdrücklich, daß der Bundesausschuß im September die Forderung erhoben hat, Erziehungsgeld und Erziehungsurlaub auszubauen. Ich füge allerdings hinzu – weil nur das ehrlich und solide ist: Wir können dies alles nur tun im Rahmen dessen, was finanziell möglich ist. Und gerade Sie haben sicherlich am meisten Verständnis dafür, daß nur eine solide Haushaltsführung uns die Möglichkeiten für eine gesicherte Zukunft gibt.

Ich weise schließlich darauf hin, daß wir jetzt in 47 Monaten, am 31. Dezember 1992, den europäischen Markt vollendet haben werden. Ein Wirtschaftsraum ohne Binnengrenzen für 320 Millionen Menschen: Das wird unsere Gesellschaft stark verändern. In zehn Jahren wird diese Bundesrepublik Deutschland anders aussehen. Bis dahin wird es ein schwieriger Weg sein, es wird viel Arbeit und manchen Ärger kosten, aber wir haben alle Chancen, am Ende dieses Jahrhunderts, das so viel Leid gebracht hat, die nächste Generation in eine Zukunft zu führen, die wirklich gesichert und gut sein wird.

Wir werden manches auf dem Wege der sogenannten Harmonisierung bei uns zu verändern haben. Und wir werden feststellen – auch im Blick auf Frauenpolitik –, daß es innerhalb der EG Felder gibt, in denen andere uns voraus sind. Wir haben Grund, auch von anderen zu lernen, dort, wo sie besser sind. Wir brauchen hier ein Höchstmaß an Engagement, Sachverstand und Sensibilität. Für den Erfolg unserer Politik wird es entscheidend darauf ankommen, daß sich die Familie als die grundlegende Form menschlichen Zusammenlebens behauptet. Ich sehe sonst keine Chance, wie wir die Probleme, die auf uns zukommen, meistern können.

Wir sollten unseren Wählern und Wählerinnen immer wieder deutlich machen: Unser Bild vom Menschen, unsere Vision von einer Gesellschaft mit menschlichem Gesicht ist den Konzepten und Vorstellungen anderer überlegen, weil wir alle Gruppen einbeziehen. Wir machen keine einseitige, keine gruppenspezifische Politik, weil wir nicht eine Gruppe zu Lasten einer anderen bevorzugen. Dies ist unser Verständnis von Solidarität. Helfen Sie mit, diese Politik für die Zukunft überzeugend zu vertreten!

Ich will Ihnen allen noch einmal sehr herzlich danken und in dieser Stunde an die vielen aus Ihrem Kreis erinnern, die heute nicht mehr unter uns sind, und ohne deren Wirken wir diesen 40. Geburtstag nicht feiern könnten. In vierzig Jahren haben viele Frauen in verschiedensten Funktionen und in allen Bereichen unserer Partei ihr Bestes gegeben, mit einem Engagement, einem Lebensmut und mit einer Fröhlichkeit des Herzens, die ich uns auch für die Zukunft wünsche.

Vierzig Jahre Bundesrepublik Deutschland und vierzig Jahre Arbeit der Frauen-Union: Das sind Daten, bei denen es sich lohnt, innezuhalten, zurückzuschauen, zu danken – und nach vorne zu blicken. Zu den vielen wichtigen Daten gehört auch, daß wir jetzt die längste Friedensperiode in der deutschen Geschichte der Neuzeit erreicht haben; und wir haben allen Grund zur Hoffnung, daß wir weiterhin in Frieden und Freiheit leben dürfen. Am Tag der Bundestagswahl 1990 werden rund 60 Prozent der in der Bundesrepublik Lebenden einer Generation angehören, die nach Hitler geboren und aufgewachsen ist. Viele davon denken keine Minute mehr darüber nach, daß alles auch ganz anders sein könnte. Aber es ist eben nicht selbstverständlich, daß wir während der vergangenen vierzig Jahre in Frieden, Freiheit und wachsendem Wohlstand leben durften.

Wohl waren diese vierzig Jahre überschattet von der Teilung unseres Vaterlandes; aber wir Deutschen haben uns nicht auseinandergelebt – im Gegenteil, wir kommen wieder näher zusammen. Im letzten Jahr gab es bei uns rund sechs Millionen Besucher aus der DDR. Nach meinem Eindruck wird diese Zahl 1989 weiter wachsen. Bei 17 Millionen Einwohnern in der DDR ist das eine gewaltige Zahl, auf die wir stolz sein können. Sie zeigt: Wir stehen zu unserer Verantwortung für ganz Deutschland. Wir haben bei uns „Wohlstand für alle" im Sinne Ludwig Erhards erreicht. Das ist eine großartige Leistung gewesen. Aber diese Leistung hat auch eine Kehrseite: Viele meinen jetzt, es verstehe sich von selbst, daß der Friede, die Freiheit und der Wohlstand erhalten bleiben.

Es ist unsere Aufgabe, auch dort, wo wir Gegenwind haben – etwa bei der Gesundheitsreform, bei der Steuerreform, bei der Postreform, bei der Rentenreform –, bei aller Leidenschaft unseren Mitbürgerinnen und Mitbürgern zu sagen: Wenn wir jetzt nicht in die Zukunft investieren, werden wir absteigen, werden wir zweit- und drittklassig werden.

Es ist nicht selbstverständlich, daß die Bundesrepublik Deutschland unter verschiedenen Gesichtspunkten zu den bedeutendsten Ländern der Welt gehört. Ich spreche nicht von der militärischen Kapazität. Ich spreche beispielsweise von Forschung: Wir haben im letzten Jahr 60 Milliarden DM in die Forschung investiert – Staat und Wirtschaft –, und das ist in unserer Geschichte der höchste Betrag, der je für diesen Zweck ausgegeben wurde. Und jede in die Forschung investierte Mark ist eine Investition in die Zukunft.

Ich denke beispielsweise auch an die Wirtschaftskraft unseres Landes, an den hohen Ausbildungsstandard dank unseres bewährten dualen Systems und an das, was es in den Universitäten an Lerneifer und an Fleiß bei Lehrenden, Forschenden und Lernenden gibt. Wenn mich Ausländer fragen, wo unsere Probleme liegen, pflege ich zu antworten: Wir können im Prinzip alle materiellen Probleme bei uns lösen – wenn auch nicht über Nacht, und manche erst in vielen Jahren. Entscheidend ist die Frage, ob wir die innere Kraft dazu aufbringen. Diese Frage muß jeder für sich selbst beantworten, auch hier im Saal: Ob wir den Mut, ob wir das Stehvermögen, ob wir die Solidarität untereinander aufbringen, um das Notwendige zu tun.

Es kommt letztlich entscheidend darauf an, daß wir alle aus unserer Geschichte lernen, daß wir lernfähig bleiben, offen und sensibel für die

Fragen unserer Mitbürgerinnen und Mitbürger; daß wir wissen: Die Macht, die wir besitzen, ist uns nur auf Zeit anvertraut, wir haben keinen Anspruch darauf, und wir müssen sie immer wieder neu erwerben; daß wir auf die Menschen zugehen und nicht warten, bis sie zu uns kommen; daß wir Vertrauen erwerben und verdienen durch unser Programm, durch unsere Politik, durch unser eigenes Beispiel; und vor allem: daß wir uns nicht von Pessimismus den Blick auf die Chancen der Zukunft trüben lassen. Mit einem Wort: daß wir unsere Arbeit gut bewältigen – nicht verbissen, sondern mit der Fröhlichkeit des Herzens, mit dem Gefühl: Es macht uns Freude, für unser Vaterland, für unsere Zukunft zu arbeiten und zu kämpfen!

Union in Deutschland, CDU-Dokumentation (Bonn) 3/1989.

40 Jahre Bundesrepublik Deutschland – Unsere Verantwortung für Deutschlands Zukunft

Rede zur Eröffnung des CDU-Kongresses „40 Jahre Bundesrepublik Deutschland" in Bonn am 18. Januar 1989

Der CDU wie der Bundesrepublik Deutschland, beides Neugründungen der Nachkriegszeit, ist eine weitreichende Traditionslosigkeit gemeinsam. Als Parteivorsitzender und noch mehr als Bundeskanzler hat sich Helmut Kohl darum die Förderung von Geschichtskenntnis und Geschichtsbewußtsein angelegen sein lassen. In der Notwendigkeit, in einem weit stärkeren Maße als früher Zukunftsentscheidungen zu fällen, braucht politisches Handeln wieder ein näheres Verhältnis zur historischen Dynamik.

I.

Der 40. Geburtstag unserer Bundesrepublik Deutschland sollte für uns alle Anlaß sein, uns auf eine wichtige Tugend aus der Gründungsphase unseres Gemeinwesens zu besinnen: nämlich auf die Fähigkeit zum Konsens, ohne den eine Demokratie auf Dauer nicht lebensfähig ist. Wir haben wahrlich genug Themen, über die wir uns streitig auseinandersetzen können; aber um der Zukunft unseres Landes willen ist es ebenso wichtig, immer wieder auch zur Gemeinsamkeit zu finden. Gerade die ersten Jahrzehnte unserer Bundesrepublik Deutschland beweisen ja, daß dies auch in schwierigen Zeiten möglich ist.

Vierzig Jahre Bundesrepublik Deutschland – dieses Jubiläum wird die vor uns liegenden Monate prägen, und es wird 1989 in vielfacher Hinsicht zu einem besonderen Jahr machen: zu einem Jahr, in dem wir auf die Anfänge unserer freiheitlichen Demokratie zurückblicken und Bilanz ziehen; zu einem Jahr auch, in dem wir gemeinsam feiern, was seit 1949 durch die Anstrengungen aller Bürger geschaffen wurde.

Vierzig Jahre Bundesrepublik Deutschland: auf den ersten Blick scheint das kein langer Zeitraum zu sein – schon gar nicht im Vergleich zu anderen Jubiläen, die in diesem Jahr gefeiert werden. Ich denke zum

Beispiel an das 300jährige Jubiläum der „Bill of Rights" in Großbritannien und natürlich an das 200jährige Jubiläum der Französischen Revolution.

Und doch. Es ist gut und wichtig, daß wir gerade jetzt, nach vierzig Jahren, an die Gründung unserer Bundesrepublik Deutschland erinnern. Im Rahmen der jüngeren deutschen Geschichte nehmen sich diese vier Jahrzehnte in der Tat als etwas Besonderes aus. Und wir dürfen – bei aller gebotenen Zurückhaltung – mit Genugtuung und auch mit Stolz auf sie zurückblicken.

In der deutschen Geschichte der Neuzeit markieren diese vierzig Jahre eine eindrucksvolle Stabilität. Von 1914 bis 1949 zum Beispiel erlebten die Deutschen in nur 35 Jahren zwei Weltkriege, das Ende des Kaiserreichs, die Weimarer Republik und deren Scheitern, schließlich die Barbarei der Nationalsozialisten sowie den tiefen Einschnitt nach 1945 mit den Jahren der Besatzung. Welch ein Kontrast zu der Periode, in der wir heute leben! Vierzig Jahre Bundesrepublik Deutschland – das sind vor allem vierzig Jahre Frieden in Freiheit.

Noch aus einem anderen Grund halte ich es für wichtig, den historischen Rückblick jetzt vorzunehmen. Vierzig Jahre entsprechen im landläufigen Sinne dem Wechsel von einer Generation zur nächsten. Aber sie bilden auch noch keine so große zeitliche Kluft, daß der Kontakt der Generationen dadurch unterbrochen würde.

Wer heute in der Bundesrepublik Deutschland Verantwortung trägt – in Politik und Wirtschaft, im kulturellen Leben oder in gesellschaftlichen Verbänden –, hat die Gründung unserer freiheitlichen Demokratie zumeist als Kind oder Jugendlicher erlebt. Gleichzeitig leben auch noch viele Zeitzeugen aus der Generation der Gründer, die von Beginn an beim Aufbau unseres freiheitlichen Gemeinwesens mitgewirkt haben. Gemeinsam stehen wir in der Pflicht, unserer jungen Generation, für die ein Leben in Frieden, Freiheit und Wohlstand selbstverständlich ist, ein wirklichkeitsgetreues Bild jener Gründungsphase vor Augen zu führen.

Vor allem müssen wir versuchen, einen Eindruck von den Hoffnungen, von den Ideen und Überzeugungen der Gründer unserer Republik zu vermitteln – und nicht zuletzt von den Erfahrungen, die sie geprägt hatten. Zu diesen Erfahrungen zählt in erster Linie das schreckliche Erlebnis der nationalsozialistischen Gewaltherrschaft. „Nie wieder Krieg, nie wieder Diktatur!" – so lautete der feierliche Schwur bei Gründung der Bundesrepublik Deutschland, und wir haben ihn seither immer wieder bekräftigt.

In diesem Jahr werden wir auch den 50. Jahrestag des Beginns des Zweiten Weltkriegs begehen. Bei dieser Gelegenheit werden wir – wie auch beim Gedenken an den 50. Jahrestag der „Reichskristallnacht" im vergangenen Jahr – einmal mehr mit großem Ernst deutlich machen: Wir nehmen unsere Geschichte in ihrer Gesamtheit an – mit all ihren guten, aber auch mit ihren schrecklichen Seiten.

Die Gründergeneration der Bundesrepublik Deutschland konnte uns den Wert und die Würde verantworteter Freiheit ja vor allem auch deshalb zurückgewinnen, weil sie bereit war, die Last der Geschichte anzunehmen. In diesem Geiste hat es Konrad Adenauer 1951 als „vornehmste Pflicht des deutschen Volkes" bezeichnet, im Verhältnis zum Staate Israel und zu den Juden, „den Geist wahrer Menschlichkeit wieder lebendig und fruchtbar werden" zu lassen.

Wiedergutmachung wurde geleistet, zur Sicherung einer Heimat für die Juden und als Hilfe für die Überlebenden des Holocaust. Aber heute wissen wir so gut wie damals: Leiden und Sterben, Schmerz und Tränen kann man nicht wiedergutmachen. Dafür gibt es nur die gemeinsame Erinnerung, die gemeinsame Trauer und den gemeinsamen Willen zum Miteinander in einer friedlicheren Welt.

Ohne das Wissen um die totalitäre Versuchung, ohne die Erinnerung an Schuld und moralisches Versagen sowie an die beispiellosen Schrecken, die daraus erwuchsen, läßt sich die Geschichte der Bundesrepublik Deutschland nicht verstehen: Diese Erfahrungen prägten die Beratungen im Parlamentarischen Rat auf entscheidende Weise. Dies immer wieder ins Bewußtsein zu rufen gehört mit zu den Aufgaben in diesem Jubiläumsjahr.

Aus dem Rückblick auf vierzig Jahre Geschichte der Bundesrepublik Deutschland kann auf diese Weise eine Brücke werden, die die Generationen zusammenhält. Ich glaube, der Versuch, über mehr Kenntnisse unserer Geschichte auch mehr Verständnis wachsen zu lassen, ist aller Anstrengungen wert.

Dies wäre allerdings zum Scheitern verurteilt, wenn wir uns nicht um ein vielseitiges, ausgewogenes und möglichst umfassendes Bild unserer Geschichte bemühten. Es kann nicht darum gehen, kritiklose Selbstzufriedenheit zu verbreiten – und ebensowenig dürfen wir der Versuchung erliegen, unsere Sicht nur auf die Bundesrepublik zu beschränken. Wir müssen uns vielmehr um eine Gesamtschau bemühen, die alle Aspekte einbezieht: Dazu gehört zunächst einmal das Wissen um die fortbestehende Einheit unserer Nation. Wenn wir das 40jährige Bestehen unserer freiheitlichen Demokratie feiern, dann vergessen wir darüber niemals, daß die Bundesrepublik nicht unser ganzes Vaterland ist: Auch die DDR wird in diesem Jahr vierzig Jahre alt. Um so mehr bekräftigen wir – gerade auch bei den Jubiläumsfeierlichkeiten – unsere Verbundenheit mit all jenen Deutschen, denen ein Leben in Freiheit bislang versagt blieb. Zu der Gesamtschau, von der ich sprach, gehört ebenso der Blick auf die internationalen Zusammenhänge, vor allem auch auf die Einbindung in die westliche Wertegemeinschaft, durch die sich unsere Freiheit erst entfalten konnte.

II.

Damit sind entscheidende Stichworte genannt, die sich wie ein roter Faden durch die Geschichte der letzten vierzig Jahre ziehen: Es ist eine Geschichte der Freiheit und der Verantwortung, die aus ihr erwächst – Verantwortung der Bürger füreinander und für unseren Staat, Verantwortung für unsere Landsleute in der DDR, Verantwortung für den Schutz von Frieden, Freiheit und Menschenrechten weltweit – an der Seite unserer Freunde und Partner in der westlichen Allianz. So sieht es nicht zuletzt das Grundgesetz vor, in dessen Präambel vor vierzig Jahren der Auftrag aufgenommen wurde, „als gleichberechtigtes Glied in einem vereinten Europa dem Frieden der Welt zu dienen…"

Wir erinnern uns in diesen Tagen in Dankbarkeit jener Männer und Frauen, die im Parlamentarischen Rat das Grundgesetz berieten. Dieses Dokument der Freiheit, Fundament unserer freiheitlichen und rechtsstaatlichen Demokratie, ist für uns Deutsche zu einer Quelle neuer moralischer Kraft geworden. Mit der Verkündung des Grundgesetzes war der entscheidende Schritt getan, um in einem zerstörten, von einer totalitären Diktatur geschändeten Land die Demokratie wiederzuerrichten. Und mehr noch: Unsere Verfassung hat sich als flexibel genug erwiesen, um einer kreativen Weiterentwicklung – wo erforderlich – den notwendigen Raum zu geben. Sie bezeugt damit über den Tag hinaus sowohl die Weitsicht der Gründer unserer Bundesrepublik Deutschland als auch die zeitlose Gültigkeit ihrer Ideale. Bei allem, was die demokratischen Parteien in der Bundesrepublik heute trennen mag – und notwendigerweise trennen muß: Wir stehen gemeinsam in der Tradition des antitotalitären Grundkonsenses von Persönlichkeiten wie Theodor Heuss, Kurt Schumacher oder Carlo Schmid – und nicht zuletzt Konrad Adenauer und Ludwig Erhard. Ich denke hier auch an so bedeutende Frauen wie zum Beispiel Helene Weber, die als Zentrumsabgeordnete schon der Verfassunggebenden Nationalversammlung von Weimar und dem Reichstag angehört hatte. [...]

Der historische Rückblick kann uns helfen, Augenmaß zu bewahren und den richtigen Weg zu finden. Die Erinnerung an die Geschichte dient immer auch als Standortbestimmung im Blick auf die Zukunft. Sie nimmt uns in die Pflicht, das Erreichte zu bewahren und auszubauen. Sie schärft schließlich den Blick für entscheidende Grundbedingungen und unauflösbare Zusammenhänge, die wir niemals außer acht lassen dürfen: So war zum Beispiel unsere Demokratie in den vergangenen Jahrzehnten auch deshalb so stabil, weil sie sich – im Gegensatz zur Weimarer Republik – gegenüber den Feinden der Freiheit zur Wehr setzen konnte. Durch eine glückliche Verbindung von Toleranz und Festigkeit hat sich unsere freiheitliche Ordnung allen Herausforderungen durch totalitäre Bestrebungen oder terroristische Gewalttäter gewachsen gezeigt.

Auch für die Zukunft gilt: Wenn wir den inneren Frieden in unserem Land erhalten wollen, müssen wir bereit sein, die friedenstiftende Funktion des Rechts zu wahren. Dazu gehört auch, Gesetzesübertretungen zuverlässig zu ahnden und keine rechtsfreien Räume oder Grauzonen entstehen zu lassen. Dazu gehört erst recht, illegales Handeln als Mittel der politischen Auseinandersetzung entschieden abzulehnen.

Ebenso wie der innere Friede bedarf auch der äußere des fortdauernden Schutzes. Wenn wir auf vierzig Jahre Frieden in Freiheit zurückblicken können, dann sollten wir daran denken: Es ist kein Zufall, daß dieses Jubiläum mit dem 40jährigen Bestehen der Nato zusammenfällt. Wir leben mittlerweile nicht nur in der längsten Friedensperiode in der europäischen Geschichte der Neuzeit – länger als die zeitweise recht unruhige Phase zwischen 1871 und 1914. Wir haben darüber hinaus allen Grund zur Hoffnung, daß diese Friedensperiode anhält, mehr noch: daß der Frieden auf unserem Kontinent immer sicherer wird. Der INF-Vertrag war ein ermutigender Schritt in diese Richtung, ein bewegendes Zeichen der Hoffnung für viele Menschen.

Darüber droht nur allzuleicht der Blick für wesentliche Bedingungen dieses Erfolgs verlorenzugehen: Wenn wir jetzt in eine Entwicklung eingetreten sind, die Abrüstung Wirklichkeit werden läßt, die mehr Vertrauen schafft und die zu immer besseren Beziehungen zwischen West und Ost führen kann, dann verdanken wir dies nicht zuletzt unserer Grundsatztreue, unserem Willen zur Verteidigung von Frieden und Freiheit und dem festen Zusammenhalt im westlichen Bündnis.

Gefährden wir diesen Fortschritt nicht, indem wir jetzt seine Grundlagen in Frage stellen!

Von Anfang an, seit Bestehen unseres Staates, ist unsere Sicherheit unauflösbar mit der Sicherheit unserer westlichen Verbündeten gekoppelt, und so wird es auch in Zukunft sein. Deshalb wird die Einbindung in die westliche Wertegemeinschaft auch weiterhin ein unverzichtbarer Teil unserer Staatsräson bleiben – und ebenso werden wir auch in Zukunft die notwendigen Verteidigungsanstrengungen auf uns nehmen müssen. Das wird natürlich – wie bisher auch – in einem gewissen Umfang Belastungen, Einschränkungen und Opfer mit sich bringen, vor allem für unsere jungen Wehrpflichtigen.

Doch nach wie vor gilt: Frieden und Freiheit gibt es nicht zum Nulltarif. Der politische Kurs von Generalsekretär Gorbatschow berechtigt zu Hoffnungen. Aber der Weg ist noch weit, sein Ziel durchaus ungewiß. Niemand von uns hat das Recht, aus einer Euphorie heraus vorschnell Entscheidungen zu treffen, die unsere Sicherheit und die Solidarität des westlichen Bündnisses aufs Spiel setzen könnten.

Eine gesicherte Verteidigungsfähigkeit – das lehren uns gerade auch die letzten vierzig Jahre – bleibt unverzichtbare Voraussetzung für Entspannung und Abrüstung. Und deshalb bleibt es bei unserem Ja zur Bundeswehr – bei unserer Solidarität mit den Soldaten, deren Dienst oft schwierig und mit manchen Entbehrungen und Anstrengungen verbunden ist. Die Bundeswehr ist ein fester Bestandteil unseres demokratischen Gemeinwesens. Unsere Soldaten leisten Diensteid und feierliches Gelöbnis nicht auf eine bestimmte Person; vielmehr versprechen sie, „der Bundesrepublik Deutschland treu zu dienen und das Recht und die Freiheit des deutschen Volkes tapfer zu verteidigen".

Zu den Dingen, die es zu schützen und zu bewahren gilt, gehören natürlich auch unser wirtschaftlicher Wohlstand und unsere soziale Sicherheit. Beides hat dieselbe Grundlage: den Fleiß, die Leistungsbereitschaft und die Kreativität unserer Bürger. Ich sage noch einmal: Der hohe Lebensstandard bei uns ist die Frucht harter Arbeit – und wir müssen uns bewußt sein, daß er auch nur durch harte Arbeit erhalten werden kann.

Gerade zu einem Zeitpunkt, in dem andere Völker und Regionen – ich denke vor allem an den ostasiatischen Raum – im wirtschaftlichen Aufbruch begriffen sind, dürfen wir hier nicht nachlassen. Jeder Art von Versorgungsmentalität, wie wir sie hier und da beobachten können, müssen wir deshalb eine entschiedene Absage erteilen. Mehr denn je gilt die schlichte Wahrheit, daß wir nicht einfach sorglos aus dem vermeintlich vollen schöpfen können – weder beim Gesundheitswesen noch beim Umgang mit unseren natürlichen Ressourcen oder bei der Verteilung von Arbeitszeit.

Begreifen wir deshalb das Jubiläum unserer Bundesrepublik Deutschland auch als einen Aufruf, neue Kräfte zu mobilisieren, Fähigkeiten und Tugenden zu erneuern, die manche schon zum alten Eisen werfen wollten – und die doch unseren wirtschaftlichen Aufstieg erst möglich gemacht haben! Ich spreche von der Bereitschaft zur Leistung, zum engagierten Einsatz über das zwingend Vorgeschriebene hinaus. Ich spreche auch von der Fähigkeit zur Eigeninitiative, vom Mut zum Risiko, von Sorgfalt und Zuverlässigkeit, von vermeintlich altmodischen Einstellungen also, die dem „Made in Germany" seinen guten Ruf verschafft haben.

So verstanden, können vierzig Jahre Bundesrepublik Deutschland in der Tat kein Grund sein, uns selbstzufrieden zurückzulehnen – uns gleichsam auf den Lorbeeren unseres Jubiläums auszuruhen. Sie sind vielmehr immer auch Mahnung, Antrieb und eine Orientierungshilfe im Blick auf die Zukunft. Selbstzufriedenheit, Sattheit und Bequemlichkeit sind das Letzte, was wir uns erlauben können; sie wären Verrat an den künftigen Generationen.

III.

In vielfacher Hinsicht hat die Entwicklung unseres freiheitlichen Gemeinwesens – allen Wechseln und Veränderungen zum Trotz – eine bemerkenswerte Kontinuität gezeigt. Im Rückblick erkennen wir: Wichtige Erfahrungen, Zusammenhänge und Grundbedingungen haben ihre Gültigkeit bewahrt. So wie vor vierzig Jahren müssen wir sie auch jetzt beachten, wenn wir neue Ziele anstreben.

Wir haben eine konkrete Vision, von der wir uns dabei leiten lassen: die Vision einer Friedensordnung, die ganz Europa und auch die Deutschen in Freiheit vereint. Wir wissen nicht, wann wir sie verwirklichen können, aber wir lassen nicht nach, mit ganzer Kraft dafür zu arbeiten – und gerade in letzter Zeit haben wir ermutigende Fortschritte erzielt.

Vor allem ist die Vollendung des europäischen Binnenmarktes auf einem guten Weg. Wir bauen weiter an dem Werk, das Konrad Adenauer, Jean Monnet, Robert Schuman, Alcide de Gasperi und viele andere begonnen haben. Der gemeinsame Binnenmarkt wird eine völlig neue Qualität der europäischen Einigung eröffnen. Als Raum ohne Grenzen für 320 Millionen Bürger wird er einen wirtschaftlichen Schub bewirken, den man – auf deutsche Verhältnisse übertragen – nur mit Ludwig Erhards Währungsreform vergleichen kann. Aber er wird Europa auch politisch entscheidende Impulse geben.

Es geht in diesem Zusammenhang auch darum, der Gemeinschaft fortschreitend die Dimension eines gemeinsamen Sozialraumes und eines gemeinsamen Währungsraumes zu eröffnen – sowie darum, eine wesentlich größere Übereinstimmung in der Außen- und Sicherheitspolitik zu erreichen. Gerade auf dem zuletzt genannten Gebiet haben Frankreich und die Bundesrepublik Deutschland eine Schrittmacherrolle übernommen.

Durch unsere gemeinsamen Initiativen, nicht zuletzt durch die Aufstellung eines integrierten deutsch-französischen Truppenverbandes, ist eine Keimzelle geschaffen worden, aus der schließlich eine gemeinsame europäische Verteidigung erwachsen kann. Frankreich und die Bundesrepublik Deutschland handeln dabei in europäischer Verantwortung – und im Bewußtsein, daß die europäischen Staaten nur noch gemeinsam Sicherheit finden können. Auch die Brücke über den Atlantik zu unseren amerikanischen Freunden wird auf Dauer nur halten können, wenn sie auf beiden Seiten auf festgefügten Pfeilern ruht.

Ich betone noch einmal: Die Vollendung des Binnenmarkts markiert das wichtigste Ziel unserer Europapolitik in den nächsten Jahren, aber sie ist letztlich auch nur eine Zwischenetappe. Wir wollen die Europäische Union verwirklichen, die gleichzeitig als Modell und Eckstein einer umfassenden europäischen Friedensordnung wirken soll. Denn eines vergessen wir nicht: Europa ist weitaus mehr als die EG. Ich verstehe die Europäische Gemeinschaft deshalb als ein Angebot, das offenbleiben muß für jene, die einmal zu diesem größeren Verband dazustoßen können und wollen. In dieser europäischen Perspektive liegt Deutschlands Zukunft – und wenn ich Deutschland sage, meine ich nicht nur die Bundesrepublik allein.

Die europäische Einigungspolitik bildet nach wie vor die einzig sinnvolle Antwort auf die ungelöste deutsche Frage. Europa muß den Rahmen bilden, in dem alle Deutschen in Einheit und Freiheit zusammenkommen können. Deshalb ist es absurd, wenn manche hier einen Widerspruch zu konstruieren suchen – einen Widerspruch zwischen den Zielen deutscher Wiedervereinigung und europäischer Einigung. Eine solche Behauptung ist ja nicht sehr originell. Seit Gründung der Bundesrepublik Deutschland ist sie immer wieder zur Diskussion gestellt – und aus guten Gründen immer wieder verworfen worden. In den Erinnerungen von Konrad Adenauer findet sich das Zitat:

„In Deutschland waren Auffassungen vertreten, nach denen es für uns entweder nur eine Politik für Europa oder aber eine Politik für die deutsche Einheit gäbe. Ich hielt dieses ‚Entweder-Oder' für einen sehr verhängnisvollen Irrtum. Es konnte niemand erklären, wie ohne ein starkes und einiges Europa die deutsche Einheit in Freiheit zu verwirklichen wäre."

Es ist erstaunlich, mit welcher Beharrlichkeit sich manche Irrtümer durch die deutsche Geschichte ziehen. Ich halte es für wichtig, solche Überlegungen auch heute noch einmal in aller Deutlichkeit zurückzuweisen. Die Wiederbelebung dieser Scheinalternative – deutsche Einheit oder europäische Einigung – hat offensichtlich die Westintegration selbst im Visier. Manche nehmen die kommende Europäische Union zum Anlaß, um neutralistische Tendenzen zu fördern.

In Wahrheit gibt es zwischen Wiedervereinigung und Westintegration keinen Widerspruch. Sie sind nicht konkurrierende, sondern parallellaufende – und ich meine sogar: zusammengehörige – Aufträge des Grundgesetzes. Ich zitiere noch einmal den Satz aus der Präambel des Grundgesetzes, in dem beide Aufträge an das deutsche Volk formuliert sind: „...seine nationale und staatliche Einheit zu wahren und als gleichberechtigtes Glied in einem vereinten Europa dem Frieden der Welt zu dienen..." Diese Formulierung macht deutlich, daß die Väter und Mütter unserer Verfassung beides für miteinander vereinbar hielten. Die Wiedervereinigung Deutschlands ist Verfassungsauftrag; Friedenspolitik und europäische Einigung sind es ebenfalls.

Richtig ist natürlich auch, daß die Staatsorgane alles zu unterlassen haben, was die Wiedervereinigung vereiteln würde. Sie dürfen nichts unternehmen, was rechtlich oder tatsächlich einer Wiedervereinigung in Freiheit offensichtlich entgegenstünde. Ich kann aber nicht erkennen, inwieweit die Zugehörigkeit der Bundesrepublik Deutschland zu einem europäischen Bundesstaat – den Vereinigten Staaten von Europa – ein rechtliches Hindernis dafür bilden könnte, „in freier Selbstbestimmung die Einheit und Freiheit Deutschlands zu vollenden". Es geht um beides: um Einheit und Freiheit. Freiheit ist Bedingung der Einheit, sie darf nicht ihr Preis sein. Wenn aber die Freiheit der Kern der deutschen Frage ist – wie sollte dann ein freiheitlich verfaßter europäischer Bundesstaat im Wege stehen, wenn sich endlich allen Deutschen die Chance gemeinsamer Freiheit böte? Heute wie vor vierzig Jahren war der Sinn der Westintegration, die Freiheit der Menschen in der Bundesrepublik Deutschland sowie ihrer Bündnispartner zu schützen und die Chance für gemeinsame Freiheit aller Deutschen und Europäer zu bewahren und zu fördern. Daher sind Deutschland- und Europapolitik zwei Seiten derselben Medaille.

Wenn wir die europäische Einigung vorantreiben, dann nicht, weil wir unsere Landsleute in der DDR oder unsere europäischen Nachbarn in Mittel-, Ost- und Südosteuropa abgeschrieben hätten. Im Gegenteil: Wir vertrauen auf die große Anziehungskraft des europäischen Einigungswerkes. So wird etwa in Ungarn laut darüber nachgedacht, ob man nicht der EG beitreten solle; dies ist beispielhaft für eine Entwicklung, die noch vor wenigen Jahren völlig undenkbar gewesen wäre.

Die Europäische Gemeinschaft wird so mehr und mehr zu einem Kristallisationspunkt für das Europa der Freiheit – und gerade in diesen Monaten erleben wir, wie der fortschreitende Prozeß der europäischen Einigung auch in den Staaten des Warschauer Pakts Eindruck macht. Es wächst dort das Bewußtsein, daß alte, verkrustete Strukturen aufgebrochen werden müssen, um Wege in eine bessere Zukunft zu eröffnen.

Indem wir uns in der Europäischen Gemeinschaft immer enger zusammenschließen, handeln wir also auch im Interesse der Menschen im anderen Teil unseres Kontinents – und damit auch unseres Vaterlandes – sowie in der Hoffnung, daß sie eines Tages in freier Selbstbestimmung dieses Werk des Friedens werden mitgestalten können.

IV.

Gerade wir Deutsche müssen deshalb das größte Interesse daran haben, daß der europäische Einigungsprozeß voranschreitet. Das heißt auch: Wir müssen zu Kompromissen bereit sein, wenn wir nicht die großen Chancen verspielen wollen, die sich uns gemeinsam eröffnen. Vergessen wir dabei nicht: Nur gemeinsam lassen sich die großen globalen Aufgaben lösen, mit denen wir in den nächsten Jahren und Jahrzehnten konfrontiert werden.

Ich erwähnte den Schutz unserer Umwelt. Die Schönheit und Vielfalt unserer Natur ist ein kostbares Gut, das es zu pflegen und zu bewahren gilt. Vor allem aber geht es darum, die natürlichen Lebensgrundlagen zu erhalten – für uns und für die kommenden Generationen. [...]

Ähnlich verhält es sich mit der Lösung des Nord-Süd-Konflikts. Ich sehe in diesem Problem eine der zentralen Herausforderungen an die

Menschheit, dessen Brisanz vielleicht schon bald die des Ost-West-Konflikts überwölben könnte. Die Armut in den Ländern der Dritten Welt, Krankheiten, Hunger und Elend – sie dürfen uns schon aus mitmenschlicher Solidarität nicht gleichgültig lassen. Doch hier steht auch der Frieden, der soziale Frieden, der Völkergemeinschaft auf dem Spiel. […]

Diese Beispiele zeigen, wie unsere Zukunft in immer stärkerem Maße mit der anderer Staaten verflochten ist. Internationales Zusammenwirken wird unter diesen Voraussetzungen zum Gebot der Stunde. Nach vierzig Jahren ist die Bundesrepublik Deutschland heute mehr denn je gefordert, ihre weltpolitische Verantwortung wahrzunehmen – ohne Besserwisserei, ohne Überheblichkeit und in enger Partnerschaft mit unseren Freunden im westlichen Bündnis.

Nutzen wir das Jubiläum unserer freiheitlichen Ordnung auch in dieser Hinsicht – indem wir darauf hinweisen, wie sich aus veränderten Bedingungen für die Bundesrepublik Deutschland auch international neue Herausforderungen, neue Pflichten ergeben. Sie verbinden sich mit unserem Auftrag, weltweit für Freiheit und Menschenwürde einzustehen – und nicht zuletzt diese besondere Verpflichtung ergibt sich aus unserer Geschichte.

Ich erwähnte bereits, daß sich in diesem Jahr auch der Beginn des Zweiten Weltkriegs zum 50. Mal jährt – ein Anlaß, an die schlimmen Taten zu erinnern, die von Deutschland ausgegangen sind und für die wir als Deutsche die historische Verantwortung tragen.

In den Gedenktagen dieses Jahres werden so Licht und Schatten deutscher Geschichte in starkem Kontrast deutlich. Dieser Gegensatz schärft nicht nur das Bewußtsein dafür, daß wir ohne Wenn und Aber zu unserer gesamten Geschichte stehen müssen – daß sich niemand von uns einzelne Teile davon heraussuchen kann. Er enthält gleichzeitig die Mahnung, totalitärer Versuchung in jeder Form zu widerstehen.

Schließlich gibt er uns Kraft und Mut für die Zukunft. Indem wir an Krieg und Zerstörung erinnern, indem wir die Umstände nachzeichnen, unter denen unsere Republik geboren wurde, erfahren wir die Demokratie einmal mehr als kostbares Geschenk, das wir uns durch Bürgersinn, durch eigene Anstrengungen täglich neu erwerben müssen. Damit stärken wir das geistige und moralische Fundament unserer freiheitlichen Ordnung.

Wir wissen: Die Zustimmung zu unserer Demokratie hängt nicht zuletzt davon ab, daß die Bürger deren geschichtliche Wurzeln kennen –

und die Entwicklung, die die Bundesrepublik Deutschland seit 1949 genommen hat. Wenn wir uns diese Entwicklung vergegenwärtigen, dann stellen wir fest: Unsere Ausgangsposition an der Schwelle zu den neunziger Jahren, an der Schwelle zum 21. Jahrhundert ist gut – und gewiß unvergleichlich viel besser als die Lage vor vierzig Jahren. Im Gegensatz zu heute gab es damals wirklich Grund, pessimistisch in die Zukunft zu blicken – oder gar zu verzweifeln. Die Menschen von damals – diese großartige Generation der Väter und Mütter unserer Republik – haben sich indessen ihren Lebensmut nicht nehmen lassen, und die Geschichte der letzten vierzig Jahre hat ihnen recht gegeben.

Dies sollte uns Ansporn sein, mit Zuversicht den Weg fortzusetzen, den uns die Gründergeneration der Bundesrepublik Deutschland gewiesen hat – im leidenschaftlichen Bekenntnis zur Demokratie und im Bewußtsein unserer Verantwortung für die nachwachsenden Generationen.

Redemanuskript. Bundesgeschäftsstelle der CDU.

Eine CDU für ganz Deutschland

Rede auf dem 1. Parteitag der CDU in Hamburg
am 1. Oktober 1990

Der Beitritt der fünf ostdeutschen Landesverbände der CDU ist – im Zusammenhang mit dem historischen Datum der deutschen Einigung am 3. Oktober 1990 – in der Geschichte der Partei ein absoluter Höhepunkt. Für Helmut Kohl bedeutet er mit der Wahl zum ersten gesamtdeutschen Parteivorsitzenden einen triumphalen Augenblick. Der Zielpunkt der Unionspolitik ist zugleich ein neuer Ausgangspunkt: Von der Idee des gemeinsamen Anfangs in der Stunde Null der deutschen Nachkriegsgeschichte aus gilt es, die Verantwortung der CDU für die Vollendung der Einheit, für die Union Europas und den Frieden in der Welt erneut grundsätzlich zu bestimmen.

Wir alle haben eben eine bewegende Stunde erlebt, eine Stunde, die wir sicherlich nie vergessen werden. Mit den Erklärungen der Landesverbände Brandenburg, Mecklenburg-Vorpommern, Sachsen, Sachsen-Anhalt und Thüringen sowie der Delegierten von Ost-Berlin ist die Christlich-Demokratische Union Deutschlands nach über vier Jahrzehnten wieder vereint. Wir sind jetzt eine Partei, eine CDU für ganz Deutschland.

Übermorgen, am 3. Oktober, wird die Einheit und Freiheit Deutschlands vollendet. Dies ist ein großer Tag, ein Tag der Freude für alle Deutschen, und wir lassen uns das von niemandem vermiesen. Es ist unser Tag der Freude. Ich habe immer daran geglaubt, daß dies eines Tages Wirklichkeit werden würde. Aber ich habe nicht zu hoffen gewagt, diesen Augenblick so bald zu erleben. Wer von uns hätte dies vor einem Jahr für möglich gehalten? Wer hätte diese Entwicklung vorhergesehen, als wir am 10. September des vergangenen Jahres zu unserem Parteitag in Bremen zusammenkamen? Damals öffnete Ungarn die Grenzen für die Flüchtlinge aus der DDR. Das war der Anfang vom Ende des Honecker-Regimes.

Lieber Jozsef Antall, ich sage es auch von mir aus, sagen Sie dies bitte auch allen unseren Freunden in Ungarn: Dies werden wir unseren ungarischen Freunden nie vergessen. Heute verwirklicht sich das, wofür Christliche Demokraten seit 45 Jahren mit ganzer Kraft gekämpft haben: ein vereintes Deutschland in einem Europa, das in Freiheit zusammenwächst. Wir verwirklichen damit eine Vision, die unsere Partei von Anfang an geleitet hat, die ein Kernpunkt unseres politischen Selbstverständnisses war und ist. Allen, die in der Union ihre politische Heimat gefunden haben, war dies immer eine Angelegenheit des Herzens.

Wie sehr hat doch die Teilung unseres Vaterlandes in diesen Jahrzehnten das Leben unseres Volkes überschattet. Ich denke an das große Unrecht, das den Menschen von einer kommunistischen Diktatur angetan wurde. Ich denke an all die Jahre und Jahrzehnte der Unterdrückung, der Drangsalierung, der menschenunwürdigen Bespitzelung. Ich denke an jene, die bei dem verzweifelten Versuch, von Deutschland nach Deutschland zu gehen, ihr Leben riskierten und auch ihr Leben verloren. All das darf sich niemals wiederholen.

Wir Christlichen Demokraten bekräftigen heute feierlich den Schwur, der in das moralische Fundament unseres Grundgesetzes eingegangen ist: Nie wieder Krieg und Gewalt! Nie wieder Diktatur und Unrechtsherrschaft! Und wir fügen heute hinzu: Nie wieder Sozialismus! Die CDU war und ist die Partei der deutschen Einheit. Sie war und ist zugleich die Partei der europäischen Einigung. Wenn wir übermorgen die Einheit in Freiheit für alle Deutschen zurückgewinnen, dann ist das ein stolzer Augenblick für unsere Partei. Wir freuen uns darüber von ganzem Herzen. Aber wir sehen auch die Dimension der Herausforderung; denn auf uns, auf den Christlichen Demokraten, ruht die Hauptverantwortung für die Zukunft unseres Landes.

Wir sind die führende Regierungspartei, und wir wollen und werden es bleiben. Wir wollen das vereinte Deutschland in ein vereintes Europa führen. Dafür treten wir an bei den Wahlen, die vor uns liegen: bei den Landtagswahlen in der bisherigen DDR am 14. Oktober 1990 und bei der ersten gesamtdeutschen Bundestagswahl am 2. Dezember 1990. Wir wollen für alle Deutschen eine Zukunft in Einheit und Freiheit, in Frieden und Sicherheit, in Wohlstand und sozialer Gerechtigkeit gewinnen.

Wir haben bewiesen, was wir leisten können. Es war die CDU, die unbeirrt das Bewußtsein für die Einheit der Nation wachgehalten hat –

über Jahrzehnte hinweg und auch in Zeiten, in denen das Bekenntnis zum einigen Vaterland nicht gerade in Mode war, in denen wir dafür oft angefeindet wurden. Es war die CDU, die entschlossen die europäische Integration vorangetrieben hat. Konrad Adenauer hat gemeinsam mit anderen, vor allem mit Christlichen Demokraten aus heute längst befreundeten Ländern Europas, den Grundstein für dieses Werk des Friedens gelegt. Es war die CDU, die als Partei der Sozialen Marktwirtschaft, als Partei Ludwig Erhards, die Voraussetzungen für breiten Wohlstand und ein hohes Maß an sozialer Gerechtigkeit schuf – zunächst in der Bundesrepublik. Und morgen wollen wir das überall in Deutschland tun.

Die Sozialdemokraten haben sich zentralen Schicksalsfragen unserer Nation nicht gewachsen gezeigt. In den fünfziger Jahren haben sie die Politik Adenauers, die Politik der europäischen Integration, erbittert bekämpft. Sie waren gegen die Einführung der Sozialen Marktwirtschaft. Und jeder spürt es: Sie haben sie bis zum heutigen Tag nicht verstanden. In ihrem neuen Grundsatzprogramm vom Dezember 1989 wird der Begriff Soziale Marktwirtschaft gar nicht erwähnt. Im Parlament der Sowjetunion diskutiert man über Soziale Marktwirtschaft und bei den Sozialdemokraten über Marx. Das ist der Unterschied. Mehr noch: In der Frage der Einheit der Nation hat die SPD nicht nur die Grundsätze ihrer großen Persönlichkeiten – wie Kurt Schumacher und Ernst Reuter – preisgegeben, sondern sie war drauf und dran, unsere Landsleute in der DDR kläglich im Stich zu lassen. Was wäre eigentlich geschehen, wenn wir den Forderungen der SPD nachgegeben hätten? Was wäre aus den deutschen Landsleuten geworden, die vor einem Jahr in den Botschaften in Budapest, in Prag und in Warschau Zuflucht suchten, wenn wir eine DDR-Staatsbürgerschaft anerkannt hätten?

Wir brauchen keine Reden umzuschreiben. Wir haben auch kein gemeinsames Grundwerte-Papier mit der SED, das wir jetzt verstecken müßten. Wir haben, als sich die Mauer in Berlin öffnete, auch nicht gesagt, es gehe nicht um Wiedervereinigung, sondern ums Wiedersehen. Uns ging es ums Wiedersehen in der Wiedervereinigung. Das war unsere Forderung. Wir haben nie aufgehört, für die Einheit der Deutschen in Freiheit zu arbeiten. Wir melden deshalb heute unseren Anspruch an, als die CDU Deutschlands in einem vereinten Deutschland weiterhin die führende politische Kraft zu sein.

Für das letzte Jahrzehnt dieses Jahrhunderts, das soviel Elend, Leid und Tod sah, sehe ich vor allem drei große politische Gestaltungsaufgaben, denen wir uns im Geiste unserer christlich-demokratischen Ideale stellen werden:

1. Den Wiederaufbau in der bisherigen DDR. Wir wollen erreichen, daß die neuen Bundesländer dort schon bald wieder blühende Landschaften sein werden. Deutschland muß auch wirtschaftlich und sozial möglichst bald eins werden.

2. Nenne ich die Vollendung der Europäischen Union mit der Vision eines europäischen Bundesstaates: der Vereinigten Staaten von Europa. Wir bleiben auf diesem Weg der politischen Einigung Europas. Wir würden in dieser geschichtlichen Stunde versagen, wenn wir die Chance nicht ergriffen, nach der Einheit Deutschlands die Einheit Europas zu vollenden. Deutsche Europäer und europäische Deutsche zu sein – das ist das Signal, das wir setzen wollen.

3. Es geht um den Beitrag, den Deutschland zur Gestaltung der Welt von morgen zu leisten hat. Wir Deutsche müssen unserer gewachsenen Verantwortung gerecht werden angesichts immer größerer weltweiter Herausforderungen. Das heißt auch: Mit dem 3. Oktober 1990, mit der Vollendung der staatlichen Einheit Deutschlands, haben wir zwar unser großes nationales Ziel erreicht. Aber die Arbeit ist keineswegs getan. Im Gegenteil: In vielerlei Hinsicht ist die staatliche Vereinigung unseres Vaterlandes erst ein Anfang, auch wenn wir auf vielem Bewährten aufbauen können. Wir haben noch eine schwierige Wegstrecke vor uns. Für die gewaltigen Aufgaben, die vor uns liegen, werden wir auch Opfer bringen müssen. Wir sind dazu bereit. Aber ich sage auch: In einem vereinten deutschen Vaterland, in einem solidarischen Miteinander werden wir es schaffen.

Unzweifelhaft konzentriert sich in dieser historischen Situation die Aufmerksamkeit vieler Menschen zwischen Elbe und Oder auf Wirtschaft und Beschäftigung, genauer: auf die Frage, was Soziale Marktwirtschaft für sie konkret bedeutet, wie die neue freiheitliche Wirtschafts- und Gesellschaftsordnung ihr persönliches Leben verändert, welche Perspektiven sich damit verbinden. Umgekehrt gibt es in der bisherigen Bundesrepublik die Sorge, ob wir uns all das auch leisten können, was jetzt an Aufgaben auf uns zukommt. Da ist viel von Kosten die Rede: nicht etwa von den Kosten, die die Teilung Deutschlands jahrzehntelang tagtäglich verursacht hat, sondern von dem Aufwand für die Überwindung der Folgen einer jahrzehntelangen sozialistisch-kommunistischen Mißwirtschaft. Nicht wenige Sozialdemokraten erfreuen sich darin, nahezu täglich unseren Bürgern neue Schreckensbilder darüber darzustellen, welche Belastungen das deutsche Volk heimsuchen würden.

Wo stünden wir eigentlich heute in Deutschland, wenn in historischen Situationen unserer Geschichte die Zauderer und die Kleinmütigen die Geschicke unseres Vaterlandes bestimmt hätten? Wo stünden wir eigentlich heute, wenn 1948 nicht Ludwig Erhard mit Mut, Entschlossenheit und einer zähen Überzeugungskraft die Währungs- und Wirtschaftsreform durchgesetzt, wenn er über schwierige Monate hinweg – übrigens auch in der eigenen Partei – nicht konsequent Kurs gehalten und dem damaligen Zeitgeist widerstanden hätte?

Wo stünden wir heute, wenn wir nicht seit acht Jahren, seit der Übernahme der Regierungsverantwortung, alles das durchgeführt hätten, was Zielsetzung der Sozialen Marktwirtschaft in einer modernen Gesellschaft sein muß? Wo stünden wir, wenn wir es damals nicht geschafft hätten, der um sich greifenden Lethargie, dem Zukunftspessimismus, der Verteufelung von Leistungsbereitschaft und Wagemut durch die Sozialisten hier ein Ende zu setzen? Und – auch das zu sagen sei mir gestattet, weil wir gemeinsam viel Ärger draußen und auch miteinander hatten – wo stünden wir heute, wenn wir vor den notwendigen großen Reformen im Gesundheitswesen, bei Renten, bei Steuern und im Postbereich zurückgewichen wären wie andere vor uns? Christian Schwarz-Schilling feiert jetzt Triumphe und hat sie auch verdient. Aber viele haben auf diesem Weg gezweifelt.

An den entscheidenden Wegmarken unseres Landes war es die Union, waren es Männer und Frauen aus CDU und CSU, die unter schwierigsten Bedingungen den Weg in die Zukunft gewiesen und neue Aufgaben entschlossen angepackt haben. Auch und gerade in der Wirtschaftspolitik können wir heute ernten, was wir gegen viele Widerstände über Jahre hinweg durchgesetzt haben. Wir ernten die Früchte einer konsequenten und soliden Politik. Dafür habe ich allen zu danken, die uns und vor allem mir persönlich dabei geholfen haben. Es sind unsere Freunde im Bundesrat. Es ist die Bundestagsfraktion – ich nenne hier stellvertretend für alle Alfred Dregger. Es sind die vielen in der Partei, die mit uns gelitten und Ärger gekriegt haben. Die Wirtschaftsdaten in der Bundesrepublik sprechen heute eine deutliche Sprache. Investitionen und Einkommen entwickeln sich gut. Handel und Industrie eilen von Rekord zu Rekord. Die Lage der Bauwirtschaft nähert sich dem Bauboom der sechziger Jahre. Vor allem aber schlägt sich die hervorragende wirtschaftliche Situation auf dem Arbeitsmarkt nieder, und das trotz der massiven Zuwanderung – über eine halbe Million Aussiedler im letzten Jahr –, die wir gleichzeitig zu bewältigen hatten. Es ist schon fast vergessen, daß allein zwischen November 1989 und April 1990 noch 385 000 Übersiedler zu uns kamen. Auch diese mußten wir in unseren Arbeitsprozeß aufnehmen.

Trotzdem wird die Arbeitslosigkeit im Jahresdurchschnitt erstmals seit acht Jahren unter der Zwei-Millionen-Marke liegen. Auf die Gefahr hin, daß ich in Nürnberg gründlich mißverstanden werde: Jeder weiß, daß diese Zahl so nicht stimmt. Sie ist viel geringer. Wahr ist, daß die Beschäftigung heute so hoch ist wie nie zuvor seit Gründung der Bundesrepublik. Allein in den vergangenen zwölf Monaten wurden über 650 000 neue Arbeitsplätze geschaffen. Die Bundesanstalt für Arbeit spricht von einer Entwicklung wie zuletzt in den fünfziger Jahren. Am Rande sei bemerkt: Die Beschäftigung von Frauen steigt in diesem Aufschwung schneller als die von Männern.

Das sind Erfolge, die wir nicht verstecken sollten. In dieser dramatischen Zeit wird das alles zu leicht vergessen. Aber ohne unseren Weg in den letzten acht Jahren wäre das, was jetzt für uns gemeinsam möglich ist, so nicht möglich geworden. Denn auch in die Aufbauarbeit, die wir gemeinsam in Mecklenburg-Vorpommern, in Sachsen, in Sachsen-Anhalt, in Thüringen und in Brandenburg angehen, bringen wir unsere positiven Erfahrungen aus vierzig Jahren Sozialer Marktwirtschaft ein. Wo stünden wir heute in Deutschland, wenn wir im Frühjahr dabei versagt hätten, unseren Landsleuten die Perspektive zu geben, die jetzt in Erfüllung geht? Was damals passiert wäre, läßt sich erahnen: Die DDR wäre ausgeblutet, die Menschen hätten weiter zu Hunderttausenden ihrer Heimat den Rücken gekehrt, sie wären in die Bundesrepublik übergesiedelt und hätten hierzulande auch keinen leichten Stand gehabt. Das scheinen alle jene zu verdrängen, die in diesen Tagen bei jeder Gelegenheit beklagen, alles sei doch viel zu schnell gegangen. In Wahrheit ging es gar nicht zu schnell. Wir haben so gehandelt, wie es unsere Verantwortung für das ganze Vaterland gebietet und wie es auch dem überwiegenden Votum der ersten freien Wahlen in der DDR seit vielen Jahrzehnten entsprach.

Ein erstes herausragendes Ergebnis war die Währungs-, Wirtschafts- und Sozialunion, mit der wir versucht haben, die wirtschaftlichen und sozialen Belange in Einklang zu bringen. Die Menschen in der DDR gewannen damit wieder eine Perspektive. Sie spürten: Es lohnt sich zu bleiben. Sie konnten sicher sein: Der Weg zur Einheit war von diesem

Tag an, dem 1. Juli dieses Jahres, unumkehrbar. Wir sind auf diesem Weg ein gutes Stück vorangekomen. Tausende Landsleute nehmen ihr Schicksal in die eigene Hand. Allein in den bisherigen Monaten dieses Jahres wurden rund 170 000 Gewerbebetriebe in der DDR gegründet. Die Preise liegen spürbar niedriger als vor einem Jahr. Die Kaufkraft von Arbeitnehmern und Rentnern hat nach Berechnungen der Bundesbank deutlich zugenommen. Auch die Treuhandanstalt arbeitet jetzt bei der Privatisierung und Sanierung der Betriebe mit wachsendem Erfolg. Das morsche Gerüst der alten Kommandowirtschaft zerfällt mehr und mehr. Das ist für den Neubeginn notwendig und gut so. Denn das Befehlssystem der sozialistischen Herrschaft war Ausdruck von Willkür und Unfreiheit. Es wurde unbarmherzig und unmenschlich auf Kosten der Gesundheit vieler und ohne Rücksicht auf Umwelt und Natur betrieben. Nirgendwo sonst auf der Welt gab es einen so hohen Ausstoß an Schwefeldioxid und Kohlendioxid wie im SED-Staat. Das ist ein Beispiel für den verantwortungslosen Umgang des alten Regimes mit den natürlichen Lebensgrundlagen unseres Landes.

Ein anderes Beispiel ist die unzureichende Sicherheit der Kernkraftwerke. Auch hieran wird deutlich, wie es um das Verantwortungsbewußtsein der ehemaligen Machthaber für die eigene Bevölkerung und für kommende Generationen stand. Die Planwirtschaft führte nicht nur zum Ruin der Umwelt, sondern brachte die Menschen auch um die Früchte ihrer Arbeit. Es war der sichere Weg in die Sackgasse der Mangelwirtschaft.

Gleichzeitig wissen wir: Die erforderliche Neuorientierung ist für die Menschen mit schmerzlichen Erfahrungen verbunden. Arbeitslosigkeit und Kurzarbeit nehmen zu. Die Sorge um die Bewältigung des Alltags wächst in vielen Familien. Doch jeder kann darauf vertrauen – ich sage das mit Bedacht: In dieser schwierigen Phase stehen wir zusammen. Nationale Solidarität und soziale Gerechtigkeit sind für uns nicht irgendeine Floskel, sie sind für uns Deutsche eine Verpflichtung. Ich habe keinen Zweifel, daß die große Mehrheit unserer Bürger diese Notwendigkeit erkennt und weiß, daß wir gemeinsam eine Durststrecke zu bewältigen haben, daß aber die Aufwärtsentwicklung kommen wird. Wer dabei mit bewußt verkürzter Perspektive nur über die Kosten des Neubeginns spricht, verbaut sich den Blick für das Wesentliche, nämlich die gemeinsame Zukunft.

Es wäre für uns alle verhängnisvoll, ja vielleicht katastrophal, hier nur die Gebenden und dort nur die Nehmenden zu sehen. Richtig ist vielmehr: Der wirtschaftliche Wiederaufbau in der bisherigen DDR sichert und schafft Arbeitsplätze in ganz Deutschland, und das sollte niemand vergessen. Denn durch den Einigungsprozeß entsteht auf Jahre hinaus eine zusätzliche wirtschaftliche Dynamik. Diese kommt gerade in der Anfangsphase des Wiederaufbaus den westlichen Lieferanten von Maschinen, von Ausrüstungen und Konsumgütern zugute. In der EG-Kommission in Brüssel – Jacques Delors hat es erst am Freitag letzter Woche bestätigt – ist dies längst bekannt. Es ist erstaunlich, daß dies noch nicht alle bei uns zu Hause begriffen haben. Anders ausgedrückt: Neue Arbeitsplätze hierzulande stehen zunehmend in unmittelbarer Verbindung mit dem begonnenen Strukturwandel in der DDR. Ähnliches dürfte für steigende Unternehmenserträge und zusätzliche Steuereinnahmen gelten. Wer also gern und häufig von den Kosten der Einheit redet, sollte nicht vergessen, genauso offen über die materiellen und immateriellen Erträge der Einheit zu sprechen.

Dazu gehören selbstverständlich auch die immateriellen Vorteile, das, was nicht in Mark und Pfennig zu messen ist. Ich nenne an erster Stelle die persönliche Freiheit. Dazu gehören auch die unübersehbaren Vorteile, die wir alle gemeinsam – auch in Europa – durch die weitreichenden Veränderungen in Deutschland gewonnen haben. Dazu zählt die Frage, welche ökonomischen Impulse sich in den kommenden Jahren aus der Tatsache ergeben, daß das ganze Deutschland in den Verbund der Europäischen Gemeinschaft und damit in den europäischen Binnenmarkt eingegliedert wird. Der Rückblick auf die dynamische Entwicklung am Beginn der Europäischen Wirtschaftsgemeinschaft in den sechziger Jahren macht doch deutlich, mit welch kräftigen Anstößen für Wachstum und Beschäftigung wir rechnen dürfen. Dazu gehören die handfesten Chancen, die mit der Lage des vereinigten Deutschland in der Mitte eines beschleunigt zusammenwachsenden Europa verbunden sind.

Noch etwas gehört in diesen Zusammenhang: Es ist einfach unredlich, den Eindruck zu erwecken, als ob alles und jedes in der bisherigen DDR heute und auf absehbare Zeit allein mit dem Geld aus dem westlichen Teil Deutschlands finanziert werden müßte. Richtig ist doch vielmehr: Großzügige Hilfen am Beginn einer marktwirtschaftlichen Neuorientierung sind notwendig, zumal damit die sozialen Lasten der Menschen erträglicher werden. Wer wüßte dies besser als wir alle, die Deutschen in der Bundesrepublik, denen der Neubeginn nach 1945 mit den Geldern des amerikanischen Marshall-Plans erleichtert wurde.

Gerade die Erfahrungen der Bundesrepublik Deutschland nach 1948 zeigen doch, daß Starthilfe, so gegeben, immer Hilfe zur Selbsthilfe ist, denn nach Überwindung der Übergangsphase ist es auch damals möglich gewesen, notwendige Investitionen für die eigene Zukunft zunehmend aus eigener Kraft zu bezahlen. Dies wird bei unseren Landsleuten von Mecklenburg-Vorpommern bis Sachsen nicht anders sein. Auch sie werden einen wachsenden Teil zur Finanzierung ihrer eigenen Zukunft selbst tragen.

Ich sage es noch einmal: Wir unterschätzen die Kostenfrage nicht. Aber wir sehen in gleicher Weise die ermutigende Perspektive, die sich dem vereinten Deutschland und Europa als Ganzem von Tag zu Tag mehr eröffnet. Das ist die Politik, die wir anstreben. Wie wir mit dieser historischen Herausforderung fertig werden, wird die wirtschaftliche, die politische und letztlich auch die moralische Position Deutschlands in der Welt entscheidend beeinflussen. Dieser Aufgabe stellen wir uns selbstverständlich. Ich bin sicher, daß wir die wirtschaftlichen Schwierigkeiten des Überganges lösen können, auch wenn jeder weiß: Dies ist nicht einfach. Aber vergessen wir nicht: Wirtschaftliche und soziale Probleme sind nicht die einzigen, die sich uns jetzt stellen, und so glaube ich, nicht einmal die schwierigsten. Vier Jahrzehnte kommunistischer Diktatur haben gerade auch im geistigen und kulturellen Leben verheerende Schäden hinterlassen, die noch lange nachwirken werden.

Deshalb geht es bei der Frage nach der Einigung Deutschlands, nach dem Wiederaufbau in den neuen Bundesländern eben nicht allein um wirtschaftliche Leistungsfähigkeit. Es ist auch und vor allem eine Frage nach der geistigen und moralischen Kraft unseres Volkes, und sie richtet sich an uns alle, an alle Deutschen. Sind wir wirklich bereit, solidarisch zusammenzustehen – auch wenn wir Opfer bringen müssen? Das ist vor allem eine Frage an die Deutschen in der bisherigen Bundesrepublik Deutschland. Nehmen wir die Verantwortung an, die uns jetzt mit der Wiedervereinigung zuwächst? Geben wir ein Beispiel für den verantwortungsbewußten Umgang mit Freiheit? Das sind jene Fragen, die alle Deutschen beantworten müssen – übrigens auch bei den Wahlen, die jetzt vor uns liegen.

In der bisherigen DDR gilt es, überkommene sozialistische Strukturen aufzubrechen. Das heißt auch: Wir müssen im geistigen und kulturellen Leben die Trümmerstücke ideologischer Indoktrination beiseite räumen. Ich denke an die Schulen, an die Hochschulen. Viele von denen, die dort der kommunistischen Partei und ihrer Ideologie dienten, sind auch heute noch in ihren Ämtern und auf ihren Posten – in Positionen, die sie in einer freiheitlichen Demokratie niemals erworben hätten. Sollen wir wirklich glauben, daß alle willens sind, die heranwachsende Generation jetzt im Geist der Freiheit zu erziehen? Ich nenne den Bereich der Medien, von Kunst und Literatur. Können die ehemaligen Sprachrohre der Willkürherrschaft mit ihren Denkschablonen und Zensurbehörden wirklich glaubwürdige Botschafter von Meinungsvielfalt, von pluralistischer Vielfalt, von Freiheit und Toleranz sein?

Auf all diese Fragen – dies sage ich mit Bedacht – gibt es keine einfachen Antworten. Aber wir müssen die Dimension des Problems erkennen: Überall müssen noch alte Strukturen überwunden werden. Wir sind aufgerufen, diese geistige Auseinandersetzung zu führen. Es wäre fatal – das ist ein Aufruf an die Christlichen Demokraten –, wenn der Zerfall der sozialistisch-kommunistischen Ideologie ein geistiges und moralisches Vakuum hinterließe, in das eines Tages andere radikale Heilslehren hineinstoßen könnten. Es gilt jetzt, geistigen Halt zu geben, Orientierung zu vermitteln. Wir müssen dies insbesondere tun, um den Sinn für den unauflöslichen Zusammenhang von Freiheit und Verantwortung zu schärfen.

Hier liegt eine wichtige Aufgabe für alle, auch für alle gesellschaftlichen Kräfte und nicht zuletzt für die Kirchen. So gab es vor und während der friedlichen Revolution gerade in Kreisen der Kirchen Kristallisationspunkte des friedlichen Widerstandes. Aber auch alle anderen sind heute gefordert, natürlich auch wir, die demokratischen Parteien. Und auch hier sage ich wieder: Wir, die Christlich-Demokratische Union, bringen dafür alle Voraussetzungen mit. Wir verfügen über einen zuverlässigen Kompaß: unser christliches Verständnis von Mensch und Schöpfung. Es nimmt uns in einer besonderen Weise in die Pflicht, im vereinten Deutschland eine Gesellschaft des menschlichen Miteinander zu gestalten.

Das „C" im Namen unserer Partei drückt aus, was uns verbindet. Es ist kein Ausschließlichkeitsanspruch, und jeder von uns weiß, daß auch Christen in anderen Parteien versuchen, ihrer Verantwortung gerecht zu werden. Aber es beschreibt das sittliche Fundament, auf dem sich Menschen oft sehr unterschiedlicher Herkunft in dieser Volkspartei zusammenfinden können. Auf diesem Fundament treffen sich auch Christliche Demokraten aus Ost und West in gemeinsamen Überzeugungen.

Das Bekenntnis zum „C" ist für unsere Partei eine Quelle der Kraft, die wir heute mehr denn je brauchen und nutzen müssen. Nicht zuletzt aus ihr kann uns die Fähigkeit erwachsen, zusammenzuführen, was allzu lange gewaltsam getrennt war. Dies ist ein Merkmal unserer Partei, das sich im Namen widerspiegelt. Union – das heißt doch vor allem: zusammenführen, ausgleichen. Wir haben unsere Partei stets ganz bewußt als Union der verschiedenen Landschaften, Konfessionen und Berufe verstanden, als Union aus allen Schichten unseres Volkes; eine politische Gemeinschaft mit der Aufgabe, Interessengegensätze zu überwinden und in gemeinsamen Standpunkten zusammenzubringen.

Das hat uns auch immer wieder in die Lage versetzt, zu wichtigen Streitfragen Lösungen zu finden, die dann auf breite Zustimmung stießen. Es ist wahr: Dies gibt nicht immer ein imponierendes Bild in der Öffentlichkeit ab. Aber wenn wir – oft nach mühsamen Diskussionen – eine Lösung gefunden haben, ist es eine Lösung, die dem ganzen Land dient. Diese Kraft zur Integration – von vielen mißverstanden, für die Demokratie existentiell – ist jetzt vor allem gefragt. Dabei ist wichtig, daß wir uns ungeachtet verschiedener Erfahrungen und Lebenssituationen – jeder konnte das heute in diesen Stunden der Einigung spüren – als Gemeinschaft verstehen. Wir sind und bleiben die große deutsche Volkspartei der Mitte. Wir bieten allen Gruppen und Schichten unseres Volkes die Chance auf politische Heimat.

Unser Standort ist und bleibt die Mitte, die breite Mitte unseres Volkes. Dies macht unsere Stärke aus. Deswegen stellt sich für mich nicht die Frage, ob sich die Partei nach links oder nach rechts bewegen müsse. Es gab immer Versuchungen, aus Gründen der Tagesopportunität und aus anderen Motiven inkonsequent zu werden. Wir sind gelegentlich diesen Versuchungen auch erlegen. Aber wir müssen ihnen widerstehen, wenn wir uns nicht untreu werden wollen. Volkspartei der Mitte zu sein – das ist eine Frage unseres Selbstverständnisses und unserer Glaubwürdigkeit. Wir machen nicht Politik für die einen und gegen andere. Und niemand – dies sage ich deutlich – hat in unserer Union einen Monopolanspruch auf Wirtschaftskompetenz oder auf soziales Gewissen. Wir alle wollen dem Wohl des Ganzen dienen. Ich wünsche mir, daß wir uns – innerhalb und außerhalb unserer Partei – in Zukunft nicht mehr als Ost- und Westdeutsche, als ehemalige DDR- und als Bundesbürger verstehen, sondern als Deutsche, als Landsleute, die zusammenstehen und in einem vereinten Europa den anderen gute Nachbarn und Partner sind.

Unsere CDU ist und war die deutsche Europapartei. Zu unserem christlichen Selbstverständnis gehört eine klare Absage an jede Form von Nationalismus. Wir wissen wohl, daß es bei unseren Nachbarn und Freunden, überall in Europa, Menschen gibt, die Ängste vor einem vereinten Deutschland haben. Im Blick auf unsere Geschichte ist dies verständlich. Niemand kann sich der Verantwortung für unsere Geschichte entziehen. Manchmal – das ist auch wahr – sind Ängste nur vorgeschützt, um wirtschaftliche Motive zu verbergen. Aber wir müssen immer bedenken, daß dieses wiedervereinte Deutschland mit seiner Kraft und Dynamik in der Mitte Europas liegt und daß alles, was sich hier tut, eine unmittelbare Auswirkung auf die Statik des Hauses Europa hat. Deshalb dürfen wir eben nie in Provinzialismus verfallen, dürfen uns nie nur mit uns selbst beschäftigen. Wir müssen wissen, daß alles, was wir hier tun, auf andere wirkt.

Wir verstehen uns als deutsche Patrioten und überzeugte Europäer. Wir haben in den vergangenen acht Jahren beim Bau des vereinten Europas gemeinsam mit unseren Partnern, allen voran mit Frankreich, große Fortschritte erzielt. Die Politik der europäischen Integration war die entscheidende Voraussetzung für die Wiedervereinigung Deutschlands in Frieden und Freiheit. Für uns Christliche Demokraten ist es schon deshalb selbstverständlich, daß das vereinte Deutschland seine Kraft dem Bau der Vereinigten Staaten von Europa widmet. Europa ist unsere Zukunft, Deutschland unser Vaterland.

Es sind zwei große historische Daten, die in die Geschichte Deutschlands und Europas eingehen werden: Der 3. Oktober 1990 – in zwei Tagen: der Tag der deutschen Einheit – und der 31. Dezember 1992, an dem wir den europäischen Binnenmarkt vollenden. Für mich, für uns ist dies eine Zwischenstation auf einem Weg, an dessen Ende die politische Einigung Europas steht. Wir wollen nicht eine gehobene Freihandelszone, womit vielleicht manche in der Europäischen Gemeinschaft zufrieden wären. Wir wollen, daß die politische Einigung Europas kommt. Das ist unser Ziel im vereinten Deutschland.

In den kommenden Monaten werden wichtige Entscheidungen zu treffen sein. Im Dezember werden wir auf dem EG-Gipfel in Rom die Regierungskonferenzen über die Wirtschafts- und Währungsunion sowie über die Politische Union eröffnen. Unser Ziel ist es, diese Regierungskonferenzen rasch abzuschließen, damit ihre Ergebnisse bis Ende 1992 von den Parlamenten der Mitgliedstaaten ratifiziert werden können – und damit zugleich die Vollendung des Binnenmarktes einen weiteren entscheidenden Fortschritt bei der Schaffung der Europäischen Union markiert. Nun hat es in den letzten Monaten, Wochen, Tagen Stimmen gegeben – auch bei unseren Freunden –, die meinten, wir Deutsche, auch ich selbst, seien viel zu sehr mit den Problemen der

Vereinigung unseres Vaterlandes beschäftigt, und unser europäisches Engagement würde darunter leiden. Ich sage dazu ganz einfach: All jene, die so denken, sollen uns an unseren Taten messen. An unserer europäischen Berufung kann es keine Zweifel geben. Wir wollen Europa voranbringen, wir wollen die Wirtschafts- und Währungsunion, wir wollen, daß das Europäische Parlament bis zur nächsten Wahl im Jahre 1994 wirklich mehr Rechte und Kompetenzen erhält.

Für uns – ich sage es noch einmal – sind europäische Einigung und deutsche Einheit zwei Seiten derselben Medaille. Wir haben allerdings auch nie vergessen, daß das Europa der Zwölf eben nicht das ganze Europa ist. Unser Ziel war vielmehr stets – um es in den Worten Konrad Adenauers zu sagen –, „daß Europa einmal ein großes, gemeinsames Haus für alle Europäer wird, ein Haus der Freiheit". So sahen es ja auch die Gründer der Gemeinschaft. Sie wollten keinen exklusiven Club, der sich etwa in einer Festung Europa nach außen abschottet. Sie wollten eine Gemeinschaft als Angebot an alle Europäer, als Hoffnung, als Chance für unseren alten Kontinent.

Für uns heißt das heute, daß die Europäische Gemeinschaft eine entscheidende Rolle bei der Unterstützung des politischen, wirtschaftlichen und gesellschaftlichen Wandels in den Reformstaaten Mittel-, Ost- und Südosteuropas zu spielen hat. Selbstverständlich werden wir uns auch künftig maßgeblich daran beteiligen; denn als ein Land im Herzen Europas haben wir alles Interesse daran, daß das wirtschaftliche West-Ost-Gefälle in Europa überwunden wird. Ein blühender Kontinent ist immer auch ein stabiler Kontinent. Deshalb ist jede Investition in diese Richtung eine Investition in unsere eigene friedliche Zukunft. Aus dem gleichen Grund wollen wir unsere Nachbarn in Mittel-, Ost- und Südosteuropa in den Prozeß der europäischen Zusammenarbeit miteinbeziehen. Für den Aufbau eines in Freiheit vereinten Europas kommt den deutsch-polnischen Beziehungen eine besondere Rolle zu. Wir wissen es: Ohne deutsch-französische Freundschaft hätte das Werk der Einigung Europas nicht begonnen werden können. Und ich füge hinzu: Ohne deutsch-polnische Partnerschaft und – wie ich hoffe – dann auch Freundschaft wird es sich nicht vollenden lassen.

Was zwischen Deutschen und Franzosen möglich war – unter schwierigen, aber zugegebenermaßen nicht ganz so schwierigen Umständen –, kann und muß jetzt endlich zwischen Deutschen und Polen möglich sein. Die jungen Leute in beiden Völkern müssen über eine offene Grenze zusammenkommen können, und diese Grenze darf – das sage ich mit Nachdruck – nicht eine neue Wohlstandsgrenze zwischen Deutschen und Polen sein; denn das würde keine friedliche Grenze sein.

Es war und ist im Interesse Europas und des Atlantischen Bündnisses, wenn wir jetzt zu einer neuen Qualität der Beziehungen zur Sowjetunion kommen. Bei meinen Gesprächen mit Präsident Gorbatschow im Februar und dann im Juli dieses Jahres im Kaukasus konnten wir den entscheidenden Durchbruch erzielen: die Zustimmung der sowjetischen Führung zu einem vereinten Deutschland. In der Fülle des Geschehens, aber auch in der Gedankenlosigkeit unserer Tage geht es leicht verloren: Jeder soll sich überlegen, was es heißt, wenn Ende 1994, fünfzig Jahre, nachdem sowjetische Panzer im Oktober 1944 das Reichsgebiet erreichten, die sowjetischen Truppen endgültig aus Deutschland abziehen. Das ist gut für uns, das ist gut für unsere Sicherheit, aber unsere Freunde und Partner im Westen sollten nicht vergessen: Diese Politik des Ausgleichs ist auch gut für ihre Sicherheit.

Jahrzehnte des Ost-West-Konflikts haben viele vergessen lassen, daß die Sowjetunion nicht nur geographisch, sondern auch durch Geschichte und Kultur mit Europa verbunden ist. Wir wollen an diese friedliche Zeit des Zusammenseins anknüpfen – für uns und für kommende Generationen. Dies ist der Sinn und dies ist das Ziel des großen Vertrages, den Präsident Gorbatschow und ich noch in diesem Jahr unterzeichnen werden. Der Gegensatz von Freiheit und Diktatur im geteilten Europa hat über viele Jahrzehnte hinweg viele Kräfte gebunden. Mit dem Ende des Ost-West-Konflikts werden diese Kräfte frei. Wir haben jetzt die Chance, diese Kräfte zu bündeln und auf neue Ziele zu richten, in Europa wie auch weltweit; denn auf der Tagesordnung der Zukunft stehen Herausforderungen, die wir nur in internationaler Solidarität, in engem Zusammenwirken über Grenzen und Kontinente hinweg bewältigen können.

Verantwortung ist ein Schlüsselbegriff für uns Christliche Demokraten. Deshalb sagen wir auch: Wir Deutschen müssen jetzt bereit sein, gemeinsam mit unseren Freunden und Partnern Verantwortung auch für die Welt von morgen zu übernehmen. Mit der Vereinigung Deutschlands gewinnen wir nicht nur unsere volle Souveränität; uns wachsen auch international neue Pflichten zu. Unser Grundgesetz, unsere Verfassung, beschreibt bereits jetzt den Auftrag, in einem vereinten Europa dem Frieden der Welt zu dienen. Aus gutem Grund bleibt diese Formulierung auch für immer in unserer Verfassung. Denn das bedeutet eine Absage an jede Form von nationalem Egoismus, und es bedeutet nicht zuletzt, daß wir bereit sind, unsere wiedergewonnene Souveränität, unsere weltweit anerkannte Wirschaftskraft auch in den Dienst der Völkergemeinschaft zu stellen.

Niemand wird verkennen, daß uns mit der Vereinigung unseres Vaterlandes, mit dem Wiederaufbau auf dem Gebiet der bisherigen DDR, erhebliche Anstrengungen abverlangt werden. Doch kann und darf dies für uns kein Grund sein, uns unserer internationalen Verantwortung zu entziehen. Wer dies versuchen würde, würde auf eine gefährliche Weise das Vertrauen erschüttern, das sich die Bundesrepublik in über vierzig Jahren erworben hat und das wir als ein kostbares Gut für das vereinte Deutschland pflegen und ausbauen wollen. Jeder von uns muß wissen – und das hat Konsequenzen bis hin zur Etatpolitik: Es gibt keinen Rückzug in eine bequeme Nische der Weltpolitik. Alle unsere Partner im Ausland erwarten von uns, daß wir Deutschen eben nicht nur über Solidarität reden, sondern sie auch beweisen. Viele von ihnen – ich nenne allen voran die Vereinigten Staaten von Amerika – haben uns immer in großartiger Weise unterstützt. Von Präsident Harry S. Truman und dem Marshall-Plan jener Tage sowie der Hilfe und Unterstützung während der Berliner Blockade bis zum heutigen Präsidenten George Bush haben die Amerikaner in der Frage der Selbstbestimmung zu den Deutschen gestanden. Das werden wir unseren amerikanischen Freunden nie vergessen! Dieser Tag ist ein Tag, den wir gerade auch ihnen zu verdanken haben.

Es werden aber auch Fragen an uns gestellt: Seid Ihr Deutschen bereit, Euch außerhalb des eigenen Hauses globalen Herausforderungen – etwa bei der Sicherung des Weltfriedens – zu stellen? Es ist für mich selbstverständlich, daß sich das vereinte Deutschland, das stärkere Deutschland, stärker engagieren muß, mehr, als es vielleicht bisher möglich war, mehr, als wir bisher uns leisten zu können geglaubt haben; in Wahrheit waren die Anforderungen ja auch bisher schon so. Die Golf-Krise beweist, daß immer wieder regionale Krisen ausbrechen können, daß diese Krisen auch uns in Deutschland unmittelbar berühren und daß wir auch in Zukunft wachsam sein müssen.

Das heißt auch, daß es auch in Zukunft keine Freiheit zum Nulltarif gibt, daß wir auch in Zukunft die Soldaten unserer Bundeswehr brauchen, die ihren Dienst für unsere Freiheit leisten. Dabei kann es keine Arbeitsteilung in der Welt in der Form geben, daß sich die einen bequem zurücklehnen, während die anderen die Kastanien aus dem Feuer holen. Das heißt im Klartext: Deutschland muß auch daran mitwirken, Gefahren für den Weltfrieden rechtzeitig abzuwenden. Es wäre mit unserem moralischen Anspruch, auch und gerade mit dem des vereinten Deutschland, völlig unvereinbar, wenn rund um die Welt mit Berechtigung der Spruch zu hören wäre: Die Deutschen sind gut beim Handel und im Export, aber vor ihrer Verantwortung drücken sie sich. Das ist für mich eine indiskutable Vorstellung von deutscher Politik! Deshalb ist es für mich überfällig, daß wir nach den Bundestagswahlen die notwendigen verfassungsrechtlich eindeutigen Grundlagen schaffen, damit die Bundesrepublik Deutschland stärkere Verantwortung für die Bewahrung des Friedens übernehmen kann.

Vor acht Jahren, nach Übernahme der Regierungsverantwortung, habe ich meine Außen- und Sicherheitspolitik unter das Motto gestellt: Frieden schaffen mit weniger Waffen. Heute können wir ganz einfach sagen: Wir haben Wort gehalten. In Kürze werden alle nuklearen Mittelstreckenwaffen aus Deutschland verschwunden sein. Vor wenigen Tagen sind die letzten amerikanischen Chemiewaffen von deutschem Boden abgezogen worden. Wir freuen uns darüber, und wir danken nochmals Ronald Reagan und George Bush dafür, daß sie dies gemeinsam mit uns möglich gemacht haben. Bei den Wiener Verhandlungen über konventionelle Streitkräfte haben wir uns verpflichtet, die Streitkräfte des vereinten Deutschlands innerhalb von drei bis vier Jahren auf eine Personalstärke von 370 000 Mann zu reduzieren.

Lassen Sie mich angesichts der parteipolitischen Diskussion dieser Tage hinzufügen: Wir waren und sind für die Wehrpflicht, weil diese Bundeswehr eine Armee unseres Volkes sein soll. Wir wollen nie wieder eine Situation wie in den Tagen der Weimarer Zeit erleben. Die Bundeswehr ist die Armee unserer Söhne, und sie soll es bleiben. Wir hoffen, daß die Festlegung auf eine Personalstärke von 370 000 Mann bei den Verhandlungen in Wien über Abrüstung und Rüstungskontrolle neue Anstöße gibt. Zu unserer Verantwortung gehört selbstverständlich auch, daß wir uns mit aller Entschiedenheit gegen jene wenden, die aus skrupelloser Gewinnsucht andere Länder in die Lage versetzen, Massenvernichtungswaffen herzustellen. Ich sage in aller Klarheit: Wir werden alles tun, was man im Wege der Gesetzgebung tun kann, aber ich glaube nicht, daß dies genügt. In einer freiheitlichen Gesellschaft muß auch noch hinzutreten, daß jene der öffentlichen Verachtung und Ächtung anheimfallen, die in dieser Weise mit dem Schicksal der Menschen aus Gründen des billigen Tagesgewinns ihre Geschäfte machen.

Wir wissen: Frieden ist letztlich immer das Werk der Gerechtigkeit. Nur dort, wo die Würde der Menschen geachtet wird, wo Freiheit sich entfalten kann, ist der Friede wirklich sicher. Deshalb dürfen wir niemals in unserem Kampf für Menschenrechte und Selbstbestimmung nachlassen. Deshalb müssen wir auch in Zukunft eine Politik der Hilfe, eine Entwicklungspolitik fortsetzen, die den Ärmsten und Schwächsten tatkräftig zur Seite steht. Zur Würde des Menschen gehört ein Leben „frei von Furcht und Not". So ist es in der Erklärung der Menschenrechte der Vereinten Nationen formuliert.

Die Armut in den Ländern der Dritten Welt, Hunger, Katastrophen, Elend und Krankheit – sie können uns nicht gleichgültig lassen. Christliche Verantwortung ist Verantwortung für den Nächsten. Den Menschen zu helfen ist ein Teil unseres Selbstverständnisses als Christliche Demokraten. Deshalb werden auch die Entwicklungen in Deutschland und Europa – so sehr sie uns, auch in unserem Herzen, bewegen – unseren Blick auf keinen Fall von den dramatischen Entwicklungen in der Dritten Welt ablenken. Wir tragen ein hohes Maß an Verantwortung für diese Länder. Dies betrifft die Menschen übrigens ebenso wie den Schutz der Natur, etwa die Bewahrung des Weltklimas. Wir werden dieser Verantwortung nur gerecht werden können, wenn wir jene, die dort etwas tun können, solidarisch unterstützen. Dazu gehört auch – ich sage dies angesichts der großen Probleme, die wir bei der GATT-Runde Ende dieses Jahres lösen müssen, mit Bedacht –, daß wir die Märkte der reichen Industrienationen für die Produkte aus der Dritten Welt offenhalten. Die Völker in Nord und Süd, in Ost und West sind heute mehr denn je aufeinander angewiesen. Das Ozonloch über der Antarktis, die Vernichtung der tropischen Regenwälder betreffen die Menschen in Amerika genauso wie die Menschen in Europa, betreffen Städte in den USA genauso wie uns heute hier in Hamburg.

Vor diesem Hintergrund haben wir auf dem vergangenen Weltwirtschaftsgipfel – zuerst beim Gipfel von Toronto, 1988 – auf meinen Antrag hin beschlossen, das Thema Umweltschutz mit der Schuldenfrage zu verknüpfen. Wir wollen zum Beispiel Schuldenerlasse für Länder der Dritten Welt auch davon abhängig machen, daß frei werdende Mittel möglichst für konkrete Maßnahmen zum Schutz der Umwelt eingesetzt werden. Wir werden auf diesem Wege noch entschiedene Fortschritte machen müssen. Die Schöpfung bewahren – auch das gehört zum Auftrag, ja auch zur Vision für die Zukunft. Wir Christlichen Demokraten wollen für eine Welt arbeiten, in der das Leben in allen seinen Formen geachtet wird. Aus diesem Geist heraus haben wir in den letzten Jahren eine Umweltpolitik zu gestalten versucht, die in vielen

Bereichen Pilotfunktion in Europa hat. Wir setzen dabei – im Gegensatz zu anderen – auf die Versöhnung von Ökologie und Ökonomie. Bei der Überwindung der ökologischen Katastrophe, die der Sozialismus hinterlassen hat, wird erneut deutlich, daß Umweltprobleme, auch bei uns in Deutschland, immer noch am besten in einer Sozialen Marktwirtschaft gelöst werden können.

Wir stehen vor großen Aufgaben, vor ungewöhnlichen Herausforderungen, auch vor Chancen, von denen vor kurzem noch niemand zu träumen gewagt hätte. Auf dem Weg in die Zukunft öffnen sich uns – und vor allem auch der jungen Generation – neue Horizonte. Dabei sind für uns – und auch dies ist eine Erfahrung nach über vierzig Jahren im geteilten Deutschland – christliche Verantwortung und christliches Menschenbild unverzichtbare Wegweiser. Aus dieser Verantwortung arbeiten wir für das solidarische Miteinander von Menschen und von Völkern. Auf unserem Verständnis von Mensch und Schöpfung beruht unser Engagement für Umwelt, und im christlichen Menschenbild sind jene Ideale begründet, die Europa geistig vereinen – von Lissabon bis Leningrad, von Dublin bis Krakau, Prag und Kiew.

Auf uns, die Christlichen Demokraten, richten die Menschen in ganz Deutschland ihre Blicke. Dies gilt vor allem auch für die Menschen in Sachsen, Thüringen, Sachsen-Anhalt, Brandenburg und Mecklenburg-Vorpommern. Wer wie ich Tag für Tag in dieser Zeit im Wahlkampf unterwegs ist, spürt ihre Hoffnungen. Ich will alles tun, was ich tun kann, um sie nicht zu enttäuschen. Ich bitte Sie aber: Wir müssen alles tun, damit wir sie nicht enttäuschen. Wir haben klare Vorstellungen von der Zukunft. Wir haben in Jahrzehnten und insbesondere wieder in den letzten acht Jahren bewiesen, was wir leisten können – bei allen Fehlern, zu denen wir stehen müssen. Wir wissen um die Schwierigkeiten, die vor uns liegen, ebenso um die Ängste, die Sorgen und die Hoffnungen so vieler Menschen. Ich sage es auf ganz einfache Weise: Wir können und wir werden es schaffen, denn wir setzen auf den Mut der Menschen – auf ihre Zuversicht, auf ihren Willen zur Leistung, auf die Kraft der Freiheit.

Lassen Sie uns gemeinsam ans Werk gehen an diesem historischen Tag, in dieser historischen Woche, als Deutsche in einem vereinten Vaterland, auf dem Weg in eine gemeinsame europäische Zukunft!

Parteitagsprotokoll, hrsg. von der Bundesgeschäftsstelle der CDU, Bonn o. J., S. 22–37.

Christen in Verantwortung für Europa

Festrede auf dem 57. Katholikentag der Diözese Speyer in Johanniskreuz
am 23. Juni 1991

*Im Mittelpunkt der folgenden Rede steht die Überlegung, daß es nach dem
Zusammenbruch der kommunistischen Herrschaft in Mittel- und Osteuropa
auf eine neue politische und geistige Grundlegung des Kontinents ankommt,
bei der insbesondere die Christen gefordert sind.*

Es ist für mich eine große Freude, daß ich heute die Gelegenheit habe,
auf dem Katholikentag der Diözese Speyer im Wald von Johanniskreuz
über ein hochaktuelles Thema zu Ihnen zu sprechen: Die Verantwortung
der Christen für Europa.

Wir alle sind Zeugen des Umbruchs in Deutschland und in Europa.
Was vor wenigen Jahren noch ganz undenkbar war, ist für uns heute fast
selbstverständlich: So haben letzte Woche die Bürger von Leningrad in
einer Volksabstimmung entschieden, daß ihre Stadt in Zukunft wieder
Sankt Petersburg heißen soll. Wenn man diese Erwartung vor zwei
Jahren geäußert hätte, dann wäre man schlicht für verrückt erklärt
worden. Einen Tag später erklärte der schwedische Ministerpräsident
Carlsson im Reichstag in Stockholm, daß Schweden der Europäischen
Gemeinschaft beitreten wolle. Auch dies war vor wenigen Jahren völlig
undenkbar.

Wir wollen ein vereintes Europa schaffen. Aber ein vereintes Europa
wird es nur geben, wenn es ein versöhntes Europa ist. Dieser Katholikentag steht unter dem zukunftsweisenden Leitwort „Unterwegs zu
einem versöhnten Europa". Das Wort „Versöhnung" ist religiösen
Ursprungs. Es erinnert uns daran, daß wahrer Frieden in den Herzen der
Menschen beginnt. Es ist das irdische Abbild der Liebe Gottes zu seiner
Schöpfung. Als Christen sind wir uns bewußt, daß wir nicht das Paradies
auf Erden schaffen können. Der wahre Frieden – von Mensch zu

Mensch, von Volk zu Volk, zwischen uns und der übrigen Schöpfung – ist also ein Ziel, zu dem wir stets nur „unterwegs" sein können. Wirklichkeitssinn und Zuversicht bestimmen das Handeln des Christen in der Welt. So verstehe ich auch das Leitwort dieses Katholikentages.

Nationale Institutionen – Regierungen und Parlamente – und zwischenstaatliche Einrichtungen sichern den Frieden. Wirtschaftliche Zusammenarbeit kann dazu beitragen, Interessengegensätze zu überwinden. Aber ohne den Beitrag von Millionen einzelner Menschen würde es uns nicht gelingen, ein versöhntes Europa zu bauen. Ein versöhntes Europa – das ist mehr als nur die Abwesenheit von Konflikten oder gar von Krieg. Es bedeutet Einheit in Vielfalt: Einheit im Geiste jener Werte, die unseren Kontinent geprägt haben – auch wenn sie immer wieder durch Machtgier, Egoismus und Fanatismus mißachtet worden sind. Gerade hier in der Pfalz, in der deutsch-französischen Grenzregion, weiß man besonders gut, welch kostbares Gut Versöhnung ist. Nach vielen Kriegen, nach Not und Gewalt wissen wir, was es heißt, wenn wir heute sagen: Die Franzosen sind unsere Freunde. Wir sind dankbar für dieses Geschenk der Geschichte an uns – an Deutsche und Franzosen.

Viele großartige Frauen und Männer haben auf diesem schwierigen Weg Beispiel gegeben. Ich möchte hier ganz bewußt das unvergessene Wirken von Abbé Franz Stock in und nach dem Zweiten Weltkrieg würdigen. Dieser katholische Priester aus dem Sauerland hat im besetzten Paris weit über tausend Franzosen, die zur Hinrichtung geführt wurden, auf ihrem letzten Weg begleitet und ihnen als Seelsorger zur Seite gestanden. Nach Kriegsende betreute er deutsche Kriegsgefangene in Frankreich. Er war einer von jenen, die inmitten eines deutschen Kriegsgefangenenlagers jungen Gefangenen auf ihrem Weg zum Priestertum halfen. Er hatte sich in den Dienst der Nächstenliebe, aber auch in den Dienst der Aussöhnung unserer Völker gestellt. Ich halte ihn für einen der herausragenden Brückenbauer zwischen Deutschen und Franzosen. Jeder von uns sollte auf seine Weise die Botschaft Franz Stocks weitergeben und in seinem Leben zu verwirklichen suchen.

Wer hätte nach dem Ende des Zweiten Weltkriegs zu hoffen gewagt, daß Deutschland und Frankreich ihre angebliche Erbfeindschaft überwinden und eines Tages sogar Motor des europäischen Einigungsprozesses sein würden? Daß es dazu kam, hatte vor allem zwei Gründe: Zum einen verdanken wir diese Entwicklung der Weitsicht und der Entschlossenheit von großen Persönlichkeiten wie Robert Schuman oder Konrad Adenauer. Zum anderen waren es die vielen – vor allem jungen – Menschen, die die Chance zur Begegnung mit dem Nachbarn ergriffen und damit das Fundament einer dauerhaften Freundschaft zwischen unseren beiden Völkern schufen.

Noch vor wenigen Jahrzehnten, in meiner eigenen Schulzeit, wurden Kinder in Deutschland und in Frankreich im bösen Geist der angeblichen Erbfeindschaft erzogen. Doch Haß und Feindschaft wurden überwunden, weil die Menschen es so wollten. Über offene Grenzen kamen und kommen sie zusammen, lernten und lernen einander kennen. In freien Begegnungen konnten und können sich Verständnis und Vertrauen entfalten. An meinem 18. Geburtstag im April 1948 benötigte ich noch einen Passierschein, nur um von meiner Heimatstadt Ludwigshafen nach Mannheim zu kommen. Heute überqueren junge Deutsche und junge Franzosen ganz selbstverständlich den Rhein, um Freundschaft zu schließen. Wir können uns das ganze Ausmaß der Öffnung, die wir in Europa schon erreicht haben, gar nicht oft und eindringlich genug vor Augen führen.

Drei Daten in der vergangenen Woche haben uns einmal mehr daran erinnert, daß Ausgleich, Verständigung und Versöhnung zwischen Menschen und Völkern uns nicht einfach in den Schoß fallen, sondern Aufgaben sind, die sich jeder Generation neu stellen: Am vergangenen Montag gedachten wir des 17. Juni 1953. Dieser Tag war und bleibt mehr als nur ein nationaler Gedenktag. Denn er erinnert uns stets auch daran, wie eng unser Schicksal mit dem unserer Nachbarn verflochten ist: 1953 trieb das Verlangen nach Freiheit, Selbstbestimmung und Achtung der Menschenrechte die Menschen im Osten Deutschlands auf die Straße. Die gleiche Sehnsucht bewegte auch die Menschen in Ungarn 1956, in der Tschechoslowakei 1968 sowie in Polen 1980 und in den Jahren danach.

Ebenfalls am vergangenen Montag – wir haben diesen Zeitpunkt mit Bedacht gewählt – haben der polnische Ministerpräsident Bielecki und ich den Vertrag zwischen der Bundesrepublik Deutschland und der Republik Polen über gute Nachbarschaft und freundschaftliche Zusammenarbeit unterzeichnet. Zugleich haben beide Regierungen ein Abkommen über das Deutsch-Polnische Jugendwerk geschlossen, auf das ich mich am 6. November vergangenen Jahres mit dem damaligen polnischen Ministerpräsidenten Mazowiecki während unseres Treffens in Frankfurt an der Oder geeinigt hatte. Beide Verträge sind Meilensteine in der Geschichte des deutschen und des polnischen Volkes. Ihre Bedeutung geht jedoch weit über unsere beiden Länder hinaus. Sie sind wichtige Bausteine für das europäische Haus: Ohne deutsch-französische Freundschaft hätte das Werk der Einigung Europas nicht begonnen werden können, ohne deutsch-polnische Partnerschaft wird es sich nicht vollenden lassen. Zwischen dem 17. Juni 1953 und dem 17. Juni 1991 scheinen Welten zu liegen – und doch sind beide Daten durch die Sehnsucht der Menschen nach Freiheit und nach Versöhnung, nach Versöhnung in Freiheit miteinander verknüpft. So wird der 17. Juni künftig sowohl ein Tag der Mahnung als auch ein Tag der Hoffnung sein.

Gestern jährte sich zum 50. Male der Tag, an dem deutsche Truppen in die Sowjetunion einmarschierten. Wir gedachten des unvorstellbaren Leides, den der von Hitler entfesselte Krieg auch über die Völker der Sowjetunion gebracht hat. Erst vor diesem Hintergrund können wir wirklich ganz ermessen, welch großartige Fortschritte wir während der vergangenen Jahre auch in unserem Verhältnis zur Sowjetunion erreichen konnten. Auf der KSZE-Gipfelkonferenz vom November vergangenen Jahres in Paris haben wir gemeinsam das Ende der Nachkriegszeit feierlich besiegelt. Zuvor hatte die Sowjetunion der Wiedervereinigung unseres Vaterlandes zugestimmt und das Recht der Deutschen anerkannt, über ihre Bündniszugehörigkeit selbst zu bestimmen. 1994 – fünfzig Jahre, nachdem erstmals sowjetische Truppen deutschen Boden betraten – wird die Sowjetunion ihre Armee aus der ehemaligen DDR abgezogen haben.

Dieser Schritt in eine bessere Zukunft – wie überhaupt die Vielzahl revolutionärer Veränderungen in Europa während der vergangenen Jahre – verleitet inzwischen manchen dazu, das Außergewöhnliche als etwas Selbstverständliches zu betrachten – in Wirklichkeit bezeugte er eine revolutionäre Veränderung in Europa. An einem Tag wie heute sollten wir uns jedoch bewußtmachen, daß die Chance zur Versöhnung in Freiheit ein einmaliges Geschenk ist, nach dem sich Millionen von Menschen jahrzehntelang gesehnt haben und sich in anderen Teilen der Welt noch immer sehnen. Gerade wir Deutschen haben allen Grund zur Dankbarkeit, denn diese Entwicklung hat es uns ermöglicht, am 3. Oktober vergangenen Jahres die staatliche Einheit unseres Vaterlandes zu vollenden.

Viele haben unter der kommunistischen Diktatur ihr berufliches Fortkommen und ihre Freiheit dafür geopfert – und nicht wenige ihr Leben dafür eingesetzt –, daß alle Europäer jetzt endlich die Chance haben, in gemeinsamer Freiheit zusammenzuleben. Wenn wir uns das

Gefühl der Dankbarkeit bewahren, dann werden wir auch die Kraft finden, das große Werk des Friedens zu vollenden, zu dem jetzt die Fundamente gelegt sind.

Es waren vor allem in ihrem Glauben tief verwurzelte Christen, die nach dem Ende des Zweiten Weltkrieges daran gingen, im freien Teil unseres Kontinents die Europäische Gemeinschaft aufzubauen. Sie handelten im vollen Bewußtsein der geistig-kulturellen Traditionen, die alle Völker Europas miteinander verbinden. Die Europäische Gemeinschaft ist auch inspiriert von der christlichen Überzeugung, daß die Nation ein hohes Gut ist, aber gewiß nicht das Höchste aller Güter. Als Christen glauben wir, daß der Mensch nach dem Ebenbilde Gottes geschaffen ist. Dies ist die Quelle seiner unantastbaren Würde. „Sie zu achten und zu schützen", so sagt es das Grundgesetz, „ist Verpflichtung aller staatlichen Gewalt." Die Würde jedes einzelnen Menschen zu achten und zu schützen, ist darüber hinaus eine gemeinsame Aufgabe aller Nationen.

Auf sich allein gestellt, ist heute wohl kein Staat mehr in der Lage, die großen Herausforderungen unserer Zeit zu bewältigen – angefangen bei der Lösung globaler Umweltprobleme, wie beispielsweise der Rettung der Regenwälder, bis hin zu unserer Verpflichtung, den Menschen in der Dritten Welt ein Leben in Würde zu ermöglichen. Zu Recht empfinden wir es heute als absurd, daß in vielen europäischen Bruderkriegen der Vergangenheit jede Nation davon überzeugt war, ein Gott wohlgefälliges Werk zu vollbringen. Die bitteren Erfahrungen vor allem in diesem Jahrhundert haben uns gelehrt, daß Nationalismus und Christentum sich nicht miteinander vereinbaren lassen. Feindbilder und Haßpropaganda stehen in diametralem Gegensatz zum biblischen Gebot der Nächstenliebe.

Patriotismus kennzeichnet die Haltung des Christen zu seinem eigenen Vaterland, denn Patriotismus bedeutet immer auch Achtung vor der Vaterlandsliebe des Nachbarn und damit die Ablehnung jeder Form nationaler Überheblichkeit. Auf dieser geistigen Grundlage wurde die Europäische Gemeinschaft zum Modell eines Zusammenschlusses freier Nationen, die heute ihre Energien zum gemeinsamen Vorteil bündeln. Im Bewußtsein zu vieler ist die Europäische Gemeinschaft nur ein Zusammenschluß zur wechselseitigen Mehrung des wirtschaftlichen Nutzens. Das ist falsch. In Wahrheit geht es um mehr – um eine geistig-politische Aufgabe ersten Ranges. In einer europäischen Ordnung der Freiheit und des Friedens ist kein Platz mehr für die Rivalitäten und

Grenzstreitigkeiten, wie sie für die Staatenwelt des 19. Jahrhunderts bis tief hinein in unser Jahrhundert charakteristisch waren.

Winston Churchill hat in seiner berühmten Züricher Rede vom September 1946 zu Recht betont, kleine Nationen müßten den gleichen Rang einnehmen wie ihre großen Nachbarn. Die innere Größe einer Nation – auch das ist christliches Gedankengut – bemißt sich eben nicht nach Bevölkerungszahl oder nach der Höhe des Bruttosozialprodukts, sondern nach dem Einsatz eines Volkes für das friedliche Zusammenleben der Nationen. Das europäische Staatensystem vor dem Zweiten Weltkrieg war nicht in der Lage, Stabilität hervorzubringen. Mit der Gründung der Europäischen Gemeinschaft wurde die einzig richtige Konsequenz aus dieser Einsicht gezogen. Es handelte sich um eine Revolution von allergrößter Tragweite. Diese Revolution wird erst dann vollendet sein, wenn wir – um es erneut in den Worten von Winston Churchill zu sagen – die „Vereinigten Staaten von Europa" geschaffen haben. Auf dem Weg dorthin sind wir im vergangenen Jahrzehnt – nach einer Phase des Stillstands – große Schritte vorangekommen. Eine wichtige Station wird die Vollendung des Europäischen Binnenmarktes Ende 1992 für 340 Millionen Menschen sein. Man braucht kein Prophet zu sein, um vorhersagen zu können, daß wir in weniger als zehn Jahren eine Europäische Gemeinschaft erleben werden, die weit über 340 Millionen Einwohner haben wird und neben den Demokratien jenseits des Atlantiks und neben den Staaten im Fernen Osten die dritte große Kraft der Welt sein wird.

Doch wir arbeiten bereits heute an der Gestalt Europas im Jahre 2000. Bis Ende 1991 sollen im Rahmen von zwei Regierungskonferenzen die Grundlagen für eine europäische Wirtschafts- und Währungsunion sowie für eine Politische Union erarbeitet werden. So wichtig die Fragen der Wirtschaft und Währung auch sind, wir sollten niemals aus dem Auge verlieren, daß wir in Europa vor allem eine Werte- und Kulturgemeinschaft bilden. Wir müssen daher das Bewußtsein für die geistigkulturelle Dimension Europas wieder schärfen. Dies ist auch ein Auftrag an unsere eigene Kirche. Die gemeinsame Kultur ist das stärkste Band, das Europa in Ost und West zusammenhält und auch in Zukunft zusammenschließen wird.

Papst Johannes Paul II. hat bei seinem Besuch in Straßburg vor einigen Jahren vom „Genius Europas" gesprochen. Dieser Geist verbindet das Europa der Gemeinschaft mit den Völkern in Mittel-, Ost- und Südosteuropa. Gerade die Menschen dort haben in den Jahrzehnten der

Teilung unseres Kontinents nie aufgehört, die kulturelle Einheit Europas zu betonen – und keine Diktatur hat dieses Zusammengehörigkeitsgefühl jemals zerstören können. Polen und Ungarn, Tschechen und Slowaken sowie die Menschen in der ehemaligen DDR haben stets Wert darauf gelegt, daß sie nicht nur geographisch, sondern auch aus ihrem Selbstverständnis, aus ihrer Tradition und aus ihrer Geschichte heraus geistig und kulturell Europäer sind.

Mit unserer Politik der europäischen Einigung – das war schon die Überzeugung Konrad Adenauers – haben wir deshalb stets auch im Interesse der Menschen und Völker in Mittel-, Ost- und Südosteuropa gehandelt. Heute können sie endlich darangehen, dieses Werk des Friedens in freier Selbstbestimmung mitzugestalten.

Zu unserer politischen Verantwortung gehört es, den Ländern in Mittel- und Südosteuropa den Weg in die Europäische Gemeinschaft nicht zu versperren – wenn sie diesen Weg gehen wollen und sobald die politischen und wirtschaftlichen Voraussetzungen für eine Mitgliedschaft gegeben sind. Deshalb habe ich mich schon frühzeitig dafür eingesetzt, daß die EG mit Polen, Ungarn und der ČSFR Assoziierungsverträge abschließt. Aus demselben Grunde haben wir im deutsch-polnischen Nachbarschaftsvertrag vereinbart: „Die Bundesrepublik Deutschland steht positiv zur Perspektive eines Beitritts der Republik Polen zur Europäischen Gemeinschaft, sobald die Voraussetzungen dafür gegeben sind."

Wir wollen allen neuen Demokratien in Mittel- und Südosteuropa bei ihrer „Heimkehr nach Europa" helfen. Dies verlangt von uns natürlich auch die Bereitschaft zu wirtschaftlicher Unterstützung. Ich werde oft gefragt, ob es nicht besser sei, zunächst nur den Menschen in den neuen Bundesländern zu helfen und unsere Unterstützung für die Nachbarn im Osten sowie für die Sowjetunion, aber auch für die Dritte Welt erst einmal zurückzustellen.

Ich halte dem stets entgegen, daß es schädlich für die moralische Reputation der Deutschen in der Welt wäre, wenn wir uns so verhalten würden. Wir würden als ein Volk betrachtet werden, das nur seine eigenen Interessen pflegt. So aber tragen wir nicht nur zur Sicherheit in jenen Ländern bei, sondern auch zum Frieden in Deutschland und in Europa. Es liegt also auch in unserem eigenen Interesse, die wirtschaftlichen und politischen Reformen in Mittel-, Ost- und Südosteuropa zu fördern. Wie wollen wir eigentlich – um nur ein besonders wichtiges Beispiel zu nennen – mit unseren polnischen Nachbarn in Eintracht zusammenleben, wenn an Oder und Neiße eine neue Wohlstandsgrenze entsteht? Immerhin haben Deutschland und Polen jetzt eine gemeinsame Grenze von 500 Kilometern.

Es geht also nicht nur um wirtschaftliche Fragen. Wir wollen, daß die Menschen – vor allem aus der jungen Generation – zueinanderkommen. Deshalb soll unsere Grenze zu Polen und zur ČSFR so offen werden wie die Grenze zwischen Deutschland und Frankreich, wo wir es nach Jahrhunderten schmerzlicher Trennung zwischen dem Saarland und Lothringen, der Pfalz, Baden und dem Elsaß mittlerweile als fast selbstverständlich nehmen.

Die Schaffung eines versöhnten Europas setzt insbesondere voraus, daß die Opfer von Krieg, Fremdherrschaft und Vertreibung ihre Herzen auch gegenüber jenen öffnen, die ihnen Unrecht angetan haben. Es gibt keinen Anspruch auf Vergebung und Versöhnung. Um so bewegender ist es, wenn Opfer diesen Schritt wagen und damit den Teufelskreis von Haß und Gewalt durchbrechen. Dieses Vorbild gibt uns allen Orientierung.

Gerade auch die deutschen Heimatvertriebenen haben in ihrer Stuttgarter Charta von 1950 schon früh ein wegweisendes Bekenntnis zur Versöhnung mit unseren östlichen Nachbarn und zur Schaffung eines geeinten Europas abgelegt. Sie erklärten damals: „Die Vertriebenen werden jedes Beginnen mit allen Kräften unterstützen, das auf die Schaffung eines geeinten Europas gerichtet ist, in dem die Völker ohne Furcht und Zwang leben können ... Wir Heimatvertriebenen verzichten auf Rache und Vergeltung. Dieser Entschluß ist uns ernst und heilig im Gedenken an das unendliche Leid, welches im besonderen das letzte Jahrzehnt über die Menschheit gebracht hat." Nicht Rache, nicht Vergeltung: Mit diesen Worten haben sie ihre eindeutige Antwort auf die schrecklichen Erfahrungen der Vergangenheit gegeben. Sie haben damit vor aller Welt bekundet, daß die Saat des Hasses und der Gewalt – die Saat Hitlers und Stalins – kein neues Unrecht hervorbringen darf.

Heute sind in den Gebieten jenseits von Oder und Neiße polnische Familien in zweiter und dritter Generation ansässig, diese Gebiete sind ihnen zur Heimat geworden. Wir Deutsche wollen nicht, daß Krieg und Elend, Blut und Tod immer wieder aufgerechnet werden. Wir wollen nach vorne schauen, auf die Zukunft kommender Generationen in Deutschland und in Polen. Der jungen polnischen Generation, die heute in Pommern, Schlesien und anderswo lebt, rufen wir zu: Wir wollen Frieden, wir wollen Verständigung, wir wollen Aussöhnung! Wir wollen ein freies und einiges Europa!

Das vereinte Deutschland kann gegenüber Polen an gute, ja an beste Traditionen anknüpfen: Die Beziehungen zwischen beiden Völkern sind in der Vergangenheit keineswegs nur von Zwietracht, von kriegerischen Konflikten und vom Leid der Menschen überschattet gewesen. Im Gegenteil: Es gab lange Perioden fruchtbaren Austauschs, ja eines harmonischen Miteinanders. Wir müssen auch endlich begreifen, was der polnische Dichter und Denker Cyprian Kamil Norwid im 19. Jahrhundert festgestellt hat: „Eine Nation besteht nicht nur aus dem, was sie von anderen unterscheidet, sondern auch aus dem, was sie mit anderen verbindet."

Auch in schlimmster Zeit hat es Deutsche gegeben, die Menschlichkeit gegenüber Polen geübt haben. Neben den vielen, die sich als Werkzeuge des Verbrechens mißbrauchen ließen, gab es auch allemal „Zehn Gerechte", wie der Titel eines polnischen Erinnerungsbuches über die deutsche Besatzungszeit heißt. Es waren deutsche Patrioten, die 1830 – während des polnischen Freiheitskampfes – gebannt und voller Hoffnung auf den Sieg der polnischen Sache setzten. Es waren polnische und auch französische Patrioten, die 1832 hier in unserer Heimat auf dem Hambacher Schloß an der Seite der Deutschen standen. Es war das Vorparlament der Frankfurter Paulskirche 1848, das die Befreiung Polens zur „heiligen Pflicht des deutschen Volkes" erklärte.

Diese Erfahrungen, das gemeinsame Ringen von Polen und Deutschen um Freiheit, sind von den Verbrechen in unserem Jahrhundert zum Teil verschüttet worden – die Erinnerung an sie darf nicht verlorengehen. Es gilt, sie im Gedächtnis der Völker zu neuem Leben zu erwecken. Wir dürfen nicht zu Gefangenen eines Denkens werden, das mit den dunklen Seiten der Vergangenheit nur die halbe Wahrheit zur Kenntnis nimmt. Wahrhaftigkeit ist oberstes Gebot, wenn die Aussöhnung zwischen den Völkern gelingen soll. Die Verständigung zwischen Deutschen und Polen darf niemanden ausschließen, sie muß auch gerade die Heimatvertriebenen einbeziehen. Denn wer könnte mehr für Verständigung und Aussöhnung tun als die deutschen Heimatvertriebenen oder als diejenigen Deutschen, die noch jenseits von Oder und Neiße ihre Heimat haben, oder als ihre polnischen Nachbarn?

Gemeinsam muß es uns darum gehen, in den Gebieten jenseits von Oder und Neiße ein Modell des friedlichen Zusammenlebens in Europa zu gestalten. Wir könnten dort Zeichen setzen, wie in einem Europa der Vielfalt die verschiedenen Völker und Kulturen einträchtig zusammenleben. Auch hierzu enthält der deutsch-polnische Nachbarschaftsvertrag wegweisende Regelungen – Regelungen, die uns Deutschen verständlicherweise besonders am Herzen lagen und die wir von den früher in Polen herrschenden Kommunisten jahrzehntelang vergeblich gefordert haben. Die deutsche Minderheit in Polen darf jetzt „ihre ethnische, kulturelle, sprachliche und religiöse Identität frei zum Ausdruck... bringen", bewahren und weiterentwickeln. Deutschland und Polen verwirklichen die internationalen Standards zum Schutze und zur Förderung von ethnischen, kulturellen, sprachlichen und religiösen Minderheiten.

Der politische, gesellschaftliche und wirtschaftliche Wandel in Mittel-, Ost- und Südosteuropa stellt uns vor eine enorme geistige Herausforderung. Er ist ein Sieg für die Ideale von Freiheit, Menschenrechten und Selbstbestimmung. Aber wir dürfen auch nicht die Augen vor der Gefahr verschließen, daß mancherorts die alten Dämonen – Nationalismus, Fremdenfeindlichkeit oder Antisemitismus – zu neuem Leben erwachen. Deshalb bin ich auch so empört über das schamlose Auftreten von Neo-Nazis, leider gerade auch in den neuen Bundesländern – wie erst kürzlich in Dresden. Diese Leute haben aus der Geschichte dieses Jahrhunderts nichts gelernt – und ich bin froh darüber, daß sie in der Bevölkerung unseres Landes keinerlei Rückhalt finden.

Überall in Europa muß die Liebe zum eigenen Vaterland untrennbar verknüpft sein mit der Liebe zur Freiheit – und mit der Achtung vor der Würde des Nachbarn. Dies ist das Fundament einer europäischen Friedensordnung, in der die Menschen und Völker in gemeinsamer Freiheit zusammenleben – das Fundament eines „Hauses der Freiheit für alle Europäer", wie es Konrad Adenauer im Jahre 1961 so weitsichtig ausgedrückt hat.

Eine dauerhafte und gerechte europäische Friedensordnung muß sowohl die Demokratien Nordamerikas als auch die Völker der Sowjetunion einschließen. Wir wollen die transatlantische Partnerschaft weiter ausbauen. Europa braucht Amerika auch in Zukunft – und ich füge hinzu: Amerika braucht Europa. Ich möchte heute ausdrücklich den Soldaten unserer Verbündeten – Amerikanern und Franzosen – dafür danken, daß sie an der Seite unserer Bundeswehr in vielen Jahrzehnten die Freiheit der Menschen in den westlichen Bundesländern geschützt haben. Gerade hier in Rheinland-Pfalz leben wir mit amerikanischen wie mit französischen Soldaten und deren Angehörigen in guter Nachbarschaft und Freundschaft zusammen. Die Rolle und die Verantwortung der USA, Kanadas und unserer anderen Verbündeten in der Nato, in und für Europa – für den Frieden und die Sicherheit unseres Kontinents und vor allem auch für das geeinte Deutschland in seiner Mitte – bleiben von existentieller Bedeutung.

Eine der großen Herausforderungen in den kommenden Jahren wird darin bestehen, die Sowjetunion mehr und mehr in die Gestaltung der europäischen Zukunft einzubeziehen. Jahrzehnte des Ost-West-Konfliktes haben so manchen vergessen lassen, daß viele Völker der Sowjetunion nicht nur geographisch, sondern auch durch Geschichte und Kultur mit Europa verbunden sind. Bis in unsere Gegenwart hinein haben sie unersetzliche Beiträge zu unserem europäischen Kulturerbe geleistet. Die Werke von Wassily Kandinsky und Dimitrij Schostakowitsch gehören allen Europäern. In den Romanen von Alexander Solschenizyn und Boris Pasternak spiegeln sich nicht nur bewegende Teile der europäischen Geschichte, sie sind auch ein Bekenntnis zur Humanität und Würde des einzelnen. Marc Chagall hat mit seinen großartigen Werken – ich denke dabei nicht zuletzt an die Kirchenfenster in Mainz und Metz – Brücken der Kunst zwischen den europäischen Völkern geschlagen. Er verkörpert damit wie wenige die gemeinsame christlich-jüdische Tradition Europas.

Vor drei Jahren beging Rußland das tausendjährige Jubiläum seiner Christianisierung. Einmal mehr wurden wir daran erinnert, daß dieses große Volk jene geistige Grundlage mit uns teilt, auf der die Idee von der unveräußerlichen Würde jedes einzelnen Menschen beruht. Die historisch-kulturelle Verbundenheit vieler Völker in der Sowjetunion mit Europa hat also eine lange Tradition. Sie kann jetzt für die Zukunft endlich auch politisch wieder fruchtbar gemacht werden. Heute und in Zukunft müssen die deutsch-sowjetischen Beziehungen dem gemeinsamen Ziel aller Europäer dienen, in freier Selbstbestimmung ein Europa der Freiheit, des Friedens und der Gerechtigkeit zu bauen. Dieses Ziel kommt in drei grundlegenden Dokumenten des vergangenen Jahres zum Ausdruck: dem „Zwei-plus-Vier"-Vertrag über die abschließende Regelung in bezug auf Deutschland, dem deutsch-sowjetischen Vertrag über gute Nachbarschaft, Partnerschaft und Zusammenarbeit sowie der „Charta von Paris für ein neues Europa".

Wir wollen den Völkern der Sowjetunion und den Menschen in der Sowjetunion bei der Lösung ihrer Probleme helfen. Es handelt sich um gewaltige Probleme. Das verlangt Geduld und Durchstehvermögen. Deswegen bekenne ich mich nachdrücklich zu einer Politik, die aktive Hilfe zur Selbsthilfe leistet. Ich sage bewußt Selbsthilfe, weil die Entscheidungen für die Reformen in der Sowjetunion selbst durchgesetzt werden müssen – und weil wir von außen nur Anstöße und Hilfen im Rahmen unserer Möglichkeiten geben können. Ich bin sicher, daß Präsident Gorbatschow die Politik des „Neuen Denkens" und den außenpolitischen Kurs der Kooperation fortsetzen möchte. Nach meiner festen Überzeugung weiß er, daß es kein Zurück mehr gibt. Auch die sowjetische Führung muß erkennen, daß sich das Recht auf Selbstbestimmung durchsetzen wird – auch für die baltischen Völker.

Wenn wir von Versöhnung sprechen, dann richten sich die Blicke auch auf unser eigenes Vaterland. Denn wer nicht zum Frieden im Innern fähig ist, der ist auch nicht in der Lage, anderen ein guter Nachbar zu sein. Dieses Wissen nimmt uns als Christen besonders in die Pflicht. Es waren vor allem die Kirchen, die den Menschen in der ehemaligen DDR bei ihrem friedlichen Kampf gegen die Unterdrückung durch das SED-Regime den Rücken stärkten. Heute stehen sie – wie wir alle – vor der Herausforderung, die beiden mehr als vierzig Jahre lang getrennten Teile unseres Vaterlandes auch in geistig-moralischer Hinsicht wieder zusammenzuführen. Diese Aufgabe ist nach meiner Überzeugung wesentlich schwerer – und sie wird mehr Zeit in Anspruch nehmen – als die Vollendung der wirtschaftlich-sozialen Einheit unseres Vaterlandes.

Ich habe aber nicht den geringsten Zweifel, daß wir dort in drei, vier, fünf Jahren blühende Landschaften haben werden. Die große Frage wird sein, ob wir Deutsche die notwendige Geduld aufbringen werden, aufeinander zuzugehen, einander zu verstehen, und ob wir auch fähig sein werden, dort, wo es Not tut, zu teilen. Wir, die wir auf der Sonnenseite deutscher Geschichte in Frieden und in Freiheit über vierzig Jahre leben konnten, dürfen nicht vergessen, daß unsere Landsleute in Görlitz, in Leipzig, in Dresden, in Zwickau und in Brandenburg ein ganz anderes Schicksal hatten, daß eine kommunistisch-sozialistische Diktatur tiefe Wunden in die Herzen der Menschen geschlagen hat. In den Schulen, am Arbeitsplatz und überall dort, wo menschliche Begegnung stattfand, hat die allumfassende Gewalt der Staatssicherheit die Menschen in ihrer Würde zutiefst gedemütigt. Wir sollten uns hüten, aufgrund des Glücks unserer Freiheit hier vorschnell Urteile abzugeben. Es wird noch viele Jahre dauern, bis die Wunden in den Herzen der Deutschen verheilt und auch die Trümmer der kommunistischen Ideologie beiseite geräumt sein werden. Aber die Einheit der Nation wird erst dann wirklich durchgesetzt sein, wenn wir diesen notwendigen Prozeß gemeinsam gemeistert haben.

Für Karl Marx war die Religion nur ein Instrument der Mächtigen: Sie diene, so meinte er, lediglich dazu, Menschen in Armut und Elend auf eine jenseitige Glückseligkeit zu vertrösten. Für uns Christen jedoch ist der Glaube untrennbar mit dem Auftrag verbunden, die Welt zu gestalten und am Werk des Schöpfers mitzuarbeiten. Religion ist eben nicht „Opium für das Volk", wie es Marxisten immer wieder behauptet haben. Im Gegenteil: Sie ist der eigentliche Ursprung der Verantwortung, die den Christen in der Welt und für die Welt auferlegt ist. Heute können wir feststellen: Marx hat sich mit der Vorhersage geirrt, die Tage der Religion seien gezählt. Es ist alles ganz anders gekommen. Unter der kommunistischen Diktatur mußten die Menschen am eigenen Leibe erfahren, daß der Marxismus auf die Frage nach dem Sinn des Lebens keine Antwort weiß. Antwort fanden und finden sie aber im christlichen Glauben. Es gibt eben nicht nur den Hunger nach Brot. Schon im 5. Buch Mose und beim Evangelisten Matthäus heißt es: „Der Mensch lebt nicht vom Brot allein, sondern von jedem Wort, das aus dem Munde Gottes hervorgeht."

Ob es um die Bewahrung der Natur, ja der ganzen Schöpfung zum Wohle kommender Generationen geht, um die Verwirklichung sozialer Gerechtigkeit oder den Schutz des menschlichen – auch des ungeborenen – Lebens: In all diesen drängenden Zukunftsfragen kann gerade das christliche Verständnis vom Menschen uns wegweisende Antworten vermitteln. Für den Christen ist die Welt von Gott geschaffen und dem Menschen treuhänderisch übergeben worden. Der Schöpfungsauftrag, sich die Erde untertan zu machen, meint nicht Ausbeutung und Unterdrückung. Vielmehr verpflichtet er uns, die Schöpfung zu bewahren, zu pflegen und zu gestalten. Auch die christliche Überzeugung, daß das von Gott geschenkte und angenommene menschliche Leben unverfügbar ist, muß praktische Konsequenzen haben.

Zum Glück besteht in Deutschland ein breiter Konsens darüber, daß die sogenannte „Eugenik", also die Manipulation menschlicher Erbsubstanz zur Züchtung eines „neuen Menschen", ein Anschlag auf die Würde des Menschen ist. Gerade wir Deutschen haben nicht vergessen, wohin die perverse Idee vom „lebensunwerten Leben" letztlich geführt hat – und führen wird. Unverfügbarkeit menschlichen Lebens – das bedeutet auch, daß menschliches Leben nie bloßes Mittel zum Zweck sein darf.

Bei all diesen Fragen stellen wir leider einen Widerspruch im öffentlichen Bewußtsein fest. Viele, die sonst die staatlichen Organe rigoros auf ihre Verantwortung für den Schutz des Lebens hinweisen, wollen von dieser Verantwortung auf einmal nichts wissen, wenn es um das ungeborene Kind geht. Sie sprechen dem Staat – und das ist eine der großen Unaufrichtigkeiten unserer Zeit – geradezu das Recht ab, sich wertebildend für das ungeborene Kind einzusetzen. Dabei bedarf gerade das ungeborene Kind des Schutzes durch Staat und Gesellschaft. Wie wollen wir eigentlich zur Versöhnung im Innern und zum Frieden mit der Schöpfung fähig sein, wenn wir ausgerechnet der schwächsten Form menschlichen Lebens unsere Liebe und Fürsorge entziehen?

Der Staat hat die Aufgabe, inneren Frieden zu stiften. Und deshalb muß er auch für die Grundwerte, wie sie in der Verfassung ihren Niederschlag finden, aktiv eintreten. Staatliche Institutionen können grundlegende sittliche Gebote nicht einfach aufheben oder abschaffen. Sie sollen deren Erfüllung ermöglichen und fördern. Zwar läßt sich ein ethischer Konsens nicht einfach von oben verordnen. Wir wollen keine Indoktrination – aber das ist kein Freibrief für Gleichgültigkeit in fundamentalen Fragen der Ethik.

In jeder Gesellschaft gibt es nun einmal Konflikte und unterschiedliche Überzeugungen. Wir können diese Konflikte nur auf der Grundlage gemeinsamer Grundüberzeugungen human und gerecht lösen. Andernfalls wären die Leidtragenden die schwächsten Mitglieder der Gesellschaft. Das Füreinander-Einstehen der Generationen, die Partnerschaft zwischen Mann und Frau und nicht zuletzt die Liebe und der gegenseitige Respekt zwischen Eltern und Kindern – dies alles kann unsere Gesellschaft nur prägen, wenn es sich zuvor in der Familie bewährt hat. Hier erlernen die Menschen soziale Tugenden – Einstellungen gegenüber den Mitmenschen wie Mitgefühl, Toleranz und Versöhnungsbereitschaft. Es gibt keinen Lernort, der diese Aufgabe der Familie ersetzen kann. Ebensowenig können Staat und Gesellschaft dem einzelnen Christen seine Verantwortung für das Wohl des Ganzen abnehmen. Unsere Pflicht als Christen ist es, „Sauerteig" zu sein, „Salz der Erde" – und zwar jeder an seinem Platz, ob in Familie oder Schule, in Wissenschaft oder Kunst, in Handwerk oder Industrie, in Landwirtschaft oder Politik.

Wir müssen auch der Tatsache ins Auge sehen, daß Europa heute kein christlicher Kontinent mehr ist – in dem Sinne, wie es das Abendland vor bald 500 Jahren war, als Christoph Columbus Amerika entdeckte. In weiten Teilen Europas sind die Menschen dem Christentum systematisch entfremdet worden. Ihnen auf der Suche nach dem Sinn des

Daseins neue Orientierung zu geben, ist auch eine eminent politische Aufgabe: In das geistige Vakuum, das der Kommunismus vor allem im Osten Europas hinterlassen hat, dürfen jetzt keine neuen totalitären Heilslehren einströmen. Als Christen bejahen wir die Glaubens- und Gewissensfreiheit jedes einzelnen Menschen, und deshalb bejahen wir auch die Vielfalt in unserer freiheitlichen Gesellschaft. Die Glaubens- und Gewissensfreiheit gibt uns allerdings auch das Recht, für unsere eigenen Überzeugungen einzustehen und für sie zu werben. Das ist die große Chance, die sich den christlichen Kirchen auf dem Weg zu einem versöhnten Europa bietet.

Wir sollten im übrigen nicht vergessen, daß der Begriff des „christlichen Abendlandes" lange Zeit vor allem ein Kampfbegriff in der Auseinandersetzung Europas mit der Welt des Islam gewesen ist. Heute ist ein Land wie die Türkei unser Partner in der Atlantischen Allianz und Mitglied des Europarates. Mehr und mehr wird uns bewußt, daß der Dialog zwischen den Religionen immer auch Dienst am Frieden ist. Ich denke dabei nicht nur an unsere muslimischen Mitbürger in Deutschland: Wir werden dauerhaften Frieden im Nahen und Mittleren Osten – einer für das künftige Schicksal Europas so entscheidenden Weltgegend – nur dann erreichen können, wenn die drei großen monotheistischen Weltreligionen Judentum, Christentum und Islam sich auf ihre gemeinsamen Wurzeln besinnen und im Geiste der Brüderlichkeit nach vernünftigen Lösungen für die gegenwärtigen Konflikte suchen.

Auch auf unserem eigenen Kontinent brauchen wir das ökumenische Gespräch: Ich wünsche mir vor allem, daß die katholischen und die evangelischen Christen noch stärker als bisher die neuen Chancen zum Dialog mit den orthodoxen Christen in Europa nutzen. Es geht gewissermaßen darum, einen ökumenischen Bogen von den Klöstern und Kapellen Irlands bis hin zu den Kirchen und Kathedralen von Kiew und Moskau zu schlagen. Das ist eine Aufgabe, die langen Atem erfordert. Aber sie ist – neben vielen anderen – notwendig, damit unser Kontinent auf gemeinsamer geistiger Grundlage ganz zu sich selbst findet.

Heute dürfen wir dankbar bekennen, daß wir jetzt die Chance haben, einer jungen Generation in Europa und in Deutschland zu sagen: Ihr habt die Chance, die kaum je zuvor eine andere Generation in Deutschland und in Europa hatte – die Chance auf ein ganzes Leben in Frieden und Freiheit. Wenn wir gemeinsam mit Augenmaß und Entschlossenheit diese Chance wahrnehmen, dann werden wir in den kommenden Jahren auf dem Weg zum versöhnten Europa entscheidende Schritte vorankommen, dann wird ein Traum Wirklichkeit, den die Besten in Europa geträumt haben. Ich bitte Sie alle, dabei mitzuhelfen.

Broschüre, hrsg. vom Bischöflichen Ordinariat Speyer, ebd. 1991, S. 13–32.

Die Idee Europa –
Die Zukunft des Kontinents

Rede auf dem Fachkongreß „Kulturgemeinschaft Europas" der CDU
in Frankfurt/Oder am 31. Oktober 1991

Die Wiederherstellung der deutschen Einheit, noch mehr aber das Ende des Ost-West-Gegensatzes gibt der Idee Europas eine neue Dimension, die der Politik der CDU zukunftsweisende Antworten abverlangt. Die Reflexionen der folgenden Rede über die Chancen eines vereinigten Europas in der Zukunft münden in die Mahnung ein, Europa nicht nur als politische, sondern auch als kulturelle Gemeinschaft neu verstehen zu lernen.

I.

Auf dem Weg hierher dachte ich darüber nach, was ich gesagt hätte, wenn ich vor drei Jahren gefragt worden wäre, ob es denkbar sei, daß ich am heutigen Tag an diesem Ort und in einem Kreis, wie dem eben vorgestellten, über die Idee Europa diskutieren könnte. Ich hätte dies für unmöglich gehalten. Es geht uns zur Zeit manchmal beinahe wie in einem Traum: Die Bilder wechseln einander so schnell ab, daß wir vieles davon leider gar nicht mehr voll erfassen können.

Mit dem heutigen Fachkongreß über die kulturellen Fundamente der Idee Europa will die Christlich-Demokratische Union Deutschlands das Bewußtsein für ein Thema schärfen, das in den aktuellen Diskussionen über die Zukunft unseres Kontinents häufig zu kurz kommt. Es geht um die Frage, was uns Europäer von Kreta bis Island, von Lissabon bis Moskau im Geiste miteinander verbindet. Es geht um die Frage nach unserem gemeinsamen kulturellen Erbe – und damit auch nach den Chancen eines Patriotismus in europäischer Perspektive.

Europa ist mehr als die Summe des Bruttosozialproduktes aller europäischen Länder. Deswegen stelle ich bei allen Diskussionen – auch im Rahmen der Europäischen Gemeinschaft – über die Zukunft des Kontinents die kulturelle Dimension des europäischen Einigungswerkes deutlich heraus. Denn von einem bin ich überzeugt: Die politische, wirtschaftliche und soziale Einigung Europas wird keinen Erfolg haben, wenn wir Europa nicht auch als Kulturgemeinschaft begreifen – bei allen Unterschieden zwischen unseren Ländern und Nationen.

Daß dieser Kongreß hier in Frankfurt an der Oder stattfindet, hat eine besondere symbolische Bedeutung: Die Zukunft dieser Region wird ganz entscheidend von der europäischen Einigung und vom deutsch-polnischen Versöhnungswerk geprägt sein. Wir wollen hier, an der Nahtstelle zwischen Deutschland und Polen, ein Miteinander erreichen, wie es seit den fünfziger Jahren im Westen, Süden und Norden Deutschlands bereits mit überwältigendem Erfolg besteht. Wir wollen, daß Grenzen ihren trennenden Charakter mehr und mehr verlieren. Wir wollen Brücken bauen, über die die Menschen zueinander kommen können.

Mit der Gründung einer Europäischen Universität wird hier in Frankfurt ein großes europäisches Zentrum für Forschung und Lehre entstehen. Frankfurt und Brandenburg stellen sich damit den geistigen Herausforderungen einer europäischen Zukunft.

Das Schicksal ganz Deutschlands ist untrennbar mit Europa verknüpft. Die deutsche Wiedervereinigung am 3. Oktober 1990 bedeutete zugleich einen entscheidenden Schritt zur Überwindung der Teilung unseres Kontinents. Wir Deutsche würden die Herausforderung der Geschichte verfehlen, wenn wir nun auf dem Weg zur politischen Einigung Europas nicht weiter voranschritten – ungeachtet der Probleme, die wir jetzt im eigenen Land haben.

II.

Wenn wir gerade in diesen Tagen viel von der Notwendigkeit sprechen, die Einheit Europas weiter voranzubringen, so denken viele dabei zuerst an Politik und Wirtschaft. Europa – das habe ich eingangs schon erwähnt – bedeutet jedoch viel mehr als nur das. Die europäischen Völker bilden vor allem eine Werte- und Kulturgemeinschaft. Unsere gemeinsame Kultur ist das stärkste Band, das uns zusammenhält.

Politische und wirtschaftliche Rahmenbedingungen müssen stimmen. Die europäische Einigung kann jedoch nur Erfolg haben, wenn wir uns dabei deren geistige und kulturelle Grundlagen stets vergegenwärtigen. Wir müssen daher das Bewußtsein für die kulturelle Dimension Europas immer wieder aufs Neue schärfen. Dies ist nicht nur Aufgabe der Politik, sondern aller, die die großen intellektuellen Debatten unserer Zeit mitprägen. Ich freue mich deshalb besonders, daß heute so herausragende Vertreter des europäischen Geisteslebens bei uns zu Gast sind.

Europa ist von einer fast 2000jährigen christlichen Tradition geprägt, von antiker und mittelalterlicher Philosophie, vom Humanismus der Renaissance und von den großen Denkern der Aufklärung wie Kant oder Voltaire. Die Kontakte zwischen alten Universitäten wie Prag und Bologna, Paris oder Oxford waren früher in mancher Hinsicht enger, als sie es heute sind. Ich finde, es ist besonders wichtig, daß Studenten aus Prag und Heidelberg wieder ganz selbstverständlich zum Gedankenaustausch zusammenkommen. Das geistige Leben an den Universitäten Europas kann durch die Vertiefung solcher Kontakte nur gewinnen.

Wenn ich von Europa als Kulturgemeinschaft spreche, geht es mir in erster Linie um die gemeinsamen philosophischen Wurzeln, die alle Europäer über Jahrhunderte zusammengehalten haben – trotz zahlloser Bruderkriege. Ich denke an die Grundlagen unserer gemeinsamen Werteordnung – wie die Einzigartigkeit des Menschen, die Achtung vor seiner Würde und seiner persönlichen Freiheit.

Zu diesen Grundlagen haben sich die Mitgliedstaaten des Europarates vier Jahre nach dem Ende des Zweiten Weltkrieges in feierlicher Form bekannt – in der Überzeugung, daß darauf „jede wahre Demokratie beruht". Mit jedem neuen Mitglied gewinnt der Europarat zusätzliche Bedeutung als Symbol der Einheit Europas im Geiste der Menschenrechte. Heute, wenige Tage nach der ersten uneingeschränkt demokratischen Parlamentswahl in Polen, ist die Voraussetzung auch für dieses Land geschaffen, dem Europarat beizutreten. Das ist eine großartige Sache.

Die ungebrochene Kraft der ganz Europa einenden Werte hat auch die Mauer zum Einsturz gebracht. Diese Werte können unsere Völker nun auf dem Weg ins dritte Jahrtausend zusammenführen. Die europäische Idee hat seit dem Ende des Zweiten Weltkrieges immer weiter an Boden gewonnen. Sie wurde von den Völkern angenommen und wird von ihnen getragen. Denken wir nur an die beiden letzten Jahre: Es waren die Menschen in Polen und Ungarn, in der ČSFR und hier in der ehemaligen DDR, die die Ketten der Unrechtsregime sprengten und den Weg „zurück nach Europa" einschlugen. Zu den für mich unvergeßlichen Stunden des Jahres 1991 gehört jene, als die Außenminister der baltischen Staaten in Bonn waren und wir in feierlicher Form die diplomatischen Beziehungen wiederaufnahmen – und als dann der estnische Außenminister Meri auch im Namen seiner beiden Amtskollegen einfach sagte: „Wir kehren heim nach Europa."

Freiheit, Demokratie und Rechtsstaatlichkeit gehören für uns unauflöslich zu Europa. Unser Ziel ist es, den Menschen von Jekaterinburg bis Dublin, von Oslo bis Rom ein friedliches Zusammenleben in freier Selbstbestimmung zu ermöglichen. Zum Selbstbestimmungsrecht der Völker gehört für uns als unverzichtbare Ergänzung auch der Schutz der Minderheiten. Es muß uns darum gehen, das Netz für einen umfassenden und wirkungsvollen Schutz der Menschenrechte immer enger zu knüpfen, damit, wie Konrad Adenauer bereits 1961 so zukunftsweisend formulierte, „Europa einmal ein großes gemeinsames Haus für alle Europäer wird, ein Haus der Freiheit".

III.

In seiner berühmten Züricher Rede sprach Winston Churchill 1946 von der Schaffung der „Vereinigten Staaten von Europa". Er sagte damals: „Es ist nichts weiter dazu nötig, als daß Hunderte von Millionen Männer und Frauen Recht statt Unrecht tun und Segen statt Fluch ernten." Im letzten Jahrzehnt dieses Jahrhunderts, das soviel Not, Elend und Leid sah, können wir die Vision der großen Europäer der ersten Stunde verwirklichen: von Jean Monnet bis Alcide de Gasperi, von Paul-Henri Spaak bis Robert Schuman und Konrad Adenauer.

Heute ist die Europäische Gemeinschaft Kristallisationspunkt des in Freiheit zusammenwachsenden Europa. Nur eine wirtschaftlich starke und politisch einige Europäische Gemeinschaft kann die Zukunft dieses Kontinents entscheidend mitprägen und sichern. Nur sie eröffnet die Chance, daß wir in wenigen Jahren die ganze Gestaltungskraft unseres Kontinents zur Lösung der weltweiten Probleme einbringen können. Raymond Aron hat das Ziel richtig beschrieben, als er sagte: „Die Europäische oder Atlantische Gemeinschaft ist nicht Gegenstand einer flüchtigen Begeisterung. Sie ist das Endziel einer wertefordernden und sinngebenden Anstrengung, wie es das Leben selbst sein soll."

Mit der Vollendung des Europäischen Binnenmarkts bis zum 31. Dezember 1992 erreichen wir ein wichtiges Etappenziel auf dem Weg zur Europäischen Union. Dieser Markt trägt bereits heute erheblich zur wirtschaftlichen Entwicklung in Deutschland und in ganz Europa bei. Zusammen mit dem gleichzeitig entstehenden Europäischen Wirtschaftsraum, der die EFTA-Staaten eng mit der EG verbinden und einen Markt für

380 Millionen Menschen schaffen wird, ist er auch ein positives Signal für jene Reformstaaten Mittel-, Ost- und Südosteuropas, mit denen die EG noch in diesem Jahr Assoziierungsabkommen schließen wird.

In der Europäischen Gemeinschaft liegen weitere Schritte zur Vertiefung der Integration vor uns. Wir wollen die beiden Regierungskonferenzen über die Wirtschafts- und Währungsunion und über die Politische Union im Dezember auf dem EG-Gipfel in Maastricht zum Erfolg führen. Die Verwirklichung der Wirtschafts- und Währungsunion und die damit verbundene Schaffung einer europäischen Währung ist eine unserer großen Gestaltungsaufgaben.

Genauso wichtig für uns Deutsche und für ganz Europa sind vergleichbare Fortschritte auf dem Weg zur Politischen Union. Zur Politischen Union gehört eine gemeinsame Außen- und Sicherheitspolitik. Nur wenn die Europäer mit einer Stimme sprechen und gemeinsam handeln, werden sie aktiv zur Lösung der großen Probleme unserer Zeit beitragen können. Nach drei Jahrhunderten nationalstaatlichen Denkens kann man jedoch nicht erwarten, daß in wenigen Jahren alles überwunden wird, was uns bisher trennte. Wie schwer das ist, zeigt sich nicht zuletzt angesichts der unterschiedlichen Akzente in der Diskussion über ein gemeinsames Vorgehen zur Beendigung des Bürgerkrieges in Jugoslawien. Es sind noch viele Veränderungen notwendig, darunter eben auch eine Stärkung des Europäischen Parlaments und eine gemeinsame Außen- und Sicherheitspolitik der Europäischen Gemeinschaft.

IV.

Wir wollen die wirtschaftliche und politische Zusammenarbeit mit unseren Nachbarn in Mittel-, Ost- und Südosteuropa ausbauen und so unseren Beitrag zu Frieden und Wohlstand auf dem ganzen Kontinent leisten. Der gesamte Westen sollte sich immer vergegenwärtigen, daß es in seinem eigenen Interesse liegt, die Reformstaaten Mittel-, Ost- und Südosteuropas sowie die Republiken der sich erneuernden Sowjetunion auf ihrem Weg zu Demokratie, Rechtsstaatlichkeit und Marktwirtschaft aktiv zu unterstützen. Wir Deutsche haben uns auf diesem Felde in den vergangenen Jahren bereits stark engagiert – und tun es auch weiterhin. Aber wir können diese Last nicht alleine tragen. Nur gemeinsame Anstrengungen aller westlichen Industrienationen versprechen auf Dauer Erfolg.

Zur gesamteuropäischen Verantwortung der EG gehört auch, daß diese Länder Mitglied der Gemeinschaft werden können, sobald sie die politischen und wirtschaftlichen Voraussetzungen erfüllen. Ein wichtiger

Schritt auf diesem Wege werden Assoziierungsverträge sein, wie sie zur Zeit zwischen der EG und den neuen Demokratien Polen, Ungarn und ČSFR verhandelt werden. Unsere historisch-kulturelle Verbundenheit mit diesen Ländern, aber auch mit vielen Völkern der Sowjetunion oder auch den Balten hat eine lange Tradition. Es wird eine der großen Herausforderungen der nächsten Jahre sein, diese Völker mehr und mehr in die Gestaltung der europäischen Zukunft einzubeziehen. Ich will das gerade hier in Frankfurt an der Oder betonen: Für uns ist es nicht annehmbar, daß die Ostgrenze der EG auf Dauer entlang von Oder und Neiße verläuft. Wer das nicht begreift, den müssen wir davon zu überzeugen suchen, daß es um das Interesse auch der Westeuropäer geht – um einen historischen Auftrag der Gemeinschaft.

Die epochalen Veränderungen der Jahre 1989 und 1990 haben unseren Blick dafür geschärft, wie eng Ost und West in Europa kulturell miteinander verbunden sind. Wir spüren das nicht zuletzt in der Musik von Chopin oder Tschaikowsky. Das Schaffen von Marc Chagall – ich denke an die von ihm gestalteten Kirchenfenster in Mainz, Metz und Reims – oder von Joseph Brodsky, dem Literaturnobelpreisträger, zeigt den unersetzlichen Anteil, den Rußland bis in die Gegenwart hinein zu unserem europäischen Kulturerbe leistet. Nicht zuletzt das Scheitern des Putschversuchs in der Sowjetunion hat jedermann vor Augen geführt, daß Europa nicht am Bug endet. Die Menschen, die in Moskau, St. Petersburg und anderen Orten auf die Straße gingen, sehnten sich nicht weniger nach Freiheit als die Menschen in Danzig, Prag oder Leipzig.

Mehr denn je brauchen wir den Dialog zwischen katholischen, evangelischen und orthodoxen Christen in Europa. Es geht darum, einen ökumenischen Bogen von den Klöstern und Kapellen Irlands bis hin zu den Kirchen und Kathedralen von Kiew oder Moskau zu schlagen. Das ist eine Aufgabe, die langen Atem erfordert. Aber sie ist – neben vielem anderen – notwendig, damit unser Kontinent auf gemeinsamer geistiger Grundlage zu sich selbst findet. Der Weg in die gemeinsame europäische Zukunft kann nur über die Achtung der Menschenrechte, den Schutz der Minderheiten und das Selbstbestimmungsrecht führen.

Das gilt auch für die Völker Jugoslawiens. Wenn wir gemeinsam auf diesem Weg vorangehen, ehren wir damit auch das Vermächtnis eines Mannes, der zum Umbruch in Osteuropa entscheidend beigetragen hat: Andrej Sacharow. Meinungsfreiheit, Toleranz und Achtung vor dem Nächsten sind Werte, die der Friedensnobelpreisträger verkörperte.

V.

Die einende Kraft des kulturellen Erbes Europas, gegenseitiges Verständnis und Vertrauen können sich am besten in einem Europa offener Grenzen entfalten. Für die europäische Jugend ist gerade dies von größter Bedeutung. Wo könnte das besser verstanden werden als in dieser Stadt an der Oder? Ein vereintes Europa braucht vor allem das Engagement junger Menschen, wenn Frieden und Freiheit auf Dauer bewahrt werden sollen. Ich kann nicht oft genug betonen, wie wichtig es ist, der Jugend in Europa neue Chancen der Begegnung zu eröffnen. Daß sich junge Europäer heutzutage in den Ferien auf dem Bahnhof in Frankfurt an der Oder oder in Bonn ein Interrail-Ticket lösen und damit kreuz und quer durch Europa fahren können, bringt mehr für Europa als manche Konferenz.

Die Öffnung der Grenzen in ganz Europa ist ein entscheidender Schritt auf dem Weg in eine gute Zukunft. Mit dem deutsch-polnischen Vertrag über gute Nachbarschaft haben sich Deutsche und Polen ihrer gesamteuropäischen Verantwortung gestellt. Das gemeinsame Jugendwerk ist nicht nur ein bedeutender Beitrag zur deutsch-polnischen Aussöhnung, sondern wird auch ein wesentlicher Faktor der europäischen Einigung sein.

In meiner pfälzischen Heimat, in dieser deutsch-französischen Grenzregion, steht das Hambacher Schloß. Der gemeinsame Freiheitswille hat Polen und Deutsche dort bereits 1832 vereint. In jener besonders schweren Stunde polnischer Geschichte fanden sich deutsche, polnische und französische Patrioten unter dem Wort zusammen: „Ohne Polens Freiheit keine deutsche Freiheit, ohne Polens Freiheit kein dauerhafter Friede, kein Heil für die europäischen Völker." Es ist eine bewegende Erfüllung der Worte von Hambach, wenn sich heute Polen in wiedererrungener Freiheit und Selbständigkeit und Deutschland in wiedergewonnener Einheit und Freiheit die Hand zum Frieden und zu guter Nachbarschaft reichen. Ohne die deutsch-französische Freundschaft hätte das Werk der Einigung Europas nicht begonnen werden können. Ohne deutsch-polnische Partnerschaft und Freundschaft wird es sich nicht vollenden lassen.

VI.

Europäische Gesinnung und Verwurzelung in der eigenen Region sind kein Widerspruch. Im Gegenteil: „Einheit in Vielfalt" – das ist unsere Vision von der Zukunft Europas. Dieser Grundsatz gilt für die politische Einigung

Europas, er gilt aber noch viel mehr für die kulturelle und geistige Einigung unseres Kontinents. Gerade darin liegt das Geheimnis der ungebrochenen Kraft Europas: im fruchtbaren Spannungsverhältnis zwischen Einheit und lebendiger Vielfalt unseres kulturellen Erbes.

Ich plädiere immer wieder leidenschaftlich dafür, daß dieses Europa der Regionen – ich würde lieber sagen der Landschaften – Wirklichkeit wird. Jeder von uns hat solche Wurzeln: Sie liegen in Sizilien, Bayern, Wales oder in der Provence. Italien, Deutschland, Großbritannien oder Frankreich sind unsere Vaterländer – das vereinte Europa unsere gemeinsame Zukunft. Dieses Europa soll kein nivellierter Kontinent, es soll ein buntes Bukett mit vielen kräftigen Farben werden. Ein europäischer Zentralstaat hätte – wie jeder Zentralstaat auf der Welt – keine Zukunft. Das Lebensgefühl unserer Generation und vor allem der jüngeren Generation geht glücklicherweise in eine andere Richtung. Heimat, Vaterland, Europa – das ist der Dreiklang der Zukunft.

Nicht zuletzt die ethnischen, sprachlich-kulturellen und religiösen Minderheiten prägen das Bild der Vielfalt, durch die Europa sich auch künftig auszeichnen soll. Sie dürfen aus dem Selbstverständnis der Nationen nicht ausgegrenzt werden, denn sie tragen zum kulturellen Reichtum jedes Volkes und letztlich ganz Europas bei. Niemand kann wollen, daß die Unterschiede zwischen den Regionen eingeebnet werden, daß Eigenheiten und unterschiedliche Charaktere gleichsam in einem Schmelztiegel verschwinden. Die Prinzipien der Subsidiarität und des Föderalismus haben sich bei uns und anderswo in vielfältiger Weise bewährt.

Auch und gerade auf dem Weg zu den „Vereinigten Staaten von Europa" wollen wir auf sie zurückgreifen und sie zum Gestaltungsprinzip des künftigen Europa machen. „Einheit in Vielfalt" ist nicht zuletzt Voraussetzung für die Kreativität und Schaffenskraft der Menschen in Wirtschaft und Politik, in Wissenschaft und Kultur.

Wenn wir in diesem Sinne fähig sind, aus der Geschichte zu lernen, wenn wir die Idee Europa, die Zukunft des Kontinents in diesem Sinne begreifen, dann werden die neunziger Jahre als ein bedeutendes Jahrzehnt in die Geschichtsbücher eingehen. Als Vorsitzender der CDU Deutschlands sage ich Ihnen, daß wir als eine der großen deutschen Volksparteien diese europäische Orientierung beibehalten werden.

Ich habe vor einigen Wochen vor Studenten in Kalifornien gesagt, daß man mit diesem Alten Kontinent wieder rechnen müsse. Und viele

Studenten haben dort begeistert gejubelt. Hier in Europa sind wir zurückhaltender, weil wir meistens die Alltagssorgen vor Augen haben, die den Blick auf die Zukunft verstellen. Aber Europa ist heute nicht nur Gegenwart, seine Zukunft hat längst schon begonnen – obwohl das noch nicht alle begriffen haben. Ich darf Sie alle einladen, an einem Europa mitzubauen, das sich nach Jahrzehnten der widernatürlichen Teilung endlich wieder auf seine geistigen Fundamente besinnt.

Broschüre, hrsg. von der Bundesgeschäftsstelle der CDU, Bonn o.J., S. 15–22.

Einheit leben

Rede auf dem 2. Parteitag der CDU in Dresden
am 15. Dezember 1991

*Der erste Parteitag der CDU Deutschlands auf dem Gebiet der ehemaligen
DDR war für den Parteivorsitzenden der geeignete Moment und Ort, um die
Partei nach der Erfolgsstimmung der Wiedervereinigung auf ein neues großes
Ziel zu verpflichten: Die Vollendung der inneren Einheit soll als Sicherung
des Zukunftsstandortes Deutschland begriffen und gestaltet werden.*

Zum ersten Mal halten wir einen Bundesparteitag hier in Sachsen ab,
und es ist das erste Mal, daß wir nach der Überwindung der Teilung in
einem der neuen Bundesländer zusammenkommen können. So demonstrieren wir ganz einfach das, was für die Partei Konrad Adenauers,
Jakob Kaisers, von Andreas Hermes und von Hermann Ehlers immer
selbstverständlich war: Wir sind und bleiben die Partei der deutschen
Einheit.

In den Tagen und Wochen nach dem Fall der Mauer bot sich uns
Deutschen eine einmalige Chance: die Chance – und das ist einmalig in
der Geschichte –, ohne Krieg und ohne Blutvergießen, mit der Zustimmung all unserer Nachbarn die Einheit des Landes zu gewinnen. Wir
haben diese Chance genutzt. Wir waren nicht allein, und auch in dieser
Stunde soll das nicht vergessen werden: In Ost und West haben uns viele
geholfen. Ich nenne genauso George Bush wie Michail Gorbatschow –
gerade jetzt und heute. Aber der Erfolg war auch – und dies dürfen wir
bei aller Bescheidenheit sagen – ein Erfolg einer beharrlichen und
konsequenten Außen- und Deutschlandpolitik, vor allem seit dem Ende
des Jahres 1982.

Ich will nicht nachkarten: Aber wenn wir über die Geschichte der
deutschen Einheit sprechen, müssen wir darüber sprechen, daß der
Ausgangspunkt für diese einmalige Chance in der Durchsetzung des

Nato-Doppelbeschlusses bestand. Ohne diese Entscheidung hätte es diesen Weg nicht gegeben! Es hätte damals sehr leicht zu einer Erosion der Nato kommen können, und ich weiß, nicht zuletzt von Michail Gorbatschow, daß die Stabilisierung der Nato eine entscheidende Voraussetzung für die Einleitung der Perestroika war. Beides gehört zusammen: die Standfestigkeit unserer Landsleute damals hier in der ehemaligen DDR, in den jetzigen neuen Bundesländern, die revolutionäre Aufbruchstimmung und das mutige Handeln der Solidarność in Polen, der Menschen in Ungarn und anderswo, aber auch die Bereitschaft der Deutschen unter Führung der Union in der alten Bundesrepublik, zur Freiheitsidee des Westens zu stehen.

An manchen Tagen ist es schon wie in einem Traum, und es geschieht soviel, daß viele von uns es kaum mehr wahrnehmen – ich nehme mich dabei nicht aus. Die nuklearen Kurzstreckenwaffen in Europa werden um 80 Prozent verringert. Wer das vor drei, vier, fünf Jahren auf einem Parteitag der CDU als Ziel verkündet hätte, wäre ausgelacht worden; das hat doch niemand für möglich gehalten. Wir haben gesagt: „Frieden schaffen mit weniger Waffen", und wir konnten unser Wort einlösen. Dafür sind wir dankbar. Wir haben auch an der anderen entscheidenden Weichenstellung einen wesentlichen Anteil – im Sinne der Präambel unserer Verfassung –, die deutsche Einheit zu vollenden und einen Beitrag zur politischen Einigung Europas zu leisten. Das war immer unsere Politik seit den Zeiten Konrad Adenauers. Und das, was letzte Woche in Maastricht erreicht wurde, ist – bei allen Mängeln in diesem oder jenem Punkt – der Durchbruch in Europa. Man muß sich klarmachen, man muß sich wirklich klarmachen, was es heißt, daß es im Jahre 1997 oder 1999 – das spielt gar keine Rolle – in Europa nicht nur den großen Binnenmarkt geben wird, von Stockholm bis nach Edinburgh, von Dublin bis Rom, von Paris bis Lissabon, sondern daß es auch eine gemeinsame Währung geben wird und daß es – ungeachtet manchen Denkens in welchen Bürokratenstuben in Europa auch immer – das politische Europa natürlich auch geben wird; das eine formt das andere ganz zwangsläufig. Und am Ende dieses Jahrhunderts – ob drei Jahre oder ein Jahr vor der Jahrhundertwende – wird es für jeden ein für allemal offenbar sein: In diesem alten Kontinent wird es keinen Bruderkrieg untereinander mehr geben. Das ist doch die Botschaft, die wir jetzt verkünden können!

Ich habe den Wunsch und die Bitte – weil doch in vielen unserer Diskussionen danach gefragt wird: Haben wir eigentlich Visionen? –, die

Gegenfrage zu stellen: Gibt es eine größere Vision als Freiheit und Frieden und Einheit für diesen alten, ewig jungen Kontinent? Das ist doch eine Vision, für die es sich zu arbeiten lohnt.

Und wir erleben in diesen Tagen ein anderes, ich finde, viel zu wenig beachtetes Ereignis: Wir erleben den Zusammenbruch der anderen der beiden schrecklichen Ideologien, die die Welt in diesem Jahrhundert beherrschen wollten: nach dem Faschismus-Nationalsozialismus den Zusammenbruch des Kommunismus, und zwar in einer unglaublich dramatischen Weise. Ich denke, wir müssen erkennen, daß dadurch auch im geistigen Leben Europas und Deutschlands jetzt ein Vakuum entstehen kann, das uns besonders fordert; ich will gleich darüber sprechen. Die Kommunisten haben nie verstanden, daß der Mensch die Achtung seiner Würde braucht wie die Luft zum Atmen, daß er Freiheit braucht. Jetzt ist auch dort, wo früher der Kommunismus herrschte, die Chance der Freiheit da, und es gilt, sie zu nutzen.

Im November 1989 habe ich im Bundestag in meiner Rede zu den zehn Punkten gesagt: „Die Wiedervereinigung, das heißt die Wiedergewinnung der staatlichen Einheit Deutschlands, bleibt das politische Ziel der Bundesregierung." Ich karte nicht nach, aber man wird nach zwei Jahren wenigstens darauf hinweisen dürfen. Es gilt ja heute als wenig vornehm, auf solche Zitate hinzuweisen. Ich will jetzt bewußt nicht so vornehm sein, sondern einfach daran erinnern, wie das war. Und zwar vor allem deswegen, weil die gleichen, die damals die falschen Ratschläge gaben, jetzt wieder falsche Ratschläge geben. Und wir haben doch die Lebenserfahrung gemacht – jedenfalls im privaten Leben –, daß wir den Ratgebern nicht folgen sollten, die immer das Falsche raten. Deswegen will ich doch daran erinnern, daß nicht irgendwann, sondern noch im Oktober 1989, kurz vor dem Fall der Mauer, der damalige Vorsitzende der SPD, Hans-Jochen Vogel, von der „Ablehnung des leichtfertigen und illusionären Wiedervereinigungsgeredes" gesprochen hat. Ähnlich Lafontaine und Engholm. Herr Schröder aus Niedersachsen verstieg sich sogar zu der Feststellung, die Wiedervereinigung sei „reaktionär und hochgradig gefährlich".

Das ist der Grund – weil sie so völlig außerhalb der geschichtlichen Tatsachen und Erfahrungen lagen –, weshalb sich die Sozialdemokraten im Blick zurück auf das Jahr 1989 so schwertun und jetzt vieles veranstalten, bis hin zu Publikationen vielfältiger Art, um die Geschichte umzuformulieren – nicht so, wie sie war, sondern, wie sie sie gern gezeichnet hätten. Deswegen ist es wichtig – und das ist ein Aufruf an uns alle –, daß wir uns darum kümmern, daß die Zeugnisse jener Tage offenbar und dokumentiert werden, damit nicht in zehn Jahren junge Studenten in den Seminaren deutscher Universitäten nur eine Darstellung bekommen, die nichts mit der Wirklichkeit von heute zu tun hat. Und vom Grundwertepapier von SPD und SED will ich in diesem Zusammenhang schon gar nicht mehr sprechen. Es ist einfach wahr: Viele führende deutsche Sozialdemokraten – ich sage bewußt: nicht alle – hatten das Ziel der deutschen Einheit aufgegeben und nicht mehr daran geglaubt. Sie sind in der Zeit danach – sie tun das zum Teil bis heute – durch die neuen Bundesländer gezogen und haben, statt den Menschen zu helfen, Katastrophengemälde entworfen.

Aber ich will nicht nur von den Sozialdemokraten, sondern auch einmal von jenen reden, die aufgrund ihrer besonderen Sensibilität eigentlich dazu berufen sein sollten, geschichtliche Vorgänge zu begreifen: Unter den Schriftstellern beispielsweise wandte sich Martin Walser als einer von wenigen im August 1989 gegen die – wie er sagte – „Gesundsprechung des kranken Zustandes" der deutschen Teilung. Er sagte: „Wenn du dich darum kümmerst,… dann bist du ein Nationalist… Dann ist man kein Links-Intellektueller, für manche schon gar kein Intellektueller mehr." Ich weiß nicht, wen er im einzelnen gemeint hat, aber er könnte an Günter Grass gedacht haben, der sogar noch im Februar 1990 sagte: „Das Einheitsgebot gehört auf den Müllhaufen unserer Geschichte." Wie weit hat sich doch dieser gefeierte Schriftsteller von der Wirklichkeit der Menschen in unserem Land entfernt! Nach meinem Verständnis kennzeichnet es einen Schriftsteller, daß er ein ausgeprägtes Gespür für das hat, was die Menschen bewegt. Was eigentlich müssen angesichts solcher Äußerungen Millionen empfinden, deren Sehnsucht nach Freiheit und Einheit sich endlich – nach über vierzig Jahren Diktatur und Spaltung – erfüllte?

Weil die Zeit doch so schnellebig ist und weil auch vieles bewußt verwischt wird, füge ich hinzu: Wie schäbig war doch das Verhalten von nicht wenigen im Westen, die in Freiheit lebten und dennoch zu Mauer, Stacheldraht und Schießbefehl schwiegen. Heute wird jeden Tag gefordert – das ist auch richtig so –, daß vor allem die eigentlich Verantwortlichen des SED-Regimes vor Gericht gestellt werden sollen, daß nicht zugelassen wird, daß nach dem Motto verfahren wird: Die Kleinen hängt man, und die Großen läßt man laufen. Aber dafür sind eben auch beweiskräftige Unterlagen erforderlich. Ich erinnere hier an die Zentrale Erfassungsstelle in Salzgitter, die einmal von allen Bundesländern in der

Überzeugung, daß der Tag der deutschen Einheit kommen werde, eingerichtet wurde. Ich frage heute die SPD-Ministerpräsidenten des Saarlandes und von Nordrhein-Westfalen, die SPD-Bürgermeister von Bremen und Hamburg, wie sie es angesichts der auch von ihnen erhobenen Forderung nach Bestrafung der Schuldigen eigentlich rechtfertigen wollen, daß sie 1988 beschlossen haben, ihre finanzielle Unterstützung dieser Einrichtung der Bundesländer zur Dokumentation des Unrechts zu streichen. Der SPD-Vorsitzende und Ministerpräsident von Schleswig-Holstein hat diesen Schritt – Streichung der Zuschüsse – im Jahr 1989 getan, gut ein halbes Jahr, bevor Ungarn die Grenze nach Österreich für die Flüchtlinge aus der damaligen DDR öffnete.

Das alles sind schon beachtliche Armutszeugnisse, die sich so mancher ausstellte, der sich selbst gerne als moralische Instanz begreift. Ich habe diese Beispiele nicht genannt, um – ich sage es noch einmal – nachzukarten, sondern um noch einmal deutlich zu machen, daß diejenigen, die sich so verhielten und handelten, heute nicht berufen sind, sich mit Ratschlägen hervorzutun. Auf diese Schlußfolgerung kommt es mir an. Ich wollte damit auch darauf hinweisen, daß vor allem sie Grund hätten, aus diesen Vorgängen und Fehlern zu lernen und daß sie die Notwendigkeit begreifen sollten, jetzt gemeinsam zu helfen, statt hier in den neuen Bundesländern durch die Lande zu ziehen und – ich sagte es schon – die Menschen mit Katastrophenszenarien zutiefst zu verunsichern.

Niemand hat die Verwirklichung der deutschen Einheit konkret absehen können; wir nehmen das jedenfalls für uns nicht in Anspruch. Aber wahr ist auch, daß wir, wenn sich uns die Chance der deutschen Einheit zum Ende der Regierungszeit der SPD 1980 oder 1981 geboten hätte, die notwendigen materiellen Herausforderungen gar nicht hätten bewältigen können. Wir haben damals das Ruder herumgeworfen, weil unsere Vorstellung von Sozialer Marktwirtschaft völlig anders war als die unserer Vorgänger. Das hat dem Land gutgetan. Fast vier Millionen neue Arbeitsplätze in den alten Bundesländern seit 1983 sprechen für sich. Über Jahre hinweg hat sich die finanzpolitische Situation in der alten Bundesrepublik hervorragend entwickelt. Wenn wir die deutsche Einheit nicht bekommen hätten, könnte ich heute vor Ihnen stehen und eine hervorragende Bilanz der Staatsfinanzen für die alte Bundesrepublik. vorlegen. So paradox es klingt: Ich freue mich, daß ich es nicht kann! Ich glaube, daß das, was wir für die deutsche Einheit, für die Einheit unseres Vaterlandes tun, jede Anstrengung wert ist. Jeder muß doch erkennen, daß sich die Lage bei uns und in Europa dramatisch verändert hat: Wir haben unser Ziel, die deutsche Einheit, erreicht. Aber wir dürfen uns nicht abkapseln und so tun, als seien die deutschen Dinge das Maß allen Handelns.

Wir haben gewachsene Verantwortung in Europa und in der Welt. Das, was Bischof Nossol hier gesagt hat, gilt nicht nur für Polen! Es gilt genauso für Ungarn, die ČSFR und für die baltischen Staaten. Man kann doch nicht die Freiheit des Baltikums bejubeln und die Menschen dort gleichzeitig allein lassen! Das wäre eine heuchlerische Politik! Das gilt natürlich auch für die Hilfe zur Selbsthilfe für die Menschen in den Republiken der Sowjetunion. In Mittel-, Ost- und Südosteuropa sind die Menschen fasziniert vom Einigungsprozeß im Westen. Es liegt gerade auch in unserem Interesse, daß sich Demokratie, Freiheit und Marktwirtschaft überall auf unserem Kontinent durchsetzen. Es ist wahr: Wir sind bis an die Grenze dessen gegangen, was wir an Lasten tragen können. Ich habe diesen Weg bewußt beschritten, auch in Kenntnis der Tatsache, daß wir das alles allein nicht schultern können. Aber wir haben ja auch Milliarden und Abermilliarden für Rüstung aufgebracht. Wenn wir in der vor uns liegenden Zeit Rüstung abbauen und die freiwerdenden Mittel in Werke des Friedens investieren können, dann ist gerade dies unsere Politik, wie wir sie immer verstanden haben.

Ich sprach mit Blick auf die dramatischen Veränderungen bereits von dem großen Ziel der politischen und wirtschaftlichen Einigung Europas, die jetzt Wirklichkeit wird. Hinzu kommt: Der Ost-West-Konflikt ist überwunden. Der Nord-Süd-Konflikt tritt in den Vordergrund. Wirtschaftliches Elend, soziale Not, Armutsflüchtlinge, globale Umweltzerstörung verlangen Antworten auch von den Deutschen. Auch wiederhole ich: Wir dürfen nicht zulassen, daß in der Welt die Stimmung aufkommt, die Deutschen haben ihr Ziel erreicht; jetzt kümmern sie sich um nichts, außer um sich selbst.

Das sage ich hier in die nachdenkliche Stimmung eines Parteitages, der sich nicht mit bevorstehenden Wahlen befaßt, sondern der sich aus gutem Grund einmal mit der Partei selbst, mit ihrem Selbstverständnis, ihrer Identität beschäftigt. Es ist zugleich die Stunde zu fragen, ob wir angesichts der dramatischen Veränderungen in der Welt wirklich fähig sind, unsere Prioritäten neu zu bedenken. Kurt Biedenkopf hat es soeben treffend formuliert, als er sagte – ich gebe es mit meinen Worten wieder: Auch für den Kölner zum Beispiel sollte es eine phantastische Sache sein, daß das wunderbare historische Stadtbild Dresdens, die Brühlsche

Terrasse in ihrem Glanz, in ihrer Tradition wiedersteht. Wenn ich den Alltag in der Partei, in der Fraktion, im Bundesrat, in der kommunalen Politik in den westlichen Bundesländern betrachte, dann habe ich nicht den Eindruck, daß wir das schon ganz begriffen haben. Ich habe manchmal eher das Gefühl, wir haben einen historischen Moment genutzt, haben dann – was richtig war – ordentlich gefeiert, und jetzt läuft es mehr oder minder so weiter wie vorher. Das heißt zum Beispiel in den Gemeinden der alten Bundesländer, daß jedes Hallenbad, das in der Planung war, nun auch gebaut werden soll. Mit Blick auf die neuen Prioritäten in Deutschland sage ich: Es muß jetzt nicht gebaut werden.

Von uns erwarten die Menschen, daß wir fähig sind, auch zu sagen, was wir uns jetzt eben nicht leisten können. Es ist nicht die Zeit des Verteilens. Es ist die Zeit der Konzentration auf das jetzt wirklich Notwendige. Seit der Wiedervereinigung vor vierzehn Monaten haben wir in den neuen Ländern bereits vieles auf den Weg gebracht. Es sind weit mehr als hundert Milliarden DM pro Jahr in die neuen Bundesländer gegangen. Aber dieses Opfer hat sich ja auch für die Menschen im Westen gelohnt. Ohne den Nachfrageboom durch die deutsche Einheit hätten wir im Jahre 1990 niemals eine solche Wirtschaftskraft entwickelt. Selbst in den Ländern der Europäischen Gemeinschaft können Sie das ablesen an der Zunahme ihrer Exporte nach Deutschland.

Wenn wir jetzt dabei sind, vieles neu zu entwickeln, zahlt sich das für Sachsen, für Dresden, aber natürlich auch für ganz Deutschland aus. Denn das, was hier in den neuen Bundesländern neu entsteht, wird künftig den internationalen Vergleich nicht zu scheuen brauchen. Mehr als hierzulande kann man aus vielen ausländischen Äußerungen hören, daß die neuen Bundesländer in wenigen Jahren zu den besten Standorten in Europa zählen werden. Nur, wir müssen den Menschen hier sagen, daß es das Ergebnis unserer Politik sein wird. Natürlich geht das alles nicht über Nacht. Und besonders verständlich ist: Die Menschen, die eine völlige Veränderung nicht nur eines ökonomischen Systems, sondern ihrer ganzen Lebensumstände erleben, machen sich Sorgen – Sorgen um Arbeitsplätze, um neue Beschäftigungsmöglichkeiten. Sie haben Ängste, weil das, was sie – wenn auch mehr oder minder wider Willen – erfahren haben, doch ein Stück Rahmen, ein Stück Geborgenheit enthalten hat. Wenn der Staat vorsorgte für die Arbeitsplätze und wenn man glaubte, daß diese Arbeitsplätze sicher seien und wenn man sich dann jetzt auf eine marktwirtschaftliche Ordnung umstellen muß, ist es doch ganz selbstverständlich, daß der Übergang schwierig ist.

Die Deutschen im Westen sollten nicht so tun, als sei das bei ihnen anders gewesen. Wer es miterlebt hat – ich war damals 18, als die Währungsreform kam –, der weiß, daß wir in unserer Bundestagsfraktion bis in die frühen fünfziger Jahre hinein gestritten haben – von den Sozialdemokraten rede ich schon gar nicht –, ob die Soziale Marktwirtschaft der richtige Weg sei. Es ist doch wahr, und es gehört zur Geschichte unserer Partei, daß es damals in unserer Partei Stimmen gab, die forderten, Ludwig Erhard sollte besser abtreten, weil seine Politik nicht die richtige Politik für die Zukunft sei. Was heute wie ein Denkmal erscheint, war damals durchaus kein Denkmal. Damals stellten manche die Frage, ob das der richtige Weg sei. Erhards Weg hat sich als richtig und erfolgreich erwiesen. Aber es war auch damals ein sorgenvoller Weg. Das müssen wir unseren Freunden und Landsleuten in den neuen Bundesländern sagen.

Entwicklungen, die im Westen Deutschlands Jahrzehnte in Anspruch nahmen, vollziehen sich hier in den neuen Bundesländern in wenigen Monaten. Dieser umfassende und rasche Wandel verunsichert viele. Wiedervereinigung heißt deshalb für mich: Die Sorgen der Menschen in den neuen Bundesländern müssen die gemeinsamen Sorgen aller Deutschen sein. „Einheit leben" muß doch heißen, daß es für uns kein „hüben" und kein „drüben" mehr gibt. Deswegen ist solidarisches Handeln nicht im Reden, sondern im Handeln angesagt. Zu den praktischen Beispielen zählen 400 000 ABM-Plätze und 800 000 Maßnahmen zur beruflichen Fortbildung und Qualifikation. Ich will das hier auch einmal sagen, weil es oft vergessen wird: Dies wird überwiegend von den Beitragszahlern aus den alten Ländern finanziert. Zu den Erfahrungen der letzten Monate gehört auch, daß es für alle Schulabgänger in den neuen Bundesländern eine Lehrstelle gibt. Das ist eine phantastische Leistung! Das ist eine Leistung, die vor allem aus der Gesellschaft getragen wird. Es waren Unternehmer, die sich sozialverpflichtet verhalten haben: Handwerksmeister, mittelständische Unternehmer, Betriebsräte und Gewerkschaftler. Das ist eine solidarische Leistung: junge Leute weg von der Straße in erstklassige Ausbildungsverhältnisse zu bringen.

Wir haben seit Ludwig Erhard ja nicht von Marktwirtschaft, sondern von Sozialer Marktwirtschaft gesprochen. Ich sage das auch im Nachgang zu den stundenlangen Debatten auf dem Maastrichter Gipfel. Wir waren nie reine Marktwirtschaftler. Wir wissen um die Grenzen der Marktwirtschaft. Soziale Marktwirtschaft schließt das Gebot der Solidarität mit ein. Und Solidarität ist auch notwendig zur Sicherung der Stabilität unserer Währung. In einem Land, in dem zwei Generationen Inflation und Vermögensverluste bitter erfahren haben, in einem Land, in dem man im Rückblick auf die Geschichte doch sagen kann, daß die erste Inflation nach dem Ersten Weltkrieg sehr viel mit dem Aufkommen des Nationalsozialismus und der Verelendung breiter Massen unserer Bevölkerung zu tun hatte, ist die Sensibilität für diese Frage ganz besonders groß. Deswegen sage ich gerade auch im Blick auf den Weg in das vereinte Europa: Was jetzt in Maastricht in dem Vertrag so sorgfältig ausgearbeitet wurde, ist ein Beweis dafür, daß wir nichts tun werden, was die Stabilität unserer Währung gefährdet. Denn wir wissen nur allzu gut, daß eine stabile Währung die zentrale Voraussetzung für soziale Gerechtigkeit ist. Es werden immer breite Massen der Bevölkerung, die sogenannten kleinen Leute, bestraft, wenn die Währung nicht mehr stabil ist. Das kann und wird niemals unsere Politik sein.

Wir haben eine veränderte weltwirtschaftliche Lage. Es muß doch – das gehört zu den Prioritäten – bei abgebremster Weltkonjunktur unser Ziel sein, Arbeitsplätze und Stabilität im eigenen Land zu erhalten. Sie wissen, ich respektiere die Tarifautonomie. Als letztes kann ich mir vorstellen, daß die Regierung auch noch über Lohntarife bestimmt. Das wäre ein Grund zum Auswandern. Natürlich hat auch die Politik Mitverantwortung, etwa als Arbeitgeber im öffentlichen Dienst. Zugleich müssen wir bei der Entwicklung zwischen den neuen Bundesländern und den alten Bundesländern insgesamt immer wieder auf die engen Zusammenhänge von Sicherung von Arbeitsplätzen und Stabilität unserer Währung hinweisen. Mein Appell ist daher, daß jeder, der in der Verantwortung steht, das Notwendige tut, damit wir bei den Tarifrunden in diesem Jahr zu Ergebnissen kommen, die der Gesamtwirtschaft dienen und die jetzt vor allem die Interessen der neuen Bundesländer vorrangig berücksichtigen. Das gehört ebenfalls zur neuen Prioritätensetzung.

Ich sprach von den finanziellen Anstrengungen, die wir unternehmen müssen. Jeder weiß, der Investitionsbedarf in den neuen Bundesländern ist gewaltig. Mir scheint nur, von allen Krediten, die das Deutsche Reich und dann später die Bundesrepublik Deutschland in diesem Jahrhundert aufgenommen haben, sind die Kredite für den Frieden und die Freiheit und die deutsche Einheit die sinnvollsten. Das sind im übrigen Kredite, die gerade der jungen Generation ihre Zukunft sichern. Selbstverständlich ist aber auch: Wir werden die Neuverschuldung des Bundes wieder zurückführen. Solide Finanzpolitik gehört zum Markenzeichen unserer Politik. Und ich füge hinzu: Finanzpolitik wird auch ein zentrales Wahlthema sein, weil es mit dem persönlichen Glück und dem Schicksal vieler Menschen etwas zu tun hat. Meine Bitte in dieser föderal gegliederten Partei ist, daran zu denken, daß das nicht nur ein Thema der Bundesregierung und der Bundestagsfraktion ist, sondern genauso eine Frage der Länder und der Gemeinden. Für solide Staatsfinanzen und stabile Währung unseres Landes stehen wir alle gemeinsam in gesamtstaatlicher Verantwortung. Aber wenn ich von den notwendigen Prioritäten spreche, dann stellt sich genauso die zentrale Frage nach dem künftigen Standort Deutschland. Wer attraktive und sichere Arbeitsplätze will, der muß international leistungsfähig sein. Er muß ganz einfach auch besser sein als die Konkurrenz.

Gerade an der Schwelle zum großen europäischen Markt in zwölf Monaten ist es eben töricht, nach der Art der Sozialdemokraten eine Frage wie die Neuregelung der Besteuerung von Betrieben abzuwerten. Hier geht es doch nicht um Geschenke für die Reichen. Hier geht es ausdrücklich darum, daß unsere Unternehmungen mit ihren Arbeitsplätzen, mit ihrer Produktion im europäischen Markt mit 380 Millionen Menschen wettbewerbsfähig sind. Das ist das Ziel, das wir uns gesetzt haben!

Wenn wir uns klug verhalten, müssen wir uns – etwa im Jahre 1999, wenn die Währungsunion vollendet ist – nicht sorgen, auch mit den Japanern und den Amerikanern, den Ländern im Fernen Osten im Export konkurrieren zu können. Wir sind aber noch nicht soweit! Ich weiß, daß viele das nicht gern hören. Doch Weglaufen vor den wirklichen Problemen unseres Landes hilft niemandem. Als eine der bedeutendsten Exportnationen der Welt müssen wir uns fragen: Sind wir jetzt, im Dezember 1991, für diesen härteren Wettbewerb gerüstet? Tun wir wirklich genug dafür, daß beispielsweise das umweltfreundliche und technisch anspruchsvolle Auto des Jahres 2000 in erster Linie am Standort Deutschland gebaut wird? Es stimmt mich schon nachdenklich – ohne daß ich deswegen Ängste beschwöre –, daß deutsche Automobilexporte etwa in den USA an Boden verlieren, während die Japaner kräftig zulegen. Wer also über viele besondere Leistungen im Sozialen nachdenkt – in den Tarifverträgen, vom Jahresauto bis hin zu der Verkürzung der Arbeitszeiten –, der muß vor allem daran denken: Wie wird im Jahre 2000 und 2010 die Arbeitsplatzsituation hier in Deutschland aussehen? Das muß jetzt das Ziel sein, um das wir uns bemühen! Es geht aber beim Standort Deutschland nicht nur um Produktions- und Exportergebnisse. Es geht um mehr. Es geht um unsere Fähigkeit, um die Fähigkeit unserer Gesellschaft – ob Arbeitgeber oder Gewerkschaften oder andere wichtige Gruppen – zu einer über Gruppeninteressen hinausgreifenden Zusammenarbeit.

Es geht um die Leistungsfähigkeit unserer Schulen und Hochschulen. Auch hier müssen wir fragen, ob wir konkurrenzfähig sind. Es geht beispielsweise um die seit Jahrzehnten auf Parteitagen immer wieder aufkommende Frage, wie lange wir uns noch die längsten Ausbildungszeiten in Europa leisten können, ob wir wirklich vor Verbänden kapitulieren wollen, oder ob wir fähig sind, endlich das zu tun, was alle unsere Nachbarn längst getan haben. Es geht ebenso um Forschungsinvestitionen und um Spitzentechnologie. Aber es geht vor allem nicht nur um wirtschaftliche Dinge, sondern um das Bild Deutschlands, das in der Welt entscheidend geprägt wird durch Reichtum und Vielfalt von Kunst und Kultur. Das wachsende Interesse vor allem im Norden und Osten Europas an unserer Muttersprache, an der deutschen Sprache, eröffnet eine ungeheure Chance! Ist es nicht eigenartig, daß wir es in unserem föderalen Gemeinwesen einfach nicht zustande bringen, jetzt in einer Sonderaktion eine genügende Zahl von Deutschlehrern in den neuen Republiken der früheren Sowjetunion, in Polen und anderswo zur Verfügung zu stellen? Das ist eine neue Priorität. Wir kriegen nicht jedes Jahr die Chance, für die deutsche Sprache in der Welt etwas zu tun. Jetzt ist die Chance da; lassen Sie sie uns nutzen!

Wenn ich an die Kultur denke, denke ich natürlich hier in Sachsen an das Leipziger Gewandhausorchester, das von hier nach New York geht. Ich denke an umfassend informierende Tagungen der Goethe-Institute in Asien, an Gastprofessuren in Lateinamerika und an Projekte für politische Bildung in Afrika: Auch dies bestimmt das Bild Deutschlands in der Welt! Mit einem Wort: Mir geht es um die Offenheit und die Anpassungsfähigkeit unserer Gesellschaft gegenüber neuen Entwicklungen und Herausforderungen. Das bestimmt entscheidend den Standort Deutschlands und seine Attraktivität in Europa und darüber hinaus. Zu diesem Zukunftsstandort Deutschland gehört selbstverständlich der wirksame Schutz von Natur und Umwelt, die Bewahrung der Schöpfung, der Einklang von Ökologie und Ökonomie. Gerade hier in den neuen Bundesländern sehen wir ja das katastrophale Erbe, das die SED hinterlassen hat. Wir müssen auch hier die Priorität sehen, die notwendig ist. Die Beseitigung gehört zu unseren drängendsten Aufgaben. Was wir am Rhein geschafft haben, werden wir auch an Oder und Elbe erreichen. Dies ist ein weiteres Beispiel für konkretes und solidarisches Handeln.

Wenn wir von der inneren Einheit unseres Landes sprechen, dann sollten wir zuerst einmal von jenen sprechen, die den längsten und schwierigsten Weg in Deutschland hatten. Das ist die Generation der Rentner. Die Renten in den neuen Bundesländern – und ich danke bei dieser Gelegenheit einmal Norbert Blüm, der immer ein Vorkämpfer für diese Solidaritätsverpflichtung war –, die Renten in den neuen Bundesländern sind seit 1989 schneller gestiegen als die realen Einkommen der Arbeitnehmer. Ich finde das richtig, weil ich glaube, daß es keine Generation gibt, die die Last der Geschichte unseres Volkes so getragen hat wie die Rentner in den neuen Bundesländern. Wer dort heute siebzig oder achtzig Jahre oder älter ist, der hat die ganze Last des Jahrhunderts getragen. Denken wir nur an Inflation, Weltwirtschaftskrise, Nazizeit, Krieg und Gefangenschaft, kommunistische Diktatur hier. Man muß sich immer wieder klarmachen, das alles ist *ein* Deutschland. Wer 1939 Soldat wurde, Krieg und Gefangenschaft überlebte und hier nach Dresden in die Heimat zurückkehrte, der hatte dann noch vierzig Jahre SED-Diktatur vor sich. Und viele Frauen, deren Männer gefallen waren und die nicht die Chance hatten, einen Partner zu finden, mußten ihren Lebensweg auch noch über vierzig Jahre im Sozialismus allein bewältigen. Wer das Glück hatte, auf der Sonnenseite, im freien Teil unseres Landes, zu leben, der muß sich vergegenwärtigen, was dies heißt, und daß gerade die ältere Generation in den neuen Bundesländern weit mehr Last zu tragen hatte als irgendeine andere. Deswegen verdient sie in besonderer Weise unsere Sympathie und unsere Zuneigung. Diese ältere Generation muß wissen, daß sie zu uns gehört, daß wir offen sind für ihre Fragen und Probleme!

Für uns als Christliche Demokraten war es immer klar – das ist ein Teil unserer Programmatik und unseres Selbstverständnisses –, daß die Familie im Mittelpunkt unserer Politik stehen muß. Sie ist der wichtigste Ort persönlicher Geborgenheit und Orientierung. Natürlich ist es die persönlich-private Entscheidung eines jeden einzelnen, ob er eine Familie gründen und Kinder haben will oder nicht. Aber ich finde, es ist richtig, offen auszusprechen, daß jeder, der sein Leben ohne Kinder gestaltet, letztlich auch von denjenigen lebt, die mit ihren Kindern für die Gesellschaft einen entscheidenden, unentbehrlichen Beitrag erbringen. Ich sage es noch einmal: Ich respektiere die persönliche, die private

Entscheidung, aber wahr ist: Auch wenn es sich der einzelne erlauben kann, als Single zu leben, gilt dennoch der Satz: Eine Gesellschaft ohne Familien mit Kindern hat keine Zukunft. Das muß wieder jedermann klargemacht werden.

Das heißt: Familien – und auch Alleinerziehende – brauchen eben nicht nur öffentliche Sympathiebekundungen. Sie müssen auch die notwendige Unterstützung erfahren. Familien mit Kindern müssen Vorfahrt haben. Das ist eine Priorität, die nicht geändert werden darf! Das kann der Staat allein nicht leisten. Wir haben allen Grund, denen zu danken, die in privater Initiative Hilfe leisten. Dies ist auch wegen des menschlichen Klimas in unserer Gesellschaft wichtig. Wir haben allen Grund – in diesem wie in anderen Zusammenhängen –, unseren Kirchen und ihren karitativen und diakonischen Einrichtungen für ihr Engagement zum Wohle der Menschen zu danken. Ich verbinde damit die Bitte, daß die Kirchen gerade jetzt, bei unseren Anstrengungen, die innere Einheit Deutschlands zu vollenden, ihre moralische Autorität dafür einsetzen, daß dieser Weg gemeinsam gegangen wird und zum Erfolg führt. Ich glaube, hier kann sich in einer ganz neuen Dimension auch Kirchlichkeit bewähren.

Es wird viel über Menschlichkeit in unserer Gesellschaft gesprochen. Unsere Gesellschaft beweist ihre Menschlichkeit vor allem dann, wenn viele bereit sind, für den Nächsten da zu sein und nicht jeder nur für sich selbst. Wir wissen, daß staatliche Sozialpolitik allein kein Ersatz für tätige Nächstenliebe sein kann. Deswegen wollen wir all jenen im freien und gemeinnützigen Bereich helfen, die bereit sind, hier ihren Dienst zu tun. Das ist ja nicht nur eine Frage der Organisation; es geht vielmehr in einer „Prestigegesellschaft" – lassen Sie mich dies so sagen – auch darum, daß dieses Dienen, dieser Dienst am Nächsten, bei uns auch als eine großartige Leistung für die Allgemeinheit anerkannt wird. Es ist wichtig, dies immer wieder deutlich zu sagen!

Wir sind stolz auf unser Grundgesetz. Es ist die freiheitlichste Verfassung in der Geschichte der Deutschen. Dieses Grundgesetz hat sich in über vierzig Jahren bewährt. Wir wissen: Auch die Menschen in den neuen Bundesländern wollten keine andere Bundesrepublik. Sie haben sich für das Grundgesetz entschieden. Natürlich wissen wir auch, daß wir das Grundgesetz in einigen Punkten der veränderten Situation – der Einheit Deutschlands und der Einigung Europas – anpassen müssen. Aber manche reden ja jetzt auch von einer Totalrevision des Grundgesetzes, und dazu will ich hier für die Christlich-Demokratische Union klar und deutlich sagen: Wir wollen diese Verfassung, keine andere! Ich betone nochmals: Wenn ich das so prononciert sage, schließt das nicht aus, daß notwendige Veränderungen vorgenommen werden; aber niemand kann mit uns die Achse unserer Republik durch eine Totalrevision unserer Verfassung verschieben. Dies muß klar und deutlich ausgesprochen werden. Dieses Grundgesetz ist auch das Fundament für ein weltoffenes Deutschland. Deutschland ist ein ausländerfreundliches Land und muß es auch bleiben. Das sollen die Millionen von Ausländern wissen, die bei uns leben, die wir zu uns geholt haben, damit sie uns helfen. Sie tragen mit ihrem Fleiß zu unserem Wohlstand bei. Manche bedenken gar nicht, daß auch ihr persönliches Wohlbehagen und ihr Wohlstand darauf beruhen, daß Ausländer in Deutschland mitarbeiten. Auch das gehört zum Bild unserer Republik.

Wir als Christlich-Demokratische Union Deutschlands verurteilen jede Form von Fremdenhaß und Ausländerfeindlichkeit. Wir verurteilen jede Form von Rassismus, erst recht in der besonders erschreckenden und brutalen Form etwa des Antisemitismus, den man gelegentlich antrifft. Dies alles ist mit unserer Vorstellung für unser Land nicht vereinbar! Wir treten all diesen Tendenzen mit äußerster Schärfe und Entschiedenheit entgegen und werden dies auch weiterhin tun.

Zur aktuellen Diskussion über das Asylrecht will ich noch einmal kurz unsere Position bekräftigen: Für uns ist das Recht auf Asyl unantastbar. Wer aus religiösen, rassischen oder politischen Gründen in seiner Heimat verfolgt wird, findet selbstverständlich bei uns Zuflucht und Asyl. Aber angesichts von Hunger und Armut in der Welt gibt es heute immer mehr Menschen, die aus wirtschaftlicher Not ihre Heimat verlassen und zu uns kommen wollen. Wer genau hinschaut, weiß: Wir sind nicht in der Lage, dieses Problem in unserem Lande zu lösen. Wir müssen den Menschen helfen, in ihrer Heimat ihr Glück und ihre Zukunft zu finden. Das heißt, man kann nicht über das Asylrecht diskutieren und gleichzeitig schweigen, wenn es darum geht, den Ländern der Dritten Welt bei der Bekämpfung von Hunger und Armut zur Seite zu stehen und ihnen zu helfen.

Im übrigen hat auch die Diskussion in diesen Tagen auf dem EG-Gipfel in Maastricht gezeigt: Das ist kein isoliertes deutsches Problem; es ist ein Problem aller europäischen Länder. Die Lösung kann nur in einer gemeinsamen europäischen Regelung liegen, und ich bin sicher, daß die Beschlüsse von Maastricht uns auf diesem Felde sehr rasch voranbringen. Und dann wird sich zeigen – darüber brauchen wir keinen

Gelehrtenstreit abzuhalten –, daß ein wirklich praktikables europäisches Asylrecht ohne eine Änderung unseres Grundgesetzes nicht möglich ist. Wir brauchen eine europäische Lösung, wir müssen tun, was dazu notwendig ist, und wir erwarten, daß andere das endlich auch begreifen.

Bei all dem, was wir als Fehler einzuräumen haben – das gilt auch für mich persönlich –, glaube ich doch, daß wir im Blick zurück auf den letzten Parteitag Anfang Oktober 1990, im Blick zurück auf die vergangenen Monate Grund zum Selbstbewußtsein haben. Wir konnten vieles erreichen. Aber wir dürfen nicht damit zufrieden sein, wie wir diese gemeinsamen Erfolge vertreten. Wir müssen dabei mehr Mut und Stehvermögen aufbringen, und wir dürfen uns vor allem nicht von jedem Gegenwind beeindrucken lassen – oder, was noch törichter ist, unsere Leistungen selber zerreden.

Zu einer kämpferischen Vertretung unserer Politik gehört auch, daß wir uns vor unsere eigenen Leute stellen. Das, was Woche für Woche von manchen vorgebracht wird, um Persönlichkeiten der Union zu schädigen, darf uns nicht beirren. Wer wie ich Gelegenheit hatte – der ich ja nie angegriffen werde; deswegen kann ich darüber ganz ruhig sprechen –, dies im Laufe von Jahren, ja, von Jahrzehnten zu verfolgen, der weiß: Es wird immer eine bestimmte Person herausgesucht, die an- oder abgeschossen werden soll, aber treffen will man doch die gesamte Union. Das ist – um es einmal ganz klar zu sagen – die Rache derer, die die geschichtliche Stunde verschlafen haben. Wenn ich sage, wir sind stolz auf unsere Erfolge, dann meine ich damit nicht, daß wir mit den Erfolgen von gestern etwa morgen Wahlen gewinnen können. Die Menschen erwarten eine Handreichung, einen Ausblick auf die Zukunft, eine Aussage, wie wir die Lage sehen, wie wir die Probleme sehen und wie wir sie lösen wollen.

Die Welt hat sich dramatisch verändert. Vor fünfzehn Jahren, ja, vor zehn Jahren waren der europäische Binnenmarkt und die Währungsunion noch in weiter Ferne. Weltweiter Klimaschutz war noch ein Thema für Spezialisten. Katalysatorauto und Erziehungsgeld waren noch nicht durchgesetzt. Ich könnte viele weitere Beispiele bringen. Noch viel tiefgreifender sind die Folgen, die mit der deutschen Einheit und mit dem Ende des Ost-West-Konflikts verbunden sind. Der Zusammenbruch des Kommunismus hat die Gewichte verschoben. Das Scheitern der marxistischen Ideologie ließ ein geistiges Vakuum entstehen. Auch im Westen Europas sind die kommunistischen Parteien in einer tiefen Krise. Sie haben sich umbenannt oder aufgelöst. Die sozialistischen Parteien wie jene in Spanien, in Österreich oder in England rücken jeden Tag mehr von ihren marxistisch-sozialistischen Parteitraditionen ab. Marktwirtschaft ist heute auch bei den sozialistischen Parteien „in", vielleicht mit Ausnahme der deutschen Sozialdemokraten, die die umgekehrte Entwicklung nehmen. Aber das ist eine der Tatsachen, die ich sowieso nicht verstehen kann.

Die geschichtliche Entwicklung hat die große Linienführung unserer Politik bestätigt. Deswegen müssen wir uns heute schon auch die Mühe machen, im Rahmen unserer Möglichkeiten unseren Beitrag zur Diskussion über die geistige Führung für die Zukunft zu leisten. Für mich stellt sich in diesen Jahren, 1990 und jetzt 1991, sehr wohl die Frage, ob wir alle begreifen, daß angesichts des entstandenen Vakuums die christlich-demokratische Idee eine wirklich neue Chance gewonnen hat. Unsere Aufgabe als Christlich-Demokratische Union ist nicht leichter geworden, aber unser Beitrag ist notwendiger denn je. Die Welt, in der wir für unsere Ziele eintreten, ist nicht mehr eine Welt, die das „C" ohne weiteres akzeptiert. Der Prozeß der Säkularisierung ist weit fortgeschritten. Immerhin gehören im vereinten Deutschland mehr als 21 Millionen Menschen keiner Kirche mehr an. Machen wir es uns nicht so einfach, daß wir sagen: Das kommt von der Entwicklung in der DDR und von der Unterdrückung durch die SED. Das ist ein Teil der Wahrheit; wahr ist aber auch, daß in einer Großstadt wie Hamburg – sie steht nur symbolisch für andere deutsche Großstädte – nur 60 Prozent der Kinder eines Jahrgangs getauft werden. Die Christlich-Demokratische Union, unsere Partei, unsere politische Heimat, ist nach 1945 in einer Zeit entstanden, in der nach der nationalsozialistischen Katastrophe Religion und Kirchlichkeit augenscheinlich eine Renaissance erlebten. Für eine Zeit war es so, daß in der Gesellschaft christlichen Werten eine neue Verbindlichkeit zuwuchs. Davon können wir heute nicht mehr ausgehen.

Die knappen Hinweise machen deutlich, vor welchen Herausforderungen wir stehen. Ich bin zutiefst davon überzeugt, daß unser christliches Verständnis vom Menschen und die ethischen Grundlagen unserer Politik gültig sind und bleiben. Ich sage klar und deutlich: Mit uns, der CDU, ist eine Anpassung an den Zeitgeist nicht zu machen; damit läßt sich Zukunft nicht gewinnen. Wer dem Zeitgeist hinterherläuft, wird immer hinterherlaufen. Das ist die Erfahrung der Geschichte. Das heißt, ungeachtet der Tagespolitik und auch ungeachtet mancher Schwierigkeiten, unsere Ideale klar und deutlich zu vertreten, ist es notwendig, daß wir für unsere Grundwerte und die Fundamente unserer Politik kämpferisch eintreten und daß wir fähig sind, für sie auch dann kämpferisch einzutreten, wenn das nicht so populär zu sein scheint. Ich sage das ganz bewußt auch mit Blick auf die Diskussion in unserer Partei über den Schutz des Lebens ungeborener Kinder. Es gibt Fragen, bei denen man sich nicht nach der Demoskopie verhalten kann, sondern nach dem, was der Kompaß unserer Grundsätze anzeigt.

Ich glaube, angesichts der Veränderungen, von denen ich sprach, ist es wichtig, daß wir jetzt damit begonnen haben, unser Grundsatzprogramm zu diskutieren, zu überdenken und Überlegungen anzustellen, was wir jetzt verändern wollen. Wir wollen gestalten und nicht einfach reagieren; das ist unser Ziel bei dieser Diskussion. Der Zeitplan ist klar. Ende 1992/Anfang 1993 wird der Entwurf des fortgeschriebenen Grundsatzprogramms vorliegen. Das ganze Jahr 1993 steht dann für die Diskussion in den Orts-, Kreis- und Landesverbänden zur Verfügung. Ich denke, es wird uns guttun, daß wir das Programm im Frühjahr des Jahres 1994 – also eines Jahres, in dem die Wahlen zum Europaparlament im Juni, zu vielen Kommunalvertretungen, die Bundestagswahlen im Oktober und viele Landtagswahlen stattfinden werden – auf einem eigenen Bundesparteitag verabschieden. Es tut uns gut, unsere Prinzipien ungeachtet all dieser Anstrengungen in einem solchen Wahljahr vor der deutschen Öffentlichkeit deutlich zu machen, und ich lade Sie alle herzlich ein, an der Diskussion in den Kreis- und Ortsverbänden mitzuwirken. Das ist wichtig für den Kompaß der Partei für die Zukunft.

Dabei gewinnen wir eine gute Chance, in den Orts- und Kreisverbänden abseits der Routine über das zu sprechen, was die CDU ausmacht. Dazu gehören unsere Defizite bei der Mitgliedschaft junger Leute und von Frauen. Beschlüsse haben wir genug gefaßt. Wenn ich die Essener Beschlüsse zum Thema Frauen betrachte, müßten wir aus diesem Problembereich längst heraus sein. Es geht also nicht darum, neue Beschlüsse zu fassen, sondern sie endlich ernst zu nehmen, auch dort, wo es unbequem wird. Dazu gehört auch die Arbeit vor Ort, die Arbeit in der Kommunalpolitik. Ich kann dies nicht oft genug sagen: Wir dürfen nicht zulassen, daß sich die kommunalpolitische Ebene von der Gesamtpolitik etwa nach dem Motto absondert: Für die Landes- und Bundespolitik sind andere zuständig; im Rathaus wissen wir schon, was geht. Die Bürger machen diese angeblich gescheite Unterscheidung nicht. Die Bürger sehen uns als Ganzes, und sie haben damit recht. Als Ganzes haben wir unsere Politik zu vertreten.

Nach den Landtagswahlen im April haben wir die für deutsche Verhältnisse ungewöhnliche Chance, nahezu zwei Jahre keine Wahl auf der Ebene der Landtage und des Bundestages zu haben. Natürlich werden in der Zwischenzeit Kommunalwahlen stattfinden; das weiß ich. Ich finde jedenfalls, wir sollten diese Zeit nutzen, und ich selbst will das auch tun. Ich will mich dabei voll einsetzen, damit wir uns, was die Organisation der Partei angeht, für die Zukunft fit machen. Wir müssen dabei flexibler werden. Nicht nur die programmatische Arbeit muß vorankommen, sondern wir müssen fähig sein, auch auf die Menschen zuzugehen, damit sie erfahren, daß wir ihre Sprache sprechen und daß wir ihre Probleme kennen. Am Beispiel der neuen Landesverbände sehen wir ja, daß es in unserer Bevölkerung sehr viel mehr junge Talente gibt, als in unseren Kreisverbänden gemeinhin angenommen wird. Nur müssen sie eben das Gefühl haben, daß sie erwünscht sind.

Wir sind hierher nach Dresden gekommen, um ganz offen über die Frage des Zusammenwachsens unserer Partei zu sprechen – was ja ein Problem ist, wie es sich nicht allein bei uns stellt. Ich finde das, was andere in diesem Zusammenhang in den letzten Monaten gesagt haben, ziemlich überheblich. Ich erinnere mich an einen Parteivorsitzenden, der beschworen hat, das Problem gäbe es überhaupt nicht. Na ja, dann war er auf dem FDP-Parteitag und hat erlebt, daß ihn die Probleme eingeholt hatten. Ich glaube also, es ist sehr viel besser, wenn sich jeder zunächst um sich selbst kümmert und versucht, seiner eigenen Verantwortung gerecht zu werden. Ich sage das übrigens auch im Blick auf die deutsche Sozialdemokratie; denn so einfach, wie es jetzt in Bonn gelegentlich dargestellt wird, war der Ablauf der Geschichte nach 1945 nicht. Auch dazu läßt sich sehr, sehr viel sagen.

Seit dem 1. Oktober 1990 sind wir ein gutes Stück vorangekommen. Aber wir wissen auch, daß noch viel zu tun ist. Unser Umgang untereinander muß geprägt sein von gegenseitigem Verständnis und Geduld. Wie wir miteinander umgehen – das sollten wir uns immer wieder klarmachen –, ist exemplarisch für den Umgang der Deutschen untereinander. Das Wichtigste ist, daß wir uns dabei nicht von vorgefaßten Meinungen leiten lassen. Dies gilt nicht zuletzt im Blick auf die Vergangenheit. Es ist richtig, daß die Vergangenheit der CDU in den neuen Bundesländern Teil der Geschichte der CDU Deutschlands ist und daß wir uns gemeinsam dieser Geschichte zu stellen haben. Dabei rate ich all denen, die – wie ich – in den westlichen Bundesländern gelebt haben, zur Zurückhaltung. Es geht vor allem darum, in den Orts-, Kreis-,

Bezirks- und Landesverbänden der neuen Bundesländer das fortzuführen und, wie ich hoffe, zu einem guten Ende zu bringen, was nicht erst jetzt – ich blicke Lothar de Maizière an –, sondern schon 1989/1990 begonnen wurde. Es geht darum, daß man vor Ort darüber diskutiert, wie sich der einzelne in der Vergangenheit verhalten hat, und ob das Konsequenzen haben sollte oder nicht.

In unserer Dresdner Erklärung, die wir am Dienstag verabschieden wollen, heißt es: „Das Verhalten und die Konflikte unter den Bedingungen einer Diktatur können am ehesten diejenigen beurteilen, die unter solchen Bedingungen zu leben hatten. Pauschale Urteile versperren den Zugang zur Wahrheit ebenso wie Versuche, notwendigen Diskussionen auszuweichen und Klärungen zu verschleppen. Erforderlich sind daher ein fairer Umgang mit Personen und eine differenzierte Bewertung von Fakten." Diese Sätze halte ich für sehr, sehr wichtig. Ich will es so formulieren, wie ich es für mich ganz persönlich im Bundestag schon einmal formuliert habe. Ich glaube, es ist wichtig, Ihnen dies als die Meinung des Parteivorsitzenden zur Kenntnis zu geben. Ich hatte das Glück, 1930 am Rhein geboren zu werden. Als ich zu Weihnachten 1946 als Schüler zur Partei kam, lag meine Heimatstadt Ludwigshafen in der französischen Besatzungszone, im westlichen Teil Deutschlands. Wenn ich in jenen Tagen in Leipzig gelebt hätte, wäre ich aufgrund meines Elternhauses mit größter Wahrscheinlichkeit ebenfalls in die CDU eingetreten, vor allem schon deswegen, weil für mich und meine Freunde die CDU damals die Partei von Jakob Kaiser und Andreas Hermes war. Das waren für uns leuchtende Vorbilder. Es war die Partei jenes Andreas Hermes, der unmittelbar vor seiner Wahl zum Parteivorsitzenden aus der Todeszelle von Plötzensee herausgekommen war. Es war die Partei Jakob Kaisers und Ernst Lemmers.

In jener Zeit sind Hunderttausende in die CDU eingetreten. Viele haben die Partei später wieder verlassen. Nicht wenige sind wegen ihrer politischen Überzeugung geflohen. Nicht wenige wurden verhaftet oder verschleppt. Wir wissen bis heute nicht genau, wie viele von ihnen in Workuta oder in Buchenwald umgekommen sind. Ein beachtlicher Teil der Gründergeneration ist in der sowjetischen Besatzungszone, später der DDR, in der CDU geblieben. Ich sage ganz einfach: Ich wehre mich leidenschaftlich dagegen, daß sie pauschal verdächtigt und diffamiert werden. Und ich füge für mich persönlich hinzu: Ich weiß nicht, welchen Weg ich genommen hätte. Ob ich in jenen Tagen, als die Chance noch dazu bestand, in den Westen gegangen wäre, ob ich die Kraft zum

Widerstand gehabt hätte, ob ich Bautzen riskiert hätte – oder ob ich mir eine Nische gesucht hätte und Kompromisse eingegangen wäre: Ich weiß es nicht. Aber weil ich es nicht weiß und viele es für sich ebenfalls nicht wissen können, rate ich uns, nicht mit Besserwisserei oder gar mit Arroganz an diese Frage heranzugehen. Das gehört ebenso zur Aussöhnung wie das Aussprechen der Wahrheit. Dazu gehört noch etwas, nämlich unser Respekt vor jenen, die den Mut hatten, mit allen Konsequenzen dem SED-Regime entgegenzutreten, und die zum Teil schwerste Opfer haben bringen müssen.

Wer nun das zurückliegende Jahr überblickt, wird zustimmen müssen, wenn ich sage: Die Vereinigung ist unserer Partei in vielfältiger Form zugute gekommen. Es ist doch ein Gewinn, daß der Mitgliederanteil in der Altersgruppe der 25- bis 40jährigen in den Landesverbänden der neuen Bundesländer fast doppelt so groß ist wie in den alten Bundesländern, daß der Anteil der weiblichen Mitglieder dort doppelt so groß ist wie jener in den alten Bundesländern. Ich weiß nicht, worauf das beruht. Vielleicht ist das paschahafte Verhalten unter dem Eindruck des Sozialismus früher abgebaut worden. Gewonnen hat auch die Bundestagsfraktion. Wenn Sie heute das Bundestagshandbuch zur Hand nehmen und die Vielfalt der Berufe sehen, so stellen Sie fest, daß eine erfreuliche Entwicklung zu registrieren ist. Daß in diesem technisch und naturwissenschaftlich geprägten Zeitalter endlich wieder viele Abgeordnete aus naturwissenschaftlichen Berufen kommen, finde ich gut. Daß Mediziner zu uns kommen, nicht um über dieses oder jenes Gesetz zu klagen, sondern um mitzuarbeiten, finde ich sehr gut, um ein weiteres Beispiel hinzuzufügen.

Ist es nicht eine phantastische Chance für uns alle, daß wir jetzt in den neuen Bundesländern mehr als 7000 Mandatsträger und überwiegend die Bürgermeister und Landräte stellen? Sie sind natürlich nicht so routiniert, natürlich nicht so ausgebufft, daß sie jede Finanzierungsquelle sofort auszuschöpfen wissen. Eines haben sie im Regelfall freilich schon gelernt, nämlich zu sagen: Der Bund muß mehr tun. Das ist eine Sache, die Bürgermeister und Landräte auch in den neuen Bundesländern längst gelernt haben. Man muß sich aber einmal vorstellen, was dort von Männern und Frauen geleistet wird, die vor zwei Jahren nicht im Traum daran dachten, daß sie Bürgermeister oder Landräte werden würden. Wenn man sieht, wie manchmal – mehr oder minder elegant – die Planung kommunalpolitischer Karrieren in der alten Bundesrepublik erfolgt, wie in der KPV – ich schaue jetzt Horst Waffenschmidt an –

sorgfältig besprochen wird, wer zu einem bestimmten Zeitpunkt zur Verfügung steht und was man für ihn tun kann, dann hat man um so größeren Respekt vor denen, die über Nacht Bürgermeister oder Landrat geworden sind und jetzt voll gefordert werden.

Voneinander lernen ist keine Einbahnstraße. Das gilt auch für das Gespräch mit jungen Leuten. Ich war vor einigen Wochen bei einer Tagung des RCDS in Jena. Die Begegnung mit diesen jungen Leuten, die einen völlig neuen Horizont haben, die sich verständlicherweise natürlich auch schwertun, sich unter den veränderten Bedingungen zurechtzufinden, ist immer eine großartige Erfahrung. Ich finde überhaupt, daß – trotz aller Probleme – die deutsche Einheit eine Riesenchance eröffnet: daß so etwas wie Aufbruchsstimmung herrscht; daß wir ausgetretene Pfade verlassen können, um etwas Neues zu tun, was noch nicht dagewesen ist; daß wir uns wieder etwas zutrauen, daß wir sagen: Wir packen es und wir schaffen es.

Damit bin ich beim Thema Maastricht, beim Thema Europa. Wenn Sie sich die Pressekommentare in Europa und weltweit anschauen, dann können Sie – bei aller Kritik in diesem oder jenem Punkt – einen Tenor feststellen: Die Deutschen haben den entscheidenden Beitrag zum Durchbruch nach Europa geleistet. Die Deutschen wollen nicht zurück zum nationalstaatlichen Denken, das uns in der ersten Hälfte des Jahrhunderts soviel Elend gebracht hat. Die Deutschen sind engagierte Europäer, weil sie einen Beitrag zum Frieden leisten wollen. Natürlich ist auf diesem Weg noch manches zu tun. Natürlich gibt es auch Risiken. Wenn Konrad Adenauer zu Beginn der Diskussion über die Europäische Verteidigungsgemeinschaft eine Volksabstimmung hätte durchführen lassen, hätte er womöglich keine Mehrheit bekommen. Wenn er über die Wiederbewaffnung hätte abstimmen lassen, hätte er keine Mehrheit bekommen. Sie machen sich doch hoffentlich keine Illusionen: Beim Stationierungsbeschluß 1983 wäre es mit einer Mehrheit auch nicht ganz einfach gewesen. Wir wollen uns jetzt nichts in die Tasche lügen. Wir wissen doch, wie es war.

Führen heißt: eine Vision in die Realität umsetzen. Die deutsche Einheit, die europäische Einigung waren immer unsere Visionen. Jetzt realisieren wir die europäische Einigung, weil es dem Frieden, weil es der Freiheit, weil es der Zukunft dient. Dieses Europa darf keine Festung werden, in der wir uns vor den anderen abschotten. Es muß offen sein. Deswegen wollen wir, daß die Schweden – ich habe bereits unseren Freund Carl Bildt angesprochen –, deswegen wollen wir, daß die

Österreicher, deswegen hoffen wir, daß die Finnen bis 1995 in die Gemeinschaft aufgenommen werden. Für einen späteren Zeitpunkt, der in nicht allzu weiter Ferne liegen sollte, wünsche ich mir, daß Polen, die ČSFR und Ungarn der Gemeinschaft beitreten können, sobald sie – auch mit unserer Hilfe – die Voraussetzungen für eine Mitgliedschaft erfüllen.

Krakau liegt nicht in Osteuropa, Krakau liegt in Mitteleuropa. Man kann es gar nicht oft genug sagen. Deshalb wollen wir Hilfe zur Selbsthilfe geben – den Menschen in der bisherigen Sowjetunion jetzt, mitten im Winter, vor allem Hilfe gegen Hunger und Elend. Als ich im Sommer mit Michail Gorbatschow in Kiew war, gab es neben vielem, was mich beeindruckt hat, eine Begegnung mit einer ganzen Zahl alter Frauen, die sich für die deutsche Hilfe im Winter 1990/1991 bedankt haben. Diese Frauen haben dann erzählt, wie es war, als die Deutschen im Krieg dort waren, sie haben erzählt, wie es war, als sie nächste Familienangehörige verloren haben. Ich habe erzählt, wie es in meiner eigenen Familie war. Dabei konnte man erkennen, daß die Brücke der Menschlichkeit, die wir jetzt schlagen können, nicht nur für den Tag wichtig ist, sondern daß sich hier in beide Richtungen ein Strom von Sympathie und Zuneigung zwischen den Völkern bewegt – und das ist ein Werk des Friedens. Der Satz „Von deutschem Boden soll Frieden ausgehen" gefällt mir gut, aber er darf nicht in der Theorie steckenbleiben. Wenn wir gefordert sind, in bitterer Not zu helfen, dann müssen wir wissen: Wir sind eines der reichsten Länder dieser Erde und wollen das tun, was wir tun können.

In meiner ersten Regierungserklärung 1982 – das habe ich schon erwähnt – sagte ich: „Wir wollen Frieden schaffen mit weniger Waffen!" Wir haben in den letzten Jahren großartige Erfolge bei Abrüstung und Rüstungskontrolle erzielt. Bis 1994 wird die Bundeswehr zeitgleich mit dem Abzug der Westgruppe der sowjetischen Streitkräfte auf 370 000 Mann vermindert, alle Mittelstreckenwaffen weltweit sind bereits verschrottet, Kurzstreckenwaffen werden jetzt um 80 Prozent vermindert, auf deutschem Boden wird es künftig keine landgestützten Nuklearwaffen mehr geben, alle chemischen Waffen – die Amerikaner haben Wort gehalten – sind von deutschem Boden abgezogen. Trotzdem spüren wir gerade in diesen Tagen, daß wir die Nato auch in Zukunft brauchen, daß Sicherheitsrisiken bleiben, daß neue Sicherheitsrisiken hinzukommen können und daß es eine absolute Torheit wäre, auf Forderungen nach Abschaffung der Bundeswehr einzugehen. Wir brauchen auch als vereintes Deutschland im Rahmen der neuen europäischen Sicherheitsidentität, die wir in Maastricht beschlossen haben, eine einsatzfähige Bundeswehr, und wir sagen ja zu dieser Bundeswehr.

Denn ohne unseren Beitrag zur Lastenteilung innerhalb des Bündnisses werden die Amerikaner nicht bei uns in Europa bleiben. Wir brauchen auch in Zukunft die amerikanische Präsenz in Europa. Das, was wir jetzt in der Gemeinschaft im Blick auf eine gemeinsame Außen-, Sicherheits- und schließlich auch Verteidigungspolitik der Europäer diskutiert und beschlossen haben, ist ja nicht gegen die Nato gerichtet, sondern darauf, daß wir den europäischen Pfeiler innerhalb der Nato gemeinsam mit unseren Freunden stärken. Dies erfordert nicht zuletzt, daß wir auch weiterhin zu unseren Soldaten stehen. Es kann nicht angehen, daß nur die Gegner der Bundeswehr sich zu Wort melden. Sie können ihre Meinung doch deshalb frei zum Ausdruck bringen, weil die Soldaten der Bundeswehr, die Armee unserer Söhne, in den vergangenen Jahrzehnten ihre Pflicht getan haben.

Wir wollen auch zu weltweiter Partnerschaft unseren Beitrag leisten und uns an der Lösung globaler Aufgaben der Zukunft aktiv beteiligen. Die Armut in den Ländern der Dritten Welt, Krankheit, Hunger, Umweltzerstörung zu bekämpfen, das ist doch nicht irgendein Thema, das ist für Christliche Demokraten ein zentrales Thema. Wer zu Recht feststellt, daß wir die Probleme der Welt nicht in Deutschland lösen können, der muß eben auch bereit sein, die Probleme dort lösen zu helfen, wo sie entstehen – vor Ort in den Entwicklungsländern. Ich fand es außerordentlich gut und sympathisch, daß sich die Junge Union auf ihrem diesjährigen Deutschlandtag mit dieser menschlichen und moralischen Verpflichtung befaßt hat. Es ist wichtig, daß die junge Generation immer wieder deutlich macht: Es geht um ihren Globus, um ihre Zukunft. Wir haben gemeinsam das Notwendige dazu beizutragen.

Die Bewahrung der uns Menschen anvertrauten Schöpfung, diese Herausforderung können wir nur in weltweiter Partnerschaft lösen. In einem sind wir uns als Partei der Mitte hoffentlich einig: Es ist eine zutiefst wertkonservative Aufgabe für unsere Partei, daß wir die Schöpfung bewahren. Keine Generation hat das Recht, diesen Globus verkommen zu lassen. Wir haben vielmehr die Pflicht, den Schatz der Natur in bestmöglichem Zustand an nachfolgende Generationen weiterzugeben. Die Vernichtung der tropischen Regenwälder, das Ozonloch über der Antarktis, die Gefahr weltweiter Klimaveränderung betreffen die Menschen überall in der Welt, hier in Dresden an der Elbe genauso wie am Amazonas. Meine herzliche Bitte ist: Überlassen wir dies nicht einer

Handvoll – oft selbsternannter – Spezialisten! Es geht um eine Aufgabe für uns alle! Alle Kreisverbände, alle Landesverbände, alle Vereinigungen sind hier angesprochen.

Vor über 46 Jahren, am 26. Juni 1945, wurde die Christlich-Demokratische Union Deutschlands in Berlin auch für die sowjetische Besatzungszone gegründet. Das war rund 50 Tage nach der Kapitulation. Die Gründung geschah mit dem Ziel, eine neue Ordnung in demokratischer Freiheit für unser Vaterland aufzubauen.

Fast alle der 35 Unterzeichner dieses Aufrufs waren Verfolgte des Naziregimes; 15 von ihnen waren Beteiligte, Eingeweihte und dann auch Verfolgte im Zusammenhang mit dem Attentat vom 20. Juli 1944. Sie kamen zum großen Teil aus Zuchthäusern und Lagern des NS-Regimes. Sie standen, wie sie in ihrem Aufruf schrieben, „vor einem Trümmerhaufen sittlicher und materieller Werte". Sie wollten mit ihren Freunden in allen damaligen Besatzungszonen den geistigen und materiellen Wiederaufbau Deutschlands beginnen. Doch nur in den westlichen Besatzungszonen konnte dieses Werk konsequent verwirklicht werden. Nicht nur die Christlichen Demokraten, sondern unser ganzes Volk wurde gegen seinen Willen über vierzig Jahre auseinandergerissen.

Heute sind wir mit diesem Parteitag in Dresden zum erstenmal in einem neuen Bundesland. Halten wir einen Moment inne und vergegenwärtigen wir uns, was das heißt! Es ist in Erfüllung gegangen, wofür die Gründergeneration damals angetreten ist: eine neue Ordnung in demokratischer Freiheit für unser Vaterland und für Europa. Deutschland ist heute ein wichtiges, ein geachtetes Glied in der Gemeinschaft freier Völker. Es war ein weiter Weg dorthin – aus Trümmern, aus weltweiter Verachtung. Wir, die Christlich-Demokratische Union, haben diesen Weg entscheidend mitprägen dürfen. Das Erbe Konrad Adenauers, Ludwig Erhards und Jakob Kaisers bleibt eine Verpflichtung auch für die Zukunft. Wir haben in Schicksalsstunden unseres Volkes immer den Mut und die Kraft zu den notwendigen Entscheidungen gehabt. Ich bin sicher, wir werden sie auch jetzt haben bei der Gestaltung der inneren Einheit, bei der Wahrnehmung unserer größer gewordenen Aufgaben für eine friedlichere Welt, für Freiheit und Zukunft. Ich möchte uns dazu einladen, mit Mut und Entschiedenheit gemeinsam diesen Weg zu gehen.

Parteitagsprotokoll, hrsg. von der Bundesgeschäftsstelle der CDU, Bonn o. J., S. 25–45.

Die Zukunft der
deutsch-amerikanischen Partnerschaft

Rede anläßlich der Eröffnung der Schurman-Lecture in Heidelberg
am 26. Mai 1992

Die CDU ist mit Helmut Kohl konstant für eine enge deutsch-amerikanische Partnerschaft eingetreten. In der gegenwärtigen internationalen Lage wird den deutsch-amerikanischen Beziehungen nicht nur für die atlantische Sicherheitsgemeinschaft, sondern auch für die Interessenidentität von Amerika und Europa gegenüber den Weltproblemen eine entscheidende Bedeutung zuerkannt.

In meiner Heidelberger Zeit hatte ich großartige Lehrer. Ich erinnere hier nicht ohne Grund, Magnifizenz, an Ihren Herrn Vater, Professor Eugen Ulmer. Von seinen Wertpapiervorlesungen ist bei mir nicht mehr viel hängengeblieben, aber daß hier eine prägende Persönlichkeit etwas von Rechtsstaat und rechtsstaatlichem Denken an uns Studenten weitergab, das ist geblieben, und das, glaube ich, ist das Wichtige.

Ich erinnere mich auch an Professor Fritz Ernst. Er war Rektor der Universität. Als ich mich bei ihm für ein Seminar in mittelalterlicher Geschichte bewarb, mußte ich gestehen, nur das Kleine Latinum zu besitzen. Ich war in jener Zeit schon politisch tätig, und auch der Historiker Fritz Ernst hatte meinen Namen in den Tageszeitungen bereits gelesen. Er fragte mich: „Sind Sie der Helmut Kohl aus der Pfalz?" Ich sagte ja, und dann meinte er: „Na ja, für das Seminar wird es schwierig, aber für die Politik wird es langen."

Ich habe gerne zugesagt, heute zu Ihnen zu kommen, auch weil es für mich eine gute Gelegenheit ist, meiner alten Universität einen Besuch abzustatten und ihr meine Reverenz zu erweisen. Mit dem Abstand der Jahre erscheint heute natürlich manches mit einer Gloriole umgeben. Aber ich habe die Heidelberger Liebenswürdigkeit, die geistige Offenheit, die Weltoffenheit dieser Stadt wie viele andere auch schätzen- und liebengelernt.

Vor allem erfreut sich Heidelberg einer besonderen Wertschätzung bei vielen Amerikanern, die die Stadt in ihr Herz geschlossen haben. Der Name Jacob Schurman steht stellvertretend hierfür. Ich möchte den mit der Schurman-Bibliothek verbundenen Initiativen zur Förderung von Forschung und Lehre im Fach Amerikanische Geschichte meine Anerkennung zollen. Das ist der zweite Grund für mein Kommen. Denn das Verständnis für Politik, Geschichte und Gesellschaft der Vereinigten Staaten ist Voraussetzung für eine dauerhafte partnerschaftliche Beziehung Deutschlands und Europas zu den USA. Ein solches Verständnis zu fördern kann aber nach meiner festen Überzeugung nicht nur Aufgabe von Regierung oder Parlament sein. Hier ist vielmehr jene staatsbürgerliche Verantwortung und Initiative gefragt, die Sie hier in Heidelberg beispielhaft zum Ausdruck bringen.

Sie, Magnifizenz, haben ja schon darauf hingewiesen, was alles noch geschehen sollte, und Sie haben recht damit. Wenn ich Ihnen helfen kann, den einen oder anderen zu ermutigen, auch etwas zu spenden, dann will ich das gerne tun. Ich finde, diese Initiative ist eine großartige Sache und verdient unsere gemeinsame Unterstützung.

I.

Im Rückblick auf die letzten vier Jahrzehnte deutscher und europäischer Geschichte können wir feststellen: Die deutsch-amerikanische Freundschaft hat sich glänzend bewährt. Wesentliche Quelle ihrer Stärke war und ist die Wertgemeinschaft zwischen der Alten und der Neuen Welt, die gemeinsame Verpflichtung auf Menschenrechte, auf Demokratie und Freiheit. Nach den bitteren Erfahrungen von Diktatur und zwei Weltkriegen – heute können wir ja Gott sei Dank sagen: nach der Überwindung von zwei Diktaturen – ist für uns Deutsche das Bekenntnis zu diesen Werten und die unwiderrufliche Integration in den Kreis der westlichen Demokratien Teil unserer Staatsräson geworden.

Die Vereinigten Staaten von Amerika sind seit vielen Jahrzehnten ein treuer und verläßlicher Bündnispartner der Europäer, obschon ja am Beginn der Geschichte der USA das Wort George Washingtons stand, der seine Landsleute davor warnte, sich in die Angelegenheiten anderer Kontinente hineinziehen zu lassen.

Die Erfahrungen dieses Jahrhunderts haben uns gelehrt: Europa braucht Amerika, aber auch Amerika braucht Europa. Die deutschamerikanische Freundschaft hat in den vergangenen vier Jahrzehnten zahlreiche Bewährungsproben bestanden. Ich erinnere hier nur an die

Berliner Luftbrücke, die gemeinsame Standfestigkeit in den verschiedensten Berlin-Krisen von 1948/49 und von 1958 bis 1961 und nicht zuletzt an unsere gemeinsame konsequente Haltung bei der Durchsetzung des Nato-Doppelbeschlusses 1983. Ich weiß von Michail Gorbatschow, daß diese Entscheidung des Jahres 1983 entscheidend war für die Veränderung der sowjetischen Außenpolitik, insbesondere von dem Zeitpunkt an, als er das Amt des Generalsekretärs der KPdSU übernahm.

Heute wissen wir: Ohne den unermüdlichen Einsatz der USA und aller ihrer Präsidenten – von Harry S. Truman bis George Bush – über vier Jahrzehnte hinweg, hätte Deutschland, hätte unser Vaterland seine Einheit in Freiheit nicht wiedererlangt. Ich sage dies auch, weil wir Deutsche nicht sehr begabt darin sind, Dank zu sagen. Ich habe hier an der Universität noch in den fünfziger Jahren Diskussionen über die Frage erlebt, ob die Deutschen die Fähigkeit zum Trauern verloren hätten. Ich war damals nicht dieser Meinung. Heute frage ich mich an manchen Tagen, ob wir Deutsche die Fähigkeit zum Danken verloren haben. Dankbarkeit, so sagt Romano Guardini, ist das Erinnerungsvermögen des Herzens. Wir haben allen Grund, den Amerikanern zu danken, die uns auch in den entscheidenden Jahren 1989 und 1990 auf dem Weg zur deutschen Einheit geholfen haben.

In den Wochen und Monaten nach dem Fall der Mauer im November 1989 waren es nicht zuletzt Präsident George Bush und sein Außenminister James Baker, die uns geholfen haben. Es war ihr Weitblick, es war ihr staatsmännisches Geschick und engagiertes Eintreten, das maßgeblich dazu beitrug, daß am 3. Oktober 1990 der Traum von der Freiheit und Einheit aller Deutschen Wirklichkeit werden konnte. Viele unserer westlichen Partner und europäischen Nachbarn hatten ihre Probleme mit der deutschen Einheit. Die einzige Regierung und der einzige Regierungschef, der seinerzeit ohne Wenn und Aber zur deutschen Einheit stand, war und ist der Präsident der Vereinigten Staaten. Und dafür bin ich dankbar.

Damit jedoch kein Mißverständnis aufkommt, möchte ich auch sagen, daß ich sehr viel Verständnis habe für unsere Nachbarn in Europa, die sich alle zwar für die deutsche Einheit ausgesprochen haben, aber zu einem großen Teil eben auch der Meinung waren, sie werde erst in einer späteren Zeit kommen. Als sie dann plötzlich doch schon vor der Tür stand, waren allen sofort die geschichtlichen Erfahrungen dieses Jahrhunderts präsent. Man muß Verständnis dafür haben, wenn die Eltern, wenn die Brüder und die Schwestern von in deutschen Konzentrationslagern Ermordeten oder in anderer Weise ums Leben Gebrachten sich daran erinnern, daß die Täter Deutsche waren. Deswegen ist es um so bedeutender, daß wir zur deutschen Einheit die Zustimmung aller unserer Nachbarn erhalten haben. Und noch etwas: Warum sollten unsere Freunde und Partner in London, in Paris, in Den Haag oder in Rom intensiver an die deutsche Einheit geglaubt haben als ein beachtlicher Teil derer in Deutschland, die von sich behaupteten, daß sie zur geistigen Führungsschicht unseres Landes gehören? Deshalb ist es um so wichtiger festzuhalten, daß es in den USA zu keiner Stunde irgendeine Zurückhaltung gab. Sie sind für die Menschenrechte und das Selbstbestimmungsrecht aller eingetreten, auch für das der Deutschen. Dafür haben wir zu danken.

Dieser gewaltige Umbruch in Europa stellt uns gemeinsam – Deutsche und Amerikaner – vor eine neue Herausforderung. Freiheit verpflichtet. Nicht weniger als in der Vergangenheit geht es auch heute darum, die gemeinsamen Werte zu bewahren, den Aufbau einer staatlichen Ordnung im Zeichen der Freiheit zu fördern, es geht um Menschenrechte, Rechtsstaat, freiheitliche Demokratie, liberale Wirtschaftsordnung. Der epochale Wandel in Europa hat uns auch vor Augen geführt, daß unser aller Schicksal ganz wesentlich von der Außenpolitik bestimmt wird. Das kann man in Deutschland zur Zeit nicht oft genug wiederholen, weil wir bei den Diskussionen, die verständlich und wichtig sind – über Sozialversicherung, Gesundheitspolitik und viele andere Fragen –, Gefahr laufen, diesen wichtigen Grundsatz zu vergessen. Wer gerade in einer Lage wie der heutigen etwa daran glaubt oder dafür wirbt, daß eine Politik des nationalen Egoismus jetzt das Gebot der Stunde wäre, schadet den Interessen unseres Landes.

Voraussetzung des gemeinsamen Handelns ist es, daß es uns gelingt, die deutsch-amerikanische Freundschaft in jeder Generation neu zu festigen. Dabei möchte ich vier Aufgaben besonders hervorheben:
1. Die deutsch-amerikanische Freundschaft muß auch künftig nicht nur im Verstand, sondern auch in den Herzen der Menschen verankert bleiben. Wir müssen die kulturelle und die wissenschaftliche Zusammenarbeit gleichberechtigt neben die wirtschaftliche und die politische Zusammenarbeit stellen. Wir haben vierzig Jahre lang von der transatlantischen Brücke gesprochen, und wir haben dabei meistens an die militärische Komponente gedacht. Wir müssen jetzt neue Fahrbahnen bauen, nicht zuletzt im wissenschaftlichen, im wirtschaftlichen und im kulturellen Bereich. Die deutsch-amerikanische Freundschaft wird auf

Dauer nur gedeihen, wenn wir uns auch im Bereich von Wirtschaft, Wissenschaft und Kultur näherkommen.

2. Wir müssen den transatlantischen Sicherheitsverbund stärken und auf die Herausforderungen der Zukunft ausrichten.

3. Wir müssen gemeinsam am Bau einer gerechten und dauerhaften, das ganze Europa umfassenden europäischen Friedensordnung arbeiten.

4. Wir müssen für eine Weltfriedensordnung arbeiten, die auf die Herrschaft des Rechts gegründet ist, auf die Achtung der Menschen- und Minderheitenrechte, auf das Selbstbestimmungsrecht der Völker, auf Freiheit von Furcht und Not. Ich sage dies auch in dem Bewußtsein wichtiger Entscheidungen, die wir in einigen Tagen in Rio bei der UN-Konferenz zu treffen haben.

II.

Ich habe bewußt an erster Stelle die kulturellen Bindungen zwischen der Alten und der Neuen Welt genannt, denn ich bin fest davon überzeugt, daß unsere Gemeinsamkeiten in Literatur, bildender Kunst, in der Musik oder auch in Bildung, Wissenschaft und Forschung an Bedeutung gewinnen werden, ja an Bedeutung gewinnen müssen – als Quelle neuer vielfältiger künstlerischer und wissenschaftlicher Leistungen. Diese kulturellen Bindungen tragen entscheidend dazu bei, die deutsch-amerikanische Freundschaft über die Schwelle einer neuen Generation lebendig zu halten.

Der Schlüssel hierzu ist der Wille und die Fähigkeit zum gegenseitigen Verstehen. Gegenseitiges Verstehen setzt das Wissen um die besonderen historischen Prägungen und die besonderen kulturellen Leistungen des Partners voraus. Hier gilt es, viele Vorurteile abzubauen. Ich nenne in diesem Zusammenhang nur das manchmal von Überheblichkeit oder sogar Hochmut zeugende Amerikabild mancher sogenannter Intellektueller in Europa. Wie leichtfertig wird da oft über das kulturelle Amerika geurteilt. Dabei ist doch die herausragende Kreativität der amerikanischen Gesellschaft in den Bereichen Kunst und Kultur ganz unübersehbar. Mit dem Ende des Ost-West-Gegensatzes besteht jetzt die Chance, jenen Vorurteilen die Grundlage zu entziehen. Denn ihr Kern war nach meiner festen Überzeugung auch die Ablehnung jenes Credos der Freiheit und der Selbstverantwortung, das immer im Zentrum der politischen Kultur der USA stand. Gegenseitiges Verständnis erwächst aus der immer wieder neu erlernten Fähigkeit und dem Bemühen, die Eigenarten des anderen zu verstehen, ja aus dem Versuch, sich in ihn hineinzuversetzen. Ich will einige Gründe nennen, warum mir solche Überlegungen ganz besonders wichtig sind: Wir erleben zunehmend – und das ist ganz natürlich – einen Generationswechsel. An die Stelle derjenigen Amerikaner, die Europa aus eigenem Erleben kennen und die allesamt ein biographisch begründetes, geradezu existentielles Interesse an der deutsch-amerikanischen Freundschaft besaßen, tritt nun eine völlig neue Generation.

Bei meinen Besuchen in den USA und vor allem an der Westküste wurde mir deutlich, wie stark die ökonomische und die kulturelle Anziehungskraft zwischen Kalifornien und dem ostasiatischen Raum ist. Neben vielen neuen Eindrücken war für mich zugleich wichtig die Erkenntnis, daß es dort ein ganz bemerkenswertes Interesse an der europäischen Entwicklung gibt. Schließlich müssen wir auch berücksichtigen, daß die deutsch-amerikanische Zusammenarbeit künftig mitgeprägt wird durch die Erfahrungshorizonte der jüngeren Generation in Deutschland und jetzt nicht zuletzt der jüngeren Generation aus den fünf neuen Bundesländern. Wir sollten zu keiner Stunde, wenn wir über dieses Thema diskutieren, vergessen, daß das Amerikabild vieler junger Leute dort – und sie haben daran keine eigene Schuld – über Jahre und Jahrzehnte ideologisch verzerrt gezeichnet wurde.

Ich habe seit einigen Jahren verschiedene Vorhaben auf den Weg gebracht, die dem deutsch-amerikanischen Kultur- und Wissenschaftsaustausch neue Impulse geben sollen. Eckpfeiler unserer Bemühungen um die enge deutsch-amerikanische Zusammenarbeit muß es erstens sein, den Austausch von Schülern, Studenten und jungen Wissenschaftlern auszubauen. Es ist mein besonderer Wunsch, daß auch die jungen Deutschen in den neuen Ländern – in Sachsen, Sachsen-Anhalt, in Thüringen, Mecklenburg-Vorpommern und Brandenburg, und ich nenne auch den östlichen Teil von Berlin – einen bestmöglichen Zugang zu den bestehenden Austausch- und Begegnungsprogrammen erhalten. Auf diese Weise kann es uns gelingen, die Integration vieler Menschen in unsere Wertegemeinschaft nach Jahrzehnten der erzwungenen Isolation und Indoktrination zu beschleunigen. Ich hoffe sehr – um das gleich bei dieser Gelegenheit zu sagen: Es ist leider nicht meine Kompetenz, dieses „Leider" unterstreiche ich –, daß wir in der Kultusministerkonferenz der Bundesrepublik Deutschland endlich begreifen: Diejenigen, die diesen Schritt ins Ausland wagen, sind nicht mit einem Malus zu bestrafen, sondern mit einem Bonus zu belohnen, denn es ist im höchsten Maß erwünscht, wenn junge Leute diesen Weg gehen.

Zweitens habe ich im vergangenen Herbst an der Universität von Berkeley ein „Center of Excellence" eingeweiht. Zwei weitere solcher Forschungsstätten bestehen in Harvard und in Georgetown. Diese Institute sollen und werden Zentren sein, die sich Deutschland- und Europastudien besonders widmen. Wir wollen damit erreichen, daß an wichtigen amerikanischen Hochschulen die Beschäftigung mit Deutschland eine neue Qualität im akademischen Leben erhält.

Eine dritte, ganz wesentliche Initiative war die Einrichtung des sogenannten „Bundeskanzlerstipendiums", mit dem seit 1990 jährlich zehn künftige amerikanische Führungskräfte gefördert werden. Den Stipendiaten, für deren Auswahl das Vorbild der Rhodes-Stipendiaten zum Maßstab genommen wird, soll möglichst frühzeitig – in einem wichtigen persönlichen Lebensabschnitt – ermöglicht werden, mit deutschen Wissenschaftlern in engen Kontakt zu kommen.

Viertens arbeiten wir derzeit an einem Projekt, von dem ich hoffe, daß es sehr bald – ich denke, wenn alles gutgeht, noch in diesem Jahr – in die Tat umgesetzt werden kann: nämlich die Eröffnung einer deutsch-amerikanischen Akademie der Wissenschaften, an der sich dann namhafte Repräsentanten der Wissenschaft aus beiden Ländern beteiligen werden. Mit einer solchen Akademie, die es noch nie gab – weder in den USA noch bei uns in Deutschland –, soll die transatlantische Wissenschaftskooperation und -kommunikation erneuert und vertieft und der wissenschaftliche Sachverstand wechselseitig genutzt werden. Dieser Akademiegedanke verkörpert jedoch auch den Versuch, das in wichtigen Köpfen versammelte Wissen für den politischen Beratungs- und Entscheidungsprozeß zu verwerten. So etwas gab es, wie gesagt, in dieser Form noch nie, und ich hoffe, daß wir im Laufe der nächsten Monate die öffentliche Präsentation vornehmen können.

Ich bin mir darüber im klaren: Das sind nur einige Möglichkeiten auf dem Weg in die Zukunft unserer transatlantischen Beziehungen. Die genannten Vorhaben allein reichen jedoch nicht aus, um das zu bewegen, was ich mir wünsche. Das Gesamtkonzept einer solchen Entwicklung muß denkbar breit angelegt sein – vom Schüler- und Studentenaustausch über den Austausch von Dozenten, von Professoren und Journalisten bis hin zur wissenschaftlich-technologischen Zusammenarbeit. Vor allem aber müssen wir versuchen, private Initiativen und privates Engagement auf jeder Ebene stärker zu nutzen. Die bedeutende Rolle amerikanischer Stiftungen ist für mich ein sehr gutes Beispiel. Sie sind Schaltstellen ersten Ranges, die mitentscheiden über die Richtung des amerikanischen Wissenschaftsbetriebes und die Schwerpunkte des intellektuellen Lebens des Landes.

Lassen Sie mich beim Stichwort „Privatinitiative" noch einmal auf Jacob Schurman zurückkommen. Schurman initiierte 1927 die soeben von Herrn Professor Junker erwähnte große Spendensammlung amerikanischer Bürger und hat damit das ermöglicht, was wir vorhin vorgestellt bekamen und woran wir uns alle hier in der „Neuen Universität" erinnern. Ich hoffe, daß dieses Vorbild die Bemühungen, die zukünftigen deutsch-amerikanischen Beziehungen auf eine breite Basis zu stellen, mitbeflügelt.

Ich will gerne auch die Gelegenheit wahrnehmen – gerade hier in Heidelberg –, ein besonderes Wort des Dankes zu sagen an die amerikanischen Streitkräfte. Im Namen jetzt aus Deutschland abziehender Verbände haben Sie, Herr Botschafter, in Magdeburg, Neubrandenburg und in anderen Orten Bibliotheken englischsprachiger Literatur mit bislang 125 000 Bänden übergeben. Die Bibliotheksbestände in die Heimat zurückkehrender amerikanischer Truppenteile sind so für die neuen Bundesländer gestiftet worden. Das ist eine großherzige Tat, für die wir besonders dankbar sind.

Wenn man sich über die Zukunftsperspektiven der deutsch-amerikanischen Beziehungen unterhält, ist es wichtig, sich vor allem auf die geschichtlichen Wurzeln des Partners zu besinnen. Die Beschäftigung mit der Geschichte bietet auch eine Chance, das Bewußtsein für gemeinsame Werte zu stärken. Sie trägt entscheidend dazu bei, die Eigenarten des anderen zu verstehen. Wir können es uns – dies ist meine Überzeugung – nicht leisten, Forschung und Lehre der amerikanischen Geschichte an unseren Universitäten zu vernachlässigen. Deswegen unterstütze ich ganz nachdrücklich Initiativen wie die hier in Heidelberg 1986 gegründete Schurman-Bibliothek für amerikanische Geschichte.

III.

Die zweite große Aufgabe, vor der wir angesichts des grundlegenden Wandels in Europa stehen, ist die Stärkung des transatlantischen Sicherheitsverbundes. Jeder von uns weiß, daß aus dem Umbruch in Mittel-, Ost- und Südosteuropa auch neue Gefährdungen unserer Sicherheit und damit der europäischen Stabilität entstehen können. Die neuen Risiken sind vor allem ökonomischer, sozialer, aber – wie wir jeden Tag beobachten können – auch politischer Natur. Sie können, obwohl das viele leugnen oder nicht mehr glauben, auch zu einer Quelle neuer militärischer Risiken werden.

Zu den Sicherheitsfragen, die wir besonders ernst zu nehmen haben, gehört vor allem die Frage der Verbreitung atomarer, biologischer und chemischer Waffen. Wir dürfen auf keinen Fall die Gefahren, die hiervon für unsere gemeinsame Sicherheit ausgehen, unterschätzen. Bei alledem gilt: Allein die Nato kann die notwendige Präsenz der USA – auch die notwendige fortdauernde und substantielle Präsenz amerikanischer Truppen – in Europa sichern. Nur im Verbund mit der Nato, die für die gemeinsamen freiheitlichen Werte auf beiden Seiten des Atlantiks steht, kann auf Dauer unsere Sicherheit gewährleistet werden. Es wäre ein kapitaler Fehler, Bewährtes abzubauen. Gerade heute – in einer Zeit großen Wandels, den wir bejahen – geht es auch um ein Stück Kontinuität. In dieser Situation bleibt die Atlantische Allianz das unverzichtbare Fundament für Frieden und Freiheit in Europa. Auf der Basis der Neugestaltung von Politik und Strategie hat sich die Nato – und das ist gut so – an die veränderten Rahmenbedingungen angepaßt. Im Nordatlantischen Kooperationsrat stehen wir am Beginn einer neuen, engeren Zusammenarbeit mit den Reformstaaten wie Ungarn, Polen, der ČSFR, die auf diese Weise näher an die Nato herangeführt werden sollen und die dies auch wollen. Damit wird die Nato ihrer gesamteuropäischen Friedensverantwortung gerecht. Sie verkörpert in einer neuen Weise die transatlantische Dimension europäischer Sicherheit.

IV.

Der Bau einer dauerhaften und gerechten Friedensordnung in Europa kann nur gelingen, wenn wir gleichzeitig die politische Einigung Europas weiter voranbringen. Je enger wir uns in Europa zusammenschließen, desto wirksamer schützen wir uns alle vor Rückfällen in nationalistische oder gar chauvinistische Rivalitäten. Wir schützen uns damit auch am besten vor dem Dominanzdenken früherer Zeiten. Dazu gehört auch, daß die Vereinigten Staaten ihren festen Platz in dem sich verändernden Europa bewahren.

Die USA begleiten unseren Weg zur Einheit Europas in dem Bewußtsein, daß dieses Europa ein verläßlicher, aber auch selbstbewußter Partner der Vereinigten Staaten bleibt. Das liegt im wohlverstandenen Interesse der Vereinigten Staaten, aber wahr ist auch, daß nicht alle Amerikaner diesen Kenntnisstand bereits erreicht haben. Die grundlegende Veränderung in der Welt, der Wegfall des sehr einfachen Denkmusters „Ost und West", „freie Welt und kommunistische Welt" erfordert jetzt eine sehr viel differenziertere Betrachtungsweise. Dennoch sage ich noch einmal: Die Politische Union Europas, die politische Einigung Europas entspricht auch den Sicherheitsinteressen der Vereinigten Staaten. Im übrigen – lassen Sie mich das auch angesichts der Diskussion in diesen Tagen nach den Beschlüssen von Maastricht und nach meiner letzten Begegnung mit François Mitterrand am vergangenen Wochenende hier sagen: Wir befolgen jetzt nur die Ratschläge, die uns die Amerikaner in vier Jahrzehnten gegeben haben. Denn vier Jahrzehnte haben die Vereinigten Staaten uns Europäer immer wieder aufgefordert, uns enger zusammenzuschließen.

Nur eine starke und geschlossene Europäische Union kann die Zukunft des europäischen Kontinents mitprägen. Und nur eine starke Europäische Union kann als verläßlicher Partner Seite an Seite mit den Vereinigten Staaten gemeinsame Verantwortung in der Welt übernehmen. Jetzt kommt es darauf an, daß wir die Maastrichter Beschlüsse vom Dezember des letzten Jahres schnell verwirklichen. Wir alle brauchen Europa. Aber Deutschland – mit 80 Millionen Menschen das demographisch und wirtschaftlich stärkste Land in Europa, geopolitisch im Zentrum Europas gelegen –, unser Deutschland braucht die Einbindung in Europa, das feste europäische Dach mehr als alle anderen. Es geht dabei nicht um ein „Entweder-Oder" – auf der einen Seite die transatlantische Partnerschaft mit den Vereinigten Staaten, auf der anderen Seite die Politische Union Europas –, sondern um ein „Sowohl-als-Auch". Am Ende dieses Jahrhunderts, das soviel Elend sah, sollten wir endlich diese Realität in unsere Rechnung einsetzen. In unserem Haus Europa soll auf Dauer eine Wohnung für unsere amerikanischen Freunde zur Verfügung stehen.

Bei alledem wird auch deutlich, daß wir allem Pessimismus und allem Katastrophengerede vergangener Tage zum Trotz in Europa auf einem guten Weg sind. Heute redet niemand mehr vom „Niedergang des Alten Kontinents". Wir haben in den letzten Jahren entscheidende Fortschritte erreicht. Ende des Jahres, in nur sieben Monaten, wird der Europäische Binnenmarkt vollendet sein. Dann werden die Menschen in den Ländern der EG und der europäischen Freihandelszone EFTA – insgesamt also 380 Millionen Menschen – in einem einheitlichen Wirtschaftsraum leben. Der nächste Schritt wird dann die Erweiterung der EG um Österreich, Schweden, Finnland, vielleicht auch um Norwegen sein. Und wenn Sie die Diskussionen in der Schweiz aufmerksam verfolgen, dann können Sie davon ausgehen: Auch die Schweizer werden kommen, weil es sich rechnet. Ich führe dies im übrigen gerne als ein

Argument an gegen die vielen Ängstlichen in unserem eigenen Land: Wenn selbst die Schweizer bereit sind, ihren Franken zugunsten einer europäischen Währung aufzugeben, haben die Deutschen keinen Grund, sich um die Stabilität der künftigen europäischen Währung Sorgen zu machen.

Wir werden auf der Grundlage der Verträge von Maastricht noch in diesem Jahrzehnt – ab 1997, spätestens ab 1999 – eine gemeinsame Währung haben, mit einer unabhängigen Europäischen Zentralbank, die allein der Geldwertstabilität verpflichtet sein wird. Damit werden die Voraussetzungen für einen stabilen und gleichzeitig offenen Wirtschafts- und Währungsraum gegeben sein. Denn das zusammenwachsende Europa wird keine geschlossene Festung sein, die sich nach außen hin abschließt. Es wird ein offenes Europa sein, das für freien Welthandel eintritt und für eine vertiefte internationale Zusammenarbeit. Wer jetzt in dieser weltwirtschaftlichen Situation, auch im Blick auf die Dritte Welt, für Protektionismus eintritt und gegen den freien Welthandel ist – ich sage das auch im Blick auf die aktuellen GATT-Verhandlungen –, versündigt sich an der Zukunft unseres Landes und vor allem an der Zukunft eines großen Teils der Dritten Welt.

Je mehr Europa zusammenwächst, und je größer die Europäische Gemeinschaft wird, desto wichtiger wird dieser Wirtschaftsraum für die Vereinigten Staaten. Deshalb betone ich hier noch einmal: Für mich besteht zwischen der Vertiefung und der Erweiterung der Gemeinschaft kein Gegensatz. Unser Ziel war immer – in den Worten Konrad Adenauers: „..., daß Europa einmal ein großes gemeinsames Haus für alle Europäer wird, ein Haus der Freiheit."

Nur fest gegründete Demokratien und erfolgreiche Soziale Marktwirtschaften mit offenen Grenzen sind die besten Garantien für eine dauerhafte Friedensordnung in Europa. Deshalb ist es eine zentrale Aufgabe der westlichen Staatengemeinschaft und damit auch der Deutschen, den Reformstaaten in Mittel-, Ost- und Südosteuropa Hilfe zur Selbsthilfe zu leisten auf ihrem Weg der Selbstbestimmung, der Freiheit, der Demokratie, und sie in die Weltgemeinschaft zu integrieren. Aus diesem Grund hat die Europäische Gemeinschaft in einem ersten Schritt mit der ČSFR, mit Polen und Ungarn Assoziierungsverträge abgeschlossen, die die Perspektiven eines EG-Beitritts zu einem späteren Zeitpunkt eröffnen. Dies ist schon viel, aber es genügt nicht, denn wir brauchen ein umfassenderes Konzept zur Unterstützung der Reformpolitik in diesem Teil der Welt.

Die mit der Hilfe für die Länder Mittel-, Ost- und Südosteuropas und der GUS verbundenen außergewöhnlichen Lasten kann kein Land allein tragen. Ich sage ganz offen: Wir Deutsche sind dabei bis an die Obergrenze der Belastbarkeit gegangen. Das hat bei manchen auch Mißtrauen geweckt. Aber ich habe in diesen Diskussionen immer gesagt: Ich erinnere mich an meine Schüler- und beginnende Studentenzeit, als die Amerikaner uns nicht allein ließen in unserem Elend nach dem Krieg, sondern mit der Marshall-Plan-Hilfe die Initialzündung für den Aufbau gaben. Wenn manche im Westen, auch in den USA, in Japan oder bei uns, glauben, wir könnten es uns leisten, jetzt in dieser dramatischen Umbruchzeit, über siebzig Jahre nach der kommunistischen Revolution in der späteren Sowjetunion, die Menschen in Rußland, in der Ukraine oder anderswo allein zu lassen, wenn wir so tun, als säßen wir in der Loge eines Staatstheaters und könnten uns einfach anschauen, was sich da auf der Bühne tut, dann werden wir vor der Geschichte versagen. Alles das, was in diesen Ländern heute geschieht, wird morgen und übermorgen für uns schicksalhaft werden.

Ich gehöre noch zu jener Generation, für die unvergessen ist, was es bedeutet hat, als in den Hungerjahren 1946/47 die amerikanischen Trucks in den Schulhof kamen und uns die „Hoover-Speisung" und „Quäker-Hilfe" brachten. Diese, uns junge Menschen tief berührende Tat hat auf uns mehr Wirkung gehabt als manche Dollar-Hilfen für den Wiederaufbau. Das wollen wir nicht vergessen. Ein wichtiger Teil unserer Politik muß sein, daß wir jetzt Gleiches in Moskau, Petersburg und anderswo leisten. Wir wissen aus der Erinnerung an die OEEC und die Hilfsmaßnahmen des Marshall-Planes, daß das Erfolgsgeheimnis der damaligen Politik war, die Hilfe von außen mit dem Anreiz zu intensiver Kooperation der Empfängerländer untereinander zu verbinden. Dabei müssen die Reformstaaten die Hauptlast selbst tragen. Das heißt aber auch, daß wir gemeinsam helfen müssen. Ich denke, wir sollten gelegentlich unseren amerikanischen Freunden, die ziemlich weit entfernt sind, und unseren japanischen Freunden – die noch weiter entfernt sind – sagen, daß sie jetzt ihren Anteil an dieser Hilfe tragen müssen. Es geht um unsere gemeinsame Welt.

Das, was in Mittel-, Ost- und Südosteuropa geschieht, bis weit in die asiatischen Teile der ehemaligen Sowjetunion, steht in unmittelbarem Zusammenhang mit Frieden und Freiheit auf unserem Kontinent. Was wir jetzt hier investieren, ist eine Abschlagszahlung für unsere eigene

Freiheit. Ich weiß, daß das gegenwärtig in unserem Land bei all unseren anderen Sorgen nicht sonderlich populär ist – aber es ist richtig, und es muß deswegen durchgesetzt werden.

V.

Die deutsch-amerikanische Freundschaft und die enge Partnerschaft zwischen Europa und Amerika bleiben eine gemeinsame Aufgabe. Wenn George Bush von „partners in leadership" spricht, dann heißt das für uns Deutsche, daß wir gemeinsam für eine Welt des Friedens und der Gerechtigkeit arbeiten. Vom vereinten Deutschland wird deshalb jetzt eine stärkere Mitwirkung an den Lösungen internationaler Fragen erwartet. Wir haben nicht mehr die Ausrede, wie vierzig Jahre lang: Wir haben den Krieg verloren, unser Land ist geteilt. Seite an Seite mit unseren amerikanischen und europäischen Freunden sind wir bereit, im Rahmen der innerwestlichen Lastenteilung jene Aufgaben zu übernehmen, die wir entsprechend unserer Leistungskraft erfüllen können – wirtschaftlich und politisch. Wir müssen zu den Rechten und den Pflichten stehen, die wir mit unserem Beitritt zu den Vereinten Nationen auf uns genommen haben, wenn wir international voll handlungs- und gestaltungsfähig sein wollen.

Wir haben so auch die Chance, eine Weltordnung des politischen Ausgleichs und des friedlichen Wettbewerbs zu schaffen. Denn nach dem Ausgleich zwischen Ost und West bestehen nun neue zusätzliche Probleme. Ich will einen dieser Punkte ansprechen: Bei der Abwehr der dringenden Gefahren, etwa für das Weltklima, sitzen wir alle im gleichen Boot. Die Konsequenzen, die sich aus dem Loch in der Ozonschicht und der Vernichtung der tropischen Regenwälder ergeben, rühren am Lebensnerv aller Völker. Deshalb brauchen wir jetzt eine weltumspannende Umweltpartnerschaft, um die uns anvertraute Schöpfung zu bewahren. Ich glaube, das sind alles Perspektiven, die Optimismus und vor allem Zuversicht verlangen. Dazu haben wir als Deutsche allen Grund.

Für die jetzt anstehenden großen Herausforderungen gibt es auch keine Vorbilder in der Geschichte. Ich kann nicht bei meinem täglichen Arbeitstag die Frage an meine Mitarbeiter stellen: Wie haben wir das das letzte Mal gemacht bei der deutschen Wiedervereinigung? Das ist eine einzigartige Chance, und ich freue mich darüber trotz der Probleme, die damit verbunden sind.

VI.

Lassen Sie mich zum Abschluß noch ein Wort an die junge Generation richten. Wenn wir auf das Leid zurückblicken, die die Kriege dieses Jahrhunderts für so viele Menschen gebracht haben, dann empfinde ich es als eine große Chance, an der Schwelle zum 21. Jahrhundert der jungen Generation die Aussicht auf ein ganzes Leben in Frieden und Freiheit zu eröffnen.

Die vor uns liegenden Aufgaben sind schwierig, für ihre Bewältigung gibt es keine Vorbilder in der Geschichte. Wir werden Mut und Solidarität brauchen, um die von mir skizzierten Herausforderungen zu bewältigen. Dazu brauchen wir Europäer und die Welt Amerika. Der größte Fehler wäre es, angesichts der Größe der Aufgabe zu resignieren. Hören Sie nicht auf die Propheten des Niedergangs. Amerika ist und bleibt die erste Macht der Welt.

Sie, die Sie jung sind und hier studieren, haben die Chance, die Zukunft zu gestalten. Es ist Ihre Zukunft. Schauen Sie dabei auch auf die großartigen Leistungen der amerikanischen Nation in der Vergangenheit und wie sie immer wieder geschichtliche Herausforderungen angenommen hat. Privatinitiative, schöpferische Intelligenz, wissenschaftliche und technische Leistungskraft und die Bereitschaft, entschlossen und selbstbewußt die großen Aufgaben der Zukunft zu gestalten – das war, ist und bleibt die Grundlage der herausragenden Rolle Amerikas.

Nehmen Sie, liebe Studenten, dieses Beispiel an, nehmen Sie Ihre Chance wahr und arbeiten Sie dafür! Das ist meine Hoffnung für die Zukunft der deutsch-amerikanischen Beziehungen und auch für die Schurman-Bibliothek. Dafür wünsche ich Ihnen und allen, die hier arbeiten, viel Glück und Segen.

Bulletin, hrsg. vom Presse- und Informationsamt der Bundesregierung Nr. 59 vom 4. Juni 1992, S. 577–582.

Als Christen auf dem Weg in das geeinte Europa

Rede auf der 33. Bundestagung des Evangelischen Arbeitskreises
der CDU/CSU in Wittenberg am 26. September 1992

*An die Politik aus christlicher Verantwortung, wie sie die CDU vertritt, wird
der Anspruch gestellt, den Grundsätzen der Solidarität und Subsidiarität
folgend, am schwierigen demokratischen und wirtschaftlichen Neuaufbau in
Ostdeutschland, gerade auch im Interesse einer Öffnung Europas für die von
kommunistischer Herrschaft befreiten Völker, mitzuarbeiten.*

I.

Der Evangelische Arbeitskreis der CDU/CSU feiert in diesem Jahr sein
40jähriges Bestehen. Auch im Blick auf dieses Jubiläum habe ich Ihre
Einladung zu dieser Bundestagung besonders gerne angenommen. Auf
seinen Tagungen setzt sich der Evangelische Arbeitskreis stets nachdenklich mit Fragen von grundsätzlicher Bedeutung für die Unionsparteien und für unser Land auseinander. Vor allem im nächsten Jahr, wenn
sich die ganze CDU mit ihrem Grundsatzprogramm beschäftigt, wird
Ihren Beiträgen großes Gewicht zukommen.

Ein weiterer wichtiger Grund, weshalb ich gerne hierhergekommen
bin, ist das Thema Ihrer Tagung. Europa war für mich nie nur eine Frage
der Ökonomie und des Geldes. Es ist gut, wenn wir Christen uns immer
wieder klarmachen, daß zu den Fundamenten des geeinten Europa tiefe
gemeinsame religiöse und kulturelle Wurzeln der Völker unseres Kontinents gehören.

Wittenberg ist für ein Zusammentreffen des Evangelischen Arbeitskreises der CDU/CSU besonders gut geeignet. Hier in Sachsen-Anhalt
befinden wir uns im Kerngebiet der deutschen Reformation. Wittenberg
war eine der Hauptwirkungsstätten Martin Luthers. Hier hat er seinen
eigenen, seinen inneren Glaubenskampf ausgekämpft. Sein Ziel war
keineswegs die Spaltung der Kirche. Aber im Verlauf der theologischen

Auseinandersetzung stellte sich heraus, wie tief der Graben war, der sich zwischen seinem Verständnis der Schrift und der kirchlichen Praxis seiner Zeit gebildet hatte. Am Ende der Entwicklung standen sich in Deutschland christliche Konfessionen in verschiedenen Kirchen gegenüber. Dies war die erste Teilung des deutschen Volkes – die wohl folgenreichste in seiner Geschichte. Bis in unser Jahrhundert hat die gegenseitige Ablehnung der Konfessionen das politische und geistige Klima unseres Landes schwer belastet.

Erst vor dem Hintergrund des gemeinsamen Leids, das der Nationalsozialismus auch den Christen beider Konfessionen zufügte, und vor dem Hintergrund der gemeinsamen Bedrohung durch einen nihilistischen Atheismus wurde eine Annäherung erreicht. Die Wurzeln der Union reichen tief in den deutschen Widerstand gegen die nationalsozialistische Diktatur hinein. Ihre Gründung erfolgte in dem festen Willen, in Deutschland nie wieder Diktatur und Krieg zuzulassen. Fast alle der 35 Unterzeichner des Berliner Gründungsaufrufs vom 26. Juni 1945 waren Verfolgte des Naziregimes, allein 15 von ihnen waren Beteiligte, Eingeweihte und dann auch Verfolgte im Zusammenhang mit dem Attentatsversuch gegen Hitler vom 20. Juli 1944.

Aus der Erfahrung des gemeinsamen Widerstands gründeten evangelische und katholische Christen nach dem Krieg die Christlich-Demokratische und die Christlich-Soziale Union. Sie trugen wesentlich dazu bei, daß konfessionell bedingte Gegensätze in Deutschland überwunden werden konnten. Gerade auch der Evangelische Arbeitskreis der CDU/CSU steht für die Überwindung der konfessionellen Gegensätze in Deutschland. Seit jeher fühlen sie sich dem ökumenischen Dialog verpflichtet. Große Persönlichkeiten des EAK – wie beispielsweise Hermann Ehlers – bleiben dabei Leit- und Vorbild.

Leit- und Vorbild sind uns aber auch jene evangelischen und katholischen Christen in der ehemaligen DDR, die mit großer Wahrhaftigkeit, mutig und unerschrocken die Unterstützung des SED-Regimes verweigert haben. Sie sind dem Grundsatz treu geblieben, daß man Gott mehr gehorchen muß als den Menschen.

Luther ist nicht mehr ein Symbol der Spaltung. Im Gegenteil: In gewisser Weise war er im geteilten Deutschland ein Symbol der Einheit. Protestanten und Katholiken, aber auch Nichtchristen haben 1983 in beiden Teilen Deutschlands bei der Feier seines fünfhundertsten Geburtstags seine Bedeutung gewürdigt. Die Teilung Deutschlands und Europas ist mittlerweile überwunden. Die Mauer durch Berlin steht nicht mehr. Die mit Stacheldraht, Minen und Schußwaffen verbarrikadierte Grenze durch Deutschland gehört der Vergangenheit an. Deutschland hat seine Einheit in Freiheit wiedererlangt.

II.

Dennoch ist manches Trennende geblieben, die Einheit im Inneren noch nicht erreicht. Wir haben manche Schwierigkeiten *unter*schätzt, die der Vollendung der inneren Einheit entgegenstehen. Ich habe jedoch auch die Bereitschaft der Menschen *über*schätzt, aufeinander zuzugehen. Über 56 Jahre Diktatur, über vier Jahrzehnte sozialistisch-kommunistischer Herrschaft und zentralistischer Planwirtschaft im Osten unseres Landes und über vierzig Jahre der Teilung haben in den Herzen der Menschen Wunden geschlagen, die nur langsam verheilen. Damit sie es tun, ist ein offener und ehrlicher Umgang mit der Vergangenheit unentbehrlich. Hier sind alle Deutschen gefordert – auch im Westen, wo doch viele den Gedanken an die deutsche Einheit bis zum Jahre 1989 längst aufgegeben hatten.

Den Menschen in Ostdeutschland wird durch den tiefgreifenden Wandel binnen kurzer Zeit ein ungewöhnlich hohes Maß an Umstellungsbereitschaft abverlangt – im privaten wie auch im öffentlichen Bereich. Auch hier muß sich jeder im Westen nachdenklich fragen, wie er selbst und wie seine Umgebung auf diese Umstellungen reagieren würden. Ich habe sehr viel Verständnis für die Menschen, die sich in dieser Phase des Umbruchs vor allem um ihren Arbeitsplatz sorgen. Es ist bewundernswert, auf welche Weise viele ihr neues Schicksal mutig in die Hand nehmen und nicht in Resignation und Mutlosigkeit verfallen. Die meisten von ihnen schauen bei allen gegenwärtigen Sorgen mit Zuversicht in die Zukunft.

Dafür gibt es auch gute Gründe. Wir haben in den vergangenen 24 Monaten schon viel erreicht. In den neuen Bundesländern gibt es gewaltige Fortschritte: Die Menschen leben in Freiheit. Der Rechtsstaat sichert die Achtung ihrer Würde. Die Einkommen und Renten, die soziale Sicherung der Bevölkerung und ihr Lebensstandard sind trotz aller Sorgen um Arbeitsplätze und Zukunft gestiegen. Der Aufbau von Infrastruktur und modernen Unternehmen in Handwerk und Handel, Mittelstand und Industrie kommt voran. Aber viele Aufgaben, die sich uns heute stellen, waren 1990 nicht absehbar. Viele Erwartungen haben sich nicht so bestätigt, wie wir und andere damals angenommen hatten. Niemand hatte das ungeheure Ausmaß der Manipulation und die durch das SED-Regime vorgetäuschte Leistungskraft der DDR-Wirtschaft richtig eingeschätzt. Niemand konnte den nahezu vollständigen Zusammenbruch des Osthandels absehen. Noch Anfang 1991 waren das Ende der Sowjetunion und ihr wirtschaftlicher Zusammenbruch nicht erkennbar.

Im Sommer vergangenen Jahres habe ich noch mit Michail Gorbatschow über Warenlieferungen aus den neuen Bundesländern im Wert von 25 Milliarden D-Mark gesprochen. Für die Betriebe, die zuvor nahezu vollständig auf die Belieferung der Sowjetunion ausgerichtet waren, hatten und haben die dortigen Ereignisse in der zweiten Jahreshälfte 1991 dramatische Konsequenzen. Heute wären wir sehr froh, wenn wir statt der 25 Milliarden bis Ende dieses Jahres eine Größenordnung von fünf Milliarden D-Mark erreichen würden.

Wir müssen uns aber auch selbstkritisch fragen, ob beispielsweise die sofortige Übernahme des komplizierten Bau- und Planungsrechts der alten Bundesländer nicht ein Fehler war. Die Erfahrung zeigt, daß der in den alten Bundesländern mit Recht beklagte Perfektionismus in Rechtsordnung und Verwaltung auf die Erfordernisse der neuen Bundesländer erst recht nicht paßt. Zwei Jahre Deutsche Einheit sind ein Lernprozeß für alle Beteiligten gewesen. Im nachhinein würde jeder von uns manches anders machen.

Die Haushaltsdebatte vor zwei Wochen hat gezeigt, in welcher Weise solche Ehrlichkeit vom politischen Gegner und von manchen Medien aufgegriffen wird. Daher ist es wichtig, immer wieder auch darauf hinzuweisen, daß die SPD sich in der *entscheidenden* Frage – nämlich im Blick auf die Einheit der Nation – geirrt hat. Wir, CDU und CSU, hatten demgegenüber das große Ziel der Einheit Deutschlands in freier Selbstbestimmung nie aus den Augen verloren. Wir haben bei den Grundentscheidungen im Blick auf das Erreichen und die Gestaltung der deutschen Einheit die Weichen richtig gestellt, und es ist Beachtliches erreicht worden. Die öffentlichen Hilfen zur Unterstützung des Aufbaus in den neuen Ländern sind das größte Wirtschaftsprogramm in der Geschichte Deutschlands. Für einen längeren Zeitraum werden wir jährlich vier bis fünf Prozent des Bruttosozialprodukts, also rund 140 Milliarden D-Mark für den Aufbau bereitstellen.

Unsere Nachbarn im Osten beneiden die Menschen in den neuen Bundesländern um Startchancen, von denen sie selber nur träumen können. Und unsere Nachbarn im Westen sehen im Gegensatz zu den Miesmachern hierzulande sehr deutlich, daß wir uns auf Erfolgskurs befinden. Das bekomme ich von ausländischen Besuchern und

Gesprächspartnern fast täglich zu hören. Der schnelle Ausbau etwa des Straßen- und Schienennetzes, des Telefonsystems sowie die Modernisierung beispielsweise von Schulen, Krankenhäusern und Einrichtungen der Altenpflege vor Ort werden mit enormen Beträgen unterstützt. Die öffentlichen Investitionen in den neuen Bundesländern liegen pro Bürger mehr als ein Drittel über dem Vergleichswert für die alten Bundesländer.

Für private Investoren sind besonders günstige Förderbedingungen geschaffen worden. Das Entstehen privater Unternehmen in den neuen Ländern ist von entscheidender Bedeutung. Die öffentlichen Förderprogramme haben eine beeindruckende Gründungswelle in Gang gesetzt. Die Zahl der Gewerbeanmeldungen hat seit Anfang 1990 eine halbe Million erreicht. Die Vernichtung des Mittelstandes war eine der schlimmsten Hinterlassenschaften des SED-Regimes. Die Schaffung eines neuen Mittelstandes ist eines unserer vordringlichsten Ziele. Es geht uns vor allem darum, die Möglichkeiten für die Menschen aus Ostdeutschland zu verbessern, einen eigenen Betrieb aufzubauen.

Ich weiß, daß die Umstrukturierung in den neuen Bundesländern für viele Menschen große persönliche Belastungen, ja auch Härten mit sich bringt und daß viele Familien mit Sorge in die Zukunft blicken. Diese Mitbürger brauchen unser aller Verständnis und unsere Unterstützung. Niemand hilft ihnen, indem er sie entmutigt. Ich bin mir bewußt, wie sehr auch der vorübergehende Verlust des Arbeitsplatzes das Leben jedes Betroffenen verändert. Ein Schwerpunkt unserer Maßnahmen liegt deshalb auf der Arbeitsmarktpolitik. Vor allem sind jedoch zukunftsgerichtete Investitionen eine wichtige Voraussetzung für neue, wettbewerbsfähige Arbeitsplätze. Deshalb ist es ein besonderes Anliegen der Bundesregierung, die neuen Länder als Produktionsstandort noch attraktiver zu machen.

Eine der größten Schwierigkeiten für den Aufbau in den neuen Bundesländern ist erst nach dem 3. Oktober 1990 entstanden: In den vergangenen zwei Jahren sind wirtschaftliche Leistungsfähigkeit und Löhne in den neuen Bundesländern weit auseinandergelaufen. Die dadurch entstandene Situation ist bei allem Verständnis für den Wunsch nach rascher Lohnangleichung eine erhebliche Gefahr für viele Arbeitsplätze. Es ist deshalb notwendig, daß die Tarifpartner zu gemeinsamen, maßgeschneiderten Regelungen kommen, die insbesondere der Lage gefährdeter Betriebe Rechnung tragen. Sicherheit und Zukunft von Arbeitsplätzen müssen Maßstab des Handelns der Tarifpartner sein.

Genauso wichtig ist unser gemeinsamer Einsatz für genügend Lehrstellen. Heute können wir davon ausgehen, daß auch in diesem Ausbildungsjahr praktisch allen Bewerbern aus den neuen Bundesländern eine Lehrstelle angeboten werden kann.

Wir können die innere Einheit nur vollenden, wenn wir gemeinsam den begonnenen Prozeß mit Vernunft, Ausdauer und Konsequenz voranbringen und über alle Auffassungsunterschiede in Einzelfragen hinweg zu einem engeren Dialog zwischen allen Beteiligten kommen. Ich habe daher Vertreter der Bundesländer und der kommunalen Spitzenverbände, Repräsentanten von Wirtschaft und Gewerkschaften sowie die Führungen der Koalitionsparteien und der Opposition eingeladen, um einen Solidarpakt für Deutschland herbeizuführen. Ziel muß es sein, gemeinsam konkrete Lösungen für die anstehenden zentralen Herausforderungen zu erarbeiten. Alle Beteiligten sind aufgefordert, hierzu ihren Beitrag zu leisten.

III.

Wenn wir Deutschen uns in diesen Jahren der gemeinsamen Aufgabe des Neuaufbaus stellen, dann folgen wir als Christen dabei unserem Auftrag, die Welt zu gestalten und am Werk des Schöpfers mitzuarbeiten. Religion ist eben nicht „Opium für das Volk", wie es Marxisten immer wieder behauptet haben. Im Gegenteil: Sie ist der eigentliche Ursprung der Verantwortung, die den Christen in der Welt und für die Welt auferlegt ist.

Deswegen bleibt es auch dabei: Wir stellen uns in der Politik unserer christlichen Verantwortung. Wir bleiben Christliche Demokraten, auch wenn in Deutschland heute nur noch zwei Drittel der Menschen einer Kirche angehören. Das „C" hat nie bedeutet – Hermann Ehlers hat dies mehr als einmal betont –, daß Politik aus christlicher Verantwortung ausschließlich bei der CDU angesiedelt sei. Für mich bleibt das „C" Anspruch in erster Linie *an uns selbst*: Wir gestalten Politik aus unserem Verständnis vom Menschen, wohlwissend, daß wir diesem Anspruch nicht immer gerecht werden können. Es bleibt gültig, was in unserem Grundsatzprogramm steht: „Jeder Mensch ist Irrtum und Schuld ausgesetzt. Diese Einsicht bewahrt uns vor der Gefahr, Politik zu ideologisieren."

Das „C" bedeutet daher auch nicht den überheblichen Anspruch des moralisch Höherstehenden. Gerade das „C" verlangt von uns vielmehr, das Gebot der Demut und Bescheidenheit auch in der Politik zu beachten. Wenn wir uns als Christliche Demokraten zu unserer Verantwortung vor Gott bekennen, dann heißt das ja nicht, daß wir das

Evangelium als politisches Programm verstehen wollten. Schon Martin Luther hat solches als verhängisvollen Irrtum angesehen. Von ihm stammt der Vergleich: „Ein ganzes Land oder die Welt mit dem Evangelium zu regieren sich zu unterfangen, das ist ebenso, als wenn ein Hirte in einem Stall Wölfe, Löwen, Adler, Schafe zusammentäte und ein jegliches frei nebeneinander laufen ließe und sagte, da weidet und seid rechtschaffen."

So heißt es aus gutem Grund auch in unserem Grundsatzprogramm: „Aus christlichem Glauben läßt sich kein bestimmtes politisches Programm ableiten. Aber er gibt uns mit seinem Verständnis vom Menschen eine ethische Grundlage für verantwortliche Politik. Auf dieser Grundlage ist gemeinsames Handeln von Christen und Nichtchristen möglich." Vor den grundlegend gewandelten Verhältnissen in unserer heutigen säkularisierten Gesellschaft gewinnt für die CDU die Frage der Offenheit der Partei für Nichtchristen an Bedeutung. Die CDU ist offen für die Mitarbeit von Nichtchristen.

Das heißt aber nicht, daß wir nicht auch in Zukunft in besonderer Weise mit den Kirchen verbunden bleiben. Für uns Christen sind sie unsere Glaubensheimat. Der EAK hat sich von Anfang an der Aufgabe gestellt, den Dialog zwischen der Union und der evangelischen Kirche zu fördern. Auch in Zukunft werden wir angewiesen sein auf diesen wichtigen Beitrag von evangelischen Christen in der CDU und in der CSU. Mit den Kirchen gemeinsam stehen auch wir als Partei heute vor einer wichtigen Aufgabe. In weiten Teilen Europas sind die Menschen dem Christentum heute entfremdet. Ihnen auf der Suche nach dem Sinn des Daseins neue Orientierung zu geben, ist eine originär kirchliche Aufgabe. Sie ist aber auch von eminent politischer Bedeutung: In das geistige Vakuum, das der Kommunismus hinterlassen hat, dürfen keine neuen totalitären Heilslehren einströmen.

Nicht zuletzt deshalb messe ich der Diskussion um die Fortschreibung des CDU-Grundsatzprogramms so große Bedeutung zu. Dabei ist es aus meiner Sicht entscheidend, daß es uns gelingt, in den Diskussionsprozeß des Jahres 1993 möglichst die gesamte CDU einzubinden. Die Fortschreibung unseres Ludwigshafener Grundsatzprogramms von 1978 bedeutet nicht, daß es schlecht gewesen wäre. Das Gegenteil ist richtig. Dennoch müssen wir uns der Notwendigkeit stellen, unser Grundsatzprogramm fortzuschreiben. Es stammt aus der Zeit der deutschen Teilung. Die inzwischen erreichten Fortschritte bei der europäischen Einigung haben die Anforderungen an unser Grundsatzprogramm ebenfalls verändert. Erziehungsgeld und Erziehungsurlaub zum Beispiel oder die rentensteigernde Berücksichtigung von Erziehungs- und Pflegezeiten, wie wir sie in Ludwigshafen noch als Ziel formuliert haben, sind durchgesetzt und eingeführt. Gerade solche Punkte, die eine Fortschreibung notwendig machen, zeigen, wie sehr sich das Ludwigshafener Programm bewährt hat. Es ist eine in seinen Grundsätzen auch heute noch gültige Standortbestimmung christlich-demokratischer Politik.

In den letzten vierzehn Jahren ist bei uns allen das Bewußtsein um unsere Verantwortung für die Bewahrung der Schöpfung gewachsen. Das Ozonloch über der Antarktis oder die Vernichtung der tropischen Regenwälder rührt an den Lebensnerv aller Völker. In vielen Jahren habe ich mich dafür eingesetzt, das Thema „Umwelt und Entwicklung" auf die Tagesordnung der internationalen Politik zu setzen. Die UN-Konferenz in Rio de Janeiro im Juni dieses Jahres hat uns hierbei ein gutes Stück vorangebracht. Von dieser Konferenz ist eine wichtige Botschaft ausgegangen – die Botschaft der Solidarität, der gleichberechtigten Partnerschaft und der gemeinsamen Verantwortung für die *eine* Welt. Ich trete daher dafür ein, daß wir unsere Ludwigshafener Formulierungen zum christlichen Menschenbild ergänzen durch unser – mit allen großen Weltreligionen gemeinsames – christliches Verständnis von der verantwortlichen Stellung des Menschen in der Schöpfung. Die Aussagen von 1978 zum christlichen Menschenbild aber bleiben gültig.

IV.
Wir bekennen uns zur Würde des Menschen. Für unsere Politik ist unser Verständnis vom Menschen Grundlage und Maßstab zugleich. Ich sage das auch im Hinblick auf unser Zusammenleben mit Ausländern in Deutschland. Bis auf wenige Ausnahmen leben die Deutschen friedlich und nachbarschaftlich mit den hier ansässigen Ausländern zusammen. Es ist Unrecht, den Bürgern unseres Landes – egal ob im Osten oder im Westen – pauschal Fremdenfeindlichkeit zu unterstellen. Mit den allermeisten Menschen in unserem Lande verurteile ich Ausschreitungen, wie sie insbesondere in den letzten Wochen gegenüber bei uns lebenden Ausländern und Asylbewerbern, aber auch gegenüber der Polizei vorgekommen sind, auf das schärfste. Solche Übergriffe verletzen die Menschenwürde und sind Anschläge auf unseren Rechtsstaat. Sie sind eine Schande für unser Land, und sie schaden Deutschlands Ansehen in der Welt. Wer das Leben von Menschen gefährdet, wer Ausländerhaß

schürt, wer die gewalttätige Auseinandersetzung mit Recht und Gesetz sucht, dem muß der Rechtsstaat entschlossen entgegentreten.

Deutschland wird auch in Zukunft politisch, rassisch oder religiös Verfolgten selbstverständlich Schutz und Asyl gewähren. Die Väter und Mütter unserer Verfassung haben nicht zuletzt aufgrund der bitteren Erfahrungen unter der nationalsozialistischen Gewaltherrschaft das Asylrecht als elementares Gebot der Menschlichkeit betrachtet. Dies ist und bleibt auch meine Überzeugung. Dies ist auch die Meinung der allermeisten Deutschen.

Zu Recht machen sich aber viele Menschen in unserem Land Sorgen wegen des anwachsenden, massenhaften Zustroms von Asylbewerbern, die in ihrer Heimat *nicht* aus politischen, rassischen oder religiösen Gründen verfolgt sind. Der Zustrom von Asylbewerbern steigt von Jahr zu Jahr. Allein für 1992 müssen wir mit einem Zustrom von über 400 000 Asylbewerbern rechnen. Nur rund 5 Prozent von ihnen werden als Verfolgte anerkannt. Die anderen kommen vorwiegend aus wirtschaftlich-sozialen Gründen.

Der anhaltende Zustrom führt zu unhaltbaren Zuständen in unseren Städten und Gemeinden. Bei den Kommunen, aber auch bei den zuständigen Behörden von Bund und Ländern ist die Grenze der Belastbarkeit erreicht, wenn nicht gar überschritten. Der Mißbrauch des Asylrechts geht auch zu Lasten jener Menschen, die als *Bürgerkriegsflüchtlinge* vorübergehend bei uns Zuflucht suchen. Wir Deutschen verschließen nicht die Augen vor dem Elend dieser Menschen. Es darf nicht dazu kommen, daß unsere Möglichkeiten, sie aufzunehmen, und die Hilfsbereitschaft unserer Bevölkerung durch den Mißbrauch des Asylrechts beeinträchtigt werden. Bisher hat die SPD sich einer vernünftigen Lösung verweigert, obwohl auch aus ihren Reihen zahlreiche Kommunal- und Landespolitiker immer häufiger mit dramatischen Appellen auf die Unhaltbarkeit der Situation hinweisen. Ich erwarte, daß die SPD jetzt endlich den Weg freimacht für eine Verständigung auf die nötigen Änderungen – auch des Grundgesetzes.

Innerhalb der Europäischen Gemeinschaft kommen rund 60 Prozent aller Asylbewerber nach Deutschland. Es liegt auf der Hand, daß die Probleme dieses massenhaften Zustroms nur in einer gemeinsamen europäischen Anstrengung gelöst werden können. Allen Beteiligten ist klar, daß diese europäische Lösung nur zu erreichen ist, wenn es uns zuvor gelingt, das Grundgesetz den unabweisbaren Erfordernissen unserer Zeit anzupassen.

426

V.

Auf dem Weg zu einem geeinten und versöhnten Europa ist der Beitrag der Christen unentbehrlich. Es waren vor allem in ihrem Glauben tief verwurzelte Christen, die nach dem Ende des Zweiten Weltkrieges daran gingen, im freien Teil unseres Kontinents die Europäische Gemeinschaft aufzubauen. Sie handelten im vollen Bewußtsein der geistig-kulturellen Traditionen, die die Völker Europas miteinander verbinden. Es gibt für uns heute keine vernünftige Alternative zu einer Politik, die auf den immer engeren Zusammenschluß der europäischen Völker und Nationen setzt. Auf sich allein gestellt ist schon heute kein europäischer Staat mehr in der Lage, die großen Herausforderungen an der Schwelle zum 21. Jahrhundert zu bestehen – politisch und ökonomisch. Wir haben es heute in der Hand, das geeinte Europa zu vollenden. Nach der Überwindung von Ost-West-Konflikt und kaltem Krieg bietet sich die Chance, mit allen Völkern und Nationen Europas eine dauerhafte europäische Friedensordnung zu schaffen, die auf Freiheit, Demokratie und Rechtsstaatlichkeit basiert. Wichtigster Baustein muß die Europäische Union sein, die wir mit dem Vertrag von Maastricht schaffen wollen.

Unser Ja zu Europa ist zugleich eine Absage an jegliche Form von Chauvinismus und Nationalismus. Zu Recht empfinden wir es heute als absurd, daß in vielen europäischen Bruderkriegen jede Nation davon überzeugt war, ein Gott wohlgefälliges Werk zu vollbringen. Dennoch kann auch heute kein europäisches Land von sich behaupten, es sei völlig immun gegen den Virus des Nationalismus. Für Christen jedenfalls bezeichnet Patriotismus die Haltung nicht nur zum eigenen Vaterland, denn Patriotismus bedeutet immer auch Achtung vor der Vaterlandsliebe des Nachbarn und damit die Ablehnung jeder Form nationaler Überheblichkeit. Überall in Europa muß die Liebe zum eigenen Vaterland untrennbar verknüpft sein mit der Liebe zur Freiheit und mit der Achtung vor der Würde des Nachbarn. Dies ist das Fundament eines „Hauses der Freiheit für alle Europäer", wie es Konrad Adenauer im Jahre 1961 so weitsichtig ausgedrückt hat.

Daß die heutige EG nicht das ganze Europa sein kann, ist unbestritten. Wir befürworten deshalb nachdrücklich einen Beitritt von EFTA-Ländern zur Europäischen Union, wie er im Laufe dieses Jahrzehnts erfolgen kann. Auch für Ungarn, Tschechen, Slowaken und Polen oder später auch für die Staaten des Baltikums muß auf Dauer die Zugehörigkeit zur Union möglich sein, wenn sie dies wünschen und wenn sie die notwendigen politischen und ökonomischen Voraussetzungen erfüllen. Vertiefung der Integration und Erweiterung der Gemeinschaft müssen Hand in Hand gehen. Es gibt hier kein „Entweder-Oder" sondern nur ein „Sowohl-als-Auch". Deshalb haben wir in Maastricht den Grundstein zu einer immer stärker demokratisch legitimierten Europäischen Union gelegt. Nach der Zustimmung einer Mehrheit der französischen Bevölkerung zum Vertrag von Maastricht wollen auch wir unseren Teil dazu tun, damit der Vertrag wie geplant zum 1. Januar 1993 in Kraft treten kann. Deutschland wird an dem vorgesehenen Zeitplan für die Ratifizierung festhalten.

Wir wollen eine Europäische Union vollenden, mit der sich unsere Bürger identifizieren können. Gerade unsere föderale Struktur bietet hervorragende Chancen dafür, daß regionale Probleme und Besonderheiten auch in einer Europäischen Union wirkungsvoll zur Sprache gebracht werden. Denn das bundesstaatliche Prinzip gewährleistet eine größere Bürgernähe als zentralistische Strukturen. Deshalb sind unser Verständnis von Föderalismus und das Prinzip der Subsidiarität im Vertrag von Maastricht verankert. Dieses Prinzip verlangt nicht nur, daß politische Entscheidungen auf der möglichst niedrigen Ebene angesiedelt sind. Es verlangt darüber hinaus, daß der Staat dem Bürger eigene Initiative und verantwortliche Selbsthilfe im Rahmen des Möglichen erleichtert und abfordert. Erst so kann wahre Solidarität in der Gesellschaft gedeihen. Solidarität beinhaltet die persönliche Zuwendung von Mensch zu Mensch. In einer Zeit, in der Armut viel seltener finanzielle Not bedeutet als vielmehr Mangel an Gemeinschaft, gewinnt diese persönlich geleistete Hilfe an Bedeutung. Wenn wir beim Bau der Europäischen Union das Prinzip der Subsidiarität verwirklichen, dann bauen wir auch unter dem europäischen Dach an der Gesellschaft mit menschlichem Gesicht.

Es wäre ein historisches Versagen der Europäischen Gemeinschaft, wenn wir in diesem Augenblick, wo sich die Hoffnungen unserer Nachbarn in Mittel-, Ost- und Südosteuropa auf uns richten, den Weg zur künftigen Europäischen Union verlangsamen oder gar abbrechen würden – einen Weg, der uns bis heute Frieden, Freiheit und Wohlstand ermöglicht hat. Öffnung Europas bedeutet nicht nur Ausrichtung der Europäischen Gemeinschaft auf die angestrebte Europäische Union, sie bedeutet auch – wie Václav Havel es ausdrückte – „Heimkehr" der mittel-, ost- und südosteuropäischen Staaten nach Europa. Gerade in diesen Ländern ist in den über vierzig Jahren der Teilung unseres

Kontinents das Bewußtsein für die tiefen Wurzeln gemeinsamer kultureller, geistiger und religiöser Traditionen in Europa lebendig geblieben.

Nach Jahrzehnten kommunistischer Herrschaft geht es jetzt darum, die wiedergewonnene Freiheit fest zu verankern. Dem Aufbau des demokratischen Rechtsstaates kommt dabei eine ganz besondere Bedeutung zu. Unrecht erzeugt Unfrieden, im Innern wie nach außen. Heute erkennen viele, die dieser Aussage noch vor wenigen Jahren skeptisch gegenüberstanden, daß die Bibel doch recht hat. Bei Jesaja heißt es in Kapitel 32, Vers 17 in der Lutherschen Übersetzung: „Der Gerechtigkeit Frucht wird Frieden sein." Abrüstung und Rüstungskontrolle allein garantieren keinen dauerhaften und wirklichen Frieden. Erst Gerechtigkeit schafft Frieden, denn sie allein führt zum Abbau von politischen Spannungsursachen.

Viele haben unter den verschiedenen Diktaturen dieses Jahrhunderts ihre Freiheit dafür geopfert und ihr Leben dafür eingesetzt, daß alle Europäer die Chance erhalten, in gemeinsamer Freiheit zusammenzuleben. Wenn wir uns das Gefühl der Dankbarkeit bewahren, dann werden wir auch die Kraft finden, das große Werk des Friedens zu vollenden, zu dem jetzt die Fundamente gelegt sind. Dabei werden wir Mut und Solidarität brauchen. Der größte Fehler wäre es aber, angesichts der Größe der Aufgabe zu resignieren. Wir dürfen nicht auf die Propheten des Niedergangs hören.

Wenn wir auf das Leid zurückblicken, das die Kriege und die Diktaturen dieses Jahrhunderts über so viele Menschen gebracht haben, dann empfinde ich es als eine großartige Chance, daß die heute lebenden Generationen, vor allem die junge Generation, die Aussicht auf ein ganzes Leben in Frieden und Freiheit haben.

Redemanuskript, Bundesgeschäftsstelle der CDU.

Wir gewinnen mit Europa

Grundsatzrede auf dem 3. Parteitag der CDU in Düsseldorf
am 27. Oktober 1992

*Diese grundsätzlichen Ausführungen sind von dem Bestreben bestimmt, die
CDU von neuem für die europapolitische Aufgabe zu motivieren und der
Partei mit der Politischen Union Europas eine Vision vorzugeben, die nach
der Überwindung des Ost-West-Gegensatzes und dem Ende der kommunistischen Herrschaft über den Osten des Kontinents den Mut, den Einsatz und
die Opferbereitschaft einer solidarischen Anstrengung zu lohnen verspricht.*

Ich weiß, daß es im Vorfeld unseres Bundesparteitags innerhalb und
auch außerhalb der Partei in manchen Kommentaren die Frage gab: Ist
es richtig, in diesem Augenblick drängender Probleme in Deutschland
auf einem Bundesparteitag einen ganzen Tag der Frage „Europa und die
europäische Entwicklung" zu widmen?

Wir haben über dieses Thema im Bundesvorstand schon vor vielen
Monaten, als wir diesen Parteitag konzipierten, eingehend gesprochen.
Wir waren einstimmig der Auffassung, daß es wichtig und richtig ist, zu
dieser Zeit, in der sich die Dinge in Europa dramatisch verändern, als die
klassische Europa-Partei Deutschlands eine solche Planung vorzunehmen. Wir stehen damit auch in der Nachfolge Konrad Adenauers.

Ich beklage ein wenig – ich sage das ganz offen –, daß wegen der
Diskussion um manche Sorgen im eigenen Land heute in der Gesellschaft der Bundesrepublik Deutschland und nicht zuletzt in unserer
eigenen Partei gelegentlich der Eindruck entsteht, als nähmen wir die
europäischen Dinge nicht mehr ganz so wichtig. Ich kann nur wiederholen, was ich schon oft gesagt habe: Die CDU ist und bleibt die Europa-Partei in Deutschland. Für uns ist die Entwicklung Europas nicht
irgendein Thema der Tagespolitik. Europa ist für Deutschland eine
Schicksalsfrage; ich behaupte: *die* Schicksalsfrage.

Als Land in der Mitte unseres Kontinents haben wir mehr Grenzen und Nachbarn als die anderen. Wir haben eine besondere Geschichte, eine Geschichte, zu der auch große deutsche Schuld gehört. Ein Land mit 80 Millionen Einwohnern, ein Land mit dieser Wirtschaftskraft, das morgen und übermorgen, wenn die Aufbauarbeiten in den neuen Bundesländern geschafft sind, stärker als je zuvor sein wird – so hat es François Mitterrand formuliert –, erweckt Ängste, erweckt – wenn Sie es so nennen wollen – Neid. Deswegen ist es wichtig, daß wir, die Deutschen, und wir, die CDU als die Partei der Mitte in Deutschland, begreifen, daß hier eine besondere Herausforderung und Aufgabe für uns liegt. Unsere nationale Zukunft ist noch viel mehr als die der anderen mit der Entwicklung Europas verknüpft.

Es kann und darf uns deshalb nicht gleichgültig sein, welchen Weg Europa geht: Ob es sich unwiderruflich auf den politischen und wirtschaftlichen Zusammenschluß festlegt oder ob es in nationale Rivalitäten früherer Zeiten zurückfällt. Dies ist in Wahrheit die Kernfrage der Europa-Politik und die Kernfrage der Diskussion über den Maastricht-Vertrag. Wenn wir jetzt – jetzt heißt, in den wenigen Jahren bis zum Ende dieses Jahrhunderts – nicht die Europäische Union schaffen, dann versagen wir vor der Geschichte, und – das füge ich mit großem Bedacht hinzu – wir setzen leichtfertig das aufs Spiel, was wir mühsam genug erreicht haben.

Bei der Diskussion in diesen Wochen und Monaten denke ich oft – ich habe es häufig zitiert; ich wiederhole es – an eine Äußerung zurück, die Konrad Adenauer am Vorabend der Debatte im französischen Parlament über den Vertrag zur Europäischen Verteidigungsgemeinschaft im Jahr 1954 machte, über eine Vorlage, von der wir ja wissen, daß sie dann abgelehnt wurde. Er sagte sinngemäß: Wenn dieser Vertrag scheitert, werden wir mindestens eine Generation brauchen, bis wir in Europa wieder ein Stück aufeinander zugehen und zusammenkommen. Das war 1954.

Wir schreiben 1992. Es hat länger gedauert als eine Generation. Ich wage heute die Behauptung: Wenn der Vertrag von Maastricht nicht in Kraft tritt und wenn wir auf dem Weg nach Europa zurückgeworfen werden, dann dauert es wesentlich länger als eine Generation, bis wir erneut eine solche Chance erhalten. Wir laufen dann Gefahr – das gilt heute mehr als 1954 –, daß Europa und die Europäer von ihrer unseligen Vergangenheit eingeholt werden.

Ich kann nur beschwörend sagen: Es soll niemand unter uns glauben, daß das Gespenst des Nationalismus und des Chauvinismus in Europa endgültig tot oder nur noch auf dem Balkan zu Hause ist. Ich bezweifle, daß die bösen Geister der Vergangenheit, unter denen wir in Europa gerade in diesem Jahrhundert so schrecklich gelitten haben, ein für allemal gebannt sind. Schon heute zeichnet sich im Osten unseres Kontinents zum Teil eine Rückkehr zu chauvinistischem, nationalistischem Denken ab, zu Intoleranz und all dem, was dazugehört. Niemand in Deutschland oder im Westen Europas soll überheblich sagen, wir seien von solchen Versuchungen völlig frei. Ebenso gefährlich ist es, wenn hier und da mit dem Argument Stimmung gemacht wird, Deutschland sei zu groß und zu mächtig geworden, und man müsse es wieder durch Koalitionen eindämmen. Wir schreiben das Jahr 1992 und nicht das Jahr 1902. Der Vertrag von Maastricht ist vor allem eine Voraussetzung für Frieden und Freiheit der Deutschen und der Europäer.

Unsere Antwort ist klar. Die zweite deutsche Republik, unsere Bundesrepublik Deutschland, hat sich endgültig für eine Politik entschieden, die auf den immer engeren Zusammenschluß der europäischen Völker und Nationen setzt. Zu dieser Politik gibt es nach meiner Überzeugung keine vernünftige Alternative. Unsere Politik war dabei nie eine Politik des Ausgrenzens einzelner Partner, und sie wird es auch in Zukunft nicht sein. Wir wollen – um das klar auszusprechen – kein Europa der zwei oder der drei Geschwindigkeiten. Aber wir wollen auch kein Europa, in dem das langsamste Schiff das Tempo des ganzen Geleitzugs bestimmt.

Die Europäische Gemeinschaft hat uns Deutschen wie auch unseren Partnern Frieden und Freiheit gesichert. Wir in Deutschland verdanken nicht zuletzt dieser Gemeinschaft ein bisher nie gekanntes Maß an Wohlstand. Heute betrachten zu viele die Früchte der europäischen Einigung als selbstverständlich. Sie erkennen nicht mehr, welche Vorteile die europäische Einigung gerade für die Deutschen bringt. Knapp drei Viertel unserer Exporte gehen heute in die Länder der EG und der EFTA, und zwei Drittel unserer Importe kommen von dort. Die EG und die EFTA-Länder haben damit entscheidenden Anteil an Wachstum und Beschäftigung, an Stabilität und Wohlstand bei uns. Wenn etwa mein geschätzter Amtsvorgänger früher zu sagen pflegte: „Wir sind nicht die Zahlmeister Europas", hat er damit eine ungewöhnlich törichte Meinung vertreten. Denn wir waren zu allen Zeiten die Hauptnutznießer dieses sich einigenden Europas. Es ist nur selbstverständlich und gerecht, daß ein Land, das den größten Nutzen von der Gemeinschaft hat, auch an den Kosten den größten Anteil zu tragen hat. Wer jetzt für ein geringeres Maß an europäischer Integration plädiert, setzt viele Millionen Arbeitsplätze aufs Spiel. Er riskiert einen Abbau jener Arbeitsplätze, die durch die Verflechtung der europäischen Volkswirtschaften hierzulande aufgebaut werden konnten.

Es kommt noch etwas anderes hinzu. Wir, die Europäer, werden noch am Ende dieses Jahrzehnts und Jahrhunderts, das heißt in wenigen Jahren, erleben, daß sich die Amerikaner, die Kanadier und die Mexikaner zu einer immer engeren Freihandelszone zusammenschließen. Wir werden weitere Zusammenschlüsse von Ländern in Südamerika erleben, und wir werden sie im ostasiatisch-pazifischen Raum erleben. All das muß uns aufrütteln, wenn wir an die Zukunft unserer Wirtschaft, an die Arbeitsplätze, die Exportchancen denken. Für die Exportnation Deutschland ist der Zusammenschluß Europas von entscheidender Bedeutung. Aber wenn wir das Ganze nur unter ökonomischen Gesichtspunkten betrachten, übersehen wir die eigentliche Bedeutung des europäischen Einigungswerkes. So sehr ich vom wirtschaftlichen Nutzen überzeugt bin: Wenn es nur um den wirtschaftlichen Nutzen ginge, würde eine Art gehobene Freihandelszone ausreichen. Es geht aber um mehr: Es geht um die Wirtschafts-, die Währungs- und es geht um die Politische Union. Dies müssen wir viel stärker als bisher unter die Menschen tragen.

Wir leben heute – im Jahre 1992 – in Deutschland in der längsten Friedensperiode seit der Mitte des 19. Jahrhunderts. 21 Jahre nach dem Ende des Ersten begann der Zweite Weltkrieg, 43 Jahre nach der Reichsgründung 1871 brach der Erste Weltkrieg aus. Heute leben wir schon 47 Jahre, das heißt ein halbes Jahrhundert, in Frieden, und Deutschland ist in Frieden und Freiheit wiedervereint. Daß dies so ist, verdanken wir nicht zuletzt der Politik der Einigung Europas in diesen Jahrzehnten. Vergessen wir nicht: Die Politik der europäischen Einigung war eine entscheidende Voraussetzung für die Zustimmung aller unserer Nachbarn zur friedlichen Wiedervereinigung der Deutschen in Freiheit. Es ist ein einmaliger Vorgang in der Weltgeschichte, daß ein solch dramatischer Prozeß von allen Nachbarn mit Zustimmung und Sympathie begleitet wurde. Auch das verdanken wir der Politik der europäischen Einigung.

Vor allem unsere Mitbürgerinnen und Mitbürger in den neuen Bundesländern erfahren seit der Öffnung der Mauer und seit der deutschen Wiedervereinigung, was offene Grenzen, was beispielsweise freies Reisen bedeutet. Noch vor wenigen Jahren wurden von den Machthabern der früheren DDR die Europäische Gemeinschaft wie auch die Atlantische Allianz als eine Ausgeburt des Kapitalismus verteufelt. Man kann von einem Achtzehnjährigen in Leipzig oder in Rostock – der jetzt übrigens seinen Dienst als Soldat in der Bundeswehr tut –, der das alles noch in seiner Schulausbildung ganz anders gehört hat, nicht erwarten, daß er nun über Nacht begreift, was dieses Europa für ihn bedeutet. Aber es ist weit mehr sein Europa als das Europa meiner Generation. Deswegen müssen wir mit der ganzen Leidenschaft, zu der wir fähig sind, in einer Sprache, die die Menschen verstehen und die sich nicht immer mehr vom Denken der Menschen entfernt, gerade an die jungen Leute herantreten und diese überzeugen.

Deutschland und Europa stehen nach dem Ende des Ost-West-Konflikts vor neuen Herausforderungen. Der Umbruch in Mittel-, Ost- und Südosteuropa bringt für jeden erkennbar Risiken und Unwägbarkeiten mit sich. Ganz Europa braucht heute mehr denn je einen sicheren und festen Anker. Diese Rolle und diesen Auftrag kann nur eine starke Europäische Gemeinschaft übernehmen.

Damit bin ich bei einem, wenn nicht bei *dem* wesentlichen Ziel des Vertrags von Maastricht. Dieser Vertrag ist nicht zuletzt eine europäische Antwort auf neue Entwicklungen nach dem Zusammenbruch der kommunistischen Diktaturen in Mittel-, Ost- und Südosteuropa. Wir stellen uns damit unserer Verantwortung für die Zukunft des ganzen europäischen Kontinents. Ich weiß, daß derart tiefgreifende Veränderungen in Europa, deren Zeugen wir in diesen Jahren waren und sind, viele Menschen in Deutschland, aber auch in anderen Ländern der Gemeinschaft, verunsichern. Manche fragen sich, ob nicht das Tempo der Veränderung zu schnell sei, ob nicht der Vertrag von Maastricht zu früh gekommen sei, ob die Ziele nicht zu ehrgeizig seien.

Ich stelle dazu eine ganz einfache Gegenfrage: Können wir uns eine langsamere Gangart überhaupt leisten? Ich will das so zusammenfassen, wie ich es empfinde: Wir haben das Glück und die historische Chance, nun auch das zweite Ziel der deutschen Verfassung, der Präambel des Grundgesetzes von 1949, zu erreichen: nach dem Erreichen der staatlichen Einheit Deutschlands nun auch die europäische Einigung. Hätten wir bei der deutschen Einheit gezögert und erst einmal über die Frage diskutiert: „Können wir es wagen, oder können wir es nicht wagen?", säßen unsere Freunde aus Sachsen, aus Sachsen-Anhalt, aus Thüringen, aus Mecklenburg-Vorpommern, aus Brandenburg und aus Ost-Berlin heute hier nicht bei uns.

Es ist eine alte Erfahrung, auch eine Erfahrung unseres Volkes, daß es in der Geschichte immer wieder Situationen gibt, in denen man den Mut haben muß, auch angesichts mancher Risiken den Sprung zu wagen. Wir haben diesen Mut gehabt, als die Stunde für die deutsche Einheit kam. Wir müssen ihn auch jetzt haben in Europa, und wir müssen die Zaudernden mitreißen, damit sie sehen, daß es ihre eigene Zukunft ist, die jetzt mit auf dem Spiele steht. Abwarten ist die falsche Antwort, und Stillstand wäre Rückschritt. Deshalb müssen wir gemeinsam mit unseren Partnern entschlossen vorwärtsgehen, deswegen werde ich alles tun, damit wir gemeinsam mit unseren Partnern die Chancen dieser Zeit ergreifen. Daß wir dabei Kritik erfahren, das müssen wir in Kauf nehmen, beispielsweise wenn gesagt wird, daß das etwas zu tun habe mit deutscher Großmannssucht, daß die Deutschen wieder nach Hegemonie streben würden, daß sie mit ihrer starken Mark Europa einkaufen wollten und dergleichen mehr.

Dann höre ich beispielsweise, die Beziehungen zu Paris seien zu eng, es gebe eine Achse Paris-Bonn, es gebe eine französisch-deutsche Hegemonie. Andere sagen, wenn wir die Einigung Europas nicht weiter vertiefen, kämen die Deutschen ihrer Pflicht nicht nach. Aber ich lasse mir lieber öffentlich vorwerfen, die Beziehungen zu Frankreich seien zu eng, als daß ich mir vorwerfen lasse, wir Deutsche hätten aus der Geschichte nichts gelernt und die „Erbfeindschaft" gehe immer noch weiter. Jetzt gilt es, das Richtige zu tun.

Da gibt es natürlich manche, die nur hundertprozentige Lösungen wollen, die sagen: alles oder nichts. Natürlich ist der Vertrag von Maastricht nicht optimal, und es gibt sicherlich eine Reihe von Sachfragen, bei denen man sagen kann: Das hätten wir gerne anders gemacht. Ein geeintes Europa kann nur in kleinen Schritten erreicht werden, und wir sind schon sehr weit gekommen, wenn man einmal den Weg bedenkt, den wir bereits zurückgelegt haben. In diesem Jahrhundert haben junge Leute aus Deutschland einerseits, aus Frankreich oder Großbritannien andererseits in zwei schrecklichen Kriegen gegeneinandergestanden. Die jungen Menschen, die heute *für* Europa auf die Straßen gehen, haben oft Großväter und Urgroßväter, die bei Verdun oder bei der Invasion 1944 gefallen sind. Und wenn wir jetzt am Ende dieses Jahrhunderts fähig sind, so von Europa zu sprechen, wie wir es jetzt tun, ist das doch ein ungeheurer Fortschritt! Lassen Sie sich das nicht ausreden von Leuten, die immer so tun, als ob sie alles besser wissen und dabei bisher nichts für Europa getan haben!

Der Vertrag von Maastricht ist ein entscheidendes und wichtiges Werk auf dem Weg zum geeinten Europa. Aber das Leben wird in den kommenden Jahren noch viele Kapitel hinzufügen. Es soll doch niemand glauben, daß man das Leben der europäischen Völker oder das Leben dieses alten und zugleich jungen Kontinents Europa in einem Vertrag auf alle Ewigkeit festlegen könne. Ich habe beispielsweise die Debatte, die wir darüber geführt haben, ob vor Einführung der gemeinsamen europäischen Währung das Parlament noch einmal zu Wort kommen solle oder nicht, nie verstanden. Können Sie sich einen Bundeskanzler und eine Bundesregierung vorstellen, die einen solch wichtigen Schritt tun könnte, ohne daß der Bundestag vorher darüber beraten würde?! Zumindest würde doch die Opposition eine Sondersitzung des Bundestages verlangen!

Der Teil des Vertrags, der der Politischen Union gewidmet ist, hat das gleiche Gewicht wie die Bestimmungen über die Wirtschafts- und Währungsunion. Jeder muß wissen: Eine Wirtschaftsunion in Europa ist nur lebensfähig, wenn sie sich auf eine Politische Union stützen kann. Es gab Äußerungen einer eindrucksvollen Dame aus Großbritannien, die meinte, eine Art gehobene Freihandelszone sei das Richtige für Europa. Sie täuscht sich, und das auch für ihr Land! Entweder tritt zur Wirtschafts- und Währungsunion die Politische Union hinzu – dann wird das von Dauer sein, weil in diesem Falle eine Balance hergestellt ist –; oder aber die Wirtschafts- und Währungsunion gilt nur auf Zeit, und geht dann wegen Interessengegensätzen auseinander. Das letztere ist nicht unser Weg.

1. Der Vertrag von Maastricht über die Europäische Union baut vor allem auf der stufenweisen Entwicklung einer Wirtschafts- und Währungsunion auf. Wir können unsere eigene wirtschaftliche und monetäre Stabilität und damit unseren Wohlstand auf Dauer nur sichern, wenn wir in Europa mit dem Ziel einer gemeinsamen Wirtschafts- und Währungspolitik immer enger zusammenarbeiten. Wir haben in diesen Wochen schwerste Turbulenzen auf den internationalen Devisenmärkten erlebt. Wer dies genau beobachtete, weiß, daß sie ein weiteres Argument für die Wirtschafts- und Währungsunion in Europa sind.

Ich bin mir bewußt, von welch zentraler Bedeutung die Frage nach der künftigen europäischen Währung gerade für unser Volk ist. In diesem Jahrhundert haben viele Menschen in Deutschland nach zwei Kriegen durch verheerende Inflationen Hab und Gut verloren. Millionen Menschen sind um die Früchte ihrer Arbeit gebracht worden. Ein wesentlicher Grund für das Aufkommen der Nationalsozialisten war gewiß auch die Verarmung breiter Massen des Volkes nach dem Ersten Weltkrieg durch den Zusammenbruch der Währung bei der Inflation. Wir haben das nie vergessen, und es ist über jene Generation hinaus in den Köpfen der Menschen geblieben.

Das hat tiefe Spuren hinterlassen, und ich verstehe sehr wohl, daß viele in Deutschland fragen: Wird die künftige europäische Währung so stabil sein wie die D-Mark? Ich nehme diese Frage sehr ernst, weil in der Zeit der Teilung, in der Zeit des zumindest scheinbaren und für viele auch so empfundenen tatsächlichen Verlustes an nationaler Identität die Deutsche Mark ein Stück deutsche Identität geworden ist. Es war ja nicht zuletzt auch die von der Deutschen Mark symbolisierte Wirtschaftskraft, die bei unseren Landsleuten in den neuen Bundesländern einen solch stürmischen Drang nach deutscher Einheit mit herbeigeführt hat. Deswegen muß klar sein, daß eine künftige europäische Währung eine klare Stabilitätsgrundlage haben muß. Dazu gehört die Unabhängigkeit der künftigen Europäischen Zentralbank, ihre uneingeschränkte Verpflichtung auf das Ziel der Geldwertstabilität und eine streng auf Stabilität ausgerichtete Haushaltspolitik in allen Mitgliedstaaten der Gemeinschaft.

Wer den Prozeß der Annäherung der Länder Europas in den letzten acht Jahren beobachtet hat, der dann zu der entsprechenden Formulierung im Maastrichter Vertrag über die Zentralbank führte, der weiß: Hier haben sich alle anderen in Richtung der deutschen Gesetzgebung über die Bundesbank bewegt. Der Prozeß des Aufeinanderzugehens hat dazu geführt, daß alle unsere Partner die strengen Richtlinien für die Gesetzgebung über die Deutsche Bundesbank übernommen haben. Nicht wenige mußten in den letzten Wochen erfahren, daß bei uns eben gilt, daß die Bundesregierung die Richtlinien der Bundesbank nicht bestimmt, sondern daß die Bundesbank allein der Geldwertstabilität verpflichtet ist. Die Regierung muß sich hier, ob sie will oder nicht – ich halte dies für richtig –, zurückhalten.

Wir haben auch festgelegt, daß jedes Land für seine Volkswirtschaft verantwortlich ist, also für die Inflationsrate, für Zinsen, für die Staatsverschuldung. Die vorgegebenen strengen Kriterien des Vertrages müssen erfüllt werden. Damit dies klar ist: Heute ist sogar die Bundesrepublik Deutschland noch nicht in der Lage, alle diese Kriterien zu erfüllen.

Wir brauchen also nicht auf andere zu zeigen, sondern wir müssen jetzt unsere Hausaufgaben machen. Wir werden sie machen, weil wir dieses Europa wollen. Es kann auf gar keinen Fall deutsche Politik sein, die verbindlich festgelegten Stabilitätskriterien aufzuweichen. Nur wer diese Kriterien erfüllt und damit den Beweis für eine solide Wirtschafts- und Finanzpolitik erbracht hat, kann in die Endstufe der Wirtschafts- und Währungsunion eintreten. Dies ist der entscheidende Satz. Dieser Satz kann nicht aufgeweicht und verändert werden. Wir Deutsche haben nicht nur den Wunsch und nicht nur die Hoffnung, sondern, ich denke, auch die Gewißheit, daß die künftige Europäische Zentralbank ihren Sitz in Deutschland hat, und Frankfurt am Main ist dafür der geeignete Ort.

2. Wir wollen eine gemeinsame Politik in einem so wichtigen Bereich wie dem der inneren Sicherheit. Immer mehr Menschen machen sich zunehmend Sorgen wegen der Ausbreitung des organisierten Verbrechens. Das gilt insbesondere für die internationale Drogenmafia. Ich habe mich in Maastricht erfolgreich dafür eingesetzt, daß eine europäische Polizeiorganisation geschaffen wird. Mit Europol wollen wir gemeinsam und entschlossen den Kampf gegen die internationale Bandenkriminalität führen.

Aber auch die uns vor allem bedrückende Frage der dramatisch zunehmenden Zahl von Asylbewerbern, die aus wirtschaftlichen Gründen nach Westeuropa und vor allem zu uns kommen, ist letztlich nur mit einer gemeinsamen europäischen Antwort zu lösen. Der Vertrag von Maastricht öffnet hier jeden nur denkbaren Weg für ein gemeinsames Vorgehen, wenn wir das nur wollen.

3. Wir haben in Maastricht die dringend notwendige Verbesserung der Zusammenarbeit beim Umweltschutz beschlossen. Bei unseren Partnern wie bei uns ist in den vergangenen Jahren das Bewußtsein für die immer größere Bedeutung dieser Zukunftsaufgabe gewachsen. Es ist ja leider in Teilen der verfaßten öffentlichen Meinung üblich geworden, daß man an Ereignisse von gestern oder vorgestern nicht mehr erinnern darf, vor allem dann, wenn sich erwiesen hat, daß wir mit unserer Prognose richtig lagen. Ich erinnere mich noch sehr lebhaft an die ungläubige Reaktion meiner Kollegen in Europa, aber auch der deutschen Medien, als ich auf dem Stuttgarter EG-Gipfel 1983 zum erstenmal das Thema Waldsterben auf die Tagesordnung gesetzt habe. Damals bin ich in den Verdacht geraten, ich würde aus der Politik der Mitte abdriften. Heute wissen wir: Es war doch eine dringende Notwendigkeit, das zu tun.

Ich nenne ein zweites Thema, das uns in Nordrhein-Westfalen im

Vorfeld der Landtagswahl 1985 viel Verdruß bereitet hat. Wir wollten den Katalysator für Autos einführen. Damals haben uns namhafte Persönlichkeiten aus der Autobranche Massenarbeitslosigkeit in Deutschland vorausgesagt. Sie ist nicht eingetreten. Die Firma, die am stärksten versucht hat, auf uns einzuwirken, hat mit dem Katalysator-Auto die besten Geschäfte gemacht. Heute – man wird es nach sieben Jahren ja noch sagen dürfen – ist die entsprechende Ausrüstung der Neufahrzeuge längst selbstverständlich geworden. Das war auch nicht falsch, wie jeder weiß.

4. In Maastricht haben wir trotz der Zurückhaltung vieler auch Fortschritte bei der Verstärkung der demokratischen Kontrolle von Kommission und Rat durch das Europäische Parlament erreicht. Ich hätte mir mehr gewünscht, aber wenn die Sozialdemokraten im Deutschen Bundestag mich deswegen kritisiert haben, dann hätte ich mir gewünscht, sie hätten diese Kritik vorher in der Sozialistischen Internationale besprochen. Denn die größten Probleme bei der Erweiterung der Rechte des Europäischen Parlaments hatten wir mit sozialistisch geführten Regierungen in Europa und nicht mit den Regierungen, die von der Europäischen Volkspartei gestellt werden.

Das heißt: Wir müssen noch sehr viel Überzeugungsarbeit leisten, um das Demokratiedefizit in Europa, das es ohne Zweifel gibt, abzubauen. Deshalb gilt es für mich, möglichst zügig die Rechte und Kompetenzen des Europäischen Parlaments weiter auszubauen. Wir müssen zugleich wirklich brauchbare Wege finden, um die nationalen Parlamente stärker in die Europapolitik einzubeziehen, und zwar nicht aus Gründen des Prestiges, sondern aus Gründen der praktischen Arbeit. Wir müssen zu einem praktikablen Weg kommen, um das Europäische Parlament und die nationalen Parlamente zu einer vernünftigen Zusammenarbeit zu bringen. Dabei sage ich Ihnen ganz klar, daß ich die Idee ablehne, ein gigantisches Über-Parlament mit ein paar tausend Leuten zu schaffen, die sich ein- oder zweimal im Jahr versammeln. Das ergäbe einen gewaltigen parlamentarischen Tourismus, aber herauskommen wird dabei überhaupt nichts. Deswegen, meine ich, wäre das nicht der richtige Weg.

Es ist für mich auch selbstverständlich – das will ich noch einmal sagen –, daß die 18 Abgeordneten des Europa-Parlaments aus den neuen Bundesländern, die jetzt noch nicht das volle Stimmrecht haben, nach der Neuwahl des Europa-Parlaments, das heißt ab Sommer 1994, volles Stimmrecht im Europäischen Parlament erhalten. Wenn ich dies sage, mische ich mich damit nicht in den Streit ein, welche Quotierung für andere EG-Mitgliedstaaten angemessen ist. Ich spreche von dem, was wir für uns selbst aus Gründen der Größe Deutschlands in der Gemeinschaft für die Bundesrepublik Deutschland erwarten und verlangen können. Wie andere sich dann jeweils einstufen, ist deren Sache. Der Kampf, den ich zu führen habe, geht darum, daß die 18 Abgeordneten volles Stimmrecht im neuen Parlament haben, daß damit die ganze deutsche Gruppe volles Stimmrecht im neu zu wählenden Europäischen Parlament hat.

Ich will im Anschluß an den Bericht unseres Freundes Professor Günter Rinsche gerne einmal ein Wort des Dankes an die Kolleginnen und Kollegen im Europäischen Parlament sagen. Sie leisten dort ganz hervorragende Arbeit. Ich will der an manchen Orten – auch in der Partei, auch in den einzelnen Parlamenten – geäußerten Stimmung klar widersprechen. Es wird abfällig gesagt: „Die" im Europäischen Parlament. Daß jeder im Kreistag und im Stadtrat, im Landtag und im Bundestag glaubt, er gehöre dem besten Parlament an, ist eine Mindestvoraussetzung der Selbsteinschätzung jedes Parlamentariers. Darüber kann es ja keine Zweifel geben.

Aber es ist einfach absurd zu erwarten, daß ein Parlament, das sich jetzt aus Abgeordneten aus 12 Ländern zusammensetzt, in dem Abgeordnete aus Edinburgh und aus Palermo vertreten sind, in dem Dänen genauso wie Griechen vertreten sind, über Nacht genauso funktioniert wie beispielsweise der Deutsche Bundestag nach über vierzig Jahren. Um die wirkliche Dimension der Aufgabe zu begreifen, muß man die deutsche Geschichte betrachten und sich etwa das Parlament der Paulskirche von 1848 ansehen. Sie können auch den Bismarckschen Reichstag nehmen. Wenn man sieht, was es da für Unterschiede zwischen den Abgeordneten aus Hamburg, aus München, aus Sachsen und anderen Ländern gab, dann wird man sich darüber klar, was es heißt, wenn Leute aus Süditalien und Dänemark im gleichen Parlament sitzen und miteinander arbeiten und etwas erreichen müssen.

Deswegen kann ich als Parteivorsitzender nur sagen: Es ist ganz wichtig, daß wir im Europäischen Parlament neben der Lösung von Sachaufgaben immer mehr erleben, daß sich Europa zusammenschließt und sich die Menschen gegenseitig besser verstehen. Abgeordnetenkollegen aus den verschiedensten Ländern, die der gleichen Europäischen Volkspartei angehören, gewinnen viel mehr Verständnis füreinander, wenn sie jahraus, jahrein miteinander zusammenarbeiten. Das ist nicht anders als bei uns im nationalen Parlament mit Blick auf die unterschiedlichen Landschaften in Deutschland. Ich finde auch – das sage ich insbesondere an die Adresse der öffentlich-rechtlichen Fernseh- und Rundfunkanstalten, die durch die Staatsverträge den entsprechenden Auftrag haben –, daß die Medien in Deutschland zuwenig dafür tun, um die Arbeit des Europäischen Parlaments transparent zu machen.

5. Aus deutscher Sicht ist die Entwicklung einer gemeinsamen Außen- und Sicherheitspolitik eine existentielle Frage. Der Krieg im früheren Jugoslawien und die Krisen in anderen Teilen Ost- und Südosteuropas machen deutlich, daß uns nur eine gemeinsame Politik vor Gefahren bewahren kann. Dabei ist für die Sicherheit und die Verteidigung Europas die Atlantische Allianz, das heißt der enge Schulterschluß mit unseren amerikanischen und kanadischen Freunden, unverzichtbar. Der Ausbau der WEU, den wir in Maastricht beschlossen haben, soll die Atlantische Allianz nicht schwächen, sondern ergänzen und stärken. Ich will es knapp formuliert so sagen: Es geht hier nicht um ein „Entweder – Oder", sondern um ein „Sowohl-als-Auch". Die Partnerschaft zwischen Europa und den Vereinigten Staaten von Amerika geht weit über die Fragen der gemeinsamen Sicherheit hinaus.

Wir wollen die transatlantische Partnerschaft in Zukunft auf allen Gebieten weiter ausbauen, nicht nur auf dem Gebiet der Sicherheitspolitik. Die deutsch-amerikanische und die europäisch-amerikanische Freundschaft können auf Dauer nur gedeihen, wenn wir die Zusammenarbeit auf allen Gebieten vertiefen: Politik und Wirtschaft, Wissenschaft und Kultur.

Der Vertrag von Maastricht hat nicht nur für die Menschen innerhalb der Europäischen Gemeinschaft seine Bedeutung. Er ist ein Signal auch für Länder außerhalb der Gemeinschaft. Auf der Grundlage des Maastrichter Vertrags wollen wir möglichst rasch im neuen Jahr – wenn es nach uns geht, ab Januar – die Beitrittsverhandlungen mit Österreich, mit Schweden, mit Finnland, der Schweiz und, wenn Norwegen sich dafür entscheidet, auch mit Norwegen zügig aufnehmen. Es ist unser Wunsch, daß, wenn die einzelnen hier genannten Länder das wollen und die entsprechenden innenpolitischen Voraussetzungen schaffen, der Beitritt 1995 erfolgen kann. Das ist ein weiterer Schritt in eine gemeinsame Zukunft. Die Tatsache, daß es Beitrittskandidaten gibt, spricht im übrigen für die Europäische Gemeinschaft. Diese Länder lehnen sie nicht ab, sondern wollen zu ihr gehören.

Ich spreche auch von Polen und von Ungarn, von den Tschechen und den Slowaken und von den Baltischen Staaten. Wenn auch nicht in diesem Jahrzehnt, so doch wenigstens zu einem Zeitpunkt zu Beginn des nächsten Jahrhunderts halte ich eine Erweiterung um diese Länder für möglich. Es sind Länder, die nicht zuletzt ihre Hoffnung auf Wohlstand und auf demokratische Entwicklung auf die Europäische Union setzen. Wir brauchen darüber hinaus besonders vertrauensvolle und gute Beziehungen – vielleicht in einem Sonderstatus – mit den Nachfolgestaaten der Sowjetunion, den GUS-Staaten. Europa darf keine Festung sein. Es darf sich nicht abschließen. Es muß offen sein. Aber wir müssen auch klarmachen, wo die Grenzen für eine Aufnahme in die eigentliche Europäische Union gezogen sind.

Die Diskussion während der vergangenen Monate, auch bei uns, hat gezeigt, wie viele Mißverständnisse, Unsicherheiten, Vorbehalte und Ängste im Blick auf den Vertrag von Maastricht bestehen. Wir müssen diese Ängste abbauen. Es ist wahr, daß viele in Europa und auch in Deutschland befürchten, daß dieses Europa eine Art Leviathan ist, der alles verschlingt, ein zentralistisches Europa, das dem Bürger die Luft abschneidet. Viele haben zusätzlich die Angst, daß sie mit einer europäischen Staatsbürgerschaft ihre Identität als Franzosen, als Italiener oder als Deutsche verlieren. Unsere Antwort ist ganz klar: Wir bleiben in unserer Heimatregion fest verwurzelt. Dort, wo wir Heimat empfinden, dort wo unsere Muttersprache gesprochen wird, bleiben wir verwurzelt. Wir bleiben Deutsche, wir bleiben Italiener oder Franzosen und sind zugleich Europäer.

Wir müssen den Menschen deutlich machen, daß Europa mehr ist als irgendeine bürokratische Einrichtung, daß es ein bürgernahes Europa ist und daß Europa vor allem ein Europa der gemeinsamen Kultur ist. Ich beklage, daß die Europadebatte überwiegend ökonomisch geführt wird. Unser Freund Heinz Eggert hat gestern in seiner Vorstellungsrede im Blick auf die deutsche Einheit auf diesen Sachverhalt verwiesen. Wir müssen aufpassen – auch wir, die Christlich-Demokratische Union –, daß wir bei aller verständlichen notwendigen Sorge um die ökonomischen Tatsachen die kulturellen Bindungen unseres Volkes und unseres Europas dabei nicht völlig vergessen.

Wir wollen keinen europäischen Überstaat, der alles einebnet und alles verwischt. Wir wollen ein Europa nach dem Grundsatz: Einheit in Vielfalt. Deswegen stärkt der Maastrichter Vertrag die Rolle der Regionen – bei uns die Rolle der Bundesländer. Es ist, wenn Sie so wollen, eine zutiefst föderale Ordnungsvorstellung, die dem zugrunde liegt. Aber auch hier muß ich einfach sagen: Die Traditionen sind unterschiedlich.

Es ist für einen Franzosen, dessen Land seit vierhundert Jahren gewohnt ist, daß Paris das Maß aller Dinge ist und daß Frankreich ein Zentralstaat ist, sehr schwer, Dezentralisation und föderale Strukturen zu akzeptieren. Wir haben leider auch die Tatsache zu verzeichnen, daß der Begriff „Föderalismus" in England ganz anders verstanden wird als bei uns. Wenn Margaret Thatcher voller Abscheu über Föderalismus spricht, dann plädiert sie gegen Zentralismus. Für uns ist Föderalismus gleichbedeutend mit Dezentralisierung.

Deswegen werden wir einen neuen Art. 23 in das Grundgesetz einführen, in dem wir die Rechte der Länder entsprechend festschreiben. Aber es ist die Zeit, auch folgendes einmal zu sagen: Ich beobachte jetzt einige in Deutschland, in Nord und Süd, ein wenig auch im Osten, die meinen, es sei die große Stunde, jene Frage zu stellen, ob die Bundesrepublik Deutschland ein Bundesstaat oder ein Staatenbund sei. Die Bundesrepublik Deutschland ist ein Bundesstaat und kein Staatenbund – um das klar und deutlich zu sagen. Da ich ein überzeugter Föderalist bin, bin ich dafür, daß wir dort, wo aufgrund der Verfassung die Länder Aufgaben haben, etwa beim Bildungs- und Ausbildungssystem, gemeinsame Grundlagen einführen. Denn wir können es doch nicht hinnehmen, wenn wir zum Beispiel auf dem Gebiet des Bildungswesens zu einer Zersplitterung kommen. Auch das muß ich in diesem Zusammenhang einmal klar aussprechen.

Das, was ich jetzt sage, hören manche eingefleischten Föderalisten nicht gerne: Wenn man von Föderalismus spricht, geht es natürlich nicht nur um die Beziehungen zwischen Bonn und den Landeshauptstädten. Gewiß denkt man dabei zunächst einmal an die Beziehungen – um Beispiele zu nennen – zwischen Bonn und Düsseldorf oder zwischen Bonn und München – das ist eine wunderschöne Stadt. Aber es muß natürlich ein Dreiklang sein: Bonn, Düsseldorf und Köln etwa oder Bonn, München und Nürnberg. Das heißt: Die deutschen und insgesamt die europäischen Gemeinden müssen voll einbezogen werden. Unser Verständnis von Föderalismus muß alle Ebenen umfassen.

Ich bin zutiefst überzeugt, daß die Chance für einen dauerhaften Erfolg Europas auch darin liegt, daß die Gemeinden und die Regionen an den Grenzen zueinanderfinden. Wir haben ja gerade einen überzeugenden Beweis dafür erlebt. Die Mehrheit für den Maastrichter Vertrag beim Referendum in Frankreich wäre nicht zustande gekommen, wenn nicht gerade auch die Grenzregionen – zum Beispiel Lothringen und Elsaß – so klar mit Ja gestimmt hätten. Das muß doch eigentlich jeden Skeptiker überzeugen. Ausgerechnet die Landschaften, die mehr als alle anderen unter den deutsch-französischen Bruderkriegen der letzten zweihundert Jahre zu leiden hatten, haben klar und deutlich gesagt: Wir wollen nicht mehr zurück, wir wollen nach vorne, wir wollen gemeinsam dieses Europa bauen.

Noch eine zweite Gruppe – für mich die eindrucksvollste Gruppe – hat in Frankreich mit Ja gestimmt. Das war die Generation der Kriegsteilnehmer, die den Ersten oder den Zweiten Weltkrieg erlebt haben, die in der Résistance gegen die Deutschen standen, die schreckliche Kriege erleben und erleiden mußten. Wenn diese Generation ja zum Maastrichter Vertrag sagt, ist das eine Botschaft, die wir aufnehmen müssen. Unser Ziel ist es, das, was im Westen möglich war, auch in den Beziehungen zum Osten zu schaffen. Ich spreche von den Beziehungen zu Polen. Ich denke an die Möglichkeiten der regionalen Zusammenarbeit über die Grenzen hinweg mit Polen und der tschechischen Republik. Dann könnten sich in wenigen Jahren Beziehungen entwickeln, wie wir sie heute am Bodensee zwischen Deutschland, Österreich, der Schweiz und auch Frankreich haben. Das ist eigentlich das Ziel vernünftiger Politik.

Ich möchte noch einige Worte zu einem Begriff sagen, der für Europa eine besonders große Bedeutung hat. Ich spreche von der Subsidiarität. Ich stelle mit einem gewissen Amüsement fest, daß einige diesen Begriff ablehnen, weil er aus der Katholischen Soziallehre kommt. Manche haben eben nichts dazugelernt in Deutschland. Was bedeutet dieser Begriff der Subsidiarität? Es ist ein kluges Prinzip. Leider wissen noch immer nur sehr wenige, was er bedeutet. Das Wort besagt, daß diejenige Ebene Entscheidungen trifft, die sie am besten treffen kann. Die Entscheidungen sollen bürgernah getroffen werden. Das heißt, daß Rathäuser die Entscheidungen treffen, die Rathäuser am besten treffen können, Landesregierungen die Entscheidungen treffen, die Landesregierungen am besten treffen können, und daß Europa regelt, was Europa in diesem Zusammenhang am besten regeln kann.

Hier möchte ich ein offenes Wort sagen: Man redet zu Recht von einer Regelungswut, die in Europa – in Brüssel – herrscht. Es werde dort zuviel und zu intensiv geregelt. Das ist wahr. Wir haben jetzt in Birmingham vereinbart – und das wird in ein paar Wochen in Edinburgh in Beschlüsse gefaßt werden – zu überprüfen, ob nicht manche Regelungen, die bisher auf der europäischen Ebene getroffen wurden, auf die nationalen oder dezentralen Ebenen übertragen werden können, wenn dies sinnvoll ist. Man muß fähig sein, aus Fehlern zu lernen. Aber ich wende mich dagegen, jene, die sich nicht wehren können, da sie weit weg sind – in Brüssel –, dafür pauschal anzuschuldigen. Die Wahrheit ist, daß bei fast allen Regelungen, die in Brüssel getroffen wurden und die wir als übertrieben empfinden, nationale und auch Gruppeninteressen Pate gestanden haben. Die Dänen regen sich beispielsweise darüber auf, daß die Gemeinschaft sogar die Größe der Äpfel festlegt. Andere Partner in der Gemeinschaft haben an dieser Verordnung Interesse, weil ihre Äpfel im Durchschnitt etwas größer sind als die in anderen Ländern.

Ich möchte noch eine zweite unsinnige Regelung der Europäischen Gemeinschaft anführen: Es macht keinen Sinn, Festlegungen über bestimmte Anforderungen an die Bezeichnung „Seebäder" zu treffen. Aber es finden sich Interessengruppen, die sagen: Wenn wir das so hinkriegen, können wir in unseren Reisebüros damit werben, bestimmte Bäder im Süden Europas, die ansonsten ein wunderbares Klima haben, entsprechen nicht den Anforderungen der europäischen Richtlinie hinsichtlich der Badegewässer. So werden dann Geschäfte gemacht. Dafür darf man dann aber nicht die europäische Idee verantwortlich machen. Wir sollten fair und ehrlich sein und das insgesamt miteinander angehen. Ich unterstreiche noch einmal: Wir müssen fähig sein, aus den Fehlern zu lernen. Wir müssen den Begriff Subsidiarität mit bürgernah übersetzen und dies in der Politik praktisch umsetzen.

Als ich vor zehn Jahren Bundeskanzler wurde, wurde in der Europapolitik immer nur von „Eurosklerose" gesprochen, ein Wort, das heute überhaupt nicht mehr in unserem Sprachgebrauch zu finden ist. Dieses Wort – und dieses Phänomen – ist verschwunden. Wir befinden uns auf Erfolgskurs. Es ist zwar ein schwieriger Kurs, und man muß immer wieder nachhelfen und dafür Sorge tragen, daß sich das Schiff vorwärts bewegt. Aber es bewegt sich im Ozean der Geschichte, und zwar mit Wind in den Segeln. Wir haben alle Chancen, das Ziel zu erreichen, das wir uns gesteckt haben.

Für mich, der ich mit 18 Jahren den jetzigen Fraktionsvorsitzenden der Europäischen Volkspartei im Europäischen Parlament, Leo Tindemans, der damals noch Student war, kennenlernte – wir trafen uns an der deutsch-französischen Grenze bei Weissenburg, sangen europäische Lieder, verbrüderten uns und glaubten damals, mit dieser Verbrüderung sei Europa fast schon geschaffen –, ist es die Erfüllung eines Traums – ich sage es, wie ich es empfinde –, daß wir jetzt nach so vielen Jahren dieses Ziel wirklich erreichen können. Als ich vor ein paar Wochen anläßlich der Beerdigung des Primas der katholischen Kirche in der Tschechoslowakei, Kardinal Tomášek, in Prag war, stand ich mit einigen Freunden am späten Nachmittag auf der Karlsbrücke. Das Bild, das ich dort gesehen habe, sagt sehr viel über das heutige Europa aus. Da waren Hunderte, ja Tausende junger Leute unterwegs, junge Ukrainer, junge Polen, natürlich junge Slowaken und junge Tschechen, aber auch viele junge Deutsche, nicht zuletzt aus den neuen Bundesländern, junge Franzosen und Italiener. Sie schauten über diesen europäischen Strom, und gewiß hatte mancher die Melodien Smetanas im Kopf. Sie spürten, wie mitten in Europa dieser Kontinent wieder zusammenwächst.

Wir müssen aufpassen – ich sprach ja von der Notwendigkeit einer bürgernahen Politik –, daß die verantwortlichen Politiker – wir alle gehören dazu, ich nicht zuletzt – nicht hinter diesen jungen Leuten, ihren Hoffnungen, Wünschen und Sehnsüchten zurückbleiben. Sie sind bereits viel weiter als die Dossiers in den Ministerien unserer Länder. Sie erfahren Freundschaft ganz selbstverständlich. Sie erfahren einen offenen Kontinent mit offenen Grenzen. Sie erfahren nicht zuletzt die großartigen gemeinsamen kulturellen Traditionen – ich spreche es bewußt so aus, auch weil es ein so schönes Wort ist – des Abendlandes. Diese Gemeinsamkeit ist doch die eigentliche Quelle, aus der Europa seine Kraft bezieht. Wir müssen diese Tatsache wieder stärker ins Bewußtsein zurückholen und nicht nur über Steuersätze, Zölle und ähnliches reden.

Ich sage bewußt noch einmal: So toll ist die Leistung gar nicht, die wir zur Zeit erbringen: Wir sind allenfalls dabei – aber das wäre schon sehr viel – an das anzuknüpfen, was sehr viel früher in Europa schon einmal selbstverständlich war. Zum Beispiel begann man damals sein Studium in Oxford, ging dann nach Bologna, nach Paris oder nach Heidelberg: Europa wurde als kulturelle Einheit gesehen. So ist zum Beispiel die Universität Leipzig ein Ableger der Prager Universität. Diese wiederum – man soll es nie vergessen – ist die älteste deutsche Universität.

In den Handwerksberufen – ich will nicht nur von den Akademikern sprechen – war es selbstverständlich, auf Wanderschaft zu gehen. Gute Gesellen legten Wert nicht nur auf eine gute Ausbildung, sondern auch auf die Kenntnis ferner Länder. Als Adolph Kolping 1865 starb, gab es bereits Gesellenhäuser in der Schweiz, in Ungarn, in Polen, in Belgien, in vielen anderen Ländern Europas und sogar in den USA. Wir finden in Europa jetzt nach den schrecklichen Erfahrungen von Krieg, Not und Elend endlich wieder zu den Ursprüngen eines geeinten, im Bewußtsein der Menschen zusammengehörigen Europa zurück – und dies weist zugleich den Weg in die Zukunft. Es ist unsere Zukunft, eine Zukunft in Frieden und Freiheit für Europa und unser deutsches Vaterland. Wir sind gefordert. Wir wollen handeln.

Broschüre, hrsg. von der Bundesgeschäftsstelle der CDU, Bonn o.J.

Bildungspolitik für den
Standort Deutschland

Rede auf dem bildungspolitischen Kongreß der CDU in Wiesbaden
am 5. März 1993

*Die Botschaft dieser Betrachtungen lautet: Zur Weiterentwicklung des
wirtschafts- und sozialpolitisch Erreichten ist in der neuen Weltsituation
nach dem Ende des Ost-West-Konfliktes ein hohes Bildungs- und Ausbildungsniveau nötig. Wohlstand und Lebensqualität in der Bundesrepublik
Deutschland können in dem größer gewordenen Europa und bei intensiver
werdenden weltweiten Konkurrenzverhältnissen nur gesichert werden, wenn
sich die Bildungspolitik rechtzeitig auf diese Herausforderung einstellt.*

Zunächst will ich all denen danken, die mit ihren Referaten und in
Diskussionen dazu beigetragen haben, daß dieser Kongreß so interessant und anregend verlaufen ist. Aus meiner Sicht kann man die
Bedeutung dieser beiden Tage hier in Wiesbaden für unsere Partei, aber
auch für die politische Gesamtentwicklung in unserem Land gar nicht
hoch genug einschätzen. Ich sage das bewußt gegen die weitverbreitete
Neigung, alles, was mit Bildung, Ausbildung und Kultur zusammenhängt, in die Obhut der Fachleute abzuschieben. Für die CDU Deutschlands ist es geradezu existentiell, daß sie die Fragen von Bildung und
Ausbildung als Themen ersten Ranges behandelt. Sicherlich stehen im
Augenblick angesichts der weltweit zu beobachtenden rezessiven Tendenzen Fragen der Ökonomie, der Arbeitsplatz- und der sozialen
Sicherheit ganz oben auf der Tagesordnung. Aber es wäre äußerst
kurzsichtig, wenn man den engen, unauflösbaren Zusammenhang von
Ökonomie und Bildungssystem übersähe. Deswegen ist das Thema
„Bildung und Ausbildung" so wichtig für unser Land und alle, die sich
um seine Zukunft bemühen.

Die Beschäftigung mit diesem Thema reicht aber natürlich weit über
die Ausbildung im engeren Sinne hinaus bis zu der Frage nach dem

geistigen Koordinatensystem unseres Landes: Wie steht es um die Konsensfähigkeit hinsichtlich der Grundlagen unserer Verfassungsordnung? Wie ist es um die Verbindlichkeit unseres Wertekataloges bestellt? Deshalb verdient beispielsweise die aktuelle Diskussion im Zusammenhang mit der Überarbeitung unserer Verfassung höchste Aufmerksamkeit. Denn was hier zum Teil – leider von der Öffentlichkeit viel zu wenig beachtet – an Vorstellungen und Forderungen herumgeistert, markiert in meinen Augen den Weg zu einer anderen Republik.

Darum bin ich froh, daß wir in diesen beiden Tagen Gelegenheit haben, das Thema Bildungspolitik nachdenklich, aber auch mit innerem Engagement zu behandeln. Denn hier geht es um eine Kursbestimmung für Jahrzehnte. Junge Leute zwischen zehn und fünfundzwanzig Jahren, über deren Bildung und Ausbildung wir heute diskutieren, werden erst weit im nächsten Jahrhundert auf dem Höhepunkt ihres Lebens sein und die Entwicklung unseres Landes bestimmen. Deswegen ist das, was wir jetzt tun oder unterlassen, von allergrößter Bedeutung für die Zukunft.

Dieser Kongreß soll deutlich machen, daß es bei der Sicherung des Standortes Deutschlands nicht nur um die ökonomischen, sondern auch um die immateriellen Grundlagen unserer Zukunftssicherung geht. Die Qualität des Standortes Deutschland hat zwar zu einem wesentlichen Teil etwas mit Steuerbelastung, mit Lohnnebenkosten, mit Arbeitszeit, mit Energie- und Umweltkosten zu tun – aber eben nicht ausschließlich! Ob Deutschland sich im weltweiten Wettbewerb behaupten kann, hängt auch von anderen Faktoren ab: von der Qualität unserer Ausbildungseinrichtungen, von Ausbildungszeiten, von der beruflichen Qualifikation der Menschen, von ihrer Flexibilität, Spontaneität, ihrer Weltoffenheit und ihrem Erfindungsgeist – nicht zu vergessen von „klassischen" Tugenden wie Fleiß und Zuverlässigkeit, die man den Deutschen nachsagt.

Wir stehen heute in einem schärfer werdenden internationalen Wettbewerb. Wir sagen ständig, die Uruguay-Runde des GATT müsse erfolgreich abgeschlossen werden und wir sollten unseren Beitrag dazu leisten. Das ist völlig richtig, aber wir müssen uns auch im Innern auf die neuen Herausforderungen einstellen, um auch künftig im internationalen Wettbewerb bestehen zu können. Wir brauchen ihn nicht zu fürchten, haben aber auch keinen Grund zur Überheblichkeit. Ich habe gerade in diesen Tagen in Asien beobachten können, welche unglaublichen ökonomischen Veränderungen sich dort vollziehen. Allein Indien, Indonesien und die Volksrepublik China werden Ende dieses Jahrzehnts zusammen eine Bevölkerung von weit über zwei Milliarden Menschen haben.

Wir haben andererseits beinahe beiläufig registriert, daß vor ein paar Wochen, am 1. Januar, der große Europäische Binnenmarkt in Kraft getreten ist. Ich bin sicher, daß in diesem Jahr Großbritannien und Dänemark den Maastricht-Vertrag ratifizieren werden und daß in zwei Jahren Österreich, Schweden, Finnland und wohl auch Norwegen der Gemeinschaft beitreten können. Und ich bin auch sicher, daß die Politische sowie die Wirtschafts- und Währungsunion noch in diesem Jahrzehnt kommen werden. In den nächsten Jahren werden sich also enorme Veränderungen vollziehen, und deshalb ist es an der Zeit, daß wir auch über die Bedeutung der Bildungspolitik für den Standort Deutschland reden.

Meine Reise durch fünf Länder Asiens hat mir erneut bestätigt, daß Asien der Kontinent des 21. Jahrhunderts wird. Sie hat mir aber auch die großen Chancen vor Augen geführt, die wir dort haben, wenn wir uns angewöhnen, weltoffen und in globalen Dimensionen zu denken. Trotz unseres Mangels an Rohstoffen sind wir neben Japan die führende Exportnation in der Welt, in dieser Hinsicht also die Nummer eins in Europa. Das wird auch wohl so bleiben; ja, nach der Vollendung des Aufbaus in den neuen Bundesländern wird sich diese Stellung eher noch festigen – das erwarten übrigens nahezu alle Fachleute in der ganzen Welt. Wir sind trotz dieses Mangels an Rohstoffen „Spitze", weil wir über hervorragend qualifizierte Facharbeiter, über fähige Forscher und Führungskräfte verfügen. Deshalb ist die Frage von Aus- und Weiterbildung eine Schicksalsfrage für unser Land.

Wir sind es uns aber auch als Kulturnation schuldig, daß das Bild der Deutschen in der Welt nicht nur durch den Export von materiellen Gütern, sondern gleichfalls vom Reichtum und von der Vielfalt unserer Kultur geprägt wird. Ich bin darin auf eindrucksvolle Weise in Singapur und Indonesien, in Japan, in der Republik Korea und nicht zuletzt in Indien bestätigt worden. Ich weiß, daß gelegentlich kritisch gefragt wird, ob wir eigentlich noch 25 Lehrstühle für Indologie brauchen. Wenn Sie allerdings nach Indien kommen, werden Sie dort das beglückende Erlebnis haben, daß man Ihnen sagt: „Ihr Deutschen habt mehr als viele andere unsere Kultur erforscht." Gerade am Beispiel der Indologie zeigt sich, daß das, was Generationen vor uns aufgebaut haben, noch heute unser Erscheinungsbild in der Welt mitprägt.

In unserem Verständnis ist Bildung nicht nur auf einen ökonomischen Zweck hin orientiert. Sie hat zunächst die Aufgabe, Wissen zu vermitteln, den geistigen Horizont zu erweitern und die Persönlichkeit zu prägen. Darüber hinaus soll sie natürlich auch berufliche Qualifikation ermöglichen.

Wir müssen heute prüfen, ob unsere althergebrachten Verfahrens- und Verhaltensmuster, unsere Normen und Einstellungen tragfähig genug sind, um die Zukunft in Freiheit, Wohlstand und sozialer Sicherheit zu meistern. Das heißt, wir müssen überkommene Auffassungen überdenken und ganz nüchtern prüfen, was noch tragfähig ist und was nicht. Das eigentliche Problem der Bundesrepublik Deutschland sind nicht die aktuellen ökonomischen Schwierigkeiten, die uns wahrlich zu schaffen machen, sondern das eigentliche Problem – das wir übrigens auch ohne die deutsche Einheit hätten, denn es ist vor allem ein Problem der alten Bundesrepublik – liegt in der Frage, ob wir den Mut aufbringen, bei der notwendigen Standortbestimmung die Prioritäten neu zu bestimmen. Das gilt für alle möglichen Bereiche, natürlich auch für die Finanzpolitik. Ich hoffe sehr, daß möglichst viele, die in CDU und CSU Verantwortung tragen, diese Notwendigkeit erkennen. Wir haben dabei kein Monopol, und wir beanspruchen es auch nicht. Es wäre mir sehr viel lieber, wir kämen in der Diskussion über einen Solidarpakt, der ja mehr umfaßt als die Steuerverteilung in diesem und im nächsten Jahr, zu einem wirklichen Ideenwettbewerb, zumal ja viele Ausgangspositionen überhaupt nicht parteipolitisch geprägt sind, sondern auf objektiven Daten gründen. Daß Deutschland eine der niedrigsten Geburtenraten in der Welt hat, ist solch ein objektives Datum; die daraus folgenden demographischen Veränderungen gehören dazu, die veränderten Lebensgewohnheiten und vieles andere. Damit müssen wir uns auseinandersetzen. Ich bin sehr dafür, daß wir in einen wirklichen Wettbewerb um die besseren Ideen und um den besseren Weg in die Zukunft eintreten.

Zu einer gründlichen Bestandsaufnahme gehören selbstverständlich die Würdigung der Erfolge *und* die Kritik an Fehlentwicklungen. Zur Würdigung der Erfolge gehört auch, daß wir uns dankbar an jene erinnern, die diese Erfolge ermöglicht haben. Ein schlichtes, aufrichtiges „Dankeschön" scheint in Deutschland leider völlig aus der Übung gekommen zu sein, statt dessen gehört Jammern auf hohem Niveau offenbar zum guten Ton.

Vieles in unserem Bildungs- und Ausbildungssystem hat sich bewährt und wird weltweit – besonders von unseren Partnern in der Europäischen Gemeinschaft, aber auch in den Vereinigten Staaten von Amerika – als beispielhaft empfunden. Daß sich die neue Administration in den USA intensiver um die berufliche Qualifikation der Facharbeiterschaft bemühen will, führt sie beinahe automatisch zu einer gründlichen Beschäftigung mit unserem deutschen Ausbildungssystem. Und wenn unsere alte Freundin Margaret Thatcher sagt, das deutsche duale Berufsbildungssystem sei das beste in der Welt, dann dürfen wir das gerade ihr ruhig glauben! In der Tat hat sich die Verbindung von Betrieb und Berufsschule hervorragend bewährt. Das gilt nicht nur für die alten Bundesländer. Das duale System bietet auch den jungen Menschen in den neuen Bundesländern eine gute Perspektive für die Zukunft. Wir sind jetzt vor allem darum bemüht, daß dort alle jungen Leute, die das wollen, auch einen Ausbildungsplatz erhalten. Denn das ist wohl das Wichtigste, was Gesellschaft und Staat jungen Menschen mit auf den Weg geben können: bestmögliche Ausbildung – gerade in einer schwierigen Übergangszeit.

Die duale Berufsausbildung ist das Fundament unseres Ausbildungssystems und damit auch eine wichtige Grundlage unserer wirtschaftlichen Leistungsfähigkeit. Die Erfahrung mit dem dualen System lehrt uns übrigens auch, daß es sich lohnt, aus Überzeugung den Verlockungen des Zeitgeistes zu widerstehen. Man wird ja noch daran erinnern dürfen, daß in den siebziger Jahren die Regierung Brandt das duale System völlig umkrempeln wollte. Gelegentlich treffe ich einen der damaligen Hauptakteure – seinerzeit Minister, später Bürgermeister von Hamburg, jetzt in der Wirtschaft tätig. Wenn man dem heute vorhielte, was er damals vorgeschlagen hat, so würde er vermutlich beteuern, das müsse jemand anderer gewesen sein! Damals haben wir von der Union mit äußerster Entschiedenheit diese sogenannten „Reformen" verhindert. Ebenso entschieden habe ich bei entsprechender Gelegenheit auf europäischer Ebene immer wieder darauf bestanden, daß wir in der Frage des dualen Systems der Berufsausbildung keine Kompromisse machen können und werden.

Für vorbildlich halte ich auch das gut ausgebaute, differenzierte und breitgestreute Angebot an Bildungseinrichtungen in Deutschland. Die deutsche Grundlagenforschung hat international einen guten Ruf. Und dennoch müssen wir uns fragen, ob wir mit den derzeitigen Gesamtaufwendungen von Staat und Wirtschaft diesen Ruf auf Dauer werden erhalten können.

Die Lehrpläne unserer Universitäten lassen den Studenten Freiräume in der Gestaltung des Studiums. Das gibt ihnen die Chance, Kreativität zu entwickeln. Auch die Chance, frühzeitig in die wissenschaftliche Forschung einbezogen zu werden, halte ich für ein Positivmerkmal. Und nicht zuletzt verweise ich auf den Föderalismus, der sich als Motor für Vielgestaltigkeit und Wettbewerb im Bildungswesen bewährt hat. Ich wünsche mir, daß dieser Wettbewerb noch intensiver und vor allem transparenter wird. Denn im Zuge der fortschreitenden wirtschaftlichen und politischen Einigung Europas werden wir uns – ob es uns paßt oder nicht – auf immer mehr Feldern dem internationalen Vergleich stellen müssen. Ich rate deshalb dringend dazu, den internationalen Vergleich zu suchen und grenzüberschreitende Zusammenarbeit zu entwickeln.

Es gibt aber auch Entwicklungen, die meiner Ansicht nach in die falsche Richtung laufen: Ungleichgewichte zwischen den Bildungsbereichen, die Ausbildungsdauer und die Ausbildungseffizienz. Ich nenne als erstes die sinkende Zahl der abgeschlossenen Ausbildungsverträge. Allein in den letzten sieben Jahren sank die Zahl der Lehranfänger im Westen um rund 200 000 auf rund 500 000 Bewerber im Jahre 1992. Über 120 000 Ausbildungsstellen konnten letztes Jahr nicht besetzt werden. Im gleichen Jahr schrieben sich rund 250 000 Studienanfänger an den westdeutschen Hochschulen ein. Das Zahlenverhältnis der Lehrlinge im ersten Lehrjahr zu den Studenten im ersten Semester hat sich deutlich zu Lasten des dualen Systems verändert. Inzwischen ist die Zahl der Studenten in ganz Deutschland auf 1,8 Millionen angestiegen. Ihnen stehen 1,6 Millionen Lehrlinge gegenüber. Dabei muß man zwar berücksichtigen, daß das Studium länger dauert als eine Lehre. Dennoch bleibt dieses Zahlenverhältnis bedenklich. Denn wenn diese Entwicklung anhält, dann wird sich die Schere zwischen dem geringen Angebot und dem hohen Bedarf an qualifizierten Facharbeitern bedrohlich weiter öffnen. Bildung und Beschäftigung dürfen aber nicht noch weiter auseinanderdriften. Die Beschäftigungsprobleme der Hochschulabsolventen nehmen bereits deutlich zu. Fast ein Viertel der Hochschulabgänger findet schon heute keinen Arbeitsplatz, der ihrer Ausbildung entspricht. Man findet sie in vielen Berufen, nur nicht in dem, für den sie ausgebildet wurden. Es wäre an sich ja keine schlimme Sache, wenn jemand nach dem Studium für eine kurze Zeit in einem völlig anderen Metier tätig würde. Aber man muß sich über die menschliche Situation der Betroffenen und über die volkswirtschaftlichen Konsequenzen dieser Entwicklung im klaren sein. Es ist doch für die jungen Leute – und natürlich auch für ihre Familien – eine bedrückende Erfahrung, wenn alle Anstrengungen der Gymnasial- und Studienzeit zu einem solchen Ergebnis führen. Andererseits tragen die wachsenden Studentenzahlen schon heute dazu bei, daß die Qualität des Studiums leidet.

Die Hochschulen, vor allem die Universitäten, können angesichts dieser Zahlen ihren Aufgaben in Forschung und Lehre kaum noch gerecht werden. Auf der anderen Seite droht dem bewährten dualen Berufsbildungssystem eine schleichende Auszehrung, wenn nur noch wenige junge Menschen Bäcker, Mechaniker oder Fliesenleger werden wollen. Die Fachkräfte in Industrie und Handwerk, im Handel und in den freien Berufen sind aber eine tragende Säule unserer Sozialen Marktwirtschaft und müssen das auch bleiben. Denn die soziale Struktur unseres Landes geriete sonst in eine bedenkliche Schieflage. Die Zukunft einer modernen Industrie- und Dienstleistungsgesellschaft ist eben mit Akademikern allein nicht zu gestalten.

Hinzu kommt noch die schlichte Frage, die mir junge Leute immer wieder stellen: Wie sieht eigentlich meine Lebensrechnung aus, wenn ich zum Beispiel ein Chemiestudium absolviere, während mein Bruder inzwischen längst als Meister bei der BASF arbeitet? Der eine kommt vielleicht mit dreißig Jahren ins Erwerbsleben, während der andere bereits seit seinem 18. Lebensjahr den wirtschaftlichen Ertrag seiner Ausbildung erntet. Hier ist ein Umdenken notwendig. Solange es dabei bleibt, daß ein Hochschulzertifikat einen höheren gesellschaftlichen Stellenwert hat als eine nichtakademische Ausbildung, werden wir hier jedoch wenig ändern können. Es ist jetzt über dreißig Jahre her, daß hier in dieser Stadt eine Dame im Kultusministerium zum erstenmal die Forderung erhob, daß möglichst die Hälfte eines jeden Geburtsjahrgangs zum Abitur geführt werden sollte. Die Dame hat sich glücklicherweise aus der deutschen Politik zurückgezogen, aber die Folgen solcher Forderungen sind inzwischen unübersehbar.

Ich komme damit zu einem Punkt, der auch auf diesem Kongreß wieder eine lebhafte Diskussion ausgelöst hat, zumal sich die Finanzminister auf einen Ausflug in die Schulpolitik begeben haben, statt sich vorrangig mit der Finanzierung des Solidarpaktes zu beschäftigen. Es wäre mir schon lieber gewesen, sie hätten dieses Thema zumindest in einer anderen Form behandelt. In der Sache selbst werde ich hier wohl kaum viel Zustimmung finden, wenn ich sage, daß die Ausbildungszeiten an unseren Gymnasien zu lang sind. Der Parteivorsitzende der CDU erlaubt sich, darauf hinzuweisen, daß es bereits seit zehn Jahren einen diesbezüglichen Parteitagsbeschluß gibt – einen jener Beschlüsse, die nach heftigen Debatten um die Mitternachtsstunde gefaßt, aber von vielen sofort wieder verdrängt werden, weil machtvolle Interessenlagen ins Spiel geraten.

Tatsache ist, daß die Schüler bei uns das Gymnasium in der Regel zu spät verlassen und daß sie nach einem anschließenden Studium im Vergleich zu ihren europäischen Altersgenossen um Jahre später in den Beruf kommen. Tatsache ist auch, daß in unserem Falle die Wehrpflicht eine Rolle spielt. Wenn ein Studium bei uns fünf bis sieben Jahre dauert – von der Referendarzeit und von der Promotion ganz zu schweigen –, dann ist dies im internationalen Vergleich einfach zu lang. Ich fürchte, in wenigen Jahren werden junge Leute in Deutschland den Politikern vorhalten: „Wie könnt ihr eigentlich ein Ausbildungssystem am Leben halten, das dazu führt, daß alle unsere gleichaltrigen Konkurrenten in der Europäischen Gemeinschaft lange vor uns erfolgreich ins Berufsleben gestartet sind?"

Ich glaube im übrigen, daß diese Entwicklung auch etwas zu tun hat mit einer Einstellung, die unseren jungen Leuten seit Jahren gepredigt wird, nämlich möglichst spät in dieses unwirtliche Leben hinauszugehen, möglichst lange auf dem bequemen Sofa des Umhegtseins sitzen zu bleiben. Genau das darf aber nicht die Perspektive junger Menschen in Deutschland sein! Was wir jetzt brauchen, ist Offenheit für die Chancen, die sich uns in einer veränderten Welt bieten. Was wir jetzt brauchen, ist Selbstvertrauen, ist die Einsicht, daß „da draußen" ein kalter Wind wehen mag, aber daß es köstlich ist, das Abenteuer des Lebens zu suchen und zu genießen.

Die volkswirtschaftliche Gesamtrechnung kann nicht aufgehen, wenn durch staatliche Leistungen besonders geförderte Jungakademiker erst mit 28, 29 oder 30 Jahren ins Berufsleben eintreten und es mit 60 Jahren schon wieder verlassen – und das angesichts einer mittleren Lebenserwartung von 73/74 Jahren bei den Männern und 75/76 Jahren bei den Frauen. Ich frage mich, ob wir in diesem Punkt nicht endlich umdenken müssen und auch neue Formen eines stufenweisen Ausscheidens aus dem aktiven Berufsleben ermöglichen sollten.

Es gibt noch einen anderen Schwachpunkt in unserem Bildungssystem, nämlich die mangelnde Ausbildungsqualität an unseren Hochschulen. Ich warne allerdings vor pauschalen Anklagen und willkürlichen Vergleichen zwischen früher und heute. Es gibt Beispiele für hervorragende Lehrtätigkeit unter schwierigsten Bedingungen, aber auch für das genaue Gegenteil. Was uns heute immer noch fehlt, ist eine plausible Leistungskontrolle gegenüber den Lehrenden. Die einschlägigen Vergleiche mit den USA hinken, weil wir es dort zu einem Großteil mit privatwirtschaftlich strukturierten Hochschulen zu tun haben, die beispielsweise den Studierenden die Möglichkeit einräumen, ihre Professoren zu beurteilen – und damit auch über deren Aufstiegschancen und Einkommen mitzuentscheiden. Ich behaupte nicht, daß wir dieses Verfahren so übernehmen sollten, doch muß von unseren Hochschullehrern zumindest erwartet werden, daß sie sich bestimmten Beurteilungskriterien stellen.

Die Fehlentwicklungen in unserem Ausbildungssystem haben verschiedene Gründe. Zunächst muß ich all denen energisch widersprechen, die jetzt die Hauptschulen herunterreden und sie als „Restschule" abtun wollen; eine Schule, die immerhin noch von rund einer Million Schülern besucht wird, verdient dieses Etikett nicht. Aber ich glaube, daß die Hauptschule nur dann wirklich gestärkt wird, wenn ihre Unterrichtsinhalte handlungsorientierter und praxisnäher sind. Aus gutem Grund nimmt sich die deutsche Wirtschaft des wichtigen Themas an, wie Schule und Ausbildungsstätte besser kooperieren können. Denn immerhin kommen von der Hauptschule die meisten Bewerber für gewerblich-technische Ausbildungsberufe und für das Handwerk.

Nur wenn wir die duale Ausbildung differenzierter und flexibler gestalten, können wir den Anforderungen des modernen Berufslebens besser gerecht werden. Wir müssen noch intensiver darüber nachdenken, wie wir in der dualen Ausbildung attraktive Alternativen zum Studium entwickeln können, indem wir beispielsweise nach dem Ausbildungsabschluß Möglichkeiten zur weiteren Qualifizierung schaffen. Ich glaube im übrigen, daß die Zugangsmöglichkeit zur Hochschule über eine qualifizierte Berufsausbildung ohne Abitur die duale Ausbildung attraktiver machen kann. Freilich müssen die Bewerber über die erforderliche Eignung verfügen. Die Wirtschaft hat mittlerweile erkannt, daß sie durch die eigene Personalplanung dazu einen entscheidenden Beitrag leisten kann. Daran sollte sich auch der öffentliche Dienst ein Beispiel nehmen, statt im Laufbahn- und Besoldungsrecht das genaue Gegenteil zu bewirken.

Genau an diesem Punkt wären wir relativ rasch handlungsfähig, wenn wir nur wollten. Denn aus Gesprächen mit klugen Gewerkschaftern und Leuten aus der Wirtschaft wie aus der öffentlichen Verwaltung weiß ich sehr genau, daß dieses Problem erkannt wird. Wir müßten uns eigentlich nur zusammensetzen und vernünftig an die Sache herangehen.

In diesem Zusammenhang muß ich auch ein kurzes Wort zum Anforderungsprofil des Abiturs sagen. Die Nivellierung dieses Anforderungsprofils war der falsche Weg zu mehr Chancengerechtigkeit. Das Abitur muß wieder zu dem werden, was es eigentlich sein soll, nämlich der Nachweis für die Hochschulreife. Es verdient diese Bezeichnung erst dann, wenn in *allen* Bundesländern wieder bestimmte Kernfächer für das Abitur verlangt werden. Dazu gehören Deutsch und eine Fremdsprache, Mathematik, ein naturwissenschaftliches Fach, und – besonders nach den Irrwegen der letzten Jahrzehnte – auch Geschichte. Denn wie kann eigentlich ein Land Zukunft gewinnen, das seine Geschichte kaum noch oder überhaupt nicht mehr kennt!?

Wir brauchen dringend eine Reform des Studiums, und wir müssen endlich mit der Verkürzung der Studienzeiten beginnen, denn geredet haben wir darüber längst genug! Ich weiß, es wird viele Gegenargumente geben, aber mir leuchtet nicht ein, warum man in Deutschland nicht in vier oder höchstens fünf Jahren sein Studium abschließen kann, um dann – wenn ich den Wehrdienst oder den Ersatzdienst noch hinzurechne – mit 25 oder 26 Jahren ins Erwerbsleben einzutreten. Ich glaube – das wird auch ein zentrales Thema auf dem sogenannten Bildungsgipfel im Herbst sein –, daß wir jetzt sehr rasch zu einer entsprechenden Abmachung kommen müssen. Was mich dabei stutzig macht – und das widerlegt viele Einwände, die ich höre –, ist die Tatsache, daß in ein und demselben Bundesland an benachbarten Universitäten im gleichen Fach eine bis zu zwei Jahren unterschiedliche Studiendauer festzustellen ist.

Die Effizienz des Studiums läßt sich sicherlich auch dadurch erhöhen, daß besonders in Zulassungsfragen die Autonomie der Universitäten gestärkt wird. Dies gilt aber auch für finanzielle und organisatorische Angelegenheiten. Ich glaube beispielsweise nicht, daß die staatliche Verwaltungsbürokratie in jedem Fall billiger baut, als wenn das in Eigenverantwortung der Universität geschieht.

Was die Fachhochschulen angeht, so haben diese sich als eigenständiger, leistungsfähiger und attraktiver Hochschultyp in Deutschland durchgesetzt. Sie entsprechen mit ihrem engen Praxisbezug den Erfordernissen einer modernen Industrie- und Dienstleistungsgesellschaft besonders gut. Zwei Drittel der deutschen Ingenieure und fast die Hälfte der Informatiker und Betriebswirte erwerben ihr Diplom an einer Fachhochschule. Deswegen müssen auch die Fachhochschulen in ihrer Leistungsfähigkeit gestärkt werden. So müssen beispielsweise ihre Aufnahmekapazitäten erhöht werden. Denn es ist doch wenig sinnvoll, wenn abgelehnte Bewerber für Fachhochschulen an die Universitäten drängen, an denen sie eigentlich gar nicht studieren wollen.

An dieser Stelle noch ein kurzes Wort zum Thema kostendeckende Studiengebühren: Ich halte davon überhaupt nichts, um es klar und deutlich zu sagen. Denn wenn man wirklich kostenorientierte Gebühren erhebt, kommt man auf sozial nicht mehr vertretbare Beträge. Eine ganz andere Frage ist es, ob wir nicht von denjenigen Studenten Gebühren erheben sollten, die aus eigenem Verschulden die Regelstudienzeit überschreiten oder sich nach ihrem ersten, berufsqualifizierenden Examen für ein Zweitstudium einschreiben, nur um mit ihrem Studentenausweis billiger an alle möglichen öffentlichen Leistungen zu kommen. Dieser Mißbrauch zu Lasten des Steuerzahlers muß ein Ende haben!

Die Vollendung der inneren Einheit Deutschlands stellt uns auch im Bildungs- und Ausbildungsbereich vor besondere Herausforderungen. Wir sollten uns dabei bewußt sein, daß wir auch im Blick auf die Hochschulen und das Ausbildungssystem eine ganze Menge aus den Erfahrungen unserer Landsleute in der früheren DDR lernen können. Ich finde es in diesem Zusammenhang außerordentlich bedauerlich, daß sich im vergangenen Jahr lediglich 3000 Studienanfänger aus Westdeutschland an einer Hochschule in den neuen Bundesländern eingeschrieben haben. Das ist – gemessen an dem Ruf „Deutschland einig Vaterland" – eine lächerlich geringe Zahl!

Ich will noch ein Wort zu dem sogenannten Bildungsgipfel sagen; ich hoffe, daß er im September stattfinden kann. Aber eine solche Konferenz macht nur Sinn, wenn sie sorgfältig vorbereitet ist, wenn dort nicht nur Erklärungen abgegeben werden, sondern wenn auf konkrete Beschlüsse hingearbeitet wird, zumindest verbindliche Kriterien für solche Beschlüsse festgelegt werden. Eine ausschließliche Behandlung von Finanzfragen wäre wenig hilfreich; was wir jetzt vielmehr brauchen, ist ein neuer, übergreifender Konsens in allen wesentlichen Fragen von Bildung und Ausbildung.

Ich möchte den Kollegen in den Ländern vor allen Dingen sagen, daß in diesen Fragen der Föderalismus vor einer entscheidenden Bewährungsprobe steht. Ich bin ein leidenschaftlicher Anhänger des föderalen Systems. Die Bundesrepublik Deutschland hätte in den vergangenen vierzig Jahren einen anderen Weg genommen – nach meiner Überzeugung keinen besseren –, wenn wir dieses föderale System nicht gehabt hätten. Aber wir wollen keine Kantonalisierung und keine gegenseitige Abschottung, wir brauchen vielmehr Offenheit und fruchtbare Konkurrenz in diesem Bereich.

Wir müssen schließlich auch darüber sprechen, wie wir junge Menschen zu mehr Flexibilität bei der Ausbildung anspornen können. Wir müssen die Bereitschaft junger Leute wecken, einen Teil ihres Studiums im Ausland zu verbringen. Für diese Bereitschaft sollten sie durchaus einen gewissen Bonus erhalten. Wir sollten diese Überlegungen übrigens nicht nur auf die Studenten erstrecken, sondern beispielsweise auch die Facharbeiter miteinbeziehen. Wenn Sie die Lebensläufe bedeutender Vertreter der deutschen Arbeiterbewegung anschauen, dann werden Sie feststellen, daß sie durchweg als junge Leute auf Wanderschaft gewesen sind. Es war damals viel selbstverständlicher, daß ein junger Zimmermann oder ein junger Drucker eine gewisse Zeitspanne seines beruflichen Werdegangs im Ausland verbrachte, als es heute der Fall ist. Was wir also brauchen, sind mehr Weltoffenheit und Zuwendung zu den Problemen jenseits unserer Grenzen. Das ist auch wichtig für das gesellschaftliche Klima in unserem Land. Nationalistische Vorurteile werden keine Chance haben, wenn die große Mehrzahl unserer Bürger weiß, wie es wirklich „draußen in der Welt" aussieht.

Vor mehr als hundert Jahren haben die Briten den Begriff „Made in Germany" geprägt – nicht aus reiner Freundschaft, sondern um Großbritannien vor deutschen Waren abzuschotten. Heute würde man das eine glasklare Diskriminierung nennen. Die Deutschen haben seit damals diese beabsichtigte Herabsetzung zu einem weltweit geachteten Qualitätsbegriff umgemünzt. Wir leben heute noch in einem beachtlichen Maß von dem, was unsere Vorfahren seit damals an Arbeitseifer und Erfindungsreichtum eingesetzt haben, um das Gütesiegel „Made in Germany" glänzen zu lassen. Es liegt jetzt an uns, umzudenken und die notwendigen Konsequenzen aus den Veränderungen in der Welt zu ziehen. Wir werden in der Tagespolitik für solches Umdenken nicht sofort auf ungeteilte Zustimmung stoßen, weil damit natürlich auch der Abschied von manch liebgewonnener Gewohnheit und die eine oder andere Unbequemlichkeit verbunden sind.

Die Geschichte schenkt einem Volk nicht fortdauernd solche Chancen wie uns Deutschen 1989/90. Wir wissen heute, wie kurz die Zeitspanne für die Erlangung der deutschen Einheit damals war. Wir haben jetzt die Chance, in den nächsten sechs bis acht Jahren auch die europäische Einigung zu vollenden; aber sie wird uns nicht als Geschenk in den Schoß fallen. Deshalb noch einmal: Es ist Zeit für uns zu einer nüchternen Bestandsaufnahme, zu einer umfassenden Standortbestimmung. Wir sind dazu bereit.

Redemanuskript. Bundesgeschäftsstelle der CDU.

Die Zukunft der Volkspartei

von Peter Hintze

Helmut Kohl hat in 20 Jahren Parteiführung die CDU entscheidend geprägt und mit ihr politisch viel für Deutschland erreicht. Die deutsche Einheit und die europäische Einigung sind mit beider Namen untrennbar verbunden. Heute geht es darum, die innere Einheit Deutschlands zu vollenden, die Europäische Union zu schaffen, die Demokratie in ganz Europa zu festigen und die globalen Probleme der Umwelt und des Nord-Süd-Verhältnisses anzugehen, wie es Helmut Kohl beim Erdgipfel in Rio von den Industriestaaten eingefordert hat. Es sind große Herausforderungen und schwierige politische Prozesse, die in Deutschland, Europa und der Welt zu bewältigen sind. Diese Prozesse zu gestalten und zu ordnen, den Menschen Ziele zu zeigen und sie für diese Aufgaben zu gewinnen – das fordert eine große Volkspartei heute in ganz besonderer Weise.

Helmut Kohl ist 1973 als Parteireformer angetreten und gewählt worden. Er hat diesen Anspruch nie als erledigt betrachtet; 1993 hat er zu einer tiefgreifenden und energischen Reformanstrengung der CDU aufgerufen. Im Jahr des zwanzigjährigen Jubiläums seines Parteivorsitzes wird die CDU, geführt von Helmut Kohl, die programmatische und die organisatorische Erneuerung der großen Volkspartei der Mitte angehen.

Die Kritik an der Volkspartei

Die aktuellen Probleme der großen Parteien in den neunziger Jahren sind bekannt: Nur sehr schwer lassen sich neue Mitglieder für eine aktive politische Arbeit gewinnen, die Wahlergebnisse deuten auf eine größere Auffächerung im Parteienspektrum hin, Denkzettelwähler drücken ihren Unmut aus, und die Zahl der Nichtwähler nimmt zu. Debatten über

Politikmüdigkeit und Parteienkrise haben wir nun schon öfter erlebt. Aber die heutige Skepsis der Bürger gegenüber der politischen Kraft der Parteien hat eine neue Qualität.

In einer Umbruchszeit werden Gestaltungswille, Orientierungsfähigkeit und Zukunftskonzepte von der Politik in besonderer Weise eingefordert, und dies ist nicht nur eine Frage der subjektiven Wahrnehmung durch die Bürger- und Wählerschaft, sondern auch eine objektive Frage an die Zukunftsfähigkeit der Parteien. Politik vollzieht sich heute unter anderen Bedingungen als in den vergangenen 40 Jahren, sie steht zugleich vor neuartigen Entwicklungen im Schatten der Ost-West-Konfrontation. Kritische Fragen werden gestellt: Sind die Parteien in der Lage, die großen Probleme an der Schwelle zum 21. Jahrhundert zu bewältigen? Haben sie nur alte Antworten bereit, die auf herkömmliche Probleme zugeschnitten sind, aber bei den neuen Aufgaben nicht greifen? Werden insbesondere die großen Volksparteien noch funktions- und handlungsfähig sein oder zerreißen sie sich im „Spagat" zwischen Mitgliedern und Wechselwählern, zwischen Grundsatztreue und Öffnung, zwischen politischen Überzeugungen und Werbestrategien? Manch einer setzt schon das Modell der professionellen Fraktionspartei der Mitgliederpartei entgegen und die weit offene „Allerweltspartei" der profilierten Programmpartei.

Sicherlich muß geprüft werden, unter welchen andersartigen Bedingungen Parteien agieren und welche Chancen sie wahrnehmen können. Aber Zukunftsprognosen sind nicht nur ungewiß, sie können der Partei selbst auch nicht die Aufgabe abnehmen, sich zu orientieren und zu fragen, was man denn erreichen will. Christliche Demokraten müssen sich im Denken und Handeln davon leiten lassen, wie sie sich die CDU der Zukunft vorstellen. Sie soll Volkspartei bleiben – deshalb gilt es zu prüfen, wie ihre Zukunft als Volkspartei zu sichern ist.

Soll die CDU ein Expertenapparat mit Anhang werden oder eine Mitgliederpartei bleiben? Sollen Berufspolitiker unter sich bleiben oder sollen auch künftig engagierte Bürger aus ganz unterschiedlichen Berufen für die Politik gewonnen werden? Paßt man sich dem breiten Wählerquerschnitt an oder setzt man auf eine unverwechselbare Identität der Partei?

Die CDU will eine Volkspartei sein, in der sich Frauen und Männer aus allen Schichten und Gruppen unseres Volkes zu politisch gemeinsamem Handeln zusammenschließen, weil bei allen Unterschiedlichkeiten politische Grundüberzeugungen und Ziele verbindend sind. Sie will eine

Volkspartei sein, in der die Angelegenheiten unseres Landes mit zukunftsfähigen Konzepten angegangen werden und in der die politische Willensbildung gemeinsam mit den Bürgern, Experten und Gruppen stattfindet.

Die CDU hat gute Chancen für die Zukunft, wenn sie die Anstrengungen der Reform auf sich nimmt, auf die Helmut Kohl zu ihrer Erneuerung heute setzt: die gemeinsamen politischen Ziele mit der Diskussion eines neuen Grundsatzprogramms zu klären und die politische Willensbildung und Entscheidungsfindung durch eine Parteireform zu verbessern.

Der Rückzug ins Private

Unter welchen Bedingungen werden sich die Parteien in Zukunft behaupten müssen? Wie hat sich das politische Agieren der Parteien in unserer Gesellschaft bisher verändert? Sind es dauerhafte Veränderungen und lassen sich Trends prognostizieren? Politikverdrossenheit sei nur ein vorübergehendes Phänomen, könnte man meinen. Aber sie ist nicht nur auf augenblickliche Unzufriedenheiten zu reduzieren. Dahinter steht vielmehr ein allgemeiner Rückzug ins Private. Nicht nur Parteien haben Schwierigkeiten, für sich zu werben, sondern alle gesellschaftlichen Institutionen. Wir können schon seit den siebziger Jahren einen sich immer weiter verstärkenden Trend zur Individualisierung verzeichnen.

Die Frage nach einem sinnerfüllten und selbstbestimmten Leben stößt heute unter dem Stichwort „Selbstverwirklichung" an eine kritische Grenze. In den letzten Jahrzehnten hat sich bei uns aus dem Individualismus ein Egoismus entwickelt, der nur noch das eigene Wohl und Wehe kennt. Die demoskopischen Untersuchungen belegen einen deutlichen Wandel: Selbstentfaltungswerte sind immer wichtiger geworden und haben Gemeinschaftswerte in den Hintergrund gedrängt. Es ist ein privatistisches Mißverständnis von Individualität und Freiheit – denn Menschen finden ihre Identität nicht durch Selbstbeschau, sondern gewinnen sie erst im Lauf des Lebens, in Aufgaben, in Entscheidungen, in der Entfaltung der eigenen Fähigkeiten und Begabungen in der Gemeinschaft, in der Mitwirkung und Gestaltung ihrer Umwelt. Interessengruppen für individuelle Anliegen finden sich immer schnell zusammen, aber ein über die eigenen Belange hinausgehendes Engagement für das Gemeinwohl erwächst daraus meistens nicht.

Die Individualisierung hat auch zu einer Pluralisierung von Lebensstilen geführt. Man spricht von der Auflösung des traditionellen sozio-kulturellen Milieus: Lebenswege sind nicht mehr durch die Herkunft aus einem bestimmten Milieu und seine Lebensform vorgezeichnet. Die klassischen Parteien hatten mit diesen sozio-kulturellen Milieus zu tun. Sie waren mit bestimmten Milieus festverwoben: die SPD mit dem gewerkschaftlichen Arbeitermilieu, die CDU mit dem christlich-kirchlichen Milieu. Natürlich gibt es hier weiterhin enge Bindungen – so wählt die überwältigende Mehrzahl der kirchennahen Christen nach wie vor CDU. Aber diese Gruppe ist insgesamt kleiner geworden, und die breite bürgerliche Mitte läßt sich in ihrer Mehrheit nicht mehr auf eine eindeutige Stammpartei festlegen. Im Gegenteil: Es gilt als Kennzeichen des mündigen Bürgers, erst im Vergleich der Leistungen, Kompetenzen und Personen einer der Parteien seine Stimme zu geben. Und die Zahl der Wechselwähler ist folgerichtig in den letzten Jahren sprunghaft gestiegen. Persönliche Interessen bestimmen die Wahlentscheidung und die Entscheidung zur Mitwirkung in einer Organisation. Die traditionellen Stammwähler, die in einer Partei nicht nur die Adresse für gerade anstehende Interessen sehen, sondern sie als politische Heimat verstehen, werden weniger. Und sie müssen mehr denn je eigens mobilisiert werden.

Der Verlust der Milieubasis bedeutet für die Parteien eine Vielzahl von Veränderungen. Es geht dabei nicht nur darum, daß sie nicht mehr auf einen Stammbestand von Wählern rechnen können – das wäre zu kurz gedacht. Die Unsicherheit der Parteien über die Prozentspanne, die sie bei einer Wahl erreichen können, sollte als Herausforderung angenommen werden und anspornen, mit guter Politik zu werben. Die gestiegene Zahl der Wechselwähler ist auch eine Chance für Überzeugungsarbeit und für einen fruchtbaren Wettbewerb der Parteien um die besseren Konzepte. Davon hat auch die CDU profitiert, galten doch die neuen Bundesländer als „rote Länder", in denen die SPD-Mehrheit selbstverständlich sei; die Wahlen haben anderes gezeigt. Das Vertrauen in die Kompetenz der CDU als Partei der deutschen Einheit war schließlich wahlentscheidend. Auch in den alten Bundesländern hat es schon manche Überraschung mit sogenannten Hochburgen gegeben – die Zahl „uneinnehmbarer" Stammplätze ist geschrumpft.

Gravierender für die Parteien ist die Folge, daß sie nun auch eine Reihe von Funktionen wahrnehmen müssen, die früher von den Milieus und den Lebenskreisen rund um die Partei im vorhinein erfüllt wurden. Es sind vor allem drei Bereiche, in denen sich dies bemerkbar macht:

Menschen mit gemeinsamen Grundüberzeugungen zusammenzuführen und damit politisches Personal heranzuziehen sowie wertorientierte Ordnungskonzepte zu vertreten beziehungsweise neue Ideen zu produzieren. Deshalb bedarf es heute erhöhter Anstrengungen, um Menschen zur Mitarbeit in der Partei zu gewinnen – jeder muß für sich und an seinem Platz gewonnen werden, auch wenn sich diese Bürger bereits für allgemeine öffentliche Belange interessieren und einsetzen wollen! Wer heute in der Kirche, in der Jugendarbeit, im karitativen und sozialen Bereich, in Initiativen, in Gruppen und Vereinen tätig ist, kommt mehr im Ausnahme- als im Regelfall dazu, für diese Belange der Allgemeinheit anschließend in einer Partei weiterzuarbeiten.

Die Verschiedenartigkeit der Interessen, der Optionen und der Menschen zur Gemeinsamkeit zu bringen, ist ein immer schwierigerer Prozeß geworden. Volksparteien müssen dabei nicht nur mehr und schärfere Konflikte in sich austragen. Auch der verbindenden Basis, der Wertorientierung und Grundsatzprogrammatik müssen sich die Parteien heute selbst vergewissern. Was in den lebensweltlichen Zusammenhängen der traditionellen Milieus an sozialer und an geistiger Integration früher bereits geleistet wurde, muß heute von den Parteien erst eigens erbracht werden. Die Erwartungen an die Orientierungsleistung und die geistige Führung von seiten der Parteien sind deshalb überdimensional gewachsen. Sie stehen in einem merkwürdigen Gegensatz zum Interessenkalkül, das bei einem Großteil der Bevölkerung für die Stimmabgabe ausschlaggebend ist.

Das neue Verständnis von Politik

Von Parteien kann nicht erwartet werden, daß sie die Gemeinschaftlichkeit der alten Milieus ersetzen. Es wäre aber eindeutig zu wenig, wenn sie bloß als Organisationen zur Bündelung politischer Interessen und zur Erringung von Mehrheiten im politischen Prozeß dienen würden. Es geht um politische Führung, die auf klar erkennbaren Prinzipien beruht, die sich auf Werte stützt und die deshalb die Kraft hat, politische Ziele zu verfolgen, dafür zu werben und sie durchzusetzen.

Die vielen einzelnen sind zu gemeinsamem Streiten, Entscheiden und Handeln jeweils erst in der Partei zu vereinen. Die Parteien müssen heute und in Zukunft in ihren eigenen Reihen mehr leisten denn je. Und gleichzeitig sind die Erwartungen an sie höher, als sie jemals waren. Sie sind zum Scheitern verurteilt, wenn sie Glaubensgemeinschaften oder Alleskönner sein sollen oder wollen. Die Parteien müssen sich auf das konzentrieren und beschränken, was sie können und wo sie unersetzbar sind – wo nur sie bestimmte Aufgaben wahrnehmen können. Darin werden die Volksparteien aber mehr denn je gebraucht, nämlich in ihrer ureigensten Funktion, die so vielfältigen Interessen, Themen und Fragen unserer pluralistischen Gesellschaft schon in sich zu bündeln, in Toleranz und Kompromiß aufeinander abzustimmen und Prioritäten zu ermitteln. In dieser Funktion werden sie angesichts der fortschreitenden Individualisierung immer wichtiger werden.

Eine Demokratie ohne Volksparteien ist vom Zerfall in Interessengruppen bedroht, die sich gegenseitig lahmlegen. Das spontane und partielle Engagement von Bürgern vor Ort kann die erforderliche Kontinuität und die über den Tag hinausreichende Perspektive der politischen Parteien nicht ersetzen. Eine parlamentarische Demokratie in einer so großen Bevölkerung wie der unsrigen kann ohne Parteien nicht funktionieren, und erst recht nicht ohne Volksparteien, die in sich sozialen Sprengstoff bereits entschärfen und Toleranz und Kompromiß zugunsten gemeinsamer Ziele einüben.

Die Volkspartei wird dieser Aufgabe aber nur gerecht werden, wenn sie sich dabei auf das eigentlich Politische beschränkt. Es geht um das politische Handeln: Um das, was die staatlich verfaßte Gemeinschaft, die „polis", betrifft. Der politisch zu gestaltende Staat ist kein Dienstleistungsunternehmen oder Warenhaus, das für alle nur erdenklichen Bedürfnisse Angebote zu machen hat, die dann getrost von den Verbrauchern konsumiert werden könnten. Die Leistungsfähigkeit der Politik und des demokratischen Staates werden gestärkt, wenn die Parteien sich nicht in vielfältigen Aufgaben verzetteln, die auch von anderen Instanzen oder den Bürgern selbst erfüllt werden können. Sie müssen ihre Kräfte auf die Aufgaben konzentrieren, die das genuine Feld der Politik sind, wo die Parteien unersetzbar sind und wo ihre besonderen Herausforderungen liegen. Gerade angesichts der Größe der Aufgaben brauchen wir eine neue Bescheidenheit für die Politik im Sinne einer Konzentration auf das, was die ganze staatlich verfaßte Gemeinschaft betrifft: die politischen Ziele der Gemeinschaft zu bestimmen, das Gemeinwesen in Freiheit und sozialer Gerechtigkeit zu gestalten, Sicherheit nach außen und innen zu wahren.

Dem muß auch eine neue Bescheidenheit der Bürger in ihren Erwartungen an staatliche Allzuständigkeit entsprechen. Jeder muß sich fragen, was er an seinem Platz für die Gemeinschaft tun kann, und nicht nur, was sie für ihn zu tun hat. Ein demokratisches, freiheitliches Gemeinwesen kann ohne das Engagement seiner Bürgerinnen und Bürger nicht auf Dauer lebensfähig sein. Die Nachteile der übergroßen Individualisierung unserer Gesellschaft sind für alle ja mittlerweile unangenehm spürbar – eine Entsolidarisierung der Bürger untereinander, eine immer stärker abnehmende Bereitschaft, sich für andere zu engagieren.

Die CDU hat sich immer als die Partei der Freiheit verstanden. Mit Freiheit war dabei aber nie Beliebigkeit und Willkür gemeint, sondern eine Freiheit, die sich in Bindungen entfaltet. Zur Freiheit gehört die Verantwortung und die Pflicht, sich dafür einzusetzen. Nur so können alle in unserer Gesellschaft frei sein.

Bürgertugenden wie Fleiß und Leistungsbereitschaft, Verantwortungssinn und Pflichtgefühl gehören dazu. Die Richtung muß weg von der Zuschauergesellschaft, die passiv auf Konsum orientiert ist, hin zu einer Gesellschaft gehen, die von einem Geist der Freiheit und Verantwortlichkeit geprägt ist. In ihrem neuen Grundsatzprogramm spricht die CDU deshalb von der freien und verantwortlichen Gesellschaft.

Ein billiger Rückzug der Politik aus ihrer Verantwortung? Das selbst eingestandene Versagen der Parteien? Dieser Vorwurf kommt daher, daß es eine zunächst unbeliebte Forderung an unsere etwas bequem gewordene Nation sein wird. Wird unsere Gesellschaft die Kraft aufbringen, sich zu erneuern? Wir haben schon mehr Neuorientierungen erlebt, die „unmöglich" schienen, als manchem bewußt ist: die Europaverträglichkeit der Deutschen und die Entscheidung für den Westen, die Versöhnung der Konfessionen, die Entwicklung des Umweltbewußtseins und die Wiederbelebung des Leistungsbegriffs in den achtziger Jahren – ein Signum der Regierung Helmut Kohl.

Aber: Man kann keine staatlichen Förderprogramme für mehr Selbstverantwortung der Bürger aufstellen. Die Politik kann nur Rahmenbedingungen schaffen, die eine neue Verantwortlichkeit fördern und Verantwortung zurückgeben. Werden die Parteien die Kraft zur Erneuerung haben? Nur wenn sie sich zu ihren Grenzen bekennen, werden sie ihre Funktionsfähigkeit und Integrationskraft auch für die Zukunft sichern.

Die Aufgaben der Volksparteien bleiben bestehen – denn diese sind als Vermittler und Träger der politischen Willensbildung in der parlamentarischen Demokratie unersetzbar. Sie haben die besondere Aufgabe, die geeigneten Kandidaten für Parlamente und Regierungen aufzustellen. Wenn sie dabei erfolgreich sein wollen, müssen diese Prozesse allerdings in aller Öffentlichkeit stattfinden, wie es der Idee der Volkspartei entspricht. Eine Volkspartei darf weder in Sachfragen noch in personellen Fragen unter sich bleiben. Es muß eigentlich selbstverständlich sein, daß engagierte sachkundige Bürger in der CDU zu Wort kommen und an der politischen Verantwortung teilhaben können und daß man politische Führung ausübt, indem man sich die entscheidenden Themen und Sachfragen der Zeit zu eigen macht. Beides hängt eng zusammen!

Wenn interessierte Neuankömmlinge den Eindruck haben, Entscheidungen würden in Hinterzimmern bei verschlossenen Türen gefällt, werden sie keinen besonderen Sinn darin finden, sich in einer solchen Partei zu engagieren. Der Eindruck, es gehe um Posten, Machtpositionen oder gar um persönliche Bereicherung, aber nicht um die Sache, verstärkt das Mißtrauen in die Politik. Natürlich geht es in der Politik auch um Macht: Nur von Machtpositionen aus können politische Vorstellungen und Konzepte durchgesetzt werden; im Wettbewerb der Parteien geht es schließlich darum, wer die Macht im demokratischen Staat ausübt. Aber man will die Macht nutzen, um die Politik durchsetzen zu können, die man für richtig hält. Das Interesse an der Sache und am politischen Wirken für die Gemeinschaft muß das Motiv und als solches auch erkennbar sein. Deshalb ist die Öffentlichkeit der Entscheidungsfindungen so wichtig.

Dabei soll hier beileibe nicht das oftmals beklagte Zerreden von Entscheidungen propagiert werden. Es ist nicht so, daß in der CDU zuviel diskutiert würde, sondern daß politische Diskussionen nicht selten einer mangelnden Disziplin zum Opfer fallen. Wir müssen uns an die richtige Reihenfolge erinnern: Erst werden Fragen aufgeworfen und diskutiert, Lösungen überlegt und beraten und schließlich wird eine Mehrheitsentscheidung gefällt, die dann im folgenden auch gilt und von allen geschlossen vertreten werden muß.

Der Dissens gehört zu einer Volkspartei, in der sich unterschiedliche Interessen und Meinungen, wenn auch auf gemeinsamen Grundlagen, bündeln. Es ist gerade die Leistung der Volkspartei, die unterschiedlichen Standpunkte zu verbinden. Die Debatte und der Streit um den richtigen Weg sind die elementaren Bestandteile einer Demokratie und damit auch einer demokratischen Volkspartei. Die getroffenen Entscheidungen, Kompromisse und politischen Prioritäten werden zudem für die Bürger einsichtiger sein, wenn sie die Argumente für und wider verfolgen und den Beschluß nachvollziehen können. Der Dissens ist fruchtbar, aber der Konsens bei der Durchsetzung der beschlossenen Mehrheitsentscheidung unverzichtbar.

Es sollte aktive Menschen reizen, in der CDU mitzuwirken. Wir leben in einer hochentwickelten Freizeitgesellschaft, in der die Mitarbeit in einer Partei nicht konkurrenzfähig ist gegenüber dem reichhaltigen Freizeitangebot, das gleichzeitig besteht. Wer die Wahl hat, zu einer Parteiveranstaltung zu gehen oder ins Kino, Theater, Fitneßstudio usw., der wird die Parteiveranstaltung nur dann vorziehen, wenn er sieht, daß er in der Partei etwas bewirken kann. Das Engagement in einer Partei muß etwas Besonderes bedeuten, das über die Konsumangebote der Freizeitindustrie hinausgeht. Parteimitglieder müssen gegenüber Nichtmitgliedern einen Vorsprung haben: Sie müssen politisch mitgestalten können.

Die Mitglieder haben heute nicht mehr den Informationsvorsprung, den sie früher einmal hatten. In unserer Informationsgesellschaft, in der die politischen Nachrichten nach dem Aktualitätsgesetz durch die Medien jagen, sind die Politiker oftmals selbst diejenigen, die schon nicht mehr auf dem neuesten Stand sind. Über Fernsehen, Radio und Zeitungen kann sich jeder Bürger eine große Zahl von Informationen verschaffen. Was die Partei allerdings bieten kann, sind nach wie vor die besonderen politischen Gestaltungs- und Mitwirkungsmöglichkeiten.

Hier muß noch mehr verbessert werden, damit die Mitglieder sich in der Partei besser einbringen und sie besser mitgestalten können. Dazu zählt die Direktwahl der Mandatsträger, der Kandidaten für Kreis, Land, Bund und Europa, die von allen Mitgliedern und nicht nur durch ein Delegiertengremium gewählt werden sollten, und wo jeder deshalb auch Kandidat sein kann. Von den Parteigliederungen muß aber auch wieder Politik gemacht werden: Parteiarbeit darf sich nicht in permanenten Gremiensitzungen und Vorstandswahlen erschöpfen. Oft genug verschleißen sich die Parteigliederungen in Selbstbeschäftigung durch inhaltsarme Tagesordnungen.

Für die politische Willensbildung des Volkes braucht die Volkspartei die Rückkoppelung an die Mitgliederbasis wie an die Bürgerschaft, um den notwendigen Kontakt zwischen der Verwaltungs- und Organisationswelt mit der normalen Lebenswelt von Bürgern herzustellen. Es dürfte klar sein, daß dies eine permanente Aufgabe ist und daß eine lebendige Orts- und Kreisverbandsarbeit dazu gehört.

Interessengruppen, Bürgerinitiativen und Spontanzusammenschlüsse für einzelne Anliegen sind gerade in den Kommunen häufige Formen des Engagements. Die CDU versucht, mit den Betreffenden ins Gespräch zu kommen und zu zeigen, daß die Partei tatsächlich zwischen Politik und Bürgerschaft vermittelt. Aber sie sind kein Ersatz für die Parteiarbeit, die über aktuelle Bedürfnisse hinaus in der größeren Perspektive des Ganzen denkt und die sich regelmäßig für ein ganzes Konzept vor den Wählern verantwortet. Kontinuität braucht in der Politik die Verankerung in einer grundsatzorientierten Partei. Deshalb darf der Einfluß der „pressure-groups" nicht das Mitspracherecht der Mitglieder verdrängen, nur weil die Interessenvertreter sich direkt an die Amtsträger wenden und Druck ausüben.

Daß Menschen Politik als Beruf ausüben, ist unverzichtbarer Bestandteil einer modernen Partei; eine Partei ausschließlich mit hauptamtlichen Politikern wäre allerdings keine Volkspartei mehr. Denn das schlösse viele tragende Gruppen aus, vor allem Personen, die in ihrem Beruf nicht abkömmlich sind, also Selbständige, aber auch hochqualifizierte Seiteneinsteiger, die sich zeitlich nicht in den Gremien hocharbeiten können, oder auch junge Mütter, die schon die Doppelbelastung von Erziehung und Erwerbsarbeit koordinieren müssen. Es täte einer Volkspartei nicht gut, wenn einzelne Gruppen des Volkes nahezu komplett nicht darin vertreten wären. Und zwar nicht deshalb, weil man wie auf einer Einkaufsliste bei jeder nur denkbaren Bevölkerungsgruppe einen Haken machen müßte, sondern weil so wesentliche Erfahrungen, Problemfelder und Ideen, aber auch persönliche Begabungen und Fähigkeiten einfach fehlten.

Deshalb bemüht sich die CDU verstärkt um Frauen und junge Menschen. Nicht deshalb, weil ältere Generationen nicht ebensogut Politik machen – darauf dürfen wir nicht verzichten. Es geht um das Spektrum unserer Volkspartei. Gerade für Frauen stellt sich das Leben oft aus einer anderen Perspektive dar. Der Frauenanteil der alten Landesverbände beträgt nur 24 Prozent gegenüber 39 Prozent in den neuen Landesverbänden. Bei einem Durchschnittsalter der Mitglieder von 51 Jahren und bei nur unter 3 Prozent Mitgliedern, die jünger als 25 Jahre alt sind, muß etwas getan werden. Nur wenn es gelingt, mehr junge Menschen für eine Mitarbeit in der CDU zu gewinnen, werden auch weiterhin die wesentlichen Zukunftsfragen der Gesellschaft Eingang in die politischen Diskussionen der Partei finden. Die Jahrgänge, die jetzt und in Zukunft die verantwortlichen Positionen in allen Bereichen unserer Gesellschaft übernehmen werden und die die Hauptträger des politischen Lebens in Deutschland sein werden, sollen auch einmal Politik nach christlich-demokratischen Prinzipien betreiben. Dafür sind jetzt die Weichen zu stellen; diese Generation für die CDU zu gewinnen, ist ein wesentlicher Faktor der Zukunftsfähigkeit der Partei.

Die CDU muß eine Partei sein, in der Politik gemacht wird, in der politisch diskutiert wird – sachlich, offen und grundsatztreu. Sie muß eine Partei sein für politisch interessierte Bürger, die hier die richtige Plattform für ihr Interesse sehen. Die innerparteiliche Solidarität wird gestärkt, wenn politische Entscheidungen in einem Willensbildungsprozeß heranwachsen und reifen können und wenn man sich auf das gemeinsame Einstehen für die einmal getroffene Entscheidung auch verlassen kann. Eine politikfreudige, diskussionsoffene und zupackende Partei wird für die Mitglieder attraktiv sein, und sie wird für eine Vielzahl von sachkundigen engagierten Bürgern offen sein: Sie wird eine Volkspartei sein, die diesen Namen verdient.

Das gemeinsame Band

Gemeinsame Leitziele und fundamentale Grundüberzeugungen sind die einigende Kraft, die stärker und tiefer sein muß als die Interessengegensätze der Mitglieder in einer Volkspartei. Wie stark können in unserer Zeit verbindliche Grundorientierungen überhaupt noch sein? Was die CDU zusammenhält, steht im Grundsatzprogramm von 1978 wie in dem neuen Programmentwurf gleich an erster Stelle: „Unsere Politik beruht auf dem christlichen Verständnis vom Menschen und seiner Verantwortung vor Gott." Ist dies das Band, das die große Volkspartei der Mitte auch in Zukunft, in einer säkularisierten Gesellschaft wie der unsrigen, zusammenhalten wird? Ist es realistisch und zukunftsorientiert, nun gerade auf das Christliche als Basis zu setzen?

Als die CDU nach 1945 von engagierten evangelischen und katholischen Christen gegründet wurde, war klar, was mit dem christlichen Anspruch gemeint sein sollte. Die Christen in Deutschland sahen die Antwort auf die Erfahrungen mit dem menschenverachtenden Nationalsozialismus in einer Rückbesinnung auf christliche Werte. Es war die erfolgreiche Idee der Christlichen Demokraten für eine neue humane Gesellschaft, sich auf das christliche Verständnis vom Menschen zu besinnen, das Wert und Würde des Menschen als von Gott zugesprochen versteht und damit unabhängig von Rasse und Klasse macht, und ein Verständnis von Politik zu entfalten, das die Selbsterlösungsverheißungen jeglicher Ideologien zurückweist, weil es um die Vorläufigkeit, die Begrenztheit und Irrtumsfähigkeit unseres Handelns weiß.

Der Kerngedanke des christlich geprägten Verständnisses vom Menschen ist damals wie heute der gleiche: Alle Menschen sind frei und gleich an Würde geschaffen. Das christliche Prinzip der Menschenwürde ist die entscheidende geistige Grundlage, die unserer freiheitlichen Demokratie, unserer Wirtschafts- und Gesellschaftsordnung zugrunde liegt. Nun könnte man einwenden, dies sei doch Allgemeingut in unserer Gesellschaft und kein persönliches geistiges Eigentum der CDU. Aber: Auch die grundlegenden Prinzipien von Staat und Gesellschaft, die nicht auf der Tagesordnung stehen, muß sich jemand zu eigen machen, damit sie nicht an Kraft und Tragfähigkeit verlieren. Und es ist ja längst nicht ausgemacht, wie selbstverständlich die bisherigen „Selbstverständlichkeiten" unserer politischen Kultur sein werden. Es gibt genügend andere Erfahrungen in unserer Geschichte und leider auch wieder in unserer Gegenwart. In einer Zeit, in der vermeintlich unverbrüchliche Tabus, wie etwa das Tabu des Nationalsozialismus oder der offen zur Schau getragenen Gewalt, plötzlich gebrochen werden und gesellschaftlicher Konsens aufgekündigt wird, ist mehr denn je eine feste Grundhaltung wichtig, die scharf und klar Grenzen zieht.

Daß diese fundamentalen Anliegen und Erkenntnisse auch von denen geteilt werden können, die keine kirchennahen Christen sind, ist einleuchtend. Wer ein dezidierter Gegner von Religion und Kirche ist, wird sich mit der Union dagegen nicht identifizieren können. Die CDU muß die Partei sein und bleiben, in der Christen sich gut vertreten sehen und engagieren wollen und in der Offenheit für Andersdenkende herrscht, die sich auf ihrem Hintergrund für dieselben Grundwerte und Ziele einsetzen. Die humane Qualität einer solchen Politik, die es möglich macht, daß die Menschen sich frei entfalten können, wird wie bisher für ihre Mehrheitsfähigkeit sorgen.

Sachlichkeit und Realismus sind Kennzeichen einer Politik, die es mit der Absage an die Ideologien und Utopien ernst meint. Die sachgerechte, objektive und offene Auseinandersetzung mit dem jeweiligen politischen Gegenstand und ein notwendiger Pragmatismus ist deshalb die Alltagsseite einer Politik in christlicher Verantwortung. Das „C" mit seinem hohen Anspruch bewahrt die Union aber davor, im Pragmatismus zu versinken, in der Aktualität haften zu bleiben und Opfer von Modeströmungen zu werden. Es grenzt sie unverwechselbar von anderen Parteien ab und ist deshalb auch eine unüberwindliche Grenzmarke gegenüber rechtsradikalen Positionen. Politik auf der Grundlage des christlichen Menschenverständnisses schließt die einfachen glatten Lösungen aus. Prozesse können im Blick auf Ziele in Gang gesetzt und gefördert werden, aber das gewünschte Resultat muß sich erst im Zusammenwirken vieler unabhängiger Faktoren einstellen. Christlich-demokratische Politik ist immer die „kompliziertere" – aber in unserer komplexen Welt sind es die differenzierten Lösungen, die anstehen. Diese Form des Ordnungsdenkens hat ein hohes Maß an Flexibilität und damit an Leistungsfähigkeit, was zum Erfolg der CDU-Politik beigetragen hat. Es ist eine Politik, die zukunftsfähig ist, weil sie nicht auf dem Besitzstand von vorgestern verharrt oder in aktuellen Forderungen verfangen ist, sondern sich auf die Herausforderungen der Zukunft einstellen kann. Die CDU ist auch deshalb die Volkspartei der Zukunft, weil sie damit für die Zukunftsaufgaben gerüstet ist.

Die Zukunftsthemen

Mit dem Ende der Nachkriegszeit ist eine Epoche zu Ende gegangen. Und wir wissen nicht, in welche Epoche der Geschichte wir nun eingetreten sind. Unsicherheit und Orientierungsnot kennzeichnen die Gesellschaften in ganz Europa. Stimmt das Koordinatensystem noch, an dem wir in den letzten 40 Jahren unser Denken und Handeln orientiert haben? Gerade in der alten Bundesrepublik hat der Ost-West-Konflikt eine zentrale Rolle für die Parteien gespielt: Mit der Auseinandersetzung zwischen den großen politischen Lagern um Freiheit oder Sozialismus haben wir auch im Inneren den Ost-West-Konflikt nachvollzogen. Beliebte Muster passen nun nicht mehr, wo diese Bipolarität und Konfrontation fehlen. Die Volksparteien scheinen für den Betrachter näher zusammenzurücken und sich mehr mit sich selbst als mit dem politischen Gegner zu befassen.

Es ist die Aufgabe politischer Führung, in unserer veränderten Welt zu analysieren, worin denn nun genau die neuen Aufgaben und Probleme bestehen, anhand tragfähiger Prinzipien ein neues Ordnungsdenken zu entwickeln und die Menschen auf die Zukunft vorzubereiten.

Die freie und verantwortliche Gesellschaft ist die Gesellschaft der Zukunft. Wie sind die Rahmenbedingungen zu gestalten, so daß unsere Gesellschaft die Kraft zur Erneuerung hat? Wie kann die Selbstverantwortung der Bürger gefördert werden? Staat und Politik müssen mehr Raum für Verantwortung und Freiheit schaffen – mit einer neuen Offensive der Deregulierung und Entbürokratisierung in der Verwaltung, der Privatisierung staatlicher Beteiligungen in der Wirtschaft. Daß Elterninitiativen für private Kindergärten an bürokratischen Hindernissen, der Regelungsdichte und dem Vorschriftenwust der Verwaltung scheitern, muß der Vergangenheit angehören. Und Parteien brauchen sich nicht als demokratische Kontrollorgane in Energieunternehmen und Flughafengremien aufzureiben, wenn diese privatwirtschaftlich betrieben werden.

Die CDU fördert die Institutionen, die eine Gesellschaft tragen, vor allem die Familie. Gerade in einer Zeit, in der Bindungen ständig vom Scheitern bedroht sind, brauchen Familien unser aller Unterstützung. Dazu gehört nicht nur die Verbesserung des Familienlastenausgleichs, sondern auch die Vereinbarkeit von Familie und Beruf oder die kinderfreundliche Gesellschaft. Die Erziehungsleistung der Familie ist unersetzbar: Wie selbstverständlich werden in der kleinen Gemeinschaft die Fähigkeiten erlernt, von denen auch die freie und verantwortliche Gesellschaft lebt.

Auch im Bereich der sozialen Sicherungssysteme steht die Stärkung der Eigenverantwortung auf der Tagesordnung. Um den Standard sozialer Sicherheit zu halten und Spielraum für dringliche neue Aufgaben wie die Pflegeversicherung zu gewinnen, ist ein Umbau des Sozialstaats erforderlich. Die Solidargemeinschaft kann sich dann darauf konzentrieren, die Risiken abzusichern, die vom einzelnen und seiner Familie nicht getragen werden können.

Das Problem, individuelle Freiheit mit Eigenverantwortung, Bürgerpflicht und Gemeinwohl zu vereinbaren, haben nicht nur wir Deutschen – auch wenn bei uns der Individualisierungsschub besonders stark ist. Die westlichen Industriestaaten, aber auch die jungen Demokratien in Ost-, Mittel- und Südosteuropa stehen inmitten eines schwierigen und schmerzhaften Lernprozesses, mit Freiheit wieder oder ganz neu verantwortlich umzugehen. Die freie und verantwortliche Gesellschaft ist ein gesamteuropäisches Projekt. Gerade Deutschland in der westlichen

Mitte des Kontinents muß es als sein besonderes Interesse verstehen, ein freies und verantwortliches Europa zu schaffen.

Die enge Verflechtung der Probleme in Europa und in der Welt, die Globalisierung politischer und wirtschaftlicher Prozesse bis hin zur Dimension einer umfassenden Erdpolitik ist eine neue Bedingung der Politik der Zukunft. Innen- und Außenpolitik müssen in einem neuen Verhältnis zueinander gesehen werden. Deutschland wird in Zukunft außenpolitisch viel mehr gefordert sein, als dies in seiner vierzigjährigen Sonderexistenz bislang der Fall war. Staatliche Mittel müssen in Zukunft vermehrt in außenpolitische Interessen investiert werden.

Nationale Identität und europäische Integration waren für die CDU nie Gegensätze, sondern einander bedingende Interessen. Die Volkspartei, die beim Aufbau der Bundesrepublik Deutschland erfolgreich war, ist dabei, auch die innere Einheit Deutschlands zu gestalten und unser Land in eine Europäische Union zu integrieren. Das europäische und vereinte Deutschland ist immer die Vision der CDU gewesen. Die Einbindung der Nationalstaaten in eine europäische Gemeinsamkeit, die ihnen die aggressive Spitze nimmt, wird das Modell der Zukunft sein, wie die Völker in ganz Europa ihre gewachsene Identität bewahren und dabei friedlich zusammenleben können.

Die jungen Demokratien im östlichen Europa hoffen auf einen wirtschaftlichen Aufschwung und eine Verbesserung der Lebensverhältnisse, wie die Westdeutschen sie nach dem Zweiten Weltkrieg erlebt haben. Es ist das Ordnungsmodell der Sozialen Marktwirtschaft, dem wir den Wohlstand für alle verdanken und auf das auch diese Länder hoffen. Den Aufbau einer sich selbst tragenden Wirtschaft in ganz Europa wird ein CDU-geführtes Deutschland deshalb besonders fördern können. Dazu gehört auch die Öffnung der Zollgrenzen für die Produkte aus den östlichen Ländern wie auch aus der ganzen Welt. Der Wirtschaftsstandort Deutschland ist im internationalen Wettbewerb nur zu sichern, wenn er für Spitzenleistungen gut ist. Kreativität und Innovation, Qualifikation und Leistung, Technik und Forschung sind die Ressourcen unseres Landes.

Auch im Umweltschutz ist ein hohes technisches Können notwendig, um die knappen Naturgüter möglichst schonend zu nutzen. Die Sicherung der natürlichen Lebensgrundlagen der Menschheit und die Bewahrung der Schöpfung ist eine der Hauptaufgaben der Menschheit für das nächste Jahrhundert geworden. Wir werden sie nicht meistern, wenn wir auf Eingriffe in die Natur verzichten – wir müssen unser ganzes Wissen und Können in den Dienst dieser Aufgabe stellen und Technik, Wissenschaft und Forschung ständig verbessern. Das christliche Verständnis vom Menschen bedeutet, daß uns die Welt ebenso zur Pflege wie zur Gestaltung überantwortet ist. Verantwortlich ist nicht der Rückzug in die Passivität, sondern die Vorsorge für die Zukunft. Die CDU spricht heute von der Ökologischen und Sozialen Marktwirtschaft, weil sie die innovatorischen Kräfte für die Bewahrung der natürlichen Lebensgrundlagen nutzen und fördern will.

Grundsatztreue in der Programmatik, der Mut zur Erneuerung in der Parteireform und die konkrete Politik für eine freie und verantwortliche Gesellschaft werden den Erfolg der Volkspartei CDU auch in der Zukunft ausmachen. „Grundsatztreu und zukunftsoffen – Die Volkspartei der Mitte" war das Thema des Wiesbadener Parteitags 1988, auf dem Helmut Kohl in einer wichtigen Rede – die auch in diesen Band aufgenommen wurde – die Elemente der permanenten Reformaufgabe für die Partei zusammenfassend herausgestellt hat. Seine dringliche Mahnung zur Erneuerung muß die Partei heute wieder neu aufnehmen, nämlich die Kompromißfähigkeit in ihren Reihen durch intensive Diskussionen sichern, die Gemeinsamkeit des politischen Kompasses im christlichen Verständnis vom Menschen lebendig halten und offen sein für alle an ihren Programmen interessierten Bürger. Unter Führung von Helmut Kohl wird die CDU heute die Grundlagen christlich-demokratischer Politik für das 21. Jahrhundert sichern.

Anhang

Abkürzungen

AFG	Arbeitsförderungsgesetz
BASF	Badische Anilin- und Sodafabrik
CDA	Christlich-Demokratische Arbeitnehmerschaft
CDU	Christlich-Demokratische Union
ČSFR	Tschechische und Slowakische Föderative Republik
CSU	Christlich-Soziale Union
DDR	Deutsche Demokratische Republik
DGB	Deutscher Gewerkschaftsbund
DM	Deutsche Mark
EAK	Evangelischer Arbeitskreis der CDU/CSU
EFTA	European Free Trade Association
EG	Europäische Gemeinschaft
Europol	Europäische Kriminalpolizeiliche Zentralstelle oder Europäisches Polizeiamt
EVG	Europäische Verteidigungsgemeinschaft
FDP	Freie Demokratische Partei
GATT	General Agreement on Tariffs and Trade
GUS	Gemeinschaft Unabhängiger Staaten
INF	Intermediate-Range Nuclear Forces
JUSO	Jungsozialisten
KAE	Konferenz für Abrüstung in Europa
KPdSU	Kommunistische Partei der Sowjetunion
KPV	Kommunalpolitische Vereinigung der CDU/CSU
KSZE	Konferenz über Sicherheit und Zusammenarbeit in Europa
KZ	Konzentrationslager
Nato	North Atlantic Treaty Organization

NS	Nationalsozialismus
OECD	Organization for Economic Cooperation and Development
OEEC	Organization for European Economic Cooperation
RCDS	Ring Christlich-Demokratischer Studenten
SALT	Strategic Arms Limitation Talks
SED	Sozialistische Einheitspartei Deutschlands
SPD	Sozialdemokratische Partei Deutschlands
UdSSR	Union der Sozialistischen Sowjetrepubliken
USA	United States of America
ZDK	Zentralkomitee der Deutschen Katholiken

Lebenslauf

3. April 1930 Helmut Kohl in Ludwigshafen geboren
1940–1950 Oberrealschule in Ludwigshafen
1950–1956 Studium der Rechts- und Staatswissenschaft, Geschichte und Politischen Wissenschaft an den Universitäten Frankfurt und Heidelberg
1956–1958 Wissenschaftlicher Mitarbeiter am Alfred-Weber-Institut der Universität Heidelberg
1958 Promotion zum Dr. phil. an der Universität Heidelberg
1958 Direktionsassistent der Firma Mock, Ludwigshafen
1959–1969 Referent beim Verband der Chemischen Industrie
1960 Heirat mit Hannelore Renner; zwei Söhne: Walter (1963) und Peter (1965)

1947 Mitgründer der Jungen Union in Ludwigshafen
1948 Mitglied der CDU
1954–1961 Stellvertretender Landesvorsitzender der JU Rheinland-Pfalz
1955–1966 Mitglied des Landesvorstands der CDU Rheinland-Pfalz
1959–1963 Vorsitzender des CDU-Kreisverbands Ludwigshafen
1959–1976 MdL Rheinland-Pfalz
1960–1970 Stadtrat in Ludwigshafen
1960–1968 Vorsitzender der CDU-Stadtratsfraktion

25. Oktober 1961 bis 1963	Stellvertretender Vorsitzender der CDU-Fraktion im Landtag
9. Mai 1963 bis 1969	Fraktionsvorsitzender der CDU im Landtag Rheinland-Pfalz
12. Oktober 1963 bis 4. November 1967	Vorsitzender des CDU-Bezirksverbands Pfalz
5. März 1966 bis 30. August 1974	Vorsitzender des CDU-Landesverbands Rheinland-Pfalz
29. März 1965	Mitglied des Bundesvorstands der CDU
19. Mai 1969 bis 2. Dezember 1976	Ministerpräsident von Rheinland-Pfalz
17. November 1969 bis 1973	Stellvertretender Bundesvorsitzender der CDU
4. Oktober 1971	Niederlage bei der Wahl zum CDU-Bundes-vorsitzenden gegen Rainer Barzel auf dem 19. Bundesparteitag in Saarbrücken
12. Juni 1973	Wahl zum Bundesvorsitzenden der CDU auf dem 21. Bundesparteitag in Bonn mit 520 von 600 Stimmen, seither Bundesvorsitzender der CDU
19. Juni 1975	Helmut Kohl wird als Kanzlerkandidat der CDU und CSU nominiert
seit 14. Dezember 1976	Mitglied des Bundestages
15. Dezember 1976 bis 1. Oktober 1982	Vorsitzender der CDU/CSU-Bundestags-fraktion
1. Oktober 1982	Wahl zum Bundeskanzler der Bundesrepublik Deutschland nach Bildung einer Koalition von CDU, CSU und FDP (wiedergewählt 29. März 1983 und 11. März 1987)
1. Oktober 1990	Wahl zum gesamtdeutschen Ersten Vorsitzenden der CDU Deutschlands auf ihrem 1. Parteitag in Hamburg mit 943 von 957 Stimmen
17. Januar 1991	Wahl zum Bundeskanzler des wieder-vereinigten Deutschlands

Ausgewählte Publikationen von und über Helmut Kohl

berücksichtigt sind nur
Veröffentlichungen in Buchform

Biographien und Würdigungen

Bundeskanzler Dr. Helmut Kohl. Empfang zum 60. Geburtstag. Reden. 3. April 1990. Bonn. Beethovenhalle. Bonn: CDU-Bundesgeschäftsstelle 1990.

Fehrenbach, Oskar: Helmut Kohl – wer sonst? Über die Alternativen deutscher Politik. München: Verlag Bonn Aktuell 1990.

Filmer, Werner und *Schwan, Heribert:* Helmut Kohl. Düsseldorf 1985; aktualisierte Neuauflage 1990.

Haungs, Peter: Helmut Kohl. In: Persönlichkeit und Politik in der Bundesrepublik Deutschland. Politische Porträts. Herausgegeben von Walther L. Bernecker und Volker Dotterweich. Bd. 2. Göttingen 1982.

Henscheid, Eckhard: Helmut Kohl. Biographie einer Jugend. Zürich 1985.

Hermann, Frank: Helmut Kohl. Vom Kurfürst zum Kanzler. Person, Politik, Programm. Stuttgart: Verlag Bonn Aktuell 1976.

Hofmann, Klaus: Helmut Kohl. Eine politische Biographie. Ergänzte Neuauflage. Stuttgart: Verlag Bonn Aktuell 1991. (Frühere Auflage unter dem Titel: Helmut Kohl. Kanzler des Vertrauens. Eine politische Biographie. 1984, 1986 und 1988).

Ironimus (d. i. Gustav Peichel): Der schwarze Riese. Helmut Kohl in der Karikatur. Wien 1976.

Helmut *Kohl* im Spiegel seiner Macht. Herausgegeben von Reinhard Appel (Bouvier Forum, 3.). Bonn 1990.

Helmut *Kohl.* Fotografiert von Konrad R. Müller. Mit einem Essay von Peter Scholl-Latour. Bergisch Gladbach 1990.

Maser, Werner: Helmut Kohl. Der deutsche Kanzler. Berlin 1990.

Müchler, Günter und *Hofmann, Klaus:* Helmut Kohl. Kanzler der deutschen Einheit. Eine Biographie. Bonn: Presse- und Informationsamt der Bundesregierung 1992 (Dt., engl., franz. und span. Fassung).

Das *Phänomen.* Helmut Kohl im Urteil der Presse 1960–1990. Herausgegeben von Bernhard Vogel. Stuttgart 1990.

Wiedemeyer, Wolfgang: Helmut Kohl. Porträt eines deutschen Politikers. Eine biographische Dokumentation. Bad Honnef 1975.

Helmut Kohl als Autor

Hausputz hinter den Fassaden. Praktikable Reformen in Deutschland (Texte und Thesen 15). Osnabrück 1971.

Gefragt: Helmut Kohl (Interviewer: Willy Zirngibl). Bonn 1972.

Zwischen Ideologie und Pragmatismus. Aspekte und Ansichten zu Grundfragen der Politik. Stuttgart: Verlag Bonn Aktuell, 3. Auflage, 1974 (1. Auflage, 1973).

Bundestagsreden und Zeitdokumente. Mit einem Vorwort von Karl Carstens. Herausgegeben von Horst Teltschik. Bonn: Verlag az studio 1978.

Die CDU – Porträt einer Volkspartei. Schwieberdingen 1981.

Der Weg zur Wende. Von der Wohlfahrtsgesellschaft zur Leistungsgemeinschaft. Herausgegeben von Dietrich Heissler. Husum 1983.

Reden 1982–1984. Bonn: Presse- und Informationsamt der Bundesregierung 1984 (Berichte und Dokumentationen).

Europas Einheit stärken. Auszüge aus Reden und Aufsätzen. Bonn: CDU-Bundes-geschäftsstelle 1984.

Reden zu Fragen unserer Zeit. Bonn: Presse- und Informationsamt der Bundesregierung 1986 (Berichte und Dokumentationen).

Die unentrinnbare Gegenwart der Geschichte. Bonn: Presse- und Informationsamt der Bundesregierung 1988 (Berichte und Dokumentationen).

Reden zu Fragen der Sozialen Marktwirtschaft (1987–1989). Bonn: Presse- und Informationsamt der Bundesregierung 1989 (Berichte und Dokumentationen).

Reden zu Fragen der Zukunft (1986–1988). Bonn: Presse- und Informationsamt der Bundesregierung 1989 (Berichte und Dokumentationen).

Deutschlands Zukunft in Europa. Reden und Beiträge des Bundeskanzlers. Herausgegeben von Heinrich Seewald. Herford 1990.

L'Europe est notre destin. Discours actuels. Herausgegeben von Joseph Rovan. Paris: Edition de Fallois 1990.

Reden und Erklärungen zur Deutschlandpolitik. Bonn: Presse- und Informationsamt der Bundesregierung 1990 (Berichte und Dokumentationen).

Bilanzen und Perspektiven. Regierungspolitik 1989–1991. 2 Bde. Bonn: Presse- und Informationsamt der Bundesregierung 1992 (Berichte und Dokumentationen).

Die deutsche Einheit. Reden und Gespräche. Mit einem Vorwort von Michail Gorbatschow. Bergisch Gladbach 1992.

Personenregister

Sachregister

489

Hans-Otto Kleinmann

Geschichte der CDU
1945–1982

Herausgegeben von Günter Buchstab

**544 Seiten
mit 24 Schaubildern und Tabellen**

Diese „Geschichte der CDU" von der Gründung nach dem Zweiten Weltkrieg über die Regierungsjahre Konrad Adenauers, Ludwig Erhards und Kurt Georg Kiesingers sowie die dreizehnjährige Oppositionszeit bis zur Kanzlerwahl Helmut Kohls ist die erste umfassende Darstellung der Partei, zugleich ein wichtiges und gut lesbares historisches Kompendium.

Die Leistungen und Krisen, die Siege und Niederlagen der CDU prägen die Darstellung vor dem Hintergrund der Geschichte der Bundesrepublik ebenso wie die organisatorische und programmatische Entwicklung von der Honoratioren- zur Mitgliederpartei.

Das Phänomen
Helmut Kohl im Urteil der Presse

Herausgegeben
von Bernhard Vogel

432 Seiten mit 26 Zeichnungen

In über hundert Pressestimmen aus den Jahren
1960 bis 1990 zeichnen namhafte Publizisten
wie Rudolf Augstein, Gerd Bucerius, Iring
Fetscher, Ulrich Frank-Planitz, Günter Gaus,
Johannes Gross, Nina Grunenberg, Hans Ulrich
Kempski, Flora Lewis, Enno von Loewen-
stern, Werner A. Perger, Jean-Paul Picaper,
Peter Scholl-Latour, Martin E. Süskind, Rolf
Zundel und viele andere ein farbiges Bild von
Helmut Kohl.

Bei der Auswahl der Texte wurde auf tages-
aktuelle Themen weitgehend verzichtet –
zugunsten von Portraits, Kommentaren und
Hintergrundberichten. Es ist somit ein viel-
schichtiges und repräsentatives Pressebild Helmut Kohls entstanden.

DVA